Alexandra Juster
Juristische Kontrafaktik

Alexandra Juster

Juristische Kontrafaktik

Eine Methode der kontrastiven Diskursanalyse von Recht und Literatur am Beispiel von Gegenwartsliteratur

VELBRÜCK
WISSENSCHAFT

Veröffentlicht mit Unterstützung des Austrian Science Fund (FWF):
10.55776/PUB1211

FWF Österreichischer Wissenschaftsfonds

LAND TIROL

Publikation: Velbrück Wissenschaft
Erste Auflage 2025
Velbrück Wissenschaft in der Velbrück GmbH Verlage, 2025
Meckenheimer Str. 47 · 53919 Weilerswist-Metternich
info@velbrueck.de
www.velbrueck.de

Printed in Germany
ISBN 978-3-95832-410-7

Bibliografische Information der Deutschen Nationalbibliothek
Die Deutsche Nationalbibliothek verzeichnet diese Publikation in der Deutschen Nationalbibliografie; detaillierte bibliografische Daten sind im Internet über http://dnb.d-nb.de abrufbar

Inhalt

Einleitung

»Dass Recht und Poesie miteinander aus einem Bette aufgestanden waren, hält nicht schwer zu glauben«

Jacob Grimm,
Von der Poesie im Recht *(1815)*

Einleitend zu dieser Arbeit, die durch die Gewährung eines Esprit-Forschungsstipendiums des Österreichischen Wissenschaftsfonds (FWF) ermöglicht wurde, möchte ich auf die Entstehung des Projekts eingehen und anschließend das Forschungsprogramm vorstellen.

Das Vorhaben, Recht und Literatur in meiner Forschung zu verbinden, erklärt sich aus meinem doppelten Werdegang als Juristin und Rechtsanwältin sowie als Forscherin in der Germanistik und Komparatistik. Den ersten Anstoß zur vorliegenden Studie gab meine Dissertation zu Juli Zehs *Corpus Delicti. Ein Prozess* (2009), die sich – neben anderen interdisziplinären und intertextuellen Bezügen – mit dem Rechtsdiskurs in der fiktionalen Diegese des Romans beschäftigt. Der zweite Impuls ging von der Feststellung aus, dass in Österreich – im Gegensatz zum Sonderforschungsbereich (SFB) 1385 *Recht und Literatur* an der deutschen Universität Münster (2019–2024) – noch keine strukturierte, interdisziplinäre Forschung im Bereich ›Recht und Literatur‹ Fuß gefasst hat. Ein dritter Impuls ist der Erkenntnis geschuldet, dass interdisziplinäre Offenheit und ein Verständnis für die jeweils andere Disziplin zwischen Rechts- und Literaturwissenschaftler:innen bisweilen wenig oder – in manchen Fällen – gar nicht vorhanden ist und es einer stärkeren methodischen Verknüpfung zwischen den Disziplinen bedarf, um entwicklungsfähig zu bleiben. Ein aktuelles Beispiel aus der Praxis veranschaulicht die fortbestehenden Verständnishürden: In einem meiner Abstracts zu einem wissenschaftlichen Beitrag schrieb ich von einer »Spaltung zwischen Rechtsträger:innen und Recht.« Es handelt sich dabei um zwei Grundbegriffe des Rechts, d. h., Rechtsträger:innen sind Personen oder Gesellschaften, die in der Lage sind, Rechte und Pflichten zu besitzen und auszuüben. Wie groß das Unverständnis ist, zeigt der Kommentar eines:einer Peer-Reviewer:in dazu, wenn – allerdings mit einer bemerkenswerten und zugleich verstörenden Selbstsicherheit in der Unkenntnis – kommentiert wird: »Begrifflichkeit unklar. allg. der Inhaber von Rechten. In den neuen Bundesländern bezeichnet Rechtsträger auch die Stelle, die früher berechtigt war, über Volkseigentum zu verfügen. Die Bezeichnung ›Rechtsträger‹ hat im Zusammenhang mit der Regelung offener Vermögensfragen

(Vermögensgesetz)[1] noch Bedeutung, weil die Regelungen über die Zuordnung von Eigentum oder eine Verfügungsbefugnis oft an die Eintragung (Grundbuch)[2] anknüpfen.« Dieses Beispiel beweist die Dringlichkeit, das interdisziplinäre Verständnis zu verbessern.[3] Es ist daher mein Bestreben, einerseits einen Beitrag zur Beseitigung des erwähnten Forschungsdefizits in der österreichischen und europäischen Forschungslandschaft zu leisten und andererseits Schnittstellen zwischen Recht und Literatur herauszuarbeiten, die einer interdisziplinären Arbeitsmethode zugrunde gelegt werden können. In dieser Linie folgen mir Gil Charbonnier und Franck Petit, auf die ich im Zuge meiner Forschungsarbeiten aufmerksam geworden bin. In ihren Augen kann interdisziplinäres Arbeiten im Bereich ›Recht und Literatur‹ dann optimal weiterentwickelt werden, wenn einerseits juristische und literaturtheoretische Methoden verglichen und andererseits die Darstellung von Rechtsverhältnissen und -debatten in der Literatur untersucht werden: »3. Le droit comparé à la littérature: la comparaison des méthodes littéraires et juridiques. 4. Le droit dans la littérature: la façon dont la littérature se représente la loi, la justice et les grands problèmes du droit.«[4] An dieser Stelle sei auch auf den Hinweis von Angela Condello und Tiziano Toracca verwiesen, dass sich die Forschung bisher noch zu wenig mit der Erarbeitung theoretischer Grundlagen für eine interdisziplinäre Auseinandersetzung mit Recht und Literatur beschäftigt habe: »The attempts to engage with theories of law and literature, are still not copious.«[5]

Ausgehend von diesen Prämissen wird sich die vorliegende Forschungsarbeit, im Anschluss an die Untersuchungen von Eric Achermann und Klaus Stierstorfer im Rahmen des Münsteraner SFB 1385, auf das Recht *in* der Literatur konzentrieren, um »ein hoch innovatives und relevantes Forschungsareal im Bereich der Rechts- und Literaturforschung

1 Über das offensichtliche Unverständnis hinaus, das aus dem Kommentar hervorgeht, verweist der:die Peer-Reviewer:in auf Webseiten, die nichts mit meiner Verwendung des Begriffs ›Rechtsträger:in‹ zu tun haben: https://wirtschaftslexikon.gabler.de/definition/vermoegensgesetz-50761 (Zugriff: 25.9.2024).

2 https://wirtschaftslexikon.gabler.de/definition/grundbuch-33315 (Zugriff: 25.9.2024).

3 Vgl. dazu Karl Homann / Andreas Suchanek, »Methodologische Überlegungen zum ökonomischen Imperialismus«, in: *Analyse & Kritik* (1989/11), S. 70–93, hier: S. 84.

4 Gil Charbonnier / Franck Petit, *Quand la littérature moderne (ré)invente le droit. Œuvres choisies du XXe siècle à aujourd'hui*, Paris: LexisNexis 2023, S. 26.

5 Angela Condello / Tiziano Toracca, *A Theory of Law and Literature. Across Two Arts of Compromising*, Leiden/Boston: Brill 2020, S. 19.

(wieder) [zu] eröffne[n], das zwar die genannte Vorgeschichte hat, in der hier avisierten Ausrichtung aber Neuland erschließt.«[6] Dieses ›Neuland‹, das ich betreten möchte, sehe ich vor allem darin, dass sich, soweit ich das im Laufe meiner Recherchen feststellen konnte, die Ansätze der Rechts- und Literaturforschung in den meisten Fällen nur mit der Analyse, Erläuterung und Kommentierung von Rechtsverhältnissen in der Literatur beschäftigen, aber nur selten ein klares Verständnis der realweltlichen Seite dieser in der Fiktion verhandelten Rechtsverhältnisse vermitteln. Dies hat bereits Walter Müller-Seidel erkannt, wenn er darauf besteht, dass den Leser:innen nicht nur die literarische, sondern auch die juristische Seite präsentiert werden müsse, denn diese Gegenüberstellung könne »nicht einfach dem Leser überlassen bleiben. Die Verknüpfung und Integration des anderen [Müller-Seidel bezieht sich hier auf des Recht, Anm. d. Verf.] bleibt von Fall zu Fall zu leisten, eigentlich von Satz zu Satz.«[7] Denn, wie Christoph Rodiek verdeutlicht, und worauf im Kapitel zur Kontrafaktik noch näher eingegangen werden wird, können sich die Leser:innen des Verhältnisses zwischen realweltlichen Rechtsverhältnissen und realen und/oder fiktiven Rechtsbehauptungen in der Diegese nur bewusst werden, wenn sie überhaupt über Kenntnisse des realweltlichen Rechts verfügen. Werden sie darüber nicht aufgeklärt, bleibt ihnen das Erkennen kontrafaktischer Zustände grundsätzlich verwehrt, da sie nicht in der Lage sind, einen kontrastiven Vergleich zwischen Realem und Fiktivem anzustellen.[8] Hier setzt die Ambition meines Versuchs an, den Rechtsdiskurs in der literarischen Fiktion freizulegen und zugleich – und darin liegt der innovative Ansatz – das korrespondierende realweltliche Recht zu explizieren: Die Art und Weise, wie dies geschieht, soll methodisch erklärbar und auf die Untersuchung von Recht *in* der Literatur beliebig anwendbar sein.

Mir scheint, dass die Entwicklung einer solchen kontrafaktischen Methodik der Rechtsanalyse *in* der Literatur bei gleichzeitiger Gegenüberstellung zum realen Recht außerdem den Weg zu einem systematischen und strukturierten Vorgehen ebnen könnte, nicht nur offensichtliche,

6 Eric Achermann / Klaus Stierstorfer, »Einleitung: Materialität – Komparativität – Konstitutivität«, in: Eric Achermann / Andreas Blödorn / Corinna Norrick-Rühl / Petra Pohlmann (Hg.), *Literatur und Recht: Materialität. Formen und Prozesse gegenseitiger Vergegenständlichung*, Berlin/Heidelberg: J. B. Metzler 2022, S. 3–43, hier: S. 6.

7 Walter Müller-Seidel, *Die Deportation des Menschen. Kafkas Erzählung ›In der Strafkolonie‹ im europäischen Kontext*, Stuttgart: J. B. Metzler 1986, S. 90.

8 Vgl. Christoph Rodiek, »Prolegomena zu einer Poetik des Kontrafaktischen«, in: *Poetica* (1993/25), S. 262–281, hier: S. 273; vgl. dazu auch Jan Wittmann, *Recht sprechen: Richterfiguren bei Kleist, Kafka und Zeh*, Berlin/Heidelberg: J. B. Metzler 2018, S. 11.

sondern gerade auch unauffällig eingeschleuste rechtliche Informationen und Anspielungen mit juristischem Feingefühl zutage zu fördern. Ein solches Unterfangen möchte zugleich der von Eric Achermann und Klaus Stierstorfer erhobenen Forderung nach einer stärkeren, tiefer ins Detail gehenden Verzahnung von Recht und Literatur – ähnlich formuliert in Frankreich von Christian Biet[9] – nachkommen und soll anhand ausgewählter Werke der deutschen, deutsch-amerikanischen, französischen und italienisch-albanischen Gegenwartsliteratur erprobt werden. Der Darstellung dieses vergleichenden, grenzüberschreitenden und interdisziplinären Ansatzes geht eine Einführung in die Entstehung der Strömung *Law and Literature* in den Vereinigten Staaten und ihre Rezeption in Frankreich, Deutschland und Italien voraus. Da die für die Erprobung der kontrafaktischen Untersuchungsmethode herangezogenen Werke aus diesen drei Kulturkreisen stammen, unterstützt der angestrebte geografische Überblick sicherlich sinnvoll den Einstieg in das eigentliche Forschungsvorhaben, das sich in eine konzeptionell-methodische und eine praktische Phase gliedert: Dabei werden die Begriffe der Interdisziplinarität, des Diskurses und der Kontrafaktik als theoretische Hilfskonzepte (Phase 1, Kap. 2) für die Entwicklung der eigentlichen Methode der juristischen Kontrafaktik (Phase 2, Kap. 3) erläutert. Die Methode der juristischen Kontrafaktik selbst wird anhand der Romane *Diese eine Entscheidung* (2022) von Karine Tuil, *Hana* (2017) von Elvira Dones, *~~Un~~orthodox* (2012) von Deborah Feldman, *Repenti* (2017) von Claude Chossat und *Ohrfeige* (2016) von Abbas Khider erprobt und illustriert (Phase 3, Kap. 4).

9 Christian Biet, »Introduction. Droit et littérature, un lien nécessaire«, in: *Littératures classiques* (2000/40): *Droit et Littérature*, S. 5–22, hier: S. 17–18.

1. Recht und Literatur, mit besonderem Fokus auf Recht *in* der Literatur

Das *Wort* bildet nicht nur die tragende Säule der Literatur, sondern auch die des Rechts: Ohne Worte könnte das Recht nicht vergegenständlicht, nachvollzogen, interpretiert, angewandt und ›gesprochen‹ werden. Das Wort macht, wie schon Jacob Grimm festhielt, Recht und Literatur erst möglich: »Dass Recht und Poesie miteinander aus einem Bette aufgestanden waren, hält nicht schwer zu glauben.«[1] Beide wurzeln im menschlichen Leben und Zusammenleben, auf das sie sich erzählend und beobachtend (Literatur) oder ›erzählend‹ und normierend (Recht) beziehen. Jedem Rechtsfall liegt eine ›Geschichte‹ zugrunde, auf die Rechtstexte angewendet werden und deren Wortlaut ausgelegt werden muss, um zu einer richterlichen Entscheidung zu führen, die wiederum – wie könnte es anders sein – in Worten formuliert wird. Jeder literarische Text muss verstanden und mit Worten ausgelegt werden. Kieran Dolin begründet daher die enge Verknüpfung zwischen Recht und Literatur mit der Tatsache, dass das Recht durch Worte – wenn auch stringenterer Natur als in der Literatur – zum Ausdruck kommt: »The law can only be articulated in words. While the order of a court will be imposed […], it will originally have been spoken as a sentence. This is the fundamental connection between law and literature.«[2] Das Narrativ des Rechts und der Rechtsprechung involviere nach Dolin nicht nur Sprache, sondern auch kulturelle Referenzen, die durch Literatur und Sprache vermittelt werden.[3] Verweise auf Literatur in Rechtsurteilen scheinen daher das Verständnis von Rechtstexten zu verdeutlichen: »Literature and law, it seems, can work together in the production of cultural ideals and values«, denn »no set of legal institutions or prescriptions exists apart from the narratives that locate it and give it meaning.«[4] Claudio Magris hingegen schwächt die stark bejahende Position Dolins insofern ab, als er neben verständnisfördernden Verhältnissen zwischen

1 Jacob Grimm, »Von der Poesie im Recht«, in: *Zeitschrift für geschichtliche Rechtswissenschaft* (1816/2), S. 25–99, hier: S. 30.

2 Kieran Dolin, *A Critical Introduction to Law and Literature*, Cambridge: Cambridge University Press 2007, S. 2.

3 Vgl. ebd., S. 2: Dolin verweist auf das Beispiel des Falls *Plaut v. Spendthrift Farm Inc.* Der *American Supreme Court* verwies im Urteilsspruch mit dem Satz »good fences make good neighbours« implizit auf Robert Frosts Gedicht *Mending Wall* mit der Annahme, dass die Semantik dieser Aussage im amerikanischen Kulturraum allgemein bekannt sei.

4 Vgl. ebd.

Recht und Literatur auch mögliche Barrieren zwischen den Disziplinen wahrnimmt.[5] Es ist jedoch nicht zu übersehen, dass Recht und Literatur sich des Wortes bedienen, wobei das Recht eine stringente Funktion des ›Vorschreibens‹, ›Androhens‹ und ›Sanktionierens‹ ausübt, während die Literatur unterhält, erläutert, erklärt, beschreibt, fantasiert oder imaginiert. Das Recht tritt in der Literatur durch den Diskurs, der sich aus der Kombination und Wiederkehr bestimmter Wörter ergibt,[6] explizit oder implizit zum Vorschein. Dank narrativer Techniken kann Literatur Kenntnisse über das Recht als Mitfaktor bestimmter kultureller, historischer, sozialer, gesellschaftlicher oder politischer Umstände vermitteln, sie kann philosophische und ethische Fragen aufwerfen oder sie kann zur rechtsgeschichtlichen Quelle avancieren, z. B., wenn das Recht in der Geschichte nicht schriftlich dokumentiert worden ist.[7] Weitere Gemeinsamkeiten zwischen Recht und Literatur ergeben sich nach Thomas Weitin nicht nur aus dem Wort als verbindendem ›Rohstoff‹, sondern auch aus methodischen Überschneidungen im Bereich der Hermeneutik.[8]

Dass sich Recht und Literatur über diese methodischen Anknüpfungspunkte hinaus – auf die noch näher einzugehen sein wird – interdisziplinär begegnen, beweist schon ein Blick auf die Literaturgeschichte. So ist, wie Bernhard Greiner feststellt, die Behandlung von Rechtsfragen in der Literatur als Medium gesellschaftlicher Spiegelung so alt wie die Literatur selbst und lässt sich bis zur griechischen Tragödie *Orestie* des

5 Claudio Magris, »Who is on the Other Side? Considerations about Frontiers«, in: Christopher Mac Lehose (Hg.), *Frontiers*, London: Harper Collins 1994, S. 8–25, hier: S. 9.

6 Frank L. Schäfer und Monika Fludernik liefern einen weiten Begriff des Rechts als Textkorpus der Narratologie, zu dem sie »alle Rechtsnormen und die dazugehörige Rechtsliteratur« zählen. »Zu den Rechtsnormen zählen nicht nur Parlamentsgesetze, exekutive Rechtsverordnungen, Satzungen öffentlich-rechtlicher Körperschaften, Gewohnheitsrecht und interne Verwaltungsanweisungen, sondern auch Verwaltungsakte und Gerichtsentscheidungen sowie individuelle Verträge und Allgemeine Geschäftsbedingungen, d. h. alle Stufen der Rechtsanwendung von der abstrakten Rechtsgrundlage bis hin zum konkreten Einzelfall bzw. bis hin zu privaten Vereinbarungen.« Frank L. Schäfer / Monika Fludernik (Hg.), *Erzählen und Recht. Narrative and Law*, Baden-Baden: Ergon 2022, S. 7.

7 Als Beispiel für Literatur als rechtsgeschichtliche Quelle im deutschsprachigen Raum sei auf Hartmann von Aues mittelhochdeutsche Legende *Gregorius* verwiesen, die über die rechtlichen Folgen des Inzests im 12. Jahrhundert informiert. Christoph Cormeau / Wilhelm Strömer, *Hartmann von Aue*, München: C. H. Beck 2007, S. 120–121.

8 Thomas Weitin, *Recht und Literatur*, Münster: Aschendorff 2010, S. 44ff.

Aischylos in der Antike zurückverfolgen.[9] Stephanie Blum verweist auf Johann Fischarts Sonettzyklus *Etlich Sonnet* als Beispiel für die frühneuzeitliche deutsche Literatur des 16. Jahrhunderts, die sich juristisch gegen die Herrschaft Katharinas von Medici wendet.[10] Heiko Ulrich beleuchtet die rechtliche Auseinandersetzung mit dem Richteramt in der Antike in Georg Rudolf Weckherlins Kleinepos *Urtheil des Paris* im 17. Jahrhundert.[11] Guglielmo Gabbiadini zeichnet den menschenrechtlichen Diskurs in Friedrich Maximilian Klingers Fragment *Das zu frühe Erwachen des Genius der Menschheit* vor dem Hintergrund der gewaltsamen Umwälzungen der Französischen Revolution nach.[12] Ernest Huffcut formuliert 1892 mit Überzeugung die These der engen interdisziplinären Verzahnung von Recht und Literatur: »historically it is probably true that no branches are more closely united and intervowen.«[13]

Obwohl das Recht schon seit der Antike einen möglichen literarischen Stoff darstellt, kann man von einer eigentlichen strukturierten kulturwissenschaftlichen Forschungsrichtung ›Recht und Literatur‹ erst seit der ersten Hälfte des 19. Jahrhunderts sprechen, als in den USA die ersten Arbeiten von John Wigmore und Benjamin Cardozo erschienen, denen die Strömung ›Recht *in* der Literatur‹ ihren eigentlichen Ursprung verdankt. John H. Wigmore veröffentlichte bereits 1908 einen Katalog von *legal novels*,[14] in der Überzeugung, dass die Lektüre literarischer Fiktionen ein fester Bestandteil jeder juristischen Ausbildung sein müsse.

9 Bernhard Greiner, »Das Forschungsfeld ›Recht und Literatur‹«, in: Bernhard Greiner / Barbara Thums / Wolfgang Graf Vitzthum (Hg.), *Recht und Literatur. Interdisziplinäre Bezüge*, Heidelberg: Winter 2010, S. 7–26, hier: S. 7.

10 Stephanie Blum, »›Darum Gott alles recht erschuf‹: Recht und Geschlecht in Johann Fischarts Sonettzyklus ›Etlich Sonnet‹«, in: Yvonne Nilges (Hg.), *Dichterjuristen. Studien zur Poesie des Rechts vom 16. bis 21. Jahrhundert*, Würzburg: Königshausen & Neumann 2014, S. 13–29.

11 Heiko Ulrich, »Der ›augenschein / Der nackenden wahrheit‹: Juristische Rhetorik und poetische Ästhetik in Weckherlins ›Urtheil des Paris‹«, in: Nilges (Hg.), *Dichterjuristen*, S. 31–48.

12 Guglielmo Gabbiadini, »Welttheater, Revolution und usurpierte Menschenrechte: Über Friedrich Maximilian von Klingers Fragment *Das zu frühe Erwachen des Genius der Menschheit*«, in: Nilges (Hg.), *Dichterjuristen*, S. 49–66. Vgl. auch Ulrich Mölk (Hg.), *Literatur und Recht: Literarische Rechtsfälle von der Antike bis in die Gegenwart*, Göttingen: Wallstein 1996.

13 Ernest W. Huffcut, »The Literature of Law«, in: *The Green Bag* (1892/4/2), S. 52–54, hier: S. 52 (Internet-Link im Literaturverzeichnis). Siehe dazu auch: Catherine O. Frank, *Law, Literature, and the Culture in England, 1837–1925*, Farnham/Burlington: Ashgate 2010, S. 70.

14 Vgl. John H. Wigmore, »A List of Legal Novels«, in: *Illinois Law Review* (1907–1908/2), S. 574–593.

Richard Weisberg hebt in diesem Zusammenhang Wigmores visionäre Antizipation der *Law in Literature*-Bewegung hervor:

> Wigmore had no interest in directing them towards literature as a mere hobby. Fiction-reading instead was to be a lifelong professional duty. If Continuing Legal Education existed in his day, most of the credits required of lawyers and judges would have involved instruction in literary criticism. Balzac, Dickens, Jane Austen, George Eliot, Katherine Anne Porter – these and scores of others were to be lifelong companions to the practicing lawyer or sitting judge.[15]

Wigmore sieht hier Literatur als pädagogisches Instrument, um Jurist:innen, Rechtsgelehrten, Richter:innen und Anwält:innen die komplexen menschlichen Zusammenhänge zu erklären, die für eine gute Rechtsanwendung so wesentlich seien:

> The novel – the real work of fiction – is a catalogue of characters taken from nature. And a lawyer must understand human nature. He must work comprehensively with its variations and its motivations. He will not be able to find all of this in his own immediate circle; life is not long enough nor his contacts diverse enough to teach him personally what he will need to know in some unforeseeable new case. To acquire this knowledge, he must have recourse to fiction, which is a portrait gallery taken from nature.[16]

Im Jahre 1925 schrieb Benjamin Cardozo: »I am told at times by friends that a judicial opinion has no business to be literature. The idol must be ugly, or he may be taken for a common man.«[17] Mit diesem Appell, dem literarischen Schreiben auch in der Rechtspraxis Beachtung zu schenken, proklamiert Cardozo, wie Richard H. Weisberg hervorhebt, die Relevanz des Schreibstils für die Bedeutung juristischer Texte: »In fact [...] attention to the literary is *mandatory* in all acts of legal communication, because style controls meaning; it is not added for fun.«[18] Form, Struktur und Inhalt bilden nach dieser Auffassung eine notwendige Einheit, um ›gute‹ Rechtskommunikation in all ihren Formen, schriftlich wie mündlich, zu gewährleisten. Die Auffassung, dass qualitativ hochwertige Rechtstexte nach literarischen Kriterien zu verfassen seien, hat

15 Richard H. Weisberg, »Wigmore and the Law and Literature Movement«, in: *Law & Literature* (2009/21/1), S. 129–145, hier: S. 130.

16 Wigmore, »A List«, S. 579.

17 Benjamin Cardozo, »Law and Literature«, in: Margaret E. Hall (Hg.), *Selected Writings of Benjamin Nathan Cardozo*, New York: Fallon 1947, S. 339–356, hier: S. 339.

18 Richard H. Weisberg, »Cardozo's ›Law and Literature‹: A Guide to his Judicial Writing Style«, in: *Touro Law Review* (2018/349), Cardozo Legal Studies Research Paper Nr. 551, Cardozo School of Law (Internet-Link im Literaturverzeichnis).

zur Strömung ›Recht *als* Literatur‹ geführt, die hier jedoch, zugunsten des Fokus auf das ›Recht *in* der Literatur‹ nur sehr am Rande gestreift werden kann.

Nach Cardozos rechtsliterarischem Auftakt ging von der Veröffentlichung von James Boyd Whites Werk *The Legal Imagination* (1973)[19] ein weiterer entscheidender Impuls aus, der wiederum den:die Juristen:Juristin im Umgang mit dem Text in den Mittelpunkt stellte. Dieser berufsspezifische Bezug wird schon in der Einleitung betont: »I want to begin calling this an advanced course in reading and writing, a study of what lawyers and judges do with words.«[20] Boyds Werk markiert den Anstoß zur Zweiteilung der Strömung ›Literatur und Recht‹ in ›Recht *in* der Literatur‹ und ›Recht *als* Literatur‹. ›Recht *als* Literatur‹ betrachtet die sprachliche Analyse als ein Hilfsmittel der Rechtsfindung und versucht, literaturwissenschaftliche Theorien der Textinterpretation und des Textverständnisses (Hermeneutik, Dekonstruktivismus, Strukturalismus, Poststrukturalismus, Linguistik) auf Rechtstexte anzuwenden,[21] um den Jurist:innen einen profunderen Zugang zu diesen zu ermöglichen.[22] Das ›Recht in der Literatur‹, um das es hier in erster Linie geht, *befasst sich mit dem expliziten und impliziten Umgang mit rechtlichen Phänomenen und Erscheinungen in der Literatur*. Ein dritter Bereich interdisziplinärer Verflechtung, der jedoch im Rahmen dieser Arbeit nicht untersucht wird, betrifft den urheberrechtlichen Schutz literarischen Schaffens. Stephan Kirste zählt außerdem zum Forschungsgebiet ›Recht und Literatur‹ die ›poetische Gerechtigkeit‹, d. h. jene Gerechtigkeit, »die das Recht nicht erbringen kann.«[23] Dabei scheint es sich jedoch mehr um eine thematische Annäherung an das Recht *in* der Literatur zu handeln als um eine eigenständige Perspektive.[24] Da, wie bereits angedeutet, der Fokus dieser Arbeit auf dem Forschungsfeld ›Recht *in* der Literatur‹ liegt, wird im Folgenden nicht auf die anderen Teildisziplinen eingegangen werden. *Es geht hier ausschließlich um die Auseinandersetzung mit Recht,*

19 James B. White, *The Legal Imagination*, Chicago/London: University of Chicago Press 1973.

20 Vgl. ebd., S. xxi.

21 Vgl. Jane Baron / Julia Epstein, »Is law narrative?«, in: *Buffalo Law Review* (1997/45/1), S. 141–187.

22 Vgl. Edward Schramm, »Law and Literature«, in: *Juristische Arbeitsblätter* 2007, S. 581–585.

23 Stephan Kirste, »Literatur und Recht«, in: Eric Hilgendorf / Jan C. Joerden (Hg.), *Handbuch Rechtsphilosophie*, Berlin/Heidelberg: J. B. Metzler 2021, S. 351–362, hier: S. 351.

24 Vgl. dazu die sehr ausführliche Arbeit von Christine Baron zur Divergenz des Gerechtigkeitsempfindens zwischen Recht und Literatur: Christine Baron, *Le tribunal du récit: Désir de justice et littérature*, Le Kremlin-Bicêtre: mare & martin 2023.

Rechtssystemen, Rechtsfiguren und Rechtsfällen, die in der literarischen Diegese explizit oder implizit verhandelt werden.

Richard Posner, bekannt für seine kritische Haltung zur *Law and Literature*-Bewegung, untersucht über die Identifizierung von Gemeinsamkeiten zwischen den Disziplinen hinaus die wechselseitigen Implikationen von Literatur im Recht und von Recht in der Literatur. Die Schwierigkeit des Umgangs mit dem Recht in der Literatur, so Posner, liege darin, dass das Recht als komplexes System von Normen und Institutionen nicht mimesisfähig und daher für Laien nicht leicht zu erfassen sei: »Law is a complex of rules and institutions from which a writer can borrow but which does not lend itself to being imitated.«[25] In diesem Zusammenhang unternimmt Posner eine kritische Analyse der juristischen Auslegungen in ausgewählten literarischen Werken aus der Perspektive des amerikanischen und ausländischen Rechts, um die aus seiner Sicht laienhaften Abweichungen und Ungereimtheiten aus juristischer Sicht aufzuzeigen.[26] Nach Posner seien Literat:innen nicht qualifiziert, Rechtsverhältnisse plausibel darzustellen. Immerhin, so Posner weiter, könne das Recht in der Literatur Beiträge zur Rechtsvergleichung leisten: »[...] and this shows that the law and literature movement can contribute to the study of comparative law.«[27] Posners Geringschätzung der juristischen Kompetenz von Literat:innen wird hier kaum verschleiert. Auf der gleichen Ebene wie Posner spricht Robert Weisberg Literatur zwar ebenso jeden juristischen Mehrwert ab, gesteht ihr aber zumindest einen erzieherischen Wert in Sachen ›Menschlichkeit‹ zu: »Even though these texts [literarische Texte, Anm. d. Verf.] can tell us little or nothing about the legal situation, they can still educate lawyers about the human condition.«[28] In diesem Sinne spricht Robert Weisberg der Literatur kontextualisierende Qualitäten zu, die zwar nicht ausreichen, um Rechtsverhältnisse verlässlich kompetent darzustellen, die aber immerhin dazu

25 Richard Posner, *Law and Literature*, Cambridge (Mass.) / London: Harvard University Press 1988, S. 23.

26 Vgl. dazu Schramm, »Law and Literature«, S. 582. Siehe dazu auch Jeanne Gaakeer, »European *Law and Literature*: Forever Young – The Nomad Concurs«, in: Helle Porsdam / Thomas Elholm (Hg.), *Dialogues on Justice: European Perspectives on Law and Humanities*, Berlin/New York: De Gruyter 2012, S. 44–72. Dieselbe Kritik der ›Laienhaftigkeit‹ übt Julie Stone Peters an den Jurist:innen, die, wenn sie sich mit Literatur befassen, nicht über solide literaturtheoretische Kenntnisse verfügen: Julie Stone Peters, »Law, Literature, and the Vanishing Real: On the Future of an Interdisciplinary Illusion«, in: *Publications of the Modern Language Association* (2005/120/2), S. 442–453.

27 Gaakeer, »European *Law and Literature*«, S. 43.

28 Ian Ward, *Law and Literature. Possibilities and Perspectives*, Cambridge: Cambridge University Press 1995, S. 14.

beitragen, den weiteren sozio-historisch-kulturellen Rahmen zu skizzieren. Genau dazu soll meine Arbeit einen Beitrag leisten, indem gezeigt wird, dass das Recht durch eine methodisch strukturierte Annäherungsweise durchaus auch für Literat:innen und Literaturwissenschaftler:innen zugänglich sein kann und damit dem Vorwurf der Inkompetenz wirksam begegnet werden kann. Auf diese Weise, durch den Abbau oder zumindest die Milderung von Vorurteilen auf Seiten der Jurist:innen und von Minderwertigkeitskomplexen auf Seiten der Literat:innen und Literaturwissenschaftler:innen, ist eine Verbesserung der interdisziplinären Zusammenarbeit zu erhoffen.

Nach diesen zögerlichen Ansätzen erhielt die interdisziplinäre Forschung zu ›Recht und Literatur‹ in den 1980er Jahren einen wichtigen Impuls durch Richard Weisberg – nicht zu verwechseln mit Robert Weisberg – und Jean-Pierre Barricelli, die beide ein verbindendes Element zwischen Recht und Literatur darin erkennen, dass beide Disziplinen damit befasst seien, die Wirklichkeit durch Sprache darzustellen: »Law is associated with literature from its inception as a formalized attempt to structure reality through language.«[29] Unter Vernachlässigung der Strömung ›Literatur *im* Recht‹ sei hier nur auf Richard Weisbergs Befürwortung des pädagogischen Ansatzes von ›Recht *in* Literatur‹ im Einklang mit Robert Weisberg verwiesen, auf den sich auch Ian Ward bezieht: »Whereas for White the value of such texts lies chiefly in the style and rhetoric which they deploy, Weisberg suggests that such texts are justified in legal studies simply for the situation which they seek to describe and for the social and political contexts which they imply.«[30] Richard Weisberg beschäftigte sich diesbezüglich im Rahmen seiner Studien über den Holocaust in Frankreich insbesondere mit der literarischen und rechtlichen Darstellung des Vichy-Regimes, wobei er bitter konstatierte, dass die »Quelle von Holocaust-Vorhersagen und -Aufarbeitungen im nichtssagenden Wortschwall juristischer Protagonisten« untergehe.[31] Albert Camus' Romane *Der Fremde* (1942) und *Der Fall* (1956) halfen Richard Weisberg in seinen Untersuchungen zu verstehen, wie

29 Richard H. Weisberg / Jean-Pierre Barricelli, »Literature and the Law«, in: Joseph Gibaldi / Jean-Pierre Barricelli (Hg.), *Interrelations of Literature*, New York: MLA 1982, S. 150–175, hier: S. 150.

30 Ward, *Law and Literature*, S. 7–8; ganz anders James B. White, der die Priorität des Textes über die Literatur vertritt, insofern es in erster Linie der Stil und die Rhetorik eines Textes seien, die die Beziehung Text – Leser:in und somit dessen Wirksamkeit bedingen (White, *Legal Imagination*). In dieselbe Richtung positioniert sich Stanley Fish, *Doing What Comes Naturally, Change, Rhetoric, and the Practice of Theory in Literary and Legal Studies*, Durham: Duke University Press 1989.

31 Richard H. Weisberg, *Rechtsgeschichten. Über die Gerechtigkeit in der Literatur*, Berlin: Suhrkamp 2013, S. 13.

Nichtjurist:innen rechtliche Zusammenhänge literarisch gestalten.[32] Im Zuge seiner Beschäftigung mit dem Recht in Werken von Dostojewski, Melville und Flaubert erkannte Weisberg, dass die Schriftsteller:innen Heldentum und Religiosität durch das Prinzip der Legalität als die Kontrollinstanz der modernen Gesellschaft ersetzt hatten: »Aber das Recht, nichts weiter als eine relativistische Methode für die Ordnung der Wirklichkeit durch Sprache, bezog gegenüber spontanem Leben dieselbe Stellung wie die philosophischen oder priesterlichen Formen früherer Texte.«[33] C.R.B. Dunlop bekräftigt Richard Weisbergs These von der erzieherischen Funktion des Rechts *in* der Literatur, da es für angehende Jurist:innen unerlässlich sei, das Recht mit Politik, Moral, Ethik und Kultur zu verbinden: »Literature provides legal scholars with an ideal vehicle to see law as a part of the surrounding culture.«[34] Marta Nussbaum, als weitere Befürworterin von Weisbergs Ansatz, besteht auf Literatur als Mittel zur Vervollkommnung des:der ›guten‹ Juristen:Juristin und Richters:Richterin, der:die neben der fachlichen Kompetenz nicht nur Kenntnisse über soziale Zusammenhänge vorzuweisen habe, sondern auch über menschliche Qualitäten und Empathie verfügen müsse, ohne gleich in emotionale Beliebigkeit zu verfallen.[35] Literatur ist nach Nussbaum deshalb so wichtig, weil

> the novel is a living form and in fact still the central morally serious yet popularly engaging fictional form of our culture. […] the novel constructs a paradigm of style of ethical reasoning that is context specific without being relativistic, in which we get potentially universalizable concrete prescriptions by bringing a general idea of human flourishing to bear on a concrete situation, which we are invited to enter through the imagination.[36]

Neben dem von Nussbaum vertretenen kulturell-humanistischen Wert der Literatur spricht ein weiteres Argument für die Einbeziehung des Rechts in die Literatur, das vor allem von Heinz Müller-Dietz, Donato

32 Richard H. Weisberg, »Vichy Law and the Holocaust in France: Précis of a Talk to the Hofstra Conference«, in: Susan Tiefenbrun (Hg.), *Law and the Arts*, Westport/London: Greenwood Press 1999, S. 81–91.

33 Weisberg, *Rechtsgeschichten*, S. 12.

34 Dunlop, C.R.B., »Literature Studies in Law Schools«, in: *Cardozo Studies in Law and Literature* (1991/3/1), S. 63–110, hier: S. 69. Weitere Anhänger der humanistisch-erzieherischen Funktion von Recht in Literatur sind Nancy Cook (»Shakespeare Comes to the Law School Classroom«, in: *Denver Law Review* (1991/68), S. 387–411) und Jules Getman (»Voices«, in: *Texas Law Review* (1988/66), S. 577–588).

35 Vgl. Martha C. Nussbaum, *Poetic Justice. The Literary Imagination and Public Life*, Boston: Beacon Press 1995, S. 118–121.

36 Ebd., S. 6.

Carusi[37] und Peter Häberle hervorgehoben wird: Literatur künde von gesellschaftlichen und sozialen Entwicklungen, Mankos und Bedürfnissen, die das Recht zeitversetzt rezipiere, wenn auch, wie Müller-Dietz ironisch bemerkt, oft zu spät:

> Von Zeiten einschneidender epochaler Veränderungen, gar noch revolutionären Umsturzes abgesehen hinkt Recht seines traditionell konservierenden (um nicht zu sagen: konservativen) Charakters wegen meist gesellschaftlichen Entwicklungen nach, arbeitet deren Wandel spät (nicht selten zu spät) auf. Diesem ›cultural lag‹, der kulturellen Verspätung des Rechts [...] steht der eher seismographische Charakter von Literatur gegenüber, die früher und rascher gesellschaftliche Veränderungsprozesse aufnimmt, wenn sie nicht sogar Vorreiterfunktionen wahrnimmt.[38]

Peter Häberle misst der Literatur dieselbe Vorreiterfunktion für das Erkennen von Rechtsbedürfnissen der Gesellschaft zu, denn die Literatur liefere den »›Stoff‹, aus dem das Recht und die Juristen einer offenen Gesellschaft kurz-, mittel- und langfristig viel Anregung und ›Material‹ sowie (Orientierungs)›Werte‹ gewinnen können.«[39] Gerade die »›laienhafte‹ Vorformulierung von Reformwünschen und -notwendigkeiten, von neuen Bedürfnissen und Nöten der Menschen, von Hoffnungen und Wünschen« sei,[40] so Häberle, Grund genug, »auf Literatur und Literaten zuzugehen.«[41]

Trotz der divergierenden Positionen zu Literatur und Recht, trotz der Debatten über das Für und Wider, Jurist:innen mit Literatur und Literat:innen sowie Literaturwissenschaftler:innen mit Recht zu konfrontieren, zeugt das wachsende Interesse am Fach ›Recht und Literatur‹ an den meisten renommierten Rechtsfakultäten in den Vereinigten Staaten, und allmählich, wenn auch weniger konsequent und fragmentiert, in Europa, vom Erfolg der *Law and Literature*-Bewegung.[42] In Deutschland kam es bereits im 19. Jahrhundert zu ersten Beschäftigungen mit dem Recht in der Literatur, während Frankreich erst zu Beginn des 21. Jahrhunderts nachgezogen hat. In Italien, das schon immer die Nähe zu den

37 Donato Carusi, *Sua maestà la legge? Tre secoli di potere, diritto e letteratura*, Florenz: Olschki 2022, S. 6.

38 Heinz Müller-Dietz, *Grenzüberschreitungen. Beiträge zur Beziehung zwischen Literatur und Recht*, Baden-Baden: Nomos 1990, S. 21. Vgl. dazu auch: Claudia Schwarz, »Sentenced to ›Storification‹: A Trial on Legal Narratives«, in: Gudrun M. Grabher / Anna Gamper (Hg.), *Legal Narratives. European Perspectives on U.S. Law in Cultural Contact*, Wien: Springer 2009, S. 213–238.

39 Peter Häberle, *Das Grundgesetz der Literaten. Der Verfassungsstaat im (Zerr?) Spiegel der Schönen Literatur*, Baden-Baden: Nomos 1983, S. 98.

40 Ebd., S. 100.

41 Ebd.

42 Vgl. Willem J. Witteveen, »Law and Literature: Expanding Contracting Emerging«, in: *Law & Literature* (1998/10/2), S. 155–160, hier: S. 155.

Vereinigten Staaten gesucht hat, erwachte das Interesse an Recht und Literatur zeitgleich mit den amerikanischen Kolleg:innen. Die europäische *Law and Literature*-Forschung versucht sich inzwischen von der amerikanischen *Law and Literature*-Strömung durch Eigenständigkeit zu emanzipieren[43] und befruchtet das Feld durch eigene Debatten und Erweiterungen. Wie Greta Olson hervorhebt, wird es – mit Rücksicht auf landesspezifische Besonderheiten – auch in Zukunft eine Pluralität von Strömungen innerhalb der Strömung geben, wobei es eine der Hauptaufgaben der *Law in Literature*-Bewegung sein wird, normative Lücken und Missstände im Einklang mit dem gesellschaftlichen ›Zeitgeist‹ aufzuzeigen: »The traditional Law and Literature move would be to state that through the emotionally evocative means of narrative literature, the failings of law to ensure social justice are uncovered, and that the literary presents a necessary supplement to law.«[44] Mit Olsons Befund im Kopf soll im Folgenden zum Stand der Recht und Literaturbewegung in Frankreich, Italien und Deutschland übergeleitet werden.

1.1 Recht und Literatur im frankophonen Raum

Der belgische Jurist, Universitätsprofessor, Dramatiker und Schriftsteller François Ost konstatiert eine verspätete Entwicklung der Rechts- und Literaturbewegung für den französischsprachigen Raum.[45] Ost selbst kann als Wegbereiter der Bewegung für Belgien angesehen werden. Erst zu Beginn des zweiten Jahrzehnts unseres Jahrhunderts beschäftigte sich Christian Biet[46] als Pionier in Frankreich mit Recht und Literatur. Seit

43 Siehe dazu Greta Olson, »De-Americanizing Law and Literature Narratives: Opening Up the Story«, in: *Law & Literature* (2010/22/2), S. 338–364.

44 Greta Olson, »Futures of Law and Literature: A Preliminary Overview from a Culturalist Perspective«, in: Christian Hiebaum / Susanne Knaller / Doris Pichler (Hg.), *Recht und Literatur im Zwischenraum / Law and Literature In-Between. Aktuelle inter- und transdisziplinäre Zugänge / Contemporary Inter- and Transdisciplinary Approaches*, Bielefeld: transcript 2015, S. 37–69, hier: S. 60.

45 François Ost / Laurent Van Eynde, »Le droit au miroir de la littérature«, in: François Ost / Laurent Van Eynde / Philippe Gérard & al. (Hg.), *Lettres et lois. Le droit au miroir de la littérature*, Brüssel: Presses universitaires Saint-Louis Bruxelles 2001, S. 7–10. Siehe auch Philippe Malaurie, *Droit et littérature: une anthologie*, Paris: Cujas 1997; Anne Teissier-Ensminger, *La beauté du droit*, Paris: Descartes et Cie 1999; François Ost, *Raconter la loi. Aux sources de l'imaginaire juridique*, Paris: Odile Jacob 2004; François Ost, *Nouveaux contes juridiques*, Paris: Dalloz 2021.

46 Biet, »Introduction«; Christian Biet, *Droit et littérature sous l'ancien régime. Le jeu de la valeur et de la loi*, Paris: Honoré Champion 2004.

seinem unerwartet frühen Ableben führt Christine Baron[47] zusammen mit Denis Salas[48] und Sandra Travers de Faultrier[49] die französische Rechts- und Literaturbewegung seit den 2010er Jahren an. Weitere Beitragende wie Claire Bouglé-Le Roux[50], Marion Mas[51], Jean-Pol Masson[52] und Jean-Marc Sorel[53] haben die französische Strömung in den letzten Jahren mitbelebt und gestärkt. Dass das Interesse an diesem Forschungszweig allmählich wächst, bezeugt auch die Gründung der *Revue Droit & Littérature* im Jahr 2017, die nun jährlich beim Verlag Lextenso in Paris erscheint.[54] An der Universität Aix-en-Provence wurde sogar ein dreijähriger Studiengang ›Recht und Literatur (Droit-Lettres)‹ eingerichtet.[55]

Die Vertreter:innen der jungen französischen Schule sind sich ohne sonderliche Differenzen darin einig, dass die Literatur als fiktionales und freies Medium die Starrheit und mitunter situative Unangepasstheit des Rechts aufweichen und mildern kann und sehen gerade in der Dialektik zwischen dem ›Du-darfst-nicht‹ des Rechts und dem ›Du-kannst-alles‹ der Literatur einen fruchtbaren interdisziplinären Ansatz. Antoine Garapon und Denis Salas stellen in diesem Zusammenhang der konservativen Starrheit des realen Ist-Zustandes des Rechts die imaginäre Offenheit der Literatur gegenüber und fragen danach, wie Recht und Literatur, trotz ihrer disziplinären Eigenheiten, zusammen gedacht werden können:

47 Vgl. Baron, *Le tribunal*; Christine Baron, *La littérature à la barre*, Paris: CNRS éditions 2021; Christine Baron, *Contextes littéraires, émotions judiciaires*, Paris: Classiques Garnier 2020; Christine Baron, »La littérature auxiliaire de l'acte de juger?«, in: *Les Cahiers de la justice* (2016/2), S. 371–382.

48 Antoine Garapon / Denis Salas (Hg.), *Le droit dans la littérature*, Paris: Michalon 2008; Denis Salas, *Kafka: Le combat avec la Loi*, Paris: Michalon 2013.

49 Sandra Travers de Faultrier, *Afin que du réel advienne… Quand droit et littérature dialoguent*, Le Kremlin-Bicêtre: mare & martin 2021; Sandra Travers de Faultrier, »Les mots du droit sur et dans l'œuvre«, in: *Les Cahiers de la justice* (2012/4), S. 25–41.

50 Claire Bouglé-Le Roux, *La littérature française et le droit, du Roman de Renart à Michel Houellebecq. Anthologie illustrée*, Paris: LexisNexis 2021.

51 Marion Mas / Myriam Roman, »Écrire le droit: un enjeu pour les études dix-neuviémistes«, in: *Romantisme* (2023/1/199), S. 5–15.

52 Jean-Pol Masson, *Le droit dans la littérature française*, Brüssel: Larcier 2022.

53 Jean-Marc Sorel, *Les lectures du monde: La sphère juridique internationale dans la littérature*, Le Kremlin-Bicêtre: mare & martin 2023.

54 Die Zeitschrift *Revue Droit & Littérature* kann auf der Seite https://www.cairn.info/revue-droit-et-litterature.htm (Zugriff: 8.2.2024) eingesehen werden. Sie befasst sich mit verschiedenen Themen, die dem Bereich Recht *in* der Literatur zuzuordnen sind.

55 Vgl. https://formations.univ-amu.fr/fr/licence/3HLF/PRHLF3AF (Zugriff: 9.9.2024).

>›Droit et littérature‹, étrange association. Tout semble en effet séparer les deux univers: le droit fige le réel, la littérature ouvre les portes de la fiction. D'un côté, le formalisme de la loi et de l'autre la phantaisie de l'imagination. L'un étonne, dérange, surprend; l'autre assure et normalise. Comment le ›tout est possible‹ du personnage littéraire pourrait-il donner rendez-vous au ›tu ne dois pas‹ du sujet de droit? Comment accorder l'abstraction, la règle et l'incarnation du récit? La généralité du principe et la singularité du destin? La rigidité du prescriptif et la fluidité de descriptif?[56]

Biet hebt hervor, dass Literatur immer unweigerlich um Rechtsfragen kreise und versuche, institutionelle, normative, politische oder moralische Lücken zu füllen: »La littérature ne cesse de revenir sur le droit, de l'investir, de le mettre en doute, et d'entrer dans les brèches institutionelles, normatives, politiques et morales qu'il a laissées béantes.«[57] Die narrative Fiktion, so Biet, habe den Vorteil der Freiheit, mit dem Recht ›spielen‹ zu können und verhelfe dadurch zu neuen Erkenntnissen und Sichtweisen.[58] Auch wenn die Inszenierung von Prozessen, Richter:innen, Staatsanwält:innen, Rechtsdebatten oder Plädoyers in literarischen Texten in vielen Fällen offensichtlich erfolgt, können, wie Biet weiter unterstreicht, Rechtsdiskurse in Texten auch impliziter Natur sein, die es zu erkennen gelte, um das Textverständnis zu erhöhen: »Mais si le droit existe dans la littérature de manière explicite par l'apparition de notions juridiques précises, il apparaît aussi de façon implicite, et il faut ensuite déterminer, ce qui dans les textes qui ne parlent pas explicitement de la justice, fait appel à des connaissances juridiques pouvant faire évoluer la compréhension profonde que nous avons d'une œuvre littéraire.«[59] Biet verweist hier auf einen wichtigen Punkt, dem in dieser Untersuchung eine besondere Aufmerksamkeit geschenkt werden soll, nämlich, dass es neben den expliziten Rechtsdiskursen in der Literatur auch darum geht, impliziten Rechtsverhältnissen auf die Spur zu kommen. Erst durch die Freilegung des Nicht-Offensichtlichen in der Fiktion, so Biet, komme die interdisziplinäre Verbindung von Recht und Literatur voll zum Tragen, indem davon nicht nur rechtliche, sondern auch ideologische oder kulturelle Erkenntnisse abgeleitet werden können. In diesem Sinne verweisen die juristischen Leerstellen und Lücken, die Aporien und Paradoxien in der literarischen Fiktion auf grundlegende soziale, rechtliche und kulturelle Fragen, die es zu erkennen gilt.[60] Dabei positioniert

56 Garapon/Salas (Hg.), *Le droit*, S. 7.

57 Biet, »Introduction«, S. 5. Vgl. auch Myriam Roman, *Le droit du Poète: la justice dans l'œuvre de Victor Hugo*, Saint-Étienne: Presses Universitaires de Saint-Étienne 2023, S. 16–18.

58 Vgl. Garapon/Salas (Hg.), *Le droit*, S. 5–9.

59 Vgl. ebd., S. 17–18.

60 Vgl. ebd., S. 18.

sich die Literatur durch das fiktive ›Spiel‹ als verdeckte, kritische, ironische oder ästhetische Beobachterin der Gesellschaft, die in der Lage ist, die Imperfektion, Inkohärenz oder Mangelhaftigkeit von Rechtssystemen sichtbar zu machen.

Christine Baron lenkt den Blick auf die Fähigkeit der Literatur, einerseits das Recht dort zu imaginieren, wo es in der Realität fehlt oder versagt, und andererseits freiheitseinschränkende, demokratiewidrige, normative Überproduktionen anzuprangern.[61] Literarische Narrative eröffnen die Möglichkeit, Brücken zu schlagen zwischen juristischer Fachsprache und emotional aufgeladenem Volksmund, zwischen juristischem und human-kulturellem Begriffsverständnis (Gerechtigkeit[62], Freiheit, Würde etc.) sowie zwischen juristischer und pragmatischer Normauslegung und -anwendung. Sie füllen, so Baron weiter, Rechtsvakua, sie lassen das ›Recht sprechen‹, dort, wo es verstummt ist, sie zeigen mit dem Finger auf Justizirrtümer oder auf inkongruente Rechtsauslegungen. Die Literatur eröffnet den Jurist:innen durch die Schilderung konkreter Fälle neue Perspektiven der Rechtsbetrachtung, die für sie bisher unzugänglich waren: »La littérature et parfois le cinéma posent des perspectives originales sur les normes en les narrativisant, en les exposant, en les mettant à l'épreuve de cas concrets, en posant des alternatives auxquelles le juriste ne peut parfois faire face.«[63] Marc Verdussen betont in ähnlicher Weise die Funktion der Literatur als Mittel zur Veranschaulichung der zwischenmenschlichen Beziehungen im sozialen Gefüge, das für die Rechtsproduktion maßgeblich ist: »Plus globalement elles [die literarischen Werke, Anm. d. Verf.] permettent de mieux comprendre le cadre social de la production juridique et, plus particulièrement encore, les représentations de la nature humaine et les configurations des rapports entre les êtres humains, dont l'intelligence est indispensable à la pensée juridique et à la production du droit.«[64]

François Ost hebt das kreative und heuristische Potenzial der Literatur gegenüber den Rigiditäten des Rechts hervor. So schlüpfe die Literatur in die Zwischenräume des positivistischen Rechts, um dessen Fehlbarkeit nur umso besser zu pointieren und neue Erkenntnisse zu generieren. Sie tausche stereotype Rechtssubjekte und abstrakte Rechtslagen gegen konkrete Fälle ein, in deren Mittelpunkt wandelbare und

61 Vgl. Baron, *Le tribunal*, S. 16–25.

62 Vgl. dazu ebd. Christine Baron untersucht hier das Verhältnis von Recht und Literatur mit Bezug auf das Verständnis des Prinzips der ›Gerechtigkeit‹.

63 Vgl. ebd., S. 17.

64 Marc Verdussen, »L'étranger. Sur les révoltes fondatrices d'Albert Camus contre le Mensonge, l'Injustice et la Violence«, in: François Jongen / Koen Lemmens (Hg.), *Droit et littérature*, Wavre: Anthemis 2007, S. 45–61, hier: S. 60.

entwicklungsfähige Menschen stehen.[65] Zwischen der befehlenden oder sanktionierenden Rationalität des Rechts und der grenzenlosen Freiheit der Fiktion, zwischen dem juristischen ›Du-darfst-nicht‹ und dem literarischen ›Alles-ist-möglich‹ liege, so Ost, das Potenzial des Dialogs zwischen Recht und Literatur: »En lieu et place d'un dialogue de sourds entre un droit codifié, institué, campé dans sa rationalité et son effectivité et une littérature rebelle à toute convention, jalouse de sa fictionalité et de sa liberté, c'est bien plutôt d'emprunts réciproques et d'échanges implicites qu'il est question.«[66]

In dieselbe Logik des wechselseitigen Dialogs zwischen den Disziplinen fügt sich auch Gil Charbonniers Verweis auf die komplementäre Funktion der Literatur im Verhältnis zur restriktiven Normativität des Rechts ein, dort, wo er darauf besteht, dass das Familienrecht ohne die Schriften von André Gide nicht vollständig erfasst werden könne. Beispielsweise wäre eine Ehe ohne die emotionale Dimension, die sich nur auf das Recht beschränkt, recht armselig, »un bien pauvre mariage.«[67] Als Beispiel für den konkreten Einfluss der Literatur auf die Entwicklung des Familienrechts nennen Charbonnier und Petit Jean Cocteaus Roman *Les parents terribles*, der zur Abschaffung der Vorrechte des *pater familias* in Artikel 213 des französischen Zivilgesetzbuches von 1938 führte, mit dem die Frau zum Gehorsam gegenüber dem Mann gezwungen worden war.[68] Getreu ihrer Tradition starker Verbundenheit mit dem gesellschaftlichen ›Sein‹ bleibt die französische Gegenwartsliteratur jenen Rechtsthematiken verpflichtet, die gerade hochaktuell sind, wie der Inzest, das Versagen der französischen Justiz oder der Kampf gegen den Terrorismus.[69]

Im Gegensatz zu den jüngeren Entwicklungen im frankophonen Raum konnte, wie das folgende Kapitel zeigen wird, die Rechts- und Literaturbewegung in Italien bereits Anfang des 20. Jahrhunderts greifen. Während in

65 Vgl. Ost, *Raconter*, S. 10–15.

66 Ebd., S.19.

67 Jean Carbonnier, *Flexible droit. Pour une sociologie du droit sans rigueur*, Paris: Lextenso Éditions 2014, S. 28. Carbonnier verweist hier auf André Gides Werk *Les nourritures terrestres* (1897). Die Familie als rechtliche und soziale Institution steht in Frankreich im Zentrum mehrerer Romane, die sich mit dem Tabuthema Inzest befassen. Vgl. dazu Christine Angot, *Le voyage dans l'Est*, Paris: J'ai lu 2022; Camille Kouchner, *Familia grande*, Paris: Seuil 2021; Vanessa Springora, *Le Consentement*, Paris: Grasset 2020; Raphaël Enthoven, *Le Temps gagné*, Paris: Flammarion 2020; Yann Moix, *Orléans*, Paris: Grasset 2019.

68 Charbonnier/Petit, *Quand la littérature*, S. 16.

69 Zum Thema Inzest vgl. Anm. 67. Zur Falschaussage und Dokumentfälschung siehe Pascale Robert-Diard, *La petite menteuse*, Paris: Éditions L'Iconoclaste 2022; Philippe Jaenada, *Sans preuve & sans aveu*, Paris: Éditions Points 2023. Zum Terrorprozess siehe Karine Tuil, *La décision*, Paris: Gallimard

Frankreich vor allem die Rolle der Literatur als Beobachterin rechtlicher Unzulänglichkeiten oder Mankos betont wird, koexistieren in Italien die Thesen vom pädagogischen Wert der Literatur für Jurist:innen sowie von ihrer Prognosefunktion für zukünftige Rechtsentwicklungen.

1.2 Recht und Literatur in Italien

In Italien tauchten schon ab 1923, synchron mit der Entwicklung der amerikanischen *Law and Literature*-Studien, die ersten Beiträge und Reflexionen zu Recht und Literatur auf, die sich den amerikanischen Thesen vom erzieherischen Potenzial der Literatur für Jurist:innen anschlossen. In diesem Sinne weist Roberto Vacca darauf hin, dass die Literatur einen besseren Einblick in die menschliche Natur biete als jedes verstaubte Werk der Rechtsphilosophie oder -psychologie.[70] Piero Calamandrei hingegen erkennt in der Literatur den pädagogischen Wert, das Recht auf eine profanere Weise verständlich zu machen.[71] Antonio d'Amato, dessen Publikation *La letteratura e la vita del diritto* (1936) in Italien als eigentlicher Ausgangspunkt der interdisziplinären Forschung im Bereich Recht und Literatur angesehen wird, definiert beide Disziplinen als Teil der geistigen Tätigkeit (»branche dell'attività dello spirito«[72]), wobei die Literatur wie ein Seismograf Auskunft über die rechtliche Sensibilität einer Bevölkerung gebe (»termometro della sensibilità di un popolo«[73]).[74] Donato Carusi kommentiert d'Amatos Erkenntnis von der antizipierenden und vorbereitenden Funktion der Literatur im Verhältnis zur zeitlich nachfolgenden Entwicklung des Rechts: »Vi si legge che la letteratura ›segue il diritto nelle sue fasi‹ e che allorquando il secondo esita e ›temporeggia‹ la prima ne prepara l'evoluzione.«[75] Einen weiteren

2022; Emmanuel Carrère, *V13. Chroniques juidiciaires*, Paris: P.O.L 2022; Marc Trévidic, *Au cœur de l'antiterrorisme*, Paris: JC Lattès 2011.

70 Vgl. Roberto Vacca, *Il Diritto Sperimentale*, Turin: Fratelli Bocca 1923.

71 Vgl. Piero Calamandrei, »Le lettere e il processo civile«, in: *Rivista di diritto processuale civile* (1924/I), S. 202–204, hier: S. 204.

72 Antonio D'Amato, *La letteratura e la vita del diritto*, Mailand: Ubezzi & Dones 1936, S. 14.

73 Ebd.

74 Vgl. Andrea Condello / Tiziano Toracca, »*Letteratura e Diritto*: breve tracciato di una disciplina. Il caso italiano: qualche riflessione«, online am 15.7.2015 (Internet-Link im Literaturverzeichnis), S. 1–2; vgl. auch Andrea Barenghi, »L'umanesimo giuridico in un libro di Donato Carusi«, in: *Intersezioni* (2023/2), S. 771–775, hier: S. 772.

75 Carusi, *Sua maestà*, S. 6. Hier stimmt Donato Carusi mit Heinz Müller-Dietz überein, dass Literatur das Recht antizipiere (vgl. Müller-Dietz, *Grenzüberschreitungen*, S. 21).

interdisziplinären Vorstoß, der sich in der Folge als sehr bedeutsam herausstellen sollte, bewirkte Ferruccio Pergolesis Werk *Diritto e giustizia nella letteratura moderna narrativa e teatrale* (1956), in dem die vielfältigen Facetten von Recht, Justiz und Moral in einer Auswahl europäischer Werke des 19. und 20. Jahrhunderts untersucht werden.[76] Seit den 1980er Jahren wird dann die italienische Strömung ›Recht und Literatur‹ u. a. von Mario A. Cattaneo[77], Giorgio Rebuffa[78], Antonio Bevere[79], Remo Danovi, Fabrizio Cosentino und Adelmo Cavalaglio getragen.[80]

Die italienische Gegenwart zeichnet sich durch ein lebhaftes Interesse von Jurist:innen, Rechtshistoriker:innen, Rechtsphilosoph:innen, Richter:innen und Anwält:innen am Forschungsfeld ›Recht und Literatur‹ aus. Dabei ist eine Dominanz der Jurist:innen über die Literaturwissenschaftler:innen zu verbuchen, die möglicherweise in der historisch tief in der italienischen Kultur verwurzelten rechtsphilosophischen Lehre zu suchen ist.

Neben den heute maßgeblichen Rechtswissenschaftlern Felice Casucci[81], Giovanni Rossi[82] und Donato Carusi[83], die wichtige Impulse für die Entwicklung der regionalen universitären Forschungsgruppen[84] und Publikationsreihen[85] gesetzt haben und weiterhin setzen, sei – ohne

76 Arianna Sansone / Paola Mittica, »Diritto e letteratura. Storia di una tradizione e stato dell'arte«, in: *Italian Society for Law and Literature* (2008/1), S. 1–9, hier: S. 4 (Internet-Link im Literaturverzeichnis).

77 Mario Cattaneo, *L'illuminismo giuridico di Alessandro Manzoni*, Sassari: Edizione presso la facoltà di Sassari 1985; Mario Cattaneo, *Carlo Goldoni e Alessandro Manzoni. Illuminismo e diritto penale*, Mailand: Giuffré 1991.

78 Giorgio Rebuffa, »Il trionfo del codice civile nella testimonianza di Honoré de Balzac«, in: *Materiali per una storia della cultura giuridica* (1992/XXII/1), S. 65–88.

79 Antonio Bevere, *La giustizia in prosa e versi*, Ancona: Nuove Ricerche 1996.

80 Vgl. ebd., S. 4–5.

81 Felice Casucci, *La rosa del diritto. Per un libro dei giorni tra vita, letteratura e diritto*, Neapel: Edizioni Scientifiche Italiane 2019; Felice Casucci, *L'ingiuria tra diritto e letteratura*, Neapel: Edizioni Scientifiche Italiane 2015.

82 Vgl. Giovanni Rossi / Daniele Velo Dalbrenta / Cecilia Pedrazza Gorlero (Hg.), *L'arte di giudicare. Percorsi ed esperienze tra letteratura, arti e diritto*, Neapel: Edizioni Scientifiche Italiane 2023.

83 Siehe Carusis jüngste Publikation zu einer europäischen Geschichte der Verknüpfungen zwischen Recht und Literatur: Carusi, *Sua maestà*.

84 ›Ius in Fabula‹ an der Universität Verona (seit 2016), ›Diritto e letteratura‹ an der Universität Neapel (seit 2008/09), Lehrveranstaltungen im Bereich ›Diritto e Letteratura‹ an den Universitäten Genua (Donato Carusi), Bologna (Carla Faralli), Urbino (Maria Paola Mittica), Sassari (Michele Navarra), Neapel (Fulvia Abbondante), Macerata (Massimo Meccarelli), Roma Tre (Emanuele Conte) und Teramo (Emilia Musumeci).

85 *Ius in Fabula, Collana di studi sul Diritto e Arti* (seit 2017), *Diritto e Letteratura* (seit 2010), *Quaderni di Diritto e Letteratura* (seit 2015),

Anspruch auf Vollständigkeit – auf die Abundanz der zeitgenössischen Beiträger:innen zum Forschungsfeld ›Recht und Literatur‹ verwiesen: Fabrizio Cosentino[86], Michele Navarra, Guido Alpa[87], Giuseppe Mastrominico[88], Aldo Mazzacane, Giuseppe Guizzi[89], Stefania Torre[90], Cristina Vano, Jerome Bruner[91], Domenico Marafioti[92], Remo Danovi[93], Daniela Carpi[94], Andrea Errera[95], Massimo Meccarelli[96], Francesca Scamardella[97], Arianna Sansone[98], Anna Sansa[99], Gustavo Zagrebelsky, Giovanni Tuzet[100], Federico Spantigati[101], Maria Paola Mittica[102], Giulio

LawArt – Rivista di Diritto, Arte, Storia / Journal of Law, Art and History (seit 2020).

86 Vgl. Condello/Toracca, »*Letteratura*«, S. 3.

87 Guido Alpa, *Giuristi e interpretazioni. Il ruolo del diritto nella società postmoderna*, Genua: Marietti 2017.

88 Giuseppe Mastrominico, *Diritto e Letteratura. Dissapori medievali e moderni*, Neapel: Editoriale Scientifica 2017.

89 Giuseppe Guizzi, *Il »caso Balzac«. Storie di diritto e di letteratura*, Bologna: Il Mulino 2020.

90 Stefania Torre (Hg.), *Il diritto incontra la letteratura*, Neapel: Edizioni Scientifiche Italiane 2017.

91 Jerome Bruner, *La fabbrica delle storie. Diritto, letteratura, vita*, Rom/Bari: Laterza 2002.

92 Domenico Marafioti, *Giustizia e letteratura*, Mailand: Spirali 2002.

93 Remo Danovi, *Tra fantasia e diritto. List of novels*, Mailand: Giuffrè 2004.

94 Daniela Carpi (Hg.), *Property Law in Renaissance Literature*, Frankfurt am Main: Peter Lang 2005.

95 Andrea Errera, »Il diritto nella produzione letteraria di Claudio Magris: uno scrittore al cospetto delle norme«, in: *LawArt. Rivista di Diritto, Arte, Storia – Journal of Law, Art and History* (2023/4), S. 371–399.

96 Massimo Meccarelli, »Diritto e letteratura tra storia e memoria. Prime riflessioni a partire da due romanzi sulla transizione«, in: *LawArt. Rivista di Diritto, Arte, Storia – Journal of Law, Art and History* (2020/1), S. 207–234.

97 Salvatore Prisco, »Diritto, letteratura, discipline umanistiche. Teorie, metodi, casi. *Un programma culturale e un progetto di ricerca per il Dipartimento di Giurisprudenza*«, in: Torre (Hg.), *Il diritto*, S. 1–23, hier: S. 5–8.

98 Arianna Sansone, *Diritto e letteratura. Un'introduzione generale*, Mailand: Giuffré 2001.

99 Anna Sansa, *Carlo Goldoni »Avocat vénitien«. Droit et théatre à Venise au XVIIIe siècle*, Paris: Presse Universitaire Paris-Sorbonne 2023.

100 Giovanni Tuzet, »Diritto e letteratura: finzioni a confronto«, in: *Annali dell'Università di Ferrara* (Sezione 5: Sc. Giuridiche Nuova Serie), S. 179–204.

101 Federico Spantigati (Hg.), *Ritorno al diritto: I valori della convivenza*, Mailand: Franco Angeli 2006.

102 Maria P. Mittica, *Raccontando il possibile. Eschilo e le narrazioni giuridiche*, Mailand: Giuffrè 2006.

Itzcovich[103], Maurizio Cau, Giulio Marchetto[104], Anna Jellamo[105] und Carla Faralli, um nur einige zu nennen. Hinzu kommt seit 2008 die *Italian Society for Law & Literature* (ISLL) als zentrales Organ für die Forschungskommunikation und -verbreitung. So groß auch das Interesse an der Disziplin ist, so uneinheitlich sind jedoch die Positionen zur Intensität und Ausgestaltung der interdisziplinären Nähe von Recht und Literatur, die von der Verneinung der Verbundenheit beider Disziplinen bis zum Postulat einer bloß ethischen oder pädagogischen Funktion der Literatur für Jurist:innen, ohne Anspruch auf rechtswissenschaftliche Kompetenz, reichen.

In der neueren Forschung führt Paolo Cherchi die antiken *Controversiae*[106] als frühes Beispiel für die enge Verknüpfung zwischen Recht und Literatur an,[107] eine Nähe, die jedoch, so Cherchi, durch die Neudefinition der Disziplinen und das Erstarken der Interpretationstheorien literarischer Texte in Frage gestellt worden sei.[108] Es sei insofern zu einer Trennung zwischen den Disziplinen gekommen, als das Recht abstrakt personifiziere, während die Literatur konkrete Figuren schaffe.[109] Bernardo Piciché schließt sich Cherchis Verneinung der engen Verknüpfung von Recht und Literatur an, allerdings aus anderen Gründen: Es seien, so Piciché, die jeweiligen Zielsetzungen von Recht und Literatur, die unmöglich zur Deckung gebracht werden könnten. Das Recht dürfe nicht beanspruchen, Literatur zu sein, und die Literatur dürfe nicht an

103 Giulio Itzcovich, »Pinocchio e il diritto«, in: *Materiali per una storia della cultura giuridica* (2007/37/1), S. 239–268.

104 Maurizio Cau / Marchetto Giuliano (Hg.), *Droit et littérature* (Serie Laboratoire italien. Politique et société), Vol. 5, Paris : ENS éditions, 2004.

105 Anna Jellamo, *Il cammino di Dike. L'idea di giustizia da Omero a Eschilo*, Rom: Donzelli 2005.

106 *Controversiae*: didaktische Übungsreden zu Rechtsfällen (*genus iudiciale*), die primär der Vorbereitung auf die Gerichtsreden dienten (Thomas Zinsmaier, »Controversiae«, in: Hubert Cancik / Helmuth Schneider / Manfred Landfester (Hg.), *Der neue Pauly*, Tübingen: Brill 2006 [Internet-Link im Literaturverzeichnis]). Es ging für die Lernenden darum, fiktionales Recht auf einen dilemmatischen Rechtsfall anzuwenden und (unmögliche) Lösungen vorzutragen, die nur der Imagination entspringen konnten: »Questi sono gli episodi in cui la letteratura prende in consegna ›casi controversi‹ e li trasforma in novelle o aneddoti. Sono gli episodi in cui legge e letteratura sono coinvolte in ugual misura, e in una coesistenza che non le mantiene autonome, bensì in una relazione dialettica in cui una ›partorisce‹ l'altra.« (Paolo Cherchi, »Il genere delle controversie fra diritto e letteratura«, in: *Forum Italicum* (2019/53/2), S. 250–263, hier: S. S. 252-253.)

107 Vgl. dazu die näheren Ausführungen bei Cherchi, »Il genere«.

108 Vgl. ebd., S. 251.

109 Vgl. ebd., S. 211.

die Stelle des Rechts treten. Teleologisch gesehen ermögliche das Recht das soziale Zusammenleben im realen Raum, während die Literatur in einer Sphäre angesiedelt sei, die das Unmögliche möglich mache, Rechtsvakua behebe oder das Undenkbare denkbar mache: »Se è vero che l'arte spesso offre una esaustiva chiave di comprensione del reale, essa non deve usurpare il posto di discipline che esistono in quanto, per assioma di base, sono radicate nella realtà , quali l'investigazione giuridica, storiografica, sociologica, o economica.«[110] Zwar stünde sowohl im Recht als auch in der Literatur der Mensch im Mittelpunkt, aber aus unterschiedlichen Perspektiven: Das Recht befasse sich mit dem Menschen als ›sozialem Tier‹ (»animale sociale«), die Literatur beleuchte ihn aus so vielen unterschiedlichen Blickwinkeln, wie es Schriftsteller:innen gebe,[111] weshalb es nach Piciché schwierig sei, Literatur als Rechtsquelle aufzufassen.[112] Allenfalls könne sie Jurist:innen helfen, sich über die literarische Sprache besser verständlich zu machen.[113] Vincenzo Vitale hingegen vertritt im Gegensatz zu Cherchi und Piciché eine bejahende Position hinsichtlich der Synergie zwischen Recht und Literatur, da die Literatur ein Medium der Gewissensbildung und des Gerechtigkeitsverständnisses für Jurist:innen sei (»la letteratura rappresenta una dimensione costitutiva della coscienza giuridica«),[114] indem sie die Vielfalt der Facetten des Menschlichen bin hin zum Intimsten und Verborgensten vor Augen führe.[115] Für Massimo Meccarelli versetzt die Literatur das Recht in das soziale Umfeld des Narrativs, wodurch die Perspektive auf die kontextualisierte Rechtsnorm gelenkt und den Jurist:innen die Möglichkeit eröffnet werde, die für das Verständnis notwendige Distanz zu gewinnen.[116] Donato Carusi schließlich befürwortet die Einführung der Lehre von ›Recht und Literatur‹ an den Rechtsfakultäten und argumentiert, dass die Beschäftigung mit Literatur Jurist:innen Kenntnisse über das Recht in anderen Gesellschaften als ihrer eigenen vermitteln könne. Darüber hinaus unterstütze sie die Entwicklung der Fantasie und der Sensibilität für Gerechtigkeit.[117]

110 Bernardo Piciché, »Diritto e letteratura a dialogo nella tradizione italiana: Introduzione al volume«, in: *Forum Italicum* (2019/53/2), S. 201–231, hier: S. 205.
111 Ebd.
112 Vgl. ebd., S. 206.
113 Vgl. ebd., S. 207.
114 Vincenzo Vitale, »Cosa cercano i giuristi nella letteratura?«, in: *Forum Italicum* (2019/53/2), S. 232–249, hier: S. 240.
115 Vgl. ebd., S. 239. Vitale bezieht sich hier auf das zweite Kapitel (»Salvation Through Literature«) aus Zygmunt Bauman / Riccardo Mazzeo, *In Praise of Literature*, Cambridge/Malden: Polity 2016.
116 Vgl. Meccarelli, »Diritto e letteratura«, S. 209.
117 Vgl. Carusi, *Sua maestà*, S. 8.

Auch wenn die Beschäftigung mit Recht und Literatur in Italien im Vergleich zu Frankreich als ›dynamisch‹ bezeichnet werden kann, bleibt sie doch ebenso wie in Frankreich zersplittert und wenig strukturiert. Das mag wohl auch mit dem Wesen der Italiener:innen zusammenhängen, die von jeher sehr individualistisch eingestellt sind und von einengenden Imperativen wenig halten. Von Frankreichs relativ einheitlichem Verständnis von Literatur als Lückenbüßerin für das Recht (vielleicht als Ausdruck des historischen Zentralismus?) über Italiens breite Kakophonie hinsichtlich Recht und Literatur als pädagogischem Instrument, als Seismograf für rechtliche Entwicklungen, als getrennte oder, im Gegenteil, verbundene Disziplinen, soll nun zur Situation in Deutschland übergeleitet werden, wo sich Jurist:innen, Literat:innen und Literaturwissenschaftler:innen das Feld teilen und gemeinsam mit Josef Kohler schon im 19. Jahrhundert erste Ansätze zur wissenschaftlichen Untersuchung von Recht *in* Literatur lieferten.

1.3 Recht und Literatur im deutschsprachigen Raum

Schon seit dem 18. Jahrhundert wurden im deutschsprachigen Kulturraum kriminelle Phänomene in Form von Fallgeschichten[118] und Gerichtsreportagen[119] narrativ aufbereitet, in denen Schuld und Sühne der Verbrecher:innen im Vordergrund standen. In der Weimarer Zeit erweiterte sich der Blick auf die Justiz und ihre Verfehlungen.[120] Waren Hoch- und Trivialliteratur zumindest mit strafrechtlichen Fragen bereits vertraut, so begann die wissenschaftliche Auseinandersetzung, wie Ekkehard Gerstenberg ausführt, vor allem mit Josef Kohler, der in seinem Band *Shakespeare vor dem Forum der Jurisprudenz* (1883) erstmals bahnbrechend das Recht (Schuldrecht, Rache, Gnade) in der Literatur (Shakespeares *Kaufmann von Venedig* und *Hamlet)* thematisierte.[121] Kohler

118 Bekannt wurde die Fallgeschichte durch die Sammlung interessanter Kriminalfälle des französischen Juristen François Gayot de Pitaval, *Causes celèbres et intéressantes, avec les jugements qui les ont décidées*, Paris: Hachette 2019. Siehe zur Fallgeschichte auch Alexandra Juster, *Juli Zehs »Corpus Delicti: Ein Prozess«. Intertextuelle Perspektiven*, Münster: LIT 2022, S. 167–172. Vgl. dazu auch Susanne Lüdemann, »As the Case May Be. Über Fallgeschichten in Literatur und Psychoanalyse«, in: Inka Mülder-Bach / Michael Ott (Hg.), *Was der Fall ist. Casus und Lapsus*, Stuttgart: W. Fink 2014, S. 115–127.

119 Siehe dazu Walter Holiczi, *Die Entwicklung der Gerichtsberichterstattung in der Wiener Tagespresse von 1848 bis zur Jahrhundertwende*, Wien: Notring 1972.

120 Vgl. Müller-Dietz, *Grenzüberschreitungen*, S. 25–33.

121 Ekkehard Gerstenberg. »Das Recht in der Dichtung. Einführung in die Literatur und Bibliografie«, in: *Archiv für Rechts- und Sozialphilosophie*

scheint, wie Klaus Lüderssen kommentiert, die *Law and Literature*-Bewegung vorweggenommen zu haben, wenn er in Shakespeares »fortdauernden juristischen und ästhetischen Studien […] ein neues Unternehmen« erahnt, »das in die Welt der Dichtung hineinleuchtete.«[122] Dass seine Intuition richtig sei, beweise, so Kohler, die ihm nachfolgende Literatur

> im Anschluss an meine Betrachtungsweise, die sich in die verschiedensten poetischen Werke vertieft hat; nunmehr hat man von einer Jurisprudenz bei Goethe, bei Richard Wagner, bei Ibsen und anderen gehandelt; man hat endlich verstanden, dass keine Weltentwicklung ohne Recht möglich ist und dass jeder Weltdichter in seiner Welt die rechtlichen Probleme miterschauen muss. Ein Stück Weltgeschichte ist es, was der Dichter bietet, und wehe dem Juristen, der in der Weltgeschichte den Rechtsfortschritt nicht zu erkennen vermag![123]

Klaus Lüderssen ironisiert zwar Kohlers Begeisterung als übertrieben, bescheinigt ihm aber durchaus ernstzunehmende Verdienste einerseits auf dem Gebiet kriminalistischer Studien anhand der Werke Shakespeares[124] und andererseits bei der Etablierung einer »Beziehung zwischen Recht und Literatur«[125]. So wenig im deutschsprachigen Raum über das Recht in der älteren Literatur geforscht worden ist,[126] so reichhaltig gestalten sich die Untersuchungen über das Recht *in* der Literatur seit den Werken Goethes bis in die Gegenwart.[127] Tatsächlich häufen sich seit dem Ende des 19.

(1954/41/1), S. 98–109, hier: S. 98. Vgl. ausführlicher zu Shakespeare in der deutschen Philologie: Claudia Lieb, *Germanistiken: Zur Praxis von Literatur- und Rechtswissenschaft 1630–1900*, Berlin/Heidelberg, J.B. Metzler 2022, S. 273–279.

122 Josef Kohler, *Shakespeare vor dem Forum der Jurisprudenz*, Würzburg: Stahel 1883, Vorwort.

123 Ebd.

124 Vgl. Klaus Lüderssen, »Die Juristen und die schöne Literatur – Stufen der Rezeption«, in: *Neue Juristische Wochenschrift* (1997), S. 1106–1113, hier: S. 1108–1109.

125 Ebd., S. 1109.

126 Vgl. dazu Ulrich Mölk (Hg.), *Literatur und Recht*, S. 186–228.

127 Erik Wolf, *Der Rechtsgedanke Adalbert Stifters*, Frankfurt am Main: Vittorio Klostermann 1941; Erich Fechner, *Recht und Politik in Adalbert Stifters ›Witiko‹: Stifters Beitrag zur Wesensbetrachtung des Rechts und zur Charakterologie und Ethik des politischen Menschen*, Tübingen: H. Laupp 1952; Peter Schneider, *»… ein einzig Volk von Brüdern«. Recht und Staat in der Literatur*, Frankfurt am Main: Athenäum 1987; Claus Roxin, *Karl May, das Strafrecht und die Literatur*, Tübingen: Klöpfer & Meyer 1997; Uwe Diederichsen, »Shakespeares *Kaufmann von Venedig*: Jurisprudenz auf dem Forum der Bühne«, in: Mölk (Hg.), *Literatur und Recht*, S. 186–228; Eberhard Schmidhäuser, *Verbrechen und Strafe: Ein Streifzug*

Jahrhunderts die Schriften über Goethe als Literat [128]und Jurist[129]. Georg Müller unternimmt in seinem Werk *Das Recht in Goethes Faust* (1912) »juristische Streifzüge«[130]. Acht Jahre später erschien Gustav Radbruchs bemerkenswerte rechtsphilosophische Studie zu Goethes *Wilhelm Meisters Wanderjahre* (1821/1829)[131], gefolgt von Hans Fehrs kulturwissenschaftlichen Veröffentlichungen *Das Recht in der Dichtung* (1931) und *Die Dichtung im Recht* (1936). Arbeiten wie Thomas Würtenbergers »Die deutsche Kriminalerzählung« (1941)[132], Erik Wolfs *Vom Wesen des Rechts in deutscher Dichtung* (1946)[133] und zwanzig Jahre später Paul Bockelmanns »Das Problem der Kriminalstrafe in Deutscher Dichtung« (1967)[134] setzen diese interdisziplinäre Forschung fort. Rechtshistorische Arbeiten finden sich bei Albert von Schirnding[135], Klaus Lüderssen[136], Rolf Meier[137],

durch die Weltliteratur von Sophokles bis Dürrenmatt, München: C.H. Beck 1996; Bernhard Großfeld, *Poesie und Recht – Rechtsvergleichende Zeichenkunde*, Paderborn/München: F. Schöningh 2005; Heinz Müller-Dietz, »Jenseits von Bologna – Jurisprudentia literarisch – von Woyzeck bis Weimar, von Hoffmann bis Luhmann«, in: *Zeitschrift der Savigny-Stiftung für Rechtsgeschichte: Germanistische Abteilung* (2009/126/1), S. 360–364; Heinz Müller-Dietz, »Literarische Verarbeitung von Recht in Gegenwartsromanen«, in: Patrick Meier / Franziska Stürmer (Hg.), *Recht Populär. Popkulturelle Rechtsdarstellungen in aktuellen Texten und Medien*, Baden-Baden: Nomos 2016, S. 37–59.

128 Klaus Lüderssen, *Genesis und Geltung in der Jurisprudenz*, Frankfurt am Main: Suhrkamp 1996, S. 328ff.

129 Vgl. dazu Lieb, *Germanistiken*, S. 268–273.

130 Ebd., S. 99. Vgl. auch Georg Müller, *Das Recht in Goethes Faust, juristische Streifzüge durch das Land der Dichtung*, Berlin: Heymann 1912.

131 Vgl. Schramm, »Law and Literature«, S. 583; Gustav Radbruch, »Wilhelm Meisters sozialpolitische Sendung. Eine rechtsphilosophische Studie«, in: *Logos. Internationale Zeitschrift für Philosophie und Kultur* (1920/8), S. 152–162.

132 Thomas Würtenberger, *Die deutsche Kriminalerzählung. Vortrag*, Erlanger Universitätsreden Nr. 27, 1941.

133 Erik Wolf, *Vom Wesen des Rechts in deutscher Dichtung. Hölderlin, Stifter, Hebel, Droste*, Frankfurt am Main: Vittorio Klostermann 1946.

134 Paul Bockelmann, *Das Problem der Kriminalstrafe in Deutscher Dichtung. Vortrag gehalten vor der juristischen Studiengesellschaft in Karlsruhe am 14. März 1967*, Karlsruhe: C. F. Müller 1967.

135 Albert von Schirnding, *Recht und Richter im Spiegel der Literatur*, München: Boorberg 1990.

136 Klaus Lüderssen, *Produktive Spiegelungen. Recht und Kriminalität in der Literatur*, Frankfurt am Main: Suhrkamp 1991.

137 Rolf Meier, *Dialog zwischen Jurisprudenz und Literatur. Richterliche Unabhängigkeit und Rechtsabbildung in E.T.A. Hoffmanns ›Das Fräulein von Scuderi‹*, Baden-Baden: Nomos 1994.

Michael Kilian[138], Hans-Albrecht Koch[139], Peter Ensberg[140] und Hermann Weber[141]. Zu den wissenschaftlichen Abhandlungen kommen die Literat:innen selbst, wie Heinrich von Kleist, Gotthold Ephraim Lessing, Johann Gottfried Herder, Johann Wolfgang von Goethe, Johann Ludwig Tieck, E.T.A. Hoffmann, Franz Grillparzer, Johann Nestroy, Theodor Storm, Heinrich Heine, Ludwig Thoma, Georg Heym, Franz Kafka, Werner Krauss, Friedrich Georg Jünger, Martin Beradt, Kurt Tucholsky[142], und – in der unmittelbaren Gegenwartsliteratur – Alexander Kluge, Herbert Rosendorfer, Rolf Henrich, Fred Breinersdorfer, Manfred Zach, Martin Mosebach, Bernhard Schlink, Georg M. Oswald, Juli Zeh, Ferdinand von Schirach etc., die in ihren Werken Recht und Literatur verbinden.[143] In Thomas Bernhards Erzählung »Ist es eine Komödie? Ist es eine Tragödie?« stellt der ›Narr‹ fest: »›Die Welt ist eine ganz und gar, durch und durch juristische, wie Sie vielleicht nicht wissen. Die Welt ist eine einzige ungeheure Jurisprudenz‹.«[144]

Heinz Müller-Dietz verweist in diesem Zusammenhang auf die Dominanz der Thematisierung des Normbruchs, insofern die Darstellung von Kriminalität die Erwartungen der Leser:innen an Recht und Unrecht, Gerechtigkeit und Ungerechtigkeit bedient und sich zudem literarisch anschaulich darstellen lässt.[145] Dies bestätigt auch Jan Wittmann, wenn er feststellt, dass dem Strafrecht in der Literatur ein starkes

138 Michael Kilian (Hg.), *Jurisprudenz zwischen Techne und Kunst – von Hippokrates bis Heine: Philosophisches und Literarisches zum Verhältnis Kunst und Recht*, Tübingen: Attempto 1987.

139 Hans-Albrecht Koch (Hg.), *Grenzfrevel. Rechtskultur und literarische Kultur*, Bonn: Bouvier 1998.

140 Peter Ensberg / Hans-Jochen Marquardt (Hg.), *Recht und Gerechtigkeit bei Heinrich von Kleist*, Stuttgart: Heinz 2002.

141 Vgl. Ulrike Zeuch, »Recht und Literatur um 1800 im Kontext des *law and literature movement*«, in: *Internationales Archiv für Sozialgeschichte der deutschen Literatur* (2006/31/1), S. 77–84, hier: S. 78–79.

142 Vgl. dazu Lovis Maxim Wambach, *Grenzgänger zwischen Jurisprudenz und Literatur. Werner Krauss, Kurt Tucholsky, Friedrich Georg Jünger und Martin Beradt*, Baden-Baden: Nomos 2000. Bemerkenswert sind hier Jüngers Vorhersage der »Aushöhlung des Rechts in der ›Maschinengesellschaft‹« sowie Krauss' Entwurf von karikaturalen Rechtsordnungen im Nationalsozialismus (S. 7).

143 Nilges (Hg.), *Dichterjuristen*. Vgl. dazu auch Hermann Weber, *Recht und Juristen im Bild der Literatur*, Berlin: Berliner Wissenschaftsverlag 2005; Yvonne Nilges (Hg.), *Recht und Juristen im Spiegel von Literatur und Kunst. Tagung im Nordkolleg Rendsburg vom 6. bis 8. September 2013*, Münster: LIT 2014; Schramm, »Law and Literature«, S. 584.

144 Thomas Bernhard, »Ist es eine Komödie? Ist es eine Tragödie?«, in: Thomas Bernhard, *Erzählungen*, Frankfurt am Main: Suhrkamp 1988, S. 81ff., hier: S. 85.

145 Vgl. Müller-Dietz, *Grenzüberschreitungen*, S. 18–19.

Übergewicht gegenüber dem Zivilrecht eingeräumt wird, was wohl damit zu erklären sei, dass

> die Figur des Verbrechers mit dem Bösen eine anthropologische Kategorie freilegt, die den Menschen seit jeher affiziert. Fernab motivationspsychologischer Erklärungsansätze auf der Seite der Rezipienten, die auf das Faszinosum des Bösen und Monsterhaften verweisen, ist es andererseits die Bindung der Literatur an das Dispositiv Leben, das ›in der zweiten Hälfte des 18. Jahrhunderts [...] zu einem zentralen, diskurstragenden Begriff [avanciert]‹ und mit dem Erzählen von Lebens- und Fallgeschichten in der Strafrechtspraxis auf ein Pendant im Bereich des Rechts verweist. Im Zivilrecht hingegen, insbesondere im Sachenrecht, ist der Tatbestand nicht an das Leben, sondern an das Dingliche gebunden.[146]

Zu bemängeln sei, so Wittmann, nicht nur die disziplinäre Einseitigkeit der Rechtsbezüge in der Literatur, »sondern auch die Fokussierung auf Rechtsfiguren, ohne zugleich juristisches Wissen zu vermitteln.«[147] Genau an diese Feststellung knüpft das Anliegen meiner Arbeit an, eine sowohl für Literaturwissenschaftler:innen als auch Jurist:innen taugliche gemeinsame Arbeitsmethode vorzuschlagen, die durch den kontrastiven Vergleich von fiktionalem Rechtsdiskurs und realem Recht zugleich konkretes Rechtswissen vermittelt.

Entgegen der üblichen kopflastigen Behandlung strafrechtlicher Topoi in der Literatur widmete sich der Germanist Walter Müller-Seidel auch der literarischen Kritik an den Rechtsinstitutionen und der widersprüchlichen Rechtspraxis verschiedener Rechtssubjekte in Goethes Ballade »Vor Gericht«, in Schillers Dramen, in den Werken Kleists, Heinrich Manns und Kafkas.[148]

Bernhard Schlink verweist darauf, dass literaturwissenschaftliche Abhandlungen über das Recht sich häufig mit einzelnen Schriftsteller:innen

146 Wittmann, *Recht sprechen*, S. 10. Vgl. auch: Maximilian Bergengruen, »Betrügliche Schlüsse, natürliche Regeln. Zur Beweiskraft von forensischen und literarischen Indizien in Kleists ›Der Zweikampf‹«, in: Nicolas Pethes (Hg.), Ausnahmezustand der Literatur. Neue Lektüren zu Heinrich von Kleist, Göttingen: Wallstein 2011, S. 133–165.

147 Vgl. Wittmann, *Recht sprechen*, S. 11.

148 Walter Müller-Seidel, *Rechtsdenken im literarischen Text. Deutsche Literatur von der Weimarer Klassik zur Weimarer Republik*, Berlin/Boston: De Gruyter 2017, S. IX–XIX; Walter Müller-Seidel, »Vor Gericht. Balladendichtung und Justizkritik. Zu einem wenig bekannten Gedicht Goethes«, in: Karl Richter (Hg.). *Gedichte und Interpretationen*, Bd. 2: *Aufklärung und Sturm und Drang*, Stuttgart: Reclam 1983, S. 436–450; Walter Müller-Seidel, »Todesarten und Todesstrafen. Eine Betrachtung über Heinrich von Kleist«, in: Hans-Joachim Kreutzer (Hg.), *Kleist Jahrbuch 1985*, Berlin: Erich Schmidt 1985, S. 7–38; Walter Müller-Seidel, »Justizkritik im Werk Heinrich Manns. Zu einem Thema der Weimarer Republik«, in: Helmut Koopmann / Peter-Paul Schneider (Hg.), *Heinrich Mann. Sein Werk in der Weimarer Republik.*

befassen, um »ein Bild des Lebens und Werks« zu entwerfen und zu zeigen, »wo das Interesse des Schriftstellers am Recht herkommt, wie es sich entwickelt und wie es sich ausdrückt.«[149] Das wohl jüngste Beispiel dafür ist der 2024 erschienene Band *Der Jurist Johann Wolfgang von Goethe. Eine Spurensuche in Werk und Wirken* (2024) von Hans Hugo Klein.[150]

Was die wissenschaftlichen Publikationsorgane betrifft, veröffentlicht die *Neue Juristische Wochenschrift* seit 1982 jährlich einzelne Beiträge zum Thema Recht und Literatur,[151] seit 2013 erscheint im Nomos Verlag die Reihe *Recht und Literatur* mit bisher vier Bänden,[152] anlässlich des SFB[153] 1385 *Recht und Literatur* der Universität Münster wurde im Verlag J. B. Metzler ab 2022 die Fachbuchreihe *Literatur und Recht* eingerichtet.

Im Gegensatz zur amerikanischen *Law and Literature*-Bewegung ist in Deutschland – ebenso wie in Frankreich und Italien – bislang keine

Zweites internationales Symposion Lübeck 1981, Frankfurt am Main: Vittorio Klostermann 1983, S. 103–127; Walter Müller-Seidel, »Alfred Döblin. *Die beiden Freundinnen und ihr Giftmord*. Psychiatrie, Strafrecht und moderne Literatur«, in: Mölk (Hg.), *Literatur und Recht*, S. 356–369.

149 Bernhard Schlink »Das Bilderbuch des Rechts«, in: Richard Weisberg, *Rechtsgeschichten. Über Gerechtigkeit in der Literatur. Mit einem Nachwort von Bernhard Schlink*, Berlin: Suhrkamp 2013, S. 275–289, hier: S. 278.

150 Hans H. Klein, *Der Jurist Johann Wolfgang von Goethe. Eine Spurensuche in Werk und Wirken*, München: C. H. Beck 2024.

151 Vgl. *Neue Juristische Wochenschrift* (1982/12), S. 601–673.

152 Schriftenreihe, herausgegeben von Prof. Dr. Arnd Koch, Prof. Dr. Dr. h.c. Helmut Koopmann, Prof. Dr. Edward Schramm, Prof. Dr. Thomas Weitin und Prof. Dr. Fabian Wittreck. »Die Schriftenreihe bietet ein Forum für wissenschaftliche Abhandlungen, die Recht und Literatur thematisch und theoretisch verbinden und dabei Verschränkungen und Differenzen, Gemeinsamkeiten und Ähnlichkeiten untersuchen. Es werden Studien vorgestellt, die sich mit dem Recht als literarischem Gegenstand beschäftigen, und umgekehrt solche, die das literarische Wirken von Juristen als Schriftsteller betrachten.« https://www.dike.ch/wissenschaftliche-schriftenreihen/schriftenreihen-kooperationspartner/recht-und-literatur-rul (Zugriff: 9.2.2024)

153 Sonderforschungsbereich.

strukturiertere Entwicklung dieses Forschungsfeldes zu beobachten. Wie Stephan Kirste hervorhebt, stehe »die zusammenhängende Behandlung des Themas […] trotz der längeren Diskussion von ›Recht in der Literatur‹ im deutschsprachigen Raum weitgehend noch aus.«[154]

Ein erster vielversprechender Ansatz für eine strukturierte Forschung lieferte das am 1. Juli 2019 gestartete fünfjährige Forschungsprojekt des Sonderforschungsbereichs (SFB) 1385 *Recht und Literatur* an der Universität Münster, das am 30. Juni 2024 eingestellt werden musste, da die Deutsche Forschungsgemeinschaft (DFG) nicht in die Verlängerung eingewilligt hat. Ob sich daraus eine kontinuierliche wissenschaftliche Forschungslinie entwickeln wird, wird die Zukunft zeigen.[155] Bis zu den jüngsten Entwicklungen, so beklagt Christine Künzel in Übereinstimmung mit Stephan Kirste, bewegten sich die beiden Felder Recht und Literatur eher leidenschaftslos parallel nebeneinander,[156] als dass sie die ineinandergreifende Interdisziplinarität gesucht hätten. Ulrich Mölk bedauert, dass das Gespräch zwischen Philolog:innen und Jurist:innen nicht wirklich gemeinsam, sondern überwiegend von den Jurist:innen geführt werde.[157] Mehr noch als Rechts- und Literaturwissenschaftler:innen sind es vor allem zahlreiche Dichterjurist:innen, die sich mit dem Recht in der Literatur befassen und die literarische Szene bevölkern.[158]

Die Gegenwartsforschung zu Recht und Literatur wird im deutschen Raum insbesondere von den Rechtswissenschaftlern Bodo Pieroth, Heinz

154 Kirste, »Literatur und Recht«, S. 351. Vgl. zum Schweizer Versuch eines einheitlicheren Ansatzes Andreas Kilcher / Matthias Mahlmann / Daniel Müller Nielaba (Hg.), *»Fechtschulen und phantastische Gärten«: Recht und Literatur*, Zürich: vdf Hochschulverlag 2013.

155 Vgl. dazu https://www.uni-muenster.de/SFB1385 (Zugriff: 3.5.2025). Es heißt hier: »Intensiver als dies bisher in Deutschland geschehen ist, arbeiten hier Literaturwissenschaft und Rechtswissenschaft als gleichberechtigte Partner zusammen. Ziel des interdisziplinären Dialogs war die Erschließung und Kartierung eines Forschungsgebietes, um systematisch Beziehungsfelder zwischen den beiden Disziplinen zu untersuchen und an einschlägigen Beispielen zu dokumentieren.«

156 Vgl. Christine Künzel, »›Aus einem Bette aufgestanden‹. Anmerkungen zum ›Verhältnis‹ zwischen Recht und Literatur«, in: Gert Hofmann (Hg.), *Figures of Law. Studies in the Interference of Law and Literature*, Basel: Francke 2007, S. 115–132. Künzel behandelt hier die Frage der Nähe oder Ferne von Recht und Literatur aus der Perspektive der *Gender Studies* und verwendet die Metapher der Ehekrise, um den Zustand des Recht-Literatur-Verhältnisses zu beschreiben (S. 129–132).

157 Ulrich Mölk, »Vorwort«, in: Mölk (Hg.), *Literatur und Recht*, S. 7–12, hier: S. 7.

158 Vgl. Timo M. Albrecht / Svenja Brand / Leonore Merth & al., »›Recht und Literatur‹. Ein interdisziplinärer Forschungsüberblick mit Werkstattbericht«, in: *Göttinger Rechtszeitschrift* (2021/2), S. 120–130, hier: S. 122.

Müller-Dietz († Oktober 2022), Tonio Walter, Edward Schramm, Klaus Lüderssen, Fabian Wittreck, Edward Schramm und Hermann Weber sowie den Literaturwissenschaftlern Klaus Stierstorfer, Eric Achermann, Thomas Weitin, Gideon Stiening, Ino Augsberg und Jan Wittmann belebt und interdisziplinär befruchtet.[159] Ihre Arbeiten befassen sich mit dem literarischen Schaffen von Dichterjurist:innen bzw. mit dem Begriff

159 Eric Achermann / Gideon Stiening, *Vom »Theater des Schreckens« zum »peinlichen Rechte nach der Vernunft«*, Berlin/Heidelberg: J. B. Metzler 2022; Eric Achermann / Klaus Stierstorfer, »Squaring Law and Literature: Materiality – Comparativity – Constitutivity«, in: *Law & Literature* (2022/35/3), S. 457–489; Heinz Müller-Dietz, *Recht und Kriminalität in literarischen Spiegelungen*, Berlin: BWV 2010; Heinz Müller-Dietz, »Blutrache in literarischer Sicht – am Beispiel des Romans ›Der zerrissene April‹ von Ismail Kadare«, in: *Goltdammer's Archiv für Strafrecht* (2011/158/1), S. 34–54; Heinz Müller-Dietz, »Jenseits von Bologna«; Heinz Müller-Dietz, »Literarische Verarbeitung«; Bodo Pieroth, *Recht und Literatur. Von Friedrich Schiller bis Martin Walser*, München: C. H. Beck 2015; Bodo Pieroth, *Deutsche Schriftsteller als angehende Juristen*, Berlin: De Gruyter 2018; Bodo Pieroth, *Recht und britische Literatur. Von William Shakespeare bis George Orwell*, München: C. H. Beck 2019; Bodo Pieroth, *Recht und französische Literatur. Von Jean de la Fontaine bis Albert Camus*, München: C. H. Beck 2021; Hermann Weber (Hg.), *Reale und fiktive Kriminalfälle als Gegenstand der Literatur*, Berlin: Berliner Wissenschaftsverlag 2003; Hermann Weber (Hg.), *Das Recht als Rahmen für Literatur und Kunst. Tagung im Nordkolleg Rendsburg vom 4. bis 6. September 2015*, Berlin/Boston: De Gruyter 2017; Hermann Weber, »Strafrecht und Religion in Dantes ›Göttlicher Komödie‹«, in: Hermann Weber (Hg.), *Literatur, Recht und Religion. Tagung im Nordkolleg Rendsburg vom 18. bis 20. September 2009*, Münster: LIT 2010, S. 57–90; Hermann Weber (Hg.), *Recht und Juristen im Spiegel von Literatur und Kunst. Tagung im Nordkolleg Rendsburg vom 6. bis 8. September 2013*, Munster: LIT, 2014; Tonio Walter / Edward Schramm, *Dichtung und Wahrheit – und Recht*, Baden-Baden: Nomos 2021; Lüderssen, *Produktive Spiegelungen*; Klaus Lüderssen, *Produktive Spiegelungen II. Recht im künstlerischen Kontext*, Berlin: Berliner Wissenschaftsverlag 2007; Klaus Lüderssen, *Produktive Spiegelungen III. Recht im künstlerischen Kontext*, Berlin/Boston: De Gruyter 2014; Klaus Lüderssen, (Hg.), *»Die wahre Liberalität ist Anerkennung«. Goethe und die Jurisprudenz*, Baden-Baden: Nomos 1999; Klaus Lüderssen, *Eichendorff und das Recht*, Frankfurt am Main: Insel 2007.

›Dichterjurist‹ selbst.[160] Ebenso wird die Figur des:der Richters:Richterin[161] oder des:der Rechtsanwalts:Rechtsanwältin[162] thematisiert. Außerhalb der prozessrechtlichen Topoi beziehen sich die Diskussionen konzeptionell auf bestimmte literarische Werke, etwa mit Bezug auf Fragen der Demokratie, der Gerechtigkeit, der Moral, der Gewalt, des Krieges, der Kausalität, der Zurechnungsfähigkeit, der Wahrheit, der Staatsbürgerschaft etc. Thematisch offener sind die Forschungsarbeiten, die nach Berührungspunkten zwischen den beiden Disziplinen Recht und Literatur suchen.[163] Einen vertiefenden Zugang zu verschiedenen Bereichen des Rechts, darunter auch des Gewohnheitsrechts, bieten Heinz Müller-Dietz zum albanischen *Kanun* unter dem Titel »Blutrache in literarischer Sicht – am Beispiel des Romans ›Der zerrissene April‹ von Ismail Kadare«[164] – und Andreas Bloch zum Eherecht in seinem Beitrag »Sophie von La Roches ›Geschichte des Fräuleins von Sternheim‹ (von 1771) – Ehe und Eherecht im Werk und in der Wirklichkeit des 18. Jahrhunderts.«[165]

Andere Ansätze versuchen, enge Verbindungsmomente zwischen Recht und Literatur herauszuarbeiten, sie sehen Literatur als Medium des Möglichen, in dem das Recht perspektivisch auf Distanz gebracht und auf das hin befragt wird, was ist oder hätte sein können, wie Katrin Trüstedt ausführt:

> Literatur bildet eine eigene Sphäre – die des Möglichen – und sie versieht so das Recht gegenüber den Modalitäten dessen, was *ist* und dessen, was *sein soll*, mit einem Spielraum der Kontingenz; dessen was *auch hätte*

160 Nilges (Hg.), *Dichterjuristen*. Vgl. dazu auch Hermann Weber, *Recht und Juristen im Bild*; Hermann Weber, *Juristensöhne als Dichter: Hans Fallada, Johannes R. Becher und Georg Heym. Der Konflikt mit der Welt ihrer Väter in ihrem Leben und ihrem Werk*, Berlin: Berliner Wissenschaftsverlag 2009; Lovis Maxim Wambach, *Die Dichterjuristen des Expressionismus*, Baden-Baden: Nomos 2002; Wambach, *Grenzgänger*; Thomas Vormbaum (Hg.), *Anton Matthias Sprickmann – Dichter und Jurist*, Berlin: Berliner Wissenschaftsverlag 2005; Thomas Vormbaum, »*›Als Doktor beider Rechte‹. Heinrich Heine, das Recht und die Jurisprudenz*«, Münster/Berlin: LIT 2016.

161 Wittmann, *Recht sprechen*; Schirnding, *Recht und Richter*.

162 Franziska Quabeck, *The Lawyer in Dickens*, Berlin/Boston: De Gruyter 2021.

163 Caroline Koegler / Jesper Reddig / Klaus Stierstorfer, *Citizenship, Law, and Literature*, Berlin/Boston: De Gruyter 2021; Greiner/Thums/Vitzthum (Hg.), *Recht und Literatur*; Katrin Becker, *Zwischen Norm und Chaos: Literatur als Stimme des Rechts. Legendre, Kafka, Hoffmann*, Paderborn: W. Fink 2016.

164 Müller-Dietz, »Blutrache«, S. 34–54.

165 Andreas Bloch, »Sophie von La Roches ›Geschichte des Fräuleins von Sternheim‹ (von 1771) – Ehe und Eherecht im Werk und in der Wirklichkeit des 18. Jahrhunderts«, in: *NJW* (1995/13), S. 835–840.

> *sein können.* Die Sphäre der Narration und Imagination verleiht dem Recht einen Abstand zu sich.[166]

Trüstedt erweitert ihren Ansatz von Literatur als Spiegel des juristischen Möglichkeitsraums um die Vermutung, dass Literatur – über die Ebene der Darstellung hinaus – sogar Anstoß für Rechtsänderungen sein und damit zur normativen Rechtsquelle aufsteigen könne.[167] Die Behauptung, Literatur könne zur *normativen* Rechtsquelle im juristischen Sinne avancieren, muss jedoch insofern bezweifelt werden, als der normative Charakter des Rechts nur durch rechtlich legitime Gründe konstituiert werden kann:

> Texte haben einen normativen Effekt, sobald [...] Ihnen eine Autorität zugeschrieben wird. [...] Normativität bezeichnet damit Legitimation oder Rechtfertigungsqualität von Normen, also diejenige Eigenschaft, welche ihnen in den Augen ihrer Subjekte den Charakter des Sollens verleiht. Normative Ordnungen werden somit als Rechtfertigungsordnungen verstanden, als Gesamtheit von mehr oder weniger institutionalisierten Normen, Regeln, Werten usw., die auf [...] Rechtfertigungen beruhen und solche rechtfertigende Gründe brauchen, um sich zu erhalten.[168]

In diesem Sinne müsste die Literatur als normative Rechtsquelle durch gesetzgebende Instanzen, Rechtsakte, Usus etc. *instituiert* werden. Wäre dies der Fall, könnte nicht mehr von Literatur, sondern nur noch von normativen Rechtstexten gesprochen werden. Wohl aber besteht für die Literatur die Möglichkeit als dokumentierende *historische* Rechtsquelle zu fungieren, wenn sie Rechtsverhältnisse im sozialen Kontext verschiedener Epochen aufzeigt. Trüstedt hingegen verweist unter Berufung auf Pierre Legendre[169] auf eine kulturelle Normativität, die nicht in Analogie zum juristischen Begriff der Normativität verwendet werden könne. So sieht sie in der kulturkritischen Literatur ein Potenzial zur Neuschöpfung von Rechtsbezügen, indem diese das Dreieck ›Text – kulturelle

166 Katrin Trüstedt, »Nomos und Narrative. Zu den Verfahren der Orestie«, in: Ino Augsberg / Sophie Charlotte Lenski (Hg.), *Die Innenwelt der Außenwelt der Innenwelt des Rechts. Annäherungen zwischen Rechts- und Literaturwissenschaft*, München: W. Fink 2012, S. 59–77, hier: S. 61.

167 Vgl. ebd., S. 61.

168 Vanessa Duss Jacobi, »Die Korrelation von Text und Normativität im Recht«, in: Kamila Staudigl-Ciechowicz / Philipp Klausberger / Ramon Pils & al. (Hg.), *Beiträge zur Rechtsgeschichte Österreichs (BRGÖ)*, Bd. 2, Wien: Verlag der Österreichischen Akademie der Wissenschaften 2013, S. 363–373, hier: S. 364–365.

169 Becker verweist auf Legendres Auffassung, dass Kunst normative Kraft besitze (siehe Becker, *Zwischen Norm und Chaos*, S. 128, Anm. 270). Siehe dazu auch Pierre Legendre, *Über die Gesellschaft als Text. Grundzüge einer dogmatischen Anthropologie*, Wien/Berlin: Turia + Kant 2012, S. 128.

Referenz –Textrezipient‹ nutzt, um bei den Leser:innen eine Veränderung der kulturell-normativen Referenzialität zu bewirken.[170] Der Literatur, in welcher Form auch immer, *normativen* Charakter zuschreiben zu wollen, führt zwangsläufig zu irreführenden Anlehnungen an die rechtliche Normativität im Sinne von Rechtsproduktion durch legitimierte Rechtsinstanzen und sollte daher vermieden werden. Vielmehr könnte man von kulturellen Referenzen im Sinne seismografischer Wirkungen sprechen, wie sie Heinz Müller-Dietz und Albert von Schirnding anführen, indem sie der Literatur die Sensibilität zuschreiben, gesellschaftliche Veränderungen, die ihrerseits rechtliche Veränderungen nach sich ziehen, zu erfassen oder zu antizipieren.[171] Auf diese Eigenschaft der Literatur wird jedenfalls noch zurückzukommen sein.

Ein für die vorliegende Arbeit relevanter Vorschlag zum Umgang mit dem Recht in der Literatur stammt von Peter Schneck, der in Übereinstimmung mit dem französischen Forscher Christian Biet[172] auf den inneren, impliziten oder unsichtbaren Rechtsdiskurs in literarischen Texten verweist, um mit Michel Foucault zu sprechen:

> The representation of law in literature inevitably involves an interpretation of the law's founding authority, which in turn serves as a basis for literature's own performative authorization. Consequently, the presence of the law in literature can (and must) be felt even where it forms, processes, and practices are not the immediate object of representation at certain points in a specific literary text.[173]

Nicht nur der offensichtliche rechtliche oder prozessuale Gegenstand in der Literatur, sondern auch implizite, nicht sofort ins Auge fallende Diskurse in der Literatur können, aus ihrem Kontext heraus, einen Rechtsdiskurs ergeben. Gerade die Offenlegung dieser ›Unauffälligkeiten‹ durch die rechtssensible Lektüre eines Textes kann neue rechtliche Zusammenhänge und Diskurse freilegen, die dem juristischen Laien verborgen bleiben. Das Gelingen solcher feinmaschigen Untersuchungen des Rechts in der Literatur setzt freilich ein stark interdisziplinäres Arbeiten voraus, das die Möglichkeit engster methodischer und inhaltlicher Verknüpfungen zwischen Recht und Literatur (an)erkennt.

In diesem Zusammenhang ist eine sehr aktuelle Studie von Eric Achermann und Klaus Stierstorfer zu erwähnen, die versucht, die thematischen Zusammenhänge und die gegenseitige Beeinflussung von Literatur und

170 Vgl. dazu Becker, *Zwischen Norm und Chaos*, S. 109–146.

171 Vgl. Müller-Dietz, *Grenzüberschreitungen*, S. 21; vgl. Schirnding, *Recht und Richter*, S. 27.

172 Vgl. Biet, »Introduction«, S. 17–18.

173 Peter Schneck, *Rhetoric and Evidence: Legal Conflict and Literary Representation in U.S. American Culture*, Berlin/Boston: De Gruyter 2011, S. 18.

Recht aufzuzeigen.[174] Als Grundlage dieses Bindestrichs fungiere, so die beiden Autoren, das Dreieck ›Materialität – Komparativität – Konstitutivität‹,[175] das zu einer neuen Reflexion über den Vergleich der beiden Disziplinen als Teil eines gemeinsamen soziokulturellen Kontexts anregen soll: »It is not so much on the relations that connect two things in genealogies or systems, but on the analysis of the two things thus combined with regard to a third, a tertium, that is a property, structure or function which sets up a paradigm on the basis of which conformity or difference can be defined.«[176] Diese neue Sichtweise könnte tatsächlich zu einer engeren Verknüpfung von Literatur und Recht durch strukturelle, funktionale oder disziplinäre Methoden führen. Eine solche Verschränkung der Disziplinen fördere, so Achermann und Stierstorfer weiter, zugleich den Zugang zur Erforschung des wechselseitigen Einflusspotenzials sowie die Entwicklung von, »constitutive normative concepts within law and literature research.«[177] Die beiden Autoren vermuten hier ein zukünftiges Forschungspotenzial, indem verallgemeinernde Konzeptualisierungen durch präzise Analysen an der Schnittstelle beider Disziplinen ersetzt werden und möglicherweise den Grundstein für eine dritte kulturwissenschaftliche Disziplin legen könnten.

Dass dieses interdisziplinäre Potenzial bei weitem noch nicht ausgeschöpft ist, vermutete übrigens schon Bernhard Schlink in seinem Nachwort zu Richard Weisbergs *Rechtsgeschichten* im Jahr 2013:

> Trotz der langen Tradition über Literatur schreibender Juristen steht die Beschäftigung mit Recht und Literatur in Deutschland noch am Anfang. Ihre größte Bedeutung, ihre größte Wirkung hat die Beschäftigung als Tor zu rechts-, kultur- und mentalitätsgeschichtlichen Zusammenhängen und rechtsphilosophischen Gedanken. In Deutschland ist das Tor erst aufgeschlossen; in den nächsten Jahren wird es weit aufgestoßen werden. Das Potenzial der Beschäftigung mit Recht und Literatur in der Lehre ist zu groß, als dass es ungenutzt bleiben könnte.[178]

Seit Schlinks Prophezeiung ist die rechts- und literaturwissenschaftliche Forschung vor allem durch die Arbeiten des Sonderforschungsbereichs 1385 *Recht und Literatur* an der Universität Münster[179] einen Schritt

174 Achermann/Stierstorfer, »Squaring Law«.

175 Achermann/Stierstorfer, »Einleitung: Materialität«, S. 3.

176 Ebd., S. 466.

177 Achermann/Stierstorfer, »Squaring Law«, S. 471.

178 Schlink, »Das Bilderbuch«, S. 289.

179 Am 1. Juli 2019 wurde von der Deutschen Forschungsgemeinschaft (DFG) an der WWU Münster der Sonderforschungsbereich 1385 *Recht und Literatur* eingerichtet (Laufzeit war bis zum 30. Juni 2024), mit dem Vorhaben, zu fundamentalen Fragen zu Recht und Literatur, zu den mit ihnen befassten Disziplinen, ihren Grundbegriffen und Methoden sowie

weitergekommen, ohne dass aber das Forschungspotenzial, vor allem in methodischer und interdisziplinärer Hinsicht, ausgeschöpft wäre. Die vorliegende Arbeit möchte an diese Forschungen anknüpfen, um sie methodisch zu verfeinern und zu ergänzen. Sie geht zugleich von der Feststellung aus, dass die bisherigen Untersuchungen zum Recht in der Literatur in den seltensten Fällen eine genaue Schritt-für-Schritt-Analyse des Rechtsdiskurses im Narrativ in Gegenüberstellung zum realen Rechtsdiskurs bieten. Wenn es sich nicht um größer angelegte Studien zu interdisziplinären Schnittpunkten handelt, wird zumeist auf detaillierter Ebene ein thematischer Schwerpunkt oder ein Konzept genauer untersucht und mit dem literarischen Text in Verbindung gebracht, ohne aber eine interdisziplinäre Methodik zu entwickeln. Der Entwurf der *kontrafaktischen Methode* impliziert zugleich die Bereitstellung der Voraussetzungen, um rechtlich-kontrafaktische Zusammenhänge in der Literatur erkennen zu können, und dazu bedarf es seitens der Rezipient:innen der Kenntnis des realweltlichen Rechts im Vergleich zum fiktiven, semi-realen oder faktischen Recht in der Diegese. Wird ihnen dieses Wissen nicht vermittelt, kann es mangels kontrastierender Vergleichsmöglichkeiten nicht zu einer kontrafaktischen Lesart kommen.

Wie eingangs erwähnt, beschränkt sich die vorliegende Arbeit auf den Bereich des Rechts *in* literarischen Texten. Davon ausgeschlossen sind damit nicht nur Untersuchungen von Rechtstexten aus literatur- und sprachwissenschaftlicher Perspektive, sondern auch literarische Schöpfungen sogenannter Dichterjurist:innen[180], sofern sich deren Erzählungen nicht direkt oder indirekt auf rechtliche Fragen oder Themen beziehen.

Nach diesem kurzen vergleichenden Überblick über den Forschungsstand zu ›Recht und Literatur‹ wird es im Folgenden darum gehen, den Begriff der ›Interdisziplinarität‹ für die Zwecke der Untersuchung zu konturieren und zu versuchen, das Spektrum interdisziplinärer

zu ihrer gesellschaftlichen und kulturellen Bedeutung zu forschen. Die Fachbuchreihe *Literatur und Recht*, die seit 2022 im Verlag J.B. Metzler erscheint, dokumentiert diese jüngsten Forschungsergebnisse und zeugt zugleich von der Belebung des Interesses für interdisziplinäres Arbeiten zwischen Literatur und Recht.

180 Yvonne Nilges' weitgefasster Begriff des ›Dichterjuristen‹ umfasst Literat:innen, die als Jurist:innen tätig waren oder sind sowie solche, die eine juristische Ausbildung begonnen oder beendet haben (Yvonne Nilges, »Einleitung«, in: Yvonne Nilges (Hg.), *Dichterjuristen*, S. 9–11, hier S. 10). Der Begriff des ›Dichterjuristen‹ selbst wurde von Eugen Wohlhaupter eingeführt. Siehe Eugen Wohlhaupter, *Dichterjuristen* Bd. 3, Tübingen: Mohr Siebeck 1957, S. 417. Zu den Jurist:innen, die ihre rechtlichen Kenntnisse auch literarisch verarbeiteten, gehören Jacob Grimm, Josef Kohler, Gustav Radbruch, Jutta Limbach, Michael Stolleis, Wolfgang Graf Vitzthum (Greiner, »Das Forschungsfeld«, S. 8).

Anknüpfungspunkte zwischen Recht und Literatur auszuloten. Methodisch werden die neueren Entwürfe von Eric Achermann und Klaus Stierstorfer zum Dreieck ›Materialität – Komparativität – Konstitutivität‹ sowie die Theorien des Diskurses, des Interdiskurses und der Hermeneutik als möglicher ›Kitt‹ zwischen den Disziplinen herangezogen. Die Festlegung einer gemeinsamen interdisziplinären, methodischen Grundlage soll die Entwicklung und Darstellung des methodisch-kontrafaktischen Arbeitens zwischen intradiegetischem und realweltlichem, außerdiegetischem Recht erleichtern.

Das ultimative Ziel dieser Arbeit wird es sein, durch dieses Vorgehen einerseits zu zeigen, wie Recht und Literatur methodisch verknüpft werden können, und andererseits zu versuchen, die kontrafaktische Perspektive durch die Kontrastierung von diegetischem mit realweltlichem Recht voll zur Geltung zu bringen. Anhand der folgenden fünf ausgewählten Gegenwartsromane soll die so konzipierte juristisch-kontrafaktische Methode erprobt und veranschaulicht werden: *Diese eine Entscheidung* (2022) von Karine Tuil, *~~Un~~orthodox* (2012) von Deborah Feldman, *Hana* (2017) von Elvira Dones, *Repenti* (2017) von Claude Chossat und *Ohrfeige* (2016) von Abbas Khider. Das Gespräch wird bei diesen Untersuchungen auf die Terrorgesetzgebung (*Diese eine Entscheidung*), auf ungeschriebenes Recht (*Repenti*, *Hana*), auf Verwaltungsrecht (*Ohrfeige*) und auf das talmudische Recht (*~~Un~~orthodox)* gelenkt werden.

2. Methodische Hilfskonzepte: Interdisziplinarität, Diskurs, Hermeneutik, Kontrafaktik

Die historischen Hinweise zum Forschungsfeld ›Recht und Literatur‹, mit Fokus auf das Recht *in* der Literatur, haben das Arbeitsfeld geografisch konturiert, nationale Tendenzen geliefert und den Forschungsstand als Ausgangspunkt der vorliegenden Untersuchungen skizziert. Wenn vor diesem Hintergrund der Versuch gelingen soll, eine ›juristische Methode der Kontrafaktik‹ zu entwickeln, muss zunächst das Verhältnis von Recht und Literatur genauer bestimmt werden: Wie genau sind die beiden Disziplinen aufeinander bezogen? Wo kreuzen sie sich, wo berühren sie sich, wo trennen sie sich? Gibt es bisher unentdeckte Berührungspunkte, die für die Entwicklung einer methodischen Verknüpfung fruchtbar gemacht werden könnten? Antworten auf diese Fragen werden auf vier methodischen Ebenen gesucht, deren kombinierte Schnittstelle die Korrelation von Recht und Literatur für die Zwecke der vorliegenden Arbeit ermitteln soll: die Interdisziplinarität meint die Kooperation auf der Basis gemeinsamer Paradigmen, der Diskurs liefert Anhaltspunkte für eine gemeinsame ›Rede‹, die Hermeneutik als Methode der Texterschließung ist beiden Disziplinen vertraut und Kontrafaktizität verbindet Fiktion und Nichtfiktion als Produkt wechselseitiger Spiegelung. Jedes dieser vier Konzepte wird im Folgenden zunächst grundlegend allgemein und dann spezifisch für den Bereich des Rechts *in* der Literatur erläutert.

2.1 Interdisziplinarität[1]

2.1.1 Theoretische Vorbemerkungen

Eric Hilgendorf erinnert daran, dass schon Francis Bacon für interdisziplinäre Forschung eintrat, um die gegenseitige Befruchtung und Korrektur der Disziplinen zu fördern:

> Die Regel [solle] sein, dass alle Einteilungen des Wissens eher als Linien zum Kennzeichnen und Unterscheiden aufgefasst und gebraucht werden denn als Schnitte zum Zertrennen; damit diese Unterbrechung der Kontinuität in den Wissenschaften stets vermieden wird. Denn das

1 Eine reiche Bibliografie zur Interdisziplinarität liefert Frank Fürbeth, »Was heißt, wozu dient und wohin führt uns Interdisziplinarität«, in: *Zeitschrift des Mediävistenverbandes* (1999/4/1), S. 7–16, hier: S. 7–8.

Gegenteil hat bewirkt, dass einzelne Wissenschaften unfruchtbar, seicht und fehlerhaft geworden sind, da sie nicht von der allgemeinen Quelle und Nahrung gespeist und erhalten und korrigiert werden.[2]

In den 1960er Jahren gründete Helmut Schelsky in Deutschland das bis heute aktive Bielefelder Zentrum für interdisziplinäre Forschung (ZiF) mit dem Ziel der »Integration der sich spezialisierenden Wissenschaften zu einer Zusammenarbeit der verschiedenen Disziplinen«, um das »gegenseitige begriffliche und methodische Verständnis der Disziplinen« zu fördern und zur »Entwicklung übergreifender theoretischer Konzeptionen« beizutragen.[3]

Interdisziplinarität ist heute ein viel verwendeter Begriff, der oft synonym mit Transdisziplinarität verwendet wird, ohne dass sich bisher eine einheitliche Definition durchsetzen konnte. Wie Doris Pichler feststellt, ist dieser Begriff »much in need of specification and clarification.«[4]

Häufig wird im Zusammenhang mit dem Begriff der Interdisziplinarität über die Zusammenarbeit von zwei oder mehreren Disziplinen gesprochen, ohne aber näher zu bestimmen, wie genau diese Zusammenarbeit auszusehen habe. ›Interdisziplinäre‹ Studiengänge und Kompetenzen scheinen in Mode zu sein, nicht selten wird ihnen sogar ein akademischer Mehrwert gegenüber ›monodisziplinären‹ Studiengängen zugesprochen. Trotzdem sind einerseits die Resistenzen gegen die tatsächlich interdisziplinäre Forschung groß, andererseits wird der Begriff inflationär und unrichtig verwendet. Häufig wird bereits das Hinzuziehen anderer Wissensbereiche oder das assoziative Arbeiten mehrerer Disziplinen in einem Projekt fälschlicherweise als ›interdisziplinär‹ verhandelt. Wenn auch die Definitionen von Interdisziplinarität divergieren, so treffen sie sich dennoch in dem Punkt, dass eine Verständigung zwischen den Disziplinen über eine gemeinsame ›Sprache‹ stattfinden muss, die es ermöglicht, durch die Anwendung gemeinsamer Konzepte und Methoden zu einem Forschungsergebnis an der Schnittstelle beider Disziplinen zu gelangen. Ein bloßes ›Zusammenlegen‹ von Wissen reicht dazu sicher

2 Eric Hilgendorf, »Interdisziplinarität«, in: Hilgendorf/Joerden (Hg.), *Handbuch Rechtsphilosophie*, S. 491–496, hier: S. 493.; Francis Bacon, *Über die Würde und die Förderung der Wissenschaften*, hrsg. v. Hermann Klenner, Freiburg: Haufe 2006, S. 216.

3 Hilgendorf, »Interdisziplinarität«, S. 493. Zum ZiF von heute vgl. https://www.uni-bielefeld.de/einrichtungen/zif (Zugriff: 7.3.2024).

4 Doris Pichler, »Law and Literature: Some Reflections upon the Nature of its Interdisciplinarity«, in: Hiebaum/Knaller/Pichler (Hg.), *Recht und Literatur*, S. 15–33, hier: S. 15. Siehe dazu auch Peter Weingart / Nico Stehr (Hg.), *Practising Interdisciplinarity*, Toronto/Buffalo/London: University of Toronto Press 2000, S. 1–2. Philipp Balsiger, *Transdisziplinarität. Systematisch-vergleichende Untersuchung disziplinübergreifender Wissenschaftspraxis*, München: W. Fink 2005.

nicht aus. Markus Käbisch stellt gerade die Unschärfe des Begriffs in den Raum, indem er ihn nach seinen Konturen befragt:

> Ist ›Inter-Disziplinarität‹ eine extra Forschung mit eigenen Begriffen und Regeln oder bedeutet das die Zwischenstellung eines Forschungsgegenstandes, wenn sich nicht entscheiden lässt, welcher Disziplin er zugehört? Oder heißt Interdisziplinarität, sich [...] neugierig bei anderen Disziplinen umzuschauen [...]? Ebenso könnte ›Inter-Disziplinarität‹ auch heißen, dass sich die auseinandergefallene Wissenschaft inmitten einer eigentlich einheitlichen Wissenschaft aufhält, die nur metatheoretisch erfasst werden muss.[5]

Die Unsicherheiten reichen hier, um mit Jürgen Mittelstraß zu sprechen, von der bloßen Wiederherstellung der innerwissenschaftlichen Struktur einer zu Unrecht zersplitterten Disziplin[6] über die Verwendung eines Neologismus für nicht einordnungsfähige Disziplinen bis hin zur Schaffung einer neuen Disziplin. Einen Versuch, den Begriff der Interdisziplinarität umfassend zu bändigen, unternimmt in diesem Zusammenhang Rainer Greshoff:

> Mit dem Terminus ›interdisziplinär‹ beziehe ich mich [...] auf solche Unternehmen, die getragen werden von der Absicht, angenommene oder vermutete Begrenzungen, Einseitigkeiten und ›Blindstellen‹ von Konzepten, Hypothesen oder Prämissen jeweiliger Disziplinen, in denen zu gleichen Themen bzw. sich zumindest irgendwie überschneidenden Themen geforscht wird, durch fächerübergreifende Arbeit zu korrigieren.[7]

Wesentlich für fächerübergreifendes Arbeiten ist jedenfalls die Sicherstellung von gemeinsamen Objekten, Begrifflichkeiten, Konzepten, Methoden und Theorien, ohne die eine fruchtbare integrative Forschung nur schwer möglich ist, um, wie Jürgen Mittelstraß argumentiert, »fachliche und disziplinäre Engführungen, wo diese der Problementwicklung und einem entsprechenden Forschungshandeln im Wege stehen«, aufzuheben.[8] Frank Fürbeth verweist darauf, dass die eigentliche

5 Markus Käbisch, »Sprachlogische Einheitskonzeptionen der Wissenschaft und Sprachvielfalt der Disziplinen. Überlegungen zu theoretischen und praktischen Ansätzen von Interdisziplinarität«, in: Holger Maaß / Sarah Schmidt (Hg.), *Interdisziplinarität. Chancen – Risiken – Konzepte*, Leipzig: Leipziger Universitätsverlag 2001, S. 13–31.

6 Jürgen Mittelstraß, *Der Flug der Eule. Von der Vernunft der Wissenschaft und der Aufgabe der Philosophie*, Frankfurt am Main: Suhrkamp 1989, S. 73.

7 Rainer Greshoff, »Interdisziplinarität und Vergleichen«, in: Peter V. Zima (Hg.), *Vergleichende Wissenschaften. Interdisziplinarität und Interkulturalität in den Komparatistiken*, Tübingen: Narr 2000, S. 29–45, hier: S. 29.

8 Jürgen Mittelstraß, »Methodische Transdisziplinarität«, in: *TATup* (2005/14/2), S. 18–23, hier: S. 19. Siehe auch Mittelstraß, *Der Flug*, S. 60–88.

Interdisziplinarität bereits im Vorfeld der Disziplinen selbst die Festlegung eines gemeinsamen Erkenntnisinteresses – und einer daraus folgenden Entwicklung gemeinsamer Methoden und Gegenstände – erfordere, wobei die Disziplinen dabei »ihr Eigenes aufgeben und sich in einem Gemeinsamen aufheben müssten.«[9] Greshoff geht nicht bis zur Aporie der Aufhebung der Disziplinen durch das Aufgehen in der ›Gemeinsamkeit‹, aber er pointiert, dass es unabdingbar sei, zumindest eine »konzeptuelle Vermittlungsbasis« zwischen den Disziplinen zu schaffen, indem die jeweils verwendeten Begriffe aufeinander abgestimmt und zueinander in Beziehung gesetzt werden.[10] Einfacher ausgedrückt: Es muss verifiziert werden, dass beide Disziplinen über das gleiche ›Ding‹ sprechen, denn »als eines der größten Hindernisse für interdisziplinäres Arbeiten erweist sich das Problem, dass häufig ›falsche‹ Elemente aus verschiedenen wissenschaftlichen Theorien miteinander in Beziehung gesetzt werden.«[11] Helmut Reinalter verweist insbesondere auf das Problem der Gemeinsamkeit sprachlicher Begriffe, zu dem manchmal das Festhalten an der eigenen Disziplin und die Blindheit für andersartige Fragestellungen erschwerend hinzukommen.[12] Eric Hilgendorf unterstreicht die häufig anzutreffende Schwierigkeit der Disziplinen, sich am juristischen »Formelkram« abzuarbeiten, wobei der Wille zu sprachlicher Klarheit und Eindeutigkeit interdisziplinäre Barrieren abbauen könne.[13] Letztlich ist es aber, wie Reinalter und Greshoff feststellen, gerade diese integrative, wenn auch nicht unproblematische Begrifflichkeit, die die »Transdisziplinarität«[14] hervorbringt. Als unscharf erweist sich auch die Abgrenzung zwischen den Begriffen ›Interdisziplinarität‹ und ›Transdisziplinarität‹, weshalb sich die Frage stellt, ob sie synonym zu verwenden sind oder nicht. Mittelstraß argumentiert, dass Transdisziplinarität eigentlich ein Synonym für Interdisziplinarität im Sinne eines integrativen Forschungsprinzips sei, denn sie hebe »fachliche und disziplinäre Engführungen, wo diese der Problementwicklung und einem entsprechenden Forschungshandeln im Wege stehen, wieder auf; sie ist in

Vgl. auch Oliver Jahraus, »Inter- und Transdisziplinarität. Wissenschaftspolitik und Wissenschaftssystematik«, in: Thomas Anz (Hg.), *Handbuch Literaturwissenschaft. Methoden und Theorien*, Bd. 2, Stuttgart/Weimar: J. B. Metzler 2013, S. 373–378.

9 Fürbeth, »Was heißt«, S. 11.

10 Greshoff, »Interdisziplinarität«, S. 30–31.

11 Homann/Suchanek, »Methodologische Überlegungen«, S. 84.

12 Helmut Reinalter, »Einleitung«, in: Helmut Reinalter (Hg.), *Vernetztes Denken – Gemeinsames Handeln. Interdisziplinarität in Theorie und Praxis*, Thaur/Wien/München: Kulturverlag 1993, S. 9–13.

13 Hilgendorf, »Interdisziplinarität«, S. 494–495.

14 Mittelstraß, »Methodische Transdisziplinarität«, S. 19; Greshoff, »Interdisziplinarität«, S. 30–31.

Wahrheit Transdisziplinarität.«[15] Dabei will Mittelstraß ›Transdisziplinarität‹ nicht als eigenständige Theorie oder Methode verstanden wissen, sondern als ein »*innerwissenschaftliches*, die Ordnung des wissenschaftlichen Wissens und der wissenschaftlichen Forschung selbst betreffendes Prinzip [...], aber auch als Forschungs- und Arbeitsform der Wissenschaft, wenn es darum geht, nicht selbst gestellte wissenschaftliche, sondern gegebene konkrete Probleme in der Welt zu lösen.«[16] Eine feine Unterscheidung zwischen den beiden Begriffen erlaubt der Zeitbegriff, wenn man davon ausgeht, dass interdisziplinäre Forschung sich auf zeitlich befristete Projekte bezieht, während transdisziplinäre Kooperation auf eine dauerhafte – zumeist institutionell verankerte – Zusammenarbeit abzielt. Folgt man jedoch Mittelstraß, so scheint eine synonyme Verwendung der Begriffe – trotz dieser geringen temporären Differenz – unproblematisch zu sein:

> Während wissenschaftliche Zusammenarbeit allgemein die Bereitschaft zur Kooperation in der Wissenschaft und Interdisziplinarität in der Regel in diesem Sinne eine konkrete Zusammenarbeit auf Zeit bedeutet, ist mit Transdisziplinarität gemeint, dass Kooperation zu einer andauernden, die fachlichen und disziplinären Orientierungen selbst verändernden wissenschaftssystematischen Ordnung führt.[17]

Insofern scheint es für die Zwecke der vorliegenden Untersuchung unverfänglich zu sein, statt differenzierend von Inter- und Transdisziplinarität nur von ›Interdisziplinarität‹ zu sprechen. Zu betonen ist in diesem Zusammenhang auch, dass Interdisziplinarität/Transdisziplinarität nicht zu einem neuen fachlichen oder disziplinären Zusammenhang führt, d. h., es entsteht keine neue Disziplin.[18]

Der Begriff der Interdisziplinarität steht heute also für ein oft nur halbherzig eingesetztes Mittel, um die fortschreitende Atomisierung der wissenschaftlichen Disziplinen zu korrigieren[19] und dort anzusetzen, wo eine Disziplin[20] allein nicht in der Lage ist, die zur Lösung bestimmter

15 Mittelstraß, »Methodische Transdisziplinarität«, S. 19.

16 Jürgen Mittelstraß, »Forschung und Gesellschaft. Von theoretischer und praktischer Transdisziplinarität (Reaktion auf W. Krohn & al. in *GAIA* 26/4 (2017)«, in: *GAIA* (2018/27/2), S. 201–204, hier: S. 202.

17 Mittelstraß, »Methodische Transdisziplinarität«, S. 20.

18 Jürgen Mittelstraß, »Transdisziplinarität oder: von der schwachen zur starken Interdisziplinarität«, in: *GEGENWORTE. Hefte für den Disput über Wissen* (2012/28), S. 10–13, hier: S. 13.

19 Vgl. Mittelstraß, *Der Flug*, S. 67–69.

20 Interdisziplinarität setzt zunächst Disziplinarität voraus. Mittelstraß beklagt diesbezüglich die Unschärfe in der heutigen Bestimmung darüber, was eine Disziplin ausmacht und wie sie konturiert wird (Mittelstraß, *Der Flug*, S. 71). Wissenschaftstheoretisch wird eine Disziplin durch den

Probleme notwendigen »methodischen und theoretischen Vorstellungen«[21] zu entwickeln. Interdisziplinäres Arbeiten erfordere, so Mittelstraß, eine »Reorganisation der wissenschaftlichen Praxis und des wissenschaftlichen Bewusstseins«,[22] wobei die Grenzen zwischen den Begriffen der Interdisziplinarität und Transdisziplinarität zerfließen und es im Grunde um nichts anderes als um die Restauration »der alten Disziplinarität« gehe.[23]

Julie Thompson skaliert in diesem Zusammenhang verschiedene Intensitätsstufen der interdisziplinären Kooperation, die vom Wissenstransfer zwischen den Disziplinen über gemeinsame Problemlösungen, den Brückenschlag zwischen den Disziplinen, die aber jeweils für sich bleiben, die Entwicklung synthetischer Theorien über Wissenschaftsgrenzen hinweg bis hin zur Etablierung neuer gemeinsamer Forschungsfelder auf der Basis überlappender Forschungsgegenstände mehrerer Disziplinen reichen.[24] Thompson sieht ebenso wenig wie Mittelstraß die Entstehung einer neuen Disziplin, sondern scheint eher an eine relativ lose, themenspezifische Kooperation zu denken. Folgt man also Jürgen Mittelstraß und Julie Thompson, so können weder interdisziplinäre noch transdisziplinäre Formen wissenschaftlicher Praxis zu einer neuen Disziplin führen, wie sie Eric Achermann und Klaus Stierstorfer anzustreben scheinen, wenn sie von einer Modifikation des Grundverständnisses von Recht und Literatur sprechen: »Work on constitutivity addresses those

Erkenntnisgegenstand, die Erkenntnismethode und das Erkenntnisinteresse bestimmt (Bernd Gräfrath, »Disziplin«, in: Jürgen Mittelstraß (Hg.), *Enzyklopädie Philosophie und Wissenschaftstheorie*, Bd. 2, Stuttgart: J. B. Metzler 2005, S. 237–238, hier S. 237). Empirisch betrachtet, entstehen Disziplinen historisch, in der Praxis, und bestimmen sich über ihre Methoden, Theorien und Forschungszwecke (Lorenz Krüger, »Einheit der Welt – Vielheit der Wissenschaften«, in: Jürgen Kocka (Hg.), *Interdisziplinarität: Praxis – Herausforderung – Ideologie*, Frankfurt am Main: Suhrkamp 1987, S. 106–128). Michel Foucault definiert den Begriff ›Disziplin‹ besonders ausführlich als »einen Bereich von Gegenständen, ein Bündel von Methoden, ein Korpus von als wahr angesehenen Sätzen, ein Spiel von Regeln und Definitionen, Techniken und Instrumenten: das alles konstituiert ein anonymes System, das jedem zur Verfügung steht, der sich seiner bedienen will oder kann, ohne dass sein Sinn oder sein Wert von seinem Erfinder abhängen« (Michel Foucault, *Die Ordnung des Diskurses*, Frankfurt am Main: S. Fischer 2021, S. 22).

21 Mittelstraß, *Der Flug*, S. 74.

22 Ebd.

23 Ebd.

24 Stephan Kirste, »Voraussetzungen von Interdisziplinarität der Rechtswissenschaften«, in: Stephan Kirste (Hg.), *Interdisziplinarität in den Rechtswissenschaften. Ein interdisziplinärer und internationaler Dialog*, Berlin: Duncker & Humblot 2016, S. 35–85, hier: S. 56.

encounters which rupture disciplinary boundaries and affect the core understandings constitutive of the respective literary and legal fields.«[25] Aus dieser Feststellung geht zwar hervor, dass die interdisziplinäre Arbeit zwischen Recht und Literatur Auswirkungen auf das Grundverständnis beider Disziplinen hat, aber es wird nicht deutlich, inwieweit es methodisch zur Ausbildung einer dritten Disziplin zwischen Recht und Literatur kommen könnte. Oder geht es Achermann und Stierstorfer im Wesentlichen darum, die ursprüngliche disziplinäre Nähe zwischen Recht und Literatur wiederherzustellen, wie sie auf der Gründungsversammlung der Germanistik im Jahre 1846 selbstverständlich zu sein schien, wenn man sich den Text der Einladung zur letzteren vergegenwärtigt: »Pflege des deutschen Rechts, deutscher Geschichte und deutscher Sprache‹«, um »›wissenschaftliches Anregen, persönliches Kennenlernen und Ausgleichen der Gegensätze‹ zu fördern?«[26] Könnte es im Sinne der ursprünglichen Germanistik zu einer neuen Zusammenführung von Recht und Literatur kommen, wenn sich, wie Stephan Kirste vorschlägt, »dauerhaft interdisziplinär arbeitende Wissenschaftler, die sich in den beteiligten Wissenschaften auskennen, d. h. ihre Sprache (Begriffe, Methoden) verstehen und Übersetzungsleistungen erbringen können«, darum bemühen?[27]

Bevor eine Antwort auf diese Fragen mit Bezug auf das Recht *in* der Literatur gesucht werden kann, gilt es zunächst, die konzeptuellen, methodischen und sprachlichen Gemeinsamkeiten zwischen Rechts- und Literaturwissenschaften, soweit sie sich finden lassen, herauszuarbeiten. Vor diesem Hintergrund werden im folgenden Kapitel die pragmatischen Anwendungsmöglichkeiten des Interdisziplinaritätsbegriffs mit Fokus auf das Forschungsfeld ›Recht und Literatur‹ untersucht.

2.1.2 *Zur Interdisziplinarität von Recht und Literatur*

Der »Schriftsteller«, so Kirste, transformiere »künstlerisch rechtliche Probleme in Literatur; der Jurist, der sich mit dem Recht in dieser fremden Form beschäftigt, fragt sich, ob er nicht für seine Arbeit aus dieser Transformation lernen kann.«[28] Um diese Korrelation zwischen Literat:innen und Jurist:innen zu verstehen, müsse man, so Gideon Stiening,

25 Achermann/Stierstorfer, »Squaring Law«, S. 479.

26 Eberhard Lämmert, »Zurück zu den Anfängen? Die kulturwissenschaftliche Weite der Germanistik von 1846«, in: Frank Fürbeth / Pierre Krügel / Ernst E. Metzner / Olaf Müller (Hg.), *Zur Geschichte und Problematik der Nationalphilologien in Europa. 150 Jahre Erste Germanistenversammlung in Frankfurt am Main (1846–1996)*, Tübingen: Niemeyer 1999, S. 7–22.

27 Vgl. Kirste, »Voraussetzungen«, S. 76.

28 Kirste, »Literatur und Recht«, S. 357.

berücksichtigen, dass der Literatur zwar das unbegrenzte Feld der rechtlichen »Normierung menschlichen Verhaltens« zur Verfügung stehe,[29] sie aber durch die Schwierigkeit der sinnlich darstellbaren Dimensionen derselben eine Begrenzung erfahre.[30] Mit anderen Worten: Die Literaturwissenschaft tut sich schwer damit, den abstrakten Begriff der Normativität schriftlich darzustellen. Trotz möglicher interdisziplinärer Hürden, so Walter Müller-Seidel, sei aber die Öffnung der Literaturwissenschaft gegenüber anderen wissenschaftlichen Disziplinen für ihr Fortbestehen unabdingbar:

> Aber sie wird als eine Geisteswissenschaft [...] nur bestehen können, wenn sie mehr sein will als sie selbst; wenn sie nicht im Gehäuse verharrt, sondern die Fenster öffnet und den Blick nach draußen richtet. Die moderne Industriegesellschaft, in der wir uns befinden, ist kaum erklärbar ohne die Entwicklung im Bereich des sozialen Lebens, der Technik und der Naturwissenschaft, und die Literaturwissenschaft hat allen Grund, sich mit genannten Gegenstandsbereichen zu befassen, ohne in ihnen zu verschwinden; schon allein deshalb, weil sich die Literatur ihrerseits mit ihnen befasst.[31]

Literatur als Spiegel und Seismograf der Gesellschaft kann und darf sich einer interdisziplinären Öffnung nicht verschließen. Dies gilt heute mehr denn je, in einer Welt, in der komplexe Herausforderungen wie die des Anthropozäns, um nur ein markantes Beispiel zu nennen, nur schwer monodisziplinär zu bewältigen sind. Literarische Texte entstehen kaum in einem luftleeren Raum. Sie sind geprägt von ›Intertextualität‹ und ›Multireferenzialität‹, verschiedene Wissenssphären wirken auf sie ein und werden von ihnen proteisch reflektiert. Walter Müller-Seidels Verständnis von Texterschließung ist in diesem Sinne sowie im Sinne des hermeneutischen Zirkels von Hans-Georg Gadamer zu verstehen, auf den noch näher einzugehen sein wird: Um einen Text vollständig

29 Hans Kelsen bezeugt der Rechtsnorm ein unendliches ›Spielfeld‹: »Eine Rechtsnorm gilt nicht darum, weil sie einen bestimmten Inhalt hat, das heißt: weil ihr Inhalt aus dem einer vorausgesetzten Grundnorm im Wege einer logischen Schlussfolgerung abgeleitet werden kann, sondern darum, weil sie in einer bestimmten, und zwar in letzter Linie in einer von einer vorausgesetzten Grundnorm bestimmten Weise erzeugt ist. [...] *Daher kann jeder beliebige Inhalt Recht sein. Es gibt kein menschliches Verhalten, das also solches kraft seines Gehalts, ausgeschlossen wäre, Inhalt einer Rechtsnorm zu sein* [Hervorhebung durch d. Verf.].« (Hans Kelsen, *Reine Rechtslehre*, Bd. 2 (Studienausgabe der 2. Aufl. 1960), Tübingen: Mohr Siebeck 2017, S. 354).

30 Gideon Stiening, »Materialität als Begriff und Kategorie der Korrelation von Recht und Literatur«, in: Achermann/Blödorn/Norrick-Rühl/Pohlmann (Hg.), *Literatur und Recht*, S. 45–68, hier: S. 59.

31 Müller-Seidel, *Die Deportation des Menschen*, S. 88–89.

entschlüsseln zu können, bedarf es des notwendigen interdisziplinären Vor- und Hintergrundwissens, wie Müller-Seidel am Beispiel von Kafkas Erzählung *In der Strafkolonie* (1919) zeigt.[32] Dessen korrekte Auslegung erfordert nicht nur die Auseinandersetzung mit dem literarischen Text selbst, sondern neben psychologischen und soziologischen Einsichten auch die Kenntnis des deutschen Strafrechts und der Diskussionen um die Deportationsstrafe an der Wende vom 18. zum 19. Jahrhundert, die beide in Kafkas Text einfließen.[33] Denn die Leser:innen haben nicht nur Anspruch auf die Vermittlung von literaturgeschichtlichem Wissen, sondern es müsse ihnen, so Müller-Seidel, anderes »mitgeliefert« werden, d. h., es müsse ihnen »einsichtig gemacht werden, was das eine mit dem anderen zu tun hat. Das kann nicht einfach dem Leser überlassen bleiben. Die Verknüpfung und Integration des anderen bleibt von Fall zu Fall zu leisten, eigentlich von Satz zu Satz.«[34] Wird den Leser:innen dieses ›Randwissen‹ nicht mitgeliefert, so verharrt die hermeneutische Arbeit der Literaturwissenschaftler:innen auf einem unbefriedigenden Niveau, auf dem es nicht zur optimalen Entfaltung des literarischen Potenzials kommt. Man kann also mit Fug und Recht behaupten, dass Rechtsverhältnisse in einem literarischen Werk, die von den Rezipient:innen nicht erfasst werden, weder einen adäquaten Zugang zum Text ermöglichen noch seinem Entfaltungspotenzial gerecht werden. Auch Michel Foucault, der sich bekanntlich mit der Entwicklung des Strafrechts befasst hat, vertritt die interdisziplinäre Verbindung von Rechts- und Humanwissenschaften:

> Die Geschichte des Strafrechts und die Geschichte der Humanwissenschaften sollen nicht als zwei getrennte Linien behandelt werden, deren Überschneidung sich auf die eine oder andere oder auf beide störend oder fördernd auswirkt. Vielmehr soll untersucht werden, ob es nicht eine gemeinsame Matrix gibt und ob nicht beide Geschichten in einen einzigen ›epistomologisch-juristischen‹ Formierungsprozess hineingehören.[35]

Ian Ward vermutet in dieser gemeinsamen ›Matrix‹, die Recht und Literatur zugrunde liegt, ein »enormes Potenzial« und sieht in der Arbeit zwischen den beiden Disziplinen eine der spannendsten interdisziplinären Aufgaben, um das Recht besser zu verstehen.[36] Christophe Biet schließt sich, wie bereits angedeutet, dieser Linie an, wenn er dazu aufruft, nicht nur das explizite, sondern auch das implizite Recht in der

32 Franz Kafka, *In der Strafkolonie*, Frankfurt am Main: Suhrkamp 2006.
33 Müller-Seidel, *Die Deportation des Menschen*, S. 46–60.
34 Ebd., S. 90.
35 Michel Foucault, *Überwachen und Strafen. Die Geburt des Gefängnisses*, Frankfurt am Main: Suhrkamp 1976, S. 34.
36 Ward, *Law and Literature*, S. IX.

Literatur freizulegen, um die Sensibilität für Rechtsverhältnisse zu fördern. Auch Heinz Müller-Dietz sieht in der Grenzüberschreitung zwischen den Disziplinen eine reizvolle Erkenntnisquelle.[37] Zu bemängeln sei allerdings, so Ward, dass es in erster Linie die Jurist:innen seien, die sich für Literatur interessieren, während sich die Literaturwissenschaftler:innen weitaus seltener mit juristischem Stoff auseinandersetzen.[38] Auch Lorenz Kähler bedauert die Asymmetrie zwischen der Literatur- und Rechtswissenschaft, insofern es in erster Linie die Jurist:innen seien, die den interdisziplinären Anschluss an die Literatur suchen.[39] Die Schwierigkeit der geisteswissenschaftlichen Rezeption liegt in der Besonderheit der Rechtsdisziplin, die sich durch Kontingenz[40] und normative Überkomplexität auszeichnet. Deren Rezeption könne aber, so Kähler, »durch die Herausarbeitung allgemeiner Grundsätze, durch die Bildung abstrakter Begriffe sowie durch die Analyse wiederkehrender Muster gefördert werden.«[41] Eine Ausbalancierung dieses Ungleichgewichts zugunsten der Literaturwissenschaftler:innen scheint, so Doris Pichler, tatsächlich im Gang zu sein.[42] Dies beweise schon der hohe Anteil an Literaturwissenschaftler:innen im Rahmen des bereits erwähnten SFB 1385 *Recht und Literatur* an der Universität Münster. Je nach fachlicher Kompetenz verschoben sich in diesem Rahmen Motivation und Forschungsschwerpunkte, auch wenn der Zugang zum Recht für Literaturwissenschaftler:innen immer noch schwieriger zu sein scheint als

37 S. dazu Müller-Dietz, *Grenzüberschreitungen*.

38 Mölk, »Vorwort«, S. 7.

39 Lorenz Kähler, »Die asymmetrische Interdisziplinarität der Rechtswissenschaft«, in: Markus Rehberg (Hg.), *Der Erkenntniswert von Rechtswissenschaft für andere Disziplinen*, Wiesbaden: Springer 2018, S. 105–151, hier: S. 109–110.

40 Niklas Luhmann fasste den Begriff der ›Kontingenz‹ im folgenden Satz zusammen: »Alles könnte anders sein – und fast nichts kann ich ändern« (Niklas Luhmann, Legitimation durch Verfahren, Neuwied/Berlin: Luchterhand, 1969, S. 44). Elena Esposito erläutert Luhmanns Ansatz zur ›Kontingenz‹ als Bezug auf den »Bereich des Realmöglichen, das nicht bestimmt werden kann, ohne zu überprüfen, was jeweils der Fall ist [...]. Die Kontingenz zwingt dazu, sich auf das Reale zu beziehen und die Möglichkeiten von ihm aus zu projizieren, anstatt von einem Möglichen überhaupt auszugehen, das die Realität als abstrakte Instanz einschließt« (Elena Esposito, »Kontingenzerfahrung und Kontingenzbewusstsein in systemtheoretischer Perspektive«, in: Katrin Toens / Ulrich Willems (Hg.), *Politik und Kontingenz*, Wiesbaden: Springer 2012, S. 39–48, hier S. 40). Kontingenz für die Rechtswissenschaften verweist auf die Notwendigkeit, die abstrakte Norm auf den konkreten Fall anzuwenden, der – in Abhängigkeit von der konkreten Situation – so oder anders sein kann.

41 Kähler, »Die asymmetrische Interdisziplinarität«, S 139.

42 Pichler, »Law and Literature«, S. 17.

der zur Literatur für Jurist:innen. Eine der Herausforderungen bestehe deshalb darin, eine »für Literaturwissenschaftler und Juristen verständliche gemeinsame Sprache zu finden.«[43] Stephan Kirste plädiert in diesem Zusammenhang für eine Aufweichung der positivistisch-abstrakten Verschlossenheit des Rechts zugunsten einer Öffnung zu anderen Disziplinen, die ihrerseits den Anschluss an das Recht ermöglichen sollen. Es bedürfe, so Kirste,

> des Austausches mit anderen Wissenschaften, die mit ihren Methoden diejenigen Bereiche der Gesellschaft beobachten, die der Rechtswissenschaft als solcher nicht zugänglich sind. Dieser Austausch ist die eigentliche Aufgabe der Interdisziplinarität. Interdisziplinarität schließt diejenigen Aspekte, die in der Technizität der juristisch-dogmatischen Disziplinierung ausgeschlossen werden mussten, gezielt wieder ein.[44]

Die Schwierigkeit der interdisziplinären Annäherung der Rechtswissenschaft an andere Disziplinen liegt also vordergründig in konzeptuellen, terminologischen und sprachlichen Problemen, wenn es darum geht, gemeinsame Begriffe, Methoden und Konzepte zu entwickeln, gleichlautende Begriffe gleich zu verstehen und die juristische Fachsprache für andere Disziplinen zugänglicher zu gestalten. Um diesen Schwierigkeiten zu begegnen, plädiert Ian Ward für eine Erweiterung und Vereinfachung der rechts- und literaturwissenschaftlichen Forschung und scheut sich nicht, für eine eigene Identität von ›Recht und Literatur‹ einzutreten:

> Intellectual pretentiousness is the pervasive evil in so much contemporary legal scholarship, and law and literature must seek to avoid falling into this particular trap. What law and literature scholarship must do is to remember that its purpose is to broaden, not merely to deepen. At the same time, importantly, it must strike out and establish its own identity.[45]

Was genau mit »own identity« gemeint ist, ist schwer herauszufinden. Meint Ward damit einen eigenen Forschungszweig, gemeinsame Methoden oder gar eine neue Disziplin, die Recht und Literatur in sich vereint? Jedenfalls wird deutlich, dass die Meinungen darüber, ob, in welcher Intensität und auf welche Weise interdisziplinär zwischen Recht und Literatur geforscht werden soll, nicht einheitlich sind, wie bereits in den vorangegangenen Kapiteln deutlich wurde. Das Spektrum reicht in der Tat von der Verneinung einer interdisziplinären Verbindung über

43 Ebd., S. 19.

44 Stephan Kirste, »Globalisierung und Interdisziplinarität in den Rechtswissenschaften«, in: Franz Gmainer-Pranzl / Angela Schottenhammer (Hg.), *Wissenschaft und globales Denken*, Frankfurt am Main: Peter Lang 2016, S. 131–150, hier: S. 148.

45 Ward, *Law and Literature*, S. X.

alle möglichen Abstufungen der Verknüpfung bis hin zur Bejahung einer möglichen Verschmelzung zu einer neuen Disziplin.[46]

Trotz dieser divergierenden Befunde wird und muss es hier primär darum gehen, für Recht und Literatur – will man Recht *in* der Literatur plausibel untersuchen – den engen Zusammenhang geltend zu machen, weshalb meine Forschungsabsicht darauf ausgerichtet ist, die verbindenden Elemente herauszuarbeiten. Der Fokus wird insbesondere auf der Beglaubigung des Rechtstransfers in die Literatur liegen. Zu diesem Zweck wird zu untersuchen sein, ob die beiden Disziplinen nebeneinander durch ein Drittes, »nämlich eine Eigenschaft, Struktur oder Funktion«, aus der sich Übereinstimmung oder aber Divergenz ergibt,[47] aufeinander bezogen werden können, oder ob Literatur als Rechtsquelle fungieren kann, ob sie Recht aufheben oder modifizieren kann und wie sie Rechtsverhältnisse überhaupt darstellt.[48] Die Reihe der Aufgaben und Fragen erscheint lang und verwirrend, lässt sich aber auf einen einfacheren Nenner bringen, der im Folgenden als Leitlinie dienen soll: Welche Gemeinsamkeiten zwischen den beiden Disziplinen können die interdisziplinäre Arbeit zwischen Recht und Literatur fördern und überhaupt erst ermöglichen? Die Suche nach einer Antwort auf diese Frage wird, wie wir sehen werden, vom Bereich der Interdisziplinarität in den Bereich des Diskurses, des Interdiskurses und der Hermeneutik führen.

Auf den ersten Blick fällt die relative thematische Entgrenzung auf, die sowohl dem Recht als auch der Literatur zu eigen ist. Hans Kelsen formuliert sie wie folgt: »Daher kann jeder beliebige Inhalt Recht sein. Es gibt kein menschliches Verhalten, das als solches, kraft seines Gehalts, ausgeschlossen wäre, Inhalt einer Rechtsnorm zu sein.«[49] Im Gegensatz zur Literatur ist die thematische Entgrenzung für Recht als relativ, d. h. objektbezogen anzusehen, insofern begrenzende Faktoren wie Praktikabilität, Tabus, Wertungen und rechtliche Einordnungen eine Rolle spielen.[50] Die prinzipielle stoffliche Entgrenzung – ggf. eingeschränkt

46 Vgl. dazu Achermann/Stierstorfer, »Einleitung: Materialität«, S. 4–5.

47 Vgl. ebd., S. 16. Die Autoren verweisen auf die namentliche Bezeichnung der Vergleichsfunktion in den beiden Subdisziplinen der ›Allgemeinen und Vergleichenden Literaturwissenschaft‹ und der ›Vergleichenden Rechtswissenschaft‹ sowie auf die seit jeher währende Abgrenzung als Vergleichseinheit.

48 Zur Genese des Konstitutivitätsbegriffs in Literatur und Recht siehe ebd., S. 22–35.

49 Kelsen, *Reine Rechtslehre*, S. 354.

50 Achermann und Stierstorfer illustrieren diese relative Offenheit anhand des Beispiels der Fragwürdigkeit, den Austausch von Blumengeschenken zum Gegenstand einer Rechtsnorm zu machen (Achermann/Stierstorfer, »Einleitung: Materialität«, S. 8).

durch Zensur, Verfassungswidrigkeit, formalästhetische Ansprüche oder die Erwartungen der Leser:innen[51] – gilt für Literatur in noch höherem Maße: Während Literatur ›alles, was ist‹[52] und darüber hinaus ›alles, was nicht ist‹ zur Verfügung steht, kann sich das Recht nur auf »äußerliche menschliche Handlungen« beziehen.[53] Diese weitreichenden Möglichkeiten der Literatur werden materiell nur durch eine Bedingung limitiert, nämlich durch die sinnliche Darstellbarkeit: So könne Literatur nicht, wie Gideon Stiening zu Bedenken gibt, »rationale Geltung und Verbindlichkeit an ihr selbst abbilden«,[54] dazu fehlt ihr die rechtsnormative Funktionsimmanenz. Daraus folgt, dass Literatur darauf angewiesen ist, Rechtsprozesse ›sichtbar‹ zu machen, wozu sich Strafprozesse besonders eignen. Juli Zehs Roman *Corpus Delicti. Ein Prozess* oder, wenn man ins 19. Jahrhundert zurückgeht, die Sammlung der Kriminalgeschichten des *Pitaval*[55] sind Beispiele dafür. Als Folge der fehlenden Normativität *in se* kann Literatur nicht zur normsetzenden Rechtsquelle werden, wohl aber kann sie das Recht darstellen, abbilden, kritisieren, modellieren, modifizieren, erklären oder gar erfinden.

Heinz Müller-Dietz verweist in diesem Zusammenhang auf die Gemeinsamkeit der Sprache als Kommunikationsorgan in Recht und Literatur, wobei die Literatur freilich über einen viel größeren (Spiel-)Raum[56] verfügt als die Jurist:innen, deren sprachlicher Ausdruck kanonisiert und zweckgebunden ist. Gleichwohl sind beide Disziplinen der ›Objektadäquanz‹ verpflichtet, d. h., »beide verbindet das Telos größtmöglicher Angemessenheit im Hinblick auf Gegenstand und Aussage. [...] Objektadäquanz zielt vielmehr darauf, den – jeweiligen – Gegenstand in der

51 Vgl. ebd., S. 10–13. Vgl. auch Stiening, »Materialität als Begriff«, S. 51–52.

52 Hier wird auf das 1. Axiom von Spinoza Bezug genommen: »Alles, was ist, ist entweder in sich selbst oder in einem anderen« (*»Omnia, quae sunt, vel in se, vel in alio sunt«*): Baruch de Spinoza, *Ethik in geometrischer Ordnung dargestellt. Lateinisch-Deutsch*, neu übers. u. hrsg. v. Wolfgang Bartuschat, Hamburg: Meiner 1999, S. 5–6.

53 Stiening, »Materialität als Begriff«, S. 57.

54 Ebd., S. 58.

55 Julius E. Hitzig / Willibald Alexis, *Der neue Pitaval: eine Sammlung der interessantesten Criminalgeschichten aller Länder aus älterer und neuerer Zeit*, Leipzig: Brockhaus 1842–1890. Vgl. dazu Kathrin Löhr, »Dimensionen der Vergegenständlichung von Recht im Pitaval. Zur Einführung: ›Was ist der Pitaval‹?«, in: Achermann/Blödorn/Norrick-Rühl/Pohlmann (Hg.), *Literatur und Recht*, S. 249–256.

56 Müller-Dietz spielt hier auf Wittgensteins ›Sprachspiel‹ an. Siehe dazu Joachim Schulte, »Sprachspiel«, in: Anja Weiberg / Stefan Majetschak, *Wittgenstein-Handbuch. Leben – Werk – Wirkung*. Berlin/Heidelberg: J. B. Metzler 2022, S. 387–392 (siehe im selben Band auch das Kapitel 78.3 zur Mannigfaltigkeit der Sprache).

ihm gemäßen Form zum Sprechen zu bringen.«[57] Gewiss, das Thema eines Romans oder der Fall, den es rechtlich zu regeln gilt, bedingen die Art und Weise des Sprachgebrauchs, mit dem Unterschied, dass die Literatur bis an die Grenzen der sprachlichen Möglichkeiten zu gehen vermag, während die Rechtssprache doch immer in ihrer Zielimmanenz und in ihrer Form- und Formelhaftigkeit verankert bleibt.[58] Das wesentliche Medium der Sprache ist für beide Disziplinen der Text, der sie, wie Jean-Philippe Agresti im Vorwort des jüngst erschienen Bandes *Quand la littérature moderne (ré)invente le droit* (2023)[59] betont, verbindet: »Le texte. Toujours le texte comme source de réflexion [...]. Les auteurs mettent en exergue les allers-retours incessants que les textes produisent entre la discipline juridique, ancrée dans le réel, et la discipline littéraire interpellant l'imaginaire.«[60] Folgt man den Ausführungen von Jean-François Lyotard, so kommt der Literatur dort, wo das Recht seiner Funktion, eine angemessene Entscheidung zu ermöglichen, nicht gerecht wird, die Rolle einer ausgleichenden ›Wächterin‹ zu. In diesem Sinne referiert Lyotards literarische ›Wächterfunktion‹ auf die Annahme, dass literarische Texte Konfliktlösungen imaginieren, die das Recht nicht oder noch nicht gefunden hat, wie Lyotard formuliert: »C'est l'enjeu d'une littérature de témoigner des différends en leur trouvant des idiomes.«[61] Angela Condello und Tiziano Toracca spinnen Lyotards Analyse weiter, wenn sie die Idee vertreten, dass Literatur in ihrer Funktion der Kompromissfindung die rechtliche Normativität überwinden kann, indem sie unbewussten, da andersartigen Regeln eine Existenzberechtigung verleiht. In diesem Sinne kann Literatur Widersprüche aushalten und bestehen lassen, dort wo das Recht eine eindeutige Entscheidung zu treffen hat. So ist beispielsweise die Weigerung, ein Darlehen zurückzuzahlen, rechtlich nicht haltbar, während der Widerspruch zwischen der rechtlichen Verpflichtung, das Darlehen zurückzuzahlen, und dem Wunsch, das Geld für den Lebensunterhalt zu behalten, in der Literatur als kompromittierend angesehen wird: »Literature can claim that one thing is at the same time just and unjust: law, instead, must take responsibility and decide which reason should prevail.«[62]

Literatur hat aber nicht nur die Fähigkeit, Konflikte aufzulösen, sondern sie kann auch dort ansetzen, wo das Recht noch fehlt, wo Rechtslücken bestehen. Diese Erkenntnis führt Heinz Müller-Dietz zu der Beobachtung, dass sowohl Literatur als auch Recht den ›Zeitgeist‹

57 Müller-Dietz, *Grenzüberschreitungen*, S. 49.

58 Vgl. ebd., S. 46–48.

59 Charbonnier/Petit, *Quand la littérature*.

60 Jean-Philippe Agresti, »Préface«, in: Charbonnier/Petit, *Quand la littérature*.

61 Jean-François Lyotard, *Le différend*, Paris: Les Éditions de Minuit 1984, S. 30.

62 Condello/Toracca, *A Theory*, S. 7.

widerspiegeln, wobei es aber zumeist die Literatur ist, die gesellschaftliche Entwicklungstendenzen schneller erfasst als das Recht, das den literarischen Andeutungen und Erkenntnissen oft ›hinterherhinkt‹.[63] Dieses antizipatorische Verhältnis der Literatur zur Rechtsentwicklung teilt auch Albert von Schirnding, wenn er Literatur die Kraft der Imagination zuschreibt, um »Entwicklungen, die nicht mit zwanghafter Notwendigkeit eintreten müssen«,[64] vorwegzunehmen. Indem Literatur sensibel auf gesellschaftliche Einflüsse reagiert, beeinflusse sie, so Klaus Kastner, »das gesamte öffentliche Leben und Bewusstsein.«[65] Der literarische Seismograf beobachtet, antizipiert und zeigt auf, das Recht folgt und sucht nach Antworten auf neue gesellschaftliche Fragen. Die Korrelation zwischen den beiden Disziplinen funktioniert dabei nach dem Schema ›Ursache‹ und ›Wirkung‹, mit einer zeitlichen Differenz zwischen der Entdeckung der Ursache und der adäquaten Antwort als Reaktion. Stephan Kirste beschreibt diesen Zusammenhang als eine »zirkuläre Struktur«, in der die Empirie dem Forschungsgegenstand vorausgeht: »Obwohl also sowohl in den Geistes- wie Naturwissenschaften die Disziplin durch die Methode und das Erkenntnisinteresse identifiziert wird, ist die Erkenntnis nicht nur das Ergebnis des wissenschaftlichen Prozesses, sondern auch der Beginn der Weiterentwicklung des Erkenntnisobjekts.«[66] Die Erkenntnis in der Rechts- wie auch in der Literaturforschung ›nährt‹ sich, wenn auch zeitlich differenziert, aus der praktischen Erfahrung, aus der wiederum der Untersuchungsgegenstand hervorgeht. Dies geschehe, wie Hans Erich Nossack schreibt, wenn die Literatur die strafrechtliche Qualifikation für zukünftige Sachverhalte vorwegnimmt:

> Das juristisch feststellbare und normierbare Verbrechen interessiert den Schriftsteller wenig, aber was unter der Decke als Voraussetzung sowohl für das Verbrechen als auch für die Gesetzgebung sich abspielt, ist von jeher das Feld der Literatur gewesen. Vorgänge also, die allenfalls erst nachträglich und wenn es zu spät ist, Verbrechen genannt werden, beobachtet und reflektiert die Literatur mit realistischer Wachsamkeit.[67]

Das temporäre Verhältnis von Recht und Literatur wird, wie Müller-Dietz hervorhebt, durch den Einfluss des ›Zeitgeistes‹ bestimmt, weshalb die Korrelation von Recht und Literatur nicht zwingend *a priori*, sondern erst infolge bestimmter kulturhistorischer Umstände, die ›legitimierend‹

63 Vgl. Müller-Dietz, *Grenzüberschreitungen*, S. 21.

64 Schirnding, *Recht und Richter*, S. 27.

65 Klaus Kastner, »Literatur und Recht – eine unendliche Geschichte«, in: Hermann Weber (Hg.), *Dichter als Juristen*, Berlin: Berliner Wissenschaftsverlag 2004, S. 1–18, hier: S. 1.

66 Kirste, »Voraussetzungen«, S. 40.

67 Hans Erich Nossack, *Das Verhältnis der Literatur zu Recht und Gerechtigkeit*, Wiesbaden: Steiner 1968, S. 26.

wirken, entsteht. Dies bedeutet, mit anderen Worten, dass äußere gesellschaftliche, politische, soziale Umstände die Wechselwirkung zwischen Recht und Literatur begünstigen: Wenn Juli Zeh in ihrem Roman *Corpus Delicti. Ein Prozess* das Recht der mittelalterlichen Inquisition einfließen lässt,[68] so geschieht dies mit der konkreten Absicht, den zu befürchtenden Demokratie- und Freiheitsschwund, vor dem Hintergrund des Mittelalters als Themenvorlage, anzuprangern.[69]

Zusammenfassend lässt sich zum Thema der ›Interdisziplinarität‹ festhalten, dass sich Recht und Literatur bereits durch mindestens drei wichtige Verknüpfungspunkte nahekommen: Sprache und Text als ›Rohstoff‹, die breitangelegten stofflichen Variationsmöglichkeiten und die Wechselwirkung mit dem gesellschaftlichen ›Zeitgeist‹. Beide Disziplinen bewegen sich in unmittelbarer Nähe zu gesellschaftlichen Ereignissen, Bedürfnissen und Anforderungen, sie sind ohne Bezug zur realen Umwelt nicht denkbar. Das Recht scheint zwar auf den ersten Blick wirklichkeitsnäher zu sein, aber auf den zweiten Blick kommt auch die Literatur nicht ohne die Schablone der Wirklichkeit aus, selbst dann, wenn sie sich in rein fiktiven Sphären bewegt, insofern dem Menschen die Fähigkeit fehlt, Nichtexistentes oder Erfundenes ohne Bezug zu seiner Welt zu denken.

Wie bereits angedeutet, wird sich die Suche nach einenden Elementen zwischen Recht und Literatur nun dem Bereich des Diskurses, und später der Hermeneutik zuwenden. Während die Auseinandersetzung mit der Interdisziplinarität zur Erkenntnis enumerativer ›Charaktergemeinsamkeiten‹ geführt hat, wird im Idealfall vermutet, dass sich aus der näheren Betrachtung des Diskurses – und später der Hermeneutik – theoretische Anknüpfungspunkte zwischen Recht und Literatur ergeben könnten. In den beiden folgenden Kapiteln wird der spezifischen Behandlung von Recht und Literatur jeweils ein allgemeiner theoretischer Teil vorangestellt.

2.2 Diskurs

2.2.1 Theoretische Vorbemerkungen

Die Beschäftigung mit dem Diskurs als Erkenntnisgegenstand lässt sich bis zu Aristoteles' *Peri Hermeneias* oder Descartes' *Discours de la méthode* (1637) als ›Rede‹, als ›gedankliches Hin- und Herlaufen‹ zurückverfolgen. Überspringt man mehrere Jahrhunderte bis ins 20. Jahrhundert,

68 Juli Zeh, *Corpus Delicti. Ein Prozess*, München: btb 2009.

69 Siehe dazu Alexandra Juster, *Neurezeption und juristische Dystopie: Eine Untersuchung des Romans* Corpus Delicti: Ein Prozess *von Juli Zeh*, Berlin: Peter Lang 2022, S. 66–67.

so kommt man nicht umhin, Michel Foucault und Jürgen Habermas als die grundlegenden Theoretiker des Diskurses anzuerkennen,[70] wobei uns hier insbesondere Foucaults Ansatz des impliziten Diskurses in Texten interessieren wird. Versucht man der unglaublichen Komplexität und zugegebenermaßen auch Unübersichtlichkeit der Diskursstudien zu entkommen, könnte man vielleicht zunächst eine extreme Vereinfachung des Diskurskonzepts als »Ensemble bedeutungsstiftender Praktiken«[71] und Aussagen ohne bestimmte:n Sprecher:in wagen. Foucault spricht von einem »ensemble de *règles* qui sont immanentes à une pratique et la définissent dans sa spécificité.«[72] Es geht ihm hier um ein objekt- und wissenskonstitutives autorloses und diffuses ›Sprechen‹ in Texten, Büchern und anderen schriftlichen Medien, dessen Regeln und Besonderheiten es zu untersuchen gilt:

> Ces schèmes permettent de décrire – non point les lois de construction interne des concepts, non point leur genèse progressive et individuelle dans l'esprit d'un homme – mais leur dispersion anonyme à travers textes, livres et œuvres. Dispersion qui caractérise un type de discours et qui définit, entre les concepts, des formes de déduction, de dérivation, de cohérence, mais aussi d'incompatibilité, d'entrecroisement, de substitution, d'exclusion, d'altération réciproque, de déplacement etc.[73]

Foucault erklärt das Interesse an der Untersuchung dieses diffusen, gegenstandskonstitutiven Charakters des Diskurses mit der Herausforderung, die Regeln zu finden, die der Entstehung dieser Diskursobjekte zugrunde liegen: »Définir ces *objets* sans *référence* au *fond des choses*, mais en les rapportant à l'ensemble des règles qui permettent de les former comme objets d'un discours et constituent ainsi leurs conditions d'apparition historique.«[74] Rolf Parr resümiert Foucaults Konzept als »eine Praxis des Denkens, Schreibens, Sprechens und auch Handelns, die diejenigen Gegenstände, von denen sie handelt, zugleich selbst systematisch hervorbringt.«[75] Um den schwer fassbaren Diskursbegriff zu

70 Vgl. Johannes Angermüller, »Einleitung«, in: Johannes Angermüller / Martin Nonhoff / Eva Herschinger & al. (Hg.), *Diskursforschung. Ein interdisziplinäres Handbuch*, Bd. 1: *Theorien, Methodologien, Kontroversen*, Bielefeld: transcript 2014, S. 16–36, hier: S. 18.

71 Silke Van Dyk / Antje Langer / Felicitas Macgilchrist & al., »Discourse and Beyond?«, in: Angermüller/Nonhoff/Herschinger & al. (Hg.), *Diskursforschung*, S. 347–363, hier: S. 350.

72 Michel Foucault, *L'archéologie du savoir*, Paris: Gallimard 1969, S. 68.

73 Ebd., S. 84.

74 Ebd., S. 69.

75 Rolf Parr, »Diskurs«, in: Clemens Kammler / Rolf Parr / Ulrich J. Schneider (Hg.), *Foucault Handbuch. Leben – Werk – Wirkung*, Berlin: J. B. Metzler 2020, S. 274–277, hier: S. 274–275.

veranschaulichen, ziehen Jürgen Fohrmann und Harro Müller den Vergleich mit dem unbekannten Spiel heran: »Es sieht aus, als wären die Regeln eines unbekannten Spiels durch Beobachtung des Spielablaufs aufzufinden.«[76] Während Johannes Angermüller vorschlägt, zwischen Diskurstheorie als Dreieck zwischen »Sprache, Kommunikation und Sinn«,[77] und Diskursanalyse als methodischem »Zusammenspiel von ›Sprache‹, ›Praxis‹ und ›Kontext‹« zu unterscheiden,[78] verstehen Alexander Preisinger, Pascale Delormas und Jan Standke unter literaturwissenschaftlicher Diskursanalyse weniger eine Methode als vielmehr einen spezifischen »Zugang oder eine Forschungsperspektive«[79] mit »unterschiedlichen Forschungsstilen.«[80] Diese Sichtweise ist wohl der Tatsache geschuldet, dass sich bisher aufgrund der fließenden Grenzen zwischen den Sozial- und Geisteswissenschaften keine einheitliche Diskursmethode für die Literaturwissenschaft herausbilden konnte. Gerade in diesem Zusammenhang sollten die Leistungen der interkulturellen Literaturwissenschaft für die Diskursanalyse nicht unerwähnt bleiben, die einerseits zur »Abkehr vom hermeneutischen Textverständnis« und andererseits zur transdisziplinären »Anschlussfähigkeit der Literaturwissenschaft« geführt haben.[81] Anders formuliert bietet die Kulturwissenschaft der Literaturwissenschaft eine Alternative zu den komplizierten und oft diffusen Regeln der Hermeneutik – worauf später noch näher einzugehen sein wird – und eine Methode der interdisziplinären Verknüpfung durch den ›Interdiskurs‹, die es der Literatur ermöglicht, über das Medium des Textes verschiedene Disziplinen zusammenzudenken. Die bildliche Vorstellung einer Straßenkreuzung, an der sich verschiedene Fahrzeugtypen (Autos, Motorräder, Lastwagen, Busse etc.) begegnen, kann diesen Gedanken vielleicht besser veranschaulichen.

Von besonderer Bedeutung für die Entwicklung der literaturwissenschaftlichen Diskursforschung sind, wie bereits angedeutet, Michel Foucaults Diskurstheorien, die vor allem in seinem Aufsatz »Was ist ein Autor?« (1969), in *Die Ordnung des Diskurses* (1972) und in *Archäologie des Wissens* (1981) dargelegt werden. Foucaults Diskurs- und

76 Jürgen Fohrmann / Harro Müller, »Einleitung: Diskurstheorien und Literaturwissenschaft«, in: Jürgen Fohrmann / Harro Müller (Hg.), *Diskurstheorien und Literaturwissenschaft*, Frankfurt am Main: Suhrkamp 1988, S. 9–21, hier: S. 16.

77 Angermüller, »Einleitung«, S. 23.

78 Ebd., S. 25.

79 Alexander Preisinger / Pascale Delormas / Jan Standke, »Diskursforschung in der Literaturwissenschaft«, in: Angermüller/Nomhoff/Herschinger & al. (Hg.), *Diskursforschung*, S. 130–139, hier: S. 139.

80 Juliette Wedl / Eva Herschinger / Ludwig Gasteiger, »Diskursforschung oder Inhaltsanalyse?«, in: Angermüller/Nonhoff/Herschinger & al. (Hg.), *Diskursforschung*, S. 537–563, hier: S. 540.

81 Preisinger/Delormas/Standke, »Diskursforschung«, S. 139.

Interdiskurstheorie findet sich darüber hinaus diffus verstreut und variiert in weiteren Schriften, sodass sich für Achim Geisenhanslüke aus Foucaults Arbeiten keine »konzise Theorie einer Diskursanalyse«[82] ableiten lasse. Auch lässt sich Foucault nicht eindeutig der poststrukturalistischen oder der kritisch-realistischen Diskurstheorie zuordnen, da er sich in seinen Arbeiten sowohl mit der sozialen Funktion der Sprache »für die Herstellung von Ordnung, Realität und Struktur im sozialen Raum« (Poststrukturalismus) als auch mit dem Diskurs als Machtstruktur (Kritischer Realismus) auseinandersetzt.[83] Dietrich Busse wagt den Versuch, die Foucault'sche Diskurstheorie in ihrer diffusen Pluralität zu erfassen: »Dasjenige, was wir im Anschluss an Foucault ›Diskursanalyse‹ zu nennen uns angewöhnt haben, [ist] recht eigentlich die Analyse des Sozialen im Grenz- oder Überschneidungsbereich von Denken, Sprache und gesellschaftlichem Wissen. Analysiert man aber das Soziale in Termini von ›Macht‹ und ›Machtkritik‹, dann kann es zunächst nur eine Analyse der Macht der Strukturen selbst sein.«[84] Foucaults diffuser Pluralismus ergibt sich aus den zahlreichen und sehr unterschiedlichen Diskursthemen in Verbindung mit den entsprechenden gesellschaftlichen Dimensionen (Verbote, menschlicher Wahnsinn, Wille zur Wahrheit, Sexualität),[85] die von verschiedenen Institutionen[86] (Gefängnisse, psychiatrische Anstalten, Wissenschaftsinstitutionen usw.) bestimmt und konturiert werden. Neben diesen externalisierten und institutionalisierten Machtdiskursen zirkuliert der unterschwellige, der die Gesellschaft durchziehende ›innere‹ Diskurs, der sich aus einer Serie zufälliger Ereignisse ergibt[87] und für die Erforschung des

82 Achim Geisenhanslüke, *Gegendiskurse. Literatur und Diskursanalyse bei Michel Foucault*, Heidelberg: Synchron 2008, S. 7.

83 Angermüller, »Einleitung«, S. 22–23.

84 Dietrich Busse, »Linguistische Diskursanalyse. Die Macht der Sprache und die soziale Konstruktion der Wirklichkeit aus der Perspektive einer linguistischen Epistemologie«, in: Willy Viehöver / Reiner Keller / Werner Schneider (Hg.), *Diskurs – Sprache – Wissen. Interdisziplinäre Beiträge zum Verhältnis von Sprache und Wissen in der Diskursforschung*, Wiesbaden: Springer 2013, S. 51–77, hier: S. 73.

85 Foucault, *Die Ordnung*, S. 16.

86 Émile Durkheim definiert den Begriff der Institution aus der Sicht der Soziologie als Kollektive von Individuen, die über die Individualität des einzelnen fortdauern, aber auf die »individuelle Handlungspraxis rückwirken« (Rainer Diaz-Bone, »Sozio-Episteme und Sozio-Kognition. Epistemologische Zugänge von Diskurs und Wissen«, in: Viehöver/Keller/Schneider (eds.), *Diskurs*, S. 79–96, hier: S. 88. Vgl. dazu Émile Durkheim, *Die Regeln der soziologischen Methode*, Frankfurt am Main: Suhrkamp 1984, S. 99ff.

87 Foucault, *Die Ordnung*, S. 17.

Rechtsdiskurses in der Literatur insofern von besonderer Relevanz ist, als er beschreibt, wie sich Disziplinen ›äußern‹. Rainer Diaz-Bone knüpft an diesen Gedanken der diskursiven Wissens- und Gegenstandskonstitution an, wenn er unter der Diskursanalyse die Untersuchung von »Aussagen in dieser Welt […] nicht als Aussagen *über* die Welt, sondern als performative Elemente der systematischen *Erzeugung* dieser Welt [versteht]. Sie bricht mit dem Referenzdenken und dem Anspruch der Aussagen, diese Welt abzubilden. Dieser Bruch ermöglicht zugleich eine besondere diskursanalytische Interpretationshaltung, die ein System von Aussagen auf die in ihnen existenten Hervorbringungsregeln hin untersucht.«[88] Damit erhält die Aussage einen konstitutiven Charakter, denn erst durch sie entsteht Wirklichkeit.[89] Es geht also um die Frage, wie Aussagen entstehen, unter welchen Bedingungen sie produziert werden, in welchem Verhältnis sie zueinander stehen.[90] Dabei geht es freilich nicht mehr um die Erforschung des subjektiven Sinns im Sinne der Hermeneutik Friedrich Schleiermachers, denn das Subjekt gilt bereits »als in der diskursiven Praxis konstituiert.«[91] Für Literaturwissenschaftler:innen geht es in diesem Sinne um die Suche nach Regeln oder, wie Jonas Wieschollek pointiert formuliert, um die Suche nach wiederkehrenden Sprachmustern.[92] Interessant ist in diesem Zusammenhang, dass sich die Literaturwissenschaft zunehmend von der Texthermeneutik ab- und der Diskursanalyse zuwendet, um, wie Jürgen Link kommentiert, nicht mehr die Interpretation von Texten in den Vordergrund zu stellen, sondern die äußeren Entstehungsprozesse kultureller Produktion zu beschreiben.[93] Es geht dabei darum, den unterschwelligen Diskurs in sozialen Gebilden zu erfassen, aus dem ein diffuses Schreiben und Sprechen über bestimmte

88 Rainer Diaz-Bone, »Die französische Epistemologie und ihre Revisionen. Zur Rekonstruktion des methodologischen Standortes der Foucault'schen Diskursanalyse«, in: *Historical Social Research* (2008/33/1), S. 29–72, hier: S. 31.

89 Vgl. Wedl/Herschinger/Gasteiger, »Diskursforschung«, S. 541–542.

90 Vgl. Daniel Wrana, »Diskursanalyse jenseits von Hermeneutik und Strukturalismus«, in: Angermüller/Nonhoff/Herschinger & al. (Hg.), *Diskursforschung*, S. 511–536, hier: S. 521–522.

91 Ebd., S. 522.

92 Jonas Wieschollek, »Wie und warum zitieren Gerichte Gerichtsentscheidungen? Eine Typologie gerichtlicher Zitationsweisen auf diskurstraditioneller Grundlage«, in: Gideon Stiening (Hg.). *Rechtsnorm und ästhetische Reflexion. Studien zum Verhältnis zwischen den Hermeneutiken des Rechts und der Literatur*, Berlin: J. B. Metzler 2024, S. 163–196, hier: S. S. 170–171; vgl. Foucault, *L'archéologie*, S. 68.

93 Jürgen Link, *Elementare Literatur und generative Diskursanalyse*, München: W. Fink 1983, S. 10.

Aussagen hervorgeht. Wenn diese neuen Aussagen gemeinsamen Konventionen, Formaten und Regeln folgen, entsteht eine neue ›Disziplin‹. So kann beispielsweise eine juristische Aussage nur dann Rechtswissenschaft konstituieren, wenn sie bestimmten disziplinären Konventionen, wie beispielsweise dem Fachvokabular, normativen Bezügen, bestimmten Zeichen (z. B. §) etc. entspricht.[94] Von diesem ›impliziten‹ subjektlosen, unterschwelligen Diskurs, der ein detektivisches Vorgehen erfordert, ist Foucaults subjektive Ebene der institutionalisierten Sprechakte und Rituale zu unterscheiden, die der Dogmatik bestimmter Gruppen entspricht, die durch doktrinäre Autorität (Diskurse)[95] ihre Machtposition in der Gesellschaft zu festigen suchen:

> Die Doktrin bindet Individuen an bestimmte Aussagetypen und verbietet ihnen folglich alle anderen; aber sie bedient sich auch gewisser Aussagetypen, um die Individuen miteinander zu verbinden und sie dadurch von allen anderen abzugrenzen. Die Doktrin führt eine zweifache Unterwerfung herbei: die Unterwerfung der sprechenden Subjekte unter die Diskurse und die Unterwerfung der Diskurse unter die Gruppe der sprechenden Individuen.[96]

Als ein Beispiel für die Idee des institutionalisierten und ritualisierten Sprechaktes bestimmter Personengruppen kann aus juristischer Perspektive die Inquisition genannt werden, deren Mitglieder eine Doktrin verteidigten und befruchteten und sich ihr gleichzeitig unterwarfen. Ebenso könnte man vom heutigen Justizapparat sprechen, dessen Vertreter:innen bestimmten Ritualen folgen, bestimmte Aussagen auf eine bestimmte Weise machen und sich an den ›Kodex‹ der Institution ›Justiz‹ halten.

Im Zusammenhang mit der kontrafaktischen Untersuchung von Rechtsdiskursen in der Literatur, auf die ja die vorliegende Arbeit fokussiert, spielt Foucaults Diskurs als Machttheorie jedoch nur eine sehr untergeordnete Rolle und wird daher hier nicht weiter ausgeführt. Vielmehr soll das Augenmerk auf die Fruchtbarmachung von Foucaults autor:innenloser Text- und Diskurstheorie für die sprachlich-textuell-diskursiven Regelmäßigkeiten und Besonderheiten von Rechtsdiskursen in der Literatur gerichtet werden. Ralf Konersmanns Versuch, Foucaults diffusen Diskursbegriff als Form der Wissensproduktion zu fassen, knüpft treffend an diese Priorität an:

> Der Diskurs-Begriff fragt nach eben jener ›zone du non-pensé‹, die die Bedingungen und die Umrisse des Denkens festlegt. Welche, so lautet die Frage, sind die Bedingungen, die endgültig darüber entscheiden, was […] zu einer Zeit und an bestimmter Stelle tatsächlich gesagt wird? Seine Unbestimmtheit, die Schwäche und Stärke zugleich ist, gewinnt der

94 Vgl. ebd., S. 18–25.
95 Vgl. Foucault, *Die Ordnung*, S. 29.
96 Ebd.

Diskursbegriff dadurch, dass er nicht nur die Organisation des Wissens beschreibt, also eine Form, sondern auch seine Produktion, also eine Praxis.[97]

Konersmanns Ausführungen zeigen nicht nur Foucaults Interesse für den ›sichtbaren‹ Diskurs der Sprachregelhaftigkeiten und -praktiken,[98] sondern auch seine Suche nach dem relevanten, aber ›unsichtbaren‹ Diskurs des ›Ungesagten‹, die beide konstitutiv für die Entstehung von Wissenssystemen sind, wie Foucault nicht müde wurde zu betonen: Der Diskurs »est tout autant dans ce qu'on ne dit pas, ou qui se marque par des gestes, des attitudes, des manières d'être, des schémas de comportement, des aménagements spatiaux.«[99] Diese vielfältigen Dimensionen des Diskurses, der Rede, der Praxis sowie der unsichtbaren Gesten, Verhaltensweisen und ›Seinsformen‹ bilden Episteme, d.h. Wissenssysteme, die sich im Kampf um soziale Macht, Dominanz und Vorherrschaft gegenüberstehen: »Discours bataille et non discours reflet.«[100] Dietrich Busse versteht Foucaults Epistem-Begriff in diesem Sinne als über das wissenschaftliche Wissen hinausgehend,[101] da die »Regelhaftigkeiten im Auftreten von Diskurselementen«[102] oder die »Menge von Aussagen, die einem gleichen Formationssystem zugehören«,[103] mit Wissenselementen über die allgemeine Sprache und nicht nur über die wissenschaftliche Fachsprache verknüpft sind. Sprache, Wissen und Diskursstrategien

97 Ralf Konersmann, »Der Philosoph mit der Maske. Michel Foucaults *L'ordre du discours*«, in: Michel Foucault, *Die Ordnung des Diskurses*, Frankfurt am Main: Fischer, 1991, S. 53–91, hier: S. 77.

98 Unter linguistischer Perspektive repräsentiert der ›Diskurs‹ die Ebene, die über den Satz hinausgeht und, wie Roland Barthes es formuliert, zur Diskurslinguistik wird: »On le sait, la linguistique s'arrête à *la phrase*: c'est la dernière unité dont elle estime avoir le droit de s'occuper [...]. Et pourtant il est évident que *le discours* lui-même (comme l'ensemble des phrases) est organisé et que par cette organisation il apparaît comme le message d'une autre langue, supérieure à la langue des linguistes [...]: le discours serait une grande ›phrase‹« (Roland Barthes, »Introduction à l'analyse structurale des récits«, in: *Communications* (1966/8), S. 1–27, hier: S. 3).

99 Michel Foucault, »Le discours ne doit pas être pris comme...«, in: Michel Foucault, *Dits et écrits* II: 1976–1988, hrsg. v. Daniel Defert / François Ewald, Paris: Gallimard 2017, S. 123–124.

100 Ebd., S. 124. Siehe dazu auch Michel Foucault, »Die Wahrheit und die juristischen Formen«, in: Michel Foucault, *Schriften in vier Bänden. Dits et Ecrits*, Bd. II: 1970–1975, hrsg. v. Daniel Defert / François Ewald, Frankfurt am Main: Suhrkamp 2002, S. 669–792.

101 Vgl. dazu Busse, »Linguistische Diskursanalyse«, S. 65.

102 Dietrich Busse, »Diskurs und Wissensrahmen«, in: Ingo Warnke (Hg.), *Handbuch Diskurs*, Berlin: De Gruyter 2018, S. 3–29, hier: S. 3.

103 Ebd., S. 4.

bilden so ein sich bedingendes Dreieck.[104] Rainer Diaz-Bone versteht Episteme als »eine sozial geteilte Wahrnehmungsstruktur, die vergesellschaftend wirkt: sie organisiert als Sozio-Epistem das je individuelle Erleben und Wahrnehmen der einzelnen Mitglieder in dem Kollektiv.«[105] In diesem Sinne bedeutet für Foucault Diskursanalyse »eine Analyse des Wissens, von Wissenselementen, von Feldern und Systemen des Wissens, vom faktischen Auftreten, von den Auftretenswahrscheinlichkeiten, den Regelmäßigkeiten und den daraus abgeleiteten Bedingungen für die Möglichkeit des Auftretens von Wissenselementen in einem Feld der Episteme.« Diskursivität setzt nach Busse vier wesentliche Kernelemente voraus, nämlich das »Ereignis«, die »Serie«, die »Regelhaftigkeit« und die »Möglichkeitsbedingung.«[106] Die Diskursforschung eröffnet daher interessante Möglichkeiten, wissensrelevante Ereignisse in ihrem überindividuellen, sozialen Kontext aufzuspüren und ihre Prozesse und Wechselwirkungen mit anderen Disziplinen, Erscheinungsformen und epistemischen Wirkungen zu untersuchen.[107] Als Beispiel für einen geeigneten Untersuchungsgegenstand nennt Busse die Spezialisierungstendenz des Wissens in unserer Gesellschaft, deren Einzelbereiche auf ihr auslösendes Ereignis, auf epistemische und kognitive Schemata und Frames, auf epistemische Wechselwirkungen und auf die Regelmäßigkeit wiederkehrender epistemischer und sprachlicher Phänomene hin untersucht werden können. Neben dem linguistischen Ansatz vertritt Busse den stark sozialen Ansatz der Foucault'schen Diskurstheorie, der von Reiner Keller aufgegriffen und vertieft wird, wenn er Foucaults Diskursbegriff als soziohistorischen Versuch interpretiert, »verbindliche Wissens- und Praxisordnungen in sozialen Kollektiven zu institutionalisieren«,[108] wobei über »Institutionalisierungsprozesse die ›objektive Wirklichkeit‹ gesellschaftlich aufgebaut und über Sozialisationsprozesse als ›subjektive Wirklichkeit‹ angeeignet wird.«[109] Im sozialen Sinne sind Diskurse also das Ergebnis einer Vielzahl von Einzelhandlungen, die weder individuell ›gewollt‹ noch künstlich von Menschen gemacht sind, sondern in ihrer Gesamtheit zu sozialen und epistemischen Prozessen führen.[110] Nach Thomas Luckmann konstruiert und vermittelt die Sprache, die

104 Ebd., S. 5.
105 Diaz-Bone, »Sozio-Episteme«, S. 83.
106 Busse, »Linguistische Diskursanalyse«, S. 65.
107 Vgl. ebd., S. 68–70.
108 Reiner Keller, »Diskurs/Diskurstheorien«, in: Rainer Schützeichel (Hg.), *Handbuch Wissenssoziologie und Wissensforschung*, Köln: Halem 2018, S. 199–213, hier: S. 199.
109 Reiner Keller, »Das Wissen der Wörter und Diskurse. Über Sprache und Wissen in der Wissenssoziologischen Diskursanalyse«, in: Viehöver/Keller/Schneider (Hg.), *Diskurs*, S. 21–49, hier: S. 23.
110 Vgl. Busse, »Linguistische Diskursanalyse«, S. 73.

als Wissensvorrat zu verstehen ist, die soziale Wirklichkeit.[111] In diesem Sinne behandelt die wissenssoziologische Diskursanalyse »Diskurse als Praktiken [zu behandeln], welche die Gegenstände bilden, von denen sie handeln: Diskurse sind etwas, was tatsächlich in Aussagen von Sprechern vollzogen wird, und das darin sprachlich bzw. zeichenförmig konstituierte Wissen ist die Art und Weise, wie uns (eine spezifische) Wirklichkeit der Weltverhältnisse gegeben ist.«[112] Aus diesem sprachlichen Wissensspeicher entwickelt auch Charles Morris die Idee eines Diskurses, den er exemplarisch erläutert, und der sich je nach Wissensfeld von anderen Diskurstypen unterscheidet:

> Im Laufe der Zeit haben sich verschiedene Spezialisierungen dieser Alltagssprache herausgebildet, damit bestimmte Zwecke adäquater erfüllt werden können. Diese Sprachspezialisierungen werden Diskurstypen genannt. Bücher werden z. B. als wissenschaftlich, mathematisch, poetisch, religiös usw. klassifiziert, und im Rahmen dieser umfassenderen Klassifikationen gibt es fast unbegrenzte Unterabteilungen und Überschneidungen.[113]

George H. Mead ergänzt die sprachliche um die soziale Dimension, insofern er unter ›Diskurs‹ nicht nur ein sprachlich, sondern auch ein sozialsystemisch gebundenes »Bedeutungssystem versteht, das durch eine Gruppe von Individuen erzeugt wird, die an einem sozialen Prozess der Erfahrung und des Verhaltens teilhaben.«[114]

Willy Viehöver führt zum soziolinguistischen Verständnis der Diskursforschung aus, dass es offensichtlich bestimmte ›Formationsregeln‹ seien, die die verschiedenen Diskursfelder voneinander abgrenzen, und dass genau darin die Arbeit von Diskursforscher:innen liege: »Der Diskursforscher soll dabei jedoch von den empirischen Daten ausgehen, von dem, was in schriftlicher Form niedergelegt ist, oder von Gesprochenem, das durch entsprechende Techniken dokumentiert ist.«[115] Wesentliche Arbeitsgrundlage ist der geschriebene Text, den es, einerseits, dort zu interpretieren gilt, wo »diskursgenerierende Formationen von Gegenständen,

111 Thomas Luckmann, *Lebenswelt und Gesellschaft. Grundstrukturen und geschichtliche Wandlungen*, Paderborn: F. Schöningh 1980, S. 117.

112 Ebd., S. 44.

113 Charles Morris, *Zeichen, Sprache und Verhalten*, Frankfurt am Main: Suhrkamp 1981, S. 215.

114 Keller, »Das Wissen«, S. 40. Vgl. auch George H. Mead, *Mind, Self, and Society. The Definitive Edition*, Chicago/London: University of Chicago Press 2015.

115 Willy Viehöver, »›Menschen lesbarer machen‹: Narration, Diskurs, Referenz«, in: Markus Arnold / Gert Dressel / Willy Viehöver (Hg.), *Erzählungen im Öffentlichen. Über die Wirkung narrativer Diskurse*, Wiesbaden: Springer 2012, S. 65–132, hier: S. 83.

Begriffen, Strategien und Äußerungsmodalitäten« bereits vorhanden sind, oder wo es gilt, neue ›Diskursgegenstände und -begriffe‹ freizulegen. Orientiert man sich an der Unterscheidung von ›inneren‹, unterschwellig (un) sichtbaren und äußeren Diskursen, so könnte man Foucaults Aussage, Diskurse seien »(sprachliche) Praktiken [seien], die die Gegenstände, von denen diese sprechen, hervorbringen«,[116] als Hinweis darauf lesen, dass die Diskursforschung nicht nur eine interpretative Arbeit des bereits ›Gesagten‹ impliziert, sondern auch eine kreativ-positivistische Arbeit des ›Findens‹ neuer Diskursgegenstände leistet.[117] In diesem Sinne fasst Viehöver die Herausforderung für die textuelle Diskursforschung treffend zusammen: »Er selbst [der Diskursforscher, Anm. d. Verf.], muss die ›Spuren‹ der Formationsregeln in ›Texten‹ oder ›Handlungen‹ deutend identifizieren und deren Existenz und Wirkungsweise als Hypothese formulieren.«[118]

Für die kontrafaktische Untersuchung des Rechts *in* der Literatur ist zusammenfassend festzuhalten, dass insbesondere die text- und aussagenorientierte Diskurstheorie Foucaults in Abgrenzung zum Diskurs als Machtinstrument einen interessanten methodischen Ansatz bietet, der vor allem in der soziolinguistischen Forschung weiterentwickelt worden ist. Sie erklärt den besonderen Forschungszugang zu literarischen Texten, die auf explizite und implizite Rechtsdiskurse hin untersucht werden können. Die Offenlegung impliziter Rechtsphänomene kann im Sinne des Foucault'schen Epistem-Ansatzes neues Wissen konstituieren und damit Literatur und Recht zugleich abgrenzen oder verbinden. Damit ist keine Aporie gemeint, sondern die These, dass zunächst die disziplinären Grenzen zwischen dem, ›was Recht‹, und dem, ›was Literatur‹ ist, gezogen werden müssen, um dann nach jenen Anknüpfungspunkten zu suchen, die beide Wissensfelder am besten zusammenführen. Ein solches Ausloten interdisziplinärer Andockmöglichkeiten kann insbesondere durch die Verbindung unterschiedlicher epistemischer Diskurse im Interdiskurs erfolgen. Der Interdiskurs als Methode der Verknüpfung von Disziplinen soll daher im folgenden Kapitel näher beleuchtet werden, natürlich stets mit Fokus auf die Rechts- und Literaturwissenschaft.

2.2.2. *Der Diskurs als Bindeglied von Recht und Literatur: Interdiskurs*

Rolf Parr geht davon aus, dass interdiskursives Arbeiten die Ausdifferenzierung, d. h. die Abgrenzung der verschiedenen Wissensfelder voneinander voraussetzt. Aus diesem Grund erscheint Foucaults Diskursbegriff

116 Michel Foucault, *Archäologie des Wissens*, Frankfurt am Main: Suhrkamp 1988, S. 74.

117 Vgl. Viehöver, »Menschen lesbarer machen«, S. 83–84.

118 Ebd., S. 84.

als Theorie der Herausbildung unterschiedlicher Episteme in der Gesellschaft als geeigneter Ausgangspunkt für die Entwicklung interdiskursiver Arbeitsmethoden zur interdisziplinären Verknüpfung. In diesem Zusammenhang verweist Parr zugleich auf interessante Affinitäten zwischen Foucaults Diskurstheorie und Niklas Luhmanns Systemtheorie,[119] insofern beide darauf abzielen, Gesellschaft als ein komplexes Gefüge ausdifferenzierter Systeme zu verstehen, die sich durch ihre jeweiligen Spezialdiskurse kennzeichnen.[120] In Anlehnung an Luhmann könnte man die These vertreten, dass sich das literarische System und das Rechtssystem zwar voneinander unterscheiden, d. h., dass jedes der beiden Systeme operativ in sich geschlossen ist und sich als Umwelt versteht, die

119 Die Luhmann'sche Systemtheorie versteht die Gesellschaft als ein Kompositum von operierenden Systemen. Ein System entsteht durch Fremd- und Selbstbeobachtung, die das System erst durch dessen Differenzierung von seiner Umwelt konstituiert. Systeme produzieren sich stets aus sich selbst heraus durch Autopoiesis, sie sind also operativ geschlossen; aber dadurch umweltoffen, sodass sie auf externe Irritationen reagieren (vgl. Margot Berghaus, *Luhmann leicht gemacht. Eine Einführung in die Systemtheorie*, Köln/Wien: Böhlau 2022, S. 11–60). Nach dieser kurzen Erläuterung sei an dieser Stelle auf Tobias Peters' Beitrag zur semantischen Konstitutivität sozialer Systeme bei Luhmann hingewiesen, wodurch das Näheverhältnis, das Parr zwischen Luhmann und Foucaults Diskurstheorie herstellt, plausibilisiert wird: »Gleichwohl wird die Funktion wie die Ordnung der Funktionssysteme untereinander nicht vom Gesellschaftssystem vorgegeben, sondern bildet sich kommunikativ im Zuge gegenseitiger Beobachtung entlang von Bezugsproblemen« (Tobias Peter, »Politisierte Systeme – Grenzen der Politik und Entgrenzung des Politischen bei Niklas Luhmann«, in: Renate Martinsen (Hg.), *Spurensuche: Konstruktivistische Theorien der Politik*, Wiesbaden: Springer 2014, S. 45–61, hier: S. 48). Innerhalb dieser fluktuierenden Systeme kommt es bei Foucault zur Sinnbildung durch den Diskurs und bei Luhmann zur systemischen Kommunikation. Beide bedingen einander (ebd., S. 52–54). Matthias Leanza arbeitet die wesentlichen diskursiven Gemeinsamkeiten zwischen Foucault und Luhmann weiter heraus, die sich vor allem in der wissens- und subjektkonstituierenden (Foucault) sowie systemkonstituierenden (Luhmann) Semantik verorten lassen (Matthias Leanza, »Semantik und Diskurs. Die Wissenskonzeptionen Niklas Luhmanns und Michel Foucaults im Vergleich«, in: Robert Feustel / Maximilian Schochow (Hg.), *Zwischen Sprachspiel und Methode: Perspektiven der Diskursanalyse*, Bielefeld: transcript 2010, S. 119–146).

120 Vgl. Rolf Parr, »Autorität und Geltung zwischen Spezial- und Interdiskursen«, in: Safia Azzouni / Stefan Böschen / Carsten Reinhardt (Hg.), *Erzählung und Geltung. Wissenschaft zwischen Autorschaft und Autorität*, Weilerswist: Velbrück Wissenschaft 2015, S. 289–302, hier: S. 289. Vgl. dazu auch Elke Reinhardt-Becker, »Niklas Luhmann«, in: Kammler/Parr/Schneider (Hg.), *Foucault Handbuch*, S. 246–250.

sich vom anderen System abgrenzt, aber dass sie dennoch aufgrund ihrer beiderseitigen Offenheit für die Umwelt in der Lage sind, miteinander zu kommunizieren. Ausgehend von Luhmanns Beispiel des Verhältnisses von sozialen und psychischen Systemen, die getrennt voneinander operieren, aber aufeinander angewiesen sind, kann man annehmen, dass selbst wenn zwei Systeme unterschiedlich ›operieren‹, also funktionieren, sie durchaus in einem interdisziplinären Verhältnis zueinanderstehen können.[121] Luhmann verdeutlicht dies mit dem Begriff der ›Verschachtelung‹ von Systemen:

> Verschachtelung ist nur möglich, wenn für jedes der beteiligten Systeme eine eindeutige System/Umwelt-Differenz feststellbar ist. Es muss, mit anderen Worten, nur für jedes Einzelsystem klar sein, welche Elemente zum System und welche Elemente zur Umwelt gehören. Unter dieser Voraussetzung systemspezifischer Grenz- und Umweltdefinitionen ist akzeptierbar, dass die Grenzen verschiedener Systeme einander überschneiden und es Elemente [...] gibt, die mehreren Systemen zugleich angehören.[122]

Versucht man das Luhmann'sche Konzept der ›internen Systemgeschlossenheit / externen Systemoffenheit‹ auf die Rechts- und Literaturwissenschaften zu übertragen, so lässt sich feststellen, dass sowohl die Rechts- als auch die Literaturwissenschaften intern von autonomen, disziplineigenen Regeln und Funktionsmechanismen geleitet werden, d. h. sich in ihrer Operationsweise deutlich voneinander unterscheiden, ohne dass eine solche Differenzierung die Möglichkeit gemeinsamer Schnittpunkte und Methoden ausschließt. Anders formuliert verhindern in diesem Sinne unterschiedliche Methoden und Terminologien nicht die Ausarbeitung von methodischen und begrifflichen Gemeinsamkeiten.

Ein ähnlicher, aber primär literaturwissenschaftlicher und damit für unsere Zwecke besonders interessanter Ansatz der Interdiskursanalyse ist Jürgen Links Vorschlag, Literatur als verbindende Vermittlerin zwischen Spezialdiskursen über gemeinsame sprachliche Symbole zu verstehen. In diesem Sinne versteht Link den literarischen Diskurs interdiskursiv durchsetzt mit anderen Teilbereichen, wie der Medizin, dem Recht, der Wirtschaft etc.:[123]

121 Vgl. Niklas Luhmann, *Die Gesellschaft der Gesellschaft*, Berlin: Suhrkamp 2017, S. 143; vgl. dazu auch Niklas Luhmann, *Soziologische Aufklärung 3. Soziales System, Gesellschaft, Organisation*, Opladen: Westdeutscher Verlag 1981, S. 151–169.

122 Luhmann, *Die Gesellschaft*, S. 143.

123 Jürgen Link, »Literaturanalyse als Interdiskursanalyse. Am Beispiel des Ursprungs literarischer Symbolik in der Kollektivsymbolik«, in: Fohrmann/Müller (Hg.), *Diskurstheorien*, S. 284–307.

> Moderne arbeitsteilige Gesellschaften tendieren zur Bildung von arbeitsteilig ausdifferenzierten (z. B. medizinischen, juristischen und ökonomischen) Spezialdiskursen, die [...] eben in der Literatur durch elementarliterarische Elemente integriert werden. Dazu gehören etwa ›Figuren, Klischees, Stereotype‹ (Link 1988: 289) und vor allem Kollektivsymbole [...]. Im Sinne des archäologischen Ansatzes Foucaults begreift die Interdiskursanalyse literarische Texte als Schnittpunkt verschiedener Diskurse, als sogenannte Interdiskurse.[124]

Link versucht hier, das Fehlen einer explizit ausformulierten Theorie des literarischen Diskurses, zu der sich Foucault nicht durchringen konnte,[125] mit Hilfe der semantischen Symbolik auszugleichen und zu zeigen, wie Literatur die Kommunikation zwischen verschiedenen Wissensfeldern (Epistemen) durch Interdiskurs ermöglichen kann, sodass sie »als gesellschaftlich institutionalisierte Verarbeitung des Interdiskurses«[126] verstanden werden kann. Link schlägt daher vor, Foucaults Diskurstheorie für die interdiskursive Funktion fruchtbar zu machen: »Wir schlagen vor, jede historisch-spezifische ›diskursive Formation‹ im Sinne Foucaults als ›Spezialdiskurs‹ zu bezeichnen und dann alle interferierenden, koppelnden, integrierenden usw. Quer-Beziehungen zwischen mehreren Spezialdiskursen ›interdiskursiv‹ zu nennen.«[127] Der so theorisierte Interdiskurs fungiert – über die Kollektivsymbolik, deren Kenntnis dem Allgemeinwissen als Matrix aller Menschen eines bestimmten Kulturkreises zugeschrieben werden kann – gewissermaßen als ›Übersetzer‹ zwischen den Vertreter:innen unterschiedlicher Wissensfelder. Im folgenden Schema veranschaulicht Link, wie die Vertreter:innen unterschiedlicher Fachgebiete, die mit jeweils spezifischen Spezialdiskursen wie Ökonomie, Technologie, Militär, Justiz, Religion etc. vertraut sind,

124 Preisinger/Delormas/Standke, »Diskursforschung«, S. 133–134. Siehe dazu auch Link, »Literaturanalyse«, S. 289.

125 Jürgen Link / Ursula Link-Heer, »Diskurs, Interdiskurs und Literaturanalyse«, in: *Zeitschrift für Literaturwissenschaft und Linguistik* (1990/77), S. 88–99, hier: S. 91; vgl. Achim Geisenhanslüke, »Literaturwissenschaft. Diskursanalyse und Literaturwissenschaft«, in: Kammler/Parr/Schneider (Hg.), *Foucault Handbuch*, S. 376–384, hier: S. 377.

126 Link, »Literaturanalyse«, S. 300.

127 Link/Link-Heer, »Diskurs«, S. 92. Siehe dazu den Kommentar bei Oliver Sill, *Literatur in der funktional differenzierten Gesellschaft. Systemtheoretische Perspektiven auf ein komplexes Phänomen*, Wiesbaden: Springer 2001, S. 31–35, hier: S. 35: »Mit dem Beharren auf der Notwendigkeit einer Diskursanalyse, die in synchroner wie diachroner Perspektive unterschiedliche Diskurse miteinander in Beziehung setzt, genauer: deren Verflechtungen untereinander rekonstruiert und als sinnbildende Muster analysiert, bereichert dieser Ansatz das Spektrum vorhandener Konzepte zur Literatursoziologie.«

aufgrund ihres Allgemeinwissens in der Lage sein können, dem Begriff ›Ballon‹ dieselbe semantische Bedeutung zuzuweisen:

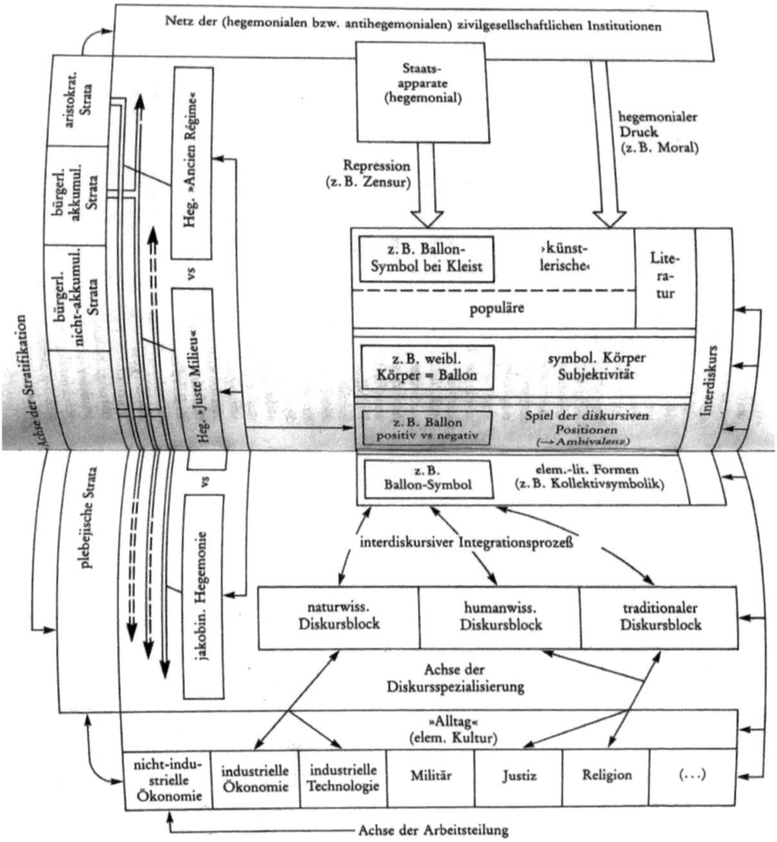

Abb. 1. Schema ›Interdiskurs‹, aus: Link, »Literaturanalyse als Interdiskursanalyse«, S. 298–299.

Links Symbolik als Beispiel eines verbindenden Kommunikationssignifikanten zielt darauf ab, die potenziell interdisziplinäre Funktion von Literatur zu illustrieren: »Literatur ist eine bestimmte Form der Verknüpfung von Wissen aus anderen Diskursen, ihre besondere Funktion, die sie zugleich von anderen Spezialdiskursen signifikant unterscheidet, besteht in der Transformation des Wissens in subjektiv applizierbare Vorgaben.«[128] Literatur wird in diesem Verständnis zur Trägerin und Vermittlerin von Wissen, das über seine (unschuldige) Ontologie als Fiktion

128 Link/Link-Heer, »Diskurs«, S. 133.

hinausgeht. Gerade um so unterschiedliche Wissensfelder wie die Natur-, Geistes- und Sozialwissenschaften auf einen gemeinsamen Kommunikationsnenner zu bringen, bedarf es solcher interdiskursiver Sprachelemente, die allgemein verständlich sind und zwischen den Disziplinen verbindend wirken. Dies geschieht, wie auch Rolf Parr unterstreicht, eben »am einfachsten dadurch, dass ein spezialisierter gesellschaftlicher Teilbereich in Form von Analogierelationen zum strukturierenden Medium eines anderen gemacht wird.«[129] Einfacher gesagt geht es darum, hochspezialisierte Diskurse durch den Rückgriff auf allgemein verständliche Metaphern, Symbole oder Narrationen verständlich zu machen.[130] Damit knüpft Parr an Links Interdiskurstheorie an und zeigt, wie die »populäre Darstellung komplexer wissenschaftlicher Probleme und Zusammenhänge in Form interdiskursiver Rede darauf angelegt« ist, diese auch über die Grenzen der Spezialdiskurse hinweg anschlussfähig und verständlich zu machen:

> Interdiskurse bilden somit den allgemeinen interdiskursiven Rahmen eines Diskurssystems, ein soziales Band der Integration, das ein Reservoir von Anschauungsformen für die notwendige Kodierung spezialdiskursiver Sachverhalte, insbesondere auch für die aktueller Ereignisse, bereitstellt. Die Gesamtheit dieser Verfahren lässt sich daher als die integrierende Kultur moderner Gesellschaften verstehen.[131]

Literatur, verstanden als eigenes Diskursfeld, saugt in diesem Sinne die Gesellschaft wie ein ›Schwamm‹ in sich auf und kann als besonders durchlässig gegenüber anderen Spezialdiskursen gelten, weshalb sie »die Funktion interdiskursiver Reintegration in ganz besonderem Maße«[132] übernimmt. Findet eine Rezeption anderer Diskurse in der Literatur statt, so erfüllt diese jedenfalls ihre interdiskursive Funktion als disziplinvermittelndes Medium. Anabel Ternès fasst in diesem Zusammenhang die wissenskonstituierende Funktion der Literatur als Brücke zu anderen Disziplinen treffend zusammen: »Das Konzept der Intertextualität als Interdiskursivität versteht den literarischen Text als einen gesellschaftlichen Diskurs unter anderen, was bedeutet, dass Literatur sich gerade in der Verflechtung mit anderen diskursiven Praktiken, aus denen sie ihr Wissen bezieht, konstituiert.«[133]

Dietrich Busse sieht im Interdiskurs ebenfalls einen interessanten methodischen Ansatz für interdisziplinäres Arbeiten: »Diskursanalyse setzt

129 Parr, »Autorität«, S. 290.

130 Vgl. dazu Jürgen Links Ausführungen zur Symbolik in: Link, »Literaturanalyse«, S. 284–307.

131 Rolf Parr, »Interdiskurstheorie / Interdiskursanalyse«, in: Kammler/Parr/Schneider (Hg.), *Foucault Handbuch*, S. 234–237, hier: S. 234–235.

132 Ebd., S. 236.

133 Anabel Ternès, *Intertextualität. Der Text als Collage*, Wiesbaden: Springer 2016, S. 41.

als disziplin- und methodenübergreifende Analyseform im Prinzip auf allen potentiellen Gegenstands-Ebenen (Ereignisse, Elemente, Strukturen/Relationen, Constraints, Prozesse/Prozeduren) gleichermaßen an und sollte dies auch mit gleicher Intensität tun. Auf allen Ebenen schlägt sich die Gesellschaftlichkeit des Wissens nieder, formt die Episteme.«[134]

Während über die Anwendbarkeit der Foucault'schen Diskurstheorie auf die Literatur ein gewisser Konsens herrscht, könne ihre Tauglichkeit für die literaturwissenschaftliche Analyse trotz Links Versuchen, eine plausible Interdiskurstheorie für die Literatur zu entwerfen, nicht mit letzter Sicherheit behauptet werden, da bis heute nicht geklärt sei, so Achim Geisenhanslüke, »wie die Vermittlung von literaturwissenschaftlicher Interpretation und Diskursanalyse genau auszusehen hätte.«[135] Ähnlich skeptisch äußert sich Clemens Kammler, denn Foucaults Verdrängung der Signifikanten mache »die Werkzeuge der Diskursanalyse stumpf gegenüber der Bedeutungsfülle, die literarische Texte gerade auszeichnet.«[136]

Aus der Perspektive des Anliegens, Recht *in* der Literatur verständlich zu machen und damit den Weg für eine interdisziplinäre Verständigung zwischen Rechts- und Literaturwissenschaft zu ebnen, scheint es jedoch trotz aller Unschärfen und partiellen Widersprüche lohnend, das Potenzial des interdiskursiven Gedankens auszuschöpfen. Vielleicht liegt gerade in den Grauzonen der Foucault'schen Diskurstheorie die Möglichkeit, neue Perspektiven und Herangehensweisen zu entwickeln und sich dabei auf die Ansätze von Luhmann und Link zu besinnen. In diesem Sinne verweist auch Bernhard Greiner auf die Foucault'sche Diskurstheorie als interessantes interdisziplinäres ›Bindemittel‹ zwischen Recht und Literatur, denn »Recht und Literatur lassen sich im Horizont Foucault'scher Diskurstheorie im Lichte eines gemeinsamen Dritten aufeinander beziehen [...]. Zugleich sei mit der Diskursanalyse ein beide Forschungsfelder umgreifender methodischer Ansatz gegeben«,[137] der »das *verändernde Hineinwirken* des einen Diskurses in den anderen«[138] bewirken soll. Der gemeinsame ›Dritte‹ kann sich auf einen sogenannten interferierenden ›dritten Diskurs‹[139] beziehen, der sich aus anderen Themenfeldern ergibt, wie z. B. Religion, Medizin, Psychiatrie, Ästhetik, Gerechtigkeit u. a. Einerseits können rechtliche Zusammenhänge, Problematiken, Fragestellungen, Themen, Missstände und mündliche oder kodifizierte Rechtsquellen durch Literatur erhellt, veranschaulicht, erklärt oder

134 Busse, »Linguistische Diskursanalyse«, S. 69.

135 Geisenhanslüke, »Literaturwissenschaft«, S. 381.

136 Clemens Kammler, »Die Abwesenheit der Theorie«, in: Klaus-Michael Bogdal / Achim Geisenhanslüke (Hg.), *Die Abwesenheit des Werkes. Nach Foucault*, Heidelberg: Synchron 2006, S. 231–241, hier: S. 238.

137 Greiner, »Das Forschungsfeld«, S. 10.

138 Ebd., S. 22.

139 Ebd.

kritisiert werden. Andererseits eröffnet die Analyse von Rechtstexten, wenn sie den Kriterien der literaturwissenschaftlichen Hermeneutik, Ästhetik und Linguistik folgt, neue Perspektiven des Textverständnisses und führt dazu, »nach der Wirksamkeit literarischer Regeln im Schaffen, Kodifizieren und Interpretieren von Recht zu fragen.«[140]

Rolf Parr wittert jedenfalls in der Technik der interdiskursiven Textintegration eine interessante verknüpfende Arbeitsmethode zwischen den Disziplinen:

> Interdiskurstheoretisches Arbeiten setzt als ersten Schritt immer eine Rekonstruktion desjenigen Diskurssystems oder derjenigen diskursiven Formation voraus, innerhalb derer ein zu analysierender Text (bzw. ein anderer medialer oder im weitesten Sinne kultureller Gegenstand) in seiner Spezifik zu situieren ist. [...] Im zweiten Schritt ist zu analysieren, welche Praxisbereiche jeweils integriert werden und in welchem Verhältnis dieses Integrationsprojekt zum Diskursfächer der Zeit steht.[141]

Die Funktion des Interdiskurses als interdisziplinärer Integrator in einer komplex organisierten Gesellschaft erfülle, so Parr, im Grunde dieselbe integrative Funktion wie die Intertextualität in der Literaturwissenschaft: »Über den engeren Gegenstandsbereich der Literatur hinaus stellt die Interdiskurstheorie damit nicht nur ein Modell für den komplexen Funktionszusammenhang von Literatur, Spezialdiskursen und Gesamtkultur bereit, sondern liefert zudem einen Beitrag zur Debatte um Intertextualität, die dann lediglich als ein Spezialfall von Interdiskursivität zu verstehen wäre.«[142]

Ternès stimmt der ›Fast-Gleichsetzung‹ von Interdiskursivität und Intertextualität insofern zu, als der einzige wesentliche Unterschied zwischen Interdiskurs und Intertextualität in der fehlenden Autor:innenreferenz beim Interdiskurs liege.[143] Jürgen Link hingegen versteht den Interdiskurs, im Gegensatz zu Parrs und Ternès' äquivalenter Auffassung, zeitlich versetzt als notwendige Vorstufe der Intertextualität: »Bevor Intertextualität entstehen kann, muss Interdiskursivität stets schon dagewesen sein.«[144] Ternès hält dieser Kontingenzbedingung entgegen, dass nichts gegen die Gleichsetzung von Interdiskurs und Intertextualität spreche, wenn man Links diesbezügliche Auffassung als »Interferenzspiel zwischen den einzelnen gesellschaftlichen Texten oder Diskursen« teile.[145] Intertextualität

140 Ebd., S. 20. Klaus Lüderssen hält dieser gegenseitigen Verschränkung entgegen, dass sich Interpret:innen von juristischen Texten der Intention des Gesetzgebers unterzuordnen haben, weshalb für sie die literarische Offenheit unzulässig sei.

141 Parr, »Interdiskurstheorie«, S. 236.

142 Ebd., S. 234–237.

143 Ternès, *Intertextualität*, S. 35–37.

144 Link, »Literaturanalyse«, S. 301.

145 Ternès, *Intertextualität*, S. 36.

als Interdiskursivität lässt sich in diesem Sinne, unter Verzicht auf das Kriterium der Autorschaft, mit Julia Kristevas Postulat erklären, dass »die literarische Struktur nicht ist, sondern sich erst aus der Beziehung zu einer anderen Struktur herstellt.«[146] Folgt man diesem Ansatz, so entfällt die notwendige Referenzialität auf den:die Autor:in, und die Aufmerksamkeit kann allein auf die Texte gelenkt werden, die sich gegenseitig beeinflussen, durchdrängen und bedingen, wie Ternès weiter ausführt: »Jeder Text baut sich als Mosaik von Zitaten auf, jeder Text ist Absorption und Transformation eines anderen Textes. An die Stelle des Begriffs der Intersubjektivität tritt der Begriff Intertextualität.«[147] Daraus folgt, dass jeder Text in der Gesamtheit der produzierten Texte entsteht, die Assmann als kulturelles Gedächtnis bezeichnet,[148] was laut Ternès zwei Konsequenzen habe: »Zum einen ist jeder Text nur ein Fragment des *texte général* [Schreibweise in Anlehnung an Roland Barthes,[149] Hervorhebung durch die Verf.], da er die Spuren der textuellen Vergangenheit und Gegenwart in sich trägt. Jeder Text ist demnach Intertext, d. h. ein intertextuell organisierter Text.«[150]

Aus der Perspektive des Interdiskurses zwischen den Disziplinen liegt es nun auf der Hand, nicht nur nach der *literarischen* Diskursfunktion zu fragen, sondern auch danach, wie es sich mit dem Diskurs im Recht verhält. Jürgen Habermas wirft in diesem Zusammenhang die Frage nach der ›richtigen‹ Entscheidungsfindung durch die richterliche Instanz auf, und dazu bedürfe es des Diskurses: »Deshalb sind Einzelfallinterpretationen, die im Lichte eines kohärenten Normensystems vorgenommen werden, auf die Kommunikationsform eines Diskurses angewiesen, der sozialontologisch so verfasst ist, dass sich die Perspektiven der Beteiligten und die Perspektiven der durch einen unparteilichen Richter vertretenen unbeteiligten Rechtsgenossen ineinander transformieren lassen.«[151] Darunter versteht Habermas prozessrechtliche Normen, die ihre Legitimation aus dem »demokratischen Verfahren politischer Gesetzgebung«[152] beziehen und sowohl den prozessualen Ablauf bis zur richterlichen Entscheidung

146 Julia Kristeva, »Bachtin, das Wort, der Dialog und der Roman«, in: Jens Ihwe (Hg.), *Literaturwissenschaft und Linguistik. Ergebnisse und Perspektiven*, Bd. 3: *Zur linguistischen Basis der Literaturwissenschaft*, Frankfurt am Main: Athenäum 1972, S. 345–375, hier: S. 346.

147 Ternès, *Intertextualität*, S. 14.

148 Jan Assmann, »Kollektives Gedächtnis und kulturelle Identität«, in: Jan Assmann / Tonio Hölscher (Hg.), *Kultur und Gedächtnis*, Frankfurt am Main: Suhrkamp 1988, S. 9–19, hier: S. 15.

149 Vgl. Roland Barthes, *S/Z*, Frankfurt am Main: Suhrkamp 1987, S. 25.

150 Ebd., S. 23–24.

151 Jürgen Habermas, *Faktizität und Geltung. Beiträge zur Diskurstheorie des Rechts und des demokratischen Rechtsstaats*, Frankfurt am Main: Suhrkamp 2023, S. 280–281.

152 Ebd., S. 285.

als auch die Beweisfindung regeln. Auf diese Weise entwickelt sich ein übereinstimmender ›Rechtsdiskurs‹ zwischen Gesellschaft, Prozessparteien und Gericht, der die ›Richtigkeit‹ richterlicher Entscheidungen plausibilisiert.[153] Der ›Rechtsdiskurs‹, so Habermas weiter, entstehe gerade aus dieser normierten Prozesslogik, die das Verhältnis Ankläger:in/Angeklagte:r bestimmt, das Recht auf Verteidigung und Beweisfindung regelt und die erstinstanzlichen Gerichtsentscheidungen einer Überprüfung durch höhere Instanzen unterwirft. Neben der prozessualen Rechts- und Diskursordnung, die als *Gesprächs*folge zu verstehen sind, bereichert die höchstrichterliche Rechtsprechung insgesamt den Diskurs. Der so entstehende *Rechtsdiskurs* programmiert, wie Habermas ausführt, einen logischen und allgemein akzeptierten Prozesshergang bis zur richterlichen Entscheidung: »Die Gerichtsverfahrensordnungen institutionalisieren die richterliche Entscheidungspraxis in der Weise, dass sich Urteil und Urteilsbegründung als Ergebnis eines Argumentationsspiels verstehen lassen, welches in besonderer Weise programmiert ist.«[154] Lediglich der richterliche Diskurs, der am Ende des Prozessverfahrens steht, befindet sich, soweit er sich auf die normierte Logik der Argumentationskette und der Beweisführung stützt, in »einem verfahrensrechtlichen Vakuum [...], sodass die Herstellung des Urteils dem professionellen Können der Richter allein überlassen bleibt.«[155] Man könnte hier argumentieren, dass selbst die von Gadamer befundene Entscheidungsfreiheit des:der Richters:Richterin durch die diskursiven Gesetzmäßigkeiten der Richter:innenausbildung vielleicht nicht vollständig bedingt, aber doch zumindest gelenkt wird. Der Habermas'sche Rechtsdiskurs kann in diesem Sinne als ›Ausfluss‹ positivistischer Rechtsnormen (im kontinentalen Recht) oder richterlicher Praxis (im *Common Law*) verstanden werden, der die Entscheidungsfindung – im Einklang mit der demokratischen Gesellschaft – bestimmt.

Zusammenfassend soll festgehalten werden, dass Diskurse wissens- und disziplinspezifisch und deshalb abgrenzend wirken. Zugleich ist die Bestimmung der Konturen eines epistemologischen Feldes (Foucault) oder eines Systems (Luhmann) Voraussetzung für interdiskursives Arbeiten. Wenn auch Foucault keine spezifische Diskurstheorie für Literatur erarbeitet hat, so kann man, trotz einiger abweichender Positionen, annehmen, dass Literatur ein geeignetes Medium für interdiskursive Verknüpfungen zwischen Disziplinen bietet. Schon Julia Kristevas

153 Die ›Richtigkeit‹ von Gesetzen kann nicht allein moralischen Kriterien überlassen werden, sondern beruht auf der Positivität der Normen, die ihrerseits eine Serie von Kriterien zu berücksichtigen haben (Verfügbarkeit und Triftigkeit von Informationen, Rationalität von Wahlentscheidungen, Authentizität von Wertungen, Angemessenheit von Situationsdeutungen usw.) (ebd., S. 286).

154 Ebd., S. 288.

155 Ebd., S. 290–291.

Theoretisierung der Intertextualität, bekräftigt durch Roland Barthes, lässt auf die literarische Anschlussfähigkeit schließen. Eine analog erweiterte Referenz auf den Interdiskurs, als disziplinär offene Verknüpfungsmethode zwischen Literatur und anderen Disziplinen, scheint durchaus plausibel und wird deshalb vermehrt befürwortet (Link, Parr, Ternès). Insbesondere Jürgen Links Vorschlag, Literatur die Fähigkeit als einendes Kommunikationsmedium, dank symbolischer Semantik, zwischen unterschiedlichen Disziplinen zuzuerkennen, ergibt einen interessanten methodischen Ansatz, der auch von Rolf Parr aufgegriffen wird. Wenn also Literatur als interdiskursiver Katalysator fungieren kann, so muss diese Möglichkeit im gleichen Maß für die Aufnahme des Rechtsdiskurses in Literatur gelten. Während Foucault den Begriff des Diskurses allgemein und vordergründig im Kontext historischer Forschungen herausstilisiert, versucht Jürgen Habermas, eine spezifisch für das Recht taugliche Diskurstheorie als Produkt des Prozessgeschehens, das in der richterlichen Entscheidung zum Endpunkt kommt, zu entwerfen. Die Rekurrenz auf den Interdiskurs als interdisziplinäre Untersuchungsmethode zwingt sich, nach diesem Forschungsstand, für die Zwecke der kontrafaktischen Untersuchung zwischen Recht und Literatur auf und wird, wie später gezeigt werden soll, Eingang in die Methode der juristischen Kontrafaktik finden.

Diskurs und Interdiskurs wurden in diesem Kapitel im Hinblick auf eine mögliche und sicherlich interessante Methode zur Untersuchung des Rechtsdiskurses in der Literatur behandelt. Der Übergang zur Hermeneutik lässt sich insofern rechtfertigen, als die Hermeneutik geeignet erscheint, gemeinsame konzeptuelle Schnittpunkte zwischen Recht und Literatur festzustellen. Denn auch wenn die Hermeneutik in der heutigen Literaturwissenschaft ihre Vorrangstellung als wissenschaftliche Zugangstechnik zugunsten der Diskurswissenschaft verloren hat, so spielt sie in der Rechtswissenschaft nach wie vor eine wichtige Rolle bei der Auslegung und Anwendung von Rechtstexten. Diese Überlegungen führen zu der Frage, inwieweit die Hermeneutik, wenn nicht unbedingt als Technik des Textzugangs, so doch als interdisziplinäres Anknüpfungskriterium zwischen Recht und Literatur herangezogen werden kann.

2.3 Hermeneutik

Auch wenn, wie bereits erwähnt, die literaturtheoretische Forschung sich im Gegensatz zur Rechtswissenschaft von der Hermeneutik zugunsten der Diskurstheorie abzuwenden scheint,[156] mutet dennoch eine vertiefte vergleichende Beschäftigung mit literaturwissenschaftlicher und juristischer Hermeneutik aus interdisziplinär-methodologischen Gründen sinnvoll,

156 Preisinger/Delormas/Standke, »Diskursforschung«, S. 139.

wenn nicht gar notwendig an. Für die Entwicklung einer juristischen Kontrafaktik als *Methode* ist vorrangig nach dem größtmöglichen Nenner methodischer Anknüpfungspunkte zwischen Literatur und Recht zu suchen, und zu diesem Nenner gehört eben nicht nur die Diskurstheorie, sondern auch die Hermeneutik, die, wie sich im Folgenden zeigen wird, eine Reihe gemeinsamer Schnittstellen zwischen den Disziplinen bereithält.

Der Begriff ›Hermeneutik‹ bezeichnet allgemein und disziplinübergreifend, wie Winfried Hassemer einleitend zur juristischen Hermeneutik ausführt,

> eine Methode der wissenschaftlichen Annäherung an Gegenstände [...]; sie ist ein [...] Phänomen, das Beachtung für jedwede Art wissenschaftlicher Tätigkeit fordert, sie liegt den einzelnen Wissenschaften voraus und zugrunde. *Daraus erklärt sich leicht, dass die Dimensionen der Hermeneutik mit den Grenzen der Wissenschaft nichts zu tun haben* [Hervorhebung durch die Verf.], dass die Hermeneutik [...] die einzelnen Wissenschaften beeinflusst und erkenntnistheoretisch mitbegründet: von der Geschichtswissenschaft über die Theologie und die Literaturwissenschaft.[157]

Hassemers disziplinäre Entgrenzung hermeneutischer Prozesse scheint einen guten Ausgangspunkt für die Suche nach gemeinsamen methodischen und strukturellen Anknüpfungspunkten zwischen Recht und Literatur zu bieten. Im Folgenden wird zunächst auf die jeweils disziplinspezifische Hermeneutik von Recht und Literatur eingegangen, um dann in Kapitel 2.3.3 die gewonnenen Erkenntnisse zusammenzuführen und für interdisziplinäre Verknüpfungen fruchtbar zu machen.

2.3.1 Literarische Hermeneutik

Während sich der Diskursbegriff auf die sinnstiftenden Äußerungsformen von Zeichen, Reden, Praktiken bezieht, sucht die literaturwissenschaftliche Hermeneutik, den hinter solchen Äußerungsformen zu vermutenden Sinn vollständig zu verstehen. Ihre Leitbegriffe sind, um mit Oliver Scholz in Kurzform zu sprechen, ›Verstehen‹ und ›Interpretieren‹,[158] ausgehend von der Lektüre eines Textes.[159] Sie wendet sich damit

157 Winfried Hassemer, »Juristische Hermeneutik«, in: *Archiv für Rechts- und Sozialphilosophie / Archives for Philosophy of Law and Social Philosophy* (1986/72/2), S. 195–212, hier: S. 195–196.

158 Oliver R. Scholz, »Art. Hermeneutics«, in: James D. Wright (Hg.), *The International Encyclopedia of Social and Behavioral Sciences*, Bd. 10, Oxford: Elsevier 2015, S. 778–784.

159 Klaus Weimar, »Hermeneutica in nuce«, in: Andreas Mauz / Christiane Tietz / Tilmann Köppe(Hg.), *Verstehen und Interpretieren. Zum Basisvokabular von Hermeneutik und Interpretationstheorie, Hermeneutik und Interpretationstheorie* 1, Paderborn: F. Schöningh 2020, S. 79–85.

der Trias ›Verstehen – Auslegen – Anwenden‹ eines Textes zu,[160] wobei die auslegende, interpretierende Tätigkeit nach Axel Bühler dann notwendig wird, »wenn es nicht gelingt, sprachliche Äußerungen (oder auch andere Zeichen) […] auf Anhieb, mehr oder weniger deutlich zu begreifen.«[161] Während, wie Ingolf U. Dalferth ausführt, ›Verstehen‹ als ein Wort für ›Erfolg‹ im Sinne der unmittelbaren Erfassbarkeit zu verstehen sei, stehe der Terminus ›Interpretieren‹ für den Prozess des Vollzugs, da er eine intellektuelle Anstrengung erfordere.[162] Die Hermeneutik als praktischer Prozess und als Methodenlehre des Verstehens und Interpretierens[163] ›schiebt‹ sich gewissermaßen zwischen Autor:in und Text und befasst sich mit dem Verständnis des letzteren und/oder der Intention des:der ersteren. Ihre Bezugsinstanzen sind, wie Andreas Mauz hervorhebt, »in der Regel und in unterschiedlicher Gewichtung ›der:die Autor:in‹, der ›Text‹, ›der:die Leser:in‹ und der ›Kontext‹, und sie kreist um das Ideal des besseren Verstehens.«[164] Manfred Frank erinnert in diesem Zusammenhang an Hamlets ironische Antwort auf Polonius' Frage »What do you read my lord«[165] mit »Words, words, words«:[166] Hamlet liest also nur Worte, keinen Text, während doch Friedrich Schleiermacher der Hermeneutik das Bemühen um die »Kunst, die Rede eines anderen richtig zu verstehen«, zuschreibt.[167] An Schleiermachers Grundhaltung

160 Hans R. Jauß, »Zur Abgrenzung und Bestimmung einer literarischen Hermeneutik«, in: Manfred Fuhrmann / Hans R. Jauß / Wolfhart Pannenberg (Hg.), *Text und Applikation. Theologie, Jurisprudenz und Literaturwissenschaft im hermeneutischen Gespräch*, München: W. Fink 1981, S. 459–481, hier: S. 461.

161 Axel Bühler, »Grundprobleme der Hermeneutik«, in: Axel Bühler, *Hermeneutik*, Heidelberg: Synchron 2003, S. 4.

162 Ingolf U. Dalferth, »Die Phänomene des Verstehens und die Praxis des Interpretierens. Prolegomena zu einer theologischen Hermeneutik«, in: Mautz/Tietz/Köppe (Hg.), *Verstehen und Interpretieren*, S. 57–78, hier: S. 57.

163 In der praxeologischen Auffassung der Hermeneutik sollen sich Theorie und Praxis ergänzen, indem die Theorie auf ihre Praxistauglichkeit in der Lebenswirklichkeit geprüft wird. Vgl. Andreas Mauz, »Doing Interpretation. Einleitende Hinweise zur praxeologischen Hermeneutik«, in: Johannes Corrodi Katzenstein / Andreas Mauz / Christiane Tietz (Hg.), *Doing Interpretation. Perspektiven praxeologischer Hermeneutik*, Bd. 2, Paderborn: Brill Schöningh 2021, S. 1–22.

164 Ebd., S. 1.

165 William Shakespeare, »Hamlet«, in: William Shakespeare, *The Complete Works of William Shakespeare*, hrsg. v. David Bevington, New York: Pearson Longman 2004, S. 1091–1149, hier: S. 1092 (2.2).

166 Ebd., S. 1093 (2.2.).

167 Friedrich Schleiermacher, *Hermeneutik und Kritik*, hrsg. v. Manfred Frank, Frankfurt am Main: Suhrkamp 1977, S. 75.

der Notwendigkeit einer methodischen Texterschließung knüpft später Paul Ricœur an, wenn er, wie Manfred Frank erläutert, davon ausgeht, dass kein Text sich von selbst versteht, sondern immer der auslegenden Arbeit bedarf.[168]

Die hermeneutische Entwicklung in der Literaturwissenschaft vollzieht sich ausgehend von einer stark subjektiven, auf den:die Autor:in bezogenen Hermeneutik, die mit Friedrich Schleiermacher eingeleitet wird, über Kombinationsvarianten zwischen autor:inbezogener Subjektivität und textueller Objektivität bis hin zur objektivierten autor:inlosen Textinterpretation, wie sie Michel Foucault, Roland Barthes, Paul Ricœur und Roman Ingarden postulieren.

Der Beginn der historischen Entwicklung der literaturwissenschaftlichen Hermeneutik lässt sich auf Friedrich Schleiermachers Vereinigung der ursprünglich getrennten Kategorien der theologischen und säkularen Hermeneutik zu einer einheitlichen Spezialhermeneutik für Texte[169] zurückführen: »Die Hermeneutik als Kunst des Verstehens existirt noch nicht allgemein sondern nur mehrere specielle Hermeneutiken.«[170] So sei es, wie Schleiermacher selbst betont, die Aufgabe der Hermeneutik, »den ganzen inneren Verlauf der componirenden Thätigkeit des Schriftstellers auf das vollkommenste nachzubilden.«[171] Zur Vervollkommnung des interpretatorischen Vorgehens genügt es allerdings nicht, folgt man Schleiermacher, sich auf den Text selbst, seine Entstehung und das Umfeld des:der Autors:Autorin zu konzentrieren,

168 Manfred Frank, »Textauslegung«, in: Dietrich Harth / Peter Gebhardt (Hg.), *Erkenntnis der Literatur. Theorien, Konzepte, Methoden der Literaturwissenschaft*, Stuttgart: J. B. Metzler 1982, S. 123–160, hier: S. 123.

169 Siehe zu einer Synthese der historischen Genese des Hermeneutik-Begriffs Andrea Albrecht / Lutz Danneberg, »Verstehen, Auslegen, Darstellen und Vermitteln. Literaturwissenschaftliche Interpretationstexte in praxeologischer Perspektive«, in: Corrodi Katzenstein / Mauz / Tietz (Hg.), *Doing Interpretation*, S. 23–50, hier: S. 23–39.

170 Friedrich Schleiermacher, *Hermeneutik*, Heidelberg: Winter 1974, S. 75. Oliver R. Scholz wirft Schleiermacher vor, er hätte mit der Etablierung einer literarischen Spezialhermeneutik die ursprünglich vielversprechenden Ansätze zur Entwicklung einer allgemeinen philosophisch begründeten Hermeneutik, einer *Hermeneutica generalis*, zunichte gemacht, die sich auf Aristoteles' *Peri hermeneias* stützte. Eine allgemeine Hermeneutik, die sich auf die logische Rekonstitution der Gedanken in Wort und Schrift beruft, hätte, so Scholz, als trans- und interdisziplinäre Grundlage fungieren können. Siehe Oliver Scholz, »Die Idee einer Hermeneutica generalis und die vielen Bereichshermeneutiken. Plädoyer für eine vergleichende Hermeneutik«, in: Stiening (Hg.), *Rechtsnorm*, S. 18–25.

171 Friedrich Schleiermacher, *Hermeneutik und Kritik*, hrsg. v. Manfred Frank, Frankfurt am Main: Suhrkamp 2011, S. 138.

sondern man muss sich darüber hinaus in den Verstehenskanon der Leser:innen zum Zeitpunkt der historischen Textrezeption hineinversetzen, d. h., »zwischen sich und dem Autor dasselbe Verhältnis herstellen wie zwischen ihm und seiner ursprünglichen Adresse.«[172] Das Dreieck ›Autor:in – Text – Leser:in‹ wird nach dieser Auffassung durch die Vervollkommnung des Einfühlungsprozesses geschlossen, indem der:die Auslegende, wie Karl Lachmann folgert, mit »folgsamer hingebung die gedanken absichten und empfindungen des dichters, wie sie in ihm waren und wie sie den zeitgenossen erscheinen mussten«,[173] möglichst getreu nachempfindet. Wilhelm Dilthey, Fritz Hermanns und Siegfried Jäger schließen sich Friedrich Schleiermachers stark subjektiver Hermeneutik an. Stärker noch als Schleiermacher betont Dilthey das Innenleben des Autors als hermeneutisches Kriterium, denn jede Äußerung müsse, so Dilthey, auf ihr ›Inneres‹ hin untersucht werden, insofern jedes Werk als »wahrer Ausdruck« des Seelenlebens des Autors zu verstehen sei.[174] Ähnlich fragt Fritz Hermanns nach der Art und Weise, wie ein Text Sprechabsichten und Sichtweisen vermittelt, welches Wollen, welche Emotionen, welche Kognitionen zum Ausdruck kommen,[175] während Siegfried Jäger nach den sprachlichen Mitteln und der Botschaft des Textes sowie der Grundhaltung der Autor:innen sucht.[176]

August Boeckh kritisiert Schleiermachers stark subjektiv orientierte Texthermeneutik durch tiefes Einfühlen in die Psyche des:der Autor:in als schwieriges Unterfangen: »Wäre die Aufgabe […] völlig lösbar, so müsste man das ganze Werk reproduzieren können, und zwar mit Bewusstsein und Reflexion; dies wäre die endgültige Probe des individuellen Verständnisses. Hierzu wäre aber nöthig, dass man vollständig in eine fremde Individualität einginge, was nur approximativ zu erreichen

172 Ebd., S. 98. Vgl. dazu auch Ingolf U. Dalferth, *Die Kunst des Verstehens. Grundzüge einer Hermeneutik der Kommunikation durch Texte*, Tübingen: Mohr Siebeck 2018, S. 293–294.

173 Karl Lachmann, »Vorrede«, in: Georg F. Benecke / Karl Lachmann (Hg.), *Iwein. Eine Erzählung von Hartmann von Aue*, Berlin: Reimer 1843, S. III–X, hier: S. III. Vgl. dazu auch Kurt Gärtner, »Karl Lachmann als Grundleger textkritischer Verfahren: Die Iwein-Ausgabe«, in: Judith Lange / Martin Schubert (Hg.), *Geschichte der altgermanistischen Edition*, Berlin/Boston: De Gruyter 2023, S. 37–52.

174 Wilhelm Dilthey, »Die Entstehung der Hermeneutik«, in: Wilhelm Dilthey, *Gesammelte Schriften*, Bd. V, Göttingen: Vandenhoeck & Ruprecht 1990, S. 317–338, hier: S. 318.

175 Fritz Hermanns, »Diskurshermeneutik«, in: Ingo Warnke (Hg.), *Diskurslinguistik nach Foucault*, Berlin: De Gruyter 2007, S. 187–210, hier: S. 197.

176 Siegfried Jäger, *Kritische Diskursanalyse. Eine Einführung*, Duisburg: DISS 1999, S. 184–185.

ist.«[177] Die Unschärfe der Hermeneutik, so Boeckh weiter, ergebe sich in diesem Fall allein schon aus der Tatsache, dass »die fremde Individualität nie vollständig verstanden werden kann«, weshalb die »Hermeneutik nur durch unendliche Approximation, d. h. durch allmähliche, Punkt für Punkt voranschreitende, aber nie vollendete Annäherung gelöst werden« könne.[178] Boeckh schlägt daher vor, Schleiermachers schwer nachvollziehbare autor:innenbezogene Subjektivität durch objektive Bedingungen der Schrift- und Sprachkenntnis sowie der historischen Einbettung des Textes zu ergänzen. Diese so ergänzte Auffassung von Hermeneutik weicht jedoch im Kern nur gering von jener Schleiermachers ab, wenn man bedenkt, dass Text und Autor:in insofern eng miteinander verbunden bleiben, als das gründliche Verstehen eines Textes im Sinne von Boeckhs Auffassung von den Interpret:innen über die sprachlichen und grammatischen Aspekte hinaus die Fähigkeit verlangt, sich in die Autor:innen hineinzuversetzen und die Genese ihrer Werke nachzuvollziehen.[179] Der Beweis für die vollkommene Entschlüsselung eines Textes wäre in diesem Verständnis die Fähigkeit, das Werk durch ›Zerstückelung‹ und erneute ›Zusammenfügung‹ zu rekonstruieren, und nicht nur das: Man müsse darüber hinaus, wie Goethe fordert, das Leben des Autors:der Autorin selbst nachvollziehen und sich an seinen:ihren Lebensort begeben: »Wer den Dichter will verstehen, / Muss in Dichters Lande gehen.«[180] Eine ausgewogenere Position zwischen der Subjektivität des:der Autors:Autorin und der Objektivität des Textes nimmt Friedrich Ast ein, ein Zeitgenosse Schleiermachers, der eine dreistufige Auslegung befürwortet, die »das historische Verständnis, das sich auf den Inhalt bezieht, das grammatische, das sich auf Form, Sprache und Vortrag bezieht, und das geistige, das auf den Geist des einzelnen Schriftstellers und auf den der Epoche zielt«,[181] berücksichtigt.

177 August Boeckh, *Encyclopädie und Methodologie der philosophischen Wissenschaften*, hrsg. v. Ernst Bratuscheck, Leipzig: B. G. Teubner 1886, S. 140.

178 Ebd., S. 86.

179 Vgl. ebd., S. 82–83.

180 Johann W. von Goethe, »Noten und Abhandlungen zu besserem Verständnis des west-östlichen Divans«, in: Johann W. von Goethe, *Werke*, Bd. 2: Gedichte und Epen II, München: C. H. Beck 2005, S. 126–267, hier: S. 126. Ausführlicher dazu siehe Lutz Danneberg, »Das Sich-Hineinversetzen und der sensus auctoris et primorum lectorum. Der Beitrag kontrafaktischer Imaginationen zur Ausbildung der *hermeneutica sacra* und *profana* im 18. und am Beginn des 19. Jahrhunderts«, in: Andrea Albrecht / Lutz Danneberg / Olav Krämer / Carlos Spoerhase (Hg.), *Theorien, Methoden und Praktiken des Interpretierens*, Berlin/München/Boston: De Gruyter 2015, S. 407–458, hier: S. 416–421.

181 Peter Szondi, *Einführung in die literarische Hermeneutik*, Frankfurt am Main: Suhrkamp 1975, S. 158.

Eine extreme Gegenposition zu Schleiermachers subjektiver Hermeneutik nehmen dagegen Ende der 1960er Jahre Roland Barthes und Michel Foucault ein, indem sie dem:der Autor:in zugunsten des:der Lesers:Leserin jegliche Relevanz als Bezugsinstanz der Textinterpretation absprechen.[182] Während Barthes anstelle des:der Autors:Autorin die Intertextualität und die Rezeption durch den:die Leser:in in den Vordergrund stellt,[183] postuliert Foucault den ›autorlosen‹ Diskurs[184] als Befreiung für Leser:in und Autor:in, wodurch sich beide Denker von den Zuschreibungen des Textes lösen.[185] Wie unzuverlässig literaturtheoretische Vorgaben in Sachen Hermeneutik bleiben, beweist Barthes' Kehrtwende einige Jahre später, wenn er in *Die Lust am Text* schreibt: »Im Text begehre ich den Autor. Ich brauche seine Gestalt […], so wie er meine Gestalt braucht.«[186]

In der Linie Foucaults und des ›frühen‹ Barthes lässt sich auch Roman Ingarden verorten, wenn er den Blick weg vom:von der Autor:in auf die Intention und den Sinn des Textes als hinreichendes Kriterium des Verstehens richtet:

> Das sich […] vollziehende Auffinden der Bedeutungsintention ist im Grunde nichts anderes als eine Aktualisierung dieser Intention. Das heißt: indem ich einen Text verstehe, denke ich den Sinn des gelesenen Textes. Ich entnehme ihn sozusagen dem Text und verwandle ihn in die aktuelle Intention meines verstehenden Denkaktes, in eine Intention, welche mit der im Text auftretenden Wort-, bzw. Satzintention identisch ist. Dann wird der Text wirklich ›verstanden‹.[187] […] Erst dann, wenn es uns gelingt, alle Faktoren, die der Text liefert, zu nutzen und zu aktualisieren, sowie das organisierte sinnvolle Ganze des betreffenden Werkes im Einklang mit den in ihm selbst, in seiner Bedeutungsschicht enthaltenen Sinnintentionen zu konstituieren, verstehen wir wirklich den Inhalt des Werkes.[188]

182 Vgl. Giaco Schiesser, »Autorschaft nach dem Tod des Autors. Barthes und Foucault revisited«, in: Corina Caduff / Tan Wälchli (Hg.), *Autorschaft in den Künsten: Konzepte – Praktiken – Medien. Zürcher Jahrbuch der Künste*, Zürich: Museum für Gestaltung 2007, S. 20–33, hier: S. 21.

183 Roland Barthes, »Der Tod des Autors«, in: Fotis Jannidis / Gerhard Lauer / Matías Martínez / Simone Winko (Hg.), *Texte zur Theorie der Autorschaft*, Stuttgart: Reclam 2000, S. 185–193.

184 Michel Foucault, »Was ist ein Autor?«, in: Jannidis /Lauer/Martínez /Winko (Hg.), *Texte zur Theorie*, S. 198–229.

185 Vgl. Clarissa Breu, *Autorschaft in der Johannesoffenbarung: Eine postmoderne Lektüre*, Tübingen: Mohr Siebeck 2020, S. 75.

186 Roland Barthes, *Die Lust am Text*, Frankfurt am Main: Suhrkamp 1974, S. 43.

187 Roman Ingarden, *Vom Erkennen des literarischen Kunstwerks*, Tübingen: Niemeyer 1968, S. 30.

188 Ebd., S. 33.

Da Ingarden, wie es scheint, den Autor aus dem hermeneutischen Prozess ausblendet und sich prinzipiell auf den Text in seiner versprachlichten Gestalt verlässt, wird ihm bewusst, dass für ein und denselben Text mehrere Interpretationen in Frage kommen können, wobei es dem:der Interpret:in obliege, sich für eine der möglichen Interpretationsvarianten zu entscheiden:

> Das Werk wird erst dann gut in seiner Sprache erkannt, wenn der Leser nicht bloß feinfühlig genug für das bloße Vorhandensein der Vieldeutigkeiten ist, sondern auch erkennt, welche verschiedenen Deutungen des Textes durch denselben zugelassen, welche dagegen durch die weiteren Teile des Textes eliminiert werden. Und er muss sich auch darüber orientieren, welche von diesen durch die Vieldeutigkeit zugelassenen Deutungen ein Vorrecht vor anderen möglichen Deutungen (»Interpretationen«?) haben oder ob alle bei der Lektüre gleichmäßig zur endgültigen Ausdeutung des Textes in Betracht gezogen werden dürfen.[189]

Ähnlich wie Ingarden versteht Paul Ricœur die hermeneutische Tätigkeit als einen Entscheidungsprozess zwischen den vielfältigen semantischen Bedeutungsmöglichkeiten eines Textes. Das Verstehen eines Textes ergibt sich für Ricœur aus dem Erfassen der sprachlich-linguistischen Struktur *und* der Erklärung des Textes durch Aneignung: »expliquer, c'est dégager la structure, c'est-à-dire les relations internes de dépendance qui constituent la statique du texte; interpréter, c'est prendre le chemin de pensée ouvert par le texte.«[190] Diese Aneignung des Textes wird erst nach dem Durchlaufen eines strukturierten Vorgehens möglich, das Ricœur als ›hermeneutischen Bogen oder Zirkel‹ bezeichnet, nicht zu verwechseln mit Gadamers ›hermeneutischem Zirkel‹:[191] Auf die erste Phase des intuitiven Verstehensversuchs oder des ›naiven Verstehens‹ folgt die Phase des Erklärens, die mit der ›Logik der Wahrscheinlichkeit‹ das erste Verstehen revidiert, modifiziert und korrigiert. Der Verstehensprozess vollzieht sich schließlich in der Aneignung des Textes durch die Rezipient:innen, indem sie sich, wie Veronika Hoffmann kommentiert, die »Welt, die der Text ›vor‹ sich entwirft«, aneignen.[192] Darunter versteht Ricœur nicht die Welt, die Autor:innen intendieren, sondern die Welt, so wie sie für die Leser:innen aus dem Text entsteht: »Ein Text ist zu interpretieren als ein Entwurf einer Welt, einer Welt, die ich bewohnen kann, um dort

189 Ebd., S. 366.

190 Paul Ricœur, *Du texte à l'action. Essais d'herméneutique II*. Paris: Seuil 1986, S. 175.

191 Ebd., S. 221–236.

192 Veronika Hoffmann, »Interpretationen im Konflikt«, in: Burkhard Liebsch (Hg.), Grundfragen hermeneutischer Anthropologie. Paul Ricœurs Werk im historischen Kontext: Existenz, Interpretation, Praxis, Geschichte, Baden-Baden: Karl Alber 2024, S. 1221–1236, hier: S. 1230.

meine ureigensten Möglichkeiten zu entwerfen.«[193] Der Text, so Ricœur, bestehe aus einem Gefüge von Wörtern, die durch die Sprache zum Sprechen gebracht werden. Aus diesem strukturellen Wortgefüge müsse der:-die Leser:in die Sprache, den Sinn und den Diskurs extrahieren: »L'objet c'est le texte lui-même; le signe, c'est la sémantique profonde dégagée par l'analyse structurale; et la série des interprétants, c'est la chaîne des interprétations produites par la communauté interprétante et incorporées à la dynamique du texte, comme le travail du sens lui-même.«[194] In diesem Sinne, so Ricœur weiter, erfordere die semantische Mehrdeutigkeit die Fähigkeit der Interpret:innen zu erkennen, welche Deutung einem Text auf der Grundlage des allgemeinen lexikalischen Verständnisses am treffendsten zukommt: »Cette activité de discernement est proprement l'interprétation; elle consiste à reconnaître quel message relativement univoque le locuteur a construit sur la base polysémique du lexique commun.«[195] Interessant ist an dieser Stelle, dass Boeckh bereits mehr als ein Jahrhundert vor Ricœur auf die »unendliche Anzahl von Verhältnissen«[196] im hermeneutischen, textbezogenen Prozess hinweist, die es unmöglich macht, zu einer diskursiven Klarheit zu gelangen. Ob man hier einen ersten Ursprung von Michel Foucaults Konzept des diffusen Diskurses in einem Raum der Zerstreuung (*l'espace de dispersion*) vermuten kann oder darf,[197] bleibt ebenso offen wie die Frage, ob es, wie Jørgen Sneis fragt, prinzipiell »so etwas wie richtige Interpretationen eines literarischen Textes«[198] geben kann. Besonders nebulös erscheine in diesem Zusammenhang, so Sneis, Ingardens Forderung nach einem:einer ›feinfühligen‹ Leser:in als Kriterium für die hermeneutische Praxis, insofern die ›Feinfühligkeit‹ nur schwer zu fassen und zu bestimmen sei.[199] Wann ist ein:e Interpret:in feinfühlig? Welche Qualifikationen zeichnen ihn:sie als solche:n aus? Setzt ›Feinfühligkeit‹ bestimmte Vorkenntnisse voraus? All diese Fragen bleiben bei Ingarden letztlich offen. In diesem Sinne kritisiert auch Dirk Werle die ›Schwammigkeit‹ des »Fingerspitzengefühls« als hermeneutischen Leitfaden.[200]

193 Paul Ricœur / Eberhard Jüngel, *Metapher. Zur Hermeneutik religiöser Sprache*, München: Chr. Kaiser 1974, S. 32. Frz.: Ricœur, *Du texte*, S. 130.
194 Ebd., S. 177.
195 Ebd., S. 85.
196 Boeckh, *Encyclopädie*, S. 86.
197 Foucault, *L'archéologie*, S. 20.
198 Jørgen Sneis, »Rekonstruktion als Interpretation. Überlegungen zu Roman Ingardens Versuch einer erkenntnistheoretischen Grundlegung der Literaturwissenschaft«, in: Albrecht/Danneberg/Krämer/Spoerhase (Hg.), *Theorien, Methoden und Praktiken*, S. 459–479, hier: S. 478.
199 Ebd., S. 476.
200 Dirk Werle, »›Unvollständiges Verstehen‹ am Beispiel einer Goethe-Parodie in Daniel Kehlmanns Roman *Die Vermessung der Welt*. Ein Beitrag zur

Über die Herausbildung einer einheitlichen literaturwissenschaftlichen Hermeneutik hinaus plädierte Friedrich Schleiermacher dafür, die bis dahin getrennt verstandenen Momente des Verstehens und Auslegens als zwei Seiten derselben ›Medaille‹ zu betrachten: »Das Auslegen unterscheidet sich vom Verstehen durchaus nur wie das laute Reden vom inneren Reden.«[201] In diesem Sinne ist das Verstehen Teil des Auslegungsprozesses, wie auch das Auslegen Teil des Verstehensprozesses ist. Hans-Georg Gadamer rezipiert Schleiermachers Koppelung von Verstehen und Auslegen in einem einheitlichen Vorgang,[202] wenn er das Auslegen als »explizite Form des Verstehens«[203] definiert. Wie Emil Anghern ausführt, ist die Auslegung (oder Interpretation) in diesem Sinne »gleichsam die innere Artikulation eines Verstehens, sein aktualer Vollzug, der das Sinnpotenzial eines Gegenstandes auseinanderlegt, es in seinem Gehalt verdeutlicht und anderen gegenwärtig werden lässt.«[204] Mit anderen Worten vollzieht sich das Verstehen durch die Auslegung, denn sie ist es, die zum vollen Verstehen und zur Entfaltung dessen führt, was verborgen sein mag.

Mit Hans-Georg Gadamer rücke, so Peter Zima, der historische Entstehungsrahmen des Textes ins Blickfeld hermeneutischen Vorgehens, insofern er als Antwort auf »bestimmte Fragen zu verstehen [sei], die in seinem historischen Entstehungszusammenhang aufkamen«[205] und die ihn, in einem zweiten Schritt, zur eigenen historischen Situation [des:der Lesers:Leserin, Anm. d. Verf] in Beziehung setzt.[206] In diesem Zusammenhang, so Zima weiter, liege das hermeneutische Kernstück bei Gadamer im *hermeneutischen Zirkel*, d.h. in der Rekonstruktion des Erwartungshorizonts der Leser:innen zum Zeitpunkt des Erscheinens des Werkes,[207] wobei es nicht mehr, wie bei Schleiermacher, darum gehe, sich »in die seelische Verfassung des Autors zu versetzen«, sondern darum, sich »in die Perspektive, unter der der andere seine Meinung gewonnen

Erforschung interpretatorischer Praxis«, in: Albrecht/Danneberg/Krämer/Spoerhase (Hg.), *Theorien, Methoden und Praktiken*, S. 345–365, hier: S. 350.

201 Schleiermacher, *Hermeneutik und Kritik* 2011, S. 343.

202 Hans-Georg Gadamer, *Gesammelte Werke* Bd. 1: *Wahrheit und Methode. Grundzüge einer philosophischen Hermeneutik*, Tübingen: Mohr Siebeck 1990, S 313.

203 Ebd., S. 312.

204 Emil Anghern, »Interpretation, Konstruktion, Praxis. Zur Hermeneutik der Selbstverständigung«, in: Corrodi Katzenstein / Mauz / Tietz (Hg.), *Doing Interpretation*, S. 51–63, hier: S. 51.

205 Peter V. Zima, *Literarische Ästhetik. Methoden und Modelle der Literaturwissenschaft*, Tübingen: Narr Francke Attempto 2020, S. 242.

206 Vgl. dazu auch Jauß, »Zur Abgrenzung«, S. 467–468.

207 Vgl. ebd., S. 473.

hat«,[208] hineinzuversetzen. Die Auslegenden müssen hier, um zum Textverständnis zu gelangen, Vormeinungen, d. h. Forschungen zur Sache berücksichtigen und sich ihnen öffnen. Mit dieser Einstellung zum tradierten Vorwissen, die insbesondere für die Geisteswissenschaften gilt, wird das Textverstehen durch die Subjektivität des Vorverständnisses, d. h. des ›Vor-Urteils‹ als Erwartungshaltung von denjenigen, die einen Text verstehend lesen, modifiziert, wobei zu betonen ist, dass für Gadamer ein solches Verstehen ohne Vorwissen gar nicht erst möglich ist.[209] In diesem Sinne formuliert Gadamer das Prinzip des hermeneutischen Zirkels wie folgt:

> Wer einen Text verstehen will, vollzieht immer ein Entwerfen. Er wirft sich einen Sinn des Ganzen voraus, sobald sich ein erster Sinn im Text zeigt. Ein solcher zeigt sich wiederum nur, weil man den Text schon mit gewissen Erwartungen auf einen bestimmten Sinn hin liest. Im Ausarbeiten eines solchen Vorentwurfs, der freilich beständig von dem her revidiert wird, was sich bei weiterem Eindringen in den Sinn ergibt, besteht das Verstehen dessen, was dasteht.[210]

In Gadamers Konzeption stehen sich also Text und Rezipient:in – »Überlieferung und Bewegung des Interpreten«[211] – gegenüber, die sich spiralförmig, Schritt für Schritt, einander annähern, bis zur größtmöglichen Übereinstimmung, im Idealfall[212] bis zur vollkommenen Kongruenz von Text und Verstehen. Die erste Annäherung der Rezipient:innen an den Text wird durch ihre Vorkenntnisse, d. h. ihre Erwartungen an den Text bestimmt. Wie Gadamer betont, entspringt die Antizipation des Sinns, die das Textverständnis leitet, nicht einer subjektiven Handlung, sondern »bestimmt sich aus der Gemeinsamkeit, die uns mit Überlieferung verbindet«, wobei diese überlieferte ›Gemeinsamkeit‹ aus einem Prozess hervorgeht, der in »beständiger Bildung begriffen« ist.[213] Zwischen Erwartung und Verstehen kommt es so zu einer allmählichen Annäherung zwischen der Sinnantizipation der Rezipient:innen und der tatsächlichen Sinnausstrahlung des Textes (Vorgriff der Vollkommenheit) unter Ausscheidung inkongruenter Sinnergebnisse, bis eine größtmögliche Deckung zwischen tatsächlichem Sinn und Sinnantizipation der Rezipient:innen

208 Gadamer, *Wahrheit*, S. 297.
209 Vgl. ebd., S. 281–282.
210 Ebd., S. 271.
211 Ebd., S. 298.
212 Susanne Bleich bezweifelt allerdings die Möglichkeit der vollkommenen Kongruenz zwischen dem tatsächlichem Textsinn und dem Textverständnis der Rezipient:innen. Siehe Susanne Bleich, *Der hermeneutische Prozess: Autor – Text – Rezipient. Von der Fiktionalisierung des juristischen Diskurses zur Rezeption literarischer Werke*, Bonn: Romanistischer Verlag 1992, S. 7–20.
213 Gadamer, *Wahrheit*, S. 271.

erreicht ist. Die Erarbeitung dieses tatsächlichen Sinns erfolgt, wie Gadamer ausführt, stets vom Ganzen ausgehend im Rücklauf zu Teilen des Ganzen, in einer Art Hin- und Herbewegung:

> Die Antizipation von Sinn, in der das Ganze gemeint ist, kommt dadurch zu explizitem Verständnis, dass die Teile, die sich vom Ganzen her bestimmen, ihrerseits auch dieses Ganze bestimmen. [...] So läuft die Bewegung des Verstehens stets vom Ganzen zum Teil und zurück zum Ganzen. Die Aufgabe ist, in konzentrischen Kreisen die Einheit des verstandenen Sinnes zu erweitern. Einstimmung aller Einzelheiten zum Ganzen ist das jeweilige Kriterium für die Richtigkeit des Verstehens.[214]

Folglich gebe es, wie Gadamer weiter erläutert, keine »andere ›Objektivität‹ als die Bewährung, die eine Vormeinung durch ihre Ausarbeitung findet.«[215] Vereinfacht ausgedrückt bedeute der Begriff des hermeneutischen Zirkels ursprünglich, so Ralph Sichler, »dass das Einzelne nur aus dem Ganzen und das Ganze nur aus dem Einzelnen verstanden werden kann.«[216] In diesem Sinne bedingen sich Teil- und Ganzbedeutung wechselseitig, wobei, so Sichler weiter, »bei profunder Kenntnis des Gesamtkontextes der Sinn der Teilelemente sich unschwer entziffern lasse.«[217] Aus dem Prozess der Wechselwirkung zwischen Textteilen und Textganzem, aus den Erwartungen, mit denen an den Text herangegangen wird, und aus der Veränderung des Erwartungshorizontes durch den Text ergebe sich schließlich, wie Ulla Fix erläutert, jene hermeneutische Spirale,[218] deren Begriff, wie Siegfried Lamnek anmerkt, bereits Schleiermacher bekannt war.[219] Moritz Baßler führt dazu aus, dass es dabei um das ›Sich-reiben‹ des eigenen Wissens am Widerstand des Textes gegen »das immer schon Verstandene« gehe,[220] um auf diese Weise zu einem vollständigen Textverständnis zu gelangen. Dieses ›Sich-reiben‹ findet aber nicht nur gegen das ›Vorherverstandene‹ eines Textes statt, sondern, wie Gadamer hinzufügt, auch gegen die historisch-zeitliche Distanz zwischen dem Text und seinen Interpret:innen: »Einen Text verstehen heißt immer

214 Ebd., S. 296.
215 Ebd., S. 272.
216 Ralph Sichler, »Hermeneutik«, in: Günter Mey / Katja Mruck (Hg.), *Handbuch Qualitative Forschung in der Psychologie*, Bd. 1: *Ansätze und Anwendungsfelder*, Wiesbaden: Springer 2020, S. 126–143, hier: S. 135.
217 Ebd.
218 Ulla Fix, »Wir entkommen der Hermeneutik nicht!«, in: *Zeitschrift für Literaturwissenschaft und Linguistik* (2021/51), S. 695–702, hier: S. 696.
219 Siegfried Lamnek, *Qualitative Sozialforschung. Lehrbuch*, Weinheim: Beltz 2005, S. 64.
220 Moritz Baßler, »Verstandenhaben«, in: *Zeitschrift für Literaturwissenschaft und Linguistik* (2021/51), S. 855–860, hier: S. 856.

schon, ihn auf uns selbst anwenden. Wissen, dass ein Text, auch wenn er immer anders verstanden werden muss, doch derselbe Text ist, der sich uns jeweils anders darstellt.«[221] Das Verständnis und die Auslegung eines Textes hängen in diesem Verständnis nicht nur vom Vorwissen, d. h. von der eigenen Kenntnis des Forschungsstandes, dem persönlichen Wissen und der Vertrautheit mit anderen Texten ab, sondern auch vom Verhältnis zwischen der historischen Entstehungszeit des Textes und der historischen Gegenwart des:der Hermeneutikers:Hermeneutikerin. Dass Gadamers hermeneutischer Zirkel, wie Matthias Klatt betont, auch Eingang in die juristische Hermeneutik gefunden hat, wird im folgenden Kapitel als ein wesentlicher Anknüpfungspunkt zwischen Recht und Literatur noch näher beleuchtet werden. [222]

In der Literaturwissenschaft schlägt sich Gadamers hermeneutischer Zirkel vor allem als Methode der Textauslegung nieder, wie Susanne Bleich – in Übereinstimmung mit Peter Szondi[223] und Karlheinz Stierle[224] – ausführt: »Unter der Voraussetzung, dass Hermeneutik und Methode koexistieren [was Gadamer verneint, Anm. d. Verf.], ist das Verhältnis der beiden zueinander im Allgemeinen und damit auch im besonderen Fall der literarischen Hermeneutik und literaturwissenschaftlichen Methode ein hierarchisches: Es ist inklusiv geregelt, insofern als die Hermeneutik die Methode – und das bedeutet zugleich: die einzelnen Methoden – umfasst.«[225] Nach dieser Auffassung, die zwischen Hermeneutik und Methode unterscheidet, ist die Auslegung (Hermeneutik) erkenntnistheoretisch orientiert, indem sie den Mechanismus des Verstehens untersucht, während die Methode konkret auf die Applikation der Hermeneutik auf den Text abzielt.

Hans Robert Jauß knüpft literaturtheoretisch an Gadamers Theorie an, erweitert sie aber vom Text auf die Rezeption und bezieht damit die gesellschaftliche Funktion des Werkes in den hermeneutischen Prozess ein. In diesem Sinne geht es Jauß darum, »das Werk aus seiner Wirkung und Rezeption, die Geschichte einer Kunst als Prozess der Kommunikation zwischen Autor und Publikum, Vergangenheit und Gegenwart zu begreifen.«[226] Die erste Lektüre des Textes müsse, so Jauß, der ästhetischen Wahrnehmung gewidmet sein, bevor es in einem zweiten Schritt zu Gadamers ›Befragung‹ – ›Verstehen heißt, etwas als

221 Gadamer, *Wahrheit*, S. 401.

222 Vgl. Matthias Klatt, »Juristische Hermeneutik«, in: Hilgendorf/Joerden (Hg.), *Handbuch Rechtsphilosophie*, S. 233–239, hier: S. 233.

223 Vgl. Szondi, *Einführung*, S. 7–192.

224 Siehe dazu Karlheinz Stierle, »Für eine Öffnung des hermeneutischen Zirkels«, in: *POETICA* (1985/17), S. 340–354.

225 Bleich, *Der hermeneutische Prozess*, S. 47.

226 Hans R. Jauß, *Ästhetische Erfahrung und literarische Hermeneutik*, Frankfurt am Main: Suhrkamp 1991, S. 20.

Antwort verstehen‹ – komme, insofern dieses ›Verstehen‹ erst auf »den primären Akt des wahrnehmenden Verstehens, der die ästhetische Erfahrung am poetischen Text einleitet und konstituiert«,[227] folgen könne. Jauß formuliert den Begriff der ›ästhetischen Erfahrung‹ als ein Verhältnis von Selbst- und Fremdgenuss: »Im ästhetischen Verhalten genießt das Subjekt immer schon mehr als nur sich selbst: es erfährt sich in der Aneignung einer Erfahrung des Sinns von Welt, den ihm sowohl seine eigene hervorbringende Tätigkeit als auch das Aufnehmen der Erfahrung des anderen erschließen [...] kann. Ästhetischer Genuss [...] ist eine Weise der Erfahrung seiner selbst in der Erfahrung des andern.«[228] Ästhetik verbindet sich also bei den Rezipient:innen – und hier liegt der Kern von Jauß' Rezeptionstheorie – mit Poiesis als »Prozess, in dem der Rezipient zum Mitschöpfer des Werkes wird«,[229] der durch Fragen und Reflexion eine aktive hermeneutische ›Arbeit‹ leistet. Susanne Bleich sieht in Jauß' Verständnis von ›ästhetischer Erfahrung‹ sowohl die Lust an der Rezeption des Textes als auch die Lust an sich selbst als Rezipient:in, wodurch ein dialektisches Verhältnis »von Selbstgenuss im Fremdgenuss« entstehe.[230] Dem Prinzip der Aisthesis[231] folgend, so Jauß, sollten die Rezipient:innen versuchen, das Kunstwerk möglichst unvoreingenommen wahrzunehmen, d. h. eine vorschnelle Identifikation der realen Welt mit der Fiktion vermeiden: »Wer ein Gemälde ästhetisch wahrnehmen, das heißt sehend zu neuer Erkenntnis gelangen will, muss der Neigung zum vorschnellen Identifizieren oder Wiedererkennen widerstehen.«[232] Autor:in und Rezipient:in partizipieren so gemeinsam an der Vollendung des Kunstwerks durch Poiesis (Autor:in und Rezipient:in) und Aisthesis (Rezipient:in). Tobias Klauk, Niels Klenner und Tilmann Köppe meinen gerade in der ästhetischen Wertschätzung eines Textes die Grundlage der literarischen Hermeneutik zu sehen, die auch die Art und Weise der Interpretation

227 Jauß, »Zur Abgrenzung«, S. 475.
228 Jauß, *Ästhetische Erfahrung*, S. 85.
229 Ebd., S. 117.
230 Vgl. Bleich, *Der hermeneutische Prozess*, S. 78.
231 Die Trennung zwischen *Ästhetik* – als Gefühl und Empfinden des Schönen (Theorie der Künste) – und *Aisthesis* – als kognitive Leistung der Wahrnehmung der Kunst – geht auf Kants dritte Kritik zurück, in der die ästhetische neben die teleologische Urteilskraft tritt als »Vermögen, die formale Zweckmäßigkeit (sonst auch subjektive genannt) durch das Gefühl der Lust und Unlust [...] zu beurteilen.« Siehe Immanuel Kant, *Kritik der Urteilskraft*, hrsg. v. Wilhelm Weischedel, Frankfurt am Main: Suhrkamp 1974, S. A XLVIII; siehe auch Egbert Witte, »Aisthesis«, in: Gabriele Weiß / Jörg Zirfas (Hg.), *Handbuch Bildungs- und Erziehungsphilosophie*, Wiesbaden: Springer 2020, S. 67–75, hier: S. 67–68.
232 Jauß, *Ästhetische Erfahrung*, S. 292.

leitet, wie sie an mehreren Beispielen zeigen: So leite etwa die Einschätzung, ob die Hauptfigur in der Fiktion der Mörder sei, die Art und Weise der Interpretation.[233]

In den 1990er Jahren werden schließlich Versuche unternommen, Konzepte, Strukturen und Methoden aus einem literaturfremden Wissensbereich durch analogisches Verfahren in die Literatur einzuführen und für literaturtheoretische Arbeiten fruchtbar zu machen. In seinen Ausführungen zur Verteidigung der pragmatischen Einzelfallhermeneutik als bestmöglicher, von Äquität und kantischer Vernunft geleiteter Technik der Rechtsfindung, führt François Ost das analogische Verfahren des Denkens, auch Abduktion genannt, an. Ein solches Verfahren ermögliche es, unbekannte Sachverhalte durch imaginative Rückführung auf Bekanntes zu lösen: »L'abduction est cette forme de raisonnement analogique qui s'impose lorsqu'il s'agit de passer du connu à l'inconnu.«[234] In Umberto Ecos Roman *Der Name der Rose* (1980) formuliert William das Prinzip der Analogie als ein Räsonnement, das voneinander verschiedene Sachverhalte miteinander in Beziehung setzt, um eine Lösung für das Unbekannte zu finden: »Es ist eher so, dass man vor einer Anzahl von Tatsachen steht, die anscheinend nichts miteinander zu tun haben, und nun versuchen muss, sie sich als ebenso viele Einzelfälle eines allgemeinen Gesetzes vorzustellen, eines Gesetzes aber, das man nicht kennt und das womöglich noch nie formuliert worden ist.«[235] Ost beschreibt das analogische Vorgehen als einen horizontalen rhizomartigen Prozess der Suche nach akzeptablen Äquivalenzen, Ähnlichkeiten und funktionalen Gemeinsamkeiten, die in der Lage sind, eine Verbindung, wie er exemplarisch erläutert, zwischen der Schwimmflosse eines Fisches und dem Flügel eines Vogels über eine funktionale Gemeinsamkeit (Fortbewegung) herzustellen:

> L'abduction, en revanche, qui prend au sérieux tout ce qui déjoue l'uniformité, s'attache aux équivalences de fonctions; s'accommodant de différences évidentes, mais pointant aussi les ressemblances (de fonction), elle ›juge‹ de l'équivalence acceptable, elle ›construit‹ la mesure commune. S'interrogeant, par exemple, sur cette ›chose‹ qui s'agite sur le dos du poisson,

233 Tobias Klauk / Niels Klenner / Tilmann Köppe, »Literarische – Hermeneutik – Verstehen«, in: *Zeitschrift für Literaturwissenschaft und Linguistik* (2021/51), S. 797–806, hier: S. 802. Die Autoren führen hier das Beispiel von Annette von Droste-Hülshoffs *Die Judenbuche* an.

234 François Ost, »Penser par cas: la littérature comme laboratoire expérimental de la démarche juridique«, in: *Revue interdisciplinaire d'études juridiques* (2014/2), S. 99–131, hier: S. 120. Ost verweist hier zur Vertiefung auf Alain Papaux, *Essai philosophique sur la qualification juridique: de la subsomption à l'abduction. L'exemple du droit international privé*, Brüssel/Paris: Bruylant/L.G.D.J./Schulthess 2003.

235 Umberto Eco, *Der Name der Rose*, München: Hanser 1982, S. 389.

elle conjecture qu'elle relève d'une fonction motrice, et partant du connu (l'aile de l'oiseau), elle se risque dans l'inconnu, en établissant le rapport d'analogie : ›ce que l'aile est à l'oiseau, X (la nageoire) l'est au poisson‹.[236]

Karin Knorr-Cetina greift diesen Gedanken der funktionalen Äquivalenz auf, wenn sie analogisches Vorgehen als die Übertragung von Wissen »aus einem untersuchten, gut bekannten Fall auf eine weniger bekannte, unklare Situation« definiert. Da sich das durch die Metapher oder Analogie mobilisierte Wissen bereits in einem ähnlichen Kontext bewährt hat, erscheint es wahrscheinlich, dass es unter Voraussetzung angemessener Modifikationen auch in der neuen Situation ›zum Funktionieren‹ gebracht werden kann.«[237] Nun gibt es Versuche, naturwissenschaftliche Methoden in analoger Weise auf die Literaturwissenschaft zu übertragen, wie Andrea Albrecht erläutert. Als Beispiel nennt sie den Versuch, den mathematischen Begriff des Attraktors für die literaturwissenschaftliche Hermeneutik fruchtbar zu machen,[238] wobei festzustellen ist, dass die daraus abgeleitete hermeneutische Methode Gadamers Idee des hermeneutischen Zirkels insofern sehr nahekommt, als es sich auch hier um einen organisierten Prozess des Lesens und Wiederlesens auf der Suche nach Sinnbestimmung und -eingrenzung unter Einbeziehung der Kenntnisse und Erfahrungen anderer handelt.[239]

In der neueren Forschung zur praxeologischen Hermeneutik, die sich gezielt der konkreten Anwendung der Hermeneutik zuwendet, impliziert der Akt des Interpretierens die kreative Hervorbringung von Gegenständen und von sinnhaften Wirklichkeiten.[240] Aus dieser Perspektive scheinen sich starke Gemeinsamkeiten mit dem Foucault'schen Diskurs zu ergeben, insofern beide, aktive Interpretation und Diskurs, in dieser Auffassung konstitutiv auf unsere Welt zugreifen.

Klaus Birnstil vertritt die Ansicht, dass überhaupt der Begriff der literarischen Hermeneutik mit dem Eintritt der Literatur in die digitale Ära anders und offener verstanden werden müsse, denn Literatur gehe nun weit über das gedruckte Buch hinaus, und manifestiere sich in den

236 Ost, »Penser par cas«, S. 121.

237 Karin Knorr-Cetina, *Die Fabrikation von Erkenntnis. Zur Anthropologie der Wissenschaft*, Berlin: Suhrkamp 2016, S. 107.

238 Andrea Albrecht, »Analogieschlüsse und metaphorische Extensionen«, in: Albrecht/Danneberg/Krämer/Spoerhase (Hg.), *Theorien, Methoden und Praktiken*, S. 271–299, hier: S. 285–292.

239 Vgl. ebd., S. 285–286.

240 Anghern, »Interpretation, Konstruktion«, S. 53. Als radikale Vertreter der anwendungsbetonten Hermeneutik sind Hans Lenks *Interpretationskonstrukte. Zur Kritik der interpretatorischen Vernunft*, Frankfurt am Main: Suhrkamp 1993 und Günter Abels *Interpretationswelten. Gegenwartsphilosophie jenseits von Essentialismus und Relativismus*, Frankfurt am Main: Suhrkamp 2022, zu erwähnen

sozialen Medien, wie »das Rauschen im Blätterwald.«[241] Die schnelllebige Flüchtigkeit der Gegenwart, die sich zwischen die regelmäßig aufgerufene Vergangenheit und eine aussichtslose Zukunft schiebe,[242] zwinge zu einem neuen Verständnis der Gegenwartsliteratur: »Wer sich mit ihr angemessen beschäftigen will, muss sich lateral lesend durch sie hindurchbewegen und seine oder ihre alten Zopfkategorien von Autor, Werk und Leser im Universitätsarchiv abgeben.«[243] Die Dreiecksbeziehung ›Autor:in – Text – Leser:in‹, die Birnstil als »Karikatur« einer schlechten Hermeneutik[244] kritisiert, scheint einem ubiquitären Literaturbegriff[245] weichen zu müssen, der den Paradigmen der pluralistisch-digitalen Welt Rechnung zu tragen hat.[246]

Auch Annette Gerok-Reiter berührt die Frage der hermeneutischen Pluralität, die, bedingt im historischen Kontext, nicht zu einem endgültigen Ende kommen könne, weshalb jedes Verstehen »das Eingeständnis eines Nicht-Verstehens« impliziere.[247] Das Verstehen eines Textes entsteht nach Ursula Christmann aus der Verschränkung von Textoberfläche (Wortlaut und Grammatik), propositionaler Textbasis (Sachverhalte im Text in Verbindung mit dem subjektiven Vorwissen) und textueller Sinnaussage.[248] Die Interpretation des Textes selbst, so Fix, sei, seien es literarische oder juristische Texte, eine »spezielle Art des Verstehens, auf die man zurückgreift, wenn man im Dienste der Interpretation tiefer in die Zusammenhänge eindringen will«,[249] wobei die Textanalyse als bewusst reflektiertes methodisches Vorgehen und die Interpretation als Sinnzuschreibung miteinander verbunden sind.

241 Klaus Birnstiel, »Lateral lesen. Für eine dezentrierte Hermeneutik der Gegenwart«, in: *Zeitschrift für Literaturwissenschaft und Linguistik* (2021/51), S. 789–795, hier: S. 791.

242 Vgl. dazu Hans U. Gumbrecht, *Unsere breite Gegenwart*, Berlin: Suhrkamp 2010; Hans U. Gumbrecht, *Diesseits der Hermeneutik. Die Produktion von Präsenz*, Frankfurt am Main: Suhrkamp 2004.

243 Birnstiel. »Lateral lesen«, S. 794.

244 Ebd., S. 790.

245 Siehe dazu auch Holger Schulze, *Ubiquitäre Literatur. Eine Partikelpoetik*, Berlin: Matthes & Seitz 2020.

246 Birnstiel, »Lateral lesen«, S. 795.

247 Annette Gerok-Reiter, »Lektüren des Ästhetischen – Ästhetische Lektüren. Alte und neue Hermeneutik», in: *Zeitschrift für Literaturwissenschaft und Linguistik* (2021/51), S. 751–758, hier: S. 756.

248 Vgl. Ursula Christmann, »Rhetorisch-stilistische Aspekte moderner Verstehens- und Verständlichkeitsforschung«, in: Ulla Fix / Andreas Gardt / Joachim Knape (Hg.), *Rhetorik und Stilistik. Ein internationales Handbuch historischer und systematischer Forschung*, Berlin/New York: De Gruyter 2008, S. 1092–1106, hier: S. 1093.

249 Fix, »Wir entkommen«, S. 698.

Zusammenfassend ergeben sich aus dem Versuch, einen Überblick über die für die vorliegende Untersuchung relevante, aber sehr komplexe Hermeneutikforschung zu geben, drei wesentliche Erkenntnisse: die Schwierigkeit des theoretischen Pluralismus,[250] das Interesse von Gadamers hermeneutischem Zirkel als mögliche methodische Andockstelle zwischen Literatur und Recht und die Vernachlässigung der Hermeneutik zugunsten der Diskurstheorie in der Literaturwissenschaft.

Der Zugang zur bisherigen Hermeneutikforschung wird durch den starken Pluralismus der theoretischen Ansätze sowie deren heterogene Wandlungen im Laufe der Zeit erschwert. Ausgehend von Schleiermachers subjektiv-psychologischer Verankerung des interpretatorischen Ansatzes in der Person des:der Autors:Autorin, gefolgt von Dilthey, Lachmann, Hermanns und Jäger, gelangt die Forschung über vermittelnde Positionen zwischen Subjektivität und Objektivität (Boeckh, Ast) mit Foucault, Barthes, Ricœur und Ingarden zur objektiven Radikalität des Textes – unter Ausschaltung subjektiver Faktoren.

Weniger stark als im Bereich der Kriterienbestimmung divergieren die Ansätze im Hinblick auf den hermeneutischen Anwendungsprozess, der seit Schleiermacher gemeinhin als ein binäres Verhältnis von Verstehen und Auslegen verstanden wird. Wenn ein relativer Konsens darüber besteht, dass Verstehen und Auslegen keine voneinander getrennten Momente darstellen, lassen sich hingegen Varianten in der Rolle der Rezipient:innen feststellen, die sich bei Gadamer auf die verstehende Aufnahme des Textes beschränken, während Jauß den Leser:innen eine aktiv partizipierende Funktion im hermeneutischen Prozess zuschreibt.

Von besonderem Interesse für die Suche nach methodischen Gemeinsamkeiten zwischen Recht und Literatur erweist sich jedenfalls Gadamers philosophischer Entwurf des hermeneutischen Zirkels, der die positive ›Vor-Kenntnis‹ als entscheidend für die Textauslegung anerkennt, und damit dem literaturwissenschaftlichen Begriff der Intertextualität irritierend nahekommt. Aus juristischer Sicht löst Gadamers Imperativ der ›Vor-Kenntnis‹ als positivem ›Vor-Urteil‹ prompte Assoziationen zu den juristischen Konzepten der systematischen und historischen Auslegung aus, auf die im folgenden Kapitel näher eingegangen wird. Ebenso interessant ist die Idee des ›Hin- und Herwanderns‹ zwischen dem Allgemeinen und dem Besonderen, das man sich auch als allmähliche Verengung des Kreisradius vorstellen kann. Denn um literarische Texte zu verstehen und auszulegen, wird es in der Regel notwendig sein, von einer ersten allgemeinen Erfassung des Textes über Detailbetrachtungen und -untersuchungen zu einem vertieften Textverständnis zu gelangen. In gleicher Weise gilt es für die Rechtsanwender:innen, die allgemeine Abstraktheit

250 Vgl. dazu Hans R. Jauß, »Der Leser als Instanz einer neuen Geschichte der Literatur«, in: *Poetica* (1997/3/4), S. 325–344, hier: S. 334.

von Rechtsnormen so weit und so lange herunterzubrechen, bis sie auf den konkreten Einzelfall angewendet werden können. Interessanterweise kann es im Rahmen der verschiedenen Auslegungsmöglichkeiten auch in der Literaturwissenschaft zum Rückgriff auf analoge Verfahren kommen, die für die Rechtswissenschaft selbstverständlich sind und seit jeher als fester Bestandteil zur juristischen Hermeneutik gehören. In der neueren literaturwissenschaftlichen Forschung scheint sich allerdings seit Einbruch des digitalen Zeitalters die Auffassung von der hermeneutischen ›Regellosigkeit‹ durchzusetzen.

Abschließend sei auf die Tendenz in der aktuellen literaturtheoretischen Forschung hingewiesen, die Hermeneutik durch den Diskurs als Zugangsmethode zu Texten zu ersetzen. Sowohl literarische als auch juristische Texte können, wie bereits länger ausgeführt worden ist, als Diskurse verstanden werden und über den Interdiskurs miteinander ins Gespräch kommen. Für eine Untersuchung möglicher Anknüpfungspunkte zwischen Recht und Literatur scheint es zudem sinnvoll, für beide Disziplinen sowohl hermeneutische als auch diskursive Zugänge zu (unter-)suchen, denn während die ersteren das Verstehen in den Vordergrund stellen, geben die letzteren Aufschluss über epistemische Eigenheiten oder Gemeinsamkeiten.

Im folgenden Kapitel wird es nun darum gehen, einen profunderen Einblick in die juristische Hermeneutik zu gewähren, denn ohne deren Kenntnis, wird es nicht möglich sein, die Berührungspunkte zwischen literarischer und rechtlicher Auslegung zu erkennen.

2.3.2 *Juristische Hermeneutik*

Während sich das Ziel der literaturwissenschaftlichen Hermeneutik in dem Versuch erschöpft, Texte möglichst tiefgründig zu verstehen, strebt die juristische Hermeneutik zwar ebenso danach, Texte zu verstehen, tut dies aber im Hinblick auf das stringente Ziel der praktischen Wirkung, die sich dann entfaltet, wenn ein bestimmter Sachverhalt durch pragmatische Rechtsanwendung tatsächlich geregelt wird. Insofern wird die juristische Hermeneutik durch die Dialektik zwischen Geltungs- und Anwendungsanspruch des Rechts bedingt: Rechtstexte sind normativ, weil sie (in Demokratien) einen bestimmten Rechtsfindungsprozess durchlaufen haben, sie fordern abstrakt ein ›Sollen‹. Die Anwendungsmöglichkeit des abstrakten ›Sollens‹ muss durch Auslegung auf den konkreten Einzelfall geprüft werden (Subsumtion).[251] Martin Kriele erinnert in diesem Zusammenhang an den dreistufigen Ablauf einer juristischen

251 Vgl. dazu Thomas M. J. Möllers, *Juristische Methodenlehre*, München: C. H. Beck 2023, S. 126–131.

Entscheidung: »1. Aufklärung des Sachverhalts, 2. hermeneutische Klärung der Rechtsnormen, 3. Subsumtion des Sachverhalts unter die einschlägige Norm«, wobei die Schwierigkeiten ›bei Ziffer 2‹ liegen.[252] Die Besonderheit der Rechtsauslegung und -anwendung liegt tatsächlich in der schwierigen Diskrepanz zwischen der normativen Abstraktheit der Rechtsnormen und ihrer praktischen Anwendung auf einen konkreten, situations- und personenspezifischen Zusammenhang. Dieser Prozess der Normsubsumtion erfordert die sprachliche Anstrengung der Auslegung von geschriebenen (im kontinentalen Recht) oder mündlich tradierten (im *Common Law*) Rechtstexten. Um diesen Übergang vom normativ Abstrakten zum real Konkreten so weit wie möglich zu unterstützen, ist, wie Dieter Grimm und Christoph König betonen, nicht die Ästhetik des normativen Textes entscheidend, sondern seine Klarheit.[253] Matthias Klatt formuliert in diesem Zusammenhang treffend die zentrale Problematik der juristischen Hermeneutik: »Im Mittelpunkt des Interesses der juristischen Hermeneutiker stehen die Probleme des Verhältnisses von Norm und Sachverhalt und der Offenheit von Sprache«,[254] die durch die Vorkenntnis als Möglichkeit des Verstehens, d. h. durch Überlieferung und durch das individuelle Vorverständnis (allgemeine und spezifische Sprachkenntnisse, Kenntnisse des Sachverhalts, der Rechtstexte, der Rechtsprechung etc.) zu lösen sind.[255] In diesem Sinne verdankt sich die Entwicklung der modernen juristischen Hermeneutik, wie bereits im vorherigen Kapitel angedeutet, nicht zuletzt Hans-Georg Gadamers Theorie des Vor-Wissens und des Vor-Urteils. Dies wird bereits von Josef Esser erkannt, wenn er feststellt, dass Rechtsauslegung neben einem ›richtigen‹ Wertgefühl vor allem sozialer praktischer Erfahrungen und Lernprozesse sowie eines durch Ausbildung erworbenen juristischen Vorwissens bedarf.[256] Ebenso ist bereits darauf hinwiesen worden, dass der Prozess der Normsubsumtion dem Mechanismus des Gadamer'schen

252 Martin Kriele, »Juristische Hermeneutik am Beispiel der ›Mephisto‹-Entscheidung«, in: Fuhrmann/Jauß/Pannenberg (Hg.), *Text und Applikation*, S. 149–162, hier: S. 149.

253 Dieter Grimm / Christoph König, »Lektüre und Geltung – Einleitung«, in: Dieter Grimm / Christoph König, *Lektüre und Geltung. Zur Verstehenspraxis in der Rechtswissenschaft und in der Literaturwissenschaft*, Göttingen: Wallstein 2020, S. 7–23, hier: S. 7–12.

254 Klatt, »Juristische Hermeneutik«, S. 234.

255 Vgl. Tomasz Gizbert-Studnicki, »Der Vorverständnisbegriff in der juristischen Hermeneutik«, in: *Archiv für Rechts- und Sozialphilosophie / Archives for Philsophy of Law and Social Philosophy* (1987/73/4), S. 476–493, hier: S. 481; 484.

256 Vgl. Josef Esser, *Vorverständnis und Methodenwahl in der Rechtsfindung. Rationalitätsgrundlagen richterlicher Entscheidungspraxis*, Frankfurt am Main: S. Fischer 1972, S. 10.

hermeneutischen Zirkels entspricht, wie ihn Wolfgang Fikentscher unter dem Begriff der *Fallnormtheorie* beschreibt: »Die Bildung der Fallnorm[257] ist dann erreicht, wenn der hermeneutische Zirkel nur noch einmal zwischen Norm und Sachverhalt ›aufsteigt und absteigt‹ und keine weitere positiv zu beantwortende Rückfrage mehr erfolgt, ob der Sachverhalt auch die richtige Norm zu seiner Beurteilung gewährt.«[258] Gadamers hermeneutischer Zirkel ist hier insofern erkennbar, als, wie Matthias Klatt ausführt, sprachliches und inhaltliches Vorwissen Voraussetzung dafür sind, um vom Allgemeinen auf das Spezielle, von der abstrakten Norm auf den Einzelfall zu schließen, d.h. einen konkreten Sachverhalt einer oder mehreren Normen zuzuordnen.[259] Karl-Ludwig Kunz und Mona Martino bestätigen in dieser Hinsicht Gadamers ›Zirkularität‹ zwischen der Vorkenntnis des Rechts und seiner Anwendung auf den konkreten Fall: »Man kann den Fall in seiner juristischen Bedeutung nicht verstehen ohne ein Vorverständnis des Gesetzes; das Gesetz aber verlangt zu seiner Verstehbarkeit eine fallbezogene Konkretisierung.«[260] Für Reinhold Zippelius besteht die Zirkularität in der ›selbstbezüglichen‹ Regelung der Rechtsauslegung durch das Recht, »insofern, als dem Recht selbst Kriterien für die Auslegung des Rechts entnommen werden, die dann ihrerseits wieder der Präzisierung und Fortbildung des Rechts«[261] dienen. Zippelius' Verständnis von Zirkularität kann allerdings nicht im Sinne von Gadamers hermeneutischem Zirkel verstanden werden. Vielmehr könnte man vielleicht – und dies ist eine Vermutung, die hier nicht weiterverfolgt werden kann – Parallelen zwischen der Zippelius'schen Logik und der Luhmann'schen systemischen Geschlossenheit ziehen.[262]

Auf dem Gadamer'schen Vorkenntnisprinzip beruht auch das im vorigen Kapitel zur Literaturwissenschaft bereits erwähnte Analogieverfahren,[263] wenn es darum geht, planwidrige Rechtslücken zu überbrücken,

257 Mit der ›Fallnorm‹ meint Fikentscher die auf den konkreten Fall anwendbare Norm, so wie sie durch den Prozess der Auslegung aus der abstrakten Norm oder aus einer Kombination abstrakter Normen isoliert worden ist.

258 Wolfgang Fikentscher, *Methoden des Rechts in vergleichender Darstellung*, Bd. IV, Tübingen: J.C.B. Mohr 1977, S. 201–202.

259 Vgl. Klatt, »Juristische Hermeneutik«, S. 236.

260 Karl-Ludwig Kunz / Mona Martino, *Rechtsphilosophie, Rechtstheorie, Rechtssoziologie. Eine Einführung in die theoretischen Grundlagen der Rechtswissenschaft*, Bern/Stuttgart/Wien: Haupt Verlag 2006, S. 175.

261 Reinhold Zippelius, *Juristische Methodenlehre*, München: C. H. Beck 2006, S. 58.

262 Vgl. Anm. Kap. 2.2.2 Interdiskurs, Fn. 119.

263 Nach G. Ipseu bezeichnet *Analogie* die Verhältnisähnlichkeit zwischen zwei Gegenständen, als eine »Ähnlichkeit also, die sich nicht auf einzelne Eigenschaften oder Teile dieser Gegenstände, sondern auf das gegenseitige Verhältnis zwischen Eigenschaften und Teilen gründet. Die Eigenschaften

die durch die Situationsvielfalt des täglichen Lebens entstehen und denen die Vorstellungskraft des Gesetzgebers nicht a priori gewachsen sein kann. Das österreichische Bürgerliche Gesetzbuch sieht deshalb die Analogie ausdrücklich vor:

> Lässt sich ein Rechtsfall weder aus den Worten noch aus dem natürlichen Sinne eines Gesetzes entscheiden, so muss auf ähnliche, in den Gesetzen bestimmt entschiedene Fälle, und auf die Gründe anderer damit verwandten Gesetze Rücksicht genommen werden. Bleibt der Rechtsfall noch zweifelhaft, so muss solcher mit Hinsicht auf die sorgfältig gesammelten und reiflich erwogenen Umstände nach den natürlichen Rechtsgrundsätzen entschieden werden (§ 7 ABGB).

Um also das Problem der Rechtsanwendung auf Sachverhalte zu lösen, die weder durch Rechtsnormen noch durch die Rechtsprechung erfasst sind, kann der Richter analog auf Präjudizien (frühere Rechtsprechung) zurückgreifen, indem er sich auf die Ähnlichkeit von Präzedenzfällen beruft. Möllers beschreibt den Vorgang des juristischen Analogieschlusses als die Anwendung eines allgemeinen Gedankens, der aus einem vorhandenen, gesetzlich geregelten Sachverhalt abgeleitet (*Induktion*) und mit dem nicht geregelten Sachverhalt vergleichend korreliert wird (*Deduktion*).[264] Die Ähnlichkeit zwischen dem herangezogenen normativen Sachverhalt und dem zu beurteilenden Tatbestand muss begründet werden, wozu sich der:die Auslegende auf den Zweck der anzuwendenden Norm und auf die Übereinstimmung bestimmter Elemente in beiden Tatbeständen oder auf die Gemeinsamkeit eines allgemeinen Rechtsgedankens stützen kann.[265] Das analoge Verfahren der Rechtsauslegung kommt freilich nur sekundär als Hilfsmittel zur Lückenfüllung in Betracht, wenn sich der gesetzliche Auslegungskanon als unzureichend erweist. Grundsätzlich ist daher bei jeder Rechtsanwendung zunächst die Anwendbarkeit des von Friedrich von Savigny[266] abgeleiteten Vierkanons zu prüfen, den das deutsche Bundesverfassungsgericht zusammenfassend wie folgt

oder Teile zweier Gegenstände können jeweils sehr verschieden sein, und es kann doch eine Ähnlichkeit in dem Verhältnis ihrer Eigenschaften oder ihrer Teile untereinander bestehen.« Siehe G. Ipseu, »Der Begriff der Analogie«, in: *Indogermanische Forschungen* (1927/44/51), S. 320.

264 Vgl. Möllers, *Juristische Methodenlehre*, S. 258.

265 Vgl. ebd., S. 253–258.

266 Savigny trug die Systematisierung des juristischen Auslegungskanons bereits in einer Vorlesung 1802/03 vor, die Jakob Grimm (!) mitgeschrieben hat (Möllers, *Juristische Methodenlehre*, S. 132, Anm. 31). Recht und Literatur treffen sich hier auf Augenhöhe. Siehe dazu auch Friedrich C. von Savigny, *Juristische Methodenlehre. Nach der Ausarbeitung des Jakob Grimm*, hrsg. v. Gerhard Wesenberg, Stuttgart: K. F. Koehler 1951. Siehe ebenso Friedrich von Savigny, *System des heutigen Römischen Rechts*, Bd. 1, Berlin: Veit und Comp. 1840, S. 213ff.

formuliert hat: »Diesem Auslegungsziel dienen die Auslegung aus dem *Wortlaut* der Norm (grammatische Auslegung), aus ihrem *Zusammenhang* (systematische Auslegung), aus ihrem *Zweck* (teleologische Auslegung) und aus den Gesetzesmaterialien und der *Entstehungsgeschichte* (historische Auslegung).«[267] Hier ist es dem hohen Gericht tatsächlich gelungen, die wesentlichen Grundsätze der juristischen Hermeneutik in einem Satz zu resümieren.

Die grammatische Auslegung, um mit dem ersten Hinweis des deutschen Bundesverfassungsgerichts zu beginnen, beruht also auf der Auslegung des Wortlauts, wobei davon auszugehen ist, »dass der Gesetzgeber die Worte in dem Sinne gebraucht, in dem sie gemeinhin verstanden werden.«[268] In Zweifelsfällen werden zur sprachlichen Bestimmung der Duden oder etymologische Wörterbücher herangezogen.[269] Das sprachliche oder textuelle Verständnis, das zwischen dem normativen Text (Normen, Gesetze, Gerichtsentscheidungen, Verträge, Willenserklärungen usw.) und seiner konkreten Anwendung steht, muss immer hinterfragt werden und zwingt die Interpret:innen in den meisten Fällen dazu, zwischen mehreren »möglichen Deutungen«[270] zu wählen, wobei sie die Wahl allerdings argumentativ begründen müssen.[271] Das österreichische Recht verweist für die grammatische Auslegung auf die *eigentümliche Bedeutung der Worte*: »Einem Gesetz darf prinzipiell in der Anwendung kein anderer Verstand beigelegt werden, als welcher aus der eigentümlichen Bedeutung der Worte in ihrem Zusammenhange und aus der klaren Absicht des Gesetzgebers hervorleuchtet« (§ 6 ABGB). Hier werden gleich grammatische mit systematischen und teleologischen Auslegungskriterien kombiniert und damit soll zur systematischen Auslegung übergeleitet werden.

Die systematische Auslegung referiert auf die Einbettung des Rechtstextes in den »Gesamtzusammenhang des Gesetzes«[272] und eigentlich in die »Rechtsordnung als Ganzes«,[273] insbesondere unter Berücksichtigung der Zusammenhänge und Verflechtungen des Stufenbaus des Rechts (Normenhierarchie) und der rechtlichen Kollisionsregeln zwischen

267 BVerfG 17.5.1960 – 2 BvL 11/59 ua, BVerfGE 11, 126 (130) – Nachkonstitutioneller Bestätigungswille.

268 Karl Larenz, *Methodenlehre der Rechtswissenschaft*, Berlin/Heidelberg: Springer 1991, S. 320.

269 Vgl. Hanjo Hamann, »Strukturierende Rechtslehre als juristische Sprachtheorie«, in: Ekkehard Felder / Andreas Gardt (Hg.), *Handbuch Sprache im Recht*, Berlin/Boston: De Gruyter 2017, S. 177–186, hier: S. 182–183.

270 Klatt, »Juristische Hermeneutik«, S. 234.

271 Vgl. ebd., S. 238–239.

272 Möllers, *Juristische Methodenlehre*, S. 153.

273 Ralph Christensen / Hans Kudlich, »Die Kanones der Auslegung als Hilfsmittel für die Entscheidung von Bedeutungskonflikten«, in: *Juristische Arbeitsblätter* (2004/1), S. 74–83.

gleichrangigen Normen (früher-später, besonders-allgemein).[274] Die Regeln der systematischen Auslegung haben eine logische Sinnbildungsfunktion, die auch der literarischen Intertextualität zugeschrieben werden kann. Auch hier hat das deutsche Bundesverfassungsgericht eine anschauliche Kurzformel gefunden:

> Bei der systematischen Auslegung ist darauf abzustellen, dass einzelne Rechtssätze, die der Gesetzgeber in einen sachlichen Zusammenhang gestellt hat, grundsätzlich so zu interpretieren sind, dass sie logisch miteinander vereinbar sind. Denn es ist davon auszugehen, dass der Gesetzgeber sachlich Zusammenhängendes so geregelt hat, dass die gesamte Regelung einen durchgehenden, verständlichen Sinn ergibt.[275]

Wenn § 6 ABGB verlangt, dass ein Rechtstext so auszulegen ist, wie er »aus der klaren Absicht des Gesetzgebers hervorleuchtet«, so wird »nach der *ratio legis*, also dem Sinn und Zweck« einer Norm[276] gefragt, um ihr konkrete Rechtskraft zu verleihen. Innerhalb dieser Zweckgebundenheit juristischer Auslegung stehen sich die subjektive Theorie, die auf den Willen des Gesetzgebers abstellt, und die objektive Theorie, die den Kriterien der Vernunft und der Wortbedeutung den Vorrang einräumt, gegenüber. Sowohl die subjektive als auch die objektive Auslegungsvariante können sich am faktischen Willen des historischen Gesetzgebers (subjektive oder objektiventstehungszeitliche Theorie) oder aber am hypothetischen Willen des gegenwärtigen Gesetzgebers (subjektiv oder objektiv auslegungszeitliche Theorie) orientieren. Keine der Theorien schließt die andere aus.[277] Die objektiventstehungszeitliche Theorie erlaubt es, bei der konkreten Rechtsauslegung der neuen Sach- und Rechtslage auch entgegen dem Gesetzeswortlaut den Vorzug zu geben. Ein Beispiel hierfür wäre die Entschuldigung der Rechtsunkenntnis entgegen dem allgemein bekannten Grundsatz »Unkenntnis schützt vor Strafe nicht«, um der starken Gesetzesinflation Rechnung zu tragen, die heute eine lückenlose Kenntnis aller Rechtsnormen unmöglich macht.[278] Der Einwand von Ralph Christensen und Hans Kudlich, dass die teleologische Auslegung Gefahr laufe, anfällig für subjektiv gefärbte Auslegungen zu werden,[279] erinnert dabei stark an die literaturtheoretische Debatte zum Verhältnis zwischen Autor:in und Text, zwischen subjektiver und objektiver Textauslegung.

274 Vgl. Möllers, *Juristische Methodenlehre*, S. 153–164.
275 BVerfG 9. 5. 1978 – 2 BvR 952/75, BVerfGE 48, 246 (257) – Ehrenamtliche Richter.
276 Möllers, *Juristische Methodenlehre*, S. 182.
277 Klatt, »Juristische Hermeneutik«, S. 235.
278 Vgl. Kriele, »Juristische Hermeneutik«, S. 150.
279 Christensen/Kudlich, »Die Kanones«, S. 80. Siehe dazu auch Ronald Dworkin, *A Matter of Principle*, Oxford/New York: Oxford University Press 2001, S. 33–57.

Auf die historische Auslegung, die sich vor allem auf die Auslegung des Grundgesetzes bezieht,[280] soll hingegen hier nicht näher eingegangen werden.

Die Frage, ob die Rechtsauslegung zur Lückenfüllung auch moralische Wertungen in die Auslegung mit einbeziehen dürfe, verneinte Jürgen Habermas entschieden: »Aber die komplexere Geltungsdimension von Rechtsnormen verbietet es, die Richtigkeit juristischer Entscheidungen an die Gültigkeit moralischer Urteile anzugleichen und insofern den juristischen Diskurs als Sonderfall von moralischen (Anwendungs-) Diskursen zu begreifen.«[281] Gegen Habermas' Trennung von Recht und Moral entwickelte Robert Alexy die ›Sonderfallthese‹, nach der der »juristische Diskurs ein besonderer Fall des allgemeinen praktischen Diskurses ist.«[282] In diesem Sinne ist der Rückgriff auf moralische und ethische Fragen zulässig, wenn die praktische Anwendbarkeit der Norm, d.h. die »Vernünftigkeit des Gesetzes«[283] in Bezug auf eine bestimmte Rechtslage dies erfordert. Überhaupt ist es inzwischen, wie Möllers betont, »ganz unstrittig, dass die Verfassung als Wertordnung auf alle Lebensbereiche und damit auch auf die verschiedenen Rechtsgebiete ausstrahlt.«[284]

Zusammenfassend kann hervorgehoben werden, dass der primäre Auftrag an das Recht die konkrete Durchsetzung des ›Sollens‹, ›Müssens‹ oder ›Nichtdürfens‹ ist. Um dieser Aufgabe gerecht zu werden, zeichnet sich das Recht naturgemäß – und im Gegensatz zur Literatur – durch einen intrinsisch normativen Charakter aus. Das abstrakt-allgemein gültige ›Du-sollst‹, ›Du-musst‹ oder ›Du-darfst-nicht‹ kann nur über das Medium des normativen Textes vermittelt werden, wobei die Problematik darin besteht, dass Rechtstexte a priori nur abstrakt für eine hypothetische und begrenzte Reihe von Sachverhalten entworfen werden können, insofern es dem Gesetzgeber unmöglich ist, jeden konkreten Einzelfall, der sich in der Zukunft ereignen wird, vorauszusehen. Genau hier setzt der hermeneutische Prozess als Bindeglied zwischen abstrakter Norm und konkretem ›Fall‹ an, indem er ermittelt, wie und ob ein bestimmter realer Sachverhalt unter eine oder unter eine Kombination mehrerer rechtlicher Rechtsnormen subsumiert werden kann. Mit anderen Worten muss der:die Rechtsanwender:in mit Hilfe des Auslegungskanons eruieren, ob und welche Normen auf einen bestimmten Sachverhalt anwendbar sind. Dabei ist der Rechtstext auf seine, in einem bestimmten

280 Vgl. dazu Friedrich C. von Savigny, *Vorlesungen über juristische Methodologie 1802–1842*, Bd. 2, Frankfurt am Main: Vittorio Klostermann 2004.

281 Habermas, *Faktizität*, S. 286.

282 Robert Alexy, *Theorie der juristischen Argumentation*, Frankfurt am Main: Suhrkamp 1996, S. 234–255.

283 Ulfrid Neumann, »Juristische Argumentationstheorie«, in: Hilgendorf/Joerden (Hg.), *Handbuch Rechtsphilosophie*, S. 244–249, hier: S. 248.

284 Möllers, *Juristische Methodenlehre*, S. 187.

Kulturkreis als allgemein anerkannte, semantische Wortbedeutung, sein kohärent-logisches Verhältnis zum gesamten Rechtsgefüge sowie auf seinen praktischen Zweck hin zu untersuchen. Das so beschriebene Subsumtionsverfahren findet seine Entsprechung in Gadamers Vorstellung vom hermeneutischen Zirkel als einer immer enger zu ziehenden Kreisbewegung zwischen der Vorkenntnis abstrakter Normen und dem schrittweisen Herunterbrechen ihrer Sinn- und Anwendungsmöglichkeiten durch Aussonderung nicht in Frage kommender Optionen bis zur, im Idealfall, endgültigen Deckungsgleichheit von abstrakter Norm und konkretem Sachverhalt. Dort wo der Gesetzgeber es versäumt hat, Recht zu setzen, wo also eine Gesetzeslücke besteht, greift Gadamers hermeneutischer Zirkel wiederum im Analogieverfahren, auf der Suche nach elementaren oder ideellen Ähnlichkeiten zwischen Präzedenzfällen oder Normen und dem konkreten Sachverhalt, den es zu lösen gilt. Auch wertende Auslegungen stehen den Hermeneutiker:innen zur Verfügung, denn es geht immer um die pragmatisch-praktische Anwendung des Rechts zur rechtswirksamen Lösung realer ›Fälle‹. Für welche Auslegungskriterien sich der:die Auslegende auch entscheidet, um dem Imperativ pragmatischer Falllösung gerecht zu werden, muss er:sie seine:ihre Auslegungsentscheidung in jedem Fall angemessen begründen, weshalb die juristische Auslegung, wie dies das deutsche Bundesverfassungsgericht festgestellt hat, »den Charakter eines Diskurses (vgl. BVerfGE 82, 30 (38))«[285] hat, »in dem auch bei methodisch einwandfreier Arbeit nicht absolut richtige, unter Fachkundigen nicht bezweifelbare Aussagen dargeboten werden, sondern Gründe geltend gemacht, andere Gründe dagegengestellt werden und schließlich die besseren Gründe den Ausschlag geben sollen.«[286]

In diesem Sinne kann dem:der Rechtsanwender:in (meist dem:der Richter:in) eine schöpferische Funktion durch das ›Weiterdenken‹ des Gesetzes[287] zugeschrieben werden, wie Philipp Heck ausführt:

> Von diesem Gesichtspunkt aus hat der Richter nicht nur die Blankette auszufüllen, sondern auch die vorhandenen Gebote interessengerecht zu ergänzen und eventuell zu berichtigen. Der Richter ist nicht bloß ein Subsumtionsapparat, ein Automat, in den Tatbestand und Rechtsnorm aufgenommen werden und aus dem dann ohne jede Eigenwertung des Richters das Urteil herausspringt. Sondern er ist selbst ein *Schöpfer anzuwendender Normen*, ein Gehilfe des Gesetzgebers, wenn auch ein untergeordneter.[288]

285 Neumann, »Juristische Argumentationstheorie«, S. 239.

286 BVerfG, Beschluss 5.4.1990 – 2 BvR 413/88 – Besorgnis der Befangenheit eines Bundesverfassungsrichters, S. 2458.

287 Vgl. Kriele, »Juristische Hermeneutik«, S. 151–152.

288 Philipp Heck, *Grundriss des Schuldrechts*, Aalen: Scientia 1958, S. 473.

Nach der Lektüre der juristischen Hermeneutik und des vorangegangenen Kapitels über die literaturwissenschaftliche Hermeneutik lassen sich bereits einige Berührungspunkte zwischen den beiden Disziplinen erahnen. Auch wenn ihre Ziele nicht dieselben sind, da das Recht eine pragmatische soziale Funktion (Gesellschaftsordnung) zu erfüllen hat, während die Literatur keinen zweckgebundenen Imperativen unterworfen ist, so lassen sich doch methodische Gemeinsamkeiten im Auslegungsprozess feststellen. Wie das folgende Kapitel zeigen wird, hat vor allem Gadamers hermeneutischer Zirkel sowohl in die Literaturwissenschaft als auch in die Rechtswissenschaft Eingang gefunden.

2.3.3 Gemeinsamkeiten und Unterschiede zwischen literarischer und juristischer Hermeneutik

Wie bereits in Kapitel 2.1 zur Interdisziplinarität ausgeführt worden ist, bedarf es für ein wirklich interdisziplinäres Arbeiten über die Fachbereiche hinaus gemeinsamer Methoden. Oliver Jahraus schlägt in diesem Zusammenhang vor, die Hermeneutik als Bindeglied zwischen Recht und Literaturwissenschaft einzusetzen,[289] insofern sich beide Disziplinen mit der Sprache im Text beschäftigen und somit das geschriebene Wort sowohl für Jurist:innen als auch für Literaturwissenschaftler:innen ein zentrales Element darstellt. Rolf Gröschner weist hinsichtlich der interdisziplinären Arbeitsbasis darauf hin, dass für Rechtshermeneutiker:innen immer die Sprache im Mittelpunkt ihrer Bemühungen stehe, da sie es sei, die »dem Juristen eine Sache vermittelt, verstehbar macht«, insofern alles in der Welt des Rechts Sprache ist, da Rechtsverhältnisse oder Streitsachen nur über das Wort verstanden werden können und das Verstehen selbst sich der Sprache verdanke: »Alles juristische Verstehen ist sprachliches Verstehen einer – durch Sprache konstituierten – Streitsache mit den – sprachlich verfassten – Mitteln des Rechts, kurz: ist Vermittlung zwischen Recht und Sprache.«[290] Sowohl die Rechts- als auch die Literaturwissenschaft operieren folglich text- und sprachbezogen und sind daher, wie Gideon Stiening betont, *ipso facto* auslegungsbedürftig: »Darüber hinaus gilt für beide Gegenstandsbereiche der Rechts- wie der Literaturhermeneutik, dass Recht und Literatur sowohl auslegungs*möglich* als auch auslegungs*bedürftig* sind, es also für beide Felder eine Notwendigkeit zur Auslegung gibt.«[291] Dass dies zwar möglich, aber nicht

289 Vgl. Jahraus, »Inter- und Transdisziplinarität«, S. 376.

290 Rolf Gröschner, »Das Hermeneutische der juristischen Hermeneutik«, in: *JuristenZeitung* (1982/37/18), S. 622–626, hier: S. 623.

291 Gideon Stiening, »Zur Einführung: Rechtsnorm und ästhetische Reflexion. Zum Verhältnis zwischen Hermeneutiken des Rechts und der Literatur«, in: Stiening (Hg.), *Rechtsnorm*, S. 1–9, hier: S. 7.

immer ganz einfach ist, zeigt Eric Hirschs ›Selbstlob‹ gegenüber den Literat:innen, das wie ein Konkurrenzkampf zwischen Recht und Literatur um die gleiche Methode anmutet, dort wo er Folgendes ausführt:

> Ein Jurist legt im Normalfall das Gesetz nicht deswegen besser aus als ein Literaturwissenschaftler, weil er etwa besondere Regeln für die Auslegung von Gesetzen zugrunde legt, sondern weil er ein größeres Maß an unmittelbar relevantem Wissen besitzt. Exakter formuliert müsste demnach die These des Aristoteles, wenn man sie auf die Hermeneutik anwendet, lauten, dass jedes interpretative Problem nur innerhalb eines Kontextes von spezifischem relevantem Vorwissen lösbar ist.[292]

Die Bedeutung des Gadamer'schen hermeneutischen Zirkels für die Auslegung in beiden Disziplinen ist hier unübersehbar. Gadamer selbst geht von der engen »Zusammengehörigkeit, die ursprünglich die *philologische* Hermeneutik mit der *juristischen* [...] verband«,[293] aus und sieht die Gemeinsamkeit zwischen literarischer und juristischer Hermeneutik darin, dass für beide das Verstehen des Textes auch gleichzeitig schon »seine Anwendung im konkreten Augenblick der Auslegung«[294] ermögliche: »Der Sinn des Gesetzes, der sich in seiner normativen Anwendung beweist, ist nichts prinzipiell anderes als der Sinn der Sache, die sich im Verstehen eines Textes zur Geltung bringt.«[295] Das Vorverstehen und die Überlieferung von Texten, die in jedem neuen Kontext anders verstanden werden müssen, bilden nach Gadamer das Allgemeine, weshalb »Verstehen [...] ein Sonderfall der Anwendung von etwas Allgemeinem auf eine konkrete und besondere Situation« sei.[296] Mit dieser Auffassung entfernt sich Gadamer von Schleiermacher, indem er die Suprematie des Textes anerkennt. Der Text ist stets zentraler Gegenstand der juristischen Hermeneutik, auch wenn er teleologisch oder, wie dies bei Gründungstexten der Fall sein kann, historisch ausgelegt wird. Juristische und philologische Hermeneutik treffen sich hier also in der Idee der Kontextualisierung durch Vorwissen und Einbettung in ›Vor- und Zugleichbestehendes‹.

Zur Hermeneutik als möglichem Verzahnungspunkt zwischen Recht und Literatur vertritt Susanne Bleich folgende These: »Literaturwissenschaftler und Juristen tun, wenn sie ›ihre‹ Texte auslegen, grundsätzlich das Gleiche. D. h.: Die wesentlichen hermeneutischen Verfahren der literarischen und der juristischen Hermeneutik sind gleich.«[297] Beide Diszi-

292 Eric D. Hirsch, *Prinzipien der Interpretation*, München: W. Fink 1972, S. 7.
293 Gadamer, *Wahrheit*, S. 314.
294 Ebd.
295 Ebd., S. 316.
296 Ebd., S. 317.
297 Susanne Bleich, »Die literarische und die juristische Hermeneutik – Ein Vergleich«, in: *NJW* (1989/50), S. 3197–3203, hier: S. 3197.

plinen teilen hier, so Bleich, die Methode der Textauslegung, auch wenn die Ziele wegen der unterschiedlichen praktischen Wirkungsansprüche von Recht und Literatur nicht identisch sein können: »Die Unterschiede zwischen der literarischen und der juristischen Hermeneutik rühren alle her von der Besonderheit juristischer Auslegungsergebnisse, Rechtsverbindlichkeit für den betroffenen Bürger aufzuweisen und somit direkt (und gegebenenfalls massiv) auf die Lebenswirklichkeit der Menschen einzuwirken.«[298] Der Unterschied, so Bleich, liege lediglich darin, dass Literaturwissenschaftler:innen nur mit *einem* Text konfrontiert seien, der im Rezeptionsprozess vervollständigt werde, während Jurist:innen sich mit *zwei* Texten konfrontiert sehen: dem der Norm und dem des praktischen Falles, der unter die Norm subsumiert werden soll. Die Auslegungsfreiheit falle daher für Literatur wesentlich weiter aus als für das Recht, das an die Kontingenz der konkreten Rechtsanwendung gebunden bleibe.[299] Anders formuliert wird die juristische, im Unterschied zur literarischen Auslegung, durch ihre Zweckgebundenheit, d.h. durch ihren Soll- oder Nicht-dürfen-Imperativ wesentlich eingeengt.

Sebastian Speth wendet sich gegen Bleichs Gegenüberstellung zweier Texte in der Rechtsauslegung und eines einzelnen Textes in der literarischen Hermeneutik, indem er geltend macht, dass Bleichs Analyse den von Hans Robert Jauß ins Spiel gebrachten ästhetischen Aspekt, nämlich den der Gattungskonventionen der Literatur, außer Acht lasse.[300] Diese ›Zweigleisigkeit‹ der literarischen Auslegung wird auch von Manfred Frank verteidigt, der argumentiert, dass sie »die Gesamtheit der sozio-kulturellen Codes einer Epoche« in den Auslegungsprozess miteinzubeziehen habe.[301]

Ein Beitrag von Reinhart Herzog mit dem Titel »Zum Verhältnis von Norm und Narrativität in den applikativen Hermeneutiken« fasst die Überlegungen des neunten Kolloquiums der Forschungsgruppe ›Poetik und Hermeneutik‹, das vom 25. bis 27. Mai 1978 in Bad Homburg stattgefunden hat, zum Thema der Überschneidungen von rechtlicher und literarischer Hermeneutik in Form einer vergleichenden Trias zusammen[302]:

298 Ebd.
299 Ebd., S. 3198.
300 Sebastian Speth, »Gattungskonvention und Heteronomie. Zur intentionsadäquaten Interpretation von Böhmermanns Schmähkritik und der Pitavalgeschichte des Rechtsstreits zwischen Saurin und Rousseau«, in: Stiening (Hg.), *Rechtsnorm*, S. 233–250, hier: S. 240–241.
301 Frank, »Textauslegung«, S. 123.
302 Reinhart Herzog, »Zum Verhältnis von Norm und Narrativität in den applikativen Hermeneutiken«, in: Fuhrmann/Jauß/Pannenberg (Hg.), *Text und Applikation*, S. 435–455, hier: S. 436.

	Auslegungsgegenstand	Norm	Applikation
Recht	Fall	Rechtsnorm	Urteil
Literatur	Werk	Ästhetische Norm	Ästhetisches Urteil

Abb. 2.: Tabelle Hermeneutik Recht/Literatur (Alexandra Juster)

Diese Trias zeigt einmal mehr, dass es in beiden Disziplinen um die Erschließung von Texten geht, wenn auch mit unterschiedlichen Zielen und Wirkungen.

Darauf bezieht sich Bernhard Schlink, selbst Schriftsteller und Jurist, wenn er auf den naheliegenden gemeinsamen Nenner von Literatur und Recht verweist, der der Tatsache geschuldet sei, dass es in beiden Disziplinen um Texte geht, die aus Wörtern bestehen und die der Interpretation bedürfen. Er merkt dazu Folgendes an: »Das Interesse bei der Interpretation von Normtexten, als seien es literarische Texte, setzt bei dem offenkundigen Sachverhalt an, dass es beide Mal um Texte geht, die der Interpretation bedürfen.«[303] Oskar Pfeiffer, Ernst Strouhal und Ruth Wodak schließen sich Schlinks Analyse an, wenn sie feststellen, dass Rechtsauslegung ›die Gleichsetzung der durch die Alltagssprache vermittelten Realität mit der sprachlichen Wirklichkeit im Gesetz« bedeute.[304] Eine weitere methodische Gemeinsamkeit bestehe nach Schlink in der grammatischen und teleologischen Hermeneutik, die sich im Recht auf den Wortlaut des Textes und die Intention des Gesetzgebers bezieht, während in der Literatur der Unterschied zwischen autor:innenbezogener und textbezogener Interpretation betont wird:

> Die Argumente für und gegen die mit dem Begriff des Formalismus verbundene Vorstellung, die Bedeutung eines Texts liege in dessen Worten, und für und gegen die mit dem Begriff des Intentionalismus verbundene Vorstellung, sie liege in den Motiven und Absichten des Verfassers, entsprechen einander, ob sie von Rechts- oder Literaturwissenschaftlern vorgebracht werden.[305]

Im Sinne Schlinks verweist Christian Hiebaum auf interdisziplinäre Schnittpunkte, die sich – im Gegensatz zum subjektiven Intentionalismus, der auf die Absichten des:der Autors:Autorin oder des:der Gesetzbers:Gesetzgeberin rekurriert – primär auf den Text unter Berücksichtigung sprachlicher Konventionen, kultureller Parameter und intertextueller Korrelationen beziehen.[306] Klaus Röhl erläutert im

303 Schlink, »Das Bilderbuch«, S. 277.

304 Oskar E. Pfeiffer / Ernst Strouhal / Ruth Wodak, *Recht auf Sprache. Verstehen und Verständlichkeit von Gesetzen*, Wien: Orac 1987, S. 15.

305 Vgl. Schlink, »Das Bilderbuch«, S. 278.

306 Christian Hiebaum, »Literatur, die verpflichtet. Über die Interpretation von Rechtstexten«, in: Hiebaum/Knaller/Pichler (Hg.), *Recht und Literatur*, S. 155–170, hier: S. 155–162.

Kontinuum zu Schlinks Ausführungen die Parallelen zwischen autor:innenbezogener Textinterpretation und subjektiver Rechtsauslegung, zwischen textbezogener Hermeneutik und objektiver Rechtsauslegung sowie zwischen rezeptionsorientierter Textauslegung und der Auffassung in der strukturierenden Rechtslehre, dass der Rechtstext wie ein lückenhaftes Formular sei, das der:die Rechtsanwender:in auszufüllen habe.[307] In ähnlicher Weise stellt Denis Thouard die Verbindung zwischen Recht und Literatur her, indem er davon ausgeht, dass beide Disziplinen »Diskussionen über einen bestimmten Fall bzw. Text« führen.[308] Gemeinsam sei ihnen das Urteil, das sowohl der:die Richter:in als auch der:die Literaturwissenschaftler:in über einen Fall oder einen Text fällt, unter Berücksichtigung subjektiver (Gesetzber:innen- und Autor:innenintention) und objektiver (textuell/grammatisch) Kriterien. Der Zweck und die zeitliche Kontingenz von Urteilen sind unterschiedlich zu bewerten: Rechtstexte werden in diesem Sinne dahingehend ausgelegt, dass sie konkret-empirisch möglichst zeitnah auf einen konkreten Fall als Antwort auf ein reales Bedürfnis anwendbar sind. Im Gegensatz dazu werden literarische Texte wieder und wieder diskutiert, ausgelegt und in eine endlose Reihe von aufeinanderfolgenden Urteilen eingeordnet. Die Rechtswissenschaft ist kontingent auf die praktische Falllösung ausgerichtet, während die Literatur konjektural auf eine zeitlich unbegrenzte Fortentwicklung zielt. Gemeinsam ist Recht und Literatur die Fortentwicklung der Rechtsnorm durch die Emergenz nachfolgender praktischer Fälle (Jurisprudenz) sowie die Fortentwicklung der Texturteile durch die Reihe nachfolgender Textauslegungen und -kritiken.[309]

All diesen Reflexionen zum Verhältnis von Recht und Literatur ist zu entnehmen, dass Gadamers Trias ›Verstehen – Auslegen – Anwenden‹ beide Disziplinen unterfüttert: Die Auslegung eines Textes setzt dessen Verstehen voraus, und das Verstehen ist bereits der Beginn des Auslegens als Voraussetzung des Anwendens. Im Recht geht es dabei um die Applikation der Norm auf den konkreten ›Fall‹ über den Prozess des

307 Klaus F. Röhl, »Literaturwissenschaft und Rechtstheorie«, in: Athanasios Gromitsaris / Rainer Schröder / Martin Schulte (Hg.), *Rechtstheorie*, Bd. 51 (Heft 4), Berlin: Duncker & Humblot 2020, S. 413–432, hier: S. 416–417. Vgl. vertiefend dazu Ino Augsberg, *Die Lesbarkeit des Rechts. Texttheoretische Lektionen für eine postmoderne juristische Methodologie*, Weilerswist: Velbrück Wissenschaft 2009, S. 100–101; Siegfried J. Schmidt, *Texttheorie*, München: W. Fink 1973, S. 150ff.; Friedrich Müller / Ralph Christensen / Michael Sokolowski, *Rechtstext und Textarbeit*, Berlin: Duncker & Humblot 1997, S. 31–36.

308 Denis Thouard, »Urteilen und Verstehen. Über Nähe und Differenz von Recht und Philologie«, in: Grimm/König (Hg.), *Lektüre und Geltung*, S. 255–269, hier: S. 255.

309 Vgl. ebd., S. 255–269.

Verstehens sowohl des Sachverhaltes oder des Tathergangs als auch der abstrakten Norm. In der Literatur geht es um das Verstehen und Auslegen eines Textes zwecks dessen Bewertung. Das Gelingen des hermeneutischen Verstehensprozesses ist in beiden Disziplinen durch das Vorwissen bedingt, das sich für Gadamer aus den Fragen des:der Auslegenden an den Text ergibt. Für Rudolf Bultmann bedeutet dies, dass »auch die literarische Hermeneutik [muss] nunmehr in der Befragung des Textes sich selbst durch den Text befragen«[310] muss. Im Unterschied zur Rechtshermeneutik kann allerdings die erste vorbereitende ästhetische Lektüre eines literarischen Textes nach Jauß aber durchaus frei von jeglicher Fragekontingenz erfolgen.[311] Dabei bleibt jedoch unbenommen, dass Jauß' Präsupposition eines ersten ästhetischen ›Durchgangs‹ für die Literatur nichts an den hermeneutischen Gemeinsamkeiten von Recht und Literatur ändert.

Ein deutlicher Unterschied zwischen den beiden Disziplinen zeichnet sich für Schlink hingegen in der Abstufung möglicher sozialer Konsequenzen der Auslegung von Texten ab, denn während die literarische Auslegung allenfalls überrasche oder befremde, könne eine »neue, überraschende, eigenwillige Interpretation des Strafgesetzes«[312] jemanden ins Gefängnis bringen. Die Verantwortung für die möglichen Folgen der subjektiven Auslegung, für die Wahl und Anwendung des hermeneutischen Kanons und der Interpretationsmethode fällt daher für Jurist:innen wesentlich schwerer ins Gewicht als für Literaturwissenschaftler:innen, insofern sich daraus konkrete soziale Auswirkungen ergeben. In diesem Sinne liegt, wie Karl-Ludwig Kunz und Mona Martino unterstreichen, die Gefahr der richterlichen Gesetzesauslegung in der Ungenauigkeit menschlicher Entscheidungen, die aufgrund der unvermeidlichen Interferenz von Gefühl, Emotion und Psychologie schwer auszuschalten ist: »Es sind folglich bewusste und unbewusste Vorurteile, Überzeugungen und Intuitionen, die dazu führen, dass das Gericht auf die eine Art urteilt und nicht auf die andere. Eine gewisse Nähe dieses Verständnisses der Psychologie richterlichen Entscheidungsverhaltens zur Hermeneutik als Methode richterlicher Entscheidungsfindung ist augenfällig.«[313] Es liegt auf der Hand zu vermuten, dass die literarische Auslegung aufgrund der Ungenauigkeit des hermeneutischen Kanons möglicherweise noch stärker subjektiven Einflüssen unterliegt als die Rechtshermeneutik. Den Folgen literarischer Subjektivität kann allerdings nicht dasselbe Gewicht beigemessen werden wie juristischen

310 Rudolf Bultmann, *Glauben und Verstehen*, Bd. 2, Tübingen: Mohr Siebeck 1961, S. 228.

311 Vgl. Jauß, »Zur Abgrenzung«, S. 475.

312 Schlink, »Das Bilderbuch«, S. 278.

313 Kunz/Martino, *Rechtsphilosophie*, S. 134.

Auslegungsfehlern. Auf diesen Umstand verweist Pierre Bourdieu, wenn er die geringe Autonomie der Rechtshermeneutik als zweckgebundene Praxis gegenüber der größeren Freiheit der Literatur hervorhebt: »À la différence de l'herméneutique littéraire ou philosophique, la pratique théorique d'interprétation de textes juridiques n'est pas à elle-même sa fin; directement orientée vers des buts pratiques, et propre à déterminer des effets pratiques, elle paie son efficacité d'une restriction de son autonomie.«[314] Im Gegensatz zur Literatur sind Rechtssysteme streng hierarchisch strukturiert und unterwerfen die Rechtsauslegung, die ihrerseits durch Rechtsnormen geregelt ist, der hierarchischen Kontrolle, um ein Höchstmaß an Rechtssicherheit zu erzwingen.[315] Die zweckgebundenen Imperative des Rechts wirken sich nach Bourdieu auch auf die Rollenteilung zwischen der doktrinären Rechtshermeneutik auf der einen Seite, die eher auf die Syntax von Rechtstexten fokussiert (Rechtstheoretiker:innen und Professor:innen), und den Richter:innen auf der anderen, denen es um die Pragmatik der konkreten Rechtsanwendung geht, aus: »Tout permet de supposer que la tendance à mettre l'accent sur la syntaxe du droit est plutôt le fait des théoriciens et des professeurs, tandis que l'attention à la pragmatique est au contraire plus probable chez les juges.«[316] Im Vergleich dazu erscheint die literaturwissenschaftliche Hermeneutik als wesentlich offener und unbestimmter, da sie sich nicht an normativen Vorgaben orientiert und daher nur schwer zu einer einheitlichen Praxis gelangt. Wie Bourdieu anmerkt, kann jedoch trotz der normativen Verengung der juristischen Auslegungspraxis richterliche Willkür nicht ausgeschlossen werden: »Étant donné l'extraordinaire élasticité des textes, qui va parfois jusqu'à l'indétermination ou l'équivoque, l'opération herméneutique de *declaratio* dispose d'une immense liberté.«[317] Die Polysemie der Rechtstexte zwingt den Richter nicht selten zur *extensio*, zur *restrictio* oder zur Analogie, um einen konkreten Fall zu lösen,[318] weshalb sich, so meine These, sowohl für die juristische als auch für die literarische Textauslegung ein Raum hermeneutischer Unschärfe eröffnet, der sie in diesem Punkt wiederholt verbindet.

Abschließend sei auf Hans Müller-Seidels Auseinandersetzung nicht nur mit der theoretischen Frage nach den gemeinsamen Schnittpunkten von Recht und Literatur, sondern vor allem mit der praktischen

314 Pierre Bourdieu, »La force du droit. Éléments pour une sociologie du champ juridique«, in: *Actes de la Recherche en Sciences Sociales* (1986/64), S. 3–19, hier: S. 4.

315 Siehe dazu Zippelius' Konzept der ›Zirkularität‹: Zippelius, *Juristische Methodenlehre*, S. 58.

316 Bourdieu, »La force«, S. 6.

317 Ebd., S. 8.

318 Vgl. ebd.

Verknüpfung von literarischem und juristischem Wissen in Texten hingewiesen, die für die weitere Untersuchung von besonderer Bedeutung sein wird. Um interdisziplinäre Schnittmengen in ihrer Gesamtheit zu verstehen, dürfe, so Müller-Seidl, das Augenmerk nicht nur auf dem Text selbst liegen, sondern müsse sich auch auf die »historische Seite der ›Sache‹« richten, d. h., *der Text muss mit dem entsprechenden Hintergrundwissen in Beziehung gesetzt werden*, wobei es darauf ankommt, plausibel »Wissen über den Text mit dem in Frage stehenden Hintergrundwissen zu verknüpfen. Das kann anderes nicht bedeuten, als dass man die Begründung für das liefert, was man zusammenbringt, und das kann vieles sein.«[319] Die Verknüpfung und Integration des ›anderen Wissens‹ »bleibt von Fall zu Fall zu leisten, ja, geradezu von Satz zu Satz.«[320] Genau an diesem Punkt setzt auch meine These an, dass es nicht möglich ist, einen literarischen Text gewinnbringend auf juristische Diskurse hin zu untersuchen, wenn nicht gleichzeitig das für ein besseres Verständnis notwendige juristische Wissen vermittelt wird.

Versucht man nun, die wesentlichen Gemeinsamkeiten und Unterschiede zwischen Recht und Literatur aus hermeneutischer Sicht zusammenzufassen, so zeigt sich, dass die Unterschiede im Wesentlichen auf der Rezeptions- und der Funktionsebene liegen, während auf der methodischen Ebene eine beachtliche Reihe von Gemeinsamkeiten hervorzuheben ist.

So liegen die wesentlichen Divergenzen in der unterschiedlichen sozialen Funktion von Recht und Literatur, nämlich darin, dass die Rechtsanwender:innen abstrakte Normen auf reale Sachverhalte mit konkreter Wirkung und unter Gewährleistung größtmöglicher Rechtssicherheit anzuwenden haben (Subsumtion). Es geht darum, der Aufgabe des sozialen Friedens gerecht zu werden und die Folgen der konkreten Rechtsanwendung verantwortungsvoll abzuschätzen. Insofern kommt der richterlichen Entscheidung eine weitaus höhere Verantwortung zu als dem:der Literaturwissenschaftler:in, der:die schon deshalb über eine größere Auslegungsfreiheit verfügt, weil er:sie zwischen subjektivem und objektivem Auslegungskanon entscheiden kann. Die gebotene literarische Interpretationsleistung reiht sich als eine unter vielen in eine lange Kette früherer Auslegungsangebote ein. Gegen einen möglichen – im Einzelfall sogar radikalen – Widerspruch zu früheren oder künftigen Auslegungen ist nichts einzuwenden. Demgegenüber erfordert das Gebot der Rechtssicherheit die Wahrung einheitlicher Auslegungsrichtlinien durch die Bindung der Interpret:innen an Präzedenzfälle und an einen stark verbindlichen Auslegungskanon. Die Bewertungskriterien für eine ›gute‹ oder ›schlechte‹ hermeneutische Leistung liegen für die Rechtsentscheidung im Gelingen

319 Müller-Seidel, *Die Deportation des Menschen*, S. 88–89.
320 Ebd., S. 90.

oder Misslingen der konkreten Falllösung, während für die Literatur ästhetische und literaturtheoretische Kriterien im Vordergrund stehen.

Wie bereits betont, stehen den soeben aufgelisteten Unterschieden zwischen Rechts- und Literaturwissenschaft wesentliche methodische Gemeinsamkeiten bei der Textauslegung gegenüber, die für die interdisziplinäre Arbeit fruchtbar gemacht werden können. Den Eckpfeiler dieser interdisziplinären Verbindung bildet Hans-Georg Gadamers Konzept des hermeneutischen Zirkels, wenn man das hermeneutische Verfahren objektiv textbezogen betrachtet. Die Trias ›Verstehen – Auslegen – Anwenden‹ gilt für das Recht ebenso wie für die Literatur. Dem Vor-Wissen und Vor-Urteil der Rechtausleger:innen entsprechen die intertextuellen Bezüge und das Vorwissen der literarischen Textausleger:innen. Der Text als Grundbaustein beider Disziplinen kann nicht losgelöst von seiner Historizität und von anderen Texten verstanden werden. Ebenso ist der Prozess der textuellen Sinnbildung durch den Schluss vom Ganzen oder Allgemeinen auf das Besondere durch die zunehmende Verengung und Filterung von Bedeutungen sowie durch hin- und hergehende Leseprozesse dem Recht und der Literatur gemeinsam. Betrachtet man die subjektive Dimension der Auslegung, d. h. das Verhältnis Autor:in/Text sowie Norm/Intention des:der Gesetzgebers:Gesetzgeberin, so zeigt sich, dass beide Disziplinen diese kennen und als problematisch wahrnehmen.

Wie bereits mehrfach betont worden ist, setzt interdisziplinäres kontrafaktisches Arbeiten die Kenntnis beider Disziplinen voraus, um überhaupt Wirkung zu entfalten. Bevor es also zur eigentlichen ›kontrafaktischen‹ Untersuchung als Methode kommt, muss vorab geklärt werden, was ›Kontrafaktik‹ überhaupt ist und wie ›kontrafaktisches Denken‹ funktioniert. Dies soll im folgenden Kapitel geschehen.

2.4 Kontrafaktik

In Anlehnung an die ›kontrafaktische‹ Geschichtsdarstellung in der Literatur als ›deviierendes historisches Erzählen‹ kursieren neben der Bezeichnung ›Kontrafaktik‹ auch »Termini wie ›Uchronie‹, ›uchronian fiction‹, ›alternative history‹, ›parahistorischer Roman‹«[321] oder »Gedankenexperiment.«[322] Michael Navratil erprobt in seinem Band *Kontrafaktik der Gegenwart* (2021) das Konzept der Kontrafaktik an politischer Gegenwartsliteratur und kommt zu einer literaturspezifischen

321 Andreas M. Widmann, *Kontrafaktische Geschichtsdarstellung. Untersuchungen an Romanen von Günter Grass, Thomas Pynchon, Thomas Brussig, Michael Kleeberg, Philip Roth und Christoph Ransmayr*, Heidelberg: Winter 2009, S. 14–15.

322 Danneberg, »Das Sich-Hineinversetzen«, S. 422.

Neuadaption des Begriffs als »signifikante Variationen realweltlichen Faktenmaterials innerhalb fiktionaler Medien.«[323] Um dieser Formel einen Sinn zu verleihen und das Konzept der Kontrafaktik herauszuarbeiten, muss im Vorfeld der Begriff der ›Fiktionalität‹ als literaturtheoretischer Begriff festgelegt werden, um das Verhältnis von Fiktion und Realität sowohl im Verhältnis vom Text zur Realität als auch im Verhältnis vom Text zum:zur Leser:in bestimmen zu können.

2.4.1 *Zum Verhältnis zwischen Fiktion und Fakt*

Im Duden wird Fiktion mit ›Erdachtes‹ oder ›falsche Annahme‹ gleichgesetzt.[324] Im Lexikon der Geisteswissenschaften wird derselbe Begriff mit ›reine Erfindung‹ oder ›irrtümlich falsche Annahme‹ assoziiert.[325] Der literaturwissenschaftliche Fiktionsbegriff deckt sich nicht mit der umgangssprachlichen Gleichsetzung von Fiktion und Lüge oder falscher Erfindung, sondern versucht, die künstlerische Fantasie in ein angemessenes Verhältnis zur Wirklichkeit und zu den Rezipient:innen, den Leser:innen, zu setzen. Fiktionen versuchen »der zugrunde gelegten Wirklichkeit in ihrer eigenen Welt zu widersprechen«[326] und fragen danach, wie Leser:innen die Fiktion erkennen können bzw. wie sich die Fiktion zur Realität verhält, ohne jedoch als ›Lüge‹ zu gelten. Vereinfacht könnte auch behauptet werden, dass Dichter:innen nicht lügen, solange sie nicht behaupten, fälschlicherweise die Wahrheit zu sagen.[327] Frank Zipfel stellt in diesem Zusammenhang die Frage, was unter ›Wirklichkeit‹ zu verstehen sei und verweist diesbezüglich auf Nelson Goodman und Umberto Eco, die unter dem Begriff der ›Alltagswirklichkeit‹ unsere Alltagserfahrungen sowie das Expertenwissen subsumieren:

> Nach Goodman ist die Alltagswirklichkeit das, was den Mitgliedern einer Gesellschaft als wirklich oder real gilt. Das Wissen darum, was als wirklich gilt, setzt sich aus einem Wissen über verschiedene Teile unterschiedlicher Welt-Versionen zusammen. Zu einer erweiterten Welt-Version dieser Alltagswirklichkeit gehört nicht nur unser aktives, aus unseren Lebensvollzügen hervorgegangenes Erfahrungswissen, sondern auch das sogenannte Expertenwissen, das uns im Sinne der sprachlichen

323 Michael Navratil, *Kontrafaktik der Gegenwart*, Berlin: De Gruyter 2021, S. 85.

324 Dudenredaktion (Hg.), *Duden. Die deutsche Rechtschreibung*, Bd. 1, 28. Aufl., Berlin: Dudenverlag 2020, S. 452.

325 Helmut Reinalter / Peter Brenner (Hg.), *Lexikon der Geisteswissenschaften: Sachbegriffe – Disziplinen – Personen*, Wien: Böhlau 2011, S. 181.

326 Kristin Albrecht, *Fiktionen im Recht*, Baden-Baden: Nomos 2020, S. 148.

327 Vgl. Philip Sidney, *A Defence of Poetry*, hrsg. v. Jan A. Dorsten, Oxford: Oxford University Press 1971, S. 52.

> Arbeitsteilung passiv zur Verfügung steht. U. Eco nennt dieses umfassende Wissen ›Enzyklopädie‹.[328]

Aristoteles versucht, das Dilemma Fiktion/Wirklichkeit mit der Annahme der literarischen Mimesis zu lösen, d. h., der:die Schriftsteller:in ahmt die Wirklichkeit nach, wobei er:sie nicht »dem Gesetz der historischen Wahrheit verpflichtet ist, sondern dem der poetischen Wahrscheinlichkeit.«[329] Tatsächlich formulierte Aristoteles bereits im 4. Jahrhundert v. Chr. den Unterschied zwischen Fiktion und Realität wie folgt: »Denn der Geschichtsschreiber und der Dichter unterscheiden sich nicht dadurch voneinander, dass sich der eine in Versen und der andere in Prosa mitteilt [...]; sie unterscheiden sich vielmehr dadurch, dass der eine das wirklich Geschehene mitteilt, der andere, was geschehen könnte.«[330] Aristoteles' Zugeständnis der dichterischen Freiheit sichere dem:der Schriftsteller:in, so Aleida Assmann, »das Recht auf die eigenständige Gesetzmäßigkeit seines Werkes zu und garantiert dennoch den engen Wirklichkeitsbezug der Nachahmung.«[331] In Abgrenzung zu Strömungen, die nach sprachlich-linguistischen Merkmalen als Zeichen für Fiktionalität suchen,[332] wird in der aktuellen Literaturwissenschaft einerseits die rezeptionsspezifische These privilegiert – nach dem Prinzip der Konvention, dass Autor:innen nicht lügen, solange sie nicht behaupten, die Wahrheit zu sagen – und andererseits versucht, die Korrelation zwischen Fiktion[333] und Realität zu bestimmen, ein Anliegen, das sich insbesondere in der Gegenwartsliteratur aufdrängt, die sich nicht selten mit realweltlichen Sachverhalten auseinandersetzt.[334] Gil Charbonnier und Franck Petit bestätigen diese verstärkte Tendenz der Gegenwartsliteratur, reale Fakten in die Diegese aufzunehmen: »La fiction littéraire tend aujourd'hui à une plus forte incorporation du réel qui distend les procédures conventionnelles du romanesque et modifie l'apport de l'imaginaire.«[335]

328 Frank Zipfel, *Fiktion, Fiktivität, Fiktionalität: Analysen zur Fiktion in der Literatur und zum Fiktionsbegriff in der Literaturwissenschaft*, Berlin: Schmidt 2001, S. 75.

329 Vgl. Aleida Assmann, »Die Legitimität der Fiktion«, in: Max Imdahl / Wolfgang Iser / Hans Robert Jauß & al. (Hg.), *Theorie und Geschichte der Literatur und der schönen Künste. Texte und Abhandlungen*, Bd. 55, W. Fink: München 1980, S. 3–194, hier: S. 9.

330 Matías Martínez / Michael Scheffel, *Einführung in die Erzähltheorie*, München: C. H. Beck 2019, S. 13.

331 Vgl. Assmann, »Die Legitimität«, S. 9–10.

332 Vgl. dazu Käthe Hamburger, *Die Logik der Dichtung*, Stuttgart: Klett-Cotta 1977.

333 Vgl. dazu Martínez/Scheffel, *Einführung in die Erzähltheorie*, S. 11–22 und S. 184–186 (bibliografische Hinweise).

334 Siehe dazu besonders Navratil, *Kontrafaktik*.

335 Charbonnier/Petit, *Quand la littérature*, S. 25.

Folgt man Christine Künzel, so sind angesichts der notwendigen Bestimmung des Fiktion/Fakt-Verhältnisses zwei Kernpunkte des Fiktionalitätsbegriffs hervorzuheben:

> 1. Die an die Überlegungen von Iser angelehnte These, dass Realität und Fiktion keineswegs als Gegenbegriffe zu betrachten sind, sondern Fiktion vielmehr in einem relationalen Verhältnis zur Wirklichkeit steht und 2. Das Konzept des sogenannten Fiktionsvertrages, das einen Pakt zwischen Text und Leser bezeichnet, in dem die Frage nach dem Wahrheitsstatus suspendiert wird.[336]

Insbesondere Wolfgang Isers relationales Verständnis von Fiktionalität kann für die Erläuterung des Konzepts der Kontrafaktik fruchtbar gemacht werden, indem das Verhältnis Fiktion/Realität nicht als sich gegenseitig ausschließend, sondern im Gegenteil als miteinander korrelierend verstanden wird: »Daher ließe sich das Fiktive als eine eigentümliche Übergangsgestalt qualifizieren, die sich immer zwischen das Reale und das Imaginäre zum Zweck ihrer wechselseitigen Anschließbarkeit schiebt.«[337] Darunter versteht Iser, dass reale Fakten in der Fiktion ›fingiert‹ werden, während nicht reale Fakten in der Fiktion ›imaginiert‹ werden. Es entsteht so eine Korrelation zwischen Fiktion und Realität durch Fingieren einerseits und zwischen Ausgedachtem und Fiktion durch Imagination andererseits.[338] Isers Auffassung korrespondiert mit Michael Navratils Ausführungen zum Konzept der Kontrafaktik, auf das später noch näher eingegangen wird, als ›Spiegelung‹ realer Fakten in der Fiktion. Zur Veranschaulichung dieses kontrafaktischen Verhältnisses zwischen »realem Objekt und Objekt der Erzählung«[339] führt Christoph Rodiek ein einleuchtendes Beispiel anhand von Napoleon vor, das auch für unsere Zwecke brauchbar ist:

> Der Name ›Napoleon‹ referiert prinzipiell auf die reale Person Napoleon, also auf jenes Individuum der empirischen Realität, das zum enzyklopädischen Wissensbestand des Lesers gehört. Dort, wo der kontrafaktische Napoleon (Nk) hinsichtlich bestimmter Eigenschaften mit dem realen Napoleon (Nr) nicht vereinbar erscheint, werden bei der Lektüre die entsprechenden Nr-Merkmale dergestalt neutralisiert, dass ein homogener Nk als fiktionale Gestalt zustande kommt. Einerseits ist die ›Verschmelzung‹ von Nk und Nr nur eine Als-Ob-Verschmelzung,

336 Christine Künzel, »Imaginierte Fakten. Zur Bedeutung von Fiktion(en) in der richterlichen Urteilsbildung«, in: Hiebaum/Knaller/Pichler (Hg.), *Recht und Literatur*, S. 171–187, hier: S. 174.

337 Wolfgang Iser, »Akte des Fingierens. Oder: Was ist das Fiktive im fiktionalen Text?«, in: Dieter Henrich / Wolfgang Iser (Hg.), *Funktionen des Fiktiven*, München: W. Fink 1983, S. 121–151, hier: S. 150.

338 Vgl. Henrich/Iser (Hg.), *Funktionen*, S. 121–125.

339 Zipfel, *Fiktion*, S. 101.

> andererseits gilt sie nur für die Dauer der Lektüre. *Tatsächlich koexistieren im Bewusstsein des Lesers der reale und kontrafaktische Napoleon als deutlich unterscheidbare Größen* [Hervorhebung durch d. Verf.].[340]

Gerade dieses Bewusstsein von klar unterscheidbaren realen und kontrafaktischen Größen kann aber bei den Leser:innen nur dann entstehen, wenn sie Kenntnis von den realen Fakten haben. Nur dann ist es ihnen möglich, eventuelle kontrafaktische Abweichungen von dieser Realität in der Fiktion zu erkennen. Mit anderen Worten: Um kontrafaktisches Recht in fiktionalen Texten überhaupt erkennen zu können, muss den Leser:innen das Wissen über das reale Recht vermittelt werden.

Ralf Klausnitzer unterscheidet in diesem Zusammenhang das mögliche Nebeneinander in Fiktionen von genuin *fiktiven* (z. B. Gregor Samsa in Kafkas *Die Verwandlung*), *realweltlichen* oder *pseudorealen* Objekten[341] (z. B. Attribute, die eine reale Person verfremden, sie aber dennoch erkenntlich machen, wie z. B. die Figur Hendrik Höfgens in Klaus Manns *Mephisto: Roman einer Karriere*, die als Verfremdung des realen Schauspielers Gustaf Gründgens erkennbar ist). Literarische Fiktionen stehen nicht in einem realitätsfernen Vakuum, sondern rezipieren, wie Frank Zipfel ausführt, Elemente der realen Welt: »Fiktive Geschichten sind nie ganz und gar fiktiv«,[342] sie sind »stets in der ein oder anderen Art und Weise auf die wirkliche Welt bezogen.«[343] Sie können, neben gänzlich fiktiven, auch auf reale oder auf pseudoreale Gegenstände oder Personen referieren.[344] Nathalie Jacoby sieht in der Integration von fiktiven *und* faktischen Elementen allgemein ein Charakteristikum der Literatur.[345]

Paul Ricœur erinnert daran, dass die Welt der Fiktion die Welt des Textes ist, der seinerseits die Welt projiziert, weshalb die Fiktion notwendigerweise auf sie ›referiert‹: »Le monde de la fiction [...] n'est que le monde du texte, une projection du texte comme monde.«[346] Käthe Hamburger scheint die Begriffe ›Wirklichkeit‹ und ›Wahrheit‹ synonym

340 Rodiek, »Prolegomena«, S. 273.

341 Ralf Klausnitzer, *Literatur und Wissen. Zugänge – Modelle – Analysen*, Berlin: De Gruyter 2008, S. 217–218.

342 Zipfel, *Fiktion*, S. 79.

343 Klausnitzer, *Literatur*, S. 82.

344 Ebd., S. 90–100. Unter pseudorealen Objekten versteht Zipfel »aus der Realität entlehnte, jedoch signifikativ abgewandelte Objekte« (Zipfel, *Fiktion*, S. 98).

345 Nathalie Jacoby, *Mögliche Leben. Zur formalen Integration von fiktiven und faktischen Elementen in der Literatur am Beispiel der zeitgenössischen fiktionalen Biographie*, Frankfurt am Main: Peter Lang 2005, S. 18.

346 Ricœur, *Du texte*, S. 20.

zu verwenden, wenn sie postuliert, dass die reale Welt selbstverständlich in die fiktive Poiesis einfließt:

> Als Gegensatz zur Fiktion, im Sinne der literarischen Fiktion, enthält dieser Wahrheitsbegriff den Sinn von Wirklichkeit, besagt er Wahrheit der Wirklichkeit. Es ist das Verhältnis von Dichtung und Wirklichkeit, das ex- oder implizit den dichtungstheoretischen Betrachtungen immer zugrunde liegt und in großem Umfang die Diskussionen der dichterischen Wahrheit bestimmt hat.[347]

Michel Foucault, so kommentiert Arne Klawitter, erklärt das Verhältnis von Fiktion und Fakt anhand seiner Konzeption des Diskurses als Mechanismus der Hervorbringung von Dingen durch die Sprache: »Für Foucault ist [...] die Bedingung dafür, dass die Dinge (in der Sprache) erscheinen, das Organisationsprinzip der Fiktion.«[348] Klawitter führt weiter aus, dass Foucault in der Literatur einerseits einen Möglichkeitsraum sieht, in dem die Grenzen des Unsagbaren überschritten werden können, und andererseits ein Medium, das die Fähigkeit besitzt, die blinden Flecken des ›Nicht-Diskurses‹ zu unterminieren.[349] Auch wenn relativer Konsens darüber besteht, dass in die Fiktion sowohl reale als auch fiktive Fakten einfließen können, ohne den Status der Fiktion selbst in Frage zu stellen, so ist, wie Aleida Assmann treffend resümiert, die Schwierigkeit, die Grenze zwischen Fiktion und Realität zu ziehen, keineswegs aus der Welt geschafft: »Fiktion und Realität: in der literaturwissenschaftlichen Praxis gibt es wohl kaum ein vageres, geläufigeres und zugleich umstritteneres Begriffspaar. Beide sind engstens aufeinander angewiesen, das Problem der Fiktion lässt sich nicht denken, beschreiben oder werten ohne den Bezug auf ein noch so verhohlenes Wirklichkeitsbild.«[350] Wolfgang Iser und Dieter Henrich sind sich ebenfalls der Unbestimmtheit des Fiktionsbegriffs bewusst, wenn sie versuchen ihn zu definieren: »Fiktion, so hat es den Anschein, kann nicht isoliert, sondern muss im Umkreis von anderen Grundtermen verständlich gemacht werden. Zu diesen gehören vor allem ›Imagination‹ und ›Realität‹, aber auch solche wie Halluzination, Traum, Illusion und Täuschung.«[351] Anscheinend soll hier Fiktion durch das bestimmt werden, was sie nicht ist.

Auf der Seite der Rezeption und Akzeptanz von Literatur als fiktional, ohne sie als dreiste Lüge abzuwerten, hat sich in der literaturtheoretischen

347 Käthe Hamburger, *Wahrheit und ästhetische Wahrheit*, Stuttgart: Klett-Cotta 1979, S. 94.

348 Arno Klawitter, »Schriften zur Literatur«, in: Kammler/Parr/Schneider (Hg.), *Foucault Handbuch.*, S. 108–118, hier: S. 113.

349 Ebd., S. 113–118.

350 Assmann, »Die Legitimität«, S. 7.

351 Dieter Henrich / Wolfgang Iser, »Entfaltung der Problemlage«, in: Henrich/Iser (Hg.), *Funktionen des Fiktiven*, S. 9–15, hier: S. 9.

Wissenschaft die Auffassung durchgesetzt, dass es sich um eine bestimmte »Rezeptions- und Kommunikationsweise«[352] handelt, auf deren Grundlage zwischen Text und Leser:in ein stillschweigendes (fingiertes) Einverständnis darüber zustande kommt, den fiktionalen Text als solchen anzuerkennen,[353] ohne ihn der Lüge zu taxieren. Der Rezeptionsakt selbst, den Rainer Warning als »Konfrontation des Rezipienten mit einem Wirklichkeitsmodell«[354] versteht, wird ergänzt durch ein bewusstes ›So-tun-als-ob‹ seitens der Leser:innen, um einen Text als fiktional, aber nicht als Lüge anzuerkennen. Dieter Henrich vergleicht diesen Ansatz mit Kants Postulat des Bewusstseins darüber, dass es nicht um Wahrheit geht, sondern um den Umgang mit ihr.[355] Einen wichtigen Beitrag zur Entwicklung der konventionellen Fiktionalitätstheorien – d. h. zur Annahme einer Konvention zwischen Autor:in und Leser:in, der zufolge Fiktion kein Akt der wissentlichen Täuschung ist – hat John Searle mit seiner These geleistet, dass ein:e Autor:in eines fiktionalen Textes zwar den Anschein eines illokutionären Aktes erweckt – »the author of a work of fiction pretends to perform a series of illocutionary acts, normally of the representative type«[356] –, diese aber *de facto* nicht vollzieht, und ihm:ihr daher auch keine Lügenabsicht unterstellt werden kann: »What distinguishes fiction from lies is the existence of a separate set of conventions which enables the author to go through the motions of making statements which he knows to be not true even though he has no intention to deceive.«[357] Um den Zustand des:der Lesers:Leserin zu beschreiben, der:die am ›Trick‹ der Fiktion teilnimmt, entwickelt Walton später die sogenannte ›Make-Believe‹-Theorie, nach der die Rezipient:innen mit der fiktionalen Wahrheit wie in einem Spiel nach impliziten Regeln spielen. Er formuliert seine Grundidee so:

> In order to understand paintings, plays, films, and novels, we must first look at dolls, hobbyhorses, toy trucks and teddy bears. The activities in which representational works of arts are embedded and which give them their point are best seen as continuous with children's games of make-believe. Indeed, I advocate regarding these activities as games of make-believe themselves, and I shall argue that representational works

352 Johannes Anderegg, »Das Fiktionale und das Ästhetische«, in: Henrich/Iser (Hg.), *Funktionen des Fiktiven*, S. 153–172, hier: S. 155.

353 Siehe dazu auch Rainer Warning, »Der inszenierte Diskurs«, in: Viehöver/Keller/Schneider (Hg.), *Diskurs*, S. 183–206, hier: S. 194–206.

354 Ebd., S. 205.

355 Dieter Henrich, »Versuch über Fiktion und Wahrheit«, in: Viehöver/Keller/Schneider (Hg.), *Diskurs*, S. 511–519, hier: S. 516.

356 John Searle, »The Logical Status of Fictional Discourse«, in: *The New Literary History* (1975/6/2), S. 319–332, hier: S. 329.

357 Ebd., S. 326.

> function as props in such games, as dolls and teddy bears serve as props in children's games.[358]

Ohne sich auf Waltons ›Make-Believe‹-Theorie zu stützen, geht Frank Zipfel geradewegs davon aus, dass die Leser:innen »den Text für die Zeit der Rezeption für wahr« halten.[359] Während Walton für eine dauerhafte Fiktionsannahme und -akzeptanz plädiert, vertritt Zipfel eine temporäre, auf die Dauer der Lektüre beschränkte Annahme der Wahrheit. Samuel Coleridge und Umberto Eco vertreten eine ähnliche Übereinstimmung von Text und Rezipient:in, indem sie davon ausgehen, dass die Leser:innen ihren Unglauben gegenüber der Fiktion bewusst aussetzen – »willing suspension of disbelief« (Coleridge)[360] – bzw., dass es sich um einen »Fiktionsvertrag« (Eco) handelt, auf dessen Grundlage Autor:in und Leser:in für die Dauer der Lektüre ein Abkommen darüber treffen, dass der:die Erste dem:der Zweiten die Fiktion durch textuelle, paratextuelle oder kontextuelle Signale anzeigt und dass der:die Leser:in sie nicht auf ihren Wahrheitswert hin hinterfragt.[361]

Umberto Eco bringt darüber hinaus die Idee ins Spiel, dass die Rezipient:innen Fiktionen als geschlossene Welten betrachten sollen, die der wirklichen Welt nicht unähnlich sind, aber ontologisch nur einen kleinen Teil von ihr widerspiegeln: »In Wahrheit sind die fiktiven Welten zwar Parasiten der wirklichen Welt, aber sie sind de facto ›kleine Welten‹, die den größten Teil unserer Kenntnis der wirklichen Welt sozusagen ausklammern und uns erlauben, uns auf eine endliche und geschlossene Welt zu konzentrieren, die der unseren sehr ähnlich, aber ontologisch ärmer ist.«[362] Nursan Celik erklärt Ecos Konzept des ›Vertragsverhältnisses‹ zwischen Leser:in und Autor:in als Realitätsprinzip (*reality principle*), demzufolge »für einen fiktionalen Text unausgesprochen alles das für gegeben angenommen und komplettiert [wird], was nicht innerhalb des Texts als wirklichkeitsabweichend oder gar grundlegend andersartig beschrieben wird.«[363] Für Kendall Walton hat Ecos Vertragskonzept den Vorteil, die

358 Kendall Walton, *Mimesis as Make-Believe: On the Foundations of the Representational Arts*. Cambridge/Mass.: Harvard University Press 1990, S. 11. Siehe dazu auch Gregory Currie, *The Nature of Fiction*, Cambridge/Mass.: Cambridge University Press 1990. Ausführlicher zu Waltons Make-Believe-Theorie vgl. Alexander Bareis, *Fiktionales Erzählen. Zur Theorie der literarischen Fiktion als Make-Believe*, Göteburg: Acta Universitatis Gothoburgensis 2008, S. 19–48.

359 Zipfel, *Fiktion*, S. 277.

360 James Engell / W. Jackson Bate (Hg.), *The Collected Works of Samuel Taylor Coleridge. Biographia Literaria or Biographical Sketches of My Literary Life and Opinions*, Princeton: Princeton University Press 1983, S. 6.

361 Umberto Eco, *Im Wald der Fiktionen*, Hanser: München 1994, S. 103.

362 Ebd., S. 115.

363 Nursan Celik, *Das Recht der Fiktion. Zu den Lizenzen und juristischen Implikationen fiktionalen Schreibens*, Berlin: J. B. Metzler 2024, S. 188.

Autor:innen von der Verpflichtung zu befreien, zu erklären, »was als fiktional wahr [...] in einer fiktionalen Erzählung angenommen wird, ohne dass dies explizit auf der Textebene ausgesagt werden muss.«[364] Für John Searle hingegen ergibt sich der fiktionale Charakter der Lektüre bereits aus dem von den üblichen Regeln abweichenden Sprechakt des:der Autors:Autorin: »Now, what makes fiction possible, I suggest, is a set of extralinguistic, non-semantic conventions that break the connection between words and the world.«[365]

Lutz Danneberg versucht, die Vielzahl dieser unterschiedlichen Rezeptionsthesen und -modi, von denen eben die Rede war, auf einen einfacheren Nenner zu bringen: »Eine aufgrund eines bestimmten Wissens als nichtfiktional klassifizierte Darstellung lässt sich grundsätzlich [...] auch wie eine fiktionale behandeln – und umgekehrt«,[366] womit die stillschweigende Übereinkunft zwischen Text und Leser:in erfüllt ist.

Zwar scheint ein relativ breiter Konsens darüber zu herrschen, dass sich Autor:innen gegenüber Leser:innen nicht dafür rechtfertigen müssen, ob die literarische Fiktion wahr ist oder nicht, doch scheint die größere Schwierigkeit in der Festlegung des Begriffs selbst zu liegen. Tatsächlich vermisst man eine bisher einheitliche ontologisch-definitorische Bestimmung des Fiktionsbegriffs. Die diesbezüglichen Definitionsversuche oszillieren zwischen dem pragmatischen Ansatz einer gebrauchsspezifischen Kontextualisierung zur Kennzeichnung des Fiktionalen und dem Verständnis von Fiktionalität als intellektuelle Grenzüberschreitung, die das menschliche Denken über die ontologische Realität hinaus ermöglicht.[367] In diesem Sinne dient der Begriff der Fiktion dazu, die Überführung des ontologisch Realen in das Er- und Gedachte begrifflich zu konturieren und ermöglicht den Zugang zu dem, was Kant mit dem Begriff des Postulats der reinen praktischen Vernunft zu fassen sucht, nämlich die Aussage, dass für die »Existenz von übersinnlichen Gegenständen und Zuständen«[368] keine Bestätigung durch empirischen Nachweis zu erwarten sei.

Wenn Alexander Bareis fiktionale Wahrheit auf den intradiegetischen Wahrheitsbezug beschränkt, so übersieht er die wesentliche Frage nach

364 Ebd., S. 189. Siehe auch Walton, *Mimesis*, S. 144.

365 Searle, »The Logical Status«, S. 326.

366 Lutz Danneberg, »Weder Tränen noch Logik. Über die Zugänglichkeit fiktionaler Welten«, in: Uta Klein / Katja Mellmann / Steffanie Metzger (Hg.), *Heuristiken der Literaturwissenschaft. Disziplinexterne Perspektiven auf Literatur*, Paderborn: Mentis 2006, S. 35–83, hier: S. 40.

367 Vgl. Wolfgang Iser, »Das Fiktive im Horizont seiner Möglichkeiten«, in: Henrich/Iser (Hg.), *Funktionen des Fiktiven*, S. 547–557.

368 Paul Guyer, »In praktischer Absicht: Kants Begriff der Postulate der reinen praktischen Vernunft«, in: *Philosophisches Jahrbuch* (1997/104/I), S. 1–18, hier: S. 9.

dem Verhältnis von extradiegetischer Wirklichkeit und Intradiegese, die uns bei der folgenden kontrafaktischen Untersuchung besonders beschäftigen wird: »Fiktionale Wahrheit bezeichnet das Verhältnis von Aussagen über die dargestellte Welt zur dargestellten Welt, und nicht zur außerfiktionalen Wirklichkeit.«[369] Diesem scheinbaren Manko begegnet Michael Navratil mit einem pragmatischen Ansatz Marc Chincas, der für die kontrafaktische Betrachtung fruchtbar gemacht werden kann, insofern er Fiktionalität »von ihrem ›Sitz im Leben her‹, als Funktion der Relation zwischen dem Sprechakt und seiner Gebrauchssituation [definiert]. Diese Situation, und nicht etwa linguistische Merkmale des Textes, sind letzten Endes entscheidend.«[370] Navratil bewertet Chincas pragmatisches Fiktionsverständnis als besonders geeignet für Texte, die »Fiktionalität mit einem deutlichen Weltbezug kombinieren«,[371] wie dies bei den in der vorliegenden Arbeit zu untersuchenden Texten der Fall sein wird, da es schließlich darum gehen wird, das realweltliche, außerdiegetische Recht mit dem intradiegetischen Recht in Beziehung zu setzen, um das kontrafaktische ›Delta‹ (Δ), d.h. den Grad der Abweichung zwischen erzähltem und realem Recht, zu erkennen.

Hier stellt sich nun die Frage, ob für Rechtsnormen und Rechtsordnungen die gleiche Faktizität beansprucht werden kann wie für andere realweltliche ›Fakten‹. Diese Frage erscheint umso berechtigter, als Rechtsnormen in der Regel auf ihre *normative* Wirkung und weniger auf ihre faktische Wirkung hin untersucht werden. Oder muss man behaupten, dass die Fragestellung falsch ist und die *Normativität* des Rechts zugleich seine Faktizität bedeutet? Überlegungen zu dieser Frage sollen nun im folgenden Kapitel angestellt werden.

2.4.2 *Zur Faktizität des Rechts*

Im Hinblick auf die Rezeption des realen Rechts in einem fiktionalen Text stellt sich die Frage, ob das Recht als ›real‹ anzusehen ist oder ob es aufgrund seiner schriftlichen Beschaffenheit mit der Literatur die Debatte um Fiktionalität und Realität teilt. Nun hat das Recht einen inhärent normativen Charakter mit der Funktion, faktisch-reale Zustände und Situationen zu regeln. Nicht umsonst wird gerne der Unterschied zwischen der streng an die Realität gebundenen Norm und ihrer konkreten Durchsetzbarkeit einerseits und der fantasieoffenen polymorphen Literatur andererseits hervorgehoben. Philippe Ségur bestätigt dies, wenn er

369 Bareis, *Fiktionales Erzählen*, S. 65.
370 Mark Chinca, »Mögliche Welten. Alternatives Erzählen und Fiktionalität im Tristanroman Gottfrieds von Straßburg«, in: *Poetica* (2003/35), S. 313.
371 Navratil, *Kontrafaktik*, S. 89–90.

dem Recht die Funktion der Wahrheitsproduktion zuschreibt, während die Literatur Illusion produziere: »Si la fiction littéraire fabrique de l'illusion, le droit semble plutôt fabriquer du réel.«[372] Kristin Albrecht verneint, mit wenigen Ausnahmen, den fiktionalen Charakter des Rechts, insofern Rechtsnormen abstrakt und normativ sind und darüber hinaus eine reale Wirkung entfalten sollen. Dass der Gesetzgeber dennoch in bestimmten Fällen auf fiktionale Rechtstexte zurückgreift, ergibt sich zum einen aus seiner Freiheit, Regeln zu erlassen, ohne Rücksicht darauf, ob »sich etwas wirklich zugetragen hat und damit wahr ist oder nicht«,[373] und zum anderen aus dem Imperativ bestimmter Rechtsbedürfnisse. In diesem Sinne kann es vorkommen, dass der Gesetzgeber Vorschriften erlässt, die nicht der Wirklichkeit entsprechen. In solchen Fällen verwendet der:die Rechtssetzer:in zur Kennzeichnung des fiktionalen Charakters einer Rechtsnorm in der Regel den Begriff ›gilt‹, um ihren fiktionalen Charakter anzuzeigen. Als ein Beispiel dafür nennt Möllers den § 1923 Abs. 2 des deutschen BGB, der auch Ungeborenen das Erbrecht einräumt: »Wer zur Zeit des Erbfalls noch nicht lebte, aber bereits gezeugt war, gilt als vor dem Erbfalle geboren.«[374] Hier bedient sich der:die Gesetzgeber:in der Fiktion der (noch nicht) erfolgten Geburt für das ungeborene Leben, um die Rechtsanwendung überhaupt zu ermöglichen. Er:sie greife in solchen Fällen, so Angela Condello und Tiziano Toracca, auf die Fiktion zurück, ohne der Lüge bezichtigt werden zu können.[375] Den beiden Autor:innen zufolge entziehen sich sowohl literarische als auch juristische Texte den Parametern von Wahrheit oder Lüge, weil sie eine andere, eine dritte Wirklichkeit erzeugen: »Non sono giudicabili, in altre parole, in termini di verità o di menzogna ma costruiscono una realtà diversa.«[376] Das Recht erzeugt, wie im Beispiel von Möllers, eine konkrete Wirkung, weil es, wie Vallerani Spanò erläutert, etwas Falsches (nämlich, dass das ungeborene Leben lebt) als wahr annehme: »Se produce degli effetti generando una realtà alternativa è perché il falso viene preso per vero.«[377]

Im Normalfall geht es aber nicht darum, eine selbst geschaffene Welt zu erzeugen, sondern durch abstrakte, d. h. auf möglichst viele Sachverhalte anwendbare Normen die Wirklichkeit so vorzuschreiben, *wie sie*

372 Philippe Ségur, »Droit et littérature. Éléments pour la recherche«, in: *Revue Droit & Littérature* (2017/1), S. 109–123, hier: S. 110.

373 Möllers, *Juristische Methodenlehre*, S. 140.

374 Ebd., S. 141.

375 Vgl. Angela Condello / Tiziano Toracca, »La finzione giuridica e la finzione letteraria«, in: Riccardo Castellana (Hg.), *Fiction e non fiction. Storia, teorie e forme*, Rom: Carocci 2021, S. 207–227, hier: S. 207.

376 Ebd., S. 208.

377 Spanò, Michele / Massimo Vallerani, »Avvertenza«, in: Yan Thomas, *Fictio legis: la finzione romana e i suoi limiti medievali*, Macerata: Quodlibet 2016, S. 7–14, hier: S. 10.

zu sein hat. Ebenso wird vom Rechtssubjekt nicht erwartet, dass es sich kooperativ an ein unausgesprochenes Abkommen mit dem Rechtstext hält, sondern dass es die Rechtsnorm, deren Aussage einen konkreten realitätsbezogenen Willen impliziert, zwingend befolgt.[378] Mit anderen Worten wird die Wirklichkeit, d. h. die Faktizität des Rechts (in Demokratien) durch das Verfahren der positiven *Normproduktion* auf der Grundlage eines mehrheitlich verabschiedeten und anerkannten Grundgesetzes geschaffen und setzt zugleich dessen Durchsetzbarkeit voraus. Die Faktizität des Rechts sei also, so Habermas, eine künstlich erzeugte: Sie entstehe durch die Durchsetzbarkeit von Normen, die ihre Rechtsgültigkeit durch »die sozialintegrative Kraft des ›übereinstimmenden und vereinigten Willens aller freien und gleichen Staatsbürger« erhält.[379] Dieser gemeinsame Wille ist aber nicht irgendein Wille, sondern »der legitime Wille, der sich einer präsumtiv vernünftigen Selbstgesetzgebung politisch autonomer Staatsbürger verdankt.«[380] Habermas spricht hier die Legitimität[381] des positiven Rechts an,[382] das deshalb ›wahr‹ im Sinne von ›geltend‹ ist, weil es von demokratisch ernannten Autoritäten nach bestimmten Regeln gültig ›gesetzt‹ wird: »Die Geltung des positiven Rechts [ist] zunächst dadurch bestimmt, dass als Recht gilt, was nach rechtsgültigen Prozeduren Rechtskraft erlangt.«[383] Georg Jellinek beschreibt in seiner Rechtsfigur der ›normativen Kraft des Faktischen‹ diese Rechtsgeltung als aus dem Zusammentreffen dreier Eigenschaften von Rechtsnormen resultierend: 1. sie bestimmen das äußere Verhalten der Menschen zueinander; – 2. sie gehen von einer äußeren

378 Albrecht, *Fiktionen im Recht*, S. 156–160.

379 Habermas, *Faktizität*, S. 50.

380 Ebd., S. 51.

381 Tim König, *In guter Gesellschaft? Einführung in die politische Soziologie von Jürgen Habermas und Niklas Luhmann*, Wiesbaden: Springer 2012, S. 10.

382 Aus positivistisch-legalistischer Sicht verfügt die staatliche Gewalt über das Monopol »für Rechtsetzung und Rechtsfortbildung gegenüber sozialen Regelungssystemen wie Religion, Moral, Sitte und Brauch« (Franz Wieacker, »Konstituenten der okzidentalen Rechtskultur«, in: Okko Behrends / Malte Diesselhorst / Wulf E. Voss (Hg.), *Römisches Recht in der europäischen Tradition*, Ebelsbach: Gremer 1985, S. 355–364, hier: S. 355). In diesem Sinne ist das Recht dann *legal*, wenn es, wie Raiser erläutert, »von einem zuständigen Organ mit der Befugnis zur Rechtsetzung korrekt erlassen und nicht wieder aus der Geltung gebracht wurde sowie mit höherrangigem Recht vereinbar ist« (Thomas Raiser, *Grundlagen der Rechtssoziologie*, Tübingen: UTB 2007, S. 237). Aber Legalität bedeutet noch nicht Rechtsgeltung: Dazu muss das Recht wirksam werden, das heißt, durchsetzbar sein.

383 Habermas, *Faktizität*, S. 47.

Autorität aus; – 3. ihre Verbindlichkeit wird durch äußere Mächte garantiert.[384] Normen sind für Jellinek dann faktisch normativ, d. h. verbindlich, »wenn ihr Sein und Gelten sowohl von den Herrschenden als den Beherrschten bejaht« wird.[385] Die ›Geltung als Faktizitätsbeweis‹ der Norm betont auch Hans Kelsen: »In diesem Sinne ist das Recht eine normative Zwangsordnung. *Seine spezifische Existenz ist die Geltung.*«[386] In Übereinstimmung mit Jellinek und Habermas entsteht für Kelsen rechtliche Faktizität, also Geltung, dadurch, dass Normen unter bestimmten Bedingungen gesetzt werden und verbindliche Wirksamkeit entfalten: »Die eine ist, dass das Recht durch in bestimmter Weise qualifizierte Akte *gesetzt* (ius positivum) wird, die andere, dass das Recht in einem gewissen Grade *wirksam* sein muss. Das ist der Sinn, in dem man allein von einer ›normativen Kraft des Faktischen‹ sprechen kann.«[387] Rechtsnormen müssen also, wie Tim König zusammenfassend erklärt, »gleichzeitig durch faktischen Zwang Folgebereitschaft und durch legitime Geltung Einsicht bewirken können.«[388] Erst wenn der Normzwang, d. h. die Durchsetzbarkeit, rechtlich abgesichert und institutionalisiert ist, kann von faktisch bestehendem Recht gesprochen werden.[389] Judith Hahn fasst diesen Gedanken der Rechtswirksamkeit treffend zusammen: »Eine Norm wirkt, wenn sie befolgt oder ihr Bruch sanktioniert wird. Eine Norm ist unwirksam, wenn sie nicht beachtet wird, dies aber folgenlos bleibt, insoweit ihre Übertretung keine Sanktionen nach sich zieht.«[390] Für die Wirksamkeit einer Norm bedarf es deshalb, anders formuliert, der tatsächlichen Befolgung, die entweder spontan geschehen oder durch Sanktionen erzwungen werden kann.

Als eine Sonderform des geltenden Rechts, das *de facto* durch Legitimation *Faktizität* erlangt, kann das Gewohnheitsrecht angesehen werden. Friedrich Carl von Savigny und Georg Friedrich Puchta erklärten bereits im 19. Jahrhundert das Gewohnheitsrecht als ein Phänomen des ›Volksgeistes‹, als eine Art stillschweigende soziale Übereinkunft über

384 Georg Jellinek, »Staat und Recht«, in: Georg Jellinek, *Allgemeine Staatslehre*, Berlin/Heidelberg: Springer 1921, S. 332–379, hier: S. 333.

385 Ebd., S. 337. Vgl. dazu auch Klaus Grimmer, *Die Rechtsfiguren einer ›Normativität des Faktischen‹. Untersuchungen zum Verhältnis von Norm und Faktum und zur Funktion der Rechtsgestaltungsorgane*, Bd. 24, Berlin: Duncker & Humblot 1971, S. 11–17.

386 Hans Kelsen, »Was ist juristischer Positivismus?«, in: *JuristenZeitung* (1965/20/15), S. 465–469, hier: S. 465.

387 Ebd.

388 König, *In guter Gesellschaft*, S. 11.

389 Vgl. Habermas, *Faktizität*, S. 412–415.

390 Judith Hahn, »Wirksamkeit des Rechts«, in: Judith Hahn, *Grundlegung der Kirchenrechtssoziologie. Zur Realität des Rechts in der römisch-katholischen Kirche*, Wiesbaden: Springer 2019, S. 189–233, hier: S. 190.

den normativen Charakter bestimmter Handlungen oder Riten.[391] Georg Jellinek spricht im Zusammenhang mit dem Gewohnheitsrecht von der »normative[n] Kraft des Faktischen«,[392] deren Wirkung auf dem lang andauernden wiederholten faktischen Sein beruht: »Alles Recht in einem Volke ist ursprünglich nichts als faktische Übung. Die fortdauernde Übung erzeugt die Vorstellung des Normenmäßigen dieser Übung, und es erscheint damit die Norm selbst als autoritäres Gebot des Gemeinwesens, also als Rechtsnorm.«[393] Hans Kelsen bestätigt für das Gewohnheitsrecht die mögliche Geltungskraft, die sich aus dem »Voluntarismus« einer Rechtsgemeinschaft ergebe.[394] In diesem Sinne erlangt Gewohnheitsrecht normative Kraft durch *faktisches Sein*, das seine Faktizität begründet. Das faktische ›Sein‹ von Handlungen oder Sachverhalten erzeugt also, unter bestimmten Voraussetzungen ›Normativität‹ als Ausdruck des faktischen ›Daseins‹ einer Rechtsnorm, also ihrer Faktizität. Gewohnheitsrecht hat nach heutigem Verständnis »eine ergänzende, lückenfüllende Funktion im Verhältnis zum kodifizierten Recht«[395] und bezieht seine Geltung aus der gemeinsamen Überzeugung der Rechtsgemeinschaft (*consensus omnium*) über einen längeren Zeitraum (*longa consuetudo*) von der Verbindlichkeit einer Praxis (*opinio necessitatis*). Viele nationale Rechtsordnungen und insbesondere das Völkerrecht erkennen das Gewohnheitsrecht als legitime Rechtsquelle an.[396]

Sowohl positive als auch gewohnheitsrechtliche Normen können also ›sein‹, ›da sein‹, ›wahr sein‹, kurz: sie *existieren faktisch*, sobald sie *gelten*. Gustav Radbruch fasst das Prinzip der Rechtsgeltung als Äußerungsmerkmal des *faktischen Seins* für das positiv gesetzte Recht und das Gewohnheitsrecht treffend zusammen, indem er ebenso klarstellt, dass nicht der Ursprung der Norm ausschlaggebend ist, sondern ihre *konkrete Befolgung in der Lebenswirklichkeit*, die entweder durch staatlichen Zwang oder durch freiwillige gesellschaftliche Adhäsion erfolgen kann:

391 Siehe dazu Georg F. Puchta, *Das Gewohnheitsrecht*, 1. Teil, Erlangen: Palm'sche Verlagsbuchhandlung 1828, S. 139ff.; Benjamin Lahusen, *Alles Recht geht vom Volksgeist aus. Friedrich Carl von Savigny und die moderne Rechtswissenschaft*, Weilerswist-Metternich: Dittrich 2019.

392 Jellinek, »Staat«, S. 338.

393 Ebd., S. 339.

394 Kelsen, »Was ist juristischer Positivismus?«, S. 466. Kelsen verweist hier auf Ismail N. Erim, *Le positivisme juridique et le droit international*, Dissertation, 22.2.1939, Université de Paris, Paris: Les Presses modernes 1939, S. 64.

395 Max-Emmanuel Geis, »Gewohnheitsrecht«, in: Hilgendorf/Joerden (Hg.), *Handbuch Rechtsphilosophie*, S. 27–31, hier: S. 28.

396 Vgl. ebd., S. 28–31.

> Es ist heute allgemein anerkannt, dass es anderes als ›gesetztes, positives‹ Recht nicht gebe. Soll aber das gesetzte Recht seiner Bestimmung genügen, [...] so muss die Setzung des Rechts einem Willen zustehen, dem auch seine Durchsetzung gegenüber jeder widerstrebenden Rechtsanschauung möglich ist: der *Gesellschaft, die im Gewohnheitsrecht*, dem *Staat, der im Gesetze spricht* [Hervorhebung durch d. Verf.]. Auch jeder einzelne Rechtsbefehl der Gesellschaft oder des Staates kann ja als ›geltendes‹ Recht nur angesehen werden, wenn er nicht ›bloß auf dem Papier steht‹, vielmehr zu einer, wenn auch vielleicht durch Zuwiderhandlungen ausnahmsweise durchbrochenen Regel des Lebens geworden ist. Nur das, aber auch alles, was der zur Rechtsetzung berufene Wille setzt und durchsetzt, ist geltendes Recht.[397]

Radbruch macht hier also deutlich, dass *faktisches Sein des Rechts* und Rechtsgeltung immer dann zusammenfallen, wenn Rechtsnormen im realen Leben wirksam durchgesetzt werden. Hans Kelsen zieht in diesem Zusammenhang eine noch subtilere Trennlinie zwischen Geltung und Wirksamkeit des Rechts, da erst die Wirksamkeit und nicht schon die Geltung das Sein der Norm bestätige: »Nicht überflüssig ist auch, mit Nachdruck zu betonen, dass die Wirksamkeit des Rechts nicht seine Geltung ist. Dass das Recht ›gilt‹, bedeutet, dass es befolgt bzw. angewendet werden *soll*; dass es wirksam ist, bedeutet, dass es befolgt bzw. angewendet *wird*.«[398] Kelsens subtile Unterscheidung zwischen rechtlicher Geltung und rechtlicher Wirkung lässt sich für den Zweck der kontrafaktischen Kontrastierung gut nachvollziehen, denn für ihre Möglichkeit ist es nicht erheblich, ob eine Norm tatsächlich befolgt wird, sondern ob sie faktisch *existiert*, ob sie faktisch *ist*. Schließlich geht es ja bei der kontrafaktischen Arbeit um die *faktische Tatsache der Rechtsnormen* und nicht um die Tatsache des normkonformen oder normwidrigen Verhaltens. Wenn Manfred Rehbinder behauptet, dass »Normativität ohne Faktizität [...] totes Recht«[399] sei, so widerspricht seine hier unzutreffende Verwendung des Begriffs der Faktizität dem Gedanken des faktischen *Daseins einer Rechtsnorm*, wie ihn auch Hans Kelsen zu verstehen scheint, wenn er Rechtsgeltung und Rechtswirkung als zwei verschiedene Phänomene trennt. In diesem Sinne bezieht sich Kelsens Unterscheidungskriterium nicht auf das faktische Dasein von Rechtsnormen, sondern auf ihre unterschiedliche Wirkungskraft. So ist auch Rehbinders Aussage dahingehend zu verstehen, dass nicht die Normativität ohne Faktizität, sondern Normativität ohne Wirkungskraft totes Recht erzeugt.

397 Gustav Radbruch, *Wissenschaft und Bildung: Einzeldarstellungen aus allen Gebieten des Wissens*, Leipzig: Quelle & Meyer 1925, S. 33–34.

398 Kelsen, »Was ist juristischer Positivismus?«, S. 467.

399 Manfred Rehbinder, *Rechtssoziologie. Ein Studienbuch*, München: C. H. Beck 2014, S. 2.

Der Vollständigkeit halber sei darauf hingewiesen, dass die Frage nach der Faktizität von Rechtsnormen, wie Judith Hahn erläutert, auch von der Soziologie aufgenommen wird, wenn auch »in einem deskriptiven Sinn«,[400] indem Niklas Luhmann die Rechtslegitimität an die Überzeugungshaltung der Rechtsadressat:innen knüpft. So ist Legitimität im soziologischen Sinne zu verstehen als »die rein faktisch verbreitete Überzeugung von der Gültigkeit des Rechts, von der Verbindlichkeit bestimmter Normen oder Entscheidungen oder von dem Wert der Prinzipien, an denen sie sich rechtfertigen.«[401] Der soziologische Ansatz klammert die rechtliche Normativität als Geltungsfaktor zugunsten der faktischen Akzeptanz in einer bestimmten Rechtsgemeinschaft aus. Die soziologische Perspektive nähert sich damit funktional dem juristischen Gewohnheitsrecht an, ohne aber dessen Normativität zu übernehmen. An ihre Stelle tritt die soziale Akzeptanz wie Klaus Röhl kommentiert: »In den letzten Jahren wird für Legitimität [...] im rein faktischen Sinne mehr und mehr der Ausdruck Akzeptanz verwendet.«[402] Die freiwillige Akzeptanz von Regeln schließt deren normativen Charakter schon von vornherein aus. Ihre Befolgung kann daher nicht erzwungen, wohl aber durch Plausibilität gefördert werden, wie Manfred Rehbinder ausführt: »Um faktische Wirksamkeit und nicht nur rechtliche Geltung auf dem Papier zu erlangen, kann die Norm im Allgemeinen nicht darauf verzichten, den Normadressaten plausibel zu erscheinen.«[403]

Abschließend lässt sich festhalten, dass Rechtsnormen als reale Fakten nicht im gleichen Sinne verstanden werden können wie andersartige reale Fakten. Dies liegt schon daran, dass Rechtsnormen zunächst abstrakt und allenfalls schriftlich formuliert in diesem primären Zustand nicht ›welttauglich‹ sind. Sie treten erst dann in die reale Welt ein, oder anders formuliert, sie hinterlassen erst dann greifbare Spuren im Raum der realen Welt, wenn sie in den Zustand tatsächlicher Rechtsgeltung übergehen. Erst dann erlangen sie, wie Georg Jellinek es formuliert, die Kraft des Faktischen, erst dann sind sie *faktisch da* und kommen für die kontrafaktische Kontrastierung von Fakt und Fiktion in Frage. Der Prozess, der von der Verschriftlichung von *noch nicht seienden* Rechtsnormen (die im Falle des Gewohnheitsrechts sogar wegfällt) zur rechtskräftigen *faktisch seienden* (geltenden) Norm führt, muss in demokratischen Staatssystemen bestimmten Kriterien genügen, um einer Norm zu durchsetzbarer Geltung zu verhelfen: Sie muss ein vorgeschriebenes

400 Judith Hahn, »Rechtgeltung und Legitimität«, in: Hahn, *Grundlegung der Kirchenrechtssoziologie*, S. 147–188, hier: S. 148.

401 Luhmann, *Legitimation*, S. 27.

402 Vgl. dazu Klaus F. Röhl, *Rechtssoziologie. Ein Lehrbuch*, Köln/Berlin/Bonn/München: Heymann 1987, S. 177.

403 Rehbinder, *Rechtssoziologie*, S. 93.

Gesetzgebungsverfahren (z. B. Verabschiedung durch das Parlament und den Senat, nach bestimmten Quoren etc.) durch verfassungsrechtlich eingerichtete Rechtsetzungsorgane durchlaufen, um an dessen Ende und nach erfolgter Kundmachung Sachverhalte rechtskräftig zu regeln. Dies impliziert zugleich, dass die Norm befolgt werden *muss* und die Befolgung notfalls auch erzwungen werden kann. Für die Zwecke der kontrafaktischen Untersuchung ist es dabei unerheblich, ob die realweltlichen Rechtsnormen, die dem diegetischen Rechtsdiskurs gegenübergestellt werden, tatsächlich rechtswirksam sind, also konkret befolgt werden. Vielmehr genügt die rechtliche Geltung als äußeres Zeichen der Faktizität des Rechts. Die gleichen Faktizitätsbedingungen gelten, wie kurz angedeutet, auch für das Gewohnheitsrecht, das sich vom positiven Recht durch seinen Entstehungsprozess unterscheidet: Es wird nicht von rechtlich legitimierten Instanzen in einem vorgeschriebenen Verfahren positiv gesetzt, sondern es ergibt sich aus der allgemeinen Überzeugung einer Rechtsgemeinschaft über einen gewissen Zeitraum hinweg, dass bestimmte ungeschriebene Normen zu befolgen sind. Im Gegensatz zum soziologischen Begriff der Akzeptanz ohne Rechtswirkung kann ein langjähriger Brauch (*Usus*) Rechtswirkung erlangen und Grundlage einer richterlichen Entscheidung sein. Dies geschieht jedoch in der Regel nachrangig, nämlich dann, wenn Rechtslücken nicht durch positives Recht geschlossen werden können.

Mit dem Kapitel über die Faktizität des Rechts endet die theoretische Vorarbeit für die geplante Ausarbeitung der juristischen Kontrafaktik als Methode: Die Begriffe der ›Interdisziplinarität‹, des ›Diskurses‹, der ›Hermeneutik‹ und der ›Kontrafaktik‹ wurden – vorbereitend im Dienst interdisziplinärer Überlegungen zur Rechts- und Literaturwissenschaft – ausführlich vorgestellt. Sie wurden deshalb näher untersucht, weil mir ihre Kombination nicht nur notwendig, sondern auch fruchtbar für die methodische Entwicklung zu sein scheint, auf die ich im Folgekapitel zu sprechen kommen werde. Es wird dort darum gehen, eine strukturierte und reproduzierbare Methode der kontrafaktischen Untersuchung und Freilegung des juristischen Diskurses in literarischen Texten zu entwickeln, die auf der Überzeugung beruht, dass die Kenntnis des realweltlichen Rechtssystems, von dem in der literarischen Diegese die Rede ist, eine Voraussetzung sowohl für das tiefere Verständnis des literarischen Werkes selbst als auch für die kontrafaktische Kontrastierung überhaupt ist. Wird in diesem Sinne kein relevantes Wissen vermittelt, fehlen wesentliche Vergleichsparameter, wodurch der Vorgang der kontrafaktischen Kontrastierung seines Sinns beraubt wird. Im folgenden Kapitel wird daher das Konzept des kontrafaktischen Arbeitens vorgestellt, das nun durch das bereits vermittelte theoretische Vorwissen – dies erinnert in betörender Weise an Gadamers hermeneutischen Zirkel (sic!) – erleichtert werde sollte.

2.4.3 *Zum Konzept der Kontrafaktik*

Wenn man sich mit dem Begriff der ›Kontrafaktik‹ auseinandersetzen möchte, so liegt ein Blick auf die kontrafaktische Geschichtsschreibung nahe. Sie ist *die* Disziplin, die die Referenz der Fiktion auf außerdiegetische Realfakten praktiziert, wobei der Abstand zwischen historischer und fiktionaler Wahrheit variieren kann. Jürgen H. Petersen hebt in diesem Zusammenhang die Sonderstellung des historischen Romans unter den literarischen Gattungen hervor: »Solche Zwischenbereiche, wie sie etwa vom historischen Roman besetzt werden, sind freilich Sonderfälle, die sich ihrerseits der Tatsache verdanken, dass ein und dieselbe Sprache fiktionale wie reale Gegenstände benennen kann.«[404] Trotz des dezidierten Fokus seiner kontrafaktischen Untersuchung auf die Gegenwartsliteratur versäumt es Michael Navratil daher nicht, darauf hinzuweisen, dass es originär die Geschichtsforschung sei, die sich für kontrafaktische Experimente besonders gut eigne, denn sie verfüge

> über ein hohes Maß an Konventionalität, also an Bekanntheit und intersubjektiver Verbindlichkeit. Entsprechend kann bei einer Abweichung von historischen Fakten einigermaßen zuverlässig damit gerechnet werden, dass diese Abweichung auch als solche erkannt wird und in der Folge der spezifische Rezeptionsprozess der Kontrafaktik – also der Vergleich zwischen fiktionaler und realer Welt hinsichtlich konkreter Einzelelemente – in Gang kommt.[405]

Erhard Schütz fasst sich kurz und bündig, wenn er das Phänomen der Kontrafaktik in historischen Fiktionen als Geschichte definiert, die »eine andere als in der Historiographie bekannte Wendung« nimmt.[406] Johannes Dillinger spricht von alternativen »Spekulationen über Geschichte, die sich nicht ereignet hat«,[407] die man auch kontrafaktische Geschichten nennen kann, weil sie erfunden sind und den historisch belegten Fakten widersprechen.[408] Nach Karlheinz Steinmüller ist eine Darstellung dann kontrafaktisch, wenn sie den historischen Tatsachen eindeutig widerspricht und diese »Abweichung von der Normalgeschichte« für die

404 Jürgen Petersen, *Erzählsysteme. Eine Poetik epischer Texte*, Stuttgart: J. B. Metzler 1994, S. 9.

405 Navratil, *Kontrafaktik*, S. 71.

406 Erhard Schütz, »Kontrafaktische Geschichtsschreibung zum NS in Romanen nach 1945«, in: Ina U. Paul / Richard Faber (Hg.), *Der historische Roman zwischen Kunst, Ideologie und Wissenschaft*, Würzburg: Königshausen & Neumann 2013, S. 467–485, hier: S. 468.

407 Johannes Dillinger, *Ungeschehene Geschichte von der Antike bis zum Steampunk*, Paderborn: F. Schöningh 2015, S. 15.

408 Vgl. ebd., S. 16.

Rezipient:innen auch erkennbar ist.[409] Riccardo Nicolosi illustriert die Technik des kontrafaktischen Vorgehens anhand des fiktiven Gedankenexperiments *ad absurdum*, das bewusst im Widerspruch zur Realität eingesetzt wird, um unlogische Postulate zu entkräften. Für Richard Ned Lebow bietet das kontrafaktische Denken die Möglichkeit, sich von der Realität zu distanzieren, dadurch die richtigen Fragen zu stellen und so historische (Gedanken-)Sprünge in der Geschichtsforschung zu vollziehen.[410] Dies könne, so Lebow weiter, insbesondere durch die kontrafaktische Verbindung zwischen Fiktion und Fakt bewerkstelligt werden: »Historical counterfactuals have the potential to build bridges between history and fiction. They may be used to interrogate and offer critical perspectives on history and social science or their intellectual foundations.«[411] Um den kontrafaktischen Mechanismus weiter zu erhellen, führt Nicolosi Malthus' Gedankenexperiment einer möglichen Welt mit exponentiellem Bevölkerungswachstum an, um zu zeigen, dass dies schon aufgrund der begrenzten Erdressourcen nicht möglich ist. Kontrafaktisches Denken wird hier als Beweisformel durch ein Denken *a contrario* eingesetzt,[412] das Lutz Danneberg als »kontrafaktische Imaginationen«[413] bezeichnet. Er verweist darauf, dass kontrafaktische Vorstellungen zu »alternativen historischen Konstellationen« den Verlauf historischer Ereignisse neu schreiben oder Zufälligkeiten und scheinbare Nebensächlichkeiten im Geschichtsverlauf aufzeigen können. Als ein Beispiel für eine solche historisch-kontrafaktische Imagination führt Danneberg Blaise Pascals Gedankenexperiment über den Verlauf der Weltgeschichte an, das durchspielt, was geschehen wäre, wenn Kleopatra

409 Karlheinz Steinmüller, »Zukünfte, die nicht Geschichte werden. Zum Gedankenexperiment in Zukunftsforschung und Geschichtswissenschaft«, in: Michael Salewski (Hg.), *Was Wäre Wenn. Alternativ- und Parallelgeschichte: Brücken zwischen Phantasie und Wirklichkeit*, Stuttgart: Franz Steiner 1999, S. 43–54, hier: S. 45–46. Vgl. auch Hermann Ritter, »Kontrafaktische Geschichte. Unterhaltung versus Erkenntnis«, in: Salewski (Hg.), *Was Wäre Wenn*, S. 13–42, hier: S. 13–16.

410 Richard N. Lebow, »Counterfactuals, History and Fiction«, in: *Historical Social Research* (2009/34/2), S. 57–73, hier: S. 57–58.

411 Ebd., S. 69.

412 Riccardo Nicolosi, »Kontrafaktische Überbevölkerungsphantasien. Gedankenexperimente zwischen Wissenschaft und Literatur am Beispiel von Thomas Malthus' *An Essay on the Principle of Population* (1798) und Vladimir Odoevskijs *Poslednee samoubijstvo* (Der letzte Selbstmord, 1844)«, in: *Scientia Poetica* (2013/17/1), S. 50–75, hier: S. 55–66.

413 Vgl. Lutz Danneberg, »Überlegungen zu kontrafaktischen Imaginationen in argumentativen Kontexten und zu Beispielen ihrer Funktion in der Denkgeschichte«, in: Toni Bernhart / Philipp Mehn (Hg.), *Imagination und Innovation*, Berlin/Boston: De Gruyter 2006, S. 73–100.

eine kürzere Nase gehabt hätte:[414] »Le nez de Cléopâtre, s'il eût été plus court, toute la face de la terre aurait changé.«[415] Wichtig ist, wie Christoph Rodiek betont, dass es sich dabei nicht um »eine willkürlich erzeugte ›imaginäre Geschichte‹« handelt, sondern um »eine möglichst plausible ›hypothetische‹ Vergangenheit.«[416] Für die Literaturwissenschaft, so Widmann, sei das Kriterium der Plausibilität allerdings insofern problematisch, als »die Adaptation von Maßgaben der um Exaktheit bemühten Geschichtsforschung« für Romanautor:innen nicht gelten könne.[417] Dem ist zu entgegnen, dass die Verpflichtung zur historischen Exaktheit nur für die wissenschaftliche Geschichtsschreibung gilt, nicht aber für den historischen Roman, der Geschichtsdaten in der Diegese getrost mehr oder weniger stark kontrafaktisch variieren und verfremden darf. Es handelt sich also um eine Konfrontation zwischen einem real-wissenschaftlichen Epistem, der Geschichtsschreibung, und einem mehr oder weniger fiktionalen Werk, dem historischen Roman.

Michael Navratil bestätigt in diesem Zusammenhang meine Analyse, wenn er betont, dass der bevorzugte Zugang für Geschichtsschreibung keineswegs andere »Arten von Fakten als Basis der Kontrafaktik«[418] ausschließe. Damit ist der Ton vorgegeben, der auch meine Untersuchung bestimmt, nämlich, dass die Technik der Kontrafaktik auch in andere Wissensbereiche als dem der Geschichtsforschung Eingang finden kann, insofern es immer um die Spannung zwischen Fakt und Fiktion geht, wobei weder der Fakt noch die Fiktion notwendigerweise historischer Natur zu sein haben, um kontrafaktisches Räsonieren zu legitimieren. Navratils etwas verwirrender Verweis an anderer Stelle, dass die Übertragung der Theorie der Kontrafaktik von der Geschichtswissenschaft auf die Literaturwissenschaft problematisch sei, steht nur scheinbar im Widerspruch zur These, dass kontrafaktisches Denken nicht auf historische Romane begrenzt ist, wie Navratil auf scheinbar widersprüchliche Weise ausführt:

414 Danneberg, »Das Sich-Hineinversetzen«, S. 423.

415 Blaise Pascal, »Les pensées de Pascal«, Dossier de travail 31 (Laf. 413–Sel. 32), *Recueil des originaux*, S. 487–5 (Internet-Link im Literaturverzeichnis).

416 Christoph Rodiek, *Erfundene Vergangenheit. Kontrafaktische Geschichtsdarstellung (Uchronie) in der Literatur*, Frankfurt am Main: Vittorio Klostermann 1997, S. 25. Siehe zur Plausibilität von kontrafaktischen Darstellungen auch Kristine K. Rusch, »Alternate History: Worlds of What if«, in: Keith Brooke (Hg.), *Strange Divisions and Alien Territories. The Sub-Genres of Science Fiction*, Chippenham/Eastbourne: Red Globe Press 2012, S. 83–96, hier S. 88; Karen Hellekson, *The Alternate History. Refiguring Historical Time*, Kent Ohio/London: Kent State University Press 2001, S. 1.

417 Widmann, *Kontrafaktische Geschichtsdarstellung*, S. 95.

418 Navratil, *Kontrafaktik*, S. 72.

> Die Ausrichtung einer Theorie der Kontrafaktik an der Geschichtswissenschaft bringt allerdings eine Reihe von Problemen mit sich. Ihren gemeinsamen Fluchtpunkt haben diese Probleme in der grundlegenden Fragwürdigkeit des Versuches, die Bedingungen und Geltungsansprüche eines wissenschaftlich-epistemischen Diskurses auf einen künstlerischen-ästhetischen Diskurs zu übertragen.[419]

Eva-Maria Konrad hält dieser Behauptung berichtigend entgegen, dass, wenn das Plausibilitätskriterium der historischen Kontrafaktik als Qualitätsindiz wissenschaftlicher kontrafaktischer Geschichtsforschung geltend gemacht wird,[420] Navratils Ablehnung einer methodischen Punkt-für-Punkt-Übertragung der historischen Kontrafaktik auf die Literatur zwar nachvollziehbar, aber nicht für alle Vorhaben zutreffend sei. Wenn auch, wie Navratil einwendet, eine methodische Disziplinierung mit dem Autonomieanspruch der Kunst im Allgemeinen und der literarischen Kunst im Besonderen schwer vereinbar sei,[421] so dürfte dies nicht auf die interdisziplinäre Arbeit zwischen Recht und Literatur zutreffen. Diese Annahme wird dadurch unterstützt, dass, wenn man sich darauf beschränkt, historische Fakten gegen juristische auszutauschen, der Anspruch auf methodische Stringenz und Kohärenz für qualitatives Arbeiten jedenfalls gewahrt sein dürfte. Für den speziellen Zweck der kontrafaktischen Arbeit mit juristischen Fakten in der Literatur liefert Konrads Analyse im Übrigen nicht nur unterstützende Argumente für deren Legitimität, sondern auch wertvolle Hinweise auf das Wie des Vorgehens bei der kontrafaktischen Arbeit, das ebenso auf nicht-historische Episteme übertragbar ist und sich in drei Phasen gliedert: »Die Abweichung (und damit das kontrafaktische Antezedens), die Konsequenzen bzw. Schlussfolgerungen aus dieser Abweichung und die Gesamtkonzeption.«[422] Konrad skizziert hier ein methodisches Grundgerüst, das vielseitig anwendbar ist, ohne an epistemischer Strenge einzubüßen. Unter Berücksichtigung der so genannten ›minimal-rewrite-rule‹ erscheint nach Konrad die Abweichung der kontrafaktischen Darstellung umso begründeter und »epistemisch relevant«, je weniger sie vom ›Original‹ abweicht und je logischer die ›Passung‹ der vorgeschlagenen Variation zu den Originaldaten erscheint. Dabei entscheidend ist, dass die Gesamtkonzeption des kontrafaktischen Ansatzes wissenschaftlich strukturiert und reflexiv

419 Ebd., S. 65.

420 Eva-Maria Konrad, »Zur Plausibilität kontrafaktischer Szenarien in Geschichtswissenschaft und Literatur«, in: Antje Flüchter / Birte Förster / Britta Hochkirchen / Silke Schwandt (Hg.), *Plausibilisierung und Evidenz. Dynamiken und Praktiken von der Antike bis zur Gegenwart*, Bielefeld: Bielefeld University Press 2023, S. 149–168, hier: S. 153.

421 Vgl. Navratil, *Kontrafaktik*, S. 70.

422 Konrad, »Zur Plausibilität«, S. 154.

ist, sodass relevante, neue epistemische Erkenntnisse produziert werden.[423] Auch Danneberg entkräftet Navratils Befürchtung einer mangelnden Stringenz kontrafaktischen Arbeitens, indem er darauf hinweist, dass kontrafaktische Imaginationen, zumal wenn sie auf epistemischer Wissensteilung beruhen, nicht zwangsläufig dem Verdacht der Beliebigkeit oder der Willkür ausgesetzt sind. Ja, es lassen sich, so Danneberg, »sogar Gütekriterien finden, die solches Imaginieren in gegebenen epistemischen Situationen als mehr oder weniger angemessen anzusehen erlauben.«[424] Mit anderen Worten: Kontrafaktische Gedankenexperimente können ihre offensichtliche Falschheit verlieren und für bestimmte Wissensbereiche systematisiert werden. Danneberg beansprucht dies – wie bereits zur Faktizität des Rechts ausgeführt – u. a. für das Recht, insofern es rechtliche Qualifikationen oder Wirkungen fingieren kann, ohne dabei als offensichtlich falsch erkannt zu werden, und nennt dazu einige Beispiele: »Beispielsweise konnte man jemanden, der im Sklavenstand geboren wurde, rechtlich als einen ›Freigeborenen‹ behandeln, oder man konnte uneheliche Kinder als eheliche ansehen. Das Gesetz kann zwar keinen Toten zum Leben erwecken, aber es kann ihn so behandeln, als lebte er noch – also: *ius fingit contra factum.*«[425] Eine sehr interessante Überlegung zur Operativität der Kontrafaktik im juristischen Bereich stellt Luigi Viola hinsichtlich der Tatsache an, dass Gerichtsurteile notwendigerweise über einen vergangenen Sachverhalt oder Tatbestand sprechen, d. h., sie rekonstruieren rückblickend vergangene Sachverhalte oder Tatbestände, indem sie die subjektive Erzählung der Prozessteilnehmer:innen durch die juristische Erzählung ersetzen. Dies führe, so Viola, zu einer ›Neuschreibung‹ vergangener Fakten: Während der:die Schriftsteller:in in der Uchronie die historischen Ereignisse so schildert, wie sie sich nicht zugetragen haben, aber hätten zugetragen haben können, schreibt der:die Richter:in die Tatsachen neu, wie sie sich nicht ereignet haben, sich aber hätten ereignet haben können: »Tandis que l'écrivain d'uchronie réécrit le passé ›tel qu'il n'a pas été, tel qu'il aurait pu être‹, le juge réécrit le fait litigieux ›tel qu'il n'a pas été, tel qu'il aurait dû être‹.«[426] Diese Diskrepanz zwischen dem tatsächlichen Sachverhalt in der Vergangenheit und seiner ›Neuschreibung‹ im Urteil – unter Berücksichtigung der Rechtsauslegung und -anwendung – ergibt die kontrafaktische Variation.[427] Hier liegt der Kern des experimentellen Gedankens, den Danneberg und Viola über die literarhistorische Uchronik

423 Ebd., S. 155–158.

424 Danneberg, »Das Sich-Hineinversetzen«, S. 422.

425 Ebd., S. 423.

426 Luigi Viola, »Emmanuel Carrère, l'uchronie et le juge«, in: *Les cahiers de la justice* (2023/4), S. 739–749, hier: S. 748.

427 Vgl. ebd., S. 739–749.

hinaus geltend machen und den auch Klausnitzer in seiner Erläuterung des Konzepts der Kontrafaktik zu verdeutlichen sucht. Die Kontrafaktik kann aber durchaus auch ohne Experiment auskommen, indem sie externe Fakten ohne Variationsanspruch in die fiktionale Diegese aufnimmt, wie ich am Beispiel von Juli Zehs Roman *Über Menschen* (2021) zu zeigen versucht habe.[428] Hier wirkt die Kontrafaktik wie ein getreues Abbild der realen Außenwelt.

Das Interesse an kontrafaktischen Forschungsansätzen wird in der Wissenschaft wiederholt bestätigt. So argumentiert Jon Elster, dass der kontrafaktische Bezug auf mögliche Welten die Beschreibung der realen Welt erleichtere.[429] Hayden White verweist auf das Interesse kontrafaktischen Arbeitens auf kognitiver Ebene, nämlich auf die »Erkenntnis [...], dass wir das *Tatsächliche* nur erkennen, wenn wir es mit dem *Vorstellbaren* kontrastieren und vergleichen.«[430] Whites Hervorhebung der Kontrastierung des Realen mit dem Vorstellbaren als Mittel der Erkenntnis illustriert sehr gut den Mechanismus kontrafaktischen Arbeitens, den Ansgar Nünning als interagierende Referenzialität unterschiedlichen Grades zwischen Fiktion und Fakt skizziert und der sich dadurch kennzeichne, dass er »die ontologische Grenze zwischen Fiktion und Wirklichkeit überschreite[n], indem er [sie] die Referenzen auf reale Elemente in einen fiktiven Kontext integriere[n]«, wobei zwischen beiden »variable Mischungsverhältnisse vorliegen können.«[431] An dieser Stelle sei wiederholt auf den Begriff der Fiktion im Zusammenhang mit dem Spannungsverhältnis zwischen realen, semi-realen oder fiktiven Fakten hingewiesen, das im vorhergehenden Kapitel ausführlich behandelt wurde. Auf diese von Nünning angesprochenen potenziellen Mischungsverhältnisse in der Fiktion referiert im Übrigen Andreas Kablitz, wenn er ausführt, dass in einer literarischen Fiktion eine Korrelation zwischen der »Fiktionalität der Rede und der potentiellen Fiktivität oder Faktualität der Sachverhalte« bestehe, über die Aussagen gemacht werden.[432] Zur

428 Siehe Alexandra Juster, *Eine kontrafaktische Lektüre von Juli Zehs Roman* Über Menschen. *Gesellschaft, Politik, Ethik*, Berlin: Peter Lang 2023.

429 Jon Elster, *Logik und Gesellschaft. Widersprüche und mögliche Welten*, Frankfurt am Main: Suhrkamp 1981, S. 23.

430 Hayden White, »Der historische Text als literarisches Kunstwerk«, in: Hayden White, *Auch Klio dichtet oder die Fiktion des Faktischen. Studien zur Tropologie des historischen Diskurses*, Stuttgart: Klett-Cotta 1991, S. 101–122, hier: S. 120.

431 Ansgar Nünning, *Von historischer Fiktion zu historiographischer Metafiktion*, Bd. 1: *Theorie, Typologie und Poetik des historischen Romans*, Trier: Wissenschaftlicher Verlag Trier 1995, S. 46.

432 Andreas Kablitz, »Referenz und Fiktion«, in: Monika Fludernik / Daniel Jacob (Hg.), *Linguistics and Literary Studies / Linguistik und Literaturwissenschaft. Interfaces, Encounters, Transfers / Begegnungen, Interferenzen und*

Erinnerung: Ein fiktionaler Text kann fiktive (nicht existierende), faktische (in der Realität existierende und sinnlich-empirisch wahrnehmbare) oder semi-reale Dinge und Sachverhalte beschreiben, wobei im Zweifelsfall über die Realität oder Fiktivität von Dingen oder Sachverhältnissen zugunsten der Letzteren entschieden wird.[433] Semi-reale Gegenstände oder Personen als Variationen des Realen, die sich zwischen Fiktion und Fakt bewegen, seien, so Nursan Celik, besonders schwer einzuordnen.[434] Die Entbindung des:der Autors:Autorin von der Verpflichtung, Wahres zu schreiben, mache, wie Celik weiter ausführt, gerade das Nebeneinander von Fiktion und Fakt möglich, wobei »kontrafaktische, tatsachenwidrige Aussagen [...] in falsche oder wahre Kontrafakten eingeteilt werden können.«[435] Kablitz kommentiert dazu: »Wo immer Personen, Sachen oder Sachverhalte als unbekannt gelten müssen, scheinen wir berechtigt zu sein, sie als fiktiv zu betrachten. Je dichter die Hinweise auf Faktisches werden, man denke nur an den historischen Roman, desto schwieriger fällt es, die betreffende Entscheidung zu treffen.«[436] Es gehe hier, so Kablitz weiter, um eine graduelle Unterscheidung zwischen realer und historischer Welt, »und die fortwährende Dominanz der faktischen Wirklichkeit zeigt sich nirgends deutlicher dadurch, dass die Kenntnis, die wir von dieser Welt haben, auch im fiktionalen Text überall dort gilt, wo sie nicht ausdrücklich in Frage gestellt wird. (*Nicht zuletzt deshalb sind Entsprechungen zur faktischen Welt auch durchaus von juristischem Belang*)« [Hervorhebung durch d. Verf.].[437]

Wie Andreas M. Widmann zu Recht betont, müssen die Leser:innen jedoch, um diese reale Welt als solche identifizieren zu können, über Kenntnisse der realen historischen Fakten verfügen, um die Divergenz oder Übereinstimmung von Fakten und Fiktion in der Diegese zu erkennen: »Die Wirklichkeitsbezüge, die von historischen Romanen gesetzt werden, fordern bei der Rezeption eine Rückbeziehung der fiktionalen Erzählhandlung auf außerliterarisches Wissen [...] ein, indem sie gezielt

Kooperationen, Berlin/Boston: De Gruyter 2014, S. 93–125, hier: S. 96. Kablitz verweist hier auf die Unterscheidung zwischen ›Fiktionalität‹ als »Eigenschaft einer Rede, für die gleichermaßen wahre, wie unwahre Behauptungen zulässig sind« und ›Fiktivität‹ als Bezeichnung der »Eigenschaft der Gegenstände und Sachverhalte, die ein Text zum Inhalt hat« (Kablitz, »Referenz und Fiktion«, S. 95–96).

433 Vgl. ebd., 95–97.

434 Vgl. Celik, *Das Recht*, S. 171–172. Mit der Problematisierung der semirealen Dinge spielt Celik auf die mehr oder weniger starke Verfremdung von Fakten in Fiktionen an, die sich als besonders relevant für die Rechtsprechung zur literarischen Kunstfreiheit erweist.

435 Ebd., S. 194.

436 Kablitz, »Referenz und Fiktion«, S. 97.

437 Andreas Kablitz, *Kunst des Möglichen. Theorie der Literatur*, Freiburg: Rombach litterae 2012, S. 167.

auf diese referieren.«[438] Widmann führt hier den historischen Roman als Beispiel an, wobei sich die zu erkennende Divergenz zwischen Fakt und Fiktion ebenso auf nicht-historische Romane beziehen lässt. Entscheidend ist nicht die Art des Epistems, sondern die Art der Kontrastierung von Fakt und Fiktion, die immer dann möglich ist, wenn sich fiktionaler Text und reale Welt begegnen. Dabei ist zu fragen, wie es sich mit den Bezugsgrößen der Wirklichkeit-Realität-Faktizität in Fiktionen verhält. Wolfgang Iser liefert diesbezüglich einen Anleitungsvorschlag, wie die Korrelation zwischen Fiktion (Text) und Realität (Welt) zu artikulieren sei, nämlich

> als die außertextuelle Welt [...], die als Gegebenheit dem Text vorausliegt und in der Regel dessen Bezugsfelder bildet. Diese können Sinnsysteme, soziale Systeme und Weltbilder genauso sein wie etwa andere Texte, in denen eine je spezifische Organisation bzw. Interpretation von Wirklichkeit geleistet ist. Folglich bestimmt sich das Reale als die Vielfalt der Diskurse, denen die Weltzuwendung des Autors durch den Text gilt.[439]

Man stellt mit Iser die ›Vielfalt der Diskurse‹ als Indiz der Realität fest, wodurch, wie Keller ausführt, der Begriff der ›Wirklichkeit‹ eine sehr dehnbare Weite erhält, da alles, worüber die menschliche Gesellschaft spricht, als *real* gelten kann. In diesem Sinne wird der Sprache eine konstitutive Wirkung beigemessen, insofern die Dinge, die die reale Welt ausmachen, durch sie konstituiert werden.[440] An dieser Stelle lässt sich im Übrigen leicht die Schnittstelle zwischen dem Foucault'schen Diskurs und dem fiktionalen Text erkennen, nämlich dort, wo in den fiktionalen Text realen Fakten einfließen.[441]

Um das komplexe Verhältnis von Fakt und Fiktion in der Literatur näher zu bestimmen, spricht Carl D. Malmgren von fiktionalen und faktischen Aussagemodi sowie von internen und externen Referenzfeldern. Nach Malmgren können in Texten fiktionale Aussagen mit einem rein diegetischen Wahrheitsanspruch oder faktische Aussagen mit einem überprüfbaren Realitätsanspruch oder eine Mischung aus beiden (*factual / fictional sign vehicles*) gemacht werden. Durch die Verknüpfung dieser verschiedenen intradiegetischen Aussagemodi entsteht ein Referenzrahmen, der entweder als faktisch ›wahr‹ oder als ›fiktiv kohärent‹ wahrgenommen wird (*frame of reference*).[442] Diesem textuellen Referenzrah-

438 Widmann, *Kontrafaktische Geschichtsdarstellung*, S. 31.

439 Iser. »Akte«, S. 123, Anm. 2.

440 Vgl. Keller, »Das Wissen«, S. 26–29.

441 Vgl. Foucault, *L'archéologie*, S. 69.

442 Der Begriff ›Frames‹, abgeleitet aus der Frame-Theorie oder Frame-Semantik, bezeichnet kontext- und situationsgebundenes Wissen, das im menschlichen Gedächtnis gespeichert ist und nach Bedarf abgerufen werden kann.

men werden wiederum externe, realweltliche oder interne diegetische Referenzrahmen (*fields of reference*) zugeordnet.[443] Malmgren greift hier auf die Theorie der *Frame*-Semantik von Marvin Minsky und Charles J. Fillmore zurück, die aufzeigt, wie Leser:innen kognitiv – d.h. in Funktion ihres Vorwissens und ihrer individuellen Lebenserfahrung (hier geistert wieder Gadamer herum!) – mit Fakt und Fiktion in der Diegese umgehen und wie sie sie zur realen Welt in ein Verhältnis setzen.[444] Dietrich Busse erklärt das Wesen dieser *Frame*-Semantik so:

> Ein Frame / Wissensrahmen ist eine Struktur des Wissens, in der mit Bezug auf einen strukturellen Frame-Kern, der auch als ›Gegenstand‹ oder ›Thema‹ des Frames aufgefasst werden kann, eine bestimmte Konstellation von Wissenselementen gruppiert ist, die in dieser Perspektive [...] als Frame-konstituierende Frame-Elemente fungieren. Diese Wissenselemente (oder Frame-Elemente) sind keine epistemisch mit konkreten Daten vollständig ›gefüllte‹ Größen, sondern fungieren als Anschlussstellen (*Slots*), denen in einer epistemischen Kontextualisierung (Einbettung, ›Ausfüllung‹) des Frames konkrete (›ausfüllende‹, konkretisierende) Wissenselemente (sogenannte ›Füllungen‹, ›Werte‹ oder Zuschreibungen) jeweils zugewiesen werden.[445]

Jochen Strobel, Jan de Vries und Friederike Wißmach verweisen auf die Funktion dieser *Frames* als Wissensstrukturen, die im Moment der Konfrontation mit dem Text die Ersetzung, Vervollständigung, Ergänzung oder Modifikation des Vorwissens in Gang setzen.[446] So werden sich die Leser:innen fragen, ob bestimmte intradiegetische Fakten wirklichkeitskonform

Frames sind Strukturen des Wissens, die auf Erfahrungen basieren, lebensgeschichtlich geprägt sind und einen individuellen Thesaurus von Präzedenzfällen bilden. Vgl. dazu Claudia Fraas, »Begriffe – Konzepte – Kulturelles Gedächtnis. Ansätze zur Beschreibung kollektiver Wissenssysteme«, in: Horst D. Schlosser (Hg.), *Sprache und Kultur*, Frankfurt am Main/Wien: Peter Lang 2000, S. 31–45 und Dietrich Busse, *Frame-Semantik. Ein Kompendium*, Berlin/Boston: De Gruyter 2012, v. a. S. 305ff.

443 Vgl. dazu Carl D. Malmgren, *Fictional Space in the Modernist and Postmodernist American Novel*, London/Toronto: Associated University Press 1985, S. 27.

444 Marvin Minsky, »Eine Rahmenstruktur für die Wissensrepräsentation«, in: Dieter Münch (Hg.), *Kognitionswissenschaft. Grundlagen, Probleme, Perspektiven*, Frankfurt am Main: Suhrkamp 1992, S. 92–134. Vgl. dazu ausführlich Busse, *Frame-Semantik*.

445 Ebd., S. 563.

446 Jochen Strobel/Jan de Vries/Friederike Wißmach, »Leserkognition und Wissensemergenz bei kontrafaktischem Erzählen aus Sicht der Frame-Semantik. Der ›Wenderoman‹ als Alternativweltgeschichte«, in: *Zeitschrift für Literaturwissenschaft und Linguistik* (2019/49), S. 139–162, hier: S. 144–146.

sind oder nicht bzw. welche Diskrepanzen zwischen Fakt und Fiktion bestehen, und sie werden versuchen, die offenen ›Lücken‹ mit eigenen Werten und Wissensbeständen zu füllen oder zu modifizieren. So könnten sich die Leser:innen, um ein einfaches Beispiel zu nennen, bei der Lektüre von Zehs Roman *Über Menschen* (2021) fragen, ob »Trump, Höcke und die Brexit-Leute« in der realen Welt wirklich »vollkommen durchgedreht« sind (extradiegetische Wahrheit),[447] oder ob sie nur in der Fiktion als wirklich ›durchgedreht‹ anzusehen sind (fiktionale Wahrheit), und sie werden ihr Vorwissen dazu in Beziehung setzen, Werte assoziieren und die diegetische Aussage mit dem eigenen Wissen vergleichen, ggf. das eigene Wissen dazu erneuern und bereits erworbene Sichtweisen festigen oder modifizieren.

Malmgrens Theorie plausibilisiert darüber hinaus die Ausweitung des kontrafaktischen Prinzips vom historischen Roman auf die Literatur insofern, als sie die Beziehung zwischen Aussagen in Texten, die sich auf realweltliche Informationen, Daten, Personen, Zusammenhänge, Ereignisse etc. beziehen, und deren Modifikationsmöglichkeiten in der Diegese erklärt. In diesem Zusammenhang versucht Andreas Widmann, das Prinzip der Kontrafaktik unter Bezugnahme auf Malmgrens Referenztheorie wie folgt zu erläutern:

> Kontrafaktizität ergibt sich [...] durch ein spezifisches Verfahren der textinternen Bezugnahme auf textexterne Sachverhalte, das kontrafaktische Aussagen zur Folge hat. Solche kontrafaktische Propositionen in literarischen Texten sind fiktionale Aussagen besonderer Art, da sie, wie alle fiktionalen Aussagen per definitionem keinen Anspruch auf Verifizierbarkeit jenseits des Textes haben, innerhalb desselben jedoch ihrer Richtung nach außenreferentiell sind und auf Sachverhalte Bezug nehmen, die einem externen Referenzfeld angehören und dabei dezidiert und gezielt vom gemeinhin anerkannten Wissen über diese Sachverhalte abweichen.[448]

Während Widmann unter Kontrafaktik eine besondere Form der Textpragmatik versteht, betrachtet Ralf Klausnitzer die kontrafaktische Darstellung in der Literatur aus der Perspektive des Experiments, das die Vorstellung der Reibung zwischen Fiktion und Imagination nutzt, um neue Perspektiven zu eröffnen:

> Literarische Texte imaginieren Handlungen in fiktionalen Räumen und also gleichsam auf Probe; sie spielen kontrafaktische Annahmen durch und entwickeln Szenarien, in denen differenzierte Planungen angestellt, Vermutungen getestet und Erfahrungen formuliert werden können. In symbolischer Weise sprechen sie Abwesendes aus, machen Unsichtbares

447 Juli Zeh, *Über Menschen*, München: Luchterhand 2021, S. 70.; Juster, *Eine kontrafaktische Lektüre*, S. 78–94.

448 Widmann, *Kontrafaktische Geschichtsdarstellung*, S. 355.

> sichtbar und erlauben so Beobachtungen, die anderen Perspektiven verschlossen bleiben.[449]

Während Klausnitzer in der Kontrafaktik ein Darstellungsmittel und -potenzial, d. h. ein Instrument der Erkenntnisgewinnung sieht, beschreibt Widmann ihren Funktionsmechanismus aus literaturpragmatischer Sicht. Man darf an dieser Stelle vermuten, dass Navratil auf Malmgren und Widmann referiert, wenn er feststellt, dass »realweltliche Fakten auf ganz bestimmte Weise im Rahmen eines fiktionalen Mediums *verwendet* werden, um ästhetische, affektive oder normative Effekte zu erzielen«,[450] d. h. im Klartext, dass der reale Sachverhalt auf »signifikant variierte Weise erscheint.«[451] Ob reale Fakten, die in der Diegese variiert oder getreu abgebildet werden, wahr sind könne, so Navratil, allerdings nicht verallgemeinernd bewertet werden, sondern müsse von Fall zu Fall für bestimmte Textgattungen oder gar für einzelne Texte geprüft werden.[452] Um feststellen zu können, ob es sich tatsächlich um kontrafaktisch variierte reale Fakten handelt, schlägt Lutz Danneberg die Technik des multivialen Zugangs vor, d. h. reale Fakten können aus mehreren unterschiedlichen Perspektiven betrachtet und interpretiert werden, während fiktionale Welten nur über den Text selbst erschlossen werden können.[453] Dabei ist zu beachten, dass für die kontrafaktische Untersuchung eines Textes nicht nur die Unterscheidung zwischen ›real‹ und ›fiktiv‹ von Bedeutung ist, sondern dass es immer auch darum geht, die Art und Weise der Variation realer Fakten in der fiktionalen Diegese zu bestimmen, weshalb sich, wie Navratil erklärt, die Untersuchung einer Doppelreferenz aufdränge:

> Bei der Interpretation eines kontrafaktischen Werkes müssen sowohl seine direkten Referenzen auf Elemente der fiktionalen Welt (das, was im Werk selbst ausgesagt wird) als auch seine indirekten Referenzen auf eine extratextuelle Realität (das, wovon diese Aussagen abweichen oder womit sie konfligieren, in dem Falle, dass sie auf die reale Welt angewandt würden) miteinbezogen werden. Genau diese Spannung zwischen expliziter-fiktionaler und impliziter-realweltlicher Referenz setzt den spezifisch kontrafaktischen Interpretationsprozess in Gang.[454]

449 Klausnitzer, *Literatur*, S. VII.
450 Navratil, *Kontrafaktik*, S. 96.
451 Ebd., S. 102.
452 Ebd., S. 94.
453 Danneberg, »Weder Tränen«, S. 65. Als Beispiel für einen multivialen Zugang zu realen Fakten führt Navratil die Alpen an: »So kann man beispielsweise die realen Alpen selbst besteigen, über sie lesen, sie auf Fotografien ansehen, etc.« (Navratil, *Kontrafaktik*, S. 106).
454 Navratil, *Kontrafaktik*, S. 117.

Anders formuliert, stehen sich zwei Bereiche gegenüber: die fiktionale Erzählwelt einerseits und die reale Außenwelt andererseits. Zwischen *Narrativ* und *realer Welt* steht der *Text*, der sich explizit oder implizit auf reale Fakten beziehen kann. Innerhalb der Diegese kann es fiktive Elemente geben, die innerdiegetisch als wahr oder falsch gelten, oder reale Fakten extradiegetischen Ursprungs. Diese realen Fakten können in der Diegese in unterschiedlichem Maße variiert werden, d. h., sich von den außerweltlich-realen Fakten mehr oder weniger stark entfernen. Das Modulationsspektrum reicht dabei von der getreuen unveränderten Übernahme realer Fakten in die Diegese bis hin zu einer so großen Entfernung, dass das weltliche Original kaum noch zu erkennen ist.

Von Kontrafaktik kann nach meiner Einschätzung immer dann gesprochen werden, wenn eine minimale Korrelation zwischen extradiegetischem realem Fakt und korrespondierendem intradiegetischem Fakt erkennbar ist, wobei diese minimale Korrelation auch zur maximalen Korrelation, d. h. zur Deckungsgleichheit von realem und interdiegetischem Fakt gedeihen kann. In dieser Koexistenz von diegetischer Selbst- und Fremdreferenz liegt Navratils Doppelreferenz, die, wie Wolfgang Künne bemerkt, Transfiktionalität erzeugt,[455] d. h. eine Korrelation, wie Navratil erläutert, »zwischen einem Faktum in der realen Welt und einem Tatbestand innerhalb der Diegese.«[456]

Zusammenfassend ist festzuhalten, dass das Prinzip der Kontrafaktik in der Geschichtsforschung vor allem unter dem Begriff der Uchronie als Technik alternativer Geschichtserzählung Eingang gefunden hat. Das Interesse der Geschichtswissenschaft an der Technik des kontrafaktischen Schreibens erklärt sich aus der Annahme, dass bestimmte historische Fakten allgemein bekannt sind und daher Abweichungen und Variationen von diesen Fakten in historischen Romanen leicht erkennbar sind. Wie Eva-Maria Konrad und Lutz Danneberg plausibel darlegen, steht einer Übertragung der kontrafaktischen Kontrastierung auf andere Wissensbereiche jedoch nichts im Wege, da sie als experimentelle Darstellungstechnik zu verstehen ist, die bei korrekter Anwendung durchaus der Strenge epistemischer Qualität und Rigorosität genügt. Wesentlich ist dabei, dass die folgenden drei Momente identifiziert werden können: Enunziation in der Diegese – Fakt in der realen Welt – erkennbare Beziehung zwischen Enunziation in der Diegese und realweltlichem Fakt. Haben die Rezipient:innen kein Wissen über die realweltlichen Fakten, so ist die Korrespondenzfunktion zwischen Enunziation und realem Fakt gestört, und der kontrafaktische Effekt kann nicht eintreten. Das reale Vorwissen – und hier drängen sich wiederholt Assoziationen

455 Wolfgang Künne, *Abstrakte Gegenstände: Semantik und Ontologie*, Frankfurt am Main: Suhrkamp 1983, S. 295.

456 Navratil, *Kontrafaktik*, S. 118.

mit Gadamers hermeneutischem Zirkel auf – ist deshalb unbedingte Voraussetzung für kontrafaktisches Operieren. Wenn dies der Fall ist, kann das kontrafaktische Schreiben getrost auch in anderen Wissensbereichen eingesetzt werden, wie dies Andreas Kablitz explizit für *Entsprechungen zwischen Fakt und Recht* geltend macht.[457]

Auf literaturtheoretischer und sprachpragmatischer Ebene sind für die Kontrafaktik zwei Bezugspunkte relevant: der *reale extradiegetische Fakt und seine variierte Übernahme in die Diegese.* Die Zuordnung einer Information zur realen Welt erfolgt, wie Wolfgang Iser und Michel Foucault erläutern, über die konstitutive Kraft der Sprache, die die Zuordnung des Fakts zur allgemein als real wahrgenommenen Welt bestimmt. Dabei sind in der diegetischen Dimension zwei Referenzräume zu unterscheiden: der Raum, in dem Aussagen nur innerdiegetisch (ohne Bezug zur Außenwelt) wahr oder falsch sind, und der Raum, in den realweltliche Fakten eindringen, die in irgendeiner Weise mit der Außenwelt korrelieren. Mit Bezug auf die Unterscheidung zwischen der Dimension der inneren Diegese und ihren Variationsmöglichkeiten einerseits und der Überschneidung von Diegese und Außenwelt andererseits spricht Carl D. Malmgren von verschiedenen Referenzebenen, während sich Michael Navratil auf die Doppelreferenz bezieht.

Aus teleologischer Sicht bietet das ›Spiel‹ mit der Kontrafaktik einen interessanten Raum für Experimente, die durch von der Realität divergierende Imaginationen genährt werden und durch die Frage, ›Was wäre, wenn die Realität so wäre oder so ausgesehen hätte?‹, neue Erkenntnisse und Reflexionsräume eröffnen können.

Übertragen auf das Recht in der Literatur erlaubt die kontrafaktische Perspektive – immer unter der nicht genug zu betonenden Voraussetzung, dass das realweltliche Recht hinreichend bekannt ist, um erkannt zu werden – den wissenschaftlichen Zugriff auf den Rechtsdiskurs in der Diegese und die Überprüfung von seiner Stringenz (oder auch nicht) im Vergleich zum realweltlichen Recht, wobei hier weniger die experimentelle als vielmehr die sprachpragmatische Ausrichtung der Kontrafaktik zur Geltung kommt.

Im Folgenden soll nun der Versuch unternommen werden, die soeben vorgestellte Theorie für die praktische Anwendung auf die Untersuchung von Rechtsdiskursen in literarischen Texten fruchtbar zu machen. Zu diesem Zweck wird eine Arbeitsmethode vorgestellt werden, die anhand von fünf sehr unterschiedlichen Texten erprobt werden soll, um daraus Rückschlüsse auf methodische Sekanten zwischen Recht und Literatur zu ziehen. Ziel eines solchen Vorgehens ist es, wie bereits betont, eine wiederholbare Arbeitsmethode zu entwickeln, wenn es darum geht, Recht in der Literatur zu erkennen und zu untersuchen. Zugleich

457 Vgl. Kablitz, *Kunst*, S. 167.

darf die Hoffnung geäußert werden, dass meine Arbeit die Möglichkeiten interdisziplinärer Forschung zwischen Recht und Literatur plausibilisieren, festigen und erweitern möge.

3. Methode der juristischen Kontrafaktik

Wie bereits aus der Einleitung dieser Forschungsarbeit hervorgeht, handelt es sich hier um den Versuch, eine ›kontrafaktische Methode‹ zur Erforschung von Rechtsdiskursen in literarischen Texten zu entwickeln. Der Begriff der ›kontrafaktischen Methode‹ impliziert ›Methode‹ und ›Kontrafaktik‹: Erstere ist Gegenstand des Versuchs, *methodische* Perspektiven für die interdisziplinäre Arbeit zwischen Recht und Literatur zu eröffnen, letztere wurde im vorhergehenden Kapitel 2 ausführlich als *Konzept* behandelt und soll hier als *Methode* weiterentwickelt werden. Die Erschließung eines neuen Zugangs soll dazu dienen, die interdisziplinäre Verbindung zwischen Recht und Literaturwissenschaft durch das Aufzeigen gemeinsamer methodischer Ansätze zu stärken: Ich verweise insoweit auf das Kapitel zur Interdisziplinarität, in dem deutlich gemacht wird, dass ohne methodische und konzeptionelle Gemeinsamkeiten eine tragfähige interdisziplinäre Arbeit nicht möglich ist. Die Kontrafaktik als Methode visiert hingegen einerseits die Gegenüberstellung von realweltlichem Recht und intradiegetischem Rechtsdiskurs als Voraussetzung für kontrafaktisches Denken und Erkennen und andererseits das tiefere Verständnis von Rechtsdiskursen in der Literatur und zugleich von Literatur im weiteren Sinne.

Für die Zwecke der vorliegenden Studie wird es sinnvoll sein, auf die in den Geisteswissenschaften allgemein gängige nicht-empirische Methode zurückzugreifen, die Hans-Bernd Brosius, Alexander Haas und Friederike Koschel im Gegensatz zur in den Sozialwissenschaften üblichen empirischen Methode definieren: »Nicht-empirisch vorzugehen heißt, einen singulären Sachverhalt auf der Grundlage eigener Erfahrung und des theoretischen, allgemeinen Wissens einer Wissenschaft zu verstehen und systematisch einzuordnen.«[1] Diese Definition könnte für das vorliegende Forschungsvorhaben nicht treffender sein: Es wird hier versucht, aufbauend auf und ausgehend sowohl vom bisherigen Forschungsstand ›Recht und Literatur‹ als auch von den theoretischen Bausteinen der Interdisziplinarität, des Diskurses, der Hermeneutik und der Kontrafaktik eine interdisziplinär taugliche Methode zu entwickeln. Meine eigenen fachübergreifenden Erfahrungen rechts- und literaturwissenschaftlicher Natur werden sich dabei sicherlich als hilfreich erweisen. Es wird zu klären sein, inwieweit eine literaturwissenschaftlich-juristische Untersuchung auf gemeinsame interdisziplinäre Arbeitsmethoden zurückgreifen kann und wie sich das Verhältnis von Recht und Literatur gestalten

1 Hans-Bernd Brosius / Alexander Haas / Friederike Koschel, »Was sind Methoden, was ist Empirie?«, in: Hans-Bernd Brosius / Alexander Haas / Friederike Koschel (Hg.), Methoden der empirischen Kommunikationsforschung, Wiesbaden: Springer 2016, S. 1–31, hier: S. 3.

lässt: Kann sich daraus eine eigene Disziplin entwickeln oder muss es bei einem mehr oder weniger vertieften ›parallel-disziplinären‹ Nebeneinander bleiben, das sich auf einige gemeinsame Schnittstellen beschränkt? Und wie könnte eine solche ›Vertiefung‹ aussehen?

Mein Vorgehen orientiert sich an der phänomenologischen Methode Edmund Husserls, aus der sich für die Zwecke der vorliegenden Untersuchung insbesondere drei Vorteile ableiten lassen 1.) ihr streng wissenschaftskritischer Charakter, mit dem sie die »Enthüllung und Untersuchung aller Grundannahmen und Voraussetzungen«[2] verschiedener Wissensfelder anstrebt; 2.) ihre vorurteilslose undogmatische Herangehensweise an letztere; 3.) ihre disziplinspezifische Korrelation; 4.) ihre Multiperspektivität sowie 5.) ihre Suche nach wesenhaften Strukturen eines Phänomens. Zum fünften Punkt erläutert Bojan Godina, inwiefern sich die phänomenologische Methode besonders gut für interdisziplinäres Arbeiten eignet:

> Indem man die Wesensstrukturen eines Phänomens wahrnimmt, ist man leichter in der Lage, Transferwissen und übergeordnete Konzepte zu erstellen. In der gegenwärtigen wissenschaftlichen Landschaft (inklusive der Sozial- und Geisteswissenschaften) gibt es viele Spezialisten, aber auch Generalisten. Wahrscheinlich werden große Erkenntnisse künftig immer seltener durch Generalisten oder Spezialisten zu erwarten sein, sondern vor allem durch *synthetisch arbeitende Wissenschaftler, die es vermögen, zwischen den einzelnen wissenschaftlichen Disziplinen zu übersetzen und die in der Lage sind, übergeordnete Konzepte zu entwickeln* [...]. *Es ist interessant zu beobachten, dass Forscher, die in zwei oder mehr Disziplinen ausgebildet wurden, viel schneller dazu neigen, phänomenale Wesensstrukturen zu erkennen, als sich in Details zu verlieren* [Hervorhebung durch d. Verf.].[3]

Der phänomenologischen Methode Husserls lassen sich insofern interessante Elemente entnehmen und für die literaturwissenschaftlich-juristische Forschung fruchtbar machen, als sich die Phänomenologie mit Wissenschaft als subjektiver Erkenntnis in spezifischer Beziehung zu einem bestimmten Gegenstand (Phänomen) beschäftigt.[4] Sie nähert sich dem Forschungsgegenstand möglichst unvoreingenommen (Vorurteilslosigkeit), indem sie ein Phänomen bewusst beschreibt (Intention). Dieser Übergang von der bloßen Wahrnehmung zur absichtsvollen wissenschaftlichen Untersuchung erfolgt aus verschiedenen Perspektiven

2 Bojan Godina, *Die phänomenologische Methode Husserls für Sozial- und Geisteswissenschaftler. Ebenen und Schritte der phänomenologischen Reduktion*, Wiesbaden: Springer 2012, S. 52.

3 Ebd., S. 52–53.

4 Vgl. Wilhelm Szilasi, *Einführung in die Phänomenologie Edmund Husserls*, Tübingen: Max Niemeyer 1959, S. 7.

(eidetische Variation) und auf verschiedene Weise (Korrelation),[5] mit dem Ziel, das letztendliche Wesen eines Phänomens zu erfassen.

3.1 Beobachtung des eigenen Forschungsprozesses (*erste Epoché*)

Auf der letzten Stufe vor der höchsten Stufe des absoluten Bewusstseins (*zweite Epoché*),[6] die hier keinen praktischen Wert hat, bildet das phänomenologische Bewusstsein (*erste Epoché*) die höchste Stufe der Forschungserfahrung: Darunter versteht Husserl »eine Metaebene des Bewusstseins über die Bewusstseinsakte.«[7] Damit ist die Fähigkeit gemeint, den eigenen Forschungsakt neutral zu beobachten, wie Husserl erklärt: »Er [der Mensch, Anm. d. Verf.] hält sich aus der Beziehung, die sich zwischen ihm selbst als natürlich erlebendem Menschen und den diesen Menschen als seiend erscheinenden Gegenständen abspielt, heraus.«[8]

Abb. 3, Godina, Die phänomenologische Methode, *S. 44. Erste Epoché durch innehaltende Selbstbeobachtung*

5 Vgl. Edmund Husserl, *Einleitung in die Phänomenologie. Vorlesung 1912*, hrsg. v. Thomas Vongehr, Wiesbaden: Springer 2023, S. 80–87.
6 Godina, *Die phänomenologische Methode*, S. 50.
7 Vgl. ebd., S. 43.
8 Klaus Held, »Einleitung«, in: Edmund Husserl, *Die phänomenologische Methode. Ausgewählte Texte* I, hrsg. v. Klaus Held, Stuttgart: Reclam 1998, S. 35.

Die Beobachtung des bisherigen methodischen Vorgehens ist insofern sinnvoll, als sie erstens die Grundzüge der methodischen Phänomenologie Husserls anhand des konkreten Vorgehens im Rahmen des vorliegenden Forschungsprojekts illustriert und zweitens Vorüberlegungen für die Entwicklung einer praktisch anwendbaren kontrafaktischen Arbeitsmethode für die interdisziplinäre Forschung zwischen Recht und Literatur liefert. Die folgende Meta-Beobachtung der Beobachtung wird sich daher an den Kernpunkten der methodologischen Phänomenologie orientieren, nämlich Wissenschaftlichkeit, Vorurteilslosigkeit, Korrelation, eidetische Variation und Wesenstheorie.

Dem *wissenschaftlichen Charakter der phänomenologischen Methode* (Punkt 1) wird durch die stringente Fundierung der Forschungsarbeit auf den theoretischen ›Bausteinen‹ der Interdisziplinarität, des Diskurses, der Hermeneutik und der Kontrafaktik Rechnung getragen. Die Erforschung der ersten drei ›Bausteine‹ erfolgte mit dem Ziel, aus ihrer Kombination gemeinsame methodische Ansätze für die interdisziplinäre Arbeit zwischen Rechts- und Literaturwissenschaft abzuleiten. Ob aus diesem Versuch eine neue hybride Disziplin Literatur/Recht hervorgehen kann oder ob er gerade ausreicht, um tragfähigere robustere interdisziplinäre Paradigmen zu entwickeln, werden die nachfolgenden Überlegungen zeigen.

Das *vorurteilslose phänomenologische Beschreiben* (Punkt 2) sucht durch »reflektiertes und beschreibendes Sehen«[9] Strukturen von Phänomenen sowie Unterschiede und Zusammenhänge zwischen Phänomenen beobachtend wahrzunehmen, um daraus Schlüsse zu ziehen. Ausgangspunkte sind die eigene Erfahrung der Welt, wie sie ist (eine Welt »vor aller Theorie«),[10] das objektive Herantreten an die vorhergehende Erfahrung anderer und das Bestreben, daraus sinnvolle, die individuelle Subjektivität transzendierende Erkenntnisse zu gewinnen. Edmund Husserl erläutert, wie er diese Vorurteilslosigkeit im Sinne einer ungebundenen, freien Kenntnisgewinnung versteht:

> Es muss also Natur vor aller Theorie, vor aller mittelbaren Erkenntnis uns als seiende Wirklichkeit in unmittelbarer Weise gegeben sein [...]. Unmittelbare Gegebenheit von seiender Natur ist aber sinnliche Wahrnehmung, die Ur-Form der Erfahrung. Auf Erfahrung zurückgehen, [...] das heißt also nichts anderes als nicht von oben her, aus Vorurteilen, aus

9 Vgl. Maren Wehrle, *Phänomenologie. Eine Einführung*, Berlin: J. B. Metzler 2022, S. 29.

10 Husserl, *Die phänomenologische Methode*, S. 136. Mit der Welt »vor aller Theorie« meint Husserl die natürliche Welt, so wie sie uns umgibt und wir sie subjektiv, ohne Forschungsfokus, empirisch, psychologisch und imaginär erleben. Vgl. dazu Godina, *Die phänomenologische Methode*, S. 25.

vagen Meinungen, aus unbesehenen Traditionen über die reale Wirklichkeit sprechen, sondern sie sich selbst ansehen.[11]

Husserl vertritt hier die Auffassung, dass gute Forschung unbeeinflusst von Vorgängertheorien, Dogmen, autoritären Meinungen etc. ›ideenreich‹ an das Forschungsobjekt herangehen muss, und erinnert dabei nicht wenig an Gadamers hermeneutischen Zirkel. Ideen, so Husserl, müssen sich im Alltag wie in der Wissenschaft frei entfalten können: »Alles ist voll Ideen, und unser Denken ist beständig durchsetzt von Ideendenken und auch Ideenschauen, und zwar sowohl das alltägliche, vorwissenschaftliche Denken und erst recht das wissenschaftliche.«[12] In diesem Sinne interpretiert Maren Wehrle die vorurteilslose Beschreibung als einen Prozess der Erkenntnisverbesserung: »Es handelt sich um eine bewusste methodische Einstellung, die die jeweils gängigen theoretischen Methoden und Annahmen einklammert, um diese zu thematisieren und deren Legitimität zu prüfen. Ziel muss es sein, zu einer besseren Theorie zu gelangen, d. h., einer Theorie, mit der die zu untersuchenden Sachen adäquater, der Sache nach besser erfasst werden können.«[13] Um dieses Ziel zu erreichen, muss sich der erkennende Mensch in bewusster wissenschaftlicher Erkenntnisabsicht mit der Sache selbst auseinandersetzen und dabei seine eigenen ›Vormeinungen‹ (hier bricht wiederholt Gadamers hermeneutischer Zirkel durch) zurückstellen (eidetische Reduktion),[14] insofern gutes wissenschaftliches Arbeiten theoretische Unvoreingenommenheit voraussetzt.

Neben der Voraussetzung einer unvoreingenommenen Offenheit setzt das methodische Vorgehen des:der Phänomenologen:Phänomenologin, wie Werner Marx betont, die subjektive Entscheidung voraus, sich in die ›seiende‹ Welt hineinzuversetzen. Dabei gilt es, sich die eigentümliche ›theoretische Praxis‹ anzueignen, um sich dem Untersuchungsgegenstand schrittweise zu nähern. Gerade die Erschließung des Gegenstandsbereichs bestimmt nach Marx die Wahl der Forschungsmethode.[15] Helmut Danner verweist in diesem Zusammenhang auf Husserls Begriff der Intentionalität, demzufolge die natürliche ›Beschauung‹ eines Gegenstands erst durch das bewusst intendierte Beschreiben, Untersuchen, Beobachten zum *Phänomen* wird.[16] Gerade diese Intentionalität des Bewusstseins entscheidet

11 Husserl, *Einleitung in die Phänomenologie*, S. 10.

12 Ebd., S. 11.

13 Wehrle, *Phänomenologie*, S. 141.

14 Vgl. Dan Zahavi, *Phänomenologie für Einsteiger*, Paderborn: W. Fink 2007, S. 17–20.

15 Werner Marx, *Die Phänomenologie Edmund Husserls*, München: W. Fink 1987, S. 21.

16 Vgl. Helmut Danner, *Methoden geisteswissenschaftlicher Pädagogik*, München: Ernst Reinhardt 1998, S. 125.

darüber, welchen Gegenstand, welchen Teil eines Gegenstands und aus welcher Perspektive ein Gegenstand erforscht wird.

Mein Bestreben ist es, den Postulaten Husserls und Gadamers in Bezug auf Vorwissen und Unvoreingenommenheit folgend, meinen forschenden Blick wissenschaftlich ›vorurteilslos‹, aber bewusst intentional auf den Gegenstand ›Recht *in* der Literatur‹ zu richten. Darunter verstehe ich eine offene Herangehensweise an den Forschungsgegenstand ›Recht *in* der Literatur‹, ohne durch Vormeinungen, Theorien, Thesen oder Annahmen der bisherigen Forschung nachteilig vorbestimmt zu werden. Nachteilig meint hier eine bedingte Vorbestimmung des Forschungsergebnisses aufgrund von Vormeinungen, die aber bei hinreichender Offenheit durchaus entkräftet oder modifiziert werden und so zu einem neuen Forschungsergebnis führen können. Es versteht sich von selbst, dass Vorurteilslosigkeit nicht im Sinne von Unwissenheit zu verstehen ist, im Gegenteil: Der Versuch, einen neuen Blick auf das Forschungsfeld ›Recht *in* der Literatur‹ zu werfen, erfordert solide Vorkenntnisse sowohl der einschlägigen Theorie als auch der bisherigen Forschungsleistungen in diesem Bereich. Darüber hinaus erscheint es mir sinnvoll, meine eigenen empirischen und theoretischen Kenntnisse, die ich in meinen Disziplinen erworben habe, für die vorliegende Arbeit fruchtbar zu machen. In diesem Sinne möchte ich jedenfalls den ersten beiden Punkten (Wissenschaftlichkeit und Vorurteilslosigkeit) der phänomenologischen Methode Husserls gerecht werden, indem ich sowohl an mein eigenes als auch an fremdes literatur- und rechtswissenschaftliches Vorwissen vorbehaltlos anzuknüpfen versuche. Insbesondere Husserls Konzeption der offenen Annäherung an einen Forschungsgegenstand erscheint mir für innovative Forschung wesentlich.

Weitere wichtige methodologische Erkenntnisse Husserls beziehen sich, wie bereits erwähnt, auf die Prinzipien der *Korrelation* (Punkt 3) und der *Multiperspektivität* (Punkt 4). Die erfolgreiche Erforschung eines Phänomens hängt in diesem Zusammenhang von der Wahl des geeigneten Zugangs zum Forschungsgegenstand ab, d. h. von der richtigen *Korrelation*,[17] wie Held erklärt: »Zwischen dem Ansichbestehen der Gegenstände und ihrer subjektiven situationsgebundenen Gegebenheitsweise besteht ein Wechselverhältnis, eine Korrelation, deren konkreter Charakter von der Art der Gegenständlichkeit abhängt.«[18] Vielfältige Korrelationsmöglichkeiten (Zweifel, Gewissheit, Erinnerung etc.)[19]

17 Werner Marx vergleicht dieses Korrelationsverhältnis mit den ›Spielregeln‹, denen die Beziehung Zugangsmodus/Gegenstand gehorcht (Marx, *Die Phänomenologie*, S. 21).

18 Held, »Einleitung«, S. 15.

19 Vgl. Edmund Husserl, *Erfahrung und Urteil*, Hamburg: Felix Meiner 1972, S. 87.

eröffnen den Forschenden gedankliche Variationsmöglichkeiten, die sie, wie Husserl schreibt, »und so weiter nach Belieben«[20] fortsetzen können oder auch nicht (eidetische Variation), solange das Objekt seine Identität nicht verliert.[21] Aus dem Bewusstsein, das sich in geeigneter Weise (Korrelation) intentional auf ein Objekt konzentriert, entsteht dann das Phänomen, d. h. der Forschungsgegenstand, wie Bojan Godina veranschaulicht (Abb. 4):

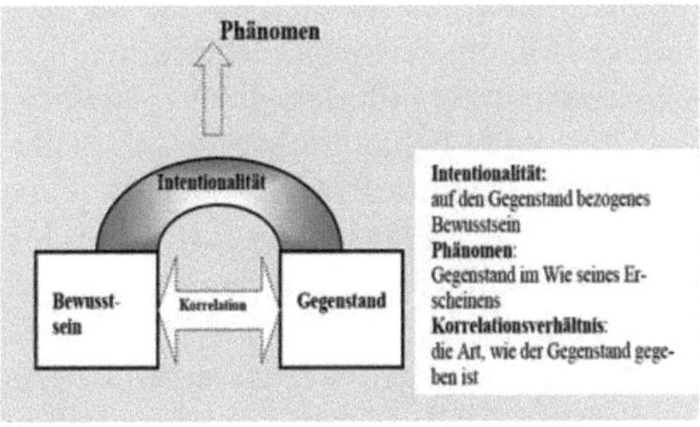

Abb. 4: Godina, Die phänomenologische Methode, *S. 33. Akt des Forschens*

Korrelation und eidetische Variation spielen hier für die interdisziplinäre Forschung zwischen Recht und Literatur insofern eine besondere Rolle, als an jede der beiden Disziplinen sowohl in theoretischer als in praktischer Hinsicht anders herangegangen werden muss. Zur Veranschaulichung möchte ich aus der Vielzahl möglicher Beispiele das Verhältnis von Literatur und Gesellschaft im Vergleich zum Verhältnis von Recht und Gesellschaft herausgreifen. Es wäre wenig sinnvoll, das Verhältnis von Literatur und Gesellschaft nach rechtstheoretischen oder das Verhältnis von Recht und Literatur nach literaturtheoretischen Prinzipien untersuchen zu wollen. Denn dies würde für das Recht bedeuten, den fiktionalen Charakter der Literatur anzunehmen und seinen normativen Charakter zu verlieren. Für Literatur hingegen hieße dies, jeden Satz als normatives ›Sollen‹ oder ›Du-darfst-nicht‹ zu verstehen und den fiktionalen Charakter zu verlieren. Mit solchen, um mit Husserl zu sprechen, verfehlten ›Korrelationen‹ käme es zu einem verfälschten, sinnentleerten Forschungsergebnis: Das Recht würde lügen und in seiner Funktion als gesellschaftlicher Seismograf vorhersehen, was die Literatur vorschreiben würde. Romane würden für Leser:innen normativ verbindlich, während Rechtstexte als unterhaltsame Fiktion gelesen werden könnten. An diesem Beispiel wird der Sinn von Husserls Forderung nach einer der Besonderheit des Forschungsgegenstandes angemessenen Zugangsweise deutlich. Ebenso ist auf die Relevanz von Husserls Möglichkeiten der

20 Ebd., S. 413.
21 Vgl. Godina. *Die phänomenologische Methode*, S. 37.

gedanklichen Variation hinzuweisen – im Sinne des wissenschaftlichen Interesses, einen Forschungsgegenstand aus verschiedenen Perspektiven zu betrachten, um ihn ›herumzugehen‹, ihn aus verschiedenen Blickwinkeln zu beleuchten etc. Um das Interesse von Husserls eidetischer Variation für die interdisziplinäre Arbeit zu erläutern, soll der Text als Beispiel herangezogen werden: Schon das Verständnis dessen, was ein Text ist, hängt von der Perspektive der Beobachter:innen/Forscher:innen ab: Literaturtheoretiker:innen werden den Begriff ›Text‹ anders definieren als Linguist:innen, Jurist:innen anders als Soziolog:innen, diese wiederum anders als Kulturwissenschaftler:innen.[22] Ebenso kann die Forschungsperspektive innerhalb desselben epistemischen Feldes variieren. In diesem Sinne kann behauptet werden, dass der Text des Romans *Diese eine Entscheidung* von Karine Tuil aus der Perspektive der Literaturwissenschaften auf die Erzählperspektiven und Aussagemodi, auf den Wechsel zwischen innerem Monolog und äußerer Erzählperspektive, auf intertextuelle Bezüge zu anderen Werken etc. untersucht werden würde. Jurist:innen hingegen werden sich in Bezug auf dasselbe Werk für die Darstellung der Aufgaben der Untersuchungsrichterin in der Abteilung ›Terrorismusbekämpfung‹ interessieren, für die juristische Plausibilität der Schilderungen, für die Frage, ob die erwähnte Terrorgesetzgebung tatsächlich in dieser oder in einer anderen Form als in der Diegese geschildert existiert etc. Wie dieses Beispiel zeigt, kann ein und derselbe Text von mehreren Beobachter:innen wissensspezifisch ›umrundet‹ oder mit unterschiedlichem Fokus betrachtet werden. Für die vorliegende interdisziplinäre Arbeit bietet deshalb die Konzentration von literatur- und rechtswissenschaftlicher Kompetenz in ein und derselben Person sicherlich den Vorteil, diese ›Textumrundung‹ aus der Perspektive nur einer Beobachterin leisten zu können.

Das Interesse qualitativer Forscher:innen liegt nach Husserl aber nicht nur darin, die richtige Korrelation zum Forschungsgegenstand zu finden und diesen multiperspektivisch zu betrachten, sondern darüber hinaus darin, dem *Wesen* der Dinge (Punkt 5) auf den Grund zu gehen, also jener Grundeigenschaft oder Struktur, die in allen Variationen gleichbleibt. Godina veranschaulicht Husserls Wesensidee bildlich (Abb. 5) anhand eines Dreiecks, dessen Grundstruktur stets durch die drei Ecken bestimmt wird, wie immer auch die Variation ausfällt[23] (denn sollte die Variation diese dreieckige Grundform aufheben, verlöre das Forschungsobjekt ›Dreieck‹ seine Identität):

22 Vgl. dazu Kirsten Adamzik, »Was ist ein Text?«, in: Karin Birkner / Nina Janich (Hg.), *Handbuch Text und Gespräch*, Berlin/Boston: De Gruyter 2018, S. 26–51.

23 Vgl. Godina, *Die phänomenologische Methode*, S. 38–41.

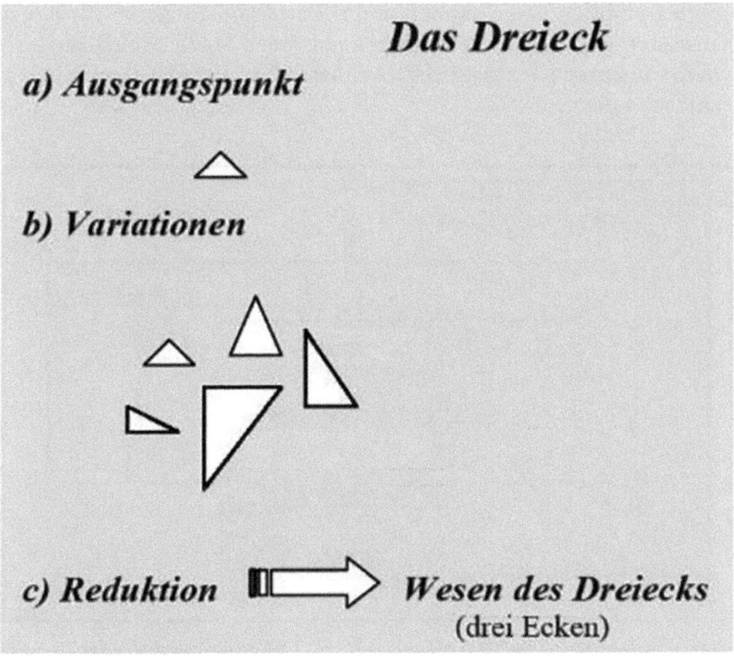

Abb. 5, Godina, Die phänomenologische Methode, *S. 41. Das Wesen der Dinge*

Worin besteht nun das Wesen der ›Schnittmenge‹ zwischen Recht und Literatur? Gibt es Grundstrukturen als kleinste Nenner, die Recht und Literatur gemeinsam haben? Auf diese Frage versuche ich Antworten zu finden und es scheint mir, dass der kleinste Nenner, der beiden Disziplinen als irreduzible Natur zugrunde liegt, der geschriebene Text ist: Ohne Text gibt es weder Literatur noch Recht oder, strenggenommen, weder Literaturwissenschaft noch Rechtswissenschaft. Recht und Literatur als Disziplinen können allenfalls mündlich vermittelt und weitergegeben werden, die Wissenschaft aber kommt ohne schriftliche Fixierung und Überlieferung nicht aus. Wie sonst soll sie auf Vorwissen zurückgreifen, um bestehendes Wissen fortzuschreiben und neues Wissen zu entwickeln?

Der Text als Grundlage interdisziplinärer Forschung zwischen Recht und Literatur kann erweitert, reduziert, verändert, korrigiert werden, aber er kann nicht durch etwas anderes als den Text ersetzt werden. Wäre dies der Fall, ginge das Wesen, d. h. die unveränderliche Minimalstruktur, um als ›Text‹ erkannt zu werden, verloren. Wie aber muss diese Minimalstruktur des Textes beschaffen sein, um für die interdisziplinäre Forschung von Literatur und Recht tauglich zu sein?

Wie bereits angedeutet, klaffen die Definitionen dessen, was ein Text ist, heute weit auseinander und reichen von der linguistisch-grammatisch engsten Definition einer »kohärente[n] Folge von Sätzen«[24] bis hin zur extensivsten Definition, die »Zeichen jedweder Art (also z. B. auch Gerüche)«[25] unter den Textbegriff subsumiert, wie Kirsten Adamzik in Abb. 6 veranschaulicht:

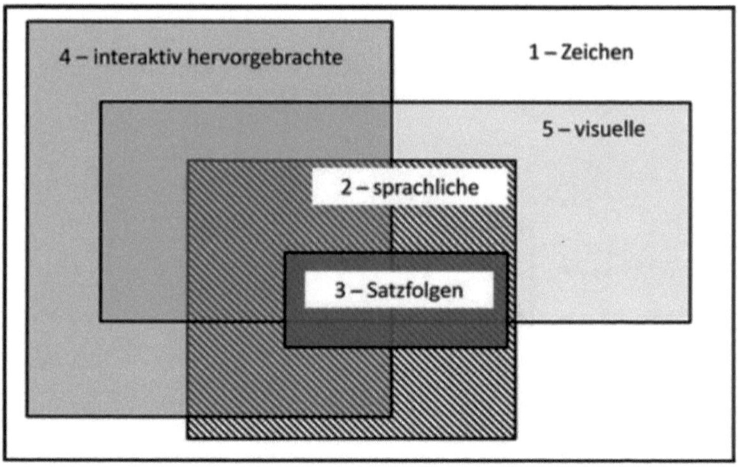

Abb. 6, Adamzik, »Was ist ein Text?«, S. 29. Definitionsbereiche des Begriffs ›Text‹

Für unsere Zwecke kann man getrost davon ausgehen, dass die kleinste Einheit, d. h. die grammatisch kohärente Satzfolge (Nr. 3), als das *Wesen* des Forschungsgegenstandes angesehen werden kann, da das benötigte ›Untersuchungsmaterial‹ der Text, und nur der Text – und weder die sprachlichen Interaktionen (Nr. 4) noch die visuellen oder andersartigen Zeichen (Nr. 1, 2, 5) – sein kann. Die hiesige Forschung wird sich daher auf den Text im engen Sinne konzentrieren, d. h. auf die Satzfolgen im literarischen Text, die auf Rechtsverhältnisse hinweisen, und auf die Satzfolgen im Rechtstext, die Aufschluss über die Beschaffenheit des realweltlichen Rechtssystems geben.

Zusammenfassend lässt sich festhalten, dass die *selbstbeobachtende Funktion auf der Metaebene des Beobachtungsprozesses* durch die methodologische Analyse des bisherigen Forschungsprozesses zum Forschungsphänomen ›Juristische Kontrafaktik: Eine Methode der kontrastiven Diskursanalyse zwischen Recht und Literatur‹ anschaulich erläutert werden konnte:

24 Klaus Brinker / Hermann Cölfen / Steffen Pappert, *Linguistische Textanalyse. Einführung in Grundbegriffe und Methoden*, Berlin: Erich Schmidt 2018, S. 15.
25 Adamzik, »Was ist ein Text?«, S. 29.

Im Zustand des ›Seins in der natürlichen Welt‹, um mit Husserl zu sprechen, bin ich dem Recht und der Literatur in verschiedenen Situationen und Kontexten begegnet: im Literaturunterricht am Gymnasium, im Jurastudium an der Universität, bei meiner Arbeit als Übersetzerin von Rechtstexten und als Mitarbeiterin eines juristischen Verlags, in meiner Berufserfahrung als Rechtsanwältin etc. In all diesen Tätigkeiten fand ein unspezifischer, nicht forschungsorientierter Wissenserwerb statt, der aber mein interdisziplinäres Vorwissen vorbereitete und aufbaute. Die zusätzliche Aneignung von spezifischem, auf den geplanten Forschungsgegenstand bezogenem Wissen führte zur präzisen Ausformulierung der Forschungsintention in der Form des Forschungsprojektes mit dem Titel *Juristische Kontrafaktik: Eine Methode der kontrastiven Diskursanalyse zwischen Recht und Literatur*. Um wiederholt mit Husserl zu sprechen, erfolgte so eine bewusste Annäherung an den Forschungsgegenstand, der durch diese ›Intentionalität‹ aus der allgemeinen, amorphen natürlichen Welt herausgehoben und zum ›Phänomen‹ erhoben wurde. Frei von dogmatischen Einengungen durch den bestehenden Forschungsstand, geleitet von eigenen und wissenschaftlichen Vorkenntnissen, erfolgte die Annäherung mit Offenheit, mit Freude am ›Probieren‹, am ›Tasten‹, am breitgefächerten ›Suchen‹. Dieser bewusst ›suchende‹ Prozess führte zu der Entscheidung, der Untersuchung einen historisch-vergleichenden Überblick über die Forschung auf dem Gebiet Recht und Literatur voranzustellen und diese auf die theoretischen Grundpfeiler der Interdisziplinarität, des Diskurses, der Hermeneutik sowie auf die Methode der Kontrafaktik zu stützen, um auf dieser Basis den Versuch zu unternehmen, eine interdisziplinäre Arbeitsmethode zwischen Recht und Literatur zu entwerfen. Dieser theoretisch konzipierte methodische Ansatz soll im Folgenden anhand von fünf literarischen Werken empirisch erprobt werden. Die adäquate ›Korrelation‹ als geeigneter Forschungszugang berücksichtigt, wie bereits erläutert, die jeweiligen Eigenheiten von Recht und Literatur, an deren Schnittpunkt die Suche nach einer minimalen gemeinsamen ›Wesensstruktur‹ steht, die im Text als kohärente Satzfolge zu liegen scheint. Der Text kann, wie bereits erläutert, aus verschiedenen Perspektiven untersucht werden (eidetische Variationen), d. h. im konkreten Fall sowohl aus literaturwissenschaftlicher als auch aus rechtswissenschaftlicher Perspektive.

Diese retrospektive, selbstreflexive Metaanalyse des bisherigen Forschungsweges in Anlehnung an Husserls methodische Phänomenologie soll den Weg ebnen für weitere Überlegungen zu einer *praktisch anwendbaren und wiederholbaren Methode* der kontrafaktischen Untersuchung von Recht *in* der Literatur. Ziel dieser Bemühungen ist es, einerseits zu einem besseren Verständnis literarischer Werke mit Rechtsbezügen sowie zu einem vertrauensvolleren Umgang mit dem Recht auch für Literaturwissenschaftler:innen durch die kontrafaktische Kontrastierung zu führen und andererseits zu versuchen, methodische Ansätze anzubieten, die ein robustes interdisziplinäres Arbeiten ermöglichen.

3.2 Entwurf einer Methode der kontrafaktischen Untersuchung von Rechtsdiskursen in der Literatur

Für die praktische Anwendung der Phänomenologie Husserls schlägt Gerhard Kleining eine »qualitativ-heuristische« Methodologie vor, die die kombinierte Befolgung von vier Grundregeln vorsieht:

> Regel 1: Offenheit der Forscher:innen (für neue Konzepte und Erkenntnisse);
> Regel 2: Offenheit des Untersuchungsgegenstandes (Modulierbarkeit im Forschungsverlauf);
> Regel 3: Maximale strukturelle Variation der Perspektiven;
> Regel 4: Analyse von Gemeinsamkeiten (der verschiedenen Perspektiven).[26]

Die Regeln 1–3 wurden bereits erläutert und bedürfen hier keines weiteren Kommentars; sie werden vorausgesetzt.

Vielmehr soll an dieser Stelle die Aufmerksamkeit auf Regel Nr. 4 gelenkt werden, wobei zu beachten ist, dass eine Analyse der Gemeinsamkeiten das Bewusstsein der Differenzen voraussetzt. Wie Gerhard Kleining ausführt, führt der »Vergleich auf Differenzen [...] zu bis ins Unendliche reichenden Kombinationsmöglichkeiten und verlangt die Legitimation der jeweils gewählten – letzten Endes subjektiven – Auswahl«, während »die Analyse auf Gemeinsamkeiten beabsichtigt, komplexe Datensätze auf nachvollziehbare Weise auf ihre Struktur zurückzuführen.«[27] In diesem Sinne werden die Konzepte der Interdisziplinarität, des Diskurses und der Hermeneutik herangezogen, um die Unterschiede zwischen Recht und Literatur zu untersuchen und daraus Gemeinsamkeiten abzuleiten. Die gewählten theoretischen Grundkonzepte dienen hier also als relevante Unterscheidungs- und zugleich Einigungsparameter. Differenzierung und Gemeinsamkeit erscheinen in diesem Sinne als zwei Seiten einer Medaille, d. h., das eine kann nicht ohne das andere gedacht werden. Diesem Prozess der Unterscheidung bzw. der Feststellung von Gemeinsamkeiten muss zunächst durch Abgrenzung die Klarheit darüber vorausgehen, wo die Scheidungspunkte zwischen Rechts- und Literaturwissenschaften liegen, um dann auf gemeinsame Schnittmengen schließen zu können, die sich für die Konstruktion gemeinsamer

26 Gerhard Kleining, »Qualitative Heuristik«, in: Günter Mey / Katja Mruck (Hg.), *Handbuch Qualitative Forschung in der Psychologie*, Wiesbaden: VS Verlag für Sozialwissenschaften 2010, S. 65–78, hier: S. 68.

27 Ebd., S. 67.

methodischer Arbeitstechniken eignen könnten. Die nachfolgende Tabelle gibt eine Übersicht über die ›Schnittmengen‹ zwischen Recht und Literatur einerseits und die Unterschiede zwischen den beiden Disziplinen andererseits.

Literatur	**Recht**	**Schnittmenge Literatur/ Recht**
Interdisziplinarität		
Grenze der Darstellbarkeit von Normativität	Normativität	menschliches Verhalten als Objekt
Darstellung von ›allem, was ist und nicht ist‹	Darstellung äußerlicher menschlicher Handlungen	Darstellung menschlicher Handlungen
thematische Entgrenzung	relative thematische Entgrenzung	*relative* thematische Entgrenzung
Fiktion	reale Welt (Ist-Zustand)	Faktizität
Seismograf und Spiegel der menschlichen Gesellschaft	Spiegel der menschlichen Gesellschaft, Rückkoppelung an Voraussagen	Spiegel der menschlichen Gesellschaft und des Zeitgeistes
literarischer TEXT	normativer TEXT	TEXT
Intertextualität	Kohärenz	Intertextualität=Kohärenz
Gestaltungsfreiheit	Kontingenz	
Sprache bis an die Grenzen ihrer Möglichkeiten	Ziel und Form konditionieren die Sprache	Sprache als Kommunikationsorgan
literaturtheoretische Fachsprache / theoretische Kakophonie, literarische Konzepte	juristische Fachsprache / normative Überkomplexität, juristische Konzepte	Objektadäquanz
Abbildung, Kritik, Erklärung, Erfindung	Normierung und Rechtsetzung	
Diskurs		
konstitutive Funktion	normativ konstitutive Funktion	Wirklichkeits- und Weltkonstitution durch Aussagen
Diskurs	Hermeneutik	besonderer Forschungszugang zu Wort und Sinn, zu Kontext und sprachlichen Regelmäßigkeiten

literarisches Fachvokabular, fachspezifische Zeichen und Wendungen	juristisches Fachvokabular, Normativität, fachspezifische Zeichen und Formeln, Prozessregeln, Beweisfindung, Stufensystem	Konstitution von Epistemen durch sichtbare und unsichtbare Diskurse
		in sich geschlossene Episteme, aber umweltoffen und fähig, mit anderen Disziplinen zu kommunizieren
		subjektive oder objektive Autor:in/Text-Referenz
interdiskursive Funktion als Wissensvermittlerin und ›Übersetzerin‹ zwischen Disziplinen		
Substitution der Hermeneutik durch die Diskursforschung	klare Trennung zwischen Diskurs und Hermeneutik	
Hermeneutik		
Unbestimmtheit der hermeneutischen Regeln durch wechselnde oder divergierende Theorien	Möglichst hohe Strenge der hermeneutischen Regeln im Interesse der Rechtssicherheit, hierarchische Kontrolle	hermeneutische Unschärfen durch menschliche Subjektivität
ein Text	zwei Texte: die abstrakte Norm und der konkrete Einzelfall (Subsumtion)	Verstehen/Auslegung/Anwendung
Ungebundenheit der Auslegung	Zweckgebundenheit der Auslegung (praktische Wirksamkeit)	Auslegung
Textästhetik	Klarheit des Textes	TEXT als hermeneutische Referenz
Intertextualität	Stufenaufbau Kollisionsregeln	grammatische (objektive), teleologische (subjektive) und systematische Auslegung (Intertext)
Autor:in-Text-Leser:in-Kontext	Gesetzgeber-Text-Richter:in/Jurist:in-Kontext	schöpferische Funktion der Auslegenden
Auslegung ohne Zeitzwang in einer endlosen Reihe von Auslegungen	Auslegung zeitnah und zweckangepasst auf den konkreten Fall	Auslegung

rezeptionsbezogen (Leser:in und Literaturwissenschaftler:in), Relevanz der Ästhetik	fachbezogen (Jurist:in, Richter:in), Relevanz der praktischen Wirksamkeit	Hermeneutischer Zirkel: Vorwissen, Gesamt- und Teilkontext, Textbedeutung durch progressives ›Aussortieren‹, Teilnahme am kreativen Prozess der Weiterentwicklung
		zentrale Rolle der allgemeinen lexikalischen Bedeutung
Auslegung ohne konkrete soziale Auswirkungen	Auslegung mit konkreten Konsequenzen (Gefängnis- oder Geldstrafe etc.)	Auslegung

Abb. 7: Zusammenfassung Gemeinsamkeiten/Divergenzen zwischen Rechts- und Literaturwissenschaften (Alexandra Juster)

Aus der tabellarischen Übersicht über die Differenzen und Gemeinsamkeiten zwischen Rechts- und Literaturwissenschaft lässt sich in der Tat eine gemeinsame Matrix für Recht und Literatur feststellen, die Michel Foucault, wie bereits erwähnt, als Bindeglied zwischen Human- und Rechtswissenschaften gefordert hat.[28] Diese *gemeinsame Matrix* ist jedenfalls der geschriebene TEXT, der in seiner allgemein akzeptierten lexikalisch-semantischen Bedeutung Recht und Literatur dadurch eint, dass er das menschliche Verhalten im Zeitgeist der Gesellschaft in seiner ganzen Breite zu beschreiben vermag und die Grundlage des Auslegungsprozesses bildet. Verstehen und Auslegen – gekoppelt mit Vorwissen – sind eng zusammenzudenken und führen vom einem ungenauen Gesamtbild durch allmähliches Filtern und Aussortieren unangemessener Interpretationen zu einer adäquaten Detailauslegung, wobei die Auslegenden aktiv am Prozess der Entwicklung der hermeneutischen ›Historie‹ teilnehmen.

Mein methodischer Vorschlag zur Erschließung literarischer Texte, die juristische Diskurse in sich einschließen, fundiert in diesem Zusammenhang auf der Erkenntnis, dass der auslegungsbedürftige Text als Grundeinheit Recht und Literatur gemeinsam ist und zweifellos den kleinsten gemeinsamen Nenner beider Disziplinen darstellt. Es handelt sich immer um Text, seien es die literarische Diegese, literaturtheoretische Abhandlungen, literatur- oder rechtswissenschaftliche Forschungsbeiträge, Rechtstexte, Gerichtsurteile, Rechtsdoktrinen oder Rechtsfragmente, -termini und -kommentare, die in den literarischen Text einfließen. Wie bereits dargelegt, ist der geschriebene Text ein ideales Medium für die

28 Foucault, *Überwachen*, S. 34.

Absorption und Verschmelzung verschiedener Diskurse, so auch hier für Recht und Literatur. Aus dieser Erkenntnis leitet sich mein Vorschlag ab, an die gewählten literarischen Texte diskurstheoretisch heranzutreten und auf dieser Grundlage die Texte durch Auslegung zu erschließen, um in einem nächsten Schritt, den juristischen Diskurs in der Fiktion und den juristischen realweltlichen Text kontrafaktisch gegenüberzustellen. In der praktischen Anwendung wird sich der *Prozess des Verstehens* daher in folgende Schritte gliedern:

1. Erste Lektüre zur Gewinnung eines allgemeinen ästhetischen Gesamteindrucks;
2. zweite Lektüre mit Fokus auf den expliziten Rechtsdiskurs im literarischen Text (ausdrückliche Erwähnung von Rechtsinstitutionen, -termini und -begriffen, Rechtsparagrafen, Prozesshandlungen etc.).

Nach dem hermeneutischen Zirkel von Gadamer setzt Auslegung, wie bereits mehrfach erwähnt, Verstehen voraus, oder, anders formuliert: Verstehen vollzieht sich in der Auslegung. Der Prozess des interdisziplinären Verstehens und Auslegens kann daher nicht ohne die Kenntnis des mit dem literarischen Text korrespondierenden realweltlichen Rechtstext auskommen, weshalb in einem dritten Schritt

3. das realweltliche Recht, das mit dem literarischen Text korreliert, durch die Analyse des expliziten Rechtsdiskurses in der Diegese identifiziert wird.

Wenn z. B. im Romantext vom talmudischen Gesetz die Rede ist, so ist dies als Indikator zu verstehen, dass die Kenntnis des realweltlichen talmudischen Gesetzes für die Vervollkommnung des Verstehensprozesses wesentlich sein wird.

4. Kenntniserwerb des mit dem literarischen Text korrelierenden realweltlichen Rechts.

An dieser Stelle sei noch einmal auf Walter Müller-Seidel verwiesen, wenn er betont, dass es darauf ankommt, plausibel das »Wissen über den Text mit dem in Frage stehenden Hintergrundwissen zu verknüpfen.«[29] Mit Müller-Seidel stimme ich insbesondere darin überein, dass »einsichtig gemacht werden [muss], was das eine mit dem anderen zu tun hat. Das kann nicht einfach dem Leser überlassen bleiben. Die Verknüpfung und Integration des anderen bleibt von Fall zu Fall zu leisten, eigentlich von Satz zu Satz.«[30] In diesem Sinne ist meine Überzeugung zu verstehen, dass interdisziplinär arbeitende Wissenschaftler:innen sich die für die Textvertiefung nötigen interdisziplinären Kenntnisse aneignen müssen:

29 Müller-Seidel, *Die Deportation des Menschen*, S. 88–89.
30 Ebd., S. 90.

Literaturwissenschaftler:innen müssen bereit sein, sich mit Rechtstexten vertraut zu machen, Jurist:innen müssen sich für literaturtheoretische Fragen interessieren. Die Zusammenführung von Text- und Rechtskenntnissen im Interdiskurs ermöglicht es dann, durch den Prozess der Auslegung zu einem tieferen Verständnis des Textes zu gelangen:

5. dritte Lektüre, angereichert mit juristischen Vorkenntnissen, die es ermöglichen, auch eventuelle implizite Rechtsverweise im literarischen Text zu erkennen.

Das auf diese Weise vertiefte Verständnis ermöglicht schließlich eine angemessene Auslegung des Werkes und stellt die fachlichen Weichen für eine sinnvolle kontrafaktische Kontrastierung, d. h. für die Feststellung von Unterschieden (und deren Ausmaß) oder von Gemeinsamkeiten zwischen dem Rechtsdiskurs in der Diegese und dem realen Rechtsdiskurs. Wie bereits mehrfach betont, ist kontrafaktisches Denken nur bei Kenntnis der beiden Vergleichsparameter fiktionale Welt / reale Welt möglich. Kontrafaktisches Denken impliziert immer die Gegenüberstellung von realer und fiktionaler Welt, insofern es um die Beziehung zwischen wirklicher und möglicher Welt als kontrafaktische Alternativwelt zur wirklichen Welt geht.[31] Wie Keith Markman & al. ausführen, impliziert die Methode des kontrafaktischen Denkens die Vorstellung von alternativen Ereignissen oder Vorkommnissen zu denen, die tatsächlich stattgefunden haben: »an imagination of alternatives to reality is called counterfactual thinking.«[32] Markman & al verweisen hier nach Roland Wenzlhuemer auf die menschliche Reaktion, die dazu tendiert, aus dem Eintreten alternativer unvorhergesehener Vorkommnisse Rückschlüsse auf die gegenwärtige Situation zu ziehen: »When the thinkers compare the actual result or situation with the alternative ›what might have been‹-result, this also leads to a reassessment of the actual situation in the light of the alternative outcome. Roese calls this the contrast effect.«[33] Genau diese Kontrastierung zwischen dem, ›was ist‹, und dem, ›was vorstellbar ist‹, gilt es für die ›juristische Kontrafaktik‹ fruchtbar zu machen, d.h. die Kontrastierung zwischen dem Recht, ›das ist‹, und dem Recht, das in der narrativen Fiktion alternativ vorgestellt wird. Das Recht, ›das ist‹, wird hier durch das hermeneutische Verfahren mit dem Recht korreliert, das in der Diegese ›vorgestellt wird‹. Wenzlhuemer verweist in diesem

31 Zipfel, *Fiktion*, S. 84.

32 Keith D. Markman / Igor Gavanski / Stephen J. Sherman / Matthew McMullen, »The Mental Simulation of Better and Worse Possible Worlds«, in: *Journal of Experimental Social Psychology* (1993/29), S. 87–109, hier: S. 88.

33 Roland Wenzlhuemer, »Counterfactual Thinking as a Scientific Method«, in: *Historical Social Research* (2009/34/2), S. 27–56, hier: S. 29.

Kontext auf das Interesse der Kontrastierung als wissenschaftliche Methode, insbesondere um Grenzen und Einengungen zu überwinden und innovative Forschungswege zu entwickeln: »Counterfactual thoughts can help researchers to overcome traditional, established boundaries and pathways of enquiry. They can allow us to zoom out, refocus and contemplate a fresh perspective, when in danger of becoming professionally blinkered.«[34] Und Wenzlhuemer weiter: »Developing counterfactual scenarios in research can constitute an opportunity for the researcher to think about a problem in unorthodox ways.«[35] Neue, bisher nicht berücksichtigte Untersuchungs- und Denkperspektiven können auf diese Weise durch kontrafaktische Kontrastierung eröffnet werden: Und genau darin liegt die Intention des juristischen kontrafaktischen Experiments: *Es soll einen ›neuen‹ Blick auf das Verhältnis von Literatur und Recht eröffnen und Möglichkeiten für engere interdisziplinäre Zugänge aufzeigen.*

Der Prozess der Kontrastierung dessen, was ist, mit dem, was hätte sein können, aber letztlich nicht ist, erhöht paradoxerweise das Verständnis dessen, was ist. Wenzlhuemer illustriert diese Annahme am historischen Beispiel des Zweiten Weltkrieges, dessen Ausgang (Sieg der alliierten Mächte) nur dann wirklich verstanden werden kann, wenn auch die mögliche Alternative (Sieg der Achsenmächte) mit einbezogen wird. In diesem Sinne ermöglicht die kontrafaktische Kontrastierung ein besseres Verständnis des Forschungsgegenstandes: »counterfactuals are applied to reveal contrasts and the creation of meaning.«[36] Diese Feststellung lässt sich zugleich auf Recht und Literatur ausdehnen, wenn man davon ausgeht, dass die Kontrastierung des Rechts in der Fiktion als Hypothese dessen, was sein könnte oder sein hätte können, mit dem realweltlichen Recht als Fakt dessen, was ist, zu einem besseren Verständnis von Recht und Literatur als Forschungsgegenstand führt. Rechtswirklichkeit und abweichende Rechtsdarstellung in der Literatur werden so durch den kontrastiven Ansatz in ein wechselseitiges Verhältnis gesetzt, das zu einem besseren Verständnis auf beiden Seiten führen kann.

Alexander Demandt verweist an dieser Stelle auf die historische Kontrafaktik, wenn er betont, dass auch das, was nicht geschehen ist, für das Verständnis des ›Geschehenen‹ relevant sei:

> Gewiss bleibt der Einwand richtig, dass das, was nicht stattgefunden hat, auch keine Bedeutung besitzt. Die nicht eingetretenen Möglichkeiten haben selbst keinen Belang, liefern uns aber die notwendige Folie,

34 Ebd., S. 30.

35 Ebd., S. 35.

36 Ebd. Vgl. auch Dorothee Birke / Michael Butter / Tilmann Köppe, »Introduction: England Win«, in: Dorothee Birke / Michael Butter / Tilman Köppe, *Counterfactual Thinking – Counterfactual Writing*, Berlin/Boston: De Gruyter 2011, S. 1–11, hier: S. 2.

> vor der wir die Bedeutung des wirklich Geschehenen erst erkennen. Irrealität ist ebenso wenig ein Argument für Irrelevanz wie Realität kein Argument für Relevanz ist.[37]

Die gleichen Überlegungen lassen sich auf das Recht in der Literatur übertragen: Auch wenn nicht alles Recht in der Fiktion reales Recht ist, so gibt es doch sinnvolle Hinweise oder Denkanstöße auf geltende Rechtsverhältnisse, die erst in der Kontrastierung mit dem realen Recht voll zur Geltung kommen. Eine ähnliche Funktion der Perspektiveneröffnung übt die ›Kontrafiktionalität‹ (*counterfictionality*[38]) aus, die bereits erzählte Fiktionen neu erzählt, wie Richard Saint-Gelais erläutert: »A counterfiction, as I define it, is a text that sets out to modify the diegesis of a former fictional narrative.«[39] Der Mechanismus ähnelt dem der Kontrafaktik, mit dem Unterschied, dass nicht zwei fiktionale Medien (Fiktion A und Fiktion B als Variation von Fiktion A) kontrastiert werden, sondern ein fiktionales Medium mit einem faktischen kontrastiert wird. Die juristische Kontrafaktik kann daher analog zur Kontrafiktion erklärt werden: Hier wird das *faktische* Recht in der *fiktionalen* Diegese variiert, während in der Kontrafiktion eine Fiktion A in eine Fiktion B umgewandelt wird.

Die folgende Tabelle fasst abschließend noch einmal die praktischen, methodischen Schritte als Arbeitshilfe zusammen:

1.	Lektüre zur Gewinnung eines allgemeinen ästhetischen Gesamteindrucks
2.	Lektüre mit Fokus auf explizite Rechtsdiskurse im literarischen Text
3.	Identifikation des realweltlichen Rechtssystems, auf das der literarische Text referiert
4.	Kenntniserwerb dieses realweltlichen Rechts
5.	Letzte Lektüre zur Erkennung möglicher impliziter Rechtsverweise durch Rechtsauslegung
6.	Kontrafaktische Kontrastierung

Von diesem nun abgeschlossenen theoretisch-methodischen Teil der Arbeit soll nun zur praktischen Untersuchung von fünf literarischen

37 Alexander Demandt, *Ungeschehene Geschichte. Ein Traktat über die Frage: Was wäre geschehen, wenn …?*, Göttingen: Vandenhoeck & Ruprecht 1986, S. 39.

38 Vgl. Matt Hills, »Counterfiction in the Work of Kim Newman: Rewriting Gothic SF as ›Alternate-Story Stories‹«, in: *Science Fiction Studies* (2003/30), S. 436–455.

39 Richard Saint Gelais, »How To Do Things With Worlds: From Counterfactuality to Counterfictionality«, in: Birke/Butter/Köppe (Hg.), *Counterfactual Thinking*, S. 240–251, hier: S. 244.

Werken übergeleitet werden, mit dem Ziel, die im ersten Teil gewonnenen konzeptionellen und methodischen (Er-)Kenntnisse empirisch zu erproben und zugleich zu versuchen, das methodische Vorgehen praktisch vorzuführen. Erst dieser praktische Schritt wird es ermöglichen, die Tauglichkeit des Entwurfs einer juristischen kontrafaktischen Methode zu verifizieren und gegebenenfalls zu korrigieren. Er wird auch Aufschluss darüber geben können, ob diese Methode tatsächlich geeignet ist, eine engere interdisziplinäre Verknüpfung zwischen Recht und Literatur zu bewirken bzw. ob sie generell auf die Untersuchungen von Recht *in* Literatur anwendbar ist und damit zu einer der Literatur- und Rechtswissenschaft gemeinsamen Methode avancieren kann.

4. Kontrafaktische Untersuchungen in der Praxis

Der praktischen Untersuchung wird eine kurze theoretische Erläuterung der normativen Theorieerzählung vorangestellt, die sich besonders für Texte mit rechtlichen Referenzen eignet, bevor zur praktischen Untersuchung übergegangen wird. Die folgenden literarischen Werke sollen im Rahmen des praktischen Teils der Arbeit untersucht werden:

1. Karine Tuils Roman *Diese eine Entscheidung* (2022), der den:die Leser:in mit der Arbeit einer Untersuchungsrichterin in der französischen Antiterrorabteilung und mit der französischen Antiterrorgesetzgebung bekannt macht;
2. Elvira Dones' Roman *Hana* (2017), der die Entrechtung der Frau nach dem Kanon des albanischen Gewohnheitsrechts *Kanun* thematisiert, dem Hana durch den Schwur ewiger Jungfräulichkeit zu entkommen sucht;
3. Deborah Feldmans autobiografischer Roman *~~Un~~orthodox* (2012), der die Kondition der Protagonistin/Autorin als Frau in der ultraorthodoxen jüdischen Satmar-Gemeinde in New York und ihre Zwangsheirat nach dem jüdisch-talmudischen Gesetz beschreibt;
4. Claude Chossats ebenfalls autobiografischer Roman *Repenti* (2017), in dem der Autor die noch heute gültigen ungeschriebenen Regeln der Blutrache (*Vendetta*) auf Korsika erläutert;
5. Abbas Khiders Roman *Ohrfeige* (2016), der durch den Verwaltungs- und Behördendschungel führt, dem Asylbewerber:innen in Deutschland ausgesetzt sind.

Die Auswahl dieser fünf Werke erklärt sich zum einen daraus, dass die in ihnen aufgezeigten Wechselwirkungen zwischen Recht und Gesellschaft für eine interdisziplinäre kontrafaktische Untersuchung von besonderem Interesse sind, und zum anderen aus dem Bestreben, das in der Literatur traditionell überrepräsentierte Strafrecht durch neue Rechtsgebiete – wie die Terrorismusbekämpfung, Familien- und Asylrecht, talmudisches Recht und Gewohnheitsrecht – zu transzendieren.

Die Untersuchung jedes der fünf Werke wird der in Kapitel 3.2 ausführlich dargelegten Arbeitsmethode folgen, um die praktische Anwendbarkeit der theoretisch skizzierten Methode der juristischen Kontrafaktik zu erproben.

4.1 Erzählungen zwischen Fakt und Fiktion

Alle fünf Romane, die im Folgenden untersucht werden, beziehen sich mehr oder weniger explizit auf sehr unterschiedliche faktisch-rechtliche Zusammenhänge der realen Welt, die in der literarischen Fiktion kontrafaktisch zu eben dieser realen Welt variiert, d. h. ›erzählt‹ werden. Unter dem Begriff der ›Erzählung‹ sei, so Willy Viehöver, die »sprachliche Darstellung eines Geschehens, also einer zeitlich organisierten Abfolge von Ereignissen« zu verstehen, deren Zusammenhänge sinnstiftend sind und die sich unter Umständen in bestimmte übergeordnete Narrative einordnen lassen,[1] die z. B. auch rechtliche Verhältnisse betreffen können. Matías Martínez und Michael Scheffel definieren den Begriff der ›Erzählung‹ in ähnlicher Weise als »eine Art von mündlicher oder schriftlicher Rede, in der jemand jemandem etwas Besonderes mitteilt; sieht man von einer Bedeutung im weiteren Sinne von ›im Vertrauen mitteilen, sagen‹ […] ab, so heißt eine Rede offenbar eine ›Erzählung‹, wenn diese Rede einen ihr zeitlich vorausgehenden Vorgang vergegenwärtigt, der als ›Geschehnis‹ oder ›Begebenheit‹ bestimmt werden kann.«[2] Die beiden Autoren unterscheiden dabei zwischen der Erzählung realer (faktischer) oder erfundener (fiktiver) Ereignisse sowie zwischen literarischer Fiktion und nicht-literarischer Alltagsrede.[3]

Bei den für die Studie selektionierten Werken wird es sich in diesem Sinne um Fiktionen handeln, deren Referenzialität zu realen Rechtsverhältnissen zu untersuchen sein wird. Es wird zu klären sein, wie realweltliche rechtliche Fakten in der Fiktion dargestellt und gegenüber der Rechtswirklichkeit modifiziert werden oder nicht. Dabei wird die Möglichkeit der Vermischung von Faktizität und Fiktionalität in der Fiktion herauszuarbeiten sein. Es liegt daher nahe, nach der narrativen Form zu fragen, die imstande ist, auf diese Rechtswirklichkeit zuzugreifen, d. h. juristische Fakten und Fiktion zu verbinden. Christian Klein und Matías Martínez prägen dazu den Begriff der *Wirklichkeitserzählung* für Erzählungen, die sich auf die konkrete Wirklichkeit beziehen und »Aussagen mit einem spezifischen Geltungsanspruch« machen.[4] Ein solcher Wirklichkeitsanspruch kann sich auf den Ist-Zustand des ›So-ist-es‹

1 Christian Klein, »Erzählung«, in: Roland Borgards & al. (Hg.), *Literatur und Wissen. Ein interdisziplinäres Handbuch*, Stuttgart/Weimar, J. B. Metzler 2013, S. 17–21, hier: S. 18.

2 Martínez/Scheffel, *Einführung in die Erzähltheorie*, S. 11–12.

3 Ebd., S. 12. Siehe dazu Kapitel 2.4.1 »Zum Verhältnis zwischen Fiktion und Fakt«.

4 Christian Klein / Matías Martínez, »Wirklichkeitserzählungen. Felder, Formen und Funktionen nicht-literarischen Erzählens«, in: Christian Klein / Matías Martínez (Hg.), *Wirklichkeitserzählungen. Felder, Formen und Funktionen nicht-literarischen Erzählens*, Stuttgart/Weimar: J. B. Metzler 2009, S. 1–13, hier: S. 1.

(deskriptive Wirklichkeitserzählung), den Soll-Zustand des ›So-soll-es sein‹ (normative Wirklichkeitserzählung) oder auf den prognostizierten Zustand des ›So-wird-es sein‹ (voraussagende Wirklichkeitserzählung) beziehen.[5] Für Erzählungen, die auf Rechtsverhältnisse referieren, bietet sich in diesem Zusammenhang tautologisch insbesondere die Untergattung der *normativen Wirklichkeitserzählung* an. Dass das Konzept der Wirklichkeitserzählung auch auf literarische Texte anwendbar ist, bestätigt die Auffassung von Klein und Martínez, nach der es auch auf narrativer Ebene zu einer Vermischung von fiktiven und faktischen Referenzen kommen kann:

> Auf der Ebene der *histoire* (der Ebene des Erzählten) werden mitunter nicht nur reale Geschehnisse geschildert, sondern z. B. auch fiktive Fallgeschichten (etwa im wirtschaftlichen oder juristischen Diskurs). Da diese fiktiven Elemente aber im Sinne der Praxisregulierung oder der Festlegung allgemeiner Strukturmerkmale mit Bezug auf die außersprachliche Wirklichkeit funktionalisiert werden, verstehen wir sie als *Wirklichkeitserzählungen.*[6]

Dass das Vorkommen von faktischen Referenzen in fiktionalen Texten jenseits der Spezifik des jungen narratologischen Konzepts der ›Wahrheitserzählung‹ durchaus üblich ist, ohne der literarischen Fiktion einen Abbruch zu tun, wurde bereits im Kapitel 2.4.1 zum Verhältnis von Fiktion und Fakt näher erläutert.

4.2 *Diese eine Entscheidung* (2022) von Karine Tuil[7]

Nach Gerhard Wild sind in Frankreich »Literatur und öffentliches Leben« stärker als in anderen europäischen Ländern »miteinander verflochten.«[8] Karine Tuil bestätigt diese Feststellung in ihrer Antrittsrede am 14. September 2023 anlässlich der Übernahme des traditionell einjährigen Lehrstuhls, der ausgewählten Schriftsteller:innen am Institut für Politikwissenschaften in Paris (*Sciences Po Paris*) zukommt, und die sie

5 Ebd., S. 6–7.
6 Ebd., S. 7.
7 Karine Tuil, *La décision*, Paris: Gallimard 2022. Für Zitierzwecke wird die französische Originalfassung unter der Sigle ›LD‹ mit der Seitenzahl im Fließtext verwendet. Die deutsche Übersetzung wurde von Maja Ueberle-Pfaff übernommen: Karine Tuil, *Diese eine Entscheidung*, München: dtv 2023. Für Zitierzwecke wird die deutsche Übersetzung unter der Sigle ›DEE‹ mit der Seitenzahl im Fließtext verwendet. Wenn ich eine eigene Übersetzung angebe, wird dies mit der Sigle ›EÜ‹ ausgewiesen.
8 Gerhard Wild, »Französische Literatur der Gegenwart«, in: *Kindler Kompakt. Französische Literatur der Gegenwart*. Stuttgart: J. B. Metzler 2017, S. 9.

mit folgendem Satz einleitet: »Littérature est la dernière poche de résistance, dans un monde qui plie.«[9] Sie betont das gesellschaftliche Engagement ihres Schreibens als Mittel der Wahrheitsfindung durch das Wort, genauso wie das Recht Richter:innen zur Wahrheitsfindung verpflichte. Die Literatur, so Tuil, sei – wie das Recht – ein Akt der Verteidigung, sie sei die Freiheit im Dienst der Freiheit. Die französische Autorin weiß, wovon sie spricht, denn sie hat selbst Rechtswissenschaften studiert. Literatur und Recht, argumentiert sie, können die Gesellschaft verändern, den Blick auf bestimmte Anliegen lenken und die Perspektive verändern. Literatur eröffnet kontradiktorische, demokratische Debatten, indem sie Fragen stellt, Antworten sucht und den Blick auf Probleme lenkt, die die Gesellschaft bewegen.[10] Eine dieser gerade aktuellen Debatten in Frankreich betrifft den Kampf gegen den islamistischen Terror, der, mit Unterbrechungen, seit 1985 die Öffentlichkeit erschüttert.

Tuils Roman *Diese eine Entscheidung* ist vor dem Hintergrund der neu aufgeflammten islamistischen Terrorgefahr zu lesen, die Frankreich nach einer etwas ruhigeren Phase im Anschluss an die Attentatsserie der 1990er Jahre[11] insbesondere seit 2015 wieder heimsucht, wie Wild erläutert: »Seit Anfang 2015 erlebt Frankreich eine beispiellose Serie von islamistischen Terroranschlägen, auf die der Staat mit dem Ausnahmezustand reagiert.«[12] Bereits 1986 wurde in Frankreich ein spezielles Strafrecht eingeführt (loi n° 86-1020 du 9 septembre 1986), das der Schwere und den Eigenheiten des Terroraktes Rechnung tragen sollte. Die aufeinanderfolgenden Attentate wurden jedes Mal zum Anlass für Gesetzesänderungen und -ergänzungen, zuletzt im Juni 2017 (loi n° 2017-1510 du 30 octobre 2017).[13] Tuils Fokus liege in diesem Kontext, wie Marion Mas hervorhebt, auf der Schwierigkeit, die richtige Entscheidung zwischen der Freilassung oder der Inhaftierung von potenziellen Terrorist:innen zu treffen, die noch keine nachweisbare Tat begangen haben: »Car le but [...] est bien de placer le lecteur au cœur des difficultés propres à l'acte de juger, en l'exposant à la polyphonie.«[14] Das Prinzip der Unschuldsvermutung auf der einen Seite und die Sorge um die öffentliche Sicherheit auf der anderen stehen in einem schwer lösbaren Konflikt zueinander: Die Vermutung terroristischer Absichten liegt jedoch nahe,

9 Karine Tuil, »La littérature, force de changement social«, Antrittsrede an Sciences Po de Paris, 14.9.2023 (Internet-Link im Literaturverzeichnis): »Literatur ist die letzte Bastion des Widerstandes in einer Welt, die aufgibt.« (EÜ)

10 Tuil, »La littérature«.

11 Siehe dazu Trévidic, *Au cœur*, S. 24–25.

12 Wild, »Französische Literatur«, S. 10.

13 Stand: 12.6.2024.

14 Mas, »L'interprétation«, S. 3. Vgl. dazu auch Chelsea Rolle, »Décider ne va pas sans responsabilité«, in: *Le Regard Libre* (2024/3), S. 42–43.

wenn französische Anhänger des Islams nach Syrien reisen, um sich dort vom Islamischen Staat (IS) ausbilden zu lassen. Die Frage nach der Richtigkeit der richterlichen Entscheidung wird, wie gezeigt werden wird, durch subjektive Einflussfaktoren erschwert. Karine Tuil verweise, so Rémy Cabrillac, gekonnt auf das Dilemma zwischen der erdrückenden Verantwortung von Richter:innen, wenn eine Fehlentscheidung Menschenleben kosten oder es in unerträglicher Weise verändern kann, und der Wahrung der Menschlichkeit trotz großer Ängste, Risiken und eines starken gesellschaftlichen Drucks, weshalb der Roman für Jurist:innen von großem Interesse sei: »Le juriste ne manquera pas d'être particulièrement intéressé par cette appréhension fictive mais remarquablement documentée du monde judiciaire.«[15]

Tuil beweist mit *Diese eine Entscheidung*, wie sehr Recht und Literatur, Gesetzgebung und Emotionen miteinander verbunden sind. Literatur ist für sie, wie Sophie Tardy-Joubert notiert, ein Ort der Überschreitung und der Überwindung von Tabus: »La littérature doit être le lieu de la transgression, de la levée des tabous et des dénis. Un lieu où on peut tout dire de la société. Être romancier, c'est affirmer cette liberté.«[16] Wie Marc Trévidic, selbst ehemaliger Staatsanwalt und nun Anti-Terrorrichter am Pariser Gericht, bestätigt, erfasse die Autorin treffend die schwierige und zugleich verantwortungsvolle Rolle von Untersuchungsrichter:innen bei der Ermittlung der Wahrheit, indem diese die Beschuldigten nicht nur zu belasten, sondern auch zu entlasten wissen: »Pour ma part j'ai toujours apprécié la notion d'instruction à charge et à décharge, une lourde tâche confiée au juge d'instruction. Mais aussi la noblesse de sa fonction. Quelle plus grande satisfaction peut-il exister que celle, pour un juge, de rechercher la vérité ? Cette satisfaction est à son point culminant quand l'enquête permet d'innocenter un suspect.«[17] Wie Tuil in *Diese eine Entscheidung* – in Übereinstimmung mit Marc Trévidic – deutlich macht, muss es eben auch das Anliegen von Richter:innen sein, den Verdächtigen die Möglichkeit zu geben, ihre Unschuld zu beweisen: Denn nicht im Schuldspruch, sondern in im Freispruch liegt die wahre Befriedigung.

4.2.1 *Diese eine Entscheidung: Inhalt*

Alma Revel, Untersuchungsrichterin und Koordinatorin der französischen Anti-Terror-Abteilung in Paris, ist, neben vielen anderen Fällen mit

15 Rémy Cabrillac, »La décision«, in: *La Semaine Juridique* (édition générale) (2022/3), S. 141.

16 Sophie Tardy-Joubert, »Karine Tuil, du droit à la littérature ou la réflexion sur la condition humaine«, in : *Droit & Littérature* (2020/4), S. 27–29, hier: S. 29.

17 Trévidic, *Au cœur*, S. 140.

der Untersuchung des Falls ›Abdeljalil Kacem‹ betraut, den sie im Binom mit ihrem Kollegen François Vasseur betreut. Dieser Fall ist einer von vielen, in denen sich französische Staatsbürger:innen in Frankreich radikalisieren, nach Syrien reisen, um sich dort vom Islamischen Staat (IS) ausbilden zu lassen und als Attentäter:innen nach Frankreich zurückkehren. Auch Abdeljalil Kacem begab sich 2014 mit seiner Frau Sonia dos Santos in ein IS-Ausbildungslager und kehrte zwei Jahre später wieder nach Frankreich zurück. Eine bereits begangene Tat kann ihm jedoch nicht nachgewiesen werden, lediglich der Verdacht, dass seine Rückkehr nicht in friedlicher Absicht erfolgte, liegt auf der Hand. Die Ermittlungen von Alma Revel sollen Aufschluss darüber geben, ob Kacem aus der Untersuchungshaft ohne Gefahr für die Allgemeinheit entlassen werden kann und soll. Das französische Strafrecht räumt im Rahmen einer speziellen Anti-Terrorgesetzgebung die Möglichkeit ein, Tatverdächtigte präventiv anzuklagen und gegebenenfalls aufgrund einer nachgewiesenen kriminellen *Absicht* zu bestrafen. Alma Revels Arbeit wird überschattet durch das Scheitern ihrer Ehe mit Ezra Halevi, durch den großen psychologischen Druck in ihrer Arbeit in ständiger Konfrontation mit der Gewalt der Täter:innen und dem unendlichen Leid der Opfer, sowie durch die ständige Angst um ihr eigenes Leben und das ihrer drei Kinder. In diesem Kontext verliebt sie sich, in einem Zustand persönlicher Fragilität und entgegen dem Berufsgebot, Interessenskonflikte zu vermeiden, in den Verteidiger von Abdeljalil Kacem, Emmanuel Forest. Dieser verteidigt Kacem und seine Frau Sonia, die behaupten, in friedlicher Absicht nach Syrien gereist zu sein, um dort nach den Gesetzen des Islam zu leben. Bei ihrer Rückkehr nach Frankreich über die Türkei wurden sie dort gefasst, in ein Lager interniert und wenig später an Frankreich ausgeliefert. Unter dem Verdacht stehend, sich aktiv am Islamischen Staat beteiligt zu haben, wurden sie sofort unter Polizeiaufsicht gestellt (Sonia) bzw. in Untersuchungshaft genommen (Abdeljalil) (LD 118–119 / DEE 118–119). Am Ende ihrer Ermittlungen beschließt Alma Revel, beeinflusst von ihrem Geliebten Emmanuel Forest und dem scheinbar positiven Verhalten von Kacem, diesem die bedingte Freiheit zu gewähren, mit der Auflage eines elektronischen Armbands und regelmäßiger polizeilicher Kontrollen. Diese Entscheidung erweist sich auf dramatische Weise als falsch: Wenige Tage später verübt Kacem einen Anschlag auf den Pariser Nachtclub *L'Entrepôt,* bei dem elf Menschen ums Leben kommen, darunter auch Ali, der Lebensgefährte von Revels Tochter Milena.[18]

Nach dieser kurzen Schilderung von Hintergrund und Handlung soll der Blick nun aufmerksam und gezielt auf den *expliziten juristischen Diskurs im Narrativ* gelenkt werden, wie er sich den Leser:innen auch ohne juristisches Hintergrundwissen zum spezifischen französischen

18 Vgl. dazu Charbonnier/Petit, *Quand la littérature*, S. 72–79.

Anti-Terror-Strafrecht erschließt. Aus der Diskursanalyse des Textes werden rechtlich relevante Informationen gewonnen, die im Rahmen der Fiktion ein vorläufiges juristischen Gesamtbild ergeben. In einem zweiten Schritt wird das heute in Frankreich geltende Sonderstrafrecht zur Terrorismus-Bekämpfung dargestellt und dem fiktionalen Gesamtbild kontrafaktisch gegenübergestellt. Erst die Verbindung des diegetischen Rechtsdiskurses mit dem realweltlichen rechtshistorischen Hintergrundwissen über die spezielle Terrorgesetzgebung in Frankreich wird Tuils Roman vollständig erschließen und das Verständnis durch Auslegung entscheidend erhöhen.

4.2.2 *Expliziter Rechtdiskurs in der Diegese*

Tuils Fiktion bildet die sehr reale Welt des französischen Sonderstrafrechts und seiner Akteure ab – d.h. der Staatsanwält:innen, Untersuchungsrichter:innen, Strafverteidiger:innen, Haftprüfungsrichter:innen, Kriminalpolizei –, ohne jedoch ganz auf die Freiheit der literarischen Fiktion zu verzichten, insofern als die Romanfiguren und ihre Dialoge, ihre Emotionen, Ängste und Hoffnungen fiktiven Ursprungs sind. Rémy Cabrillac bestätigt, wie bereits erwähnt, dass Tuils Fiktion zugleich ein seriös recherchiertes Bild der französischen Anti-Terror-Justiz zeichne.[19] Sie vermittelt, um mit Foucault zu sprechen, die Praxis des Betriebes in der Anti-Terror-Abteilung eines Pariser Gerichts, indem sie sowohl deren Akteure als auch die strafprozessrechtlichen Regeln in der Diegese beschreibt.[20] Entsprechend dieser gerichtlichen Praxis skizziert Tuil in *Diese eine Entscheidung* die Konventionen des französischen Sonderstrafrechts, indem sie sich sehr genau an die juristischen Begriffe, an das Fachvokabular und an die normativen Bestimmungen hält.[21] Die Fiktion versucht, jenseits der explizit nachvollziehbaren strafrechtlichen Regeln, unsichtbare Verhaltensweisen, Einstellungen und Praktiken im spezialstrafrechtlichen Justizbetrieb zu rekonstruieren und deutlich zu machen. Als Text produziert *Diese eine Entscheidung* das ›Hin und Her‹ zwischen dem realen Recht und dem Medium des literarischen Textes als imaginäre Kraft, das Philippe Agresti wie folgt beschreibt: »Le texte. Toujours le texte comme source de réflexion [...]. Les auteurs mettent en exergue les allers-retours incessants que les textes produisent entre la discipline juridique, ancrée dans le réel, et la discipline littéraire interpellant l'imaginaire.«[22] Der Rechtsdiskurs erscheint auf diese Weise als in eine fiktive,

19 Vgl. Cabrillac, »La décision«, S. 141.
20 Vgl. Foucault, *L'archéologie*, S. 68.
21 Vgl. Link, *Elementare Literatur*, S. 18–25.
22 Agresti, »Préface«.

imaginäre Handlung eingebettet, der zwei Ziele verfolgt: Erstens, die Klärung und Erklärung der Funktionen der strafrechtlichen Institution, des Ablaufs des Strafprozesses, des Gerichtsbetriebs sowie der Funktionen und Interaktionen der einzelnen Akteure in diesem Prozess. Zweitens, die psychologischen und menschlichen Prozesse, Schwierigkeiten und Konflikte, die diese Akteure durchlaufen und mit denen sie zu kämpfen haben, insbesondere wenn es darum geht, die richtige Entscheidung zu treffen. Die professionell wirkenden Verhöre und Befragungen des Beschuldigten Kacem, die das Narrativ durchsetzen, lassen Revel kein klares Bild von Kacems Absichten gewinnen, weder im vorteiligen noch im nachteiligen Sinne. Die Leser:innen hingegen ahnen, dass Kacems Aussagen höchstwahrscheinlich nicht ganz glaubwürdig sind. Die Frage nach der ›richtigen‹ Entscheidung stellt sich Revel sowohl in ihrem fiktionalen Privatleben als auch in ihrer beruflichen Tätigkeit als Untersuchungsrichterin. Sie verweist damit nicht nur kontinuierlich auf die Realität der französischen Anti-Terror-Gesetzgebung, sondern auch auf das kritische Potenzial der Literatur.

Im Folgenden geht es nun darum, die beiden fiktionalen Sphären, das Fiktive und das Faktisch-Reale, auseinanderzudividieren, um den Rechtsdiskurs freizulegen. In diesem Zusammenhang sei an das mögliche Verhältnis von Fiktionalität und Realität in der Fiktion erinnert, das Wolfgang Iser als sich nicht gegenseitig ausschließend begreift: »Daher ließe sich das Fiktive als eine eigentümliche Übergangsgestalt qualifizieren, die sich immer zwischen das Reale und das Imaginäre zum Zweck ihrer wechselseitigen Anschließbarkeit schiebt.«[23] Anschließbarkeit statt Ausschließbarkeit: Genau dieses Verhältnis, auf das Iser verweist, bestimmt das Verhältnis von fiktivem und faktischem Diskurs im Roman *Diese eine Entscheidung*, insofern reales Recht einerseits und imaginierte Handlungen und Handlungsakteure andererseits im Text miteinander korrelieren. Mit anderen Worten: Literatur und Recht, Fiktion und Fakt treffen im Text aufeinander, ohne sich gegenseitig auszuschließen. Mit Michel Foucault gesprochen, geht es an dieser Stelle um die Frage, wie sich das französische Anti-Terror-Recht im Text äußert und in welchem Verhältnis es zur imaginären Fiktion der handelnden Personen steht.[24] Im Prozess der Textinterpretation wird es im Sinne des Gadamer'schen hermeneutischen Zirkels darum gehen, Unzutreffendes allmählich auszusortieren, bis das, was für die vorliegende Untersuchung relevant ist, eng eingekreist ist, nämlich der Rechtsdiskurs mit Bezug auf das französische Anti-Terror-Recht.

Mit dem Satz »En tant que juge antiterroriste« (LD 13 / DEE 9)[25] erfolgt ein unmittelbarer Einstieg in die Welt des speziellen französischen

23 Iser, »Akte«, S. 150.

24 Vgl. Foucault, *L'archéologie*, S. 68.

25 »Als Untersuchungsrichterin in der Anti-Terror-Abteilung« (EÜ).

Anti-Terror-Strafrechts. Die gleichzeitige Frage der Ich-Erzählerin und Untersuchungsrichterin in der Anti-Terror-Abteilung, Alma Revel, ob sie ihrer Aufgabe, den Opfern den Schrecken der detaillierten Aufnahmen der Attentate zu zeigen, gewachsen sein wird, verdeutlicht den strafrechtlichen Kontext (LD 13 / DEE 9). Mit der Erwähnung ihres Richterkollegen François Vasseur, der seit dem Attentat auf die Satirezeitschrift *Charlie Hebdo* die Abteilung verstärkt, verweist Revel auf die richterliche Ermittlungsarbeit in Binomen, in Zusammenarbeit mit dem mit dem Fall betrauten Hauptrichter Éric Macri (LD 14 / DEE 10).

Dass sich Alma Revel mit Terrorfällen befasst, wird aus der Aufzählung dessen, was sie im Laufe ihrer Karriere schon gesehen hat, ersichtlich: »des vidéos d'exécutions, [...] extraits de caméras de surveillance, décapitations«[26] und Selbstaufnahmen von Kamikaze-Attentäter:innen, denen es nicht nur um den Terrorakt geht, sondern vor allem um dessen Mediatisierung: »ils calent la caméra sur leur torse à l'aide d'un harnais et l'enclenchent au moment de passer à l'acte, ça ne leur suffit pas de tuer, ils veulent montrer comment ils ont tué« (LD 15–16 / DEE 11–12).[27] Genauere Informationen zu ihrer Arbeit als spezialisierte Untersuchungsrichterin liefert Revel, wenn sie schildert, dass sie 2009 ihre Funktion in der Anti-Terror-Abteilung in Paris aufgenommen hat und 2012 zur Koordinatorin von elf Richter:innen aufgestiegen ist (LD 21 / DEE 16). Ihr Kompetenzbereich erstreckt sich auf Attentate ohne geografische Begrenzung, sobald sie Opfer fordern. Zum Status von Untersuchungsrichter:innen führt sie allgemein aus, dass diese Ermittlungen leiten, die Angeklagten und ihre Kompliz:innen verhören und die Familien der Opfer empfangen. Die Aufgabe von Untersuchungsrichter:innen sei nicht, die Schuld zu beweisen, sondern die objektiv feststellbaren Beweise zu sammeln. Drei Dienste arbeiten mit den Untersuchungsrichter:innen und mit dem:der mit dem Fall betrauten Richter:in zusammen: der französische Sicherheitsdienst für Inneres (DGSI)[28], die Anti-Terror-Unterabteilung der Gerichtspolizei (SDAT)[29] und die Anti-Terror-Abteilung der Kriminalpolizei. Die tägliche Arbeit besteht aus regelmäßigen Besprechungen und der Beauftragung von Expert:innen und Ermittlungshelfer:innen mit zahlreichen Gutachten: DNA-Analysen, Computerdaten, psychologischen

26 »Videos von Hinrichtungen, [...] Ausschnitte von Überwachungskameras, Enthauptungen« (EÜ), S. 11.

27 »Sie befestigen die Kamera auf ihrem Rücken und aktivieren sie in dem Moment, in dem sie zur Tat übergehen, denn es genügt ihnen nicht nur zu töten, sondern sie wollen auch zeigen, wie sie getötet haben« (EÜ).

28 DGSI = Direction Générale de la Sécurité Intérieure. Sie wurde am 30. April 2014 ins Leben gerufen und übernimmt seitdem die Aufgaben der DCRI. Sie untersteht direkt dem Ministerium für Inneres. Vgl. Yves Mayaud, *Prévention du terrorisme*, Paris: Dalloz 2020, S. 22.

29 SDAT= Sous-Direction Anti-Terroriste (Trévidic, *Au cœur*, S. 15).

Gutachten. Zu ihrer täglichen Arbeit gehören weiter, wie Revel erklärt, die Vorbereitung und Durchführung von Verhören, die Durchführung von oft gefährlichen Außeneinsätzen in Gebieten, in denen dschihadistische Truppen operieren, und das Verfassen von Beschlüssen (LD 21–24 / DEE 17–20).

Nach der traumatischen Erfahrung einer langen Serie von Terroranschlägen in den 1990er Jahren[30], so Revel, habe sich die Vergeltungsjustiz ab 2015 zur Präventivjustiz gewandelt. Es wurde möglich, schon die Absicht strafrechtlich zu verfolgen, ohne dass tatsächlich eine Tat verübt worden ist: »Aujourd'hui, en matière de terrorisme, on a une infraction par anticipation, on interpelle le plus en amont possible, on incrimine une simple intention« (LD 184 / DEE 188).[31] Sobald eine Person nach Syrien ausreiste, wurden gegen sie Ermittlungen wegen des Verdachts der Vorbereitung eines Terroranschlages eingeleitet und Haftstrafen verhängt, mitunter zu Unrecht (LD 33 / DEE 30–31).

In diesem Zusammenhang erläutert Revel minutiös das Verfahren, das Syrienrückkehrer:innen bestimmt ist: Sobald sie am Flughafen Orly aus dem Flugzeug steigen, werden sie bereits auf der Landebahn von drei Suchagent:innen in Empfang genommen, einer Identitätskontrolle unterzogen, zur Grenzpolizei des Flughafens Orly gebracht und dort über ihre Rechte unterrichtet. Der DGSI wird informiert, um eine:n Pflichtverteidiger:in und eine:n Arzt:Ärztin zu bestellen. Nach der Identifizierung und Versieglung des Gepäcks am Flughafen werden die Ankommenden in Levallois in Polizeigewahrsam genommen, wo am nächsten Morgen das Verhör in Anwesenheit von drei Ermittler:innen beginnt: Ein:e Agent:in führt das Verhör durch, ein:e weitere:r Agent:in untersucht das versiegelte Gepäck, und ein:e dritte:r kümmert sich um den Rest (Dateien, Präsenz in Sozialnetzen etc.).

Vor dem Hintergrund der Ausführungen zur Problematik der Syrienrückkehrer:innen und des Vorgehens mit ihnen sind zum einen der beiläufige Einschub zum Fall ›Nadia Karmouche‹ und zum anderen der zentrale Fall von Abdeljalil Kacem und seiner Frau Sonia zu verstehen: Als Anna Revel mit ihrem Ehemann ein Wochenende im Urlaub verbringt,

30 Zwischen 1985 und 1987 wurde Paris von einer Anschlagsserie auf U-Bahn-Stationen (Saint-Michel, Orsay, Maisons-Blanches, Port-Royal), auf Kaufhäuser (Publicis Drugstore, Marks & Spencer, Galéries Lafayette, Fnac, Gibert-Jeunes) und auf der Straße (rue Copernic, rue de Rosiers, rue de Rennes) erschüttert (vgl. Trévidic, *Au cœur*, S. 19–25). 2012 folgten die Anschläge in Toulouse und Montauban, am 7. Januar 2015 auf die Zeitungsredaktion *Charlie Hébdo* in Paris, am 13. November 2015 auf die Konzerthalle *Bataclan* in Paris, am 14. Juli 2016 auf die *Promenade des Anglais* in Nizza.

31 »Heute genügt allein der Verdacht auf die Absicht, einen Terrorakt zu verüben, um eine Person zu inkriminieren, noch bevor sie tatsächlich eine Tat verübt hat.« (EÜ)

um einen letzten Versuch zu unternehmen, ihre Ehe zu retten, wird sie von einem Ermittler der DGSI darüber informiert, dass Nadia Karmouche – die während ihres Versuches, nach Syrien zu gelangen von der Polizei in der Türkei aufgegriffen worden war und derzeit in Frankreich unter gerichtlicher Kontrolle steht – sich nicht pflichtgemäß beim Polizeikommissariat gemeldet hat. Revel befürchtet sogleich, dass Karmouche ihre gerichtliche Verordnung missachtet habe, um ein Attentat zu begehen: »Dans ces moments-là, c'est l'horreur. Vous êtes convaincu que la personne a violé son contrôle judiciaire pour commettre un attentat« (LD 78 / DEE 80).[32] Dass sie Nadia Karmouche nicht in Untersuchungshaft genommen hat, begründet Revel damit, dass diese zurückgeschickt worden sei, noch bevor sie überhaupt syrischen Boden betreten habe. Gleichzeitig warnt sie jedoch davor, dass Karmouche dem Islamischen Staat die Treue geschworen habe und daher als gefährlich einzustufen sei (LD 78–81 / DEE 80–83).

In demselben Kontext der strafrechtlichen Verfolgung von Syrienrückkehrer:innen ist der zentrale Fall von Abdeljalil Kacem und seiner Frau Sonia zu verstehen: In dem Moment, in dem sie nach einem mehrwöchigen Aufenthalt in Syrien nach Frankreich zurückkehrten, verhängte Revel gegen Sonia die Polizeikontrolle mit elektronischem Armband und die Untersuchungshaft gegen Abdeljalil (LD 118–119 / DEE 118–119). Seitdem versucht Revel, die Wahrheit zu ermitteln und zu entscheiden, ob die Beweise, über die sie verfügt, ausreichen, um die Angeklagten an Richter Eric Macri zu verweisen. Dies ist hier die zentrale Frage, die sich Revel unaufhörlich stellt: Trifft sie die richtige Entscheidung? »Est-ce que je prends la *bonne* décision? Et qu'est-ce qu'une bonne décision? Bonne pour qui? Le mis en examen? La société? Ma conscience?« (LD 127 / DEE 127).[33]

Aus der Beschreibung der Vernehmungen des Angeklagten Abdeljalil gehen deutliche strafprozessrechtliche Normen hervor: Es geht um die Wahrheitsfindung nach strengen Regeln, wobei der:die Gerichtsdiener:in ein:e unentbehrliche:r Begleiter:in des:der Untersuchungsrichters:Untersuchungsrichterin ist, der:die sich um Verfahrensbelange kümmert, bei Vernehmungen anwesend ist, berät, zuhört und die Vernehmung protokolliert. Der:die Beschuldigte hat das Recht zu schweigen, was jedoch selten vorkommt, da er:sie weiß, dass die Strafe in diesem Fall in der Regel härter ausfällt (LD 95–96 / DEE 95–96).

32 »Solche Momente sind der reinste Horror.« (DEE 80) »Man ist überzeugt, dass die betreffende Person ihrer Meldepflicht nicht nachkommt, in der Absicht, ein Attentat zu verüben.« (EÜ)

33 »Treffe ich die *richtige* Entscheidung? Und was ist eine richtige Entscheidung? Richtig für wen? Den Beschuldigten? Die Gesellschaft? Mein Gewissen?« (EÜ)

Revels Ermittlungen werden durch ihre ehebrecherische Liebesbeziehung mit dem Rechtsanwalt Emmanuel Forest, der Abdeljalil Kacem in dem von ihr geleiteten Untersuchungsverfahren verteidigt, erschwert. Subjektiv-emotionale Faktoren bergen die Gefahr, dass sie sich in dieser Situation nicht an das Gebot hält, Interessenskonflikte zwischen Richterin und Anwalt zu vermeiden: »Quand on a des dossiers en commun, il peut y avoir conflit d'intérêts« (LD 58 / DEE 57).[34] Tatsächlich versucht Forest, seine Geliebte und Richterin Revel hinsichtlich des Untersuchungsergebnisses im Fall Abdeljalil Kacem zu beeinflussen, indem er argumentiert, sie habe keine handfesten Beweise dafür, dass sein Mandant an Attentaten beteiligt gewesen sei (LD 183–185 / DEE 187–189). In einem Gespräch mit Revel und ihrem Binom François Vasseur drängt Forest wiederholt darauf, Kacem freizulassen und untermauert seine Forderung mit der Entscheidung des Haftüberprüfungsrichters, nach dessen Wortlaut keine Gefahr bestehe, Kacem freizulassen. Außerdem seien alle materiellen Voraussetzungen für seine Freilassung erfüllt: Seine Mutter habe sich bereit erklärt, ihren Sohn aufzunehmen, seine Ehefrau sei dabei, eine Arbeit zu finden, und das Ergebnis der Machbarkeitsprüfung sei positiv (LD 220–225 / DEE 227–231). Die Berichte der Dienststelle für Bewährungshilfe (*service de probation et de l'insertion pénitentiaire*) (LD 229 / DEE 235), der Psycholog:innen, der Psychiater:innen (LD 234 / DEE 239), der Gutachter:innen und der Gefängnisverwaltung seien positiv (LD 230 / DEE 237). Kacems Persönlichkeit werde als wenig beeinflussbar eingestuft, mit dem Willen, sich in die Gesellschaft zu integrieren (LD 234 / DEE 239). Die geschickte Argumentation von Forest und Revels emotionale Befangenheit führen dazu, dass Revel Forests Ansuchen stattgibt und bei der Staatsanwaltschaft Kacems Entlassung aus der Haft beantragt (LD 235 / DEE 240). Wenig überraschend wird der Antrag von dieser zunächst abgelehnt. Revel beschließt daraufhin, von ihrem Recht auf Alleinentscheidung Gebrauch zu machen (LD 238–238 / DEE 242–243). Die Staatsanwaltschaft legt erwartungsgemäß Berufung ein (LD 240 / DEE 245), aber der erste Präsident des Berufungsgerichts bestätigt Revels Beschluss in der Berufungsinstanz und Kacem kommt frei unter der Bedingung, dass er das elektronische Armband trägt und sich täglich bei der Polizei meldet (LD 243 / DEE 249–250).

Zu allem Überfluss wird Revel von der Ehefrau und Kanzleipartnerin von Emmanuel Forest als Zeugin im Prozess gegen den Terroristen Mohammed Abdallah vorgeladen, gegen den sie Vorermittlungen geführt hat, eine Situation, die selten vorkommt und für die Richterin sehr unangenehm ist. Sie wird dabei von Abdallah mit dem Tode bedroht und

34 »Wenn man dieselben Fälle behandelt, kann es zu Interessenskonflikten kommen.« (EÜ)

auf der Toilette von einem mutmaßlichen Komplizen Abdallahs angegriffen und verletzt (LD 101–102 / DEE 102–103).

Revel fürchtet vor allem den Moment, in dem die Untersuchungsrichter:innen die Anwält:innen und Zivilkläger:innen über das Ergebnis der Ermittlungen hinsichtlich jedes:r Angeklagten öffentlich informieren und darüber Rechenschaft ablegen müssen: »Je devais résumer des mois de travail en trois heures. Je présentais les faits de l'évolution de l'enquête, nommais les responsables, décrivais leurs parcours – je ne dissimulais rien. Je lisais des extraits de retranscription de SMS, de conversations des mis en cause [...]. Je posais les questions que suscitait l'enquête« (LD 193 / DEE 198).[35]

Kurz nach seiner Freilassung besorgt sich Kacem Waffen und verübt einen blutigen Anschlag auf den Pariser Nachtclub *L'Entrepôt,* bei dem elf Menschen ums Leben kommen. Als er sich im Büro des Nachtclubs verschanzt, kommt es zu telefonischen Verhandlungen mit Mitarbeiter:innen der DGSI, die versuchen, ihn zur Aufgabe zu bewegen, um ein weiteres Blutbad zu vermeiden. Kacem weiß, dass er, wenn er sich stellt, nach französischem Strafgesetz die höchste Freiheitsstrafe von dreißig Jahren mit einer inkompressiblen Sicherheitsperiode von zweiundzwanzig Jahren riskiert (LD 266 / DEE 274).

Aus dieser Analyse des Rechtsdiskurses in *Diese eine Entscheidung* ergibt sich nun zusammenfassend folgendes rechtliches Gesamtbild:

Die Pariser Anti-Terror-Abteilung hat die Aufgabe, bei Anklagen gegen Terrorist:innen, Dschihadist:innen und Attentäter:innen, deren Anschlägen französische Staatsbürger:innen weltweit zum Opfer fallen, ein Beweisermittlungsverfahren einzuleiten, um zu entscheiden, ob der:die Angeklagte freizulassen oder an den zuständigen Hauptrichter zu verweisen ist. Sie besteht aus zwölf Untersuchungsrichter:innen, die – nach dem Vier-Augen-Prinzip – in Binomen arbeiten. Das spezielle französische Strafrecht erlaubt die präventive Verfolgung und Bestrafung terroristischer Absichten, auch wenn noch keine materielle terroristische Tat verübt worden ist. Die Rückkehr französischer Staatsbürger:innen aus Syrien, bei denen terroristische Absichten vermutet werden, fällt daher in den Bereich dieser präventiv-strafrechtlichen Kompetenz. Bei ihrer Ankunft am Flughafen werden die Verdächtigten sofort in Gewahrsam genommen, ihre Identität wird überprüft und ihr Gepäck versiegelt. Sie werden durch die Polizei verhört und entweder unter Polizeikontrolle

35 »Ich hatte drei Stunden, um die Arbeit von drei Monaten zusammenzufassen. Ich präsentierte die Fakten und den Verlauf der Ermittlungen, nannte die Verantwortlichen, beschrieb ihren Werdegang – ich ließ nichts aus. Ich las Auszüge der transkribierten SMS-Nachrichten und der Konversationen der Beschuldigten vor [...]. Ich erwähnte die Fragen, die sich im Laufe der Untersuchung stellten.« (EÜ)

– mit der Verpflichtung, ein elektronisches Armband zu tragen und sich täglich beim zuständigen Wachposten zu melden – platziert, oder aber sie werden in die Untersuchungshaft überführt. Für die Beweisfindung stützt sich der:die Untersuchungsrichter:in im Rahmen des Ermittlungsverfahrens auf Partnerinstitutionen wie den DGSI, die SDAT, die spezialisierte Kriminalpolizei, Psycholog:innen, Psychiater:innen und Expert:innen. Er:sie führt Feldoperationen durch, sammelt Beweise aller Art und verhört die Angeklagten unter Beachtung strenger Regeln und in Gegenwart eines:r Gerichtsdieners:Gerichtsdienerin. Die Angeklagten haben das Recht zu schweigen, aber jede Aussageverweigerung wird zu ihren Ungunsten ausgelegt. Einer eventuellen Entscheidung der Freilassung der Angeklagten werden die Berichte des:der Haftüberprüfungsrichters:Haftüberprüfungsrichterin, der Dienststelle für Bewährungshilfe, der Psycholog:innen, Psychiater:innen und Gutachter:innen sowie der Gefängnisverwaltung zugrunde gelegt.

Die persönliche Nähe zwischen Untersuchungsrichter:innen und Anwält:innen in derselben Strafsache ist zwar nicht gesetzlich verboten, sollte aber nach Möglichkeit vermieden werden und kann zu einem Disziplinarverfahren gegen den:die Richter:in führen (LD 302/ DEE 308). Untersuchungsrichter:innen können in Strafverfahren, in denen sie mit der Beweisermittlung betraut waren, in den Zeugenstand gerufen werden, auch wenn dies selten der Fall ist.

Die soeben erfolgte Darstellung des strafrechtlichen und strafprozessrechtlichen Diskurses in *Diese eine Entscheidung* wird nun im folgenden Kapitel mit der tatsächlichen französischen Anti-Terror-Gesetzgebung kontrastiert, wobei selektiv auf die rechtlichen Themen eingegangen wird, die Karine Tuil in ihrem Roman besonders anspricht, um zu zeigen, dass die reale französische Anti-Terror-Gesetzgebung hinsichtlich der angesprochenen Teilaspekte sehr sorgfältig und wahrheitsgetreu in die Diegese eingeflossen ist. Wie sich zeigen wird, ist die kontrafaktische Variation (Δ) zwischen dem fiktionalen und dem realweltlichen Strafrecht vernachlässigbar, vielmehr darf behauptet werden, dass das Recht in der Fiktion mit dem realen Recht nahezu deckungsgleich ist. Allerdings wird der sehr real-nüchterne Rechtsdiskurs von Revels stark emotionsgeladenem fiktiven Profil durchzogen, was die Herauslösung des Rechtsdiskurses aus dem fiktionalen Gesamtbild möglicherweise etwas erschwert. Die Überbetonung von Revels fiktionalen Gefühlen, Gedanken und inneren Kämpfen im Berufs- wie im Privatleben mag die Trennlinie zwischen Faktizität und Fiktionalität verwischen und damit die Auslegungsarbeit mit Fokus auf das Recht *in* der Literatur erschweren.

4.2.3 *Kontrafaktische Kontrastierung: französisches Anti-Terror-Recht vs. Rechtsdiskurs in der Diegese*

Vor der eigentlichen kontrastiven Untersuchung des diegetischen Strafrechtsdiskurses mit dem realweltlichen französischen Anti-Terror-Recht muss zunächst die Faktizität des letzteren festgestellt werden. Denn wäre die Faktizität dieses Rechts nicht gesichert, wäre es, wie bereits mehrfach betont, nicht möglich, die Diegese (Fiktion) mit dem realweltlichen Recht (Fakt) zu kontrastieren.[36] Es sei hier daran erinnert, dass eines der gebräuchlichsten Unterscheidungskriterien zwischen Recht und Literatur sich auf die Trennlinie zwischen der literarischen Illusion und der faktischen Wahrheit des Rechts beruft.[37]

4.2.3.1 Faktizität des französischen Anti-Terror-Rechts

Das Recht soll die Funktion der konkreten Regelung von ›Fällen‹ erfüllen und dazu muss es gültig und wirksam sein, um seine praktische Wirkung zu entfalten. Aus dieser Forderung lässt sich die rechtliche Faktizität ableiten, die, wie Habermas betont, durch die positive Normproduktion zusammen mit der Durchsetzbarkeit dieser Normen künstlich erzeugt wird.[38] Habermas fasst diese künstliche Faktizität, wie bereits ausgeführt, wie folgt zusammen: »Die Geltung des positiven Rechts [ist] zunächst dadurch bestimmt, dass als Recht gilt, was nach rechtsgültigen Prozeduren Rechtskraft erlangt.«[39] Bezieht man Habermas' künstliche Rechtsproduktion nun auf das französische spezielle Anti-Terror-Strafrecht, so ist festzustellen, dass es sich hierbei um eine Serie von parlamentarisch verabschiedete Gesetze handelt, die das französische Strafgesetzbuch (franz. StGB, *Code pénal*) und die französische Strafprozessordnung (franz. StVerfGB, *Code de procédure pénale*) ergänzen, und die mit dem Gesetz Nr. 86–1020 vom 9. September 1986 ihren Anfang nahm. In den Folgejahren wurde die Gesetzeslage dann, im Rhythmus der Anschlagserien, ergänzt und verschärft.[40] Das faktisch-normative ›Sein‹,[41] d. h. die Geltung der französischen Anti-Terror-Gesetzgebung,

36 Siehe Kapitel 2.4 zur Kontrafaktik.
37 Vgl. dazu Ségur, »Droit«, S. 110.
38 Vgl. Habermas, *Faktizität*, S. 50.
39 Ebd., S. 47.
40 Vgl. dazu Valérie Malabat, *Droit pénal spécial*, Paris: Dalloz 2022, S. 655. Darauf folgten: loi n° 96-647 du 22 juillet 1996, loi n° 2001-1062 du 15 novembre 2001, loi n° 2014-1353 du 13 novembre 2014, loi n° 2016-731 du 3 juin 2016, loi n° 2016-987 du 21 juillet 2016, loi n° 2017-1510 du 30 octobre 2017.
41 Vgl. Jellinek, »Staat«, S. 333–337.

ergibt sich gerade aus dieser Reihe verbindlicher Gesetze, die vom französischen Parlament rechtskonform verabschiedet worden sind.[42]

4.2.3.2 Historische Vorbemerkungen zum französischen Anti-Terror-Recht

Anlass für die Verabschiedung einer solchen gesetzlichen Sonderregelung im Kampf gegen den Terrorismus war zunächst die nicht enden wollende Serie blutiger Terroranschläge, die 1985 in Frankreich einsetzte: Sie begann am 23. Februar 1985 in Paris mit einem Anschlag auf das Kaufhaus *Marks & Spencer*, es folgten am 9. März 1985 das Kino *Rivoli-Beaubourg* und neun Monate später am 7. Dezember 1985 das Kaufhaus *Printemps Haussmann.* Auf das blutige Jahr 1985 folgte ein noch blutigeres Jahr 1986, das am 3. Februar 1986 mit einem Attentat auf die Einkaufsmeile des *Hotels Claridge* eingeläutet wurde, gefolgt am Tag danach von Explosionen in der Buchhandlung *Gibert-Jeune* und im Kaufhaus *Fnac Forum des Halles.* Doch damit nicht genug: Am 17. März 1986 wurde ein Angriff auf einen Hochgeschwindigkeitszug (TGV) in der Nähe der Stadt Brunoy verübt, am 20. März 1986 wurde erneut eine Pariser Einkaufsmeile auf den *Champs-Elysées* zur Zielscheibe des Terrorismus, während am selben Tag ein weiterer Anschlag in der Station der Untergrundbahn (RER) *Châtelet* mehrere Todesopfer forderte. Am 8. September 1986 wurden das Postamt des Pariser Rathauses, am 12. September 1986 das Kaffee *Casino* im Einkaufszentrum *La Défense*, am 14. September 1986 das *Pub Renault* auf den *Champs-Elysées* und am 15. September 1986 die Polizeipräfektur *rue de Rennes* zum Schauplatz von Anschlägen. Insgesamt wurden in Frankreich allein in den Jahren 1985 und 1986 nicht weniger als dreizehn Terroranschläge verübt.[43]

In den Jahren 1995 und 1996 erlebte das Land wieder eine neue Serie von Attentaten: Am 25. Juli 1995 explodierte eine Bombe in der Pariser RER-Station *Saint-Michel* und verursachte acht Tote und hundertfünfzig Verletzte. Es folgten weitere Attentate auf die U-Bahn-Stationen *Maison Blanche* am 6. Oktober 1995, *Musée d'Orsay* am 17. Oktober 1995[44] und die RER-Station *Port Royal* am 3. Dezember 1996 mit vier Toten und einundneunzig Verletzten.[45] Auch im 21. Jahrhundert blieb Frankreich nicht verschont: am 19. März 2012 verübte Mohamed Merah einen Anschlag

42 Kelsen, »Was ist juristischer Positivismus?«, S. 465.

43 S. dazu Trévidic, *Au cœur*, S. 24–25.

44 Valérie Gas, »Attentats de 1995: le procès tant attendu«, in: *Rfi*, 30.9.2002 (Internet-Link im Literaturverzeichnis).

45 INA, »1996: l'attentat du RER B à la gare du Port Royal«, in: *L'INA éclaire l'actu* 2.12.2021 (Internet-Link im Literaturverzeichnis).

auf eine jüdische Schule in Toulouse.[46] Am 15. März 2012 griff derselbe Merah die in Montauban stationierte Fallschirmjägereinheit an.[47] Und nur drei Jahre später begann das tödlichste Jahr für Frankreich: Am 7. Januar 2015 fand der blutige Anschlag auf die Zeitungsredaktion *Charlie Hebdo* statt, und am 9. Januar 2015 wurden in einem koscheren Supermarkt in der Nähe der *Porte de Vincennes* Geiseln genommen. Am 26. Juni 2015 wurde ein Unternehmer in *Saint Quentin-Fallavier* enthauptet, am 21. August 2015 kam es zu einem Anschlag auf den Hochgeschwindigkeitszug Thalys Paris–Amsterdam, und am 13. November 2015 ereignete sich eine der tödlichsten Terroraktionen, die Frankreich jemals erlebt hat: Die voll besetzte Pariser Konzerthalle *Bataclan* wurde zum Schauplatz eines der blutigsten Massaker, das sechsundachtzig Tote forderte und dreihundert Verletzte verursachte. Im Jahr 2016 setzte sich die blutige Serie mit dem Doppelmord an einem Polizistenehepaar in Magnanville und dem Massaker auf der Strandpromenade von Nizza während der Feierlichkeiten zum Nationalfeiertag am 14. Juli 2016 fort, bei dem sechsundachtzig Menschen getötet und vierhundertvierunddreißig verletzt wurden. Am 26. Juli 2016 wurde ein Priester in der Kirche von Saint-Étienne-de-Rouvray brutal ermordet. Das Jahr 2017 verzeichnete vermehrte Angriffe auf Soldaten und Polizisten.[48] Am 16. Oktober 2020 fiel der Gymnasiallehrer Samuel Paty dem islamistischen Fanatismus durch Enthauptung zum Opfer,[49] am 13. Oktober 2023 erlag der Gymnasiallehrer Dominique Bernard den tödlichen Messerstichen seines Angreifers.[50] Die erschreckende Liste scheint endlos und erklärt das Bestreben Frankreichs, den Kampf gegen den Terrorismus nicht nur auf dem *Terrain* zu führen, sondern

46 Jean-Luc Thomas / Christian Taveira, »Attentats de Toulouse et Montauban: Jonathan Chetrit, témoin de la tuerié de l'école Ozar Hatorah, raconte l'horreur ›par ceux qui l'ont vécue‹«, in: *CNEWS*, 19.3.2022 (Internet-Link im Literaturverzeichnis); siehe dazu Jonathan Chetrit, *Toulouse 19 mars 2012. L'attentat de l'école Ozar Hatorah par ceux qui l'ont vécu*, Paris: Albin Michel 2022.

47 Frédéric Abela, »Affaire Merah: dix ans après les attentats de Toulouse et Montauban, retour sur l'effroyable parcours du tueur au scooter«, in: *LA DEPÊCHE*, 10.3.2022 (Internet-Link im Literaturverzeichnis).

48 Vgl. Yves Mayaud, *Terrorisme – Infractions, poursuites pénales et indemnisation*, Paris: Dalloz 2020, S. 23. Für einen Überblick auf Deutsch siehe Sophie Hegemann, *Kulturen des Ausnahmezustandes. Antiterrorpolitik in Frankreich, Belgien und Deutschland von 2015–2017*, Wiesbaden: Springer 2023, S. 79–80; 95–97; 100–101.

49 Stéphane Simon / Alexis Kebbas, *Les derniers jours de Samuel Paty*, Paris: Plon 2023.

50 Romain Gubert, »Attentat à Arras: qui était Dominique Bernard, le professeur de français tué?«, in: *Le Point*, 16.10.2023 (Internet-Link im Literaturverzeichnis).

auch die Rechtslage dem Bedürfnis anzupassen, die Bevölkerung so gut wie möglich zu schützen.

4.2.3.3 Kontrafaktische Kontrastierung

Über die historischen Prämissen hinaus ergibt sich ein weiterer Grund für die französische Sondergesetzgebung aus der Erkenntnis, dass französische Staatsbürger:innen, die sich dem Islam zuwenden und nicht selten unter dem Einfluss islamistischer Prediger in den zahlreichen französischen Moscheen radikalisiert werden, zumeist nach Syrien oder in ähnliche Länder reisen, um dort das ›Handwerk‹ des Terrorismus zu erlernen. Ziel dieser Ausbildung ist fast ausnahmslos die Rückkehr nach Frankreich, um das Gelernte vor Ort im Namen des Dschihad umzusetzen.

Die französische Anti-Terror-Gesetzgebung trägt dieser Erkenntnis Rechnung, indem sie anstelle des üblichen Unschuldsprinzips das Präventivprinzip einführt, das für französische Staatsbürger:innen, die aus Gebieten zurückkehren, in denen nachweislich Terrorist:innen ausgebildet werden, wie insbesondere Syrien, eine Schuldvermutung hinsichtlich terroristischer Absichten aufstellt.

In diesem Sinne sieht das französische Anti-Terror-Gesetz für solche Rückkehrer:innen, sobald sie französischen Boden betreten, die präventive Verhängung von administrativen und/oder gerichtlichen Kontroll- oder Haftmaßnahmen nach dem Motto ›erst sichern, dann prüfen‹ vor. Das bedeutet, dass bereits die Absichtsvermutung, noch bevor die tatsächliche Verübung einer Straftat erfolgt ist oder nachgewiesen werden kann, die Verhängung administrativer oder gerichtlicher Maßnahmen in Erwartung eines späteren Beweisermittlungsverfahren rechtfertigt.

Auf administrativer Ebene ermächtigt in diesem Sinne Art. L.225-1 des französischen Gesetzbuchs für innere Sicherheit (frz. GIS) den französischen Innenminister, nach Unterrichtung der zuständigen Staatsanwaltschaft, die geografische Bewegungsfreiheit von Rückkehrer:innen aus ausgewiesenen Terrorgebieten durch Wohnsitzauflage, wöchentliche Meldung bei der Polizei oder das Tragen eines elektronischen Armbandes einzuschränken. Die maximale Dauer dieser Verwaltungsmaßnahmen beträgt drei Monate.[51] Artikel 78-3-1 des frz. StVerfGB ermöglicht es, Personen, die im Verdacht terroristischer Verbindungen stehen, bis zu vier Stunden in Gewahrsam zu nehmen, um eine vertiefte Identitätskontrolle durchzuführen und die Daten des elektronischen Personenregisters abzufragen.[52]

51 Mayaud, *Prévention*, S. 158–160.
52 Ebd., S. 156–157.

Auf strafrechtlicher Ebene ist das Pariser Gericht für die Verfolgung von Rückkehrer:innen aus Terrorgebieten zuständig. Es verfügt grundsätzlich über eine konkurrierende nationale Zuständigkeit für alle Terrorstraftaten (Art. 113-2 frz. StGB, Art. 706-16 frz. StVerfGB[53]), die in der Praxis ausschließlich ist, mit Ausnahme des Delikts der Terrorverherrlichung (Art. 421-2-5 frz. StGB), da die regionalen Gerichte ihre Zuständigkeit in der Regel an das Pariser Gericht abtreten.[54] Seine sachliche und geografische Kompetenz erstreckt sich auf alle kriminelle oder deliktische Handlungen in Verbindung mit Terroraktionen im In- und Ausland, mit oder ohne Opfer, ungeachtet ihrer Nationalität, die von französischen Staatsbürger:innen oder anderen Personen mit gewöhnlichem Wohnsitz in Frankreich begangen werden (Art. 113-6; Art. 113-7 frz. StGB). Die Verhängung oder Vollstreckung der Strafe erfolgt ebenfalls zentral für ganz Frankreich von Paris aus (Art. 706-11-1; Art. 706-16 frz. StVerfGB).

In *Diese eine Entscheidung* wird die nationale und internationale Zuständigkeit der Untersuchungsrichterin festgestellt: »Je suis saisie de tous les attentats commis dans le monde ayant occasionné des victimes françaises« (LD 24 / DEE 20). Alma Revel bezeichnet den Ort ihres Wirkens als die *Galérie*, die sich in einem hochgesicherten Trakt des Pariser Justizpalasts befindet (LD 21 / DEE 17). Marc Trévidic, ehemaliger Staatsanwalt und jetzt Untersuchungsrichter in der Anti-Terror-Abteilung des Pariser Gerichts, bestätigt, dass die Pariser Anti-Terror-Abteilung in der *Galérie Saint Éloi* des Pariser Justizpalastes untergebracht ist: »LA SCÈNE: la galérie saint Éloi. Ce long couloir [...], se trouve tout en haut du Palais de Justice de Paris, au cœur de l'île de la Cité.«[55]

Wie Mayaud erläutert, ermöglicht das Anti-Terror-Gesetz die präventive Strafverfolgung von französischen Rückkehrer:innen aus Gebieten, die im Verdacht stehen, in Trainingslagern Terrorist:innen auszubilden, auch wenn sie auf französischem Boden (noch) keine Straftat begangen haben:

> Tout crime ou tout délit terroriste commis à l'étranger par un Français peut donc être poursuivi en France. [...] Sont concrètement visés les ressortissants français qui se rendent à l'étranger pour intégrer des camps d'entraînement et y suivre des travaux d'endoctrinement. Ils pourront être poursuivis alors même qu'ils ont commis aucun acte repréhensible sur le territoire français.[56]

53 StVerfGB = Strafverfahrensgesetzbuch (Code de procédure pénale, CPP); StGB = Strafgesetzbuch (Code pénal, CP).

54 Mayaud, *Terrorisme*, S. 184–185.

55 Trévidic, *Au cœur*, S. 7.

56 Ebd., S. 205–206.

Das Pariser Strafgericht kann Rückkehrer:innen gemäß Art. 62-2 frz. StGB bis zu 96 Stunden (vier Tage) in Gewahrsam nehmen (Art. 706-73 frz. StVerfGB), wie in *Diese eine Entscheidung* beschrieben wird, oder in Ausnahmefällen sogar bis zu 144 Stunden (sechs Tage) (Art. 706-88-1 frz. StVerfGB), um der Kriminalpolizei bei *Verdacht* auf ein Verbrechen, das mit Freiheitsstrafe bedroht ist, die erforderliche Zeit für Vorermittlungen und Vernehmungen zu gewähren.

> La garde à vue est une mesure de contrainte décidée par un officier de police judiciaire, sous contrôle de l'autorité judiciaire, par laquelle une personne à l'encontre de laquelle il existe une ou plusieurs raisons plausibles de soupçonner qu'elle a commis ou tenté de commettre un crime ou un délit puni d'une peine d'emprisonnement est maintenue à la disposition des enquêteurs. (Art. 62-2 frz. StVerfGB)

An dieser Stelle muss der Einschub ›Verbrechen, das mit der Freiheitsstrafe geahndet wird‹ näher erläutert werden: Das französische Anti-Terror-Gesetz sieht keine neuen Straftatbestände vor, sondern entlehnt die Straftatbestände dem allgemeinen Strafrecht und qualifiziert sie dann als individuelle oder kollektive Terrorakte, wenn sie vorsätzlich begangen werden, mit der Absicht, die Öffentlichkeit in Schrecken und Panik zu versetzen (Art. 421-1 frz. StGB). So wird beispielsweise ein ›gewöhnlicher‹ Mord, der vorsätzlich dazu verübt wird, um die Öffentlichkeit in Schrecken und Panik zu versetzen, zum Terrorakt. Die Qualifikation einer strafbaren Handlung als ›Terrorakt‹ ergebe sich, so Yves Mayaud, gerade aus der programmatischen Planung der Tat, der öffentlichen Proklamierung des Racheaktes und der vorsätzlichen ›Störung des öffentlichen Friedens‹ durch Einschüchterung und Schrecken – »ayant pour but de troubler gravement l'ordre public par l'intimidation ou la terreur« –, wobei es dabei um etwas Größeres als die individuelle Angst gehe: »L'intimidation peut être définie comme la peur physique qui paralyse les individus tandis que la terreur est la peur psychologique qui s'empare de la collectivité.«[57] Entscheidend ist also eine das Individuum transzendierende Erschütterung der Öffentlichkeit, die ein kollektives Gefühl der Angst, der Ohnmacht und der Hilflosigkeit gegenüber diesem Gewaltphänomen hervorruft:

> Ce qui est en cause, c'est l'impact de l'entreprise terroriste, laquelle doit se manifester par une déstabilisation de la collectivité, après avoir éveillé en elle des craintes et des angoisses dont l'effet premier est de paralyser

57 François Colcombet, *Rapport n° 2244, tome 1, Exposé général. Examen des articles*, in: AN 1991, S. 93.
»Die Einschüchterung kann mit der lähmenden körperlichen Angst des Individuums verglichen werden, der Schrecken hingegen ist vergleichbar mit der psychologischen Angst, die die Kollektivität als Ganzes erfasst.« (EÜ)

> l'esprit d'initiative, de contrarier la confiance mutuelle et de douter des possibilités de réaction des pouvoirs publics.[58]

Wie Mayaud weiter ausführt, zielen Attentäter:innen in der Regel wissentlich und bewusst darauf ab, so viele Opfer wie möglich zu verursachen, um die Gesellschaft als Ganzes zu traumatisieren:[59] »L'intention suppose que tout ce qui contribue à réaliser le crime ou le délit ait été parfaitement connu de l'accusé ou du prévenu.«[60] Mit anderen Worten: Die Hinwendung zur terroristischen Ideologie muss die Tat begleiten, sie muss ihr Beweggrund sein und durch die Gewalt ein vorprogrammiertes kollektives Trauma bewirken.[61]

Nach diesem erläuternden Einschub komme ich wieder auf die Möglichkeit zurück, präventive Kontroll- oder Haftmaßnahmen gegen Rückkehrer:innen aus bekannt terroristisch orientierten Gebieten zu verhängen: Nach den in der Regel 96 Stunden Haft kann das Gericht eine Untersuchungshaft von bis zu sechs Monaten anordnen (Art. 421-1 – 421-6 frz. StGB), die auf Beschluss des:der Haftüberprüfungsrichters:Haftüberprüfungsrichterin (*juge des libertés et de la détention*) bis auf maximal zwei Jahre, und im Falle der Beteiligung an der Vorbereitung eines Aktes im Rahmen der organisierten Kriminalität (Art. 421-2-1 frz. StGB) bis auf drei Jahre verlängert werden kann.[62]

An dieser Stelle setzt die Funktion von Alma Revel in *Diese eine Entscheidung* ein, denn als Untersuchungsrichterin in der Pariser Anti-Terror-Abteilung ist sie für die Beweiserhebung gegen qualifizierte Rückkehr:innen, die in Untersuchungshaft genommen wurden, zuständig.

Schon auf der ersten Seite von Tuils Roman wird deutlich, dass die zentrale Figur eine Untersuchungsrichterin in der Terrorabteilung des Pariser Gerichts ist, die die Ermittlungen gegen Abdeljalil und Sonia Kacem leitet. Sie entspricht, wie Yves Mayaud hervorhebt, der Figur des:der isolierten Untersuchungsrichters:Untersuchungsrichterin im französischen Strafprozess, dem:der sehr weitreichende – vielleicht zu weitreichende – Befugnisse zugestanden werden, weshalb seine:ihre Position problematisch erscheint: »Le juge d'instruction est aujourd'hui en situation de faiblesse, pour être un magistrat isolé, aux pouvoirs exorbitants.«[63] Er:sie arbeitet häufig in Koordination mit Kolleg:innen der Anti-Terror-Abteilung des Pariser Gerichts und verfügt über die ausschließliche sachliche Zuständigkeit für die gerichtliche Strafuntersuchung, die ihn:sie darüber erhellen soll, ob gegen die:den Beschuldigte:n (*prévenu*) Anklage zu

58 Mayaud, *Terrorisme*, S. 88.
59 Vgl. ebd., S. 88–89.
60 Ebd., S. 94; vgl. auch S. 96–97.
61 Vgl. ebd., S. 94; 97.
62 Vgl. ebd., S. 294.
63 Ebd., S. 179.

erheben sei oder nicht, ob die:der Beschuldigte freizulassen sei oder in Haft zu bleiben habe. Der:die Präsident:in des Gerichts kann einer Terrorstrafsache zwei oder mehrere Untersuchungsrichter:innen zuweisen, wobei es sich um eine koordinierte, aber nicht kollegiale Arbeit handelt.

Tuil bezieht sich darauf, wenn Alma Revel mit der Funktion der Koordination der Anti-Terror-Abteilung betraut ist (LD 21 / DEE 16) und wenn sie im Binom mit François Vasseur den Fall Kacem untersucht (LD 14 / DEE 10). In ihrer Funktion als Untersuchungsrichterin führt sie Ermittlungen durch, um Beweise für oder gegen die Erhebung einer Anklage gegen Kacem zu sammeln, deren Ergebnis darüber entscheidet, ob er aus der Untersuchungshaft entlassen oder an den Hauptrichter Macri verwiesen wird. Revels Ermittlungen stützen sich auf die Mithilfe der DGSI, der SDAT, der Kriminalpolizei und auf Gutachten von Expert:innen.

Wie Marc Trévidic erläutert, ist vor allem der Informationsdienst für Inneres (DCRI[64]), aus dem später der DGSI hervorging, der wichtigste Partner und Informant für die Anti-Terror-Richter:innen. Er fungiert einerseits als Informationsorgan (eine Art französisches FBI) und andererseits als Kriminalpolizei. Diese Doppelrolle ermöglicht es den Untersuchungsrichter:innen, mit Ausnahme amtlicher Telefonabhörungen, direkt auf die Informationen des DCRI zuzugreifen.[65] Der DGSI kann Telefone abhören und auswerten, elektronische Korrespondenz und Kommunikation abfangen, Internetaktivitäten beschatten, Computer und Speichersysteme durchsuchen etc.[66] Alle Erhebungen müssen vorab durch den:die Innenminister:in, nach Anhörung der *Commission nationale de contrôle des techniques de renseignement* (CNCTR) genehmigt werden und dürfen nicht länger als vier Monate dauern.[67] Umgekehrt profitiert der DGSI seinerseits von allen Informationen, die der:die Untersuchungsrichter:in im Laufe des Erhebungsverfahren zusammenträgt: Telefonabhörungen, akustische Überwachung, Internetbeschattung, Hausdurchsuchungen, Beschlagnahmungen, Verhöre, Vernehmungen, Computerauswertungen etc.[68]

In *Diese eine Entscheidung* wird der Fokus einerseits auf den problematischen Eingriff in das Prinzip der Unschuldsvermutung durch präventive Verfolgung und Bestrafung gerichtet und andererseits auf die Schwierigkeit für den:die Untersuchungsrichter:in, auf der Grundlage von Absichtsvermutungen durch schlüssige Beweise zu einer richtigen

64 DCRI: La direction centrale du renseignement intérieur (Trévidic, *Au cœur*, S. 14). Sie wurde 2014 durch die DGSI abgelöst. (Mayaud, *Prévention*, S. 22)

65 Vgl. Trévidic, *Au cœur*, S. 244–247.

66 Mayaud, *Prévention*, S. 53–54.

67 Ebd., S. 27–28.

68 Trévidic, *Au cœur*, S. 252.

Entscheidung zu kommen. Dieses Dilemma wird am Beispiel des Ehepaars Kacem deutlich, das nach Syrien reiste, dort von Mitgliedern des Islamischen Staates aufgenommen und angeblich misshandelt wurde und über den Umweg eines türkischen Internierungslagers nach Frankreich zurückgekehrt ist. Unmittelbar nach ihrer Landung auf dem Pariser Flughafen werden sie von der Polizei in Gewahrsam genommen und vier Tage lang von Beamten der DGSI verhört (LD 118–119 / DEE 118–119). Aufgrund dieser präliminären Ermittlungen wird Sonia Kacem mit einem elektronischen Armband versehen und unter Polizeiaufsicht gestellt, während Abdeljalil Kacem in provisorische Untersuchungshaft genommen wird (LD 119 / DEE 119).

An dieser Stelle setzt Revels Ermittlungsarbeit ein. Sie stützt sich dabei auf das Verhör nach Art. 116-1–120 frz. StVerfGB sowie auf die SDAT[69] und den DGSI (LD 22 / DEE 17). Tuil schiebt in die Diegese regelmäßig fiktive Verhöre ein, die Revel mit Abdeljalil Kacem nach dem Muster des Verhörs gemäß Art. 116-1–120 frz. StVerfGB führt. Anhand dieser fiktiven Fragen und Antworten zeigt sie die Opazität von Kacems Persönlichkeit insofern, als scheinbar friedliche Absichten mit durchschimmernden Unwahrheiten im Widerspruch stehen. Dadurch kommt die volle Bandbreite der Schwierigkeit für den:die Richter:in, die richtige Entscheidung zu treffen, zur Geltung, wenn es keine handfesten Beweise gibt. Um die Richterin Revel in die Irre zu führen, baut Kacem in diesem Sinne seine Strategie auf scheinbare Naivität, Unwissenheit (LD 75–76 / DEE 76–77) und Ablehnung von Gewalt auf.

Auf Revels Frage, warum er Frankreich so schnell verlassen habe, behauptet Kacem, dass er in einem islamischen Land leben wollte, um seinen Glauben in einem entsprechenden Umfeld zu praktizieren und gleichzeitig der syrischen Bevölkerung zu helfen. Er bestreitet durchgehend jede Absicht, sich dem Djihad anschließen haben zu wollen (LD 51 / DEE 50), schützt Unwissenheit über die terroristischen Aktivitäten des Islamischen Staates vor (LD 52 / DEE 51; LD 186–188 / DEE 191–193; LD 200–202 / DEE 205–207; LD 232–233 / DEE 238) und beteuert seine Ablehnung von Gewalt (LD 55 / DEE 54). Seine Aussage, er habe gewusst, dass der IS Gräueltaten begehe, sei aber so naiv gewesen, nicht daran zu glauben, bis er es mit eigenen Augen gesehen habe, lässt jedoch Zweifel an seiner Aufrichtigkeit aufkommen (LD 64 / DEE 64; LD 91 / DEE 90). Seine Bemerkung, er habe seiner Frau gegenüber seine Bewunderung für den IS und für Videos, auf denen Enthauptungen gezeigt werden, nur zum Spaß geäußert, lädt zur misstrauischen Hellhörigkeit ein (LD 104 / DEE 104). Die Gräueltaten, die er zugegebenermaßen gesehen habe, hätten ihn zutiefst erschreckt (LD 189 / DEE 193–194).

69 SDAT = sous-direction antiterroriste. Es handelt sich um eine Unterabteilung der französischen Gerichtspolizei (Trévidic, *Au cœur*, S. 15).

Auf die Frage Revels, ob er der islamistischen Ideologie abgeschworen habe, antwortet Kacem mit einem scheinbar entschiedenen ›Ja‹ (LD 250 / DEE 258).

Wie Valérie Malabat betont, bleibt die präventive Bestrafung von vorbereitenden Handlungen, insbesondere wenn es sich um individuelle Initiativen ohne Bezug zu einer Gruppe handelt, ein umstrittenes Thema.[70] Revel verfügt über wenig konkrete Beweise für die Absichten Kacems, der anscheinend allein gehandelt hat: einige SMS und Gespräche zwischen Kacem und seiner Frau (LD 104 / DEE 104), ein Video in seinem Telefon mit einer Enthauptungsszene (LD 54 / DEE 53), einige Videos mit islamistischer Propaganda auf seinem Computer und einer Hinrichtungsszene eines jungen Israelis (LD 201 / DEE 205–206), die Tatsache, dass Kacem seinen Facebook-Account gelöscht hat (LD 53 / DEE 52), die Verhörprotokolle, Gutachten und psychologische Befunde zur Person des Beschuldigten. Tuil weist hier, wie bereits erwähnt, sehr deutlich auf die Problematik der Präventivjustiz hin. Darüber hinaus inszeniert sie eine Liebesbeziehung zwischen Revel und Kacems Verteidiger Emmanuel Forest, die die Frage der richterlichen Befangenheit aufwirft und die Unparteilichkeit der Richterin bei der Entscheidungsfindung kompromittiert.

Das Berufsethos der französischen Richterschaft beruht in diesem Zusammenhang auf einem doppelten Grundsatz: der Wahrung der Glaubwürdigkeit und des Vertrauens in die Justiz und des Interesses des:der Beschuldigten oder des:der Angeklagten, während der gesamten Dauer des Prozesses von demselben:derselben Verteidiger:in vertreten zu werden. Um das Ansehen der Justiz zu wahren, verlangt die richterliche Berufsethik außerdem, dass im und um den Gerichtssaal herum keine auffällige Nähe zwischen Richter:innen und Verteidiger:innen herrscht: »En tout lieu, notamment aux abords et dans la salle d'audience, le magistrat ne doit pas apparaître dans une relation de proximité avec l'une ou l'autre des parties ou leurs conseils« (Art. 6 Rodm[71]).[72] Wenn persönliche und dienstliche Interessen kollidieren und dadurch die objektive Ausübung des Amtes beeinträchtigt wird, dann sind Richter:innen verpflichtet, dies in aller Offenheit zuzugeben und sich von sich aus als für befangen zu erklären:

> Le magistrat a une obligation de vigilance afin de prévenir tout conflit entre les devoirs de son état et ses intérêts personnels ou ceux de ses proches.

70 Vgl. Malabat, *Droit pénal*, S. 659.

71 ›Rodm‹ für *R*ecueil des *o*bligations *d*éontologiques des *m*agistrats.

72 Conseil Supérieur de la Magistrature, *Recueil des obligations déontologiques des magistrats*, Paris: Direction de l'information légale et administrative 2019, S. 22 (Internet-Link im Literaturverzeichnis).

> 22. Constitue un conflit d'intérêts toute situation d'interférence entre un intérêt public et des intérêts publics ou privés qui est de nature à influencer ou à paraître influencer l'exercice indépendant, impartial et objectif d'une fonction.
>
> 23. En vue de l'entretien déontologique, le magistrat s'interroge de manière sincère sur toute situation qui pourrait apparaître de nature à créer un conflit d'intérêts. Il tient compte, pour ce faire, de l'ensemble de ses intérêts ainsi que des intérêts ou activités de ses proches.
>
> 24. Il se déporte, sans attendre une éventuelle récusation, chaque fois qu'une situation peut faire naître dans l'esprit des parties ou du public un doute légitime sur son impartialité tenant à l'existence d'un conflit d'intérêts.
>
> 25. Dans ses engagements personnels, le magistrat veille à concilier l'exercice légitime de ses droits de citoyen et les devoirs attachés à ses fonctions judiciaires. Il se comporte ou s'exprime en public avec prudence et modération« (Art. 22–25 Rodm).[73]

Wie Frederick Dupuis kommentiert, ist es im Sinne des geforderten ›Anstands‹ unangebracht, im Umgang mit einer Prozesspartei oder einem:einer Verteidiger:in in der Öffentlichkeit des Gerichtssaals und seiner Umgebung offensichtliche Vertraulichkeiten an den Tag zu legen. Das professionelle und vertrauenswürdige Image der Justiz als Institution müsse gewahrt werden, so Dupuis.[74] Dies bedeute jedoch nicht, dass persönliche menschliche Beziehungen ausgeschlossen seien, sondern dass eine öffentliche Zurschaustellung vermieden werden solle.[75] Die pragmatischste und vernünftigste Haltung sei es, so diskret wie möglich zu sein und sich im Falle einer zu großen Intimität ehrlich als befangen zu erklären [gemeint ist der:die Richter:in, Anm. d. Verf.], während der:die Verteidiger:in weiterhin seinen:ihre Mandant:in verteidigen solle: »La solution la plus intelligente consiste à prendre certaines précautions. Qu'un magistrat qui présente des liens trop apparents/importants avec le conseil d'une partie se déporte de sa propre initiative, qu'un avocat évite de mettre en évidence ses liens, quels qu'ils soient, avec un magistrat lorsqu'ils ont une affaire en commun.«[76] Auch wenn eine der Gerichtsparteien den:die Richter:in grundsätzlich wegen Befangenheit ablehnen kann (Art. L 111-6 COJ[77]), so ist es dennoch immer schwierig, engere menschliche Beziehungen nachzuweisen, weshalb es am vernünftigsten erscheint, an die pragmatische Ehrlichkeit der Richter:innen selbst zu appellieren.

73 Ebd., S. 24.

74 Vgl. Cass. soc., 18 novembre 1998, n° 94-43.840.

75 Frederick Dupuis, »Un avocat peut-il déjeuner avec un magistrat?«, in: *La lettre juridique* n° 875, 2.9.2021, S. 1 (Internet-Link im Literaturverzeichnis).

76 Ebd., S. 2.

77 COJ = Code de l'organisation judiciaire (Gerichtsverfassung).

In diesem Sinne weicht der diegetische Rechtsdiskurs vom realen Recht ab, denn es kann kein Zweifel daran bestehen, dass Revel sich gegenüber Emmanuel Forest als für befangen hätte erklären und die Untersuchung des Falles Kacem einem:einer Kollegen:Kollegin hätte übertragen müssen. Dass es sich hierbei um ein schwerwiegendes Versäumnis handelt, beweist die Tatsache, dass Revels Entscheidung, Kacem aus der Haft zu entlassen, stark von Forests Bemühungen beeinflusst wird, die Freilassung seines Mandanten zu erreichen. In diesem Sinne argumentiert Forest, dass sein Mandant noch keine Tat begangen habe: »C'est totalement injuste de coller une étiquette de terroriste à quelqu'un qui n'est pas passé à l'acte, c'est tout« (LD 183–185).[78] Noch eindringlicher bearbeitet Forest seine Geliebte Revel wie auch ihr Binom François Vasseur, indem er versucht, sie davon zu überzeugen, dass nichts in den Dokumenten, Berichten und Gutachten darauf hindeute, dass Kacem gefährlich sein könnte: »Il ne fera rien! Il n'est pas dangereux! Il n'a pas fait un seul faux pas, il n'est pas décrit comme radicalisé par les services pénitentiaires...« (LD 222 / DEE 228). Und weiter versucht Forest die Bedenken der beiden Richter:innen zu verflüchtigen, indem er an ihre Menschlichkeit appelliert: »Vous devez lui donner une chance de se reconstruire dehors, de refaire sa vie avec sa femme et son enfant, loin des mauvaises influences, vous devez le remettre en liberté« (CL 222 / DEE 228). Die Argumente des Verteidigers werden durch die positiven Berichte der Dienststelle für Bewährungshilfe (*service de probation et de l'insertion pénitentiaire*) (LD 229 / DEE 235), der Psycholog:innen, Psychiater:innen (LD 234 / DEE 239) und Gutachter:innen sowie der Gefängnisverwaltung (LD 230 / DEE 237) gestützt.

Revels Entscheidung sollte sich tatsächlich als falsch erweisen, insofern Kacem unmittelbar nach seiner Entlassung einen Anschlag auf den Pariser Nachtclub *L'Entrepôt* verübt, bei dem Menschen ums Leben kommen und weitere verletzt werden.

Der Fall Abdeljalil Kacem gibt Aufschluss über die strafrechtliche Definition des Terrorverbrechens, im Sinne von Art. 421-1 frz. StGB das, gemäß Art. 421-2-1 und Art. 421-2-6 frz. StGB, präventiv geahndet werden kann: Ein Terrorakt kann individuell oder im Rahmen der organisierten Kriminalität verübt werden und ist dann gem. Art. 421-1 frz. StGB strafbar, wenn die Absicht, eine solche Tat vorzubereiten, durch den *Besitz, die Beschaffung oder die Herstellung gefährlicher Gegenstände oder Substanzen* in Verbindung mit *einer* der folgenden Handlungen zum Ausdruck kommt: 1. das Einholen von Informationen über Orte oder Personen, gegen die eine terroristische Handlung verübt werden soll, oder 2. die Ausbildung in der Handhabung oder Herstellung

78 »Das ist sehr ungerecht, eine Person wie eine:n Terrorist :in zu behandeln, so lange sie keine Tat begangen hat, das ist alles.« (EÜ)

von Waffen und Sprengstoffen oder die Ausbildung in der Führung von Flugzeugen und Schiffen, oder 3. der regelmäßige Besuch von Webseiten oder der Besitz von Dokumenten die zum Terrorismus aufrufen oder ihn verherrlichen, oder 4. *der Aufenthalt im Ausland in einem Gebiet terroristischer Bewegungen.*[79] Wie bereits erwähnt, muss eine Handlung, um als ›Terrorakt‹ qualifiziert zu werden, darüber hinaus darauf abzielen, den öffentlichen Frieden durch Einschüchterung oder Schrecken schwer zu stören. Relevant sind in diesem Zusammenhang die vorsätzliche Verletzung des Lebens und der Unversehrtheit von Menschen, die vorsätzliche Zerstörung und Beschädigung, die vorsätzliche Verwendung von Sprengstoffen und der vorsätzliche Einsatz von Waffen. Entscheidend ist auch, dass die geplante Tat bewusst vorbereitet und organisiert wurde, unabhängig davon, ob der kriminelle Taterfolg eingetreten ist oder nicht.[80] Auch hier wird das Kriterium der Absicht deutlich, das eine präventive Strafverfolgung ermöglicht. Die französische Rechtsdoktrin geht in der Distanzierung vom Unschuldsprinzip sogar noch einen Schritt weiter, wenn sie feststellt, dass die französische Rechtsprechung nicht einmal die persönliche Absicht, eine terroristische Tat zu begehen, voraussetzt, sondern bereits eine lose, temporäre Verbindung oder Nähe zu einer Terrororganisation inkriminiert: »La doctrine a, en outre, montré que la jurisprudence se contente d'une sorte d'appartenance au groupe, appartenance éventuellement temporaire, comme une relation de proximité entretenue avec un membre du groupe[81] et qu'elle n'exige pas que le ›mis en cause poursuive personnellement un but terroriste, ni même qu'il participe activement à un groupe terroriste‹.«[82]

Ursprünglich sollte auch das Sichten und Abrufen von Texten, Darstellungen oder Bildern, die Terrorakte darstellen oder dazu ermutigen, strafrechtlich verfolgt werden (aufgehobener Artikel 421-2-5-2 frz. StGB). Nach zwei Urteilen des französischen Verfassungsgerichtshofes

79 Vgl. ebd., S. 655. Art. 421-1 frz. StGB: »Constituent des actes de terrorisme, lorsqu'ils sont intentionnellement en relation avec une entreprise individuelle ou collective ayant pour but de troubler gravement l'ordre public par l'intimidation ou la terreur, les infractions suivantes: 1° Les atteintes volontaires à la vie, les atteintes volontaires à l'intégrité de la personne, l'enlèvement et la séquestration ainsi que le détournement d'aéronef, de navire ou de tout autre moyen de transport, définis par le livre II du présent code.«

80 Crim. 10 janvier 2017, n° 16-84596, Dr. Pénal 2017, comm. 35, note P. Conte (aff. dite »de Tarnac«).

81 Pierrette Poncela, »Les naufragés du droit pénal«, in: *Archives de politique criminelle* (2016/1/38), S. 7–26, hier: S. 18–20.

82 Olivier Cahn, »Sauriez-vous reconnaître un ›terroriste‹?«, in: *Grief* (2017/1/4), S. 127–138, hier: S. 130. Siehe dazu Julie Alix, »La qualification terroriste après l'arrêt du 10 janvier 2017 (affaire dite ›de Tarnac‹)«, in: *Actualité Juridique Pénale* (2017), S. 79.

– die drei Jahre später erneut bestätigt wurden[83] – wurde diese Bestimmung jedoch mit der Begründung aufgehoben, dass sie die Kommunikationsfreiheit unverhältnismäßig einschränke.[84] Die Beachtung des Verhältnismäßigkeitsgrundsatzes veranlasste das französische Verfassungsgericht hier, das Grundrecht der Kommunikationsfreiheit vor übermäßigen präventiven Eingriffen zu schützen.

Abdeljalil Kacems Anschlag auf den Pariser Nachtclub *L'Entrepôt* ist nach Art. 421-1 des frz. StGB als Terrorakt einzustufen, da er vorsätzlich und strategisch geplant, mit Waffengewalt und in der bewussten Absicht, Angst und Schrecken zu verbreiten, begangen wurde. Alle Kriterien, die das französische Sonderrecht für eine Subsumtion unter Art. 421-1 des frz. StGB erfordert, sind hier erfüllt: Kacem kundschaftet die Umgebung des Nachtlokals aus, beschafft sich Waffen und stürmt das Lokal, um möglichst viele Besucher zu töten und nebenbei zu verletzen, mit dem dezidierten Ziel, durch öffentliche Panik eine hoch mediale Wirksamkeit zu erzielen. Der vorsätzliche und geplante Mord an Menschen ist als qualifizierte vorsätzliche Tötung *(assassinat)* nach Art. 221-3 frz. StGB strafbar. Die Nebenfolgen der von Kacem ausgeübten oder angedrohten Gewalt, d. h. verletzte oder verstümmelte Personen, sind als vorsätzliche oder angedrohte Körperverletzung zu qualifizieren und fallen unter die Art. 222-7 bis 222-16-3 (Gewalt) und Art. 222-17 bis 222-18-3 (Drohung) des frz. StGB.[85] Der unerlaubte Erwerb und Gebrauch von Waffen fällt unter die Verbote der Art. 222-52 und 222-54 frz. StGB.[86] Vor diesem Hintergrund verleiht die Absicht Kacems, die Störung des öffentlichen Friedens durch Einschüchterung und Schrecken mittels gemeinstrafrechtlicher Tatbestände zu erreichen, seinem Anschlag auf den Nachtclub *L'Entrepôt* alle Merkmale eines Terroraktes.

Das Strafmaß für Terrorakte richtet sich ebenfalls nach dem allgemeinen Strafrecht: Die Freiheitsstrafe von 30 Jahren für Straftaten des allgemeinen Strafrechts (Mord) wird für verübte Terrorakte auf lebenslänglich erhöht. Art. 421-5 frz. StGB bestraft die Leitung der Vorbereitung von Handlungen organisierter Kriminalität mit lebenslänglichem Freiheitsentzug und einer Geldstrafe von 500.000 Euro, Artikel 421-6 frz. StGB bestraft die Vorbereitung von Terrorakten im Rahmen der organisierten Kriminalität mit 30 Jahren Freiheitsstrafe und einer Geldstrafe von 450.000 Euro. Artikel 421-5 frz. StGB bestraft die Vorbereitung derselben Terrorakte im Alleingang mit zehn Jahren Freiheitsstrafe und einer Geldstrafe von 225.000 Euro.[87]

83 Conseil Constitutionnel décision n° 2020-845 QPC du 19 juin 2020.

84 Conseil Constitutionnel décision n° 2016-611 QPC du 10 février 2017. Conseil Constitutionnel décision n° 2017-682 QPC du 15 décembre 2017.

85 Vgl. Mayaud, *Terrorisme*, S. 29.

86 Vgl. ebd., S. 31.

87 Vgl. Malabat, *Droit pénal*, S. 660.

In geringfügiger Abweichung vom französischen Sonderstrafrecht vermutet Kacem, dass er, wenn er sich freiwillig der Justiz stellt, nach französischem Strafrecht eine Höchststrafe von 30 Jahren Haft mit einer inkompressiblen Sicherheitsperiode von 22 Jahren riskiert (LD 266 / DEE 274).

Zusammenfassend lässt sich sagen, dass Tuil in *Diese eine Entscheidung* die französische Anti-Terrorgesetzgebung in der Diegese sehr wirklichkeitsnah nachbildet. In diesem Sinne bedient sich der diegetische Diskurs der juristischen Fachsprache, auch wenn er auf die genaue Nennung von Gesetzesparagrafen verzichtet, und skizziert den rechtlichen Rahmen der präventiven Terrorbekämpfung, der gewissermaßen durch imaginierte Personen, Verhöre und Gespräche zwischen den Akteur:innen des Strafverfahrens (Beschuldigten, Angeklagten, Richter:innen, Strafverteidiger:innen, Zivilparteien, Polizeiagent:innen etc.) ausstaffiert wird. Der fiktive Fall von Abdeljalil Kacem dient der Veranschaulichung des realrechtlichen Strafsystems, das Rückkehrer:innen aus Terrorgebieten reserviert wird. Für sie sieht die französische Anti-Terror-Gesetzgebung eine präventive Schuldvermutung vor, mit dem Bestreben, Terrorakte, noch bevor sie begangen werden, zu verhindern. Die lange und blutige Serie von Terroranschlägen, die seit 1986 auf französischem Boden verübt wurden, erklärt diese bewusste Umgehung des Prinzips der Unschuldsvermutung, die insofern problematisch bleibt, als es darum geht, auch dann über Schuld oder Unschuld zu entscheiden, wenn keine handfesten Beweise für eine tatsächliche Tat vorliegen. Zum problematischen Thema der ›richtigen‹ Entscheidung, zwischen menschlichem Einzelschicksal und der Verantwortung für die öffentliche Sicherheit, liefert Tuil eine Skizze des realen Rechtsdiskurses, den sie mit fiktiven Personen, Dialogen, Gefühlen und Emotionen vervollkommnet. Die rechtlichen Konventionen und Praktiken sowie das entsprechende Vokabular spiegeln das reale Anti-Terror-Recht wider. Die Faktizität des realen Rechts trifft auf den fiktionalen Rechtsdiskurs, wobei sich beide fast vollständig decken, also kein wesentliches kontrafaktisches ›Delta‹ (Δ) erkennen lassen, mit Ausnahme der fehlenden Paragrafenbezeichnung der strafrechtlichen und strafprozessrechtlichen Bestimmungen sowie der berufsethischen Verpflichtung für Richter:innen, sich für befangen zu erklären, wenn sie mit einer Prozesspartei (hier mit dem Anwalt Forest) in einem unzulässigen Naheverhältnis stehen. Demgegenüber erfährt der Rechtsdiskurs in der Diegese eine unverhältnismäßig starke Ergänzung durch eine emotional aufgeladene imaginäre Komponente, die das reale Recht nicht kennt. Mit anderen Worten: Der diegetische Rechtsdiskurs in *Diese eine Entscheidung*, der fast deckungsgleich das reale Recht übernimmt, stellt eine enge Verbindung zwischen Recht und Literatur her, während die starke Fiktivität der Handlung die epistemische Trennung aufrechterhält, ohne jedoch die interdisziplinäre Verständigung zu beeinträchtigen. Dies erschwert allerdings die Auslegungsarbeit, wenn sie sich auf den Rechtsdiskurs konzentrieren soll. Generell steht hier jedoch weniger die hermeneutische Frage der Rechtsauslegung als vielmehr die ethische Frage nach der richtigen Entscheidung im Kontext des präventiven Strafrechts im Mittelpunkt. Alma Revel kämpft weniger gegen eine mögliche hermeneutische Unschärfe des Strafrechts als vielmehr gegen die Unschärfe des Tatbestandes und der Persönlichkeit des Beschuldigten: Nicht die Rechtsauslegung, sondern die unklare Beweislage, im Zwiespalt zwischen Rechtssicherheit und öffentlicher Sicherheit, steht im Fokus in *Diese eine Entscheidung*.

4.3 *Hana* (2017)[88] von Elvira Dones

Elvira Dones hat den Roman *Hana* in der Originalfassung zunächst auf Italienisch geschrieben,[89] nachdem sie das Phänomen der Schwurjungfrauen gründlich recherchiert und einige dieser noch lebenden ›Männerfrauen‹ in Nordalbanien persönlich getroffen hatte.[90] Sie gehört, wie Karol Karp erläutert, zu jener Generation albanischer Schriftsteller:innen, die nach dem Zusammenbruch der kommunistischen Diktatur unter Enver Hoxha 1991 nicht nur in ihrer albanischen Muttersprache, sondern auch auf Italienisch schreiben.[91] Dass albanische Schriftsteller:innen auf Italienisch schreiben, erklärt sich durch die engen Beziehungen zwischen Albanien und Italien. Bereits im 15. Jahrhundert siedelten sich albanische *Arbëreshë*-Gemeinschaften in Süditalien an. Viel später, zwischen 1939 und 1943, war Albanien Ziel der Kolonisierungsbestrebungen Mussolinis und wurde von italienischen Soldaten im Achsenbündnis mit Hitlerdeutschland besetzt. Während des harten kommunistischen Regimes unter Enver Hoxha ab 1944 boten die italienischen

88 Elvira Dones, *Hana*, Zürich: Ink Press 2017 (6. Auflage 2023). Für Zitierzwecke wird die Sigle ›H‹ mit der Seitenzahl im Fließtext verwendet. Die italienische Originalausgabe erschien 2007 unter dem Titel *Vergine giurata*. Der gleichnamige Film unter der Regie von Laura Bispuri kam 2015 ins Kino.

89 Gallus Frei-Tomic, »Elvira Dones ›Hana‹, ink press«, in: *Literaturblatt.ch*, 20.3.2018 (Internet-Link im Literaturverzeichnis). Siehe dazu auch Markeliana Anastasi / Renata Martini, »Elvira Dones Novels. The Language of the Literature, The New Literary Phenomenon«, in: *Specialusis Ugdymas / Special education* (2023/44/1), S. 428–439, hier: S. 430.

90 Goldsmith, Rosie. »The Riveting Interviews: Rosie Goldsmith talks to Elvira Dones«, *The Riveting Interviews*, 14.8.2019 (Internet-Link im Literaturverzeichnis).

91 Karol Karp, »Cultura e viaggio. *Vergine giurata* di Elvira Dones«, in: *Echo des études romanes* (2015/XI/2), S. 147–157, hier: S. 147.

Radiosender aufgrund ihrer geografischen Nähe zu Albanien im Wesentlichen den einzigen Zugang zu Informationen über die westliche Welt außerhalb der hermetisch abgeriegelten Grenzen Albaniens,[92] was erklärt, warum Italienisch für viele zur Zweitsprache wurde. Mit dem Ende der kommunistischen Ära 1991 manifestierte sich die Verbundenheit beider Länder in einer starken Emigrationswelle nach Italien.[93] Dass die engen kulturellen Verflechtungen bis heute fortbestehen, beweisen die Beiträge im Bereich der Italianistik und Romanistik zur albanischen Literatur und damit auch zum Roman *Hana*.

Nach dem Fall des kommunistischen Regimes 1991 kam es einerseits zu einem Zustand rechtlicher Anarchie mit der gleichzeitigen Wiederbelebung des alten Gewohnheitsrechts des *Kanun*, das in Nordalbanien nie aufgehört hatte zu wirken, und nun auch in den Randgebieten der Städte Südalbaniens wiedererwachte, sowie zu einem verstärkten Interesse an seinen vielfältigen Auswirkungen und Ausprägungen jenseits des besserbekannten Fehderechts. Eines dieser weniger bekannten Phänomene ist das der ›Burrnesha‹, der Mannfrauen. Der Begriff ›Burrnesha‹ oder ›Burrneshë‹ bezeichnet im Albanischen treffend eine Frau, die mutig und stark, wie ein Mann ist.[94]

Dones' Roman *Hana* widmet sich ganz dem, wie Laura Gherlone unterstreicht, bisher wenig erforschten und daher fremd anmutenden Phänomen dieser *Burrnesha*: »a social ›eventuality‹ completely alien to the culture of Western Europe, but present in the neighbouring Balkans.«[95] Florian Kienzle hebt bei Dones sowohl die Zweisprachigkeit Albanisch/Italienisch als auch die Auseinandersetzung mit dem albanischen Gewohnheitsrecht hervor, wobei Dones der albanischen und nicht der italienischen Literatur zuzuordnen sei.[96]

Während sich die Kommentare und Forschungen zu *Hana* überwiegend auf das Gender-Thema weiblicher Identität und Freiheit

92 Caterina Romeo, »Attraversamenti di confini e pratiche di scrittura nella narrativa di Elvira Dones«, in: *OBLIO* (2019/IX/36), S. 79–86, hier: S. 79–80.

93 Vgl. dazu Emma Bond / Daniele Comberiati, »Narrare il colonialismo e il postcolonialismo italiani. La ›questione‹ albanese«, in: Emma Bond / Daniele Comberiati (Hg.), *Il confine liquido. Rapporti letterari e interculturali fra Italia e Albania*, Nardó: Besa 2013, S. 2–27.

94 Barbara Mazzon, *Le Vergini Giurate: donne libere di costringersi e costrette a liberarsi in Albania*, Mailand/Udine: Mimesis 2018, S. 49.

95 Laura Gherlone, »Women's Writing Between the Border and the Non-Place: The Emerging Female Discourses in Migrant Literature / A escrita feminina a fronteira e o não lugar: discursos femininos em ascensão na Literatura Italiana de Migração«, in: *Revista do Estudios do Discurso* (2019/14/2), S. 7–24, hier: S. 16.

96 Vgl. Florian Kienzle, *Ein Nehmen und Geben. Die Geschlechter in der albanischen Literatur*, Wiesbaden: Harrassowitz 2020, S. 6.

konzentrieren,[97] ist Karps Aufsatz einer der wenigen Beiträge, die den *Kanun* als kulturelles Phänomen in *Hana* thematisieren, auch wenn er hier als kulturelle Erscheinung aus der Genderperspektive und nicht aus der Perspektive des Gewohnheitsrechts betrachtet wird:

> Con l'opera in esame ci si inoltra nella visione del codice culturale, del cosiddetto Kanun, che regola la vita della comunità albanese ivi descritta. Si tratta di un insieme di leggi tramandate di generazione in generazione, quindi fortemente radicate nella tradizione. La presenza di un codice, come rileva il filosofo polacco Leszek Kołakowski, caratterizza ogni mondo conservativo, (KOŁAKOWSKI, 1967: 163) e quello delineato da Dones è sicuramente tale.[98]

Nach diesen Regeln ist die Frau rechtlos, sie ist nur zum Kindergebären und zur Hausarbeit geschaffen. Um in der Gesellschaft bestehen zu können, muss sie verheiratet sein, denn ohne Ehemann, dem sie übrigens absoluten Gehorsam schuldet, ist sie nichts wert, wie Onkel Gjergj Hana ermahnt: »Eine unverheiratete Frau ist nichts wert« (H 119). Wie später noch genauer ausgeführt wird, definiert tatsächlich der *Kanun* die Frau »as a sack, made to endure as long as she lives in her husband's house« (Art. XXIX *Kanun*).[99] Man ist geneigt, die Rechtlosigkeit der Frau im

97 Vgl. dazu Valbona Kalo / Mirela Shella, »Anthropological and Literary Reading of Sworn Virgins: A Study on the Influence of Tradition in Society and Literature«, in: *Journal of Educational and Social Research* (2024/14/5), S. 276–290; Caterina Romeo, *Interrupted Narratives and Intersectional Representations in Italian Postcolonial Literature*, Cham: Palgrave Macmillan 2023, S. 44; Caterina Romeo/Áine O'Healy, »Narrating the Transnational Trajectories and Transgender Performances of the Sworn Virgin«, in: *The Italianist* (2022/42/2), S. 1–21; Yolanda Romano-Martín, »Vergine giurata de Elvira Dones: el tercer sexo en Albania«, in: *Revista internacional de culturas y literaturas* (2011/11), S. 199–212; Begoña Pozo Sánchez, »Vergine giurata: la novela de Elvira Dones donde confluyen género y migración«, in: Daniele Cerrato (Hg.), *Nuevos itinerarios e investigaciones en la literatura y cultura italiana*, Madrid: Dyckinson 2022, S. 151–159; Armela Xhaho, »Sworn Virgins, Male and Female Berdaches: A Comparative Approach to the So Called ›Third Gender‹ People«, in: *Gender Questions* (2013/1/1), S. 112–125.

98 Karp, »Cultura«, S. 147–148. »Der zu untersuchende Roman vermittelt die kulturellen Regeln des Kanun, der das Leben der albanischen Gemeinschaft regelt. Es geht dabei um einen Korpus von Gesetzen, die von Generation zu Generation übertragen werden und deshalb stark in der Tradition verankert sind. Das Bestehen eines solchen Kodex ist, wie der polnische Philosoph Leszek Kołakowski bemerkt, charakteristisch für konservative Gesellschaften.« (EÜ)

99 Ich beziehe mich hier und in der Folge auf den Text des *Kanun*, so wie er in der albanisch-englischen Ausgabe von 1989, nach Shtjefën Gjeçovi, abgedruckt

Kanun mit der rechtlosen Figur des *homo sacer* bei Giorgio Agamben[100] zu vergleichen, einem vogelfreien Wesen, das schutzlos im rechtlosen Raum schwebt, zu unwürdig, um Rechtssubjekt zu sein, aber ebenso zu unwürdig, um getötet zu werden. Im Folgenden wird diese streng geregelte und extrem eingeengte soziale Rolle, die der *Kanun* der Frau zuweist, jedoch nicht aus der üblichen Genderperspektive, sondern aus der Perspektive des Gewohnheitsrechts untersucht werden. Wie Franca Pellegrini hervorhebt, hat eine Waise wie Hana in diesem Rechtssystem nur zwei Alternativen: Entweder sie akzeptiert die Heirat oder sie wird zum ›Mann‹ und übernimmt dessen soziale Merkmale: »una ragazza che rimane orfana [...] può accettare un matrimonio combinato o diventare ›uomo‹, assumendone le sembianze sociali.«[101] Wie Elvira Dones bei einer Vorstellung ihres Romans erklärt, verliert Hana zwar ihre äußere Weiblichkeit und das Recht auf Sexualität, gewinnt dafür aber die Vorteile des sozialen Status des Mannes, der es ihr erlaubt, sich frei zu bewegen, ohne vergewaltigt zu werden, ein Gewehr zu tragen und mit anderen Männern Schnaps zu trinken und zu rauchen.[102] Wolfgang Wagner schildert in seinem Roman *BESA – eine albanische Rettung* (2023) die Begegnung Pauls mit einer *Burrnesha*, einer Schwurjungfrau, die er bei den albanischen Partisanen im Kampf gegen die Deutschen im Zweiten Weltkrieg kennenlernt, und die ihm erklärt,

> dass es in ihrer Familie, als sie fünfzehn Jahre alt war, kein männliches Familienoberhaupt gegeben hatte [...]. Die Familie drängte sie, das Gelübde abzulegen, auf die herkömmliche Rolle der Frau zu verzichten, auf jede sexuelle Beziehung, auf Ehe, auf Kinder. Sie hatte vor dem Ältesten des Stammes den Schwur abgelegt und galt von da an als Mann. Der Kanun hatte dieses Ritual genau geregelt. Sie trug seitdem Männerkleidung und Waffen und übernahm die Position eines Oberhauptes ihrer Familie.[103]

ist: *Kanuni i Lekë Dukagjinit / The Code of Lekë Dukagjini*, New York: Gjonlekaj Publishing Company 1989 (Übersetzung von Leonard Fox).

100 Vgl. dazu Giorgio Agamben, *Homo sacer. Die souveräne Macht und das nackte Leben*, Frankfurt am Main: Suhrkamp 2002.

101 Franca Pellegrini, »Traslazioni narrative: strategie di mediazione in *Vergine giurata* di Elvira Dones e *Rosso come una sposa* di Anilda Ibrahimi«, in: Bond/Comberiati (Hg.), *Il confine liquido*, S. 149–166, hier: S. 151.

102 Feltrinelli Editore, »Elvira Dones presenta ›Vergine giurata‹«, *YouTube*, 10.10.2007 (Internet-Link zum Video im Literaturverzeichnis).

103 Wolfgang Wagner, *BESA – eine albanische Rettung*, Wien: Buchschmiede 2023, S. 146. Wagners Roman macht die gewohnheitsrechtliche *Mikëpritja* (vgl. auch Islam Qerimi, *Gewohnheitsrecht in Albanien. Rolle und Herkunft des Kanun bei den Albanern*, Hamburg: Bachelor + Master Publishing 2022, S. 30–33), die heilige Gastfreundschaft des *Kanun* – »The house of the Albanian belongs to God and the guest« (§ 602 *Kanun*) – dafür

Jean-Christophe Boccou macht die Phänomene des *Kanun* und der *Burrnesha* zum Thema des zeitgenössischen Thrillers *La vierge jurée* (2021), in dem Irina den Mörder ihrer Mutter nur rächen kann, indem sie den Jungfräulichkeitsschwur ablegt und sich in Skander verwandelt.[104] In Rene Karabashs Roman *Vierge jurée* (2022) wird Bekia zur Schwurjungfrau Matia, um nach einer Vergewaltigung vor der Hochzeit die Rache ihres Mannes abzuwehren, sollte dieser herausfinden, dass sie bereits entjungfert worden ist.[105]

In diesem Zusammenhang ist zu betonen, dass es sich bei dem Phänomen der *Burrnesha* nicht um eine Genderfrage handelt, sondern um einen Wechsel des sozialen Status, da die *Burrnesha* geschlechtlich eine Frau bleibt, aber durch die Annahme der äußeren Merkmale des Mannes (Kleidung, Lebensweise, männliche Arbeit), bis auf wenige Ausnahmen seinen Status einnimmt.[106] Ebenso wenig fühlen sich die *Burrnesha* andersgeschlechtlich oder gar zum männlichen oder weiblichen Geschlecht hingezogen, eher sind sie als asexuell zu begreifen, denn sie verschließen sich Reflexionen über Sex oder sexuelle Bedürfnisse, die sie doch niemals erproben dürfen. Diese Überlegung wird in *Hana* deutlich, wenn Hana betont, sie sei »weder ein Transvestit noch transsexuell noch lesbisch« (H 214), sondern habe lediglich ihren sozialen Status als Frau verbessert. Barbara Mazzon führt den Roman *Hana* im Übrigen als ein anschauliches Beispiel für den Status der *Burrnesha* an, der der Frau den einzigen gesellschaftlich akzeptierten Ausweg aus ihrer unfreien, rechtlosen Rolle bietet: »Diventare Vergine Giurata si configura, quindi, come unico mezzo di ribellione socialmente accettato per ottenere maggiori libertà e rispetto.«[107]

Gerade diese im *Kanun* vorgesehene gewohnheitsrechtliche Änderung des sozialen Status ist Gegenstand der folgenden Untersuchung anhand des Romans *Hana*.

4.3.1 Hana: *Inhalt*

Seit ihre Eltern bei einem Busunfall ums Leben gekommen sind, ist Hana Doda Vollwaise und wird von ihrem Onkel Gjergj und seiner

verantwortlich, dass während der deutschen Besetzung Albaniens im Zweiten Weltkrieg viele Juden vor der Deportation in die Konzentrationslager gerettet wurden. Zum *Kanun* vgl. auch Robert Elsie (Hg.), *Der Kanun. Das albanische Gewohnheitsrecht nach dem sogenannten Kanun des Lekë Dukagjini*, Berlin: Osteuropa Zentrum 2014, S. 136.

104 Jean-Christoph Boccou, *La vierge jurée*, Paris: Nouveaux Auteurs 2021.

105 René Karabash, *Vierge jurée*, Paris: Tropismes 2022.

106 Die Schwurjungfrau ist nicht nur ein Thema in der Literatur, sondern auch im Film. Siehe dazu *Luanas Schwur* von Bujar Alimani, 2023.

107 Mazzon, *Le Vergini giurate*, S. 15.

Frau Katrina im nordalbanischen Bergdorf Rrnajë großgezogen (H 60). Ihre Leidenschaft gilt der Literatur, und so schafft sie es, das Fach an der Universität in Tirana studieren zu dürfen: »Sie war das einzige Mädchen im Dorf, das an der Uni eingeschrieben war. Sie wollte keine Kinder, sie wollte nur lesen« (H 50). Kurz vor Ende ihres ersten Studienjahres muss sie erfahren, dass ihr Onkel unheilbar an Krebs erkrankt ist und nur noch kurze Zeit zu leben hat. Als unerwartet seine Frau Katrina, die ihren kranken Mann bisher gepflegt hat, vor ihm an einem Herzinfarkt stirbt, beschließt Hana, ihr Studium abzubrechen und bei ihrem nun alleinstehenden Onkel zu bleiben. Um dem Heiratszwang zu entgehen, ohne ihrem Onkel die Schande der Ungehorsamkeit anzutun, entschließt sich Hana im Alter von 19 Jahren, den Jungfräulichkeitsschwur abzulegen (H 214) und den männlichen Namen ›Mark Doda‹ anzunehmen (H 41). Nun kann sie als Frau allein, ohne männliche Bevormundung, ihren Onkel bis zu seinem Tode pflegen und sich darüber hinaus um den verbleibenden Besitz kümmern. Vierzehn Jahre später folgt Hana der wiederholten Aufforderung ihrer Cousine Lila, in die USA auszuwandern, wo sie einen langsamen und mühsamen Prozess der Wiederfindung ihrer ursprünglichen weiblichen Identität durchläuft.

Antonia Young, die sich intensiv mit dem Phänomen der *Burrnesha* in Albanien beschäftigt hat, sieht in Hanas Auswanderung als *Burrnesha* weniger eine Befreiung von ihrem Mann-Frau-Status als vielmehr eine Unterwerfung unter den Druck der westlichen Kultur, indem sie versucht, zu ihrer ursprünglichen weiblichen Identität zurückzukehren: »In Albania an additional factor which is likely to erode the determination of ›sworn virgins‹ to keep their vow is the increasingly wide desire to emigrate. When this eventually affects them, they may find that they can no longer retain their male status abroad but are forced by their exposure to Western culture to make compromises in order to adjust to their new surroundings.«[108]

Die Regeln des *Kanun*, die der Frau die Möglichkeit der ›Mannwerdung‹ einräumen, um einen dem Mann nahezu gleichgestellten sozialen Status zu erwerben, sind gewohnheitsrechtlicher Natur, d. h. sie wurden ursprünglich mündlich tradiert. Vor diesem Hintergrund soll im Folgenden das Augenmerk auf den *expliziten gewohnheitsrechtlichen Diskurs im Narrativ* gelegt werden, so wie er sich den Leser:innen ohne Hintergrundwissen über den realweltlichen albanischen *Kanun* darstellt. Anhand dieses gewohnheitsrechtlichen Diskurses in der Diegese werden die offensichtlich relevanten Informationen herausgearbeitet und zu einem vorläufigen rechtlichen Gesamtbild, so wie es sich aus dem Text ergibt, zusammengefügt. In einem zweiten Schritt wird das heute in

108 Antonia Young, *Women Who Become Men: Albanian Sworn Virgins*, Oxford/New York: Berg 2000, S. 126–127.

Nordalbanien immer noch geltende Gewohnheitsrecht des *Kanun* erläutert und zum diegetischen Gesamtbild in Perspektive gesetzt.

4.3.2 *Zum expliziten gewohnheitsrechtlichen Diskurs (Kanun) in der Diegese*

Hanas Lebensweg, von ihrer Jugend bei Onkel und Tante in einem nordalbanischen Dorf über ihre kurze Studienzeit in Tirana bis hin zum Schwur lebenslanger Keuschheit, um den sozialen Status des Mannes anzunehmen (*Burrnesha*), wird vor dem Hintergrund des *Kanun* dargestellt.[109] Der Begriff ›Kanun‹ bezeichnet das albanische Gewohnheitsrecht, auf das im folgenden Kapitel näher eingegangen wird. Für den Zweck der Herauslösung des gewohnheitsrechtlichen Diskurses nach dem *Kanun* in *Hana* sei nur kurz daran erinnert, dass unter Gewohnheitsrecht, wie Friedrich Puchta erläutert, ein ungeschriebenes Recht als eine Form stillschweigender sozialer Übereinkunft über den normativen Charakter bestimmter Handlungen oder Riten zu verstehen ist,[110] das, wie Robert Elsie betont, in den abgelegenen Bergen Albaniens Vorrang vor anderen Rechtssystemen genoss und teilweise auch heute noch genießt.[111]

Die strenge, düstere albanische Berglandschaft bildet die Kulisse in *Hana*: »Berge und ihre Augen, Augen, die zuschauen und verbieten, die Berge und ihr Schweigen« (H 24). Als Hana zu ihrer Cousine Lila in die Vereinigten Staaten reist, weiß man im Dorf Rrnajë, dass sie mit einem regulären weiblichen Pass abgereist ist. Es gibt für sie kein Zurück in die albanische Vergangenheit (H 14, 43, 62, 187), d. h. in die Welt des *Kanun*, in der »zehn Generationen von Männern der Frangaj-Familie« (H 28) durch die Blutrache hinweggerafft wurden. Eine der Dorfbewohnerinnen, die betagte Hakia, muss sich hier um zehn Männer kümmern, d. h. »die gesamte männliche Linie ihres Clans« (H 180), denn »wegen einer alten Fehde leben sie zurückgezogen in ihrer *kulla*. Sie ist die Einzige, die hinausgehen kann, ohne Gefahr zu laufen, niedergeschossen zu werden: ›Der *Kanun* sagt, dass auf Frauen, Kinder und Priester nicht geschossen werden darf. Ein Clan aus Bogë hat dem Clan der alten Frau Rache geschworen‹. [...] Hakia erinnert sich an hundert Jahre Mord und Totschlag« (H 180–181). Seit vierzehn Jahren lebt Hana wie

109 Es wird hier auf den *Kanun* des Lekë Dukagjini (1410–1481) referiert, der die bekannteste Sammlung des albanischen Gewohnheitsrechts darstellt. Er wurde vom Franziskanerpater Shtjefën Gjeçovi (1874–1929) erstmals schriftlich erfasst und veröffentlicht: Vgl. Elsie (Hg.), *Der Kanun*, S. V–VI.

110 Puchta, *Das Gewohnheitsrecht*, S. 139ff.

111 Robert Elsie, »Vorwort«, in: Robert Elsie (Hg.), *Der Kanun*, S. V–XI, hier: S. V.

ein Mann in dieser Welt (H 30, 52), aus der es kein Zurück gibt, denn nach den Gesetzen des *Kanun* kann der Bruch eines Schwurs mit dem Tod bestraft werden (H 62). Hana muss sich um die *kulla*[112] und das Vieh kümmern, während ihr Onkel Gjergj todkrank im Bett liegt und ihre Tante Katrina bereits verstorben ist (H 41). »Sie war das einzige Mädchen des Dorfes, das an der Uni eingeschrieben war. Sie wollte keine Kinder, sie wollte nur lesen. Aber in den Bergen konnte man so etwas nicht sagen. Nicht, wenn man als Frau geboren war« (H 50). In der *kulla* gibt es keine Bücher, außer »einen Band über den Nationalhelden Skanderbeg« (H 68). Die Krankheit ihres Onkels Gjergj zwingt Hana, sich von ihrem Studentenleben in Tirana zu verabschieden, was sie der traditionellen Sitte folgend tut: »Hana grüßte gerne mit einem *tungjatjeta*, mit der Hand auf dem Herzen schaute man sich ernst in die Augen und lehnte kurz Stirn an Stirn, um die Heiligkeit des Abschieds zu besiegeln!« (H 66). Für eine alleinstehende Frau wie Hana ist es schon gefährlich, die Medikamente für ihren Onkel aus der Stadt Shkodra zu holen, wie ihr die Krankenschwester des Dorfes erklärt: »›Hana, Mädchen, du musst nach Skhodra‹, eröffnet ihr die Krankenschwester eines Tages, ›du musst die Medikamente für deinen Onkel abholen. Ich kann nicht alles machen. Außerdem ist das gefährlich, eine Frau ganz allein... Ich bin verheiratet, und mein Mann erlaubt es mir nicht‹« (H 99). Um allein und unverheiratet für ihren Onkel sorgen zu können, muss Hana zu Mark Doda werden: »›Dann wurde der Onkel krank [...]. Medizin gab es nur unten in der Stadt. Einmal im Monat musste ich sie holen gehen: Aber um das zu tun, konnte ich keine Frau sein. Das war eine Frage der Ehre, der Moral, der Unschuld der Frau [...]. Also habe ich mich kurzerhand als Mann angezogen‹« (H 61). Sie trägt »Hosen und in der Tasche ihren Flachmann mit Schnaps« (H 50). So wird Hana in den Augen der albanischen Gesellschaft zum Mann, indem sie schwört, niemals zu heiraten:

112 »Mit *kulla* werden die für den Norden Albaniens typischen aus Steinen errichteten Häuser bezeichnet. Sie dienen sowohl als Wohnstätte als auch zum Schutz.« (H 43, Anm. 4) Fulvio Cordignano beschreibt die ›Kulla‹ mit den Worten des Padre Pasi als eine Art befestigtes Bauwerk, das sich nur die wohlhabenderen Familien leisten konnten und das dem Schutz vor der Blutrache diente: »quel genere di abitazioni che solo le famiglie più benestanti si possono far costruire, e che con parola turca si chiamano kulle, luoghi di rifugio e di difesa specialmente per ragioni di sangue. Per questo oltre una o due finestrine di circa 25 per 30, hanno pure dei fori obliqui nel muro a modo di feritoie per far fuoco sul nemico e per difendersi dai suoi colpi.« Siehe Fulvio Cordignano, *L'Albania attraverso l'opera e gli scritti di un grande missionario italiano, il P. Domenico Pasi S. I. (1847–1914)*, Bd. 1, Rom: Istituto per l'Europa Orientale 1933, S. 262.

> Diesen Brauch gibt es nur im Norden des Landes. Das geht so: Wenn eine Familie keine Söhne hat, dann schwört eine der Töchter, sich wie ein Mann zu benehmen und bis ans Ende ihrer Tage ein Mann zu bleiben. Von dem Moment an übernimmt sie alle Funktionen und Rollen eines Mannes. So bin ich zum Sohn geworden, den der Onkel nie hatte [...]. Nur ein Mann kann das Oberhaupt einer Familie sein. Er hat das Recht und die Freiheit, zu machen, was er möchte, nur er darf bestimmen, darf Land kaufen, darf sich verteidigen oder angreifen, wenn es nötig ist, er darf töten oder sich töten lassen. Dem Mann gehören Freiheit und Ruhm, abgesehen von den Pflichten. Der Frau bleibt nur der Gehorsam. (H 60–61)

Einer verheirateten Frau bleibt also nur der Gehorsam, sie soll die »Klappe halten« (H 101), dem Mann dienen und ihm Kinder gebären (H 119). In diesem Gesellschaftsbild ist »eine unverheiratete Frau [ist] nichts wert« (H 119), sie darf mit keinem Mann ein voreheliches Verhältnis eingehen, wie der Dorfarzt Artan, der Hana nachstellt, genau weiß: »Ich weiß, dass es in dieser Gegend keine andere Möglichkeit gibt, um ein Verhältnis zu einer Frau zu haben. Deshalb werde ich um deine Hand anhalten« (H 99). Ebenso ist es Frauen verboten, männlichen Besuch zu empfangen, wie Hana ihren Studienkommilitonen Arben Leska aufklärt: »In den Bergen können Männer nicht einfach so Mädchen besuchen, wenn sie nicht mit ihnen verlobt sind. Das geht nicht!« (H 113). Um Hana das Schicksal der ›vogelfreien‹ Frau zu ersparen, will Onkel Gjergj vor seinem Ableben einen passenden Ehemann für sie finden: »Wenn ich dich jetzt nicht verheirate, hast du nach meinem Tod keinen Ehemann. Aber ein Mann muss her, um die Baracke im Schuss zu halten« (H 117). Bleibt Hana allein, so ist sie nach seinem Tod »wehr- und schutzlos«, sie wird »nicht alleine leben können« (H 119). Gegen Hanas Willen ist Onkel Gjergj deshalb dabei, Hana mit einem Grundschullehrer zu verloben (H 124): »Ende des Jahres findet die Hochzeit statt« (H 125). Dem entgegnet Hana mit ihrer Verwandlung in Mark Doda, zu der sie sich endgültig entschließt, nachdem sie nur knapp einer Vergewaltigung entkommen ist (H 127–128): »Als sie die Treppen hinabsteigt und sich Gjergj in Männerkleidung präsentiert, bleibt er stumm. [...] Es ist der 6. November 1986. Hana schreibt das Datum an die Wand des Gästezimmers.« Als sie fertig ist, begibt sie sich wieder zu Onkel Gjergj. Er reicht ihr das Gewehr (H 128): »›Bist du dir sicher, Hana, meine Tochter, dass du diesen Schritt gehen willst?‹ ›Ich werde Mark heißen. Ich werde Mark Doda sein‹« (H 129). Karol Karp verweist darauf, dass die Übergabe des Gewehrs als Symbol männlicher Macht Gjergjs Einverständnis symbolisiert, dass Hana nun äußerlich als Mark anerkannt wird.[113] »Am nächsten Tag hat sich das Gerücht verbreitet [...].

113 Karp, »Cultura«, S. 149. Siehe dazu auch Elisabeth Grosz, *Space, Time, and Perversion*. New York: Routledge 1995, S. 29–34.

Die Männer werden sie wie einen Mann begrüßen und die Frauen ihrem Blick ausweichen« (H 129). Hana/Mark ist nun in den Augen der Gemeinschaft ein Mann, eine Schwurjungfrau, eine *Burrnesha*. Sie ist keine Lesbe, keine Transvestitin, keine Transsexuelle (H 214) – »Mark Doda war das Produkt ihres eisernen Willens« (H 162) –, sie ist eine Frau, die ihre Weiblichkeit verdrängt und dazu gehört auch der Verzicht auf die Reize des weiblichen Körpers: »Man tat, was die Ehre der Dodas von einem verlangte, und den eigenen nackten Körper zu betrachten gehörte sich nicht. So diktierte es das alte Gesetz der Berge, und nichts flößte mehr Furcht ein als der *kanun* – finster und blendend wie ein wiederkehrender Albtraum« (H 161). So wird Hana aus eigenem Willen zur Schwurjungfrau nach den ungeschriebenen Gesetzen des *Kanun* (H 214).

Elvira Dones' *Hana* fokussiert primär auf das besondere Phänomen der Schwurjungfrau im albanischen Gewohnheitsrecht des *Kanun*, wobei nicht näher auf die zahlreichen anderen Regeln des *Kanun* eingegangen wird, die die Stellung der Frau, die Blutrache, das Fehderecht, die soziale Symbolik (*tungjatjeta*) und die Institution der *kulla* betreffen. Im folgenden Kapitel wird daher besonders auf jene Regeln des realen *Kanun* eingegangen, die am engsten mit dem gewohnheitsrechtlichen Diskurs von Dones korrelieren, d. h. in erster Linie auf die Figur der *Burrnesha* als Ausweg aus der rechtlosen Stellung der Frau. Darüber hinaus wird am Rande das Fehderecht des *Kanun* angesprochen.

4.3.3 Kontrafaktische Kontrastierung: albanischer Kanun[114] *vs. Gewohnheitsrecht in der Diegese*

Damit es überhaupt zu einer kontrafaktischen Kontrastierung kommen kann, muss, wie bereits mehrfach betont, die Faktizität des realweltlichen Rechts festgestellt werden. Erst dann kann dieses Recht als ›Fakt‹ dem Recht in der Diegese als ›Fiktion‹ gegenübergestellt werden. Um die Faktizität des *Kanun* als Corpus gewohnheitsrechtlicher Regeln herauszuarbeiten, muss geklärt werden, wie es zur Herausbildung dieses Gewohnheitsrechts kommen konnte, wie es in der sozialen Realität rezipiert wurde und wie heute mit diesem Gewohnheitsrecht umgegangen wird.

114 Nach Robert Elsie leitet sich das Wort *Kanun* vom sumerischen (*gi*), vom akkadischen (*qanu*), vom hebräischen (*qane*) und vom griechischen (*kanna*) Wort für ›Rohr‹ ab, bis es im Türkischen zu *kanun* – mit der Bedeutung ›Regel‹, ›Norm‹, ›Recht‹ – wurde und von den Albaner:innen übernommen wurde. Vgl. Elsie (Hg.), *Der Kanun*, S. XIII–XIV; siehe auch Islam Qerimi / Ahmet Maloku / Elda Maloku, »Customary Law and Regulation: Authenticity and Influence«, in: *Journal of Governance & Regulation* (2022/11/4), S. 289–299, hier: S. 292.

4.3.3.1 Faktizität des Kanun

Wie bereits im theoretischen Teil der Arbeit ausgeführt, »setzt die Entstehung eines gewohnheitsrechtlichen Rechtssatzes eine ständige Übung (*longa consuetudo*) voraus, die auf der gemeinsamen Überzeugung der beteiligten Rechtsgenoss:innen (*consensus omnium*) beruht, einer verbindlichen Norm (*opinio iuris sive necessitatis*) Rechnung zu tragen.«[115] Rechtssoziologisch ist unter dem Begriff des Gewohnheitsrechts, nach Ernst Hirsch, die Gesamtheit der Bräuche in einer sozialen Gruppe zu verstehen, denen normativer Charakter beigemessen wird.[116] Das Gewohnheitsrecht konnte sich, wie Friedrich von Savigny ausführt, »als eine Art von Opposition der Unterthanen gegen die Regierung«[117] behaupten. Eine solche oppositionelle Rolle gegenüber staatlichen Rechtssystemen kann dem *Kanun* zugeschrieben werden, dessen Regeln von den Stämmen Nordalbaniens über Jahrhunderte hinweg vorrangig gegenüber staatlicher oder kirchlicher Gesetzgebung befolgt wurden und teilweise noch bis heute befolgt werden.[118] Durch diese Vorrangstellung überlebte der *Kanun* nicht nur als Gewohnheitsrecht, sondern auch als eine Form kultureller Selbstbehauptung,[119] die den Rechtssystemen aller Invasoren Albaniens, vom antiken Rom, über Byzanz, Serbien, Bulgarien, die Türkei, Deutschland, Italien bis hin zu Jugoslawien, standhielt.[120]

Nach Islam Qerimi geht das albanische Gewohnheitsrecht (*Jus Albanicae ius non scriptum*) des *Kanun* bereits auf die Sitten und Gebräuche der Illyrer:innen zurück, der Vorfahren der Albaner:innen,[121] die vor

115 Adam Sagan, *Rückwirkende Rechtsprechungsänderung. Eine methodologische und dogmatische Studie zur zeitlichen Dimension höchstrichterlicher Rechtsprechungsänderungen im Privatrecht*, Baden-Baden: Nomos 2022, S. 202.

116 Ernst Hirsch, »Rechtssoziologie«, in: Gottfried Eisermann (Hg.), *Die Lehre von der Gesellschaft*, Stuttgart: Enke 1973, S. 147–217, hier: S. 172.

117 Savigny, *System*, S. 169.

118 Elsie, »Vorwort«, S. V–VI.

119 Vgl. Maurus Reinkowski, »Gewohnheitsrecht im multinationalen Staat: Die Osmanen und der albanische Kanun«, in: Michael Kemper / Maurus Reinkowski (Hg.), *Rechtspluralismus in der Islamischen Welt: Gewohnheitsrecht zwischen Staat und Gesellschaft*, Berlin/New York: De Gruyter 2005, S. 121–142, hier: S. 130.

120 Qerimi/Maloku/Maloku, »Customary Law«, S. 290.

121 Margaret Hasluck, *The Unwritten Law in Albania*, Cambridge: Cambridge University Press 1954, S. 10; Johann E. Thunmann, »Untersuchungen über die Geschichte der östlichen europäischen Völker«, 1. Teil, in: Johann E. Thunmann, *Über die Geschichte und Sprache der Albaner und der Wlachen*, hrsg. v. Harald Haarmann, Hamburg: Buske 1976, S. 169–366, hier: S. 249.

etwa 4.000 Jahren die westliche Balkanhalbinsel besiedelten.[122] Nach Pupovci reichen die ersten albanischen Gewohnheitsregeln bis in die Antike zurück,[123] und Mary Durham vermutet, dass der *Kanun* der älteste europäischen Kodex sei, der bis in die Bronzezeit (1.200 v. Chr.) zurückreichen könnte.[124] Die genaue Entstehungszeit des *Kanun* konnte jedoch bis heute nicht eindeutig festgelegt werden. Die Kenntnis der Regeln des *Kanun* und seine partielle Anwendung reichen jedenfalls bis in das heutige moderne Albanien, auch wenn das kommunistische Regime unter Enver Hoxha zwischen 1944 und 1991 vergeblich versuchte, den *Kanun* zu verbieten und seine Praxis auszurotten.[125] Der Widerstand gegen neue Rechtsvorschriften kommt bereits in dem albanischen Sprichwort »bidàt t'ri n'katùnd t'vieter nuk qitet« zum Ausdruck, das übersetzt »in ein altes Land führt man keine neuen Gewohnheiten oder Gesetze ein« bedeutet.[126] Nach dem italienischen Albanologen Ernesto Cozzi schließt dieses sprichwörtliche Prinzip die Möglichkeit aus, neue Gesetze einzuführen, die im Widerspruch zum *Kanun* stehen,[127] wodurch sich das hartnäckige Fortleben des *Kanun* in den abgelegen Bergen Nordalbaniens, allen Reformen und Besatzungsmächten zum Trotz, erklärt.

Stéphane Voell erinnert an die chaotische Situation in Albanien zwischen 1991 und 1997, die am besten mit dem albanischen Sprichwort »S'ka shtet, s'ka ligj (There is no state. There is no law)«[128] beschrieben werden kann. In dieser Zeit kam es zu massiven Auswanderungen nach Griechenland und Italien, zu zahlreichen Gewaltakten gegen öffentliche Einrichtungen[129] und zur Wiederbelebung des *Kanun* als soziale Praxis nicht nur in Nordalbanien, sondern auch in den Randbezirken der Hauptstadt Tirana. Péter Krastev stellt diese neue Erstarkung des *Kanun*

122 Vgl. Qerimi, *Gewohnheitsrecht in Albanien*, S. 7–9. Der These der illyrischen Herkunft der albanischen Bevölkerung schließt sich auch Ernesto Cozzi an. Vgl. dazu Ernesto Cozzi, *Fra i Monti d'Albania. Cenni su gli usi e i costumi delle Montagne Albanesi*, hrsg. v. Peter Bartl / Bardhyl Demiraj, Wiesbaden: Harrassowitz 2021, S. 129.

123 Qerimi/Maloku/Maloku, »Customary Law«, S. 294.

124 Ebd., S. 293; vgl. Mary E. Durham, *Brenga e Ballkanit*, Tirana: Argeta LMG 1991, S. 28.

125 Stéphane Voell, »The Kanun in the City. Albanian Customary Law as a Habitus and its Persistence in the Suburb of Tirana, Bathore«, in: *Anthropos* (2003/98/1), S. 85–101, hier: S. 90.

126 Im Original: »Questo principio esclude che vengano introdotte nuove leggi contrarie a quelle consuetudinarie esistenti.« Siehe Cozzi, *Fra i Monti d'Albania*, S. 75.

127 Vgl. ebd.

128 Voell, »The Kanun«, S. 86.

129 Ebd., S. 87–88.

fragend fest: »Nobody understands why, nobody knows the precise rules or methods, nor if the situation seems to demand it they act according to the laws of blood feudalism.«[130] 1991 wurde sogar eine Partei mit dem Namen »Rache nach dem Kanun« gegründet, die jedoch für verfassungswidrig erklärt wurde.[131] Fest steht, dass es bis heute keiner Staatsmacht gelungen ist, den *Kanun* vollständig zu unterdrücken.[132] Nach Stephanie Schwandner-Sievers hat der Staat es bis heute nicht geschafft, in die entlegenen Bergregionen Nordalbaniens vorzudringen und staatliches Recht durchzusetzen.[133] Sandra Joireman weist darauf hin, dass die Machtperiode Hoxhas und vor allem die Verschriftlichung des *Kanun* durch Shtjefën Gjeçovi dazu geführt haben, dass der *Kanun* heute zwar in Schriftform in fast jedem Haushalt zu finden sei, die Albaner:innen seine Regeln aber paradoxerweise weniger gut kennen als zur Zeit der mündlichen Überlieferung vor der kommunistischen Herrschaft.[134] Barbara Egeler bestätigt Joiremans Beobachtung, wenn sie mit ihr unisono feststellt, dass die heutige konkrete Befolgung der Regeln des *Kanun* zeige, dass die Albaner:innen sie auch heute noch mündlich tradieren, ohne in den meisten Fällen den inzwischen bereitstehenden schriftlichen Text des *Kanun* gelesen zu haben.[135] Eine mitunter ungenaue Kenntnis des *Kanun* kann in diesem Zusammenhang zu fatalen Fehlern führen, wie etwa zur Ermordung von Frauen und Kindern, die nach den Gesetzen des *Kanun* eigentlich verboten ist – »A woman does not incur blood« (§ XXVIII *Kanun*).

Viele Albaner:innen versuchen deshalb, der Blutrache ihres Dorfes durch Flucht ins Ausland zu entkommen,[136] andere schließen sich und

130 Péter Krastev, »The Price of Amnesia. Interpretations of Vendetta in Albania«, in: Antonia Zhleyazkova (Hg.), *Albania and the Albanian Identities*, Sofia: IMIR 2000, S. 194–217, hier: S. 200. Siehe dazu auch Reinkowski, »Gewohnheitsrecht«, S. 138.

131 Vgl. ebd., Anm. 66.

132 Alison Dundes Renteln / Alan Dundes (Hg.), *Folk Law. Essays in the Theory and Practice of Lex Non Scripta*, Wisconsin: University of Wisconsin 1995, S. XV.

133 Stephanie Schwandner-Sievers, »Zur Logik der Blutrache in Nordalbanien: Ehre, Symbolik und Gewaltlegitimation«, in: *Sociologus* (1996/46/2), S. 114–115.

134 Sandra F. Joireman, »Aiming for Certainty: The Kanun, Blood Feuds and the Ascertainment of Customary Law«, in: *The Journal of Legal Pluralism and Unofficial Law* (2014/46/2), S. 235–248, hier: S. 240.

135 Barbara Egeler, »Albanisches Gewohnheitsrecht und Häusliche Gewalt«, in: *Neue Kriminalpolitik* (2010/22/3), S. 96–98, hier: S. 97.

136 Sarah Bangerl, *Der Kanun. Das albanische Gewohnheitsrecht und seine Rolle bis ins beginnende 21. Jahrhundert*, Graz: Diplomarbeit Karl-Franzens-Universität Graz 2019, S. 85.

ihre Familien aus Angst vor tödlicher Vergeltung in den eigenen vier Wänden ein, wie Dones dies in *Hana* am Beispiel von Hakias Familie (H 180) marginal anspricht.

Ejup Statovci definiert das albanische Gewohnheitsrecht mit folgenden Worten: »Das Gewohnheitsrecht ist mehr als eine Verfassung, mit der es manchmal gleichgestellt wird, es ist mehr als jedes Gesetz. Es ist zugleich eine Verfassung, sowohl ein Code, als auch Gesetz, es ist nahezu ein gesamtes juristisches und gesellschaftliches System, das in sich auch Normen beinhaltet, die nichts mit Recht und juristischen Institutionen zu tun haben.«[137] Seine gewohnheitsrechtlichen Normen wurden mündlich von Generation zu Generation weitergegeben,[138] »zur Regelung rechtlicher Beziehungen zwischen Menschen [...], deren Anwendung entsprechend der Tradition durch die lokale Selbstverwaltungseinheit ohne staatlichen Zwang sichergestellt wird.«[139] Im Unterschied zu den Rechtskorpora anderer Nationen, wurde der *Kanun* bis zum Beginn des 20. Jahrhunderts nie schriftlich kodifiziert, sondern in den Köpfen der Stammesangehörigen gespeichert und mündlich an die nächste Generation weitergegeben. Der geheimnisumwitterte Fürst Lekë Dukagjini (1410–1481), der wegen seines tapferen Widerstands gegen die türkische Besatzungsmacht verehrt wurde, fasste die wichtigsten Regeln des albanischen Gewohnheitsrechts im *Kanun des Lekë Dukagjini* zusammen, der heute die wichtigste, wenn auch nicht die einzige[140] Sammlung albanischer *Kanuns* darstellt. Qerimi unternimmt an dieser Stelle ebenso den Versuch einer Definition dessen, was der *Kanun* ist: »A Kanun is a legal and social complexity that is not in close relation with legal aspects, but as a basic source of ACL[141], it is distinguished by a conglomerate of

137 Ejup Statovci, »Një monument madhor i kultures së lashtë shqiptare«, in: *Përparimi – Revistë shkencore* (1990/5), S. 517, zit. in: Qerimi, *Gewohnheitsrecht in Albanien*, S. 11 (da ich die albanische Sprache leider nicht beherrsche, muss ich auf die deutsche Wiedergabe der Zitate in albanischer Originalsprache zurückgreifen).

138 Qerimi/Maloku/Maloku, »Customary Law«, S. 291.

139 Ismet Elezi, *Njohuri për të drejtën zakonore mbarëshqiptare*, Pristina: 2003, S. 10, zit. in: Qerimi, *Gewohnheitsrecht in Albanien*, S. 12.

140 Egeler, »Albanisches Gewohnheitsrecht«, S. 96. Daneben gab es auch den dem *Kanun Lekë Dukagjini* ähnlichen *Kanun* des albanischen Fürsten und Nationalhelden Skanderbeg, den wenig bekannten *Kanun* der Berge *Malsisë së Madhe* und den *Kanun* i Labërisë, der ebenfalls starke Gemeinsamkeiten mit dem Kanun *Lekë Dukagjini* aufweist. Vgl. Barbara Egeler, *Der Kanun – Gewohnheitsrecht als rechtliche Grundlage für Unrecht? Die Ausdehnung auf Tätigkeiten illegaler Natur und der damit verbundene Einfluss auf Delikte ethnischer Albaner in der Schweiz*, Diplomarbeit Hochschule Luzern, Kompetenzzentrum Wirtschaftskriminalistik 2007, S. 14.

141 ACL = Albanian Customary Law.

rules of constitutional, political, economic, religious, and family characters (Qerimi / Berisha, 2011).«[142] Die Entwicklung unterschiedlicher *Kanuns* ist nicht verwunderlich, wenn man bedenkt, dass es in Albanien, nach Ernesto Cozzi, mindestens 28 Stämme gab.[143] Angesichts dieser Heterogenität hat der Franziskanerpater Shtjefën Gjeçovi Anfang des 20. Jahrhunderts 30 Jahre lang die wichtigsten mündlichen Regeln des *Kanun* gesammelt und schriftlich niedergelegt. Seine Arbeit wurde 1933 posthum in Shkodra veröffentlicht.

4.3.3.2 Kontrafaktische Kontrastierung

Gjeçovis Werk, das heute als der schriftlich überlieferte *Kanun des Lekë Dukagjini* bekannt ist, stellt das heutige Standardwerk des *Kanun* dar und besteht aus zwölf Büchern mit 1.263 Artikeln.[144] Sie befassen sich mit der Kirche, der Familie, der Ehe, dem Eigentum, der Arbeit, der Eigentumsübertragung, dem mündlichen Wort (Schwur, Eid), der Ehre, dem Schaden und seiner Wiedergutmachung, den Straftatbeständen und den Ausnahmefällen.[145] Die wichtigsten Grundpfeiler des *Kanun* sind nach Karl Kaser die Ehre und das Ehrenwort, die Gleichheit unter Männern [ohne Erwähnung der Frauen, Anm. d. Verf.] sowie die Freiheit, nach dem *Kanun* zu handeln, ohne von anderen befohlen zu werden.[146] Ähnlich fasst Malcolm N. Kosovo die Grundstruktur des *Kanun* zusammen: »The foundation of it all is the principle of personal honour. Next comes the equality of persons. From these flows a third principle, the freedom of each person to act in accordance with his own honour, within the limits of the law, without being subject to another's command. And the fourth principle is the word of honour, the besë (def.: besa), which creates a situation of inviolable trust.«[147] Eine Sonderstellung im *Kanun* nehmen nach Giuseppe Valentini die persönliche Ehre und das Ehrenwort (*besa*) ein,[148] denn der Verlust der Ehre bedeutet den sozialen Tod. Nach Stephanie Schwandner-Sievers

142 Qerimi/Maloku/Maloku, »Customary Law«, S. 291.
143 Vgl. dazu Cozzi, *Fra i Monti d'Albania*, S. 115–127.
144 Qerimi/Maloku/Maloku, »Customary Law«, S. 293. Vgl. dazu Shtjefën Gjeçovi, *Kanuni i Leke Dukagjinit: me parathenie të at Gjergj Fishtës*, Tirana: Albinform 1993.
145 Vgl. Gjeçovi, *Kanuni / The Code.*
146 Karl Kaser, *Patriarchy after Patriarchy. Gender Relations in Turkey and in the Balkans, 1500–2000* (Studies on Southeast Europe, Bd. 7), Wien/Münster: LIT 2008, S. 29.
147 Noel Malcolm, *Kosovo: A Short History*, New York: New York University Press 1998, S. 18.
148 Giuseppe Valentini (Hg.), *Le legge delle montagne albanesi nelle relazioni della missione volante 1880–1932*, Florenz: Olschki 1969, S. X–XI.

ist der Begriff der *Besa* im heutigen Sprachgebrauch weiter zu fassen und kann im Deutschen nur behelfsmäßig mit »Friedenspakt, Allianz, Waffenstillstandsabkommen, gastfreundschaftlichem Bündnis, Ehre des Hauses, Ehrenwort, Schwur, Sicherheitsgarantie, Loyalität, Treue und anderem mehr«[149] umschrieben werden. Der Bruch der *Besa* ist nach den Bestimmungen des *Kanun* das schwerste Vergehen gegen die Ehre, wie z. B. der Verrat eines Freundes oder die Vergewaltigung einer Frau.[150]

Dieser ausgeprägte Ehrbegriff des *Kanun* erklärt Hanas Entscheidung, den Jungfräulichkeitsschwur abzulegen, um vordergründig die Ehre ihres Onkels zu retten, die durch eine mögliche Heiratsverweigerung verletzt worden wäre. Die praktischen Gründe, dass sie als unverheiratete Frau Gefahr lief, vergewaltigt zu werden und dass sie nach dem Tode ihres Onkels nicht in der Lage gewesen wäre, das Anwesen zu verwalten, sind zwar plausibel, treten aber gegenüber dem Prinzip der Familienehre in den Hintergrund. Tatsächlich hätte nach den Bestimmungen des *Kanun* die Entehrung des Onkels für Hana den sozialen Tod bedeutet: »A man who has been dishonoured is considered dead according to the Kanun« (§ 600 *Kanun*), insofern als die schwere Krankheit Gjergj daran gehindert hätte, die Familienehre zu wahren. Dies geht aus § 21, Abs. 1 des *Kanun* hervor, wonach das Familienoberhaupt die Interessen der Familienmitglieder zu wahren hat, was in Bezug auf Hana bedeutet, dass ihr Onkel dafür zu sorgen hat, dass sie verheiratet wird: »Wenn ich dich jetzt nicht verheirate, hast du nach meinem Tod keinen Ehemann. […] Vielleicht habe ich da jemanden gefunden, mit dem ich dich verheiraten kann. Übermorgen kommt der Zwischenhändler […]. Ich will dich in festen Händen wissen. Ich kann dich nicht allein lassen« (H 117). Hätte Hana sich geweigert zu heiraten, ohne das Jungfräulichkeitsgelübde abzulegen, wäre die Ehre ihres Onkels und des Hauses zutiefst verletzt worden (§ 593–601 *Kanun*). Die Wahrscheinlichkeit, dass Hana die Heirat verweigert, ist umso höher, als der *Kanun* einer unverheirateten Frau, auch wenn sie Vollwaise ist, verbietet, sich ihren zukünftigen Ehemann selbst auszusuchen: »The young woman, even if her parents are not alive, does not have the right to concern herself about her own marriage; the right is held by her brothers or other [male, Anm. d. Verf.] relatives. The young woman does not have the right a) To choose her own husband; she must go to the man to whom she has been betrothed« (§ 31 Kanun). Dies wird von Ernesto Cozzi bestätigt: »Se poi la ragazza è orfana e senza congiunti, il diritto di contrattare pel suo matrimonio spetta alla persona pia che l'ha raccolta e le ha prodigato le cure di padre.«[151] In diesem Sinne ist Onkel Gjergj, der Hana als Waise aufgenommen und

149 Schwandner-Sievers, »Zur Logik«, S. 116.
150 Ebd.
151 Cozzi, *Fra i Monti d'Albania*, S. 164.

für sie gesorgt hat, zweifellos dazu verpflichtet, einen Ehemann für sie zu bestimmen.

Die Regeln des *Kanun* lassen Hana in ihrer Situation also nur zwei Möglichkeiten: Entweder sie akzeptiert die Heirat mit dem Mann, den ihr Onkel für sie bestimmt, oder sie leistet den Schwur der Jungfräulichkeit, rettet damit die Familienehre und entgeht zugleich der Heiratspflicht: »Gjergj, *bre burrë*, jetzt hast du einen Sohn, und ewig wird die Ehre der kulla sein« (H 130).

Ismail Kadare, ein Kenner des *Kanun*, fasst die Metamorphose Hanas in Mark treffend im Lichte des *Kanun* wie folgt zusammen:

> Das ist eine alte, selten gewordene albanische Sitte, die sich jedoch bis in unsere Tage erhalten hat. Aus verschiedenen Gründen – Fehlen eines männlichen Oberhauptes, Angst vor Vergewaltigung wie in Hanas Fall usw. – war eine solche Wandlung erlaubt, ein Mädchen konnte die Festlegung ›Frau‹ ablegen und in die Festlegung ›Mann‹ wechseln. Sie erlangte alle Rechte und Freiheiten eines Mannes – Benehmen, Kleidung, Teilnahme am Rat der Männer bis hin zum Besuch des Cafés, zu Alkoholgenuss und Rauchen. Allerdings unter einer Bedingung: die Bewahrung der Jungfräulichkeit. (H 249)

Nach den Bestimmungen des *Kanun* kann ein Mädchen vor zwölf Eideshelfern »ewige Jungfräulichkeit schwören und dann Nonne oder Dienerin eines Priesters werden, oder es kann sich als Mann kleiden und wie ein Mann leben, allerdings ohne Stimmrecht in der Versammlung« (§ 1228 *Kanun*).[152] § 1228 desselben *Kanun* legt diese Gleichberechtigung zwischen Mann und *Burrnesha* mit Ausnahme des Stimmrechts mit folgendem Wortlaut fest: »*The Virgins* (women who dress as men): They are not distinguished from other women, except that they are free to associate with men, although they have no right to a voice in the assembly.« Aus dieser Bestimmung geht hervor, dass es sich nicht um eine Geschlechtsumwandlung (»They are not distinguished from other women« [!]), sondern um einen sozialen Status handelt, der auf rein äußerlichen Merkmalen beruht. Es konnte drei Motive für diesen mit Opfern verbundenen Schritt geben: der Wunsch, einer unerwünschten Heirat zu entgehen (§ 31 *Kanun*), der Erhalt des Familienbesitzes trotz fehlender männlicher Nachkommen (§ 88, § 92)[153] oder die Pflege der Eltern bei fehlenden männlichen Nachkommen (*Amor filiale*).[154]

152 Michael Schmidt-Neke, »Der Kanun der albanischen Berge: Hintergrund der nordalbanischen Lebensweise«, in: Elsie (Hg.), *Der Kanun*, S. XIII–XLIII, hier: S. XXXIV.

153 Mary E. Durham, *Some Tribal Origins, Laws and Customs of the Balkans*, London: Unwin Brothers 1928, S. 211. Siehe auch Karl Kaser, *Hirten, Kämpfer, Stammeshelden*, Wien: Böhlau 1992, S. 286–287.

154 Donato Martucci, »Donne che diventano uomini? Le vergini giurate nella cultura tradizionale albanese«, in: *Anuac* (2014/III/2), S. 35–60, hier:

Die Motivation der Frauen, im Einzelfall auch freiwillig auf ihre weibliche Identität, auf Familie und Kinder zu verzichten, lässt sich mit der rechtlosen Stellung der Frau im *Kanun* erklären, auf die im Folgenden näher eingegangen wird.

Laurence Hérault schickt in diesem Zusammenhang voraus, dass Frauen keinen Eigenwert zu haben scheinen, sondern nur dazu da seien, möglichst männliche Kinder zu gebären, um die männliche Nachkommenschaft zu sichern: »Les femmes ne semblent pas avoir de valeur en ›soi‹ mais seulement en tant que pourvoyeuses d'enfants et particulièrement de fils pour le lignage.«[155] Dies wird von Robert Elsie bestätigt: »Frauen genossen einen sehr minderwertigen Status. Der *Kanun* des Lekë Dukagjini bestimmte ausdrücklich: ›die Frau ist ein Schlauch, in dem die Ware transportiert wird‹ (alb. ›grueja âsht shakull për me bajtë‹).«[156] So heißt es im *Kanun* wörtlich: »A woman is a sack, made to endure« (XXIX *Kanun*). Mark Sadiku unterstreicht die Bedeutung der Sack-Metapher, mit der die Frau, der keine weiteren Rechte zukommen, auf die Rolle der Gebärenden reduziert wird: »Altri diritti la donna non ha, solo è borsa per portare il bambino che le ha donato Iddio; altro diritto non ha, né per dare né per prendere.«[157] Nach den Gesetzen des *Kanun* kann und darf nur die männliche Linie (§ 90 *Kanun*) und diese nur durch männliche Nachkommen und Vererbung fortbestehen: »The Kanun recognizes the son as an heir, but not the daughter«(§ 88 *Kanun*). In diesem Sinne unterscheidet der *Kanun* deutlich zwischen der patriarchalischen väterlichen Linie (»Tree of blood«, § 700 *Kanun*) mit allen Rechten und der rechtlosen mütterlichen Linie (»Tree of milk«, § 701 *Kanun*). Auch wenn keine männlichen Nachkommen vorhanden sind, kommt eine Erbfolge durch die Töchter nicht in Betracht: »If the male line of a house dies out, even though there may be a hundred daughters, none of them have the right to any share in the inheritance of their parents, nor do any of their sons or daughters« (§ 92 *Kanun*). Die Frau ist also dazu bestimmt, durch die Heirat in die Familie des zukünftigen

S. 41–42. Siehe dazu auch Young, *Women*, S. 60–61; siehe dazu weiter Cozzi, *Fra i Monti d'Albania*, S. 182–183.

155 Laurence Hérault, »Les ›vierges jurées‹: une masculinité singulière et ses observateurs«, in: *Sextant* (2009/27), S. 273–284, hier: S. 276.

156 Vgl. Robert Elsie, »Kanun of Lekë Dukagjini«, Albanian Symposium Universität Leiden, 10.11.2012 (Internet-Link zum Video im Literaturverzeichnis). Elsie wirft hier die Frage auf, wie dieser Satz zu deuten sei: im Sinne der harten Arbeit, die von Frauen verlangt wird, oder im Sinne des Gebärens von Kindern.

157 Mark Sadiku, »Il Kanun di Lekë Dukagjini secondo la versione di Mark Sadiku, primo della Djelmnija di Shala, ripresa sotto dettatura il 20 febraio 1940 da P. Bern. Palaj O. F. M.«, in: *Studime e Tekste* (Serie giuridica 1), Rom: Instituti i Studimevet Shqiptare 1943, S. 271–279, hier: S. 277.

Ehemannes einzutreten und geht damit für die eigene Familie verloren. Aus diesem Grund wird sie für den Haushalt als ›überflüssig‹, d. h. eigentlich als wertlos betrachtet: »The Albanian woman does not inherit anything from her parents – neither possessions nor house; the Kanun considers a woman as a superfluity in the household« (XX *Kanun*). An dieser Stelle sticht deutlich, wie Andrew Shryrock unterstreicht, das starke Ungleichgewicht zwischen den Rechten des Mannes und der Rechtlosigkeit der Frau ins Auge.[158] Antonia Young beschreibt die Grundzüge dieser extrem patriarchalischen Gesellschaft im ruralen Albanien: »In anthropological terms, rural society in northern Albania is strictly patriarchal, patrilocal, exogamous and patrilineal. This means that the society is male dominated, normally men bring their wives from other villages into their own childhood home, and inheritance follows the male line, all social units, households, are based upon males who are recruited by birth, generation after generation.«[159] Nach Berit Backer gehört die albanische Stammesgesellschaft sogar zu den patriarchalischsten Gesellschaften der Welt.[160] In diesem Kontext mag es nicht allzu verwunderlich sein, dass jede weibliche Geburt als Störfaktor für die reibungslose Kontinuität der männlichen Linie empfunden und, wie Paul Henri Stahl kommentiert, dementsprechend beweint wurde: »piangevano perfino le travi di casa.«[161] Jana Arsovska bestätigt die Geringschätzung der Frau in der albanischen Gesellschaft, insofern sie hier mit einem halben Mann oder einem halben Hund verglichen wird,[162] und dies wird aus dem *Kanun* ersichtlich: »Blood of women is not equal to the blood of man« (§ XXVIII *Kanun*).

158 Vgl. Andrew Shryock, »Autonomy, Entanglement, and the Feud: Prestige Structures and Gender Values in Highland Albania«, in: *Anthropological Quarterly* (1988/61/3), S. 113–118.

159 Young, *Women*, S. 13.

160 Berit Backer, *Behind the Stone Walls: Changing Household Organization among the Albanians of Yugoslavia*, Oslo: University of Oslo 1979, S. 314.

161 »Sogar die Dachbalken des Hauses weinten«: Paul H. Stahl, »La regione tribale albanese«, in: *Incontri Meridionali* (1988/3), S. 33–80, hier: S. 41. Zur Vertiefung siehe Albert Doja, »Morphologie traditionnelle de la société albanaise«, in: *Social Anthropology* (1999/7/1), S. 37–55.

162 Vgl. Jana Arsovska, »Understanding a ›Culture of Violence and Crime‹: the Kanun of Lek Dukagjini and the Rise of the Albanian Sexual-Slavery Rackets«, in: *European Journal of Crime and Criminal Justice* (2006/14/2), S. 161–184, hier: S. 170. Siehe dazu auch Ian Whitaker, »Tribal Structure and National Politics in Albania, 1910–1950«, in: Ioan M. Lewis (Hg.), *History and Social Anthropology*, London: Tavistock 1968, S. 253–293, hier: S. 267; Ian Whitaker, »›A Sack for Carrying Things‹: The Traditional Role of Women in Northern Albanian Society«, in: *Anthropological Quarterly* (1981/54/3), S. 146–156, hier: S. 151.

Sowohl die Frau als auch der Mann werden vom Vorsteher des Hauses über eine:n Vermittler:in verheiratet ohne die Möglichkeit, eine eigene Wahl zu treffen (§ 30; § 31 *Kanun*). Allerdings besteht auch hier ein starkes Ungleichgewicht zwischen den Rechten und Pflichten des Mannes und denen der Frau. So schließt der *Kanun* die Frau einerseits von allen männlichen Rechten und Privilegien aus und entbindet sie andererseits von den männlichen Pflichten.[163] In diesem Sinne spricht der *Kanun* der Frau jegliches Recht auf Kinder und Haus ab (§ 61 b *Kanun*), die einzigen Rechte, die ihr zustehen, sind »the right to ask her husband for sustenance, clothes and shoes« (§ 34 *Kanun*) und »1) To apportion everything produced in the house; 2) To give or lend flour, bread, salt, cheese or butter; 3) To order the women of the house to fetch water and wood, to bring bread to the workers, to wash, to dispose of the slops, to reap, to hoe, or to clean« (§ 22 *Kanun*). Die Pflichten der Frau beschränken sich somit auf häusliche Aufgaben und die Erziehung der Kinder, wobei sie stets das Einverständnis ihres Mannes einzuholen und seine Ehre durch unbedingten Gehorsam zu wahren hat (§ 33 *Kanun*). Während die Liste der Pflichten der Frau gegenüber dem Mann unverhältnismäßig lang ist, verhält es sich beim Mann genau umgekehrt: Neben einer unendlich langen Liste von Rechten (§ 20, § 58, § 59 *Kanun*), bleibt ihm nur die Pflicht, die Frau mit der notwendigen Kleidung und mit dem für das tägliche Leben Notwendigen zu versorgen sowie ihre Ehre zu wahren (§ 32 *Kanun*). Dagegen steht es ihm frei, sie zu tadeln, zu schlagen, zu bestrafen (§ 58 *Kanun*). Im Falle der Untreue, der Flucht oder der Verletzung der Gastfreundschaft[164] darf er sie sogar töten, ohne mit ihren Eltern in Blutfehde zu geraten, wenn ihr Vater ihm dafür eine Gewehrpatrone gegeben hat (§ XXXI *Kanun*), wie Young näher ausführt: »Men's control of women is also outlined: ›the parents of his wife give him (the groom) a cartridge‹ as protection against ›two acts (for which) a woman may be shot in the back a) for adultery; b) for betrayal of hospitality‹ (to any guest). The preservation of this law continued to be demonstrated until quite recent times, the bridegroom's parents giving the groom a cartridge on the wedding day.«[165] Hat der Ehemann keine Patrone für seine Frau erhalten, löst der Mord an ihr die Blutrache aus: »If a husband kills his wife, he incurs blood-feud with the woman's parents« (§ 963). Die Frau darf nicht einmal ohne die Erlaubnis ihres Mannes mit Gästen sprechen.[166] Sie kann weder erben noch vererben (§ 88ff. *Kanun*). Ihr einziges ›Privileg‹ ist, dass sie nicht dem Fehderecht unterliegt und deshalb nicht getötet werden darf (§ 897 *Kanun*). Zu

163 Elsie, »Vorwort«, S. IX–X.

164 Arsovska, »Understanding«, S. 170.

165 Young, *Women*, S. 20.

166 Elsie (Hg.), *Der Kanun*, S. 50–51; siehe dazu auch Elsie, »Kanun of Lekë Dukagjini«.

den Arbeiten, die Frauen zu verrichten haben, gehören Wasser holen, Holz hacken, Essen kochen, Dünger transportieren, Felder bewässern (§ 22 *Kanun*), Hausarbeiten verrichten, dem Mann dienen (§ 25 *Kanun*), Kinder erziehen und die Kleidung des Mannes instandhalten (§ 33 *Kanun*). Susan E. Pritchett Post fasst die wesentlichen Bestimmungen des *Kanun*, die sich auf die Frau beziehen, zusammen, wobei ihre Rechtlosigkeit umso deutlicher zum Vorschein kommt:

1. Die Gesellschaftsordnung ist streng patriarchalisch.
2. Die Ehe wird nicht vom Paar selbst bestimmt, sondern dient lediglich der Erweiterung der Familie und der Produktion von Arbeitskräften.
3. Die Familie des Mannes muss einen Brautpreis zahlen.
4. Die Rechte und Pflichten der Eheleute sind klar definiert; der Frau obliegt eine hohe Arbeitslast, während der Mann vor allem die Ehre zu schützen hat.
5. Die Frau hat kein Erbrecht.
6. Die Frau ›fällt nicht ins Blut‹: Da ihr Blut nicht den gleichen Wert hat wie das des Mannes, gelten die Gesetze der Blutrache nicht für sie.
7. Die Frau wird als Schlauch bezeichnet, durch den die ›Ware‹ ›rutscht‹.
8. Bei Ehebruch oder Verletzung der Gastfreundschaft hat der Mann das Recht, die Frau zu töten.[167]

Diese Ausführungen zu einigen Details, die die Stellung der Frau im albanischen *Kanun* betreffen, sollen den notwendigen Hintergrund vermitteln, um besser zu verstehen, warum Frauen in manchen Fällen sogar freiwillig auf die Möglichkeit des jungfräulichen Schwurs unter Verzicht auf Familie und Kinder zurückgreifen. Wie Mary E. Durham betont, bietet die Annahme des Status der *Burrnesha* Frauen die einzige Möglichkeit, der Ehe und damit dem niedrigen Status der Frau zu entkommen: »Marriage is arranged entirely by the head of the House. The children are betrothed in infancy or *in utero*. [...] The girl may – but it requires much courage on her part – refuse to marry the man. In that case she must swear before witnesses to remain virgin all her life. Should she break this vow, endless bloodshed is caused.«[168] Martucci schwächt in diesem Zusammenhang Durhams Behauptung, dass ein eventueller Bruch des Keuschheitsschwurs den Tod der Betroffenen zur Folge habe, mit der Vermutung ab, dass es in erster Linie um das Unterbleiben der Zeugung von Nachkommen gehe, nicht aber um den

167 Susan E. Pritchett Post, *Women in Modern Albania: Firsthand Accounts of Culture and Condititions from over 200 Interviews*, London: McFarland 1998, S. 53–54.

168 Mary E. Durham, *High Albania*, London: Virago Press 1985, S. 35.

Verzicht auf Geschlechtsverkehr.[169] Dvorsky bestätigt Martuccis These: »Eine Jungfrau verpflichtete sich zum Verzicht auf Heirat, nicht aber zur Keuschheit.«[170] Andere Forscher:innen scheinen sich dieser These anzuschließen,[171] oder jedenfalls scheinen nur wenige dagegen zu sprechen.[172] So revidiert z. B. Carleton S. Coon sehr schnell seine ursprüngliche These, dass der Bruch des Schwurs mit Verbrennung bestraft werde, indem er sogleich entgegenhält: »If she breaks her oath, the elders will in theory, burn her alive. It is doubtful if this punishment has been exacted on any such person within the last few generations. [...] The second wore women's clothes. [...] Since she spent the night with a junior member of my group of horse-drivers, I formed a poor opinion of the burning-alive theory.«[173] Jan und Cora Gordon berichten über ihren Versuch, herauszufinden, ob der Bruch des Schwurs mit dem Tod bestraft werde, und erhalten von einer Schwurjungfrau eine indirekte Verneinung mit der Begründung, es sei nicht die Angst, sondern das Ehrgefühl, das sie davon abhalte:

> Looking closer, we began to doubt the sex of this person ...
> ›That girl ... has vowed never to marry, so she dresses like a man and does man's work.‹
> ›But if she breaks her vow,‹ we said, ›does her family pursue her to kill her?‹
> ›She doesn't ever break her vow ... she would be ashamed to. And, anyway, no man would want her any more than he would want his sister ...‹
> Yet we repeated our questions, ›If? If? If?‹ we insisted.
> ›She would have to leave the clan then ... she would be disgraced for ever.‹
> ›But they would not kill her?‹ we asked.

169 Martucci, »Donne«, S. 50.

170 Victor Dvorsky, *Černohorskoturecká hranice od ústí Bojany k Taře*, Prag: Nákl. České akademie císaře Františška Josefa pro vědy, slovesnost a umění 1909, S. 130.

171 Siehe dazu Albert Doja, »Le sexe de la naissance: masculin/féminin dans la société traditionnelle«, in: *Ethnologie française* (1995/25/4), S. 650–667, hier: S. 652; Spiridion Gopčević, *Oberalbanien und seine Liga. Ethnographisch-politisch-historisch geschildert*, Leipzig: Duncker & Humblot 1881, S. 460; Spiridion Gopčević, *Das Fürstentum Albanien, seine Vergangenheit, ethnographischen Verhältnisse, politische Lage und Aussichten für die Zukunft*, Berlin: H. Paetel 1914, S. 109–110.

172 Vgl. Durham, *High Albania*, S. 35.

173 Carleton S. Coon, *The Mountains of Giants. A Racial and Cultural Study of the North Albanian Mountain Ghegs*, Cambridge/Mass.: Peabody Museum Press 1950, S. 24–25.

›Oh, no. She can marry if she likes, but she would not want to. You understand ... she has sworn she won't‹.[174]

Im Gegensatz zu diesen Untersuchungen wird in *Hana* der Standpunkt vertreten, dass ein Bruch des Jungfräulichkeitsschwurs den Tod Hanas zur Folge hätte (H 62), sodass nur das Verlassen des Landes die Möglichkeit biete, den Schwur ungestraft rückgängig zu machen.

In *Hana* finden sich alle drei Gründe, die, wie bereits erörtert, eine Frau dazu veranlassen können, ewige Jungfräulichkeit zu schwören: Hana will ihren todkranken Onkel Gjergj, der keine männlichen Nachkommen hat, ohne Hilfe pflegen. Sie will ihn nicht durch ihre Weigerung, zu heiraten, entehren. Und schließlich gilt es, die Besitztümer, die Onkel Gjergj hinterlässt, zu erhalten und zu verwalten.

Hanas Schritt erklärt sich aus der Situation der Frau im *Kanun*, insofern ihr danach lediglich zwei Optionen offenstehen zwischen einer ungewollten Heirat und einem rechtlosen Dasein einerseits und der Annahme des Status der *Burrnesha* mit den damit verbundenen Rechten, aber auch Opfern, andererseits. Hätte sie die Heirat verweigert, so wäre ihr Verlobter berechtigt gewesen, sie zu töten: »If the girl does not submit and marry her fiancé, she should be handed over to him by force, together with a cartridge; and if the girl tries to flee, her husband may kill her with the parent's cartridge, and the girl's blood is lost [remains unavenged], because it was with their cartridge that she was killed« (§ 43, Abs. 6 *Kanun*).

Diese Möglichkeit für die Frau, ihren sozialen Status in einer so streng patriarchalen Gesellschaft zu verbessern, kann einerseits als fortschrittlich interpretiert werden, andererseits aber auch Empörung darüber hervorrufen, dass die Frau ihre Identität und Sexualität aufgeben muss, um in den Genuss von Rechten zu kommen. Ernesto Cozzi will in der Albanerin nicht die versklavte, unterdrückte Frau sehen, wie sie oft dargestellt wird. Nach seinen Beobachtungen komme die Ehrung der Frau zwar nicht in der Öffentlichkeit zum Ausdruck, da dem albanischen Mann die ›Galanterie‹ fremd sei, wohl aber achte er sie in der Intimität des Privaten: »Ed in realtà trattano il debil sesso amorevolmente e con rispetto.«[175]

Ein historisch-anthropologischer Einschub soll hier, über die wenigen Anhaltspunkte hinaus, die der *Kanun* zum Phänomen der *Burrnesha* liefert, weitere Aufschlüsse über diese eigentümliche gewohnheitsrechtliche Institution geben, die dem allgemeinen ›Geist‹ des *Kanun* zu widersprechen scheint. Folgt man Laurence Hérault, so ist das Phänomen der

174 Jan Gordon / Cora J. Gordon, *Two Vagabonds in Albania*, New York/London: Dodd, Mead and Company/John Lane 1927, S. 238–239.

175 Cozzi, *Fra i Monti d'Albania*, S. 175.

Burrnesha, auch *Virgjëreshe*, *Virgjin*, *Vajzë* oder *Betuar* genannt,[176] seit Mitte des 19. Jahrhunderts durch Reisende in Nordalbanien, im Kosovo und in Montenegro belegt. Donato Martucci verweist in diesem Zusammenhang auf den Albanologen Johann Georg von Hahn, der in seinem Band *Reise durch die Gebiete des Drin und Wadar* (1867) von vier Frauen berichtet, die ewige Jungfräulichkeit gelobten und sich wie Männer verhielten. Eine von ihnen leistete diesen Schwur, weil sie, wie Hana, nicht heiraten wollte.[177] Diese Frauen bilden, so Hérault, eine Minderheit in einer der letzten Stammesgesellschaften Europas und kleiden und benehmen sich wie Männer.[178] Antonia Young beschreibt das Phänomen der Schwurjungfrauen als »women who have been chosen, been permitted and encouraged by their society or even parentally predestined, to become men.«[179] Sie tun das, was Männer tun und Frauen nicht tun dürfen: Viele von ihnen, wenn auch nicht alle, tragen Männerkleidung, ein schwarzes Gilet, kurze Haare unter einer Kappe (*ksula*),[180] sie rauchen Tabak, besitzen Waffen, reisen frei, allein oder mit anderen Männern, stehen dem Haushalt vor, betreiben Landwirtschaft, verheiraten ihre Schwestern etc.[181] Diejenigen, die sich nicht männlich kleiden, sind an ihrem weißen Kopftuch *çalma* als *Virgjëreshe* erkenntlich.[182] Nach Ernesto Cozzi, der viele Jahre Erfahrung mit verschiedenen Stämmen Albaniens gesammelt hat, unterscheiden sich die *Burrnesha* vor allem durch ihren kurzen Haarschnitt und tragen einen Turban (*shalli*) oder eine Kappe (*kaula*) sowie eine Art Gilet (*gubére*), kleiden sich aber ansonsten, für viele unter ihnen, wie Frauen, auch wenn sie es vorziehen, Männerarbeit zu verrichten. Andere wiederum kleiden sich tatsächlich

176 Siehe dazu das Zeugnis einer der letzten lebenden Schwörjungfrauen ›Lali‹ (Diana Rakipi): Marco Negri / Marianna Di Piazza / Roberto Di Matteo, »›Diresti mai che sono donna?‹ Lali, l'ultima vergine giurata«, in: *Insideover*, 2.2.2019 (Internet-Link im Literaturverzeichnis). Siehe dazu ebenso das Zeugnis der Schwörjungfrau Duni Grishaj: Tui McLean, »The last of Albania's ›sworn virgins‹«, in: *BBC*, 10.12.2022 (Internet-Link im Literaturverzeichnis).

177 Martucci, »Donne«, S. 36. Vgl. dazu Johann G. von Hahn, *Reise durch die Gebiete des Drin und Wadar*, in: Denkschriften der kaiserlichen Akademie der Wissenschaften, XV, Wien: Carl Gerolds Sohn 1867.

178 Hérault, »Les ›vierges jurées‹«, S. 1.

179 Young, *Women*, S. 69.

180 Vgl. Martucci. »Donne«, S. 46–47. Ernesto Cozzi spricht nicht von der *ksula*, sondern von der *listila*: Ernesto D. Cozzi, »La donna albanese con speciale riguardo al diritto consuetudinario delle Montagne di Scutari«, in: *Anthropos* (1912/VII), S. 309–335; 617–626, hier: S. 319.

181 Hérault, »Les ›vierges jurées‹«, S. 7.

182 E. Schultz, »Albanisches Mannweibertum«, in: *Die Woche. Moderne Illustrierte Zeitschrift* (1907/9/40), 5.10.1907, S. 1758–1763, hier: S. 1760.

wie Männer, aber es müsse klar sein, so Cozzi, dass die *Burrnesha* Frauen bleiben und als solche betrachtet werden, nur mit dem Unterschied, dass sie den Respekt der Stammesmitglieder genießen.[183] Dennoch scheinen sie, im Vergleich zu Männern, in mancher Hinsicht einen hybriden Status zu besitzen, da sie kein Stimmrecht im Rat der Familienoberhäupter haben (§ 1228 *Kanun*), da es für Männer eine Schande ist, eine Schwurjungfrau wissentlich zu töten,[184] und sie Güter weder vererben noch erben können. René Grémaud sieht in der Schwurjungfrau ein drittes Genre zwischen Mann und Frau: »In Balkan culture virgins were seen as a relatively unclassified category, clearly set apart from those who have become ›women‹ through matrimony and motherhood, and somehow akin to the male gender – which serves more or less as the marked prestige gender.«[185] Hérault kommentiert dazu, dass die *Burrnesha* in diesem Sinne keine Frauen, sondern fast Männer seien, denen weniger eine widerständische als vielmehr eine emanzipatorische Eigenschaft zugeschrieben werden könne.[186] Martucci hingegen besteht darauf, dass die *Burrnesha* trotz ihres männlichem Erscheinungsbildes ganz und gar Frauen bleiben, und sei es nur deshalb, weil ihnen nicht alle Rechte der Männer zuerkannt werden:

> È assolutamente falso che venissero considerate alla stregua di uomini: le virgjineshë erano e rimanevano donne. Alcuni esempi chiariranno la questione: alle ›vergini‹ era concesso di partecipare alle assemblee insieme agli uomini, ma non potevano prendere la parola né avevano diritto di voto, cose che erano di esclusiva pertinenza maschile. Potevano, se maggiorenni e orfane, amministrare la sostanza familiare finché fossero rimaste nella condizione di ›vergini‹, tuttavia non avevano diritto di vendere i beni immobili senza il consenso dei maschi della fratria.[187]

Der Verzicht auf Weiblichkeit und Mutterschaft bleibt somit für die Frau, wie Durham betont, der einzige Weg, eine dem Mann nahezu gleichberechtigte Trägerin von Rechten zu werden[188] und, wie Gilles de Rapper hervorhebt, die patriarchalische Linie um eine Generation zu verlängern. Die Lösung bleibt eine provisorische, weil Schwurjungfrauen kein

183 Vgl. Cozzi, *Fra i Monti d'Albania*, S. 183–184.

184 René Grémaux, »Woman Becomes Man in the Balkans«, in: Gilbert Herdt (Hg.), *Third Sex, Third Gender*, New York: Zone Books 1993, S. 241–281, hier: S. 278.

185 Ebd., S. 281.

186 Hérault, »Les ›vierges jurées‹«, S. 10. Vgl. dazu auch Eva de Prosperis, *Io sono una burnesha. Viaggio nell'Albania delle vergini giurate*, Catania: Villaggio Maori 2017.

187 Martucci, »Donne«, S. 47.

188 Durham, *High Albania*, S. 63. Siehe auch die Zeugnisse von Schwurjungfrauen heute in Paola Favoino, *A JE BURRNESH*, Rom: Leporello books 2019.

Erbe weitergeben können.[189] Robert Elsie betonte dazu in einem Vortrag an der Universität Leiden im November 2012, dass das Phänomen der Schwurjungfrauen »one of the most fascinating aspect of this culture« darstelle, das einmalig in Europa sei und bis heute fortbestehe.[190] Young merkt dazu an, dass es nicht immer einfach sei, Gewissheit über die Zahl der heute noch lebenden *Burrnesha* zu erlangen, da sie kein auffälliges Phänomen in ihrer Gemeinschaft sind: »›Sworn virgins‹ are not a phenomenon, they are just a fact of life; the way they act is the way they organize their lives.«[191]

In *Hana* wird in der Tat das Phänomen der Schwurjungfrau getreu nach den Bestimmungen des *Kanun* nachgezeichnet. Hana nimmt das Aussehen und die Lebensweise eines Mannes an, um einer unerwünschten Heirat zu entgehen. Das Dorf akzeptiert sie problemlos und selbstverständlich als (fast) gleichberechtigt mit den Männern. Onkel Gjergj nimmt ihren Schwur an, indem er ihr das Gewehr überreicht. Nur der Schwur vor zwölf Eideshelfer:innen wird in der Diegese nicht erwähnt. Mary E. Durham weist im Zusammenhang mit dieser Forderung des *Kanun* darauf hin, dass es keineswegs einfach war, diese Bedingung zu erfüllen: »If she could find twelve elders of her tribe group to act as co-jurors she could swear perpetual virginity. If she broke the vow the honour of the co-jurors was blackened, and a blood-feud ensued. It was not easy for her to find twelve co-jurors.«[192] Aufgrund der Schwierigkeit, die Bedingung der zwölf Eideshelfer:innen zu erfüllen, so Donato Martucci, verzichteten in der Praxis viele *Virgjëreshe* auf diesen Eid,[193] wie dies in *Hana* zum Ausdruck kommt. Darüber hinaus ist anzumerken, dass sich im *Kanun des Lekë Dukagjuni* keine spezifischen Angaben dazu finden, wie überhaupt nur ein Artikel (§ 1228 *Kanun*) sich ausdrücklich auf die Figur der *Burrnesha* bezieht.

Antonia Young berichtet in diesem Zusammenhang von einem ihrer Studienfälle, *Virgjëreshe* Pashke, der Elvira Dones als Vorlage für *Hana* gedient haben könnte: Pashke ist Waise und wurde von ihrer Großmutter und ihrem Onkel großgezogen. Nach dem Tod der Großmutter lebte sie allein mit ihrem Onkel. Als dieser schwer erkrankte und sie ihn zweimal im Monat im achtzig Kilometer entfernten Krankenhaus besuchen musste, wurde es für sie zu gefährlich, diesen weiten Weg als Frau zurückzulegen, weshalb sie sich, wie Young erklärt, wie ein Mann kleidete:

189 Gilles de Rapper, »Entre masculin et féminin. La vierge jurée, l'héritière et le gendre de la maison«, in: *L'Homme* (2000/154–155), S. 457–466, hier: S. 462.

190 Elsie, »Kanun of Lekë Dukagjini«.

191 Young, *Women*, S. 65.

192 Durham, *Some Tribal Origins*, S. 194.

193 Vgl. Martucci, »Donne«, S. 41.

> A girl alone could not undertake such journeys. I did not have long to think through what I did. I took some of my uncle's clothes, my own in any case were only fit for rags. It was a time of such distress that I didn't discuss it with anyone, just acted as I had to, and cannot see now that I could have done otherwise. I have done in my life whatever has been necessary, and this has been my fate.[194]

Pashke erlebte ihre Entscheidung ebenso wie Hana als situationsbedingt und unwiderruflich vom Schicksal gewollt, das ihr trotz des persönlichen Leids, ihre weibliche Identität aufzugeben, keine Alternative ließ: »I am sorry for others who lead this kind of life. I had no other option, given my circumstances. I cannot go back on my decision.«[195] Pashke pflegte wie Hana ihren Onkel bis zu dessen Tod und lebte auch danach allein im Haus.[196]

Neben dem Fall von Pashke, der wegen seiner Ähnlichkeit mit dem Schicksal von Hana besondere Aufmerksamkeit verdient, werden weitere Fälle von heute noch lebenden *Burrnesha* beschrieben: Isla Badenoch zeigt in *The Burrnesha Archive* das Beispiel dreier Mann-Frauen, die sich dem Zigaretten- und Alkoholkonsum hingeben, mit den Männern Raki trinken und Männerkleidung tragen.[197] Barbara Mazzon führt den Fall der *Burrnesha* Ghero als Beispiel dafür an, dass der *Kanun* nach wie vor in der albanischen Realität weiterlebt und Mädchen auch heute noch den Jungfräulichkeitsschwur als einzigen Ausweg sehen, um zu einer besseren sozialen Stellung zu gelangen: »le norme del antico *Kanun,* come abbiamo visto, sono ancora vigenti e continuano a tessere le fila degli invisibili legami sociali. Esistono ancora contesti fortemente maschilisti in cui diventare Vergini Giurate si configura come l'unico modo per ribellarsi alla sottomissione.«[198] Aus allen Gesprächen mit den heute noch lebenden *Burrnesha* wird ein starker Wille deutlich, die eigene Sexualität und den eigenen Körper so weit wie möglich zu ignorieren, wie dies auch in *Hana* zum Ausdruck kommt: »Man tat, was die Ehre der Dodas von einem verlangte, und den eigenen nackten Körper zu betrachten gehörte sich nicht« (H 161).

194 Young, *Women*, S. 78.
195 Ebd., S. 91.
196 Vgl. Roland Littlewood, »Three into Two: the Third Sex in Northern Albania, in: *Anthropology & Medicine* (2001/9/1), S. 37–50, hier: S. 46.
197 Isla Badenoch, *The Burrnesha Archive*, Kopenhagen: The Royal Danish Academy of Fine Arts 2016.
198 Mazzon, *Le Vergini Giurate*, S. 35–36. Siehe dazu Interviews mit heute lebenden Schwurjungfrauen: Flugutel Spankbecher, »Frei um jeden Preis – Albaniens Schwurjungfrauen Doku«, in: *Arte*, 31.12.2021 (Internet-Link im Literaturverzeichnis); Luigi Pelazza, »Vergini Giurate fino alla morte«, in: *Le Iene*, 7.5.2015 (Internet-Link im Literaturverzeichnis); Paola Favoino, »Burrneshe, le vergini giurate d'Albania«, in: *telecastrovillari*, 2.2.2016 (Internet-Link im Literaturverzeichnis); ; Paola Mascioli, »Burrneshe, le vergini giurate d'Albania – i centenari di Sardegna«, in: *Timonieri*, 1.9.2017 (Link im Literaturverzeichnis).

Am Rande des Themas der Schwurjungfrauen, auf das Dones' *Hana* vordergründig fokussiert, wird beiläufig das Fehderecht des *Kanun* mit der Erwähnung der nun männerlosen Frangaj-Familie, deren Männer durch die Blutrache dezimiert wurden (H 28), einerseits und dem Schicksal von Hakia, die sich um zehn Männer kümmern muss, die die *kulla* nur unter Todesgefahr verlassen können (H 180), andererseits angesprochen. Vermutlich lässt Dones bewusst das weitaus bekanntere Phänomen der Blutrache nach den Gesetzen des *Kanun* zugunsten der bislang weniger bekannten Figur der *Burrnesha* in den Hintergrund treten. Insbesondere Ismail Kadare hat sich in seinem weithin bekannten Roman *Der zerissene April* (1980) bereits ausführlich mit dem albanischen Fehderecht auseinandergesetzt und kann als sein guter Kenner herangezogen werden.[199] Am Beispiel der Familien Kryeqyqe und Berisha zeichnet Kadare den Hergang der albanischen Blutrache nach, so wie sie sich mit dem *Kanun* deckt: Ausgangspunkt der seit siebzig Jahren andauernden Fehde zwischen den beiden Familien, der bisher vierundvierzig Männer zum Opfer fielen, ist der Mord an einem Gast der Familie Berisha, der von einem Kryeqyqe vor Jahren getötet wurde. Dazu ist anzumerken, dass der *Kanun* den Gast mit Gott gleichsetzt (§ 602 *Kanun*) und ihm damit eine absolute Sonderstellung einräumt (*besa*).[200] Insofern bedeutet die Verletzung der Gastfreundschaft für den Gastgeber einen unerträglichen Ehrverlust, der unbedingt gerächt werden muss. So kann nach dem *Kanun* »die Tötung des Vaters, des Bruders, ja sogar des Kindes [konnte] verziehen werden, aber eine Schädigung des Gastes nie!«[201] Hier verweist Kadare auf ein altes Sprichwort, das Schwandner-Sievers fast wörtlich auf die hohe Stellung des Gastes/Freundes (alb. *mik*) bezieht: »Die Beleidigung des Vaters, des Bruders oder des Vetters kannst du vergeben. Nicht jedoch die des *mik*.«[202] Vor diesem Hintergrund muss Gjorg aufgrund dieser seit Jahren andauernden Familienfehde, die mit der Verletzung der Gastfreundschaft begann, den Mord an seinem Bruder rächen und den Mörder töten. Zu diesem Zweck lauert er dem Mörder auf und ruft ihn an, bevor er schießt. Der Erschossene wird vom Täter auf den Rücken gedreht, sein Gewehr wird an seinen Kopf gelegt.[203] Anschließend wird der Mord im Dorf bekanntgegeben und die Familie des Opfers über die geografische Position des Leichnams informiert.[204] Eine Verhandlungsdelegation kann mit der Familie des Opfers das kleine (24 Stunden) und,

199 Siehe dazu auch Young, *Women*, S. 44.
200 Ismail Kadare, *Der zerrissene April*, Frankfurt am Main: Fischer 2023, S. 34.
201 Ebd., S. 45.
202 Schwandner-Sievers, »Zur Logik«, S. 116.
203 Kadare, *Der zerrissene April*, S. 8.
204 Ebd., S. 10.

gegebenenfalls, das große Ehrenwort (30 Tage) aushandeln,[205] das Gjorg während dieser Zeit vor Vergeltung schützt. Bald aber wird Gjorg zu den weiteren Opfern der Familienfehde gehören, es sei denn, es kommt zu einer Blutversöhnung, die meist dann am aussichtsreichsten ist, so Schwandner-Sievers, »wenn der ursächliche Vorfall eine lange Zeit zurückliegt und ihn kein Lebender selbst miterlebt hat.«[206] Kadare legt Besian Vorpsi die Feststellung in den Mund, dass der *Kanun* der Auslöschung durch staatliches Recht bisher widerstanden habe: »Alles hat existiert und wurde wieder aufgegeben, um moralischen Normen Platz zu machen, die so umgreifend sind, dass alle Verwaltungsapparate unter der Fremdherrschaft und später auch die Verwaltungen des unabhängigen albanischen Staates genötigt waren, sie anzuerkennen. Dadurch entzog sich das Hochland, sprich das halbe Königreich, jeglicher staatlicher Kontrolle.«[207]

Kadares Schilderung der Blutrache in *Der zerrissene April* gibt, wie bereits angemerkt, die Vorschriften des *Kanun* sehr genau wieder: So kann nach dem *Kanun* die geraubte Ehre nur durch Blutvergießen wiederhergestellt werden (§§ 593–601 *Kanun*),[208] es sei denn, die im Blut liegenden Familien stimmen einer friedlichen Beilegung der Fehde zu (§§ 965–990 *Kanun*). Außerhalb des Befriedungsverfahren kann eine Ehrverletzung niemals vergeben werden (§ 597 *Kanun*), denn wenn die Ehre nicht durch den Racheakt wiederhergestellt wird, gilt der Betroffene nach dem *Kanun* als sozial tot (§ 600 *Kanun*). Zu den Ehrverletzungen (alb. *Nderi*) zählt der *Kanun* die Beschuldigung der Lüge vor dem Ältestenrat, den Treuebruch, die Schändung der Ehefrau, der Waffen und des Brotes, die Beleidigung des Gastes, den Hauseinbruch, den Wortbruch etc. (§ 601 *Kanun*).[209] Das Gesetz der Blutrache (*gjak*, *gjakmarrje*) bezieht sich, wie bereits hinsichtlich *Hana* kommentiert worden ist, nur auf Männer, nicht aber auf Frauen und Schwurjungfrauen (§§ 835–836 *Kanun*), was, wie ebenso bereits betont worden ist, als Ausdruck der Minderwertigkeit der Frau zu verstehen ist. Jede vollzogene Blutrache durch Tötung zieht eine erneute Blutrache gegen den Mörder und gegen seine männlichen Verwandten nach sich (§§ 843–873; §§ 898–900 *Kanun*).[210] Auf diese Weise artet die Blutfehde in ein endloses »Pingpongspiel«[211] zwischen den Fehdefamilien aus, das sich über Generationen hinzieht und in vielen Regionen zu einer unverhältnismäßigen Dezimierung der männlichen

205 Ebd. S. 13–19.
206 Schwandner-Sievers, »Zur Logik«, S. 118.
207 Kadare, *Der zerrissene April*, S. 79–80.
208 Schmidt-Neke, »Der Kanun«, S. XXX–XXXI; Elsie (Hg.), *Der Kanun*, S. 134.
209 Vgl. dazu Qerimi, *Gewohnheitsrecht in Albanien*, S. 34.
210 Schmidt-Neke, »Der Kanun«, S. XXXVI.
211 Ebd., S. XXXVIII.

Bevölkerung geführt hat.[212] Adem Demaçi, Träger des Sacharow-Preises 1991 und bekannt als der ›Mandela des Balkans‹,[213] hat sich im Übrigen in seinem Roman *Die Schlangen des Blutes Gjarpijt e Gjakut* (1958)[214] kritisch mit diesem zerstörerischen Phänomen auseinandergesetzt. Nach Kaser handelt es sich dabei um einen Ahnenkult, bei dem die Seele des Ermordeten nur durch die Tötung des Mörders Ruhe findet.[215] Dagegen sind nicht strafbare Tötungen wie Selbstmord (§ 958–959 *Kanun*), die Tötung des Sohnes durch die Eltern, die Tötung der Frau durch den Ehemann (§ XXXI *Kanun*) oder fahrlässige Tötungen (§ 932 *Kanun*) nicht ›fehdefähig‹ und reichen daher nicht über die individuelle Tötung hinaus.[216] Um der Gefahr der Tötung durch die feindliche Familie zu entgehen, bleibt den männlichen Mitgliedern der betroffenen Familie nur die Alternative, sich im eigenen Haus zu verschanzen, denn sobald sie das Haus verlassen, können sie ermordet werden, wie dies in *Hana* am Rande angedeutet wird (H 180).[217]

Zusammenfassend soll hervorgehoben werden, dass Elvira Dones' Roman *Hana* ein sehr getreues Bild des albanischen Gewohnheitsrechts wiedergibt, mit Ausnahme der umstrittenen Behauptung, dass der Widerruf des Keuschheitsschwurs in jedem Fall den Tod der Schuldigen nach sich ziehe. Der diegetische Rechtsdiskurs übergeht auch die Forderung des *Kanun* nach zwölf Eideshelfer:innen, die aber, so scheint es, auch in der realweltlichen Praxis schwer umzusetzen ist.

Die narrative Darstellung menschlichen Handelns verknüpft in *Hana* Recht und Literatur auf das Engste, auch wenn die gewohnheitsrechtlichen Bestimmungen des *Kanun* in der Diegese nicht durch Rechtsparagrafen kenntlich gemacht werden, sondern erst durch die Kontrastierung des fiktionalen Romantextes mit dem realweltlichen Text des *Kanun des Lekë Dukagjini* zur Geltung kommen. Die Faktizität des *Kanun* als Sammlung gewohnheitsrechtlicher Regeln wird dadurch belegt, dass es sich um ein bis heute bestehendes Gewohnheitsrecht handelt, das über Generationen mündlich überliefert wurde und seit Beginn des 20.

212 Elsie, »Vorwort«, S. IX.

213 Adem Demaçi, *Die Schlangen des Blutes*, Frankfurt am Main: Weimarer Schillerpresse 2005.

214 Europäisches Parlament, *Das Buch der Träger des Sacharow-Preises*, Luxemburg: Amt für Veröffentlichungen der Europäischen Union 2016, S. 80–81. Siehe dazu auch Sozialistische Albanische Hefte, »Buchvorstellung: Die Schlangen des Blutes. Roman von Adem Demaçi«, in: *Sozialistische Albanische Hefte* (2009/3), S. 29–30. (Internet-Link im Literaturverzeichnis).

215 Kaser, *Hirten*, S. 275–279.

216 Qerimi, *Gewohnheitsrecht in Albanien*, S. 39–40.

217 Vgl. Marco Negri / Marianna Di Piazza / Roberto Di Matteo, »Solo il sangue lava il sangue, il codice d'onore albanese«, in: *Insideover*, 1.2.2019 (Internet-Link im Literaturverzeichnis).

Jahrhunderts in Form des *Kanun des Lekë Dukagjini* eine schriftliche Bestätigung erfahren hat. Der primär mündliche Charakter des *Kanun* begünstigt subjektive hermeneutische Unschärfen, wie sie aus der Literatur bekannt sind, wie überhaupt die Hermeneutik des *Kanun* starke Ähnlichkeiten mit der literarischen Hermeneutik aufweist, indem er zeitlich unbegrenzt über Generationen hinweg ausgelegt wird, ohne jedoch – im Gegensatz zur Literatur – bis zum Beginn des 20. Jahrhunderts über eine textuelle Referenz verfügt zu haben. An dieser hermeneutischen Unschärfe und Referenzlosigkeit hat paradoxerweise auch das Aufkommen schriftlicher Fassungen des *Kanun*, wie z. B. der *Kanun des Lekë Dukagjini*, wenig ändern können, da in vielen Fällen das mündlich tradierte Gewohnheitsrecht ohne vorherige Kenntnisnahme des nun schriftlich festgehaltenen Gewohnheitsrechts – mitunter fehlerhaft – angewendet wird. Fehlinterpretationen können jedoch, anders als in der Literatur, fatale Folgen haben, wie dies z. B. die im *Kanun* verbotene Tötung von Frauen und Kindern zeigt. Weil über viele Generationen hinweg ein schriftlicher Text fehlte, konnten auch die für Rechtstexte geltenden hermeneutischen Regeln und Auslegungsmethoden des hermeneutischen Zirkels nur schwer auf den *Kanun* angewendet werden. Dies führt zu der paradoxen Situation, dass die literarische Hermeneutik dem *Kanun* nähersteht als die juristische.

Die Literatur erfüllt hier, wie am Beispiel des Romans *Hana* deutlich wird, gewissermaßen die Rolle eines Textersatzes an der Schnittstelle zwischen dem mündlich tradierten Gewohnheitsrecht des *Kanun* und dessen fehlender Verschriftlichung, wodurch literarische und rechtliche Hermeneutik eng miteinander verbunden werden. Nun wird es möglich, die juristische Hermeneutik anzuwenden, um die menschlichen Handlungen in *Hana* im Lichte der Bestimmungen des *Kanun* zu interpretieren. Dazu musste allerdings zunächst der gewohnheitsrechtliche Diskurs in der Diegese freigelegt werden, da er sich nicht auf den ersten Blick vom literarischen Text abzuheben scheint. Vielmehr handelt es sich um die Schilderung eines sozialen Sonderstatus, den Hana annimmt, um einer vermittelten Heirat zu entgehen und die Ehre der Familie ihres Onkels zu wahren. Ihre Entscheidung, ewige Jungfräulichkeit zu schwören und auf Ehe und Kinder zu verzichten, verleiht ihr (fast) alle Rechte des Mannes und führt damit zu einer größeren Freiheit für sie in der albanischen Gesellschaft. Auf den ersten Blick scheint es sich, wie die bisherige Forschung fast ausnahmslos belegt, um ein Genderthema zu handeln, das sich mit der weiblichen Identität und der sozialen Stellung der Frau befasst. Untersucht man jedoch die Diegese auf ihren gewohnheitsrechtlichen Diskurs hin, mit dem realweltlichen *Kanun* in der Hand, so wird man feststellen, dass es sich hier nicht vordergründig um ein Genderthema handelt, sondern um ein Gewohnheitsrecht, das Frauen die Möglichkeit einräumt, eine dem Mann ähnliche soziale Stellung einzunehmen, ohne dabei ihr Geschlecht zu ändern oder in Frage zu stellen. Hana betont dies im Roman ausdrücklich: »Ich bin eine Frau. Schon immer. Ich bin weder ein Transvestit noch transsexuell noch lesbisch. Noch nie gewesen. Ich habe nur vor sechzehn Jahren den Schwur geleistet. Die Umstände wollten es so« (H 214). Hanas Erläuterung entspricht dem Sinn des § 1228 des *Kanun*: »*The Virgins* (women who dress as men): They are not distinguished from other women, except that they are free to associate with men, although they have no right to a voice in the assembly.« Das Gewohnheitsrecht des *Kanun* verlangt als Gegenleistung für die Verbesserung des sozialen Status den Verzicht auf Ehe und Kinder, zwingt die Frau aber nicht, insgesamt wie ein Mann aufzutreten. Es bleibt ihr überlassen zu entscheiden, ob sie sich wie ein Mann kleidet und verhält oder ob sie sich weiterhin wie eine Frau kleidet. Allerdings tragen alle *Burrnesha* kurze Haare, einen Turban oder eine Kappe und verrichten meist Männerarbeit, um ihrem neuen sozialen Status zu entsprechen. Sie scheinen sogar Geschlechtsverkehr haben zu dürfen, allerdings mit der Auflage, keine Kinder zu zeugen. In diesem Sinne ist das Recht zweckgebunden und praktisch orientiert: Zweck des jungfräulichen Schwurs ist es, beim Fehlen männlicher Nachkommen die Fortführung der männlichen Linie zu fingieren, die Verwaltung des Erbes um eine Generation zu verlängern oder die Pflege von Familienangehörigen durch unverheiratete Frauen zu ermöglichen. Der *Kanun* muss daher im Sinne seiner praktischen Wirksamkeit verstanden und ausgelegt werden, was gerade der Text von *Hana* leistet, indem er anhand eines fiktiven praktischen Falles Zweck, Anwendung und Wirkung des *Kanun* veranschaulicht. Der Einzelfall ›Hana‹ wird gewissermaßen exemplarisch unter die abstrakte Norm des *Kanun* subsumiert. Der Text von *Hana* fungiert hier für Literatur und Recht als gemeinsame hermeneutische Referenz, indem er eine Auslegungshilfe für diesen spärlich schriftlich dokumentierten Sonderstatus der *Burrnesha*, auch *Virgjëreshe*, *Virgjin*, *Vajzë* oder *Betuar* genannt, liefert, die der mündliche *Kanun* vermissen lässt und die auch der schriftliche *Kanun des Lekë Dukagjini* nicht lückenlos leistet, denn der männerähnliche Status der *Burrnesha* wird nur wenig bestimmt in § 1228 des *Kanun* explizit angesprochen, mit der Erwähnung, dass die ›Virgins‹ kein Stimmrecht in der Versammlung besitzen. Der gewohnheitsrechtliche Auslegungsraum bleibt daher so bedeutend, dass er durch den literarischen ›Kommentar‹ sinnvoll eingeengt wird.

Die kontrafaktische Untersuchung von *Hana* beweist daher gerade für das bisher wenig erforschte und wenig bekannte Phänomen der *Burrnesha* die enge Verflechtung von Recht und Literatur über den Text als hermeneutische Referenz. Dies mag weniger zur Geltung kommen für das Fehderecht, die Gastfreundschaft, die Ehre und alle anderen Bereiche des *Kanun*, da diese in *Hana* nur sehr am Rande oder gar nicht behandelt werden, offensichtlich aus dem Bedürfnis der Autorin heraus, den Fokus hauptsächlich auf jene Aspekte des *Kanun* zu richten, die für das Verständnis des Phänomens der Schwurjungfrau relevant sind. So wird ausführlich auf die Rechtlosigkeit der Frau eingegangen, deren Kenntnis den Verzicht auf Heirat, Familie und Kinder in einem anderen Licht erscheinen lässt. Das bekanntere Phänomen der Blutrache erschien der Autorin anscheinend weniger relevant, vielleicht weil es bereits Eingang in die Literatur gefunden hat, wie Ismail Kadares bekannter Roman *Der zerrissene April* belegt. Hier wird der genaue Ablauf der Blutfehde zwischen den ›im Blut liegenden‹ Familien anhand eines ›Falles‹ sehr genau geschildert, wobei die entsprechenden Bestimmungen des *Kanun* deutlich und genau nachvollzogen werden.

Gewohnheitsrecht und Literatur scheinen sich in *Hana* jedenfalls gegenseitig zu befruchten, denn der diegetische Text übernimmt die Rolle der fehlenden oder unzureichenden Verschriftlichung des mündlich tradierten Rechts und vermittelt über einen ›fiktiven Fall‹ eine konkrete Auslegungshilfe für den realweltlichen *Kanun*. In diesem Sinne kann man wohl behaupten, dass die Literatur hier die Rolle der Übersetzerin zwischen Recht und Literatur übernimmt, sie fungiert als Ort, an dem der Interdiskurs eine vermittelnde Funktion zwischen Recht und Literatur entfaltet.

4.4 *~~Un~~orthodox* (2012)[218] von Deborah Feldman

In ihrem autobiografischen Roman *~~Un~~orthodox* schildert Deborah Feldman ihre Kindheit bis zu ihrer Heirat und der Geburt ihres Sohnes in der chassidischen Satmar-Gemeinde in Williamsburg in New York. Sie wurde 1946 von Rabbiner Joel Teitelbaum gegründet, den der Rechtsanwalt Rudolf Kasztner aus dem Konzentrationslager (KZ) Bergen-Belsen gerettet hatte. Teitelbaum, der die jüdische Gemeinde *Satu Mare* an der Grenze zwischen Ungarn und Rumänien geleitet hatte, wollte das europäisch-jüdische *Shtetlech* mit kaum mehr als einem Dutzend Holocaust-Überlebenden in New York wieder aufbauen und dort die Bewohnerzahl möglichst rasch erhöhen. Heute zählt die Gemeinde rund 100.000 Mitglieder, die sich ganz besonders strengen Regeln unterwerfen, in dem Glauben, durch Entbehrungen und Buße einen zweiten Holocaust verhindern zu können.[219] Mitbestimmend für die Gründung des New Yorker *Shtetlech* waren einerseits das Schuldgefühl, überlebt zu haben, und andererseits die Angst vor der ›Strafe‹ Gottes.

218 Deborah Feldman, *~~Un~~orthodox*, München: btb 2019. Für Zitierzwecke wird die Sigle ›U‹ mit der Seitenzahl im Fließtext verwendet.

219 Vgl. Deborah Feldman / Christian Ruzicska, »Unorthodox«, in: *Körberstiftung*, 5.12.2017 (Internet-Link im Literaturverzeichnis).

In diesem Sinne wird der Holocaust als Strafe Gottes gedeutet, der in Zukunft nur durch bedingungslosen religiösen Gehorsam und den Verzicht auf Assimilierungsbestrebungen, wie sie in Europa stattgefunden haben, begegnet werden kann. Das Leben in der Satmar-Gemeinde ist von der Geburt bis zum Tod bis ins kleinste Detail streng geregelt, und wer sich nicht bedingungslos und kritiklos unterwirft, wird zum unerwünschten Fremdkörper, der das Streben nach der Besänftigung Gottes in Gefahr bringt.[220]

4.4.1 ~~Un~~orthodox: *Inhalt*

Deborah, die von ihrer Großmutter *Mamale* (U 266) gerufen wird, ist das Kind einer gescheiterten Ehe zwischen einem psychisch kranken, dem Alkohol verfallenen und verwahrlosten Vater und einer lesbischen Mutter, die die Satmarer Gemeinde im New Yorker Williamsburg und ihre Tochter schon längst verlassen hat. Als Frucht geächteter Eltern wird sie in den Augen der Gemeinde zu einem Problemfall der anderen Art. Sie wird von ihren Großeltern Zeidi und Fraida (Bubby), die beide Holocaust-Überlebende sind (Ü 113), streng nach den chassidischen Regeln erzogen. Schon früh versucht Deborah, sich heimlich Bücher zu besorgen, um die emotionale und intellektuelle Leere, mit der sie leben muss, auszugleichen. Dank ihrer heimlichen Lektüren glänzt sie in der religiösen Mädchenschule im Englischunterricht und wird dort mit siebzehn Jahren selbst Englischlehrerin. Mit achtzehn muss sie Elie heiraten, einen jungen Mann, den ihre Großeltern für sie ausgesucht haben. Die psychologische und religiös bedingte Verkrampfung ihres Verhältnisses zum eigenen Körper führt bei Deborah zu Vaginismus, der es ihr unmöglich macht, unmittelbar nach der Hochzeit ein Kind zu gebären. Diese intimen Schwierigkeiten des jungen Ehepaares werden zu einer öffentlichen Affäre, denn schließlich sind das Kindergebären und die Haushaltsführung die Hauptaufgaben der Frau. Als sie schließlich nach zahlreichen Arztbesuchen und Therapien mit ihrem Sohn schwanger wird, weiß sie, dass sie alles tun wird, um ihrem Kind ein anderes Leben zu bieten, als sie es selbst erlebt hat. Es gelingt ihr, im säkularen *Sarah Lawrence College* außerhalb der Satmar-Gemeinschaft aufgenommen zu werden, um ihre schriftstellerischen Fähigkeiten zu entwickeln. Sie findet dort Unterstützung durch neue Freund:innen, die sie darin bestärken, Williamsburg im Alter von dreiundzwanzig Jahren mit ihrem Sohn für immer zu verlassen. Heute lebt sie als freie Schriftstellerin in

220 Vgl. Deborah Feldman, »Viele Aussteiger nehmen sich das Leben« (Interview mit Olivia Röllin), in: *SRF Kultur Sternstunden*, 19.5.2020 (Internet-Link im Literaturverzeichnis).

Berlin. Ihr ehemaliger Ehemann Elie verließ die Gemeinde drei Jahre nach ihr und führt heute ebenfalls ein normales Leben mit einer Nichtjüdin.[221] Feldmans Geschichte wurde in einer Filmserie verarbeitet, die sich relativ getreu an ihren Lebensabschnitt in New York hält, während sie ihr Ankommen und Leben in Berlin sehr fei und abweichend interpretiert.[222]

4.4.2 *Zum expliziten Rechtsdiskurs in der Diegese*

In der ultraorthodoxen jüdischen Gemeinde Satmar in Williamsburg (New York) wird das öffentliche und private Leben bis in die intimste Sphäre hinein durch religiöse Vorschriften geregelt. Insofern erscheint in *~~Un~~orthodox* die Erzählung des Alltagslebens als nahezu deckungsgleich mit dem religiösen Recht. Man könnte hier fast behaupten, dass die Diegese das ›Recht‹ ist, insofern sie das religiöse Recht erzählt, das durch erläuternde und erklärende Kommentare sowie durch die Ich-Erzählung lebendig und anschaulich gestaltet und mit den persönlichen Emotionen und Eindrücken von Deborah Feldman ausgeschmückt wird. Das Recht entsteht gewissermaßen durch den Diskurs in der Diegese, indem es durch Worte formuliert wird, wobei Feldman nicht selten auf die Begriffe ›Gesetz‹ und ›Tradition‹ referiert, wenn sie auf wichtige religiöse Vorschriften verweist. In diesem Sinne erscheint der diegetische Diskurs in Anlehnung an Foucault, und um mit Rolf Parr zu sprechen, als »eine Praxis des Denkens, Schreibens, Sprechens und auch Handelns, die die Gegenstände, von denen sie handelt, zugleich selbst systematisch hervorbringt.«[223] Im Folgenden wird es darum gehen, eine Auswahl der angesprochenen talmudischen Lebensregeln herauszufiltern, da es weder möglich noch sinnvoll wäre, absolut alle Details des ungeheuer komplexen, vielschichtigen und allzu umfangreichen talmudischen Rechts, das sich aus der Diegese entnehmen lässt, zu behandeln; dies würde den Rahmen der vorliegenden Arbeit unnötig sprengen. Vielmehr wird das Bestreben dahin gehen, das methodische Vorgehen an einigen illustrativen Beispielen zu erproben und zu explizieren, nicht aber jeden einzelnen Satz in *~~Un~~orthodox* auf den Prüfstand zu stellen, auch wenn dies angesichts der Regeldichte im Narrativ durchaus denkbar wäre, insofern die Diegese hier das Recht regelrecht darlegt. In diesem Sinne gehen aus ihr zahlreiche

221 Vgl. Feldman/Ruzicska, »Unorthodox«.

222 ~~Un~~orthodox (Netflix). Eine Serie mit Shira Haas, Amit Rahav, Jeff Wilbusch, Regie: Maria Schrader, 2020. https://www.netflix.com/at/title/81019069 (Zugriff am 16.05.2024).

223 Parr, »Diskurs«, S. 274–275.

talmudische Regeln hervor, die vom Satmarer Rabbinat um spezifische Vorschriften verschärft, um nicht zu sagen, radikalisiert werden. Sie betreffen, grob unterteilt, allgemeine Prinzipien des jüdischen ›Seins‹ (1.) Verbote und Gebote für Frauen sowie (2.) religiöse Feste und Traditionen (3.), die den Jahresrhythmus bestimmen.

(1.) Dem Korpus der talmudischen Regeln liegt ein Vertrag mit ›Gott‹ zugrunde, bei dessen ›Unterzeichnung‹ »jede jüdische Seele anwesend war, als die Torah dem auserwählten Volk ausgehändigt wurde« (U 130). Aus dieser Zeugenschaft als ›Auserwählte‹ Gottes erwächst den Juden:Jüdinnen eine besondere Verantwortung (*Midrash*): »Für eine jüdische Seele gibt es keine Immunität« (U 130). Juden:Jüdinnen besitzen einen »Funken *Zelem Elohim*« (U 172), d. h. einen kleinen Teil des göttlichen Lichtes, der sie zu etwas Besonderem macht. Nichtjuden:Nichtjüdinnen hingegen haben keine Seele (U 172). Über diesen ›Vertrag mit Gott‹ hinaus hat jedes Familienoberhaupt in der Satmarer Gemeinde einen Vertrag mit dem Satmarer Rabbiner abgeschlossen, der den Unterzeichner selbst, seine Familie und seine Nachkommen verpflichtet, die chassidischen Vorschriften innerhalb der Williamsburger Gemeinde (*Kehillah*) gehorsam zu befolgen (U 130). In diesem Kontext muss die Kindererziehung (*Chimuch*) sehr streng und disziplinierend sein: »Es steht in der geistigen Verantwortung der Eltern, dass ihre Kinder zu gottesfürchtigen, gesetzestreuen Juden heranwachsen« (U 34). Jeder beobachtet jeden ständig, um geistige (*ruchniusdike*) oder körperliche (*gaschmiyusdike*) Verfehlungen zu denunzieren (U 35).

Im Alltag lernen die jungen Männer in Lernkollektiven (*Kollels*), in denen sie alte, religiöse Texte studieren (U 84), während die Mädchen die Satmar-Schule besuchen (U 43). Keine dieser Schulen vergibt einen säkularen Abschluss, der ein Studium in der Außenwelt ermöglicht. Die jungen Männer müssen sich einen Bart wachsen zu lassen (U 136), jede freie Minute mit dem Studium der *Torah* verbringen und dürfen nicht mit Mädchen sprechen (U 137).

Die Speisen müssen nach bestimmten Regeln zubereitet werden, um *kosher* zu sein: Die verwendete Milch muss vom Rabbiner geprüft sein (U 30), Fleisch- und Milchgerichte müssen getrennt gekocht und gegessen werden (U 129). Kochgeräte, die mit Milchprodukten in Berührung gekommen sind, dürfen nicht für andere Speisen verwendet werden. Bis zum Beginn der Mahlzeit ist die Unterhaltung bei Tisch untersagt (U 110).

Es ist verboten, nach Israel zu reisen, solange der Messias nicht gekommen ist. Selbst Verwandte in Israel dürfen nicht besucht werden, da dies den Ausschluss aus der Satmarer Gemeinde bedeuten würde (U 124). Aber auch in diesem Fall bleibt die jüdische Herkunft erhalten, denn ein:e Jude:Jüdin bleibt ein:e Jude:Jüdin, auch wenn er:sie sich noch so sehr bemüht, ein:e Goy zu werden (U 212). »Sie mögen sich kleiden wie einer, sprechen wie einer, leben wie einer, aber das Judentum sei etwas, das niemals getilgt werden kann. Selbst Hitler wusste das« (U 212).

(2.) Für die Frauen gelten noch strengere Regeln als für die Männer, die Geschlechtertrennung durchzieht das ganze Alltagsleben. Ein Mädchen darf sich nicht mit einem Mann in einem Raum aufhalten, auch wenn andere Frauen anwesend sind. Nur wenn mehrere Männer anwesend sind, darf es mit ihnen allein sein, muss aber die Türen offenlassen und körperlichen Abstand halten: »keine Berührung. Kein lautes Singen natürlich« (U 140). Geldmünzen darf es dem Verkäufer nicht direkt in die Hand legen, sondern muss sie auf den Ladentisch legen (U 142). Weibliche Reize sind zu verhüllen, um den Männern keinen Anlass zur ›Sünde‹ zu geben. In diesem Sinne ist jede Stelle des weiblichen Körpers vom Schlüsselbein bis zu den Handgelenken und den Knien zu bedecken *(Ervah)* (U 77). Wenn ein Mann einen Teil des weiblichen Körpers zu sehen bekommt, der bedeckt sein muss, sündigt er und muss sich entfernen (U 77). Das Haar als weibliches Symbol darf nicht gefärbt sein (U 37) und muss unter einer Haube oder Perücke vor den Blicken verborgen werden. Nach einem späteren Erlass des Satmarer Rabbiners müssen alle Frauen sogar völlig kahlgeschoren sein und eine Perücke tragen (U 50). Gestrickte Kleidung, die direkt auf der Haut liegt, ist verboten (U 63), weshalb unter jedem Pullover eine Bluse zu tragen ist. Röcke müssen das Knie bedecken, Hosen sind undenkbar. Nichts darf rot sein, da die Farbe ›Rot‹ an unreines Blut erinnert (U 131). Auch außerhalb der eigenen Familie dürfen Frauen nicht singen und auch dort nur zu besonderen Anlässen (U 21), da der Gesang verführerisch wirken könnte.

Die Aufgabenteilung zwischen Mann und Frau ist eindeutig: Die Frauen haben ihren Ehemännern möglichst viele Nachkommen zu schenken und sich um den Haushalt zu kümmern, während die Männer sich dem Studium der *Torah* widmen.

Bildung, die über das Pflichtprogramm der Mädchenschule hinausgeht, ist Frauen streng untersagt. Englisch sprechen ist nicht erlaubt, die einzig erlaubte Umgangssprache ist Jiddisch: »Eine unreine Sprache, sagt Zeidi, wirkt auf die Seele wie Gift.« Bücher, vor allem englischsprachige, sind verboten (U 40, 53, 55, 131), selbst den *Talmud* dürfen Frauen nicht lesen (U 55–58).

Zwei Wochen im Monat gelten verheirateten Frauen als unrein (*Niddah*), sobald »ein einziger Tropfen Blut ihren Unterleib verlässt« (U 306), und sie dürfen in dieser Zeit nicht von ihrem Ehemann berührt werden (U 305): »er darf nicht den kleinsten Teil ihres Körpers sehen, er darf sie nicht singen hören« (U 306). Er darf seiner Frau »nicht einmal einen Teller mit Essen« (U 306) reichen. Nach dem Ende der Menstruation muss die Betroffene sieben reine Tage zählen und sich zweimal täglich mit einem weißen Baumwolltuch nach Bluttropfen absuchen. Ist mit Sicherheit kein Blut mehr festzustellen, muss die neu gewonnene Reinheit durch ein öffentliches rituelles Bad unter Aufsicht von Badefrauen (*Mikweh*) bestätigt werden (U 307–311, 339–348).

(3.) *Shabbes* [Samstag, Anm. d. Verf.] ist ein arbeitsfreier Tag, der im Kreis der Familie verbracht wird (U 221). An diesem Tag ist es verboten, Elektrizität zu nutzen oder Gegenstände zu tragen (U 222). »Jedes jüdische Geschäft muss während der Dauer des *Shabbes* ruhen und das Gesetz will, dass es ein Jude ist der die Dinge [Stromeinschaltung, Anm. d. Verf.] wieder in Bewegung bringt« (U 11).

Sukkot (U 24): Acht Tage lang werden die Mahlzeiten in einer eigens dafür errichteten hölzernen Laubhütte eingenommen; während dieser Tage wird nicht gearbeitet.

Für das achttägige *Pessach*-Fest (U 114) dürfen keine bereits geknackten Nüsse gekauft werden, sondern sie müssen eigenhändig zuhause geknackt werden (U 101). Anlässlich *Pessach* werden geriebener Meerrettich und bittere Kräuter, die an den Auszug aus Ägypten erinnern, in besonderen »*Pessach*-Gefäßen« (U 103) gereicht (U 101). Für das *Seder*-Mahl zu *Pessach* ziehen die Männer eigens lange weiße Leinenmäntel an, die als Engelssymbol von oben bis unten zugeknöpft sind, und legen »einen Gürtel um ihre Hüften« (U 109). Alle versammeln sich um den Tisch, die Kinder hinter den Erwachsenen, und erheben sich zum *Kiddush* mit Wein gefüllten Silberkelchen, die sie nach dem Segen leerzutrinken haben (U 109). Der letzte Bissen *Matze* [ungesäuertes Brot, Anm. d. Verf.] muss vor ein Uhr nachts gegessen werden. Zuvor werden die *Haggadah* und eine Predigt (*Drashah*) zeitgerecht gelesen (U 110).

Neunundvierzig Tage nach *Pessach* begeht die Gemeinde *Schawuot*, den Tag, der daran erinnert, »als das jüdische Volk auf dem Berg Sinai die *Torah* entgegengenommen hat« (U 115). Während dieser neunundvierzig Tage ist es verboten, Musik zu hören, die Haare zu schneiden oder neue Kleider zu tragen (U 115). Anlässlich *Schawuot* wird das Haus mit Blumen und Farnkraut geschmückt in Erinnerung an den öden Berg Sinai, der mit Blumen geziert war (U 128).

Im Mai kommen die Satmarer Chassidim von überall her zum antizionistischen Aufmarsch, um ihren Wunsch nach der Vernichtung Israels zu bekunden, denn »gläubige Juden warten auf den Messias; sie nehmen keine Gewehre und Schwerter in die Hand« (U 121).

Zu *Lag ba-Omer* tanzen die Männer um große Freudenfeuer, die sie in allen Straßen entzünden, während die Frauen nur von den Fenstern aus zuschauen dürfen (U 126).

Die Frauen dürfen an *Simchat Torah* in der Synagoge oben auf der Galerie – getrennt von den Männern – durch kleine Löcher in der Trennwand mühsam einige Blicke auf den Rabbiner und die Männer erhaschen (U 181). Unten in der Synagoge bilden die *Gabbaim*, die starken

Jeschiwaschüler, »einen menschlichen Schutzwall« (U 187) um den Rabbiner (U 187). Den Rest des Jahres dürfen Frauen nicht in die Synagoge (*Shul*) gehen, sie dürfen nur in der Schule oder zu Hause beten, denn ihr Gebet zählt nicht (U 191).

Die Vermählung heiratsfähiger Mädchen (*Kallah-Meydel*) wird von der Familie mit Hilfe eines:r Ehestifters:Ehestifterin arrangiert (U 261–292). Die junge Frau wird zunächst den Eltern des potenziellen Ehemannes vorgestellt, und wenn diese einverstanden sind, kommen beide, Mann und Frau, mit ihren Eltern zusammen, um den festlichen Tag (*T'noyim*) festzulegen, an dem der Verlobungsvertrag unterzeichnet wird (U 292) und die Verlobten Geschenke austauschen (U 293). Am Verlobungstag überreicht die Schwiegermutter ihrer zukünftigen Schwiegertochter einen Diamantring, und der *T'noyim*-Teller wird als Symbol der Hingabe zerbrochen (U 296). Bis zur Hochzeit werden beide Brautleute getrennt voneinander von Ehelehrer:innen auf ihre Ehe vorbereitet (*Kallah*-Unterricht; *Hashkafah*-Kurse). Fünf Tage vor der Hochzeit muss die Braut zur *Mikweh* gehen, um rein zu werden, denn sonst könnte sie die Hochzeit nicht vollziehen (U 310). Am Hochzeitstag fasten und beten die Brautleute vom Morgen bis zum Beginn des Hochzeitsfestes (U 359). Für die eigentliche Hochzeitszeremonie wird die Braut auf einen weißen, mit Seidenblumen umrankten Brautsessel gesetzt (U 360), ihr Gesicht wird mit einem weißen Schleier verhüllt (*Badeken*-Zeremonie), denn sie darf erst wieder sehen, wenn die *Chuppa*-Zeremonie beendet ist und die Brautleute offiziell verheiratet sind (U 362). Nach dem Hochzeitssegen (*Mesader Kuddushin*) schiebt der Ehemann den Ehering über den Finger seiner Frau, Glas wird als Symbol des Glücks zerbrochen, der weiße Schleier wird gelüftet und das frisch vermählte Paar begibt sich in das nebenan gelegene *Jiched*-Zimmer, wo es zum ersten Mal allein eine Mahlzeit einnimmt (U 364). Danach beginnt das Fest mit Tanz und Musik. Wenn das Fest zu Ende ist, begeben sich die Eheleute in ihre Wohnung und es wird von ihnen erwartet, dass sie noch in dieser Nacht den Geschlechtsakt vollziehen, von dem beide keine Ahnung haben und von dem sie nur im Ehekurs gehört haben (U 371). Das Kinderzeugen und -gebären ist die wichtigste Aufgabe des Paares und wird öffentlich beobachtet. Auf den Hochzeitstag folgen sieben Festtage, an denen die Braut die bestgekleidete Person ist (U 379). Die vorgeschriebene Häufigkeit des Geschlechtsverkehrs hängt vom Beruf des Mannes ab: alle sechs Monate für einen Kaufmann, dreimal wöchentlich für einen Arbeiter und freitagabends für einen Torahgelehrten (U 500). Nur wenn es zu einem Streit kommt und der Mann sich nicht entschuldigt, darf die Frau den Geschlechtsverkehr verweigern (U 501). Nach der Geburt des Kindes werden männliche Säuglinge beschnitten (*Brit Milah*), wobei die Mutter der Zeremonie nicht beiwohnt, um keinen emotionalen Schaden zu erleiden (U 466). Vier Wochen nach der Geburt wird der männliche

Säugling der *Pidjon-ha-Ben*-Zeremonie unterzogen: In ein reinweißes Gewand gekleidet, wird er auf ein goldenes Tablett gelegt und mit dem Schmuck der anwesenden Frauen bedeckt. »Sechs Männer greifen nach dem Tablett [...] und halten es empor« (U 469–470).

Diese vielleicht etwas ›trocken‹ anmutende Darstellung des talmudischen Diskurses in der Diegese des Romans *~~Un~~orthodox* zeigt, wie sehr das Leben der chassidischen Juden:Jüdinnen in der Satmar-Gemeinde auch heute noch von Verboten und Geboten eingeengt ist, wobei der Frau, wie so oft, eine stark unterprivilegierte Rolle zukommt. Im folgenden Kapitel soll nun dieser diegetische Diskurs mit den tatsächlichen Gesetzen der *Torah* und des *Talmuds* kontrastiert werden. Angesichts der ungeheuren Fülle und Komplexität vor allem des die *Torah* überlagernden *Talmuds* muss dabei notwendigerweise eine sehr gezielte Auswahl derjenigen Vorschriften getroffen werden, die mit dem Rechtsdiskurs in *~~Un~~orthodox* in Verbindung gebracht werden können und sollen. Es wäre weder sinnvoll noch möglich, auf die 9.000 Seiten des babylonischen *Talmuds* in seiner deutschen Übersetzung[224] einzugehen. Es ist daher unvermeidlich, dass die folgende Darstellung der *Torah*- und *Talmud*-Vorschriften, die sich zweckbestimmt auf die wichtigsten von Feldman behandelten Themen konzentriert, keinen Anspruch auf Vollständigkeit erheben kann und will. Wichtig ist es einerseits aufzuzeigen, auf welche wesentlichen religiösen Vorschriften sich Feldman bezieht, und andererseits den historischen und sozialen Kontext der Satmarer Gemeinde zu erläutern, auf den im Vorfeld eingegangen werden soll. Das Gesamtbild der realen, heute noch in Williamsburg (New York) lebenden Satmarer Juden:Jüdinnen trägt sicherlich wesentlich zum Verständnis des Romans bei. Das kann auch gar nicht anders sein, denn Alltagsleben und religiöse Vorschriften sind im Judentum so eng miteinander verwoben, dass das eine nicht ohne das andere verstanden werden kann.

4.4.3 Historie: Die ultra-orthodoxe jüdische Satmar-Gemeinde in Williamsburg, New York

1867 erhielten die ungarischen Juden:Jüdinnen die Bürgerrechte und wurden aufgefordert, eine Vertretung für ihre Volksgruppe zu wählen. Zwischen den assimilierungswilligen, den traditionellen und den ultraorthodoxen Glaubensangehörigen konnte keine Einigung erzielt werden und es kam zur Spaltung in die orthodoxe, die neologische und die *Status-Quo*-Gemeinschaft. Innerhalb der orthodoxen Gemeinschaft vollzog sich eine

224 Günter Stemberger, *Der Talmud. Einführung, Texte, Erläuterungen*, München: C. H. Beck 2019, S. 70.

weitere Spaltung zwischen der größeren Gruppe der nicht-chassidischen gemäßigt orthodoxen Juden:Jüdinnen und der kleineren Gruppe der ultraorthodoxen Juden:Jüdinnen,[225] die sich zum Chassidismus[226] bekennen. Während die letztgenannte Gruppe in Ungarn im Vergleich zu der weitaus größeren Gruppe der toleranteren und stärker assimilierten Juden:Jüdinnen von sehr untergeordneter Bedeutung war, konnte sich der jüdische Extremismus vor allem in Transsylvanien (Siebenbürgen), dem später zu Rumänien gehörenden Teil Ungarns, etablieren. Ihre Anhänger:innen unterschieden sich von der Mehrheit der jüdischen Glaubensgenoss:innen nicht nur durch ihre besonders streng religiöse Lebensauffassung, sondern auch durch ihre resolut antizionistische Haltung und die Ablehnung der Idee des Staates Israel.

Shulem Deen fasst die Grundhaltung des Chassidismus in diesem Zusammenhang sehr treffend zusammen:

> Das Ziel ist die freiwillige Ghettoisierung. Wer sich durch seine Sprache und Kleidung von der Außenwelt abhebt, reduziert den Austausch mit der Außenwelt auf ein Minimum und trägt dazu bei, dass man von ihr ferngehalten wird. Die Abschottung gegen weltliche Bildung und Wissen, das von der Außenwelt kommt, hält fremde Ideen fern. Das Verbot

225 Der Begriff *orthodox* bezeichnet die willentliche – mehr oder weniger stark ausgeprägte – Abgrenzung zur jüdischen Assimilierung in der Gesellschaft des ›Gastlandes‹. Vgl. Zvi Jonathan Kaplan, »Rabbi Joel Teitelbaum, Zionism, and Hungarian Ultra-Orthodoxy«, in: *Modern Judaism* (2004/24/2), S. 165–178, hier S. 165–166. Je radikaler die *Orthodoxie* ist, desto stärker ist der Widerstand gegen äußere Einflüsse auf jüdisch-religiöse Regeln, Sitten und Gebräuche sowie gegen Erneuerung, was zu isolationistischen Tendenzen führt. Der Isolationismus (*world-renouncer*-Bewegung) der Satmarer Gemeinde in Williamsburg, New York, ist ein besonders extremes Beispiel jüdischer Orthodoxie, motiviert durch das Bestreben, sich vehement gegen die von außen eindringende Modernität abzuschotten. Siehe Motti Inbari, *Jewish Radical Ultra-Orthodoxy Confronts Modernity, Zionism and Women's Equality*. Cambridge: Cambridge University Press 2016, S. 6–15.

226 Die Bewegung des *Chassidismus* geht auf Israël Ben Eliezer (1700–1760) zurück, bekannt unter dem Namen *Baal Shêm Tov*, der den religiösen ›Enthusiasmus‹ und die Möglichkeit, in allem Tun die erleuchtende Vereinigung mit Gott zu erfahren (*devokuss*), predigte. Der Begriff ›Hadis‹ bedeutet, grob übersetzt, ›der Fromme‹ (Sanford Pinsker, »The Idea of Community«, in: *Social Research* (1975/42/2), S. 230–246, hier: S. 232). Ekstatische Gebete und Tänze sollten zu diesem Zustand verhelfen. Die Chassidim befolgen die 613 Gebote der *Torah* in der Fassung von Joseph Caro (1488–1575). In Anlehnung an die kabbalistische Mystik wird die Person des *Rebbe* als spiritueller Führer intensiv verehrt. Vgl. Jacques Gutwirth, »Williamsburg, bastion Satmar«, in: Jacques Gutwirth, *La Renaissance du hassidisme*, Paris: Odile Jacob 2004, S. 53–93, hier: S. 14–30.

> von Massenmedien und populärer Unterhaltung bewahrt vor Versuchungen. Auf diese Weise werden die Chassidim vom Unglück der modernen Welt verschont. (EÜ)[227]

Diese selbstbefohlene Ghettoisierung, die auf eine hermetische Abschottung der jüdischen Glaubensgemeinschaft von der modernen Außenwelt abzielt, beruht auf der strikten Beibehaltung des Jiddischen als Umgangssprache, der eigenartig-distinktiven Kleidung und dem fast vollständigen Verbot profaner Bildung, um ein mögliches Studium oder eine Arbeit in der Außenwelt zu verhindern. Raphael Schneller verweist auf diesen bewussten Isolationismus durch Sprache, Kleidung und Lebensweise: »Its aim is total segregation from the wider society. [...] Yiddish is the language of daily conversation and of instruction. The use of modern Hebrew is forbidden. The members dress in the same style as that of their ancestors in their land of origin and maintain other traditional patterns of personal and social behavior. They adhere to the motto that ›Whatever is new is forbidden by the Torah‹.«[228] Lewis Glinert und Joseph Shilhav erläutern in diesem Zusammenhang, dass die jiddische Sprache nicht nur zur Abgrenzung gegenüber der modernen Außenwelt, sondern auch gegenüber anderen jüdischen Gruppen dient: »Yiddish serves as a barrier, both symbolic and real, between Ultraorthodoxy and other Jews.«[229] Auch David Lehmann und Batia Siebzehner heben diese systematische Veränderungsverweigerung hervor: »Against the trend of secularization, against the trend towards small families, against the trend towards a culture in which social status is determined overwhelmingly be economic means, against racial mixing, against the permissive society, against, against, against... This is a community, or better, a culture, in which the watchword appears to be any proposal for change say no.«[230]

Da nur wenige dieser chassidischen Gläubigen vor dem Zweiten Weltkrieg emigrierten, überlebte lediglich eine Handvoll von ihnen den Holocaust, darunter Rabbiner Yoel Teitelbaum,[231] die einzige ultraorthodoxe

227 Shulem Deen, *Celui qui va vers elle ne revient pas* [Orig.: *All Who Go Do Not Return: A Memoir*, 2015], Paris: Globe 2017, S. 180.

228 Raphael Schneller, »Continuity and Change in Ultra-Orthodox Education«, in: *Jewish Journal of Sociology* (1980/22), S. 35–45, hier: S. 36. Siehe auch Lewis Glinert / Joseph Shilhav, »Holy Land, Holy Language: A Study of an Ultra-Orthodox Jewish Ideology«, in: *Language in Society* (1991/20/1), S. 59–86, hier: S. 63.

229 Ebd., S. 65.

230 David Lehmann / Batia Siebzehner, »Power, Boundaries, and Institutions: Marriage in Ultra-Orthodox Judaism«, in: *Archives européennes de sociologie* (2009/L/2), S. 273–308, hier: S. 273–274.

231 Siehe zu Yoel Teitelbaum weiterführend Motti Inbari, »The Life and Work of Rabbi Yoel Teitelbaum, Founder of the Satmar Hasidic Court in New York«, in: Inbari, *Jewish Radical Ultra-Orthodoxy*, S. 131–172; Dovid

Führerfigur der transsilvanischen (siebenbürgischen) jüdischen Gemeinde *Satu Mare*, der er seit 1934 als Rabbiner vorstand.[232] Er wurde von dem Zionisten Rudolf Kasztner aus dem Konzentrationslager Bergen-Belsen unter dem Vorwand gerettet, dass sein Überleben für Israel von besonderem Interesse sei.[233] Teitelbaums erster Versuch, in Jerusalem eine ultraorthodoxe Gemeinschaft aufzubauen, scheiterte an seiner hoffnungslosen Überschuldung, die ihn zwang, sein Glück in den Vereinigten Staaten zu versuchen. Auch dort wurde er von den mehrheitlich pro-zionistischen Juden:Jüdinnen nicht mit offenen Armen empfangen, bis es ihm gelang, eine kleine Gruppe von Holocaust-Überlebenden um sich zu scharen. So gründete er 1948 mit einem Dutzend dieser Überlebenden die ultraorthodoxe chassidische Satmarer Gemeinde in Williamsburg (New York) mit dem Ziel, die ursprüngliche religiöse Identität aus der Zeit vor der Schoah zu bewahren.[234] Wie Glinert und Shilhav betonen, überlagerte sich dieses Bestreben mit dem Wunsch, das osteuropäische *Schtetl* als abgegrenzten und geschützten Raum andernorts identisch wiederherzustellen, »endeavoring to maintain the traditional shtetl ›small town‹ way of life within a dynamic, modern, urban Western environment so fundamental dissimilar.«[235] Teitelbaums Ideologie basiert auf der Verurteilung der zionistischen Bewegung, der er doch sein Leben verdankt (!), als Ursache des Holocausts und damit auf der radikalen Ablehnung des Staates Israel und aller anderen jüdischen Gruppen, die den israelischen Staat anerkennen und unterstützen.[236] Seine antizionistischen ultraorthodoxen Ideen hat er in seinem Werk *Va-yo'el Moshe*[237] festgehalten, auf das sich Menachem Keren-Kratz erläuternd bezieht:

> The ideology expressed in *Va-yo'el Moshe* can be reduced to two fundamental principles. First, it claims that Zionism in general, and the State of Israel in particular, is the worst sin imaginable. This sin was so grave that God's only possible response to it was the Holocaust. Second, it claims that only a small group of Jews – namely, those who accept the ideas that Teitelbaum expressed in *Va-yo'el Moshe* – are ›true

Meisels, *The Rebbe – The Extraordinary Life and Worldview of Rabbeinu Yoel Teitelbaum, the Satmar Rebbe*, Lakewood/NJ: Israel Bookshop 2011.

232 Inbari, *Jewish Radical Ultra-Orthodoxy*, S. 139.

233 Kaplan, »Rabbi Joel Teitelbaum«, S. 165.

234 Menachem Keren-Kratz, »Satmar and Neturei Karta: Jews against Zionism«, in: *Modern Judaism. A Journal of Jewish Ideas and Experience* (2023/43/1), S. 52–76, hier: S. 57–60.

235 Glinert/Shilhav, »Holy Land«, S. 63.

236 Keren-Kratz, »Satmar«, S. 60–61.

237 Yoel Teitelbaum, *Sefer va-yo'el Moshe: Le-va'erdine ha-shalosh shevu'ot* / תומשו תישארב רפסל הלבקהו תודיסחה יפ לע ,הרותה לע אלפנו רידנ רואיב :'א קלח - השמ חמשי [1960], Independently published 2023.

Jews,‹ while all others who call themselves Jews are imposters who are either false or flawed.[238]

Teitelbaum trachtete danach, sich klar von anderen orthodoxen Strömungen als besonders fundamentalistische Glaubensgemeinschaft deutlich abzugrenzen und die Anhänger seiner Bewegung als die einzig ›wahren‹ Juden:Jüdinnen herauszustellen. In Teitelbaums Auslegung ist die Existenz des Staates Israel eine schwere Sünde, die Strafen über die Juden:Jüdinnen bringen wird, die aufgrund der Verfolgungen und Pogrome dazu bestimmt sind, solange in der Diaspora zu leben, bis Gott das jüdische Volk erlösen wird. Diese Auffassung lehnt die Idee der Selbstbestimmung des jüdischen Volkes als Staat ab und verneint zugleich die Autorität des säkularen Rechts oder demokratischer Regierungsformen.[239] Die einzige Tätigkeit, der sich die Juden:Jüdinnen zu widmen haben, so Teitelbaum, sei das Studium des *Talmud-Torah* und die Führung eines frommen religiösen Lebens im Einklang mit den religiösen Gesetzen.[240] In diesem Sinne dürfen ›wahre‹ Juden:Jüdinnen kein modernes Hebräisch sprechen, denn dies ist die Sprache des Staates Israel, den Teitelbaum für die Vernichtung des jüdischen Glaubens verantwortlich macht. Das moderne Hebräisch darf deshalb bis zur Erlösung durch den Messias unter keinen Umständen gesprochen werden: »The Land of Israel and the Holy Tongue [Hebrew], which are higher privileges, were taken from us at the time of the Destruction of the Temple because we were not worthy of them, and it will be restored at the Redemption which will be much higher and greater, as Redemption itself, which is the end goal of Creation, is the time when God will reign forever.«[241]

Haim Lieberman bezeichnet daher die Satmarer Gemeinde rundheraus als Hasser des israelischen Staates: »The State of Israel has many enemies in the world [...]. Among its prominent haters are members of Neturei Karta of Jerusalem headed by the Satmar Rebbe and his Hasidim in Williamsburg [...]. They are launching an inconceivable war against the great heavenly miracle and the earthly wonder, namely the Jewish state.«[242] Teitelbaums Schriften und Ideologie werden bis heute in

238 Menachem Keren-Kratz, »*Va-yo'el Moshe*: The Most Anti-Zionist and Anti-Israeli Jewish Text in Modern Times«, in: *The Jewish Quarterly Review* (2023/113/3), S. 479–506, hier: S. 479; vgl. auch Menachem Keren-Kratz, »Rabbi Yoel Teitelbaum – the Satmar Rebbe – and the Rise of Anti-Zionism in American Orthodoxy«, in: *Contemporary Jewry* (2017/37/3), S. 457–479, hier: S. 471.

239 Keren-Kratz, »*Va-yo'el Moshe*«, S. 494; Kaplan, »Rabbi Joel Teitelbaum«, S. 168–176.

240 Keren-Kratz, »*Va-yo'el Moshe*«, S. 498.

241 Glinert/Shilhav, »Holy Land«, S. 73.

242 Haim Lieberman, *Der Rebbe und der Satan*, New York: Marstin Press 1958, S. 1.

der Satmarer Gemeinde gelehrt und kommentiert. Motti Inbari sieht in Teitelbaums Hass auf Israel zugleich einen Hass auf die Modernität, die die Macht über eine isolierte, von der Außenwelt abgeschnittene Menschengruppe gefährden könnte.[243]

Geografisch befindet sich die chassidische Satmar-Gemeinde in Williamsburg, in einem der ältesten Viertel von Brooklyn, im Osten Manhattans, in unmittelbarer Nähe zu anderen Immigrantenvierteln, wie dem der Puerto-Ricaner:innen, zwischen den Straßenarterien Bedford, Lee, Macy und Division.[244] Ab 1948 entwickelte sich die chassidische Satmar-Gemeinde rasant dank des Gebots, so viele Kinder wie möglich zu zeugen, um die in der Schoah verlorenen zu ersetzen. Aus anfänglich einem Dutzend Mitgliedern wurden bereits Ende des 20. Jahrhunderts 40.000 Chassidim,[245] die gemäßigtere Gläubige aus dem Viertel verdrängten und eine geschlossene, homogen ultra-orthodoxe Gemeinschaft bildeten. Bis zum Jahr 2015 war ihre Zahl auf nicht weniger als 100.000 Seelen angestiegen.[246]

Die Satmarer Juden:Jüdinnen heben sich also, wie bereits angemerkt, bewusst durch ihre eigenartig distinktive Kleidung hervor – als Zeichen der Abgrenzung von der ›anderen‹ jüdischen und nichtjüdischen Welt: Die Männer knöpfen ihre schwarzen Jacken, entgegen der allgemeinen Regel, von rechts nach links zu. Am *Shabbat* und an Feiertagen tragen die Männer hohe Kopfbedeckungen aus Fuchsschwänzen, sogenannte *Schtreimel*, als besonderes Erkennungszeichen der Satmarer Juden.[247] Verheiratete Frauen müssen ihren Kopf glatt rasieren und ihn mit einer Perücke oder einem Kopftuch bedecken.[248] Angesichts des heftigen Widerstandes gegen die Kopfrasur musste Teitelbaum diese Vorschrift schließlich zurücknehmen.[249] Dass sich selbst so fromme und ergebene Frauen wie Bubby in *~~Un~~orthodox* gegen eine solche gewaltsame

243 Inbari, *Jewish Radical Ultra-Orthodoxy*, S. 2.

244 Gutwirth, »Williamsburg, bastion Satmar«, S. 55. Siehe auch George Kranzler, *Williamsburg. A Jewish Community in Transition*, New York: Feldheim 1961, S. 15; George Kranzler, *Hasidic Williamsburg. A Contemporary American Hasidic Community*, New Jersey/London: North Vale 1995, S. 287–288.

245 George Kranzler, »The Economic Revitalization of the Hasidic Community of Williamsburg«, in: Janet S. Belcove-Shalin (Hg.), *Ethnographic Studies of Hasidic Jews in America*, Albany: State University of New York Press 1995, S. 191; Israel Rubin, *Satmar. Two Generations of an Urban Island*, New York: Peter Lang 1997, S. 11.

246 Inbari, *Jewish Radical Ultra-Orthodoxy*, S. 155.

247 Ebd., S. 159.

248 Gutwirth, »Williamsburg, bastion Satmar«, S. 55; Inbari, *Jewish Radical Ultra-Orthodoxy*, S. 159–160.

249 Inbari, *The Jewish Radical Ultra-Orthodoxy*, S. 160.

Unterdrückung der Weiblichkeit wehren, zeigt der eindringliche Ton Zeidis, wenn er seine Frau um des Ansehens in der Gemeinde willen beschwört, sich den Kopf zu rasieren (U 50). Frauen dürfen keine Hosen tragen, die Röcke müssen bis über das Knie reichen und die Beine müssen mit schwarzen Strümpfen bedeckt sein.[250] Männer und Frauen tragen auch im Sommer nur lange Ärmel, der Körper muss fast vollständig bedeckt sein.[251]

In *~~Un~~orthodox* werden die Details der Kleidung sowohl von Männern als auch Frauen sicherlich deshalb so ausführlich beschrieben, weil die Kleidung als Differenzierungsmittel in der chassidischen Ideologie eine wesentliche Rolle spielt. Für sich selbst empfindet Feldman die Bekleidungsgebote als stark ausgrenzenden Faktor gegenüber der Außenwelt, vor allem seit dem Moment, in dem sie das *Sarah Lawrence College* außerhalb von Williamsburg besucht und sich mit ›normal‹ gekleideten Menschen vergleicht: »Im College nehme ich inzwischen meine Perücke ab, auch wenn mein Haar darunter immer etwas platt ist. Die Perücke macht mich unsicher, ebenso der Rock, ich habe keine normale Kleidung« (U 507). Sobald es ihr möglich ist, kauft sie sich ein Paar Jeans und sucht das Gutheißen ihrer Studienkolleg:innen (U 506–507). Die religiösen Bekleidungsvorschriften werden in *~~Un~~orthodox* damit begründet, dass sie alle weiblichen Reize zu verhüllen haben, weshalb die Frau vom Schlüsselbein bis zu den Handgelenken und den Knien bedeckt zu sein habe (U 77). Ob das geschilderte Verbot der roten Farbe zur Erinnerung an das unreine Blut (U 131) gerechtfertigt ist, sei dahingestellt. Die *Torah*[252] verbietet jedenfalls die rote Farbe nicht. Allerdings wird sie mit Blut und Sünde assoziiert (Gen. 25, 25; T 59; T 250–251). Nach Konstantin Schuchardt steht ›rot‹ für Blut und Feuer und ist zugleich »die Farbe der Liebe und Leidenschaft ebenso wie die Farbe des Zorns und des Schams.«[253] Es ist gut möglich, dass es sich hier um ein Verbot des Satmarer Rabbinats handelt, wie auch die Vorschrift für Mädchen, keine gestrickten Kleidungsstücke direkt am Körper zu tragen (U 63) eine spezifische Satmarer Vorschrift zu sein scheint.

Die Mitglieder der Glaubensgemeinschaft besuchen eigens für sie eingerichtete Schulen – die *Chaïder*, *Yeshive gola* und die Talmudschulen *Kollel*[254] – ohne offiziell anerkannte Abschlüsse.[255] In diesen Schulen werden fast ausschließlich die jüdischen Regeln des sozialen und familiären

250 Ebd.
251 Ebd., S. 158–159.
252 Chajm Guski, *Die Torah – eine deutsche Übersetzung*, Norderstedt: BoD 2014. Im Folgenden nachgewiesen mit der Sigle ›T‹ und Seitenzahl im Fließtext.
253 Konstantin Schuchardt, »Rot«, in: *Jüdische Allgemeine*, 10.5.2016 (Internet-Link im Literaturverzeichnis).
254 Herbert W. Bomzer, *The Kolel in America*, New York: Shengold 1985.
255 Gutwirth, »Williamsburg, bastion Satmar«, S. 69–70.

Lebens (*Haloche*) in Jiddisch und Althebräisch gelehrt.[256] Die profanen Lehrgegenstände beschränken sich auf das nach amerikanischem Recht erforderliche Minimum (Englischunterricht).[257] Die Mädchen erhalten eine deutlich weniger religiöse Erziehung als Jungen, dafür etwas mehr Englischunterricht.[258] Der Zugang zu öffentlichen Universitäten ist den Satmarer:innen verwehrt, da ihre gemeinschaftsinternen Abschlüsse in der Außenwelt nicht anerkannt werden. Universitäre Bildung wird als zu vermeidende Gefahr empfunden, die die jungen Leute von der Religion ablenken könnte.[259]

In *~~Un~~orthodox* zeichnet Feldman ein mit den anthropologischen Studien übereinstimmendes Bild des restriktiven, stark eingeengten Erziehungssystems in der Satmarer Gemeinschaft, das für Frauen – mit Ausnahme des Englischunterrichts – noch minimalistischer ist als für Männer. Die Furcht vor einer profanen Erziehung wird im Narrativ anhand Zeidis Kontrolle und Zornausbrüchen veranschaulicht: »›*Der Tumeneh Shprach*!‹, donnert er auf mich nieder, wenn er mich zufällig mit meinen Cousinen Englisch sprechen hört. Eine unreine Sprache, sagt Zeidi, wirkt auf die Seele wie Gift. Ein englisches Buch zu lesen, ist sogar noch schlimmer« (U 54).

Auch wenn nach wie vor versucht wird, moderne Kommunikationsmittel wie Handy, Computer, Internet, E-Mail etc. zu verbieten, sind sie auch in Williamsburg nicht mehr gänzlich aus dem Berufsleben wegzudenken.[260] Bereits in den 1980er Jahren öffneten einige Institute, die, unter Beachtung der streng orthodoxen Regeln, eine Informatikausbildung anbieten. Für die medizinische Versorgung und die innere Sicherheit sorgen die eigenen Organisationen *Hatzoloh* (Gesundheit) und *Shomrem* (Sicherheit).[261] Das Prinzip ist dabei immer dasselbe: Alles muss innerhalb der Satmarer Gemeinschaft geschehen, um den Kontakt zur Außenwelt möglichst zu vermeiden.

~~Un~~orthodox vermittelt in diesem Sinne wiederum ein mit den anthropologischen Forschungen stark übereinstimmendes reales Bild der Historie und des Alltaglebens der chassidischen Satmar-Gemeinde. In einer zweiseitigen Einleitung, die dem Roman vorangestellt ist, bietet Feldman eine flüchtige Synthese des Kontextes, um den Einstieg in die Lektüre zu erleichtern, und erinnert an die ungarisch-rumänischen Ursprünge der jüdischen Gemeinde von *Satu Mare*, die Rettung des Rabbiners von *Satu Mare* vor dem Holocaust durch Rudolf Kasztner, den Chassidismus, die

256 Inbari, *Jewish Radical Ultra-Orthodoxy*, S. 157–158.
257 Gutwirth, »Williamsburg, bastion Satmar«, S. 69–71.
258 Ebd., S. 72; Inbari, *Jewish Radical Ultra-Orthodoxy*, S. 156.
259 Gutwirth, »Williamsburg, bastion Satmar«, S. 60.
260 Ebd.
261 Ebd., S. 62–63.

Reproduktion des osteuropäischen *Shtetlechs*, die Distinktion und den Isolationismus als Behauptung des Andersseins und die programmierte Vermehrung als ›Rache‹ für den Holocaust. Ebenso deutet sie Teitelbaums Feindseligkeit gegenüber dem Staat Israel an, ohne ihn namentlich zu nennen (U 5–6). Dies wird in der Diegese mehrfach deutlich, wenn sie schreibt: »Der Rabbiner hat uns verboten, nach Israel zu reisen. Bis der Messias kommen wird, ist das Gelobte Land tabu« (U 124).

Im Verlauf der biografischen Erzählung geben zahlreiche weitere Details Aufschluss über die Alltagswirklichkeit der Satmarer Juden:Jüdinnen, die auf den religiösen Vorschriften des Rabbiners Joel Teitelbaum, der *Torah* und des *Talmuds* beruht, auf die im Folgenden mit den religiös-normativen Texten in der Hand, *kontrastierend* eingegangen wird.

Feldmans Alltagswirklichkeit kann in Anlehnung an Nelson Goodman als das angesehen werden, »was den Mitgliedern einer Gesellschaft als wirklich oder real gilt.«[262] Die Detailschilderung des Alltagslebens kommt, wie sich herausstellen wird, dieser realen Alltagswirklichkeit sehr nahe, denn sie scheint nur geringfügig von ihr abzuweichen. Diese Realität wird in der Fiktion *~~Un~~orthodox* notwendigerweise, um mit Wolfgang Iser zu sprechen, fingiert, insofern es sich um ein literarisches Werk handelt, also um einen Text, der, wie Ricœur betont, die Außenwelt abbildet.[263] Der Untersuchung von *~~Un~~orthodox* liegt, wie bereits mehrfach betont, das Bestreben zugrunde, mit Hilfe wissenschaftlicher, historischer und soziologischer Arbeiten den Grad der Überlappung bzw. der Divergenz zwischen dem von Feldman dargestellten Leben und dem tatsächlichen Leben der Satmarer Juden:Jüdinnen zu bestimmen. Die Abbildung der Regeln, die dieses Leben leiten, ist insofern von großer Bedeutung, als das (orthodoxe) jüdische Alltagsleben, wie bereits betont, nicht losgelöst von den religiösen Regeln erfasst werden kann. Dies gilt in besonderem Maße für die Ultra-Orthodoxie der Satmar-Gemeinde, die nicht dem amerikanischen Recht folgt – mit Ausnahme weniger Vorschriften, wie z. B. der Minimalpflicht zum Englischunterricht –, sondern ausschließlich den religiösen Regeln der *Torah* und des *Talmuds*, die durch eigene, gemeinschaftsspezifische Auslegungen radikalisierend überlagert und ergänzt werden. Die Lebensführung wird somit normativ durch die Religion geregelt, das säkulare Recht wird durch das religiöse Recht der *Torah* und die korrespondierende religiöse Doktrin und Auslegung durch den *Talmud* und die Gebote des Satmarer Rabbinats ersetzt.

Der *Talmud* resümiert die Stationen jüdischen Lebens in den Sprüchen der Väter in wenigen Zeilen, wobei der Frau erwartungsgemäß keine Beachtung geschenkt wird:

262 Zipfel, *Fiktion*, S. 75.
263 Ricœur, *Du texte*, S. 20.

> Im fünften Lebensjahre ist der Mensch reif für das Lesen der Thora, im zehnten für das Lesen der Mischna, im dreizehnten für die Übung der göttlichen Gebote, im fünfzehnten für die Erklärung der Mischna, im achtzehnten für die Ehe, im zwanzigsten für den Lebensberuf, im dreißigsten gelangt er zu voller Kraft, im vierzigsten zu vollem Verstand, im fünfzigsten zu einsichtigem Rat, im sechzigsten zum gesetzten Alter, mit siebzig zum Greisenalter, im achtzigsten zum hohen Alter, im neunzigsten zum Verlöschen, im hundertsten ist er wie tot. (BT 22)[264]

In diesem Sinne ist die kontrastive Beschreibung der Alltagswirklichkeit wie sie einerseits in der anthropologischen Forschung und andererseits in *~~Un~~orthodox* zur Geltung kommt, zugleich die Beschreibung des religiösen Rechts, auf dessen normativen Charakter ich gleich im Rahmen der Erläuterungen zur Faktizität von *Torah* und *Talmud* zurückkommen werde. Allerdings, und das sei hier ausdrücklich betont, muss sich die folgende religionsrechtliche Kontrastierung angesichts der ausufernden und nicht selten widersprüchlichen und äußerst langatmigen Fülle religiöser Kommentare zur *Torah* bis in die kleinsten, zuweilen wenig relevant erscheinenden Details, auf die wichtigsten Aspekte beschränken. Diese Beschränkung auf relevante Beispiele ist insofern vertretbar, als das Ziel dieser Arbeit darin besteht, ein methodisches Vorgehen bei der Kontrastierung des Rechts in der Diegese mit dem Recht in den realen Rechtstexten vorzuzeigen, was anhand der Kontrastierung einer Auswahl relevanter Vorkommnisse in *~~Un~~orthodox* mit korrelierenden Teilen des talmudischen Rechts durchaus sinnvoll geleistet werden kann.

4.4.4 *Kontrafaktische Kontrastierung: Torah/Talmud vs. Rechtsdiskurs in der Diegese*

Bevor auf die eigentliche kontrastive Untersuchung des diegetischen Rechtsdiskurses mit den realweltlichen Rechtstexten übergeleitet werden kann, sind einige Vorbemerkungen zur Faktizität dieser Texte notwendig.

4.4.4.1 Faktizität des Talmud-Torah

Wie konstant betont wird, muss die Faktizität dieser Texte im rechtlichen Sinne gesichert sein, damit es überhaupt zu einem kontrafaktischen Vergleich zwischen diegetischem (Fiktion) und realweltlichem Recht (Fakt)

264 Jacob Fromer (Hg.), *Der Babylonische Talmud*, München: Anaconda 2021, im Folgenden nachgewiesen mit der Sigle BT und Seitenzahl im Fließtext. Vgl. auch David Geballe, »Der richtige Zeitpunkt: In welchem Alter man eine Familie gründen sollte«, in: Zentralrat der Juden in Deutschland (Hg.), *Die Lehren des Talmud*, Gütersloh: Gütersloher Verlag 2023, S. 76–78, hier: S. 77.

kommen kann.[265] An erster Stelle soll hier der Verweis stehen, dass die Herausarbeitung des diegetischen Rechtsdiskurses in *Unorthodox* im vorangegangen Kapitel erstens aus einer eher anthropologischen und weniger aus einer rechtlichen Perspektive erfolgt ist und zweitens keine Unterscheidung zwischen den Vorschriften, die auf den Rabbiner Teitelbaum, auf die *Torah* oder auf den *Talmud* zurückgehen, gemacht wurde. Es wurde lediglich darauf geachtet, den rechtlich-anthropologischen Diskurs aus dem Narrativ im Sinne einer besonderen Forschungsperspektive[266] herauszulösen.

Demgegenüber werden in diesem Kapitel jene diegetischen Rechtsdiskurse zur Sprache kommen, die mit der *Torah* und dem *Talmud* korrelieren und mit diesen Texten kontrastiert werden können. Dass dabei die (Vor-)Schriften Teitelbaums aus der Untersuchung ausgeklammert werden, begründet sich durch ihre fehlende Faktizität im Sinne des Habermas'schen Prozesses der positiven Normenproduktion,[267] auch wenn sie möglicherweise im Sinne Hans Kelsens insofern Gültigkeit erlangen könnten, als sie von den Gemeindemitgliedern tatsächlich befolgt werden.[268] Wie bereits ausgeführt,[269] setzt die kontrafaktische Untersuchung *strictu sensu* nicht den Nachweis der praktischen Rechtsbefolgung voraus, sondern die Faktizität im strengen Sinne, die gegenüber der praktischen Wirkung von Rechtsnormen als vorrangig anzusehen ist. Man könnte freilich in der spontanen Befolgung der Vorschriften durch die jüdischen Glaubensmitglieder eine Nähe zum Gewohnheitsrecht vermuten. Sie wird aber hinfällig, wenn man bedenkt, dass der ursprüngliche ›Usus‹ durch *consensus omnium*, *opinio necessitatis* und *longa consuetudo* aus der Gesellschaft selbst hervorgeht und nicht einer bestimmten rechtserzeugenden Person zugerechnet werden kann und darf.[270]

Dieselbe Frage der Faktizität muss nun *ipso facto* für die *Torah* und den *Talmud* gestellt werden. Kann für diese Texte die normative Geltung beansprucht werden durch das Verfahren einer kanonisierten Normenproduktion auf der Grundlage eines mehrheitlich verabschiedeten und angenommenen Grundgesetzes? Dieser Frage geht François Ost nach, der in der *Torah* einen einvernehmlichen Vertrag zwischen Gott und dem jüdischen Volk sieht. Das Buch *Exodus* des Alten Testaments [gleichbedeutend mit der *Torah*, Anm. d. Verf.] könne, so François Ost, als Erzählung des ersten historischen Staatsvertrags gelesen werden, lange vor Jean-Jacques Rousseaus *Contrat social*.[271] Der Auszug des jüdischen Volkes aus Ägypten

265 Siehe zur Kontrafaktik, Kapitel 2.4.
266 Vgl. Preisinger/Delormas/Standke, »Diskursforschung«, S. 139.
267 Vgl. Habermas, *Faktizität*, S. 50–51.
268 Vgl. Kelsen, »Was ist juristischer Positivismus?«, S. 465.
269 Siehe zur Faktizität des Rechts, Kapitel 2.4.2.
270 Vgl. Geis, »Gewohnheitsrecht«, S. 27–31.
271 Vgl. dazu Raphaël Draï, *La Traversée du désert. L'invention de la responsabilité*, Paris: Fayard 1988, S. 63.

sei ein Akt der Befreiung aus dem Joch der Sklaverei unter dem ägyptischen Pharao gewesen und symbolisiere zugleich die Übernahme der Verantwortung, mit *Jahwe* (Gott) das Grundgesetz der Zehn Gebote dialogisch auszuhandeln: »Plutôt que d'une affirmation autoritaire de la loi, c'est d'une alliance qu'il est question; plutôt qu'à une imposition unilatérale d'un commandement, c'est à la négociation d'une loi dialogique qu'on assiste.«[272] Diese *sponsio*, im Sinne von Gadamers Vorkenntnis,[273] die Ost in diesem Kontext als Zustimmung interpretiert,[274] habe das israelitische Volk dazu verpflichtet, über Moses' Vermittlung mit Gott zu verhandeln, um aus dem unfreien Zustand der Sklaverei in einen institutionalisierten Zustand des Rechts zu gelangen. Dieser Prozess hin zur verantworteten Freiheit verlief freilich nicht ohne Schwierigkeiten, Krisen und Rückfälle, bis schließlich die Zehn Gebote als institutionalisierendes Grundgesetz niedergeschrieben und unterzeichnet wurden.[275]

Raphaël Draï schließt sich Osts Analyse der ›vertraglichen Verhandlung‹ zwischen Gott (*Elohim, Jahweh*) und dem jüdischen Volk durch Moses an: »Car avant même que ces dix paroles furent énoncées, c'est bien une véritable négociation (*massa* ou *matane*) qui se déroula entre Israël et Dieu, à l'initiative de Dieu, concernant cette Alliance, sa cause, son contenu, ses finalités.«[276]

Die *Torah* bestätigt dieses einvernehmliche Abkommen zwischen Gott als vertraglichem ›Initiator‹ und dem jüdischen Volk: »Und [Moses, Anm. d. Verf.] nahm das Buch des Bundes, und las es vor den Ohren des Volkes, und sie sprachen: Alles, was HaSchem geredet, wollen wir tun und gehorchen. Und Moscheh nahm das Blut und sprengte auf das Volk, und sprach: Siehe da, das Blut des Bundes, den HaSchem mit euch geschlossen auf all diese Worte« (Ex. 24, 7–8; T 175). Dieser erste Vertrag wird durch den Götzenkult des jüdischen Volkes gestört, das in ungeduldiger Erwartung von Moses' Rückkehr vom Berg Sinai ein goldenes Kalb verehrt: »Und es geschah, als er dem Lager nahte und das Kalb sah und die Reigentänze; da entbrannte der Zorn Moschehs, und er warf aus seinen Händen die Tafeln und zerschlug sie unten am Berge« (Ex. 32, 19; T 193). In einem zweiten Anlauf gelingt schließlich die endgültige Besiegelung des ›konstituierenden‹ Vertrages zwischen Gott und dem jüdischen Volk: »Und HaSchem sprach zu Moscheh: Haue dir aus zwei steinernen Tafeln, wie die ersten, und ich werde auf die Tafeln schreiben die Worte, die auf den ersten Tafeln waren, die du zerbrochen« (Ex. 34, 1; T 197). Und HaSchem weiter:

272 Ost, *Raconter*, S. 59–60. Siehe dazu T 199.
273 Vgl. Gadamer, *Wahrheit*, S. 314–317.
274 Ost, *Raconter*, S. 67.
275 Vgl. ebd., S. 68–71.
276 Raphaël Draï, »La Thora écrite«, in: Raphaël Draï, *La Thora. La Législation de Dieu*, Paris: Michalon 1999, S. 19–60, hier: S. 21.

»Schreibe dir auf diese Worte, denn auf den Inhalt dieser Worte schließe ich mit dir einen Bund und mit Jisrael« (Ex. 34, 27; T 199). Die freiwillige Bestätigung dieses Bundes durch das jüdische Volk bekräftigt die Gültigkeit der göttlichen Gebote (Ex. 35; T 200ff.).

Ausgehend von dieser Vertragsmetapher, gefolgt von der tatsächlichen Befolgung der Gebote Gottes, kann auf die Faktizität der *Torah* geschlossen werden. Dabei ist freilich nicht an die Verabschiedung eines Grundgesetzes durch ein irdisches Parlament zu denken, sondern an eine symbolische Handlung, die sich in der langen Historie zunächst durch mündliche Tradierung und später durch die schriftliche Niederlegung der *Torah* und der sie auslegenden Kommentare des *Talmuds* verfestigt und bestätigt hat.

In Übereinstimmung mit dem Vertragsverständnis von Ost und Draï wird in diesem Zusammenhang in *~~Un~~orthodox* von einem doppelten Vertrag gesprochen: einem Vertrag zwischen jedem:jeder Juden:Jüdin und Gott und einem Vertrag zwischen jedem Familienoberhaupt in der Satmarer Gemeinde und dem Satmarer Rabbiner (U 130). Aus der Tatsache, dass das jüdische Volk der Übergabe der Zehn Gebote durch Gott an Moses beiwohnte, leite sich, so Feldman, das Erbe des »Funken *Zelem Elohim*« (U 172) als Spur des göttlichen Lichtes und damit eine besondere Verantwortung sowie ein besonderer Status für alle Juden:Jüdinnen ab. Nichtjuden:Nichtjüdinnen seien von diesem heiligen Licht ausgeschlossen und besäßen daher keine Seele. Die Mehrdeutigkeit der talmudischen Texte, um mit Roman Ingarden zu sprechen,[277] ergibt sich aus der textbezogenen Auslegung[278] (es dürfte schwierig sein, den subjektiven Intentionen Gottes auf die Spur zu kommen!) und vermischt sich in *~~Un~~orthodox* mit der Fiktion, wenn Feldman in der *Wir*-Form schreibt: »Die *Midrash* besagt, dass jede jüdische Seele anwesend war, als die *Torah* dem auserwählten Volk ausgehändigt wurde, und dies bedeutet, dass *wir*, auch wenn *wir* uns nicht daran erinnern, dort anwesend waren und *uns* entschieden haben, die Verantwortung, ein Auserwählter zu sein, anzunehmen [Hervorhebungen durch d. Verf.]« (U 130).

Aus dem *Negotium* zwischen Gott und dem jüdischen Volk gehen zunächst die mündliche Überlieferung der *Torah* hervor, die Moses von Gott am Berg Sinai erhielt (BT 9), und später die schriftliche, d. h. die *Torah*, die im engeren Sinne die fünf Bücher Moses (*H'oumach*) und im weiteren Sinne die Bücher der Propheten (*Nebiim*) sowie die kommentierenden Schriften *Ketoubim* umfasst.[279] Die *Torah* enthält 248 Gebote und 365 Verbote normativen Gehalts (*Mizwot*),[280]

277 Ingarden, *Vom Erkennen*, S. 366.
278 Vgl. Schiesser, »Autorschaft«, S. 20–33.
279 Draï, »La Thora écrite«, S. 19.
280 Ebd., S. 35.

die auf die Schöpfung der Welt und die Zehn Gebote Gottes zurückzuführen sind (*Michpat*). Die mündliche Überlieferung (*Mischna*[281]) und ihre Auslegung (*Gemara*[282]) sowie die schriftlichen Transkriptionen und Überlieferungen der *Torah* wurden durch eine Fülle von auslegenden Kommentaren, die unter dem Begriff des älteren Palästinensischen (auch Jerusalemischen) und des darauffolgenden Babylonischen *Talmuds* bekannt sind, fast ins Unermessliche erweitert.[283] Wie der Judaist Günter Stemberger dazu anmerkt, umfasst allein der Babylonische *Talmud* in der deutschen Übersetzung von Lazarus Goldschmidt rund neuntausend (!) Seiten.[284] Die talmudischen Kommentare ›schieben sich‹ gewissermaßen zwischen die *Torah* und die praktische Anwendung der Normen und Gebote und können als Sammlung von Rechtsdiskursen, philosophischen Reflexionen und verschiedensten erläuternden Geschichten und Legenden (hebr. *Aggada*) verstanden werden. Auf diesem jüdischen Religionsrecht (*Halacha*) beharrt das Judentum (BT 24)[285] zeitungebunden, dessen starres ›Kernrecht‹ durch die bereits erwähnten zahlreichen auslegenden Kommentare und Diskussionen des *Talmuds* sowie die darin enthaltenen illustrierenden und erläuternden Geschichten (*Midrasch*[286]) bereichert wird. Seit dem frühen 6. Jahrhundert gelten diese Texte als abgeschlossen. Wie der Zentralrat der Juden in Deutschland hervorhebt, liefert der *Talmud* den Schlüssel für die praktische Anwendung der Gebote im Alltag (*Torat Chajim*),[287] er berührt alle Lebensbereiche und sorgt durch Auslegung für die Anpassung der Normen der *Torah* an das praktische Leben.[288] In diesem Sinne können die talmudischen Schriften als Anleitung zur Subsumtion der realen Sachverhalte unter die Regeln der *Torah*, d. h. als Bindeglied

281 Die *Mischna* ist die »wichtigste Niederschrift der mündlichen Überlieferung« der *Torah*. Siehe Zentralrat der Juden in Deutschland (Hg.), *Die Lehren des Talmud*, Gütersloh: Gütersloher Verlag 2023, S. 201.

282 Die *Gemara* ist die »Niederschrift der rabbinischen Diskussionen der Mischna.« Siehe Zentralrat der Juden in Deutschland (Hg.), *Die Lehren des Talmud*, S. 200.

283 Siehe dazu Draï, »La Thora écrite«, S. 67–73. Vgl. Stemberger, *Der Talmud*, S. 41; 51.

284 Stemberger, *Der Talmud*, S. 70. S. auch Lazarus Goldschmidt, *Der Babylonische Talmud*, Frankfurt am Main: Jüdischer Verlag (Suhrkamp) 2002.

285 Siehe auch Joel Berger, *Gesetz – Ritus – Brauch. Einblicke in jüdische Lebenswelten*, Heidelberg: Winter 2019, S. 152.

286 *Midrasch* bezeichnet die erläuternden und erklärenden Erzählungen im *Talmud*, um Textlücken in der *Torah* und schwer verständliche Passagen zu erhellen. Siehe Zentralrat der Juden in Deutschland (Hg.), *Die Lehren des Talmud*, S. 200.

287 Ebd., S. 14–15.

288 Vgl. Stemberger, *Der Talmud*, S. 55–67.

zwischen der abstrakten Norm und dem Sachverhalt, verstanden werden.[289] Zu diesem Zweck bedienten sich die rabbinischen Hermeneutiker einer Reihe von Auslegungsregeln wie jener des Analogieschlusses, des Schlusses vom Geringeren auf das Größere und umgekehrt, des Schlusses vom Besonderen auf das Allgemeine und umgekehrt sowie der kontextuellen Auslegung.[290]

Hier kommt die interdisziplinäre Verbindung von Recht und Literatur über den Text als Bindeglied und interdiskursives Medium besonders zum Tragen: Die *Torah* als Gesamttext (nicht nur einzelne Gesetzesparagrafen) muss ausgelegt werden, um auf praktische Sachverhalte, d. h. auf das jüdische Alltagsleben, angewendet werden zu können. Dieser Zustand ähnelt einem literarischen Werk, das als zusammenhängender Text in seiner Gesamtheit, jedem Satz, jedem Absatz, jedem Kapitel interpretiert würde. Der literarische Text trifft hier auf den literarisch-normativen Text, insofern die talmudischen Texte in langen Abhandlungen über jedes Detail der *Torah* dissertieren. Dazu ist zu bemerken, dass es sich tatsächlich um literarische *und* normative Texte handelt, denn die rechtlichen Auslegungen werden durch zahlreiche nicht-normative Erzählungen, die sogenannten *haggadischen* Texte (*Haggada*), wie Erzählungen aller Art, Fabeln, Gleichnisse, Weisheiten, Gebete, Totenklagen usw.[291] ergänzt. Es ist daher nicht verwunderlich, dass sich hier literarische und juristische Hermeneutik besonders nahe kommen.[292] Sie unterscheiden sich im Wesentlichen nur in ihrer Zielsetzung: Die talmudischen Kommentare zielen auf die lebenspraktische Anwendbarkeit der Vorschriften im täglichen Leben ab, die eine auf Rezeptionsästhetik und literarische Auslegung beschränkte Lektüre der *Torah* nicht leisten könnte.[293] Selbst die rechtshermeneutische Zirkularität[294] kennt die *Torah*, indem sie, wie bereits erwähnt, ihre eigenen Auslegungsrichtlinien festlegt. Das analogische Vorgehen ist sowohl der Literatur[295] als auch dem Recht[296] bekannt. Der Schluss vom Geringeren auf das Größere oder umgekehrt, vom Besonderen auf das Allgemeine oder umgekehrt entspricht dem juristischen Prinzip der Konfliktvermeidung zwischen Normen durch Kollisionsregeln[297] sowie dem hierarchischen Prinzip der Rechtsordnung.[298]

289 Vgl. Möllers, *Juristische Methodenlehre*, S. 126–131.
290 Vgl. Stemberger, *Der Talmud*, S. 55–62.
291 Siehe dazu ebd., S. 158–267.
292 Vgl. Bleich, »Die literarische und die juristische Hermeneutik«, S. 3197–3203.
293 Vgl. Jauß, »Zur Abgrenzung«, S. 475.
294 Vgl. Zippelius, *Juristische Methodenlehre*, S. 58.
295 Vgl. Ost, »Penser par cas«, S. 120–121; Albrecht, »Analogieschlüsse«, S. 285–292.
296 Vgl. Möllers, *Juristische Methodenlehre*, S. 253–258.
297 Vgl. ebd., S. 153–164.
298 Siehe dazu Zippelius' Konzept der ›Zirkularität‹: Zippelius, *Juristische Methodenlehre*, S. 58.

Die kontextuelle Auslegung findet sich in der literarischen Intertextualität und im Interdiskurs,[299] im rechtlichen Gesamtkontext (systematische Auslegung[300]) und im Gadamer'schen hermeneutischen Zirkel.[301] Auch die grammatisch-textuelle Auslegung, die nach der allgemein bekannten semantischen Bedeutung der den Text bildenden Wörter sucht, ist beiden Disziplinen bekannt.[302] Unbestritten ist, dass die Kommentare der talmudischen Hermeneutiker eine normativ-konstituierende Wirkung ausüben, die dem literarischen Hermeneutiker fehlt, denn erst durch ihre Auslegung wird der Rechtstext der *Torah* praktisch anwendbar. Auslegungen werden aber auch durch neue Diskussionen widerlegt und entkräftet, sie kreuzen, überlappen und widersprechen sich. Allein die Diskussion darüber, wie das Verbot des Tragens (eines Gegenstandes) am *Shabbat* zu verstehen und auszulegen sei (BT 141–165), zeugt von der relativen Unbestimmtheit der normativen Kraft einzelner Auslegungen. Wie in der Literatur vollzieht sich die talmudische Auslegung in einer zeitungebundenen Kette von aufeinanderfolgenden Auslegungen über viele Jahre hinweg. Vielleicht könnte man die *Torah* und den *Talmud* als literarische Gesetzbücher bezeichnen, an denen sich die Interdisziplinarität und Interdiskursivität besonders gut demonstrieren lassen. Die Interdiskursivität als Verzahnung verschiedener Episteme im Text[303] kommt hier durch die enge Verflechtung von religiöser Alltagspraxis, die sowohl Gegenstand soziologischer als auch theologischer Studien ist, mit den Rechtswissenschaften gut zur Geltung.

Um diese epistemischen Verflechtungen zu verdeutlichen, sei auf Joel Bergers Bemerkung verwiesen, dass die Texte der *Torah* und des *Talmuds* nicht nur das jüdische Alltagsleben in all seinen Facetten regeln, sondern auch eine Unterscheidungsfunktion erfüllen, denn das Judentum ist »eher eine Lebensauffassung, eine Lebensform, [sei] die sich im Erfüllen der jüdischen Gebote von anderen Religionen unterscheidet«, wobei hinter dieser Unterscheidung die »Bestrebung einer Minorität, ihre Eigenart in einer andersartigen Umwelt zu behaupten«,[304] stehe. Glaube und Frömmigkeit sind im Judentum sichtbar und müssen durch äußere Zeichen zum Ausdruck kommen, denn der rein geistige Glaube ist weder wahrnehmbar noch nachweisbar. Was zählt, ist die sichtbare Befolgung der religiösen Vorschriften, nicht der verinnerlichte Glaube.[305]

299 Vgl. Müller-Seidel, *Die Deportation des Menschen*, S. 46–60; Ternès, *Intertextualität*, S. 35–37.

300 Vgl. Möllers, *Juristische Methodenlehre*, S. 153.

301 Vgl. Gadamer, *Wahrheit*, S. 314–317.

302 Larenz, *Methodenlehre*, S. 320.

303 Parr, »Autorität«, S. 289–302.

304 Berger, *Gesetz*, S. 15.

305 Ebd., S. 17.

4.4.4.2 Kontrafaktische Kontrastierung

Dieses Streben nach äußerer Sichtbarkeit als Glaubenszugehörigkeit ohne Rücksicht auf Gefühle oder geistige Zustände wird in *~~Un~~orthodox* wiederholt hervorgehoben. So ist es Zeidi einzig daran gelegen, dass seine Familie die Regeln befolgt, wie dies der folgende Dialog verdeutlicht: »›Aber Fraida‹, flehte Zeidi, ›der *Rebbe* hat's doch gesagt! Es ist eine neue Regel. Alle Männer heißen ihre Frauen so zu tun. Willst du, dass ich der einzige Mann bin, dessen Frau sich nicht ihr Haar rasiert? [...] Willst du, dass der *Rebbe* denkt, ich könnte meine Frau nicht dazu anhalten, die Regeln zu befolgen?‹« (U 50). Nicht die seelische Ausgeglichenheit und das Glück der Kinder gelten als gelungene Kindererziehung, sondern das Gelingen der Erziehung zu »gottesfürchtigen, gesetzestreuen Juden« (U 34). Nicht das seelische und psychische Wohlsein zählt, sondern das äußere Erscheinungsbild, die Beurteilung durch Dritte, und diese Beurteilung erfolgt in der Gemeinschaft durch ständige gegenseitige Beobachtung: »Stattdessen beobachten wir einander genau, stets bereit, *ruchniusdike* oder *gaschmiyusdike* – spirituelle oder körperliche Verfehlungen des einen oder anderen aufzuzeigen« (U 35). Feldman fingiert hier in der Diegese, um mit Wolfgang Iser zu sprechen, diese reale Grundhaltung der jüdischen Gemeinschaft, die sie literarisch ausgestaltet.[306] In der narrativen Fiktion wird die Tatsache, dass es im Judentum in erster Linie um den äußerlichen Beweis religiösen Gehorsams geht, mit vielen Details aus Feldmans persönlichem Erleben erklärt und illustriert, wobei die nahezu identische Nähe zur realen Welt unübersehbar ist. Die kontrafaktische Variation geht hier gegen Null, ohne dass sie als Methode ihre Berechtigung verliert.[307] Vielmehr erfüllt sie hier durch ihr methodisches Vorgehen eine zusätzliche Funktion der Erkenntnisgewinnung,[308] die sich aus einer Vielzahl von einzelnen Begebenheiten ergibt, die die Diegese von *~~Un~~orthodox* ausstaffieren, und die, will man sie auf einen gemeinsamen Nenner bringen, dem Zweck der Unterscheidung und Abgrenzung von der *anderen* Welt dienen.

Zu den Mitteln der Abgrenzung als andersartige Minderheit gehören als besonders sichtbares Zeichen die Bekleidungsvorschriften: Im Stoff der Kleidung dürfen tierische Fasern nicht mit pflanzlichen vermischt werden, die langen Schläfenlocken (*Pejes*) – »Ihr sollt nicht rund abnehmen die Seitenenden eures Haupthaares« (Lev. 19, 27) – ragen aus den schwarzen Kappen oder Hüten heraus, *Tallit* und *Zizit* werden sichtbar

306 Vgl. Iser, »Akte«, S. 121–125.

307 Vgl. Nünning, *Von historischer Fiktion*, S. 46.

308 Vgl. White, »Der historische Text«, S. 101–122.

getragen (BT 323).[309] Zum Morgengebet ist der *Tefillin*[310] anzulegen (BT 84). Die Zizit auf dem Gebetsschal sollen die Gläubigen daran erinnern, dass sie sich verpflichtet haben, die Gebote des Herrn zu befolgen: »Jedes Mal, wenn ihr die Quasten seht, sollen sie euch an meine Gebote erinnern. Sie sollen euch mahnen, dass ihr nach meinen Weisungen lebt und euch nicht von euren Gedanken und euren lüsternen Augen zum Ungehorsam verleiten lasst. Dann werdet ihr ein heiliges Volk sein, ein Volk, das seinem Gott ganz gehört.«[311]

Der engen Verflechtung von Religion und säkularem Dasein entspricht die zentrale Rolle, die der *Talmud* dem kontinuierlichen Lernen durch das Studium der *Torah* und ihrer talmudischen Auslegung als Mittel der Erhebung über die Materialität des Lebens beimisst. Das Lernen wird, wie Daniel Krochmalnik ausführt, als oberste Pflicht angesehen, die alle anderen Pflichten aufwiegt.[312] Die Talmudschüler und -gelehrten, die »leicht [zu] fassen und schwer [zu] vergessen« (BT 14), ohne sich jemals ihres Wissens zu rühmen, verdienen höchste Anerkennung. Die unablässige Beschäftigung mit den heiligen Schriften im kollektiven Kontext (Synagoge und Thoraschule *Jeschiwa*), die Mildtätigkeit und die Befolgung der Gebote leiten das fromme jüdische Leben: »Brot mit Salz sollst du essen, selbst Wasser zugemessen trinken, auf der Erde sollst du schlafen, ein entbehrungsvolles Leben sollst du führen und bei alledem rastlos ihr dich widmen […]. Viel Thora, viel Leben […]. Höher als die Erforschung der Lehre steht die gute Tat. Bestandlos ist das Wissen, wenn es nicht auf der Tat begründet ist […]. (Höher aber als die Tat steht die Gottesfurcht)« (BT 16). Jede Sünde zieht unabsehbare Folgen nach sich, der eigene Wille muss vor dem Willen Gottes zurücktreten (BT 17), denn »die Seligkeit einer Stunde im Jenseits ist mehr wert als alle Freuden dieses Lebens« (BT 18). Das irdische Leben wird als Vorstufe einer höheren Erfüllung verstanden, wodurch die in *~~Un~~orthodox* gezeigte, wenn auch kritisierte selbstkasteiende und selbstbestrafende Haltung der Gläubigen besser verständlich wird.

Das kontinuierliche Studium der heiligen Schriften als männliche Lebenspraxis (die Frauen sind davon ausgeschlossen) ergibt sich nicht aus der *Torah*, sondern wurde durch die rabbinischen Kommentare im

309 *Tallit* ist der Gebetsumhang, *Zizit* sind die an den Ecken des Gebetsumhangs herunterhängenden Fäden.

310 *Tefillin* sind »Gebetsriemen, die die Männer beim Morgengebet an Wochentagen tragen.« Vgl. Zentralrat der Juden in Deutschland (Hg.), *Die Lehren des Talmud*, S. 202.

311 4. Mose 15,39. Zit. n. *Gute Nachricht Bibel. Altes und Neues Testament*, Stuttgart: Deutsche Bibelgesellschaft 2018 (Internet-Link im Literaturverzeichnis). Siehe auch Berger, *Gesetz*, S. 89–93.

312 Daniel Krochmalnik, »Religion des Lernens«, in: *Zeitschrift für christlich-jüdische Begegnung im Kontext* (2017/3), S. 155–161, hier: S. 155.

Talmud in die *Torah* hineininterpretiert. Wie weit hergeholt diese Interpretationen sein können, zeigt die Auslegung des Satzes »Und lege auf den Tisch Schaubrote *beständig* [Hervorhebung durch d. Verf.] vor meinem Angesicht« (Ex. 25, 30; T 177). Wie Daniel Krochmalnik ausführt, geht es in diesem Satz um das wöchentliche Auswechseln des Brotes, »ohne dass dabei eine Intermittenz entstünde.« In diesem Sinne werden die alten Brote von der einen Seite fortgenommen, während gleichzeitig die frischen Brote von der anderen Seite an ihre Stelle geschoben werden.[313] Aus diesem Gebot der ununterbrochenen leiblichen Nahrung leiten die Talmudisten in einem sehr weit hergeholten Analogieschluss das Gebot des ununterbrochenen *Torah*studiums ab, obwohl es in der *Torah* an keiner Stelle formuliert ist.[314] Ebenso wenig findet sich in der *Torah* ein explizites Lernverbot für Frauen. Krochmalnik zieht daraus den Schluss, dass profane Lern- und Lehrstoffe neben dem *Torah*studium zu erlauben seien, denn es gäbe keinen Hinweis auf die Exklusivität des *Torah*studiums unter Ausschluss aller anderen, sodass man »das Torastudium nicht richtig versteht, wenn man die Konkurrenz des Philosophiestudiums fürchtet und mit gesetzlichen Maßnahmen verbieten will.«[315] Wenn man nun davon ausgeht, dass das Philosophiestudium durchaus mit dem *Torah*studium vereinbar ist, scheint zugleich der Analogieschluss »aus einem untersuchten, gut bekannten Fall auf eine weniger bekannte, unklare Situation«[316] eine Extension auf säkulare Studien allgemein zu plausibilisieren. Das würde im Klartext bedeuten, dass es ebenso denkbar ist, das Studium der englischen Sprache oder anderer profaner Fächer für Männer und für Frauen zuzulassen. Aus diesen Überlegungen lässt sich ableiten, dass das in *Unorthodox* angeprangerte Verbot des Studiums säkularer Fächer und das Verbot der *Torah* für Frauen den Geboten der *Torah* widerspricht und allein auf den Willen des Satmarer Rabbiners zurückzugehen scheint. Feldmans Widerstand gegen dieses Lern- und Leseverbot zieht sich wie ein roter Faden durch den Roman *Unorthodox* und zwingt sie zur ängstlichen Verheimlichung: »Es befindet sich diese Woche etwas Neues unter meiner Matratze, und bald schon [...] werde ich die Tür zu meinem Zimmer schließen und es hervorholen: ein wundervoll ledergebundener Band mit dem berauschenden Geruch neuer Bücher. Es ist ein Abschnitt des Talmuds in der verbotenen englischen Übersetzung« (U 54). Die heimliche Lektüre ist hochriskant, wenn sie entdeckt wird, denn »Bücher [...] sind Männern vorbehalten« (U 55), weshalb vor allem Zeidis Hausdurchsuchung nach

313 Daniel Krochmalnik, »›Du sollst darüber nachsinnen Tag und Nacht‹. Glauben und Lernen in der jüdischen Tradition«, in: *Zeitschrift für theologische Urteilsbildung* (1996/11/1), S. 73–83, hier: S. 78.

314 Vgl. Eco, *Der Name der Rose*, S. 389.

315 Krochmalnik, »Du sollst«, S. 80.

316 Knorr-Cetina, *Die Fabrikation*, S. 107.

Gesäuertem vor dem Pessach-Fest (Ex. 12, 15; T 147) die Gefahr birgt, dass die versteckten Bücher entdeckt werden: »Ich verberge meine Bücher unterm Bett [...] und einmal im Jahr, wenn Zeidi das Haus zu Pessach inspiziert und durch unsere Dinge geht, schweben wir furchtsam umher, in der entsetzlichen Angst, entdeckt zu werden« (U 53).

Das männliche Monopol religiösen Lernens zeigt sich im *Talmud* in der geäußerten Befürchtung, dass zu viel ›Schwatzen‹ mit Frauen die Männer vom *Torah*studium ablenken könnte: »Spare mit deinen Worten bei der Frau, sei es eine Fremde oder die eigene. Wer viel mir ihr schwatzt, zieht sich Böses zu, wird von der Thora abgelenkt und gerät am Ende in die Hölle« (BT 21). Die analoge Argumentation legt den Umkehrschluss nahe, dass auch Frauen nicht zu viel mit Männern ›schwatzen‹ sollen, um sich dem *Torah*studium zu widmen, wenn man davon ausgeht, dass die *Torah*, wie bereits kommentiert, kein spezifisches Lernverbot an Frauen richtet.

Neben der Debatte um das Lehren und Lernen zieht sich wie ein zweiter roter Faden ein latentes Schuldgefühl durch die Diegese von *~~Un~~orthodox*. Schon aus den Schriften des *Talmuds* wird ersichtlich, wie sehr der jüdische Glaube in einer Schuldkultur der Selbstbestrafung und Selbstkasteiung verankert ist. Das Ertragen von Leiden und Einschränkungen, das regelmäßige Beten in der Gemeinschaft der Synagoge (BT 122) sowie ein gottesfürchtiges und gütiges Leben dienen der Tilgung von Sünden (BT 113–114).

Dieses Schuldgefühl, das mit freiwilliger Selbstkasteiung einhergeht, wird in *~~Un~~orthodox* hinterfragt: »Ist es Schuld, die meine Großeltern dazu bringt, fortdauerndes Leid über sich zu verhängen, mühselige Lasten zu tragen und dabei kein einziges Mal auch nur die Möglichkeit von Erleichterung anzunehmen?« (U 90). Feldman veranschaulicht das vom *Talmud* auferlegte Leiden zwecks Sündentilgung am Beispiel ihrer Großeltern Zeidi und Bubby. Die diegetische Fiktion erfüllt hier eine stark erklärende Funktion über die Grundlagen des orthodoxen religiösen Gehorsams, der es verbietet, das Warum des Leidens oder der Regeln in Frage zu stellen. So stellt Feldman die Vermutung an, dass für Zeidi der Schmerz eine Form der Selbstreinigung darstelle, wenn er am Freitagabend unter Tränen sein Gebet zu Gott spricht (U 90), denn, wie es im *Talmud* steht, »die wertvollsten Dinge werden durch Leiden erworben: die Thora, die Rückkehr der Juden nach Palästina und die jenseitige Belohnung« (BT 71). Um dieses Schuldgefühl in seiner schwer fassbaren Form zu verdeutlichen, wird Bubby und Zeidi die Frage in den Mund gelegt, warum sie den Holocaust überleben durften. So sinniert Zeidi: »So viele Male habe ich mich gefragt, warum ich leben durfte. [...] Mit der Zeit wurde mir klar, dass all meine Kinder und Enkelkinder zur Welt haben kommen müssen, und meine Verantwortung ist es nun sicherzustellen, dass sie zu guten Juden, *ehrlechen Jidden*, heranwachsen, um meinem Überleben Sinn zu verleihen« (U 91). Zeidi führt weiter aus, dass das Leiden als gerechte Strafe zu ertragen sei: »Ein Problem zu behandeln, hieße, dem Leiden entkommen zu wollen, von dem Gott meint, dass man es verdient« (U 219). Dieses Schuldgefühl, zu den Überlebenden zu gehören, hat Theodor Adorno mit der Frage aufgeworfen, »ob nach Auschwitz noch sich leben lasse, ob vollends es dürfe, wer zufällig entrann und rechtens hätte umgebracht werden müssen.«[317] George Steiner kommentiert dazu, dass es aber gerade diese unsagbar unmenschliche Erfahrung der Shoah sei, die den kleinsten gemeinsamen Nenner der jüdischen Identität bildet, trotz aller Konflikte und Meinungsverschiedenheiten, die zwischen den zahlreichen Gruppierungen religiöser und nicht religiöser Ausrichtungen unterschiedlichen Grades bestehen:

> Die Shoah, die Erinnerung an Auschwitz, die wiederkehrende Angst, dass irgendwo und irgendwie die Massaker von neuem beginnen könnten, bilden heute den zentralen Zusammenhalt jüdischer Identität. Darin liegt das eine und einzige Band, das den orthodoxen Juden und den Atheisten, den praktizierenden und völlig säkularisierten Juden, das israelische Volk und die Diaspora, den Zionisten und den Antizionisten, den extrem konservativen Juden […] und den jüdischen Trotzkisten oder Kommunisten miteinander verbindet.[318]

Feldman zeigt das intensive Gebet und das religiöse Studium, um sich bis zum Lebensende von der Schuldenlast zu befreien, am Beispiel der frommen und enthaltsamen Lebensweise ihres Großvaters, die vom Gebet, vom Studium der heiligen Texte und vom Bemühen um die strikte Einhaltung der religiösen Vorschriften durch alle Familienmitglieder bestimmt ist: »Zeidi steht morgens um vier auf, um in der Synagoge auf der gegenüberliegenden Straßenseite die Torah studieren zu gehen« (U 83). Er achtet darauf, dass seine Enkelin sich regelkonform verhält: »Er möchte nur hören, dass ich mich regelrecht verhalte, damit niemand sagen könne, er habe eine ungehorsame Enkeltochter« (U 23–24). Zeidi glaubt, wie Bubby erläutert, dass, »wenn wir uns bis auf Äußerste bemühen, dass Gott stolz auf uns ist, werde er uns niemals mehr so wehtun, wie er es im Krieg getan« (U 51–52). In diesem Bewusstsein der Sühne und in der Überzeugung, dass Gott auf diese Weise eines unbestimmten Tages als Erlöser erscheinen wird, wird täglich morgens und abends gebetet (BT 90).

Zu den wichtigsten Ereignissen, die die Gebets- und Studienroutine der Satmarer Juden:Jüdinnen unterbrechen, gehört die Eheschließung, die der Sicherung der Nachkommenschaft dient, wie es in der *Torah* heißt: »Seid

317 Adorno, Theodor W., *Negative Dialektik*, Frankfurt am Main: Suhrkamp 1992, S. 355.

318 George Steiner, »Das lange Leben der Metaphorik. Ein Versuch über die ›Shoah‹«, in: *Akzente. Zeitschrift für Literatur* (1987/34/3), S. 194–212, hier: S. 200–201.

fruchtbar und mehrt euch« (Gen. 9, 1; T 21). Dazu muss sichergestellt werden, dass jede:r heiratet, weshalb Eheschließung und Fortpflanzung nach institutionalisierten Riten und Geboten erfolgen.[319] Die Heirat dient nicht dem persönlichen Glück der Brautleute, sondern allein dem rationalen Zweck der optimierten Fortpflanzung und muss zwischen dem 20. und 24. Lebensjahr stattfinden.[320] Unter diesem Gesichtspunkt versteht es sich von selbst, dass Schwangerschaftsverhütung grundsätzlich verboten ist, es sei denn, es liegen triftige medizinische Gründe vor.[321] Die Wahl der Ehepartner erfolgt durch die Familie mit Hilfe professioneller Heiratsvermittler:innen nach Kriterien des sozialen Ansehens, das bei guten *Yeshiva-*(*Torah-*)Studenten besonders hoch ist (*shiddouch*). Die Zeit drängt, da meist viele Brüder und Schwester auf der Warteliste stehen.[322]

In *~~Un~~orthodox* werden zahlreiche Details über den Ablauf des Heiratsprozesses beschrieben, von der Partnervermittlung, der Verlobungszeremonie, dem Eheunterricht, den Reinheitsvorschriften vor dem Hochzeitstag, der Hochzeitszeremonie selbst bis hin zum obligatorischen Beischlaf in der Hochzeitsnacht. Von besonderer Bedeutung ist die Zeremonie der *Chuppa*, die in *~~Un~~orthodox* erwähnt wird (U 362) und den Eintritt der Braut in den Herrschaftsbereich des zukünftigen Ehemannes symbolisiert. Ab diesem Zeitpunkt ist die Ehe nach talmudischem Recht rechtskräftig.[323] Feldmans Fiktion veranschaulicht hier die Satmarer Vorschriften und Bräuche, die sich nicht in der *Torah* finden, und verknüpft sie mit den Empfindungen und Emotionen der Biografin, die von ihrer eigenen Hochzeit erzählt. Der normative Gehalt dieser Rituale bleibt hier unbestimmt und lässt sich eher mit sozialen Praktiken vergleichen, die im Laufe der Zeit (*longa consuetudo*) durch allgemeine Zustimmung (*consensus omnium*) zum Gewohnheitsrecht (*opinio necessitatis*) werden.[324]

Viel bestimmter geht aus der *Torah* eine normative Frauenfeindlichkeit hervor, wenn von der Frau gefordert wird, nach dem Manne zu verlangen und ihm zugleich untertan zu sein: »Zur Frau sprach er: Mehren und mehren will ich die Schmerzen deiner Schwangerschaft, mit Schmerzen sollst du gebären Kinder; und nach deinem Manne sei dein Verlangen, und er beherrsche dich« (Gen. 3, 16; T 11). Die Frau ist in erster Linie dazu verpflichtet, Kinder zu gebären, die sexuellen Wünsche des Mannes zu erfüllen (um möglichst viele Kinder zu bekommen) und sich ihr Leben lang dem Mann vollkommen zu unterwerfen (sic!). Die Abwertung der Frau nach den Regeln der *Torah* erinnert stark an die nicht mindere

319 Lehmann/Siebzehner, »Power«, S. 280–281.
320 Geballe, »Der richtige Zeitpunkt«, S. 77.
321 Deen, *Celui qui va*, S. 294–297. Siehe auch Lehmann/Siebzehner, »Power«, S. 285.
322 Lehmann/Siebzehner, S. 291–294.
323 Walter Homolka, *Das Jüdische Eherecht*, Berlin: De Gruyter 2009, S. 77.
324 Vgl. Geis, »Gewohnheitsrecht«, S. 28–31.

Geringschätzung der Frau nach dem *Kanun*, sofern sie nicht den Status der *Burrnesha* annimmt. Tatsächlich wird die Frauenfeindlichkeit von der Satmarer Gemeinschaft wörtlich genommen und praktiziert: Die Frau ist eine Gebärmaschine, die ihren Alltag ungebildet zwischen häuslichen und religiösen Pflichten verbringt und sich um ihre zahlreichen Kinder kümmert, bis zu achtzehn an der Zahl.

Gegen diese Frauenfeindlichkeit kämpft Feldman in *~~Un~~orthodox* mit kleinen und größeren Gesten der Rebellion zu Hause und in der Schule, bis sie sich endgültig entschließt, mit ihrem Sohn die Satmarer Gemeinde und ihren Mann für immer zu verlassen, ohne die Möglichkeit der Rückkehr. Auch wenn es nach talmudischem Recht nicht möglich ist, das durch die Mutter vererbte ›Jüdischsein‹ abzulegen, denn selbst ein:e Jude:Jüdin, der:die sich schwer versündigt, bleibt Jude:Jüdin: »From there it may be inferred that even when the Jewish people have sinned, they are still called ›Israel‹.«[325] In *~~Un~~orthodox* erklärt Bubby dieses Prinzip folgendermaßen: »Ein Jude kann niemals ein *Goy*[326] sein, sagt sie, auch wenn er noch so sehr versucht, einer zu werden. Sie mögen sich kleiden wie einer, sprechen wie einer, leben wie einer, aber das Judentum sei etwas, das niemals getilgt werden kann. Selbst Hitler wusste das« (U 212). Die Erklärungsfunktion von Literatur für wenig aussagekräftige Normen wird hier sehr anschaulich praktiziert.

Ein langes Kapitel der *Torah* ist der weiblichen Unreinheit während der Menstruationsperiode (*Niddah*) und den sieben Tagen danach gewidmet:[327]

> Und so eine Frau blutflüssig ist, Blut ist ihr Fluss aus ihrer Scham: so bleibe sie sieben Tage in ihrer Absonderung, und wer sie berührt, sei *unrein* bis zum Abend; und alles, worauf sie sitzt, ist unrein. Und wer ihr Lager berührt, wasche seine Kleider und bade im Wasser und ist unrein bis zum Abend. [...] Und wenn sie rein wird von ihrem Blutflusse, so zähle sie sieben Tage und danach ist sie rein. Und am achten Tage nehme sie zwei Turteltauben [...] und bringe sie zum Priester [...] und der Priester sühne sie für HaSchem (Gott, Anm. d. Verf.) wegen ihres unreinen Blutflusses. (Lev. 15, 25–30; T 249–250)

325 *Babylonischer Talmud*, 44a, 2: https://halakhah.com/sanhedrin/sanhedrin_44.html (Zugriff: 11.6.2024). Nach dem Palästinensischen (Jerusalemischen) *Talmud* gehören alle Juden:Jüdinnen zu Israel, außer jenen, die, synthetisch ausgedrückt, die *Torah*, also den jüdischen Glauben, verleumden. Vgl. Heinrich W. Guggenheimer (Hg.), *The Jerusalem Talmud*, Bd. 51, Berlin/Boston: De Gruyter 2010, S. 5; 328.

326 Nichtjude:Nichtjüdin.

327 Vgl. dazu auch Ernst L. Ehrlich / Günter Stemberger (Hg.), *The Jerusalem Talmud*, Bd. XXXIV, Berlin/New York: De Gruyter 2006, S. 602–618.

Die Satmarer Juden:Jüdinnen befolgen diese Unreinheits- und Reinheitsgebote wortwörtlich, mit Ausnahme des Opfers der Turteltaube am achten Tag. An seine Stelle tritt heute das Reinigungsbad (*Mikweh*). Die Nichteinhaltung vieler Regeln der *Torah* wird hart bestraft, so auch hier: »Und ein Mann, der bei einer an der Absonderung leidenden Frau liegt und ihre Scham aufdeckt, er entblößt ihre Blutquelle, und sie deckt ihre Blutquelle auf: so sollen beide ausgerottet werden aus der Mitte ihres Volkes« (Lev. 20, 18; T 261). Man notiere die besondere Körperfeindlichkeit der *Torah*, die im Zusammenhang mit der weiblichen Vagina von der ›Scham‹ spricht und natürliche körperliche Funktionen wie die Menstruation als ›unrein‹ bezeichnet, so unrein, dass der Ehemann seine menstruierende Frau weder berühren noch mit Dingen in Berührung kommen darf, die von seiner Frau berührt worden sind. Die menstruierende Frau wird geradezu verteufelt und wie eine Aussätzige behandelt. Es versteht sich von selbst, dass Geschlechtsverkehr während dieser zwei Wochen verboten ist. Diese Abqualifizierung der weiblichen Menstruation und die Absonderung der Frau als unreines Wesen scheint in einem unerklärlichen Widerspruch zur Hauptfunktion der Frau als Gebärmaschine zu stehen, die ohne den Menstruationszyklus gar nicht funktionieren könnte.

Diese Tabuisierung und Abwertung des weiblichen Körpers werden in *~~Un~~orthodox* eindringlich thematisiert. Normalerweise ist für Frauen der erste Beischlaf in der Hochzeitsnacht ihre erste Begegnung mit dem männlichen Geschlecht und dem eigenen Körper. Sie entdecken, dass sie eine Vagina besitzen, von der sie bisher keinen Gebrauch gemacht haben, da sowohl vorehelicher Geschlechtsverkehr als auch Masturbation tabuisiert und streng verboten sind. Als Folge dieser körperfeindlichen Erziehung leidet Feldman an Vaginismus, der die Vollziehung des Geschlechtsverkehrs schier unmöglich macht. Die Inanspruchnahme ärztlicher Hilfe klärt sie auf: »Ich lese, dass dieses Leiden unter Frauen, die in einem repressiven religiösen Umfeld aufwachsen, häufig vorkommt. Ich beginne zu verstehen, dass jahrelanges Verstecken vor meinem eigenen Körper diesem beigebracht hat, sich auch vor mir zu verstecken« (U 408). Zu allem Überfluss infiziert sie sich beim monatlichen Ritual der *Mikweh* mit Gürtelrose, da das Wasser im Tauchbecken nicht desinfiziert wird und für viele Frauen dasselbe bleibt. Der Arztbesuch bestätigt dies: »Der Arzt [...] sagt mir, dass ich Gürtelrose habe, und behauptet, mit Blick auf Elis religiöse Tracht, ich hätte sie mir wahrscheinlich im rituellen Bad eingefangen« (U 384).

Die *Torah* macht auch vor der intimsten Sphäre des Menschen nicht Halt, denn die Fortpflanzung ist, wie bereits erwähnt, ein oberstes Gebot (Gen. 9, 1; T 21). So bestimmt sie, wie bereits erläutert, sehr genau, abhängig von der Tätigkeit des Mannes und unter Vernachlässigung der Tätigkeit der Frau, wie oft Mann und Frau den Beischlaf vollziehen sollen. Gelehrte – und hier kommt die Bedeutung des *Torah*- und *Talmud*studiums zum Tragen – müssen einmal wöchentlich am Abend des *Shabbat*, dem einzigen studienfreien Tag, Geschlechtsverkehr haben. In *Unorthodox* werden diese Vorschriften sehr getreu wiedergegeben (U 500). Verweigert die Frau über zwölf Monate lang den Beischlaf, so liegt ein Scheidungsgrund vor.[328]

Wird ein Kind männlichen Geschlechts geboren, so muss es am achten Tag nach der Geburt beschnitten werden: »Beschnitten werde bei euch alles Männliche. Und ihr sollt beschnitten werden an eurem Glied der Vorhaut, und das zum Zeichen des Bundes zwischen mir und euch« (Gen. 17, 10–11; 36; T 36). Die Beschneidung ist als Ritual zur Bekräftigung des Bundes mit Gott zu verstehen, von dem die Frau ausgeschlossen zu sein scheint. Handelt es sich um den erstgeborenen Sohn, muss er am 31. Lebenstag von einem Nachkommen der Cohen[329] gegen 100 Gramm Silber ausgelöst werden (*Pidjon ha-Ben*) (Ex. 13, 15; T 151).[330] In *Unorthodox* wird das Neugeborene auf einem Tablett, das mit dem Schmuck der anwesenden Frauen bedeckt wird, dem Rabbiner dargebracht (U 469–470). Dass, wie in *Unorthodox* erwähnt wird, die Frau der Beschneidungszeremonie aus psychologischen Gründen nicht beiwohnt, dürfte ein Spezifikum des Satmarer Rabbinats sein.

Neben der Pflicht, möglichst viele Nachkommen zu gebären, fallen für die Frau zahlreiche andere häusliche Pflichten an, die Homolka mit Verweis auf den *Talmud* aufzählt: »Mehl mahlen, Brot backen, Kleider waschen, Essen kochen, das Bett machen und Wolle bearbeiten«[331] sowie, wie Berger auflistet, die Einhaltung der *kosheren* Essensregeln.[332] Nach den Vorschriften der *Torah* muss das Fleisch ausgeblutet sein: »Doch Fleisch mit seinem Leben, seinem Blute, sollt ihr nicht essen« (Gen. 9, 4; T 21). Nur das Fleisch von behuften Tieren, die Klauen haben, wiederkäuen und vierfüßig sind, darf gegessen werden. Daraus ergibt sich das Verbot von Schweine-, Kaninchen- und Wildfleisch. Nur Wassertiere, die Schuppen und Flossen besitzen, sind *kosher*. Meeresfrüchte aller Art sind hingegen verboten (Lev. 11, 10-12; T 235-236). Alles »Gewimmel, das auf dem Land wimmelt, ein Scheusal ist es, gegessen darf es nicht werden. Alles,

328 Homolka, *Das Jüdische Eherecht*, S. 102.

329 Der heute noch existierende Nachname Cohen zeugt davon, dass die Nachkommen der jüdischen Priester, der *Kohanim*, noch immer existieren. Die *Kohanim* stellten das Personal der Gebetsstätten und sie unterliegen auch heute noch besonderen Regeln: Sie dürfen keine geschiedenen Frauen heiraten, keine Friedhöfe betreten und sollen den Kontakt mit Toten vermeiden. Ihre erstgeborenen Söhne können nur von einem Cohen freigekauft werden (außer wenn der Vater selbst ein Cohen ist). Vgl. Raphael Evers, »Die Herkunft, der Status und die Rolle der Kohanim im dritten Tempel«, *Orthodoxe Rabbinerkonferenz – Das Rabbinat Deutschlands*, Mai 2022 (Internet-Link im Literaturverzeichnis).

330 Michael Rosenkranz, »Pidyon ha Bechor – Die Auslösung des Erstgeborenen«, *Talmud.de* 5.12.2013. (Internet-Link im Literaturverzeichnis).

331 Homolka, *Das Jüdische Eherecht*, S. 100.

332 Berger, *Gesetz*, S. 99.

was auf dem Bauche geht, und alles, was auf Vieren geht bis zu allem Vielfüßigen unter allem Gewimmel, das auf dem Land wimmelt, die sollt ihr nicht essen, denn ein Scheusal sind sie« (Lev. 11, 41–42; T 237). Fleisch- und Milchprodukte dürfen niemals miteinander in Berührung kommen. Dasselbe gilt für Küchengeräte, Besteck und Geschirr, die jeweils getrennt für Fleisch- und Milchprodukte zu verwenden sind.

Der Frau obliegt die Besorgung der Vorbereitungen für Festtage und -mahle, die den Jahresrhythmus bestimmen. Der *Shabbat* ist der wöchentliche Ruhetag, der mit dem Einfall der Dunkelheit am Freitagabend beginnt und am Samstag mit dem Aufleuchten der ersten drei Sterne[333] (sofern sie nicht von Wolken bedeckt sind!) endet. Während der Dauer des *Shabbat* darf nichts Entbehrliches getragen,[334] kein Feuer angezündet (heute ist damit jede Art von Energie gemeint, Anm. d. Verf.), kein Geld in die Hand genommen und natürlich nicht gearbeitet werden (BT 140–141).[335] Wer sich nicht an das Arbeitsverbot am *Shabbat* hält, den bestraft die *Torah* mit dem Tod: »Sechs Tage darf Arbeit getan werden, aber am siebenten Tage sei euch ein Sabbat zur heiligen Feier für HaSchem; wer an demselben eine Arbeit tut, werde getötet. Ihr sollt kein Feuer anzünden« (Ex. 35, 2-3; T 200). Die Strenge der *Torah* wirkt auf Tiefgläubige sicherlich abschreckend, die Todesdrohung bei Nichtbeachtung des *Shabbat* erscheint jedoch aus heutiger Sicht unverhältnismäßig übertrieben.

In *~~Un~~orthodox* werden weitere *Shabbat*verbote und -gebote erläutert. So ist es nicht nur verboten, Elektrizität zu benutzen, sondern sie muss auch am Ende des *Shabbats* von einem Juden wieder eingeschaltet werden, was einer der Nebenjobs von Feldmans Vater ist: »Die nichtjüdischen Angestellten arbeiten bereits, wenn er ankommt [...], und wenn mein Vater durch das weite Wirtschaftsgebäude schreitet und die Schalter umlegt« (U 11–12). Feldmans Cousinen dürfen am *Shabbat* niemandem Besuche mit ihren Babys abstatten, da diese getragen werden müssen (U 222). Die talmudischen Diskussionen über das Trageverbot und wann und wie es umgangen werden kann, werden in *~~Un~~orthodox* anhand der Debatte zum *Eruv* erläutert: »Das jüdische Gesetz verbietet es, irgendetwas im öffentlichen Raum bei sich zu tragen, aber mit einem *Eruv*, einem symbolischen Zaun, der den öffentlichen Raum begrenzt, wird das Gebiet als privates angesehen, und es wird legal, Kinder zu tragen, Schlüssel oder andere notwendige Dinge« (U 222).

333 Ebd., S. 197.

334 Zu diesem Punkt liefern sich die Kommentatoren seitenlange Debatten im *Talmud* dazu, was darunter zu verstehen sei (BT 141–165). Selbst ein Taschentuch scheint entbehrlich zu sein und dürfe nicht getragen werden (BT 141). Indes, wie sieht dies im Falle eines starken Schnupfens aus? [Frage d. Verf.]

335 Siehe auch Berger, *Gesetz*, S. 100.

Zu den wichtigsten Jahresfesten – *Pessach*, *Schawuot*, *Rosch Haschanah*, *Jom Kippur*, *Sukkot* (Lev. 23, 1-44; T 266–269) – gehört das *Pessach*fest, das der Befreiung der Juden:Jüdinnen aus der ägyptischen Sklaverei gedenkt. In Erinnerung einerseits an das Leben in Armut und an den hastigen Aufbruch andererseits, der keine Zeit ließ, den Brotteig aufgehen zu lassen, ist es das oberste Gebot, am Vortag des *Pessach*festes alle Nahrungsmittel, die Treibmittel enthalten, aus dem Haus zu entfernen und während der folgenden acht Tage nur ungesäuertes Brot zu essen (BT 166–167; Ex. 12, 15; T 147; U 53).[336] Auch der Verzehr von Bitterkraut symbolisiert die Erinnerung an diese schwere Zeit.[337] In diesem Zusammenhang liefern sich die Kommentatoren im *Talmud* seitenlange Diskussionen über den genauen Zeitpunkt des Beginns und des Endes des *Pessach*festes (BT 166–193).

In *~~Un~~orthodox* kommt die Rede auch auf das Gebot eigenhändig gehackter Nüsse, da es verboten sei, bereits gehackte Nüsse zu kaufen (U 101): Diese Vorschrift mutet ungewöhnlich an und dürfte auf das Satmarer Rabbinat zurückzuführen sein.

Zwischen *Pessach* und *Schawuot* findet das Freudenfest *Lag ba Omer* statt,[338] bei dem Lagerfeuer entzündet werden, um die getanzt und gesungen wird. Auch hier wird in *~~Un~~orthodox* die diskriminierende Nebenrolle der Frauen betont, da sie nicht mittanzen, sondern nur vom Fenster aus der männlichen Ausgelassenheit zuschauen dürfen (U 126). Auf *Lag ba Omer* folgt *Schawuot*, das Fest der Erstlingsfrüchte und zugleich der ›*Torah*-Gebung‹, an dem die Übergabe der *Torah* von Gott an Moses gefeiert wird.[339] Zu diesem Anlass werden alle Häuser mit Zweigen und Blumen geschmückt (U 128).

Eine wichtige Rolle spielen auch *Rosch Haschanah* und *Jom Kippur*. *Jom Kippur* ist ein strenger Fastentag, an dem die gegenseitige Versöhnung und die Vergebung der begangenen Sünden im Mittelpunkt stehen:[340] »Versöhnungstag, heilige Versammlung sei er euch, und ihr sollt euch kasteien [...]. Und keinerlei Verrichtung dürft ihr tun an eben diesem Tag, denn ein Tag der Versöhnung ist er, euch zu sühnen für HaSchem, eurem Gott« (Lev. 23, 27–28; T 268). *Rosch Haschanah* hingegen ist ein Gedenktag, der mit dem Blasen des Schofarhorns begangen wird (Lev. 23, 24; T 267) und zugleich den ersten Tag des neuen Jahres nach dem jüdischen Kalender markiert.[341] Alle Hörner tierischen Ursprungs, mit Ausnahme von

336 Siehe ebd., S. 204–205.

337 Ebd., S. 215–216.

338 Heinrich W. Guggenheimer (Hg.), *The Jerusalem Talmud*, Bd. 80, Berlin/Boston: De Gruyter 2014, S. 126.

339 Michael Rosenkranz, »Schawuot – Das Fest der Torahgebung«, *Talmud.de*, 29.11.2013 (Internet-Link im Literaturverzeichnis).

340 Berger, *Gesetz*, S. 199.

341 Guggenheimer, *The Jerusalem Talmud*, Bd. 80, S. 351.

Rindern, sind erlaubt.[342] *Schawuot* ist ein heiliger Ruhetag (Lev. 23, 21; T 267), *Sukkot* ist ein siebentägiges Fest, das in einer nach genauen Vorgaben errichteten Hütte gefeiert wird[343] (Lev. 23, 40–43; T 268–269).[344] Sieben Tage lang müssen die Mahlzeiten in dieser Hütte eingenommen werden.[345] *Sukkot* endet am achten Tag mit der Zeremonie von *Simchat Torah*, wenn die *Torah*rollen aus ihrem Schrein genommen und feierlich herumgetragen werden. Dies ist allerdings ein rabbinischer Zusatz, der weder in der *Torah* noch im *Talmud* erwähnt wird.[346]

Dazu kommentiert Feldman, dass der Zeitpunkt von *Simchat Torah* den Frauen die einzige Gelegenheit bot, in die Synagoge zu gehen (U 181). *Rosch Haschanah* und *Jom Kippur* werden in *~~Un~~orthodox* nur flüchtig als Schulfeiertage erwähnt (U 192). Dass *Jom Kippur* ein Bußtag ist, erfährt man, als Bubby in Reaktion auf den Anschlag auf die New Yorker Twin Towers am 11. September 2001 Feldman anfleht, am Tag des *Jom Kippur* Buße zu tun (U 230). Diese diegetische Verbindung zwischen den Schrecken des schwersten Terroranschlags aller Zeiten und *Jom Kippur* unterstreicht die Rolle des Buß- und Versöhnungstages – gewiss kein Fest der Freude.

Zusammenfassend lässt sich festhalten, dass sich die Mitglieder der ultraorthodoxen jüdischen Glaubensgemeinschaft Satmar in Williamsburg (New York) bewusst möglichst hermetisch von der Außenwelt abschotten, um in einer Art künstlich geschaffenem *Schtetl* nach dem Vorbild des europäischen *Schtetls Satu Mare* im heutigen Rumänien ihren streng religiösen Traditionen und Regeln zu folgen. Auf begrenztem Raum, in Sichtweite von der säkularen Welt, wird die Aufrechterhaltung des Andersseins durch die Befolgung der Gebote der *Torah* und ihrer Auslegung im *Talmud* und in anderen rabbinischen Texten unterstützt. Dadurch, dass diese religiösen Regeln tagtäglich gelebt und praktiziert werden, kann einerseits unmöglich eine Trennlinie zwischen dem talmudischen Recht und dem Alltagsleben gezogen werden, und andererseits führt diese enge Verflechtung dazu, dass alle Gemeindemitglieder *nolens volens* das talmudische Recht kennen, zumindest soweit es ihre persönlichen Lebensbereiche betrifft. Das talmudische Recht ist ein täglich gelebtes Recht, weshalb Literatur, die vom Leben nach den Regeln des *Talmud-Torah* erzählt, wie im Falle des Romans *~~Un~~orthodox*, zugleich vom Recht erzählt. Dass in *~~Un~~orthodox* der Grad der Divergenz zwischen diegetischem und talmudischem realweltlichem Recht vernachlässigbar ist, darf daher nicht verwundern. Umso mehr kommt der Literatur

342 Ebd., S. 436.
343 Ebd., S. 211.
344 Zentralrat der Juden in Deutschland (Hg.), *Die Lehren des Talmud*, S. 14.
345 Guggenheimer, *The Jerusalem Talmud*, Bd. 80, S. 262.
346 Michael Rosenkranz, »Schemini Atzereth – Fest des achten Tages und der Torah-Freude«, *Talmud.de*, 29.11.2013 (Internet-Link im Literaturverzeichnis).

hier eine stark erhellende und kommentierende Rolle zu, indem die diegetische Fiktion das talmudische Recht auch sehr gut für Laien des jüdischen Glaubens erläutert und veranschaulicht. *Unorthodox* erscheint hier in der Tat als ein Rechtskommentar. Die Gebote und Verbote, mit denen Feldman in ihrem Alltag konfrontiert wird, die Grundhaltungen ihrer Gemeinde wie Isolationismus, Antizionismus, Schuldgefühle, das Dasein als Mädchen und Frau, das Lernen – oder besser, das Lernverbot –, die Festtage, ihre Lebensetappen auf dem Weg vom Kind zur verheirateten Frau und schließlich das Verlassen der Gemeinde, sind zugleich Teil des talmudischen Rechts, das sie wirklichkeitskonform wiedergibt und zugleich durch die Technik der Ich-Erzählung belebt und sensibilisiert.

Dadurch, dass der literarische Diskurs in *Unorthodox* fast deckungsgleich mit dem talmudischen Rechtsdiskurs ist, verschwimmen die Grenzen zwischen Literatur und Recht fast völlig. Wie bereits erwähnt, unterscheiden sie sich voneinander im Wesentlichen durch ihre Zweckbestimmung, da die religiösen Normen konkret das praktische Leben zu regeln haben, während die Literatur bei ihrer kommentierenden Funktion stehen bleibt. Abgesehen von diesem Unterscheidungspunkt, können Literatur und Recht hier als disziplinär verschmolzen angesehen werden: Die Grenze der Darstellbarkeit von Normativität wird hier von der Literatur insofern überwunden, als die Normativität aus dem Narrativ ›fließt‹: Die Schilderung des Alltagslebens mit seinen Geboten und Verboten ist zugleich die Schilderung des Rechts, insofern Recht und Lebenspraxis in der orthodox-jüdischen Satmar-Gemeinde eins sind. Die Literatur erklärt, erläutert und kommentiert hier das talmudische Recht in seiner faktischen (*Torah*, *Talmud*) sowie in seiner hybriden Form an der Schnittstelle zwischen Gewohnheitsrecht (Rabbinische Bestimmungen) und geltendem faktischen Recht. In *Unorthodox* werden menschliche Handlungen beschrieben, die zugleich Ausdruck von Normativität sind, wobei literarische Fiktion und rechtliche Faktizität ineinander übergehen. Der literarische Text antizipiert hier nicht mögliche Rechtszustände, sondern beschreibt deren Ist-Zustand und reibt sich an den Grenzen der Darstellung dieses normativen Ist-Zustandes. Die verwendete Sprache ist die des talmudischen Rechts, wobei sich literarische und rechtliche Begrifflichkeiten nicht störend gegenseitig ausschließen.

Dieses Verschwimmen der disziplinären Grenzen macht sich schon, wie bereits angedeutet, im *Talmud* selbst bemerkbar, indem hier der Text der *Torah* nach den Regeln der literarischen und rechtlichen Hermeneutik ausgelegt wird. Der Text des *Talmuds* verbindet Literatur und Recht, insofern die Rechtskommentare durch zahlreiche literarische, rechtsfremde Einschübe ergänzt und illustriert werden. Die textuell-grammatische Auslegung des *Torah*-Textes erfolgt mitunter nach bestimmten Auslegungsregeln, die die *Torah* selbst, im Sinne von Zippelius' Zirkularität, expliziert. Ebenso kann postuliert werden, dass Gadamers hermeneutischer Zirkel dort zur Geltung kommt, wo die lange Reihe aufeinander folgender Auslegungen einzelner Gebote der *Torah* einerseits die Kenntnis der vorangegangenen Auslegungsvorschläge voraussetzt, und andererseits talmudisches Vorwissen erfordert.

In der Kontinuität der Ausführungen zum *Talmud* als normativ-literarischem Text kann auch für die Auslegung von *~~Un~~orthodox* die Verschmelzung der hermeneutischen Regeln geltend gemacht werden, insofern eigentlich Diegese und Recht zusammenfallen.

~~Un~~orthodox bietet in diesem Sinne ein interessantes Beispiel für die Fusion von Recht und Literatur, die durch die praktisch fehlende Abhebung des diegetischen Rechtsdiskurses vom talmudischen Diskurs zwar nicht zu einer relevanten kontrafaktischen Variation führt, von dieser aber für eine interdisziplinäre Erkenntnisgewinnung stark profitiert.

4.5 *Repenti* (2017) von Claude Chossat[347]

Im autobiographischen Bericht *Repenti* berichtet Claude Chossat über seinen Werdegang als verurteilter Schwerverbrecher, der sich seine Freilassung durch Kooperation mit der Justiz erkauft, aber nicht in den Genuss des gerichtlichen und rechtlichen Schutzes für Justizinformanten kommt. Dies ist für ihn umso gefährlicher, als er einer der ersten ist, der es wagt, das ungeschriebene Gesetz des Schweigens, die *Omerta*, zu brechen, die die korsische Kriminalität umgibt. Als nun öffentlich bekannter Informant, der Namen und Fakten preisgibt, droht ihm die *Vendetta*, die Rache. Im Klartext bedeutet dies die tägliche Gefahr der Ermordung.

Chossat stammt aus einer korsischen mittelständischen Familie, seine Mutter ist Beamtin, sein Vater arbeitet bei den staatlichen Elektrizitätswerken EDF. Obwohl er als ruhiger Junge gilt, wird er während seiner Gymnasialzeit straffällig (Raub mit Waffengewalt und Körperverletzung) und verbüßt eine siebenjährige Gefängnisstrafe (2000–2007) in der Haftanstalt von Borgo bei Bastia. Während dieser Zeit lernt er Francis Mariani, einen der Mitbegründer der korsischen Gang *Brise de Mer* kennen und wird Zeuge von Marianis Fluchtvorbereitungen aus dem Gefängnis. Nach seiner eigenen Entlassung nimmt Chossat Kontakt zu Mariani auf und wird dessen persönlicher Chauffeur, Leibwächter und ›Mann für alles‹, um Mariani bei der Jagd auf Richard Casanova und dessen Schwager Jean-Luc Germani zu unterstützen.

347 Claude Chossat, *Repenti*, Paris: Fayard 2017. Für Zitierzwecke wird die Sigle ›R‹ mit der Seitenzahl im Fließtext verwendet.

4.5.1 *Die korsische Gang* Brise de Mer

Chossats Bericht *Repenti* ist vor dem Hintergrund der korsischen kriminellen Organisation *Brise de Mer*, deren Entstehungsgeschichte in die 1970er Jahre zurückreicht, zu lesen. Sie beginnt in einem einfachen Café namens *Brise de Mer*[348] im alten Hafen von Bastia. Dort trifft sich im Hinterzimmer regelmäßig eine Gruppe von zwanzig bis dreißig jungen Leuten aus allen sozialen Schichten, um nähere Bekanntschaft zu machen und Pläne zur Eroberung der politischen und wirtschaftlichen Macht über Teile Korsikas zu schmieden. Dazu muss im Vorfeld die ›Konkurrenz‹ ausgeschaltet werden, vor allem der damals mächtige *Corte*-Clan unter dem vielgeachteten und gefürchteten Louis Memmi, der durch Gewalt und Erpressung ein beachtliches Vermögen mit Spielautomaten angehäuft hat. Mit der kaltblütigen Ermordung von Memmi am 10. September 1981[349] firmiert die *Brise de Mer* ihren Geburtsakt, es folgen mehr als zwanzig Morde an widerspenstigen Mitgliedern des *Corte*-Clans und an unliebsamen Zeugen, bis der Norden Korsika in die Hände der *Brise de Mer* fällt.[350] Bei Justizverfahren, in die eigene Clanmitglieder verwickelt sind, werden Richter:innen, Zeug:innen und Geschworene erpresst, um einen Freispruch zu erwirken. Ein erster Beleg dafür ist der Prozess vor dem Schwurgericht im französischen Dijon gegen drei Mitglieder der *Brise de Mer* – Robert Moracchini, Pierre-Marie Santucci, Georges Seatelli –, die in den Mord an Daniel Ziglioli, Mitglied des ›Memmi‹-Clans und Besitzer der florierenden Diskothek *Le Castel*, verwickelt sind. Trotz eindeutiger Beweise und trotz der Zeugenaussage eines Polizeifunktionärs werden die drei Angeklagten im Mai 1985 freigesprochen.[351] Zwölf Männer ohne hierarchisches Verhältnis führen die *Brise de Mer* an,[352] darunter Francis Mariani und Richard Casanova, und herrschen über ungeahnte finanzielle Reichtümer durch Investitionen in und außerhalb Korsikas, in das öffentliche Bauwesen, in Nachtclubs, in Kasinos, in Spielhöllen und Spielautomaten, in Restaurants und Cafés, in den Luxustourismus etc. Sie verleiht Geld an Unternehmen gegen Zinsen. Sie erpresst Zahlungen von Unternehmen und Geschäften. Im Jahr 1999 umfasste das Vermögen der *Brise de Mer*, grob geschätzt, eine Milliarde Francs (ca. 153 Millionen Euro), 500 Bankkonten und

348 Das Café existiert heute noch unter dem Namen *Le Méditerranée.*

349 Violette Lazard / Marion Galland, *Vendetta. Les héritiers de la Brise de Mer*, Paris: Plon 2020, S. 26–28.

350 Ebd., S. 30.

351 Ebd., S. 29–34.

352 Zu diesen zwölf Männern zählen Richard Casanova, Francis Mariani, Maurice Costa, Paul-Louis Guazzelli, Angelo Guazzelli, Francis Guazzelli, Robert Moracchini, Francis Santucci, Pierre-Marie Santucci, Georges Seatelli, Alexandre Chevrières und Dominique Rutily.

unzählige Immobilien. Ebenso kolossal ist die Steuerhinterziehung.[353] Diese finanzielle Macht öffnet den Vertretern der *Brise de Mer* den Zugang zu den ›Mächtigen‹ in Politik und Wirtschaft.[354] Anders wäre es Casanova nicht möglich gewesen, sechzehn Jahre lang unbehelligt auf Gefängnisflucht zu sein, ohne sich sonderlich verstecken zu müssen. Zu den politischen ›Schutzherren‹ der *Brise de Mer* gehören u. a. Bernard Squarcini, ehemaliger Direktor des französischen Geheimdienstes,[355] Charles Pasqua, ehemaliger französischer Innenminister,[356] der bis vor kurzem amtierende französische Justizminister Éric Dupont-Moretti, ehemaliger Anwalt und Verteidiger der *Brise de Mer*, und Paul Giacobbi, ehemaliger Regionalpräsident von Korsika.[357] In finanzieller Hinsicht hat die *Brise de Mer* einen Schutzpatron in Michel Tomi, einem gebürtigen Korsen, der in Afrika ein Imperium von Kasinos und Spielhöllen errichtet hat.[358]

Richard Casanova, einer der wichtigsten strategischen Köpfe der *Brise de Mer*, stammt aus einer wohlhabenden Familie im Zentrum von Bastia und verfügt über eine gute Schulbildung. Er wird zunächst zum Kriminellen für das Ideal der korsischen Unabhängigkeit: Im Alter von zwanzig Jahren tritt er dem FLNC (*Front de Libération Nationale Corse*) bei[359] und begeht zahlreiche Banküberfälle, um die Aktivitäten seiner Organisation zu finanzieren. 1980 wird er dabei auf frischer Tat ertappt und zu einer Gefängnisstrafe verurteilt. Von seinen Mitstreitern des FLNC verraten und im Stich gelassen, wendet sich Casanova nach seiner Freilassung ein Jahr später der *Brise de Mer* zu und wird zu einem ihrer führenden Mitglieder. Mit Erfolg plant er ihre kriminellen Aktionen. Eine dieser Aktionen, deren Vorbereitung und Strategie eindeutig auf ihn zurückgehen, wird als einer der größten Banküberfälle in die Geschichte eingehen: Am 25. März 1990 gelingt es der *Brise de Mer,* mit Hilfe interner Komplizen der Bank die Safes des Hauptsitzes der Schweizer Bank UBS in Genf zu öffnen und zu leeren, ohne Spuren eines Einbruchs zu hinterlassen. Die Beute beläuft sich auf 220 kg Banknoten im Wert von rund 54 Millionen Euro.[360] Das gesamte erbeutete Geld wird zu gleichen Teilen unter den zwölf führenden Mitgliedern der *Brise de Mer* aufgeteilt, auch unter jenen, die nicht an der Tat teilgenommen haben.

Während Casanova und andere Mitglieder der *Brise de Mer* das angehäufte Geld durch Investitionen geschickt ›weißwaschen‹, verbringt

353 Lazard/Galland, *Vendetta*, S. 52–53.

354 Vgl. dazu Franck Guérin, Dokumentarfilm »Omerta, le gang de la Brise de mer« in 4 Teilen, Patrick Spica Productions, 2023, hier Teil 1: »Omerta, le gang de la Brise de mer« (Internetlink in Literaturverzeichnis).

355 Lazard/Galland, *Vendetta*, S. 56.

356 Ebd., S. 82.

357 Ebd., S. 58–60.

358 Ebd., S. 82–83.

359 Der FLNC wurde 1976 gegründet.

360 Lazard/Galland, *Vendetta*, S. 46–47.

Francis Mariani viel Zeit im Gefängnis und vergeudet nach seinen jeweiligen Entlassungen das Geld mit Investitionen in Autorallyes, seiner Jugendleidenschaft. Im Gegensatz zu Casanova, stammt er aus einer armen Bauernfamilie, verlässt im Alter von vierzehn Jahren die Schule und wird Vater mit sechzehn. Er zeichnet sich vor allem durch Furchtlosigkeit und Gewaltbereitschaft aus.

Der Niedergang der *Brise de Mer* wird durch interne Rivalitäten eingeläutet, die sich insbesondere zwischen Richard Casanova und Francis Mariani entwickeln. Während sich die Mehrheit der führenden Mitglieder der *Brise de Mer* mit dem bisher erzielten Reichtum zufriedengibt, entbrennt zwischen Mariani und Casanova ein Wettlauf um die freien Gebiete Korsikas, die nun nicht mehr von der *Armata Corsa* und dem Clan *Colonna* kontrolliert werden. Mariani ist überzeugt, dass Casanova mit Hilfe seines Schwagers Jean-Luc Germani und seines Freundes Michel Tomi dabei ist, gegen die Interessen der *Brise de Mer* eine eigene Gruppe aufzubauen, um sich diese nunmehr freien Gebiete zu sichern.[361]

Dazu muss erläuternd angemerkt werden, dass sich die Einflusszonen im Norden der Insel Korsika bisher zwischen der *Brise de Mer* und der *Armata Corsa* aufteilten und von beiden Seiten respektiert wurden, bis zum Zeitpunkt der Ermordung an Dominique Savelli, Mitglied der *Brise de Mer*. Dieser Gewaltakt, der durch den Versuch motiviert war, sich einiger der florierenden Geschäfte der *Brise de Mer* zu bemächtigen, löste einen Kriegszustand zwischen den beiden Fraktionen aus. Die Antwort der *Brise de Mer* ließ nicht lange auf sich warten: Sie ermordete den Anführer der *Armata Corsa,* François Santoni,[362] und sieben weitere Mitglieder, wodurch die *Armata Corsa* bis zur Bedeutungslosigkeit dezimiert wurde. Parallel zu den Feindseligkeiten zwischen der *Brise de Mer* und der *Armata Corsa* löste die Ermordung von Robert Feliciaggi, einem Mitglied des Clans Colonna, am 10. März 2006 eine neue Mordserie aus, der am 1. November 2006 auch Jean Colonna selbst zum Opfer fiel.

Ein weiterer Grund für die Entwicklung der Feindschaft zwischen Mariani und Casanova ist die persönliche Eifersucht Marianis auf den scheinbar unverwundbaren Casanova, dem es dank mächtiger Komplizen in Politik und Wirtschaft, die bis nach Afrika reichen, gelingt, trotz gerichtlicher Verurteilungen sechzehn Jahre lang auf freiem Fuß zu bleiben, während er, Mariani, wiederholt ins Gefängnis muss.[363] Außerdem

361 Ebd., S. 87–91. Jacques Follorou, *Mafia corse. Une île sous influence*, Paris: Robert Laffont 2022, S. 15–16.

362 Lazard/Galland, *Vendetta*, S. 125.

363 Vgl. dazu Guérin, Dokumentarfilm, Teil 2: »Le temps des Braquos«, Teil 3: »Le Casse du siècle«, Teil 4: »Ainsi finit la Brise« (Internetlink im Literaturverzeichnis).

verfolgt Mariani mit wachsendem Neid die finanzielle Bereicherung Casanovas in Afrika unter der Schirmherrschaft Michel Tomis.

Als Mariani am 22. November 2007 Opfer eines missglückten Anschlags wird, bei dem er am Arm verletzt wird, ist er überzeugt, dass Casanova und Germani dahinterstecken, und setzt alles daran, die beiden zu ermorden. Zu diesem Zweck stellt er Claude Chossat ein, der ihm bei der Ausführung des Plans helfen soll. Mariani ermordet tatsächlich Casanova am 23. April 2008,[364] allerdings ohne direktes Zutun von Chossat.

Zu diesem Zeitpunkt der inneren Auflösung der *Brise de Mer*[365] tritt Claude Chossat in die Dienste von Mariani und hier setzt sein Bericht in *Repenti* (2017) ein.[366]

4.5.2 *Repenti von Claude Chossat*

Claude Chossat ist ein ›Repenti‹, d. h. ein geständiger Straftäter, der mit der Polizei zusammenarbeitet. Seine Entscheidung, der Justiz die Wahrheit über seine zweijährige Tätigkeit als Vertrauter, Chauffeur und Leibwächter von Francis Mariani zu liefern, wird durch die eigene Gefährdung an Leib und Leben gefördert: Chossat ist durch seine Mitwisserschaft von Marianis Mord an Casanova innerhalb der *Brise de Mer* in die Mühlen der korsischen *Vendetta*, der Rache, geraten. Sicher ist, dass Casanovas Schwager, Jean-Luc Germani, Casanovas Tod rächen wird (R 23). Auch Mariani selbst kann ihm in seinem Blutrausch noch gefährlich werden.

4.5.2.1 Vorgeschichte

Um endogenen Racheaktionen zu entgehen, flüchtet Chossat mit seiner Familie in die Schweiz, wo er im September 2009 festgenommen und an die französische Justiz ausgeliefert wird. Zu diesem Zeitpunkt bietet er sich der Justiz als Kollaborateur an, in der Hoffnung, eine Strafmilderung

364 Vgl. dazu ebd., Teil 4: »Ainsi finit la Brise«.

365 Nach dem Tod von Casanova setzt eine Mordserie ein, die die *Brise de Mer* bis auf wenige dezimiert: Francis Mariani († 12.1.2009), Pierre-Marie Santucci († 10.2.2009), Francis Guazzelli († 15.11.2009), Maurice Costa († 7.8.2012). Siehe Follorou, *Mafia corse*, S. 223.

366 Wenn sich die *Brise de Mer* von innen heraus ausgehöhlt und dezimiert hat, so bedeutet dies jedoch nicht das Ende des korsischen Gangstertums. In Nordkorsika bilde sich bereits, so Frédéric Ploquin, eine neue Gang *Balagne* um die Familie Federicci, die bereits in Marseille Erfahrung gesammelt hat. Siehe Frédéric Ploquin, »Parrains et caïds. L'inépuisable vivier français«, in: *Pouvoirs* (2010/132/1), S. 91–102, hier : S. 98. Korsika perpetuiere so weiterhin das Gangstertum (ebd., S. 91).

zu erwirken und in den Genuss einer geliehenen Identität und geeigneter Schutzmaßnahmen gemäß Art. 132-78 franz. StGB zu kommen.[367] Zwar wird Chossat nach drei Jahren tatsächlich aus der Haft entlassen (R 213), doch wird ihm der spezielle Schutz für Justizkollaborateure verwehrt. Er ist somit ein selbsternannter ›Repenti‹ ohne dessen Rechtsstatus: »Repenti de fait mais pas de droit« (R 10). Er ist der erste korsische ›Repenti‹, der es wagt, die *Omerta* zu brechen und seine Aussageprotokolle zu unterschreiben. Richter Guillaume Cotelle bestätigt, dass es sich um einen Einzelfall handelt: »La singularité du cas de M. Chossat tenait qu'un acteur du milieu corse avait accepté de parler, en donnant des détails, des noms, ce qui était assez inhabituel dans le contexte insulaire.«[368] Claude Choquet, ehemaliger Richter, bläst in das gleiche Horn und bestätigt die historische Einzigartigkeit von Chossats Enthüllungen, die es der Justiz ermöglicht haben, einen tieferen Einblick in die kriminellen Zusammenhänge auf Korsika zu gewinnen:

> Lorsque M. Chossat a décidé de parler, j'ai vu que c'était un élément extraordinaire, quasiment historique, car c'était le premier à parler. Il nous a permis de faire des pas de géant dans ce domaine où nous étions dans le brouillard. Nous avions connaissance des règlements de compte,

367 In Frankreich sieht das Gesetz ›Perben‹ II vom 9. März 2004 (Loi n° 2004-204 du 9 mars 2004), geändert am 6. Dezember 2013, für Justizkollaborateur:innen – neben der Möglichkeit der Strafbefreiung oder -reduzierung (Art. 132-78 franz. StGB) – besondere Schutz- und Reintegrationsmaßnahmen vor, wie eine geliehene Identität und angemessene Sicherheitsmaßnahmen, die von Fall zu Fall festgesetzt werden (Art. 706-63-1 frz. StVerfGB). Art. 132-78 frz. StGB bestimmt, dass Angeklagte, die eine Straftat begehen wollten, von der Bestrafung befreit werden können, wenn sie durch ihre Informationen diese Straftat verhindern und Komplizen identifizieren helfen. Wenn diese Tat schon begangen worden ist, so können Justizinformant:innen in den Genuss der Reduzierung des Strafmaßes kommen, wenn sie Informationen liefern, die dazu beitragen, der Straftat ein Ende zu setzen oder einen Schaden zu vermeiden: »La personne qui a tenté de commettre un crime ou un délit est, dans les cas prévus par la loi, exempte de peine si, ayant averti l'autorité administrative ou judiciaire, elle a permis d'éviter la réalisation de l'infraction et, le cas échéant, d'identifier les autres auteurs ou complices. Dans les cas prévus par la loi, la durée de la peine privative de liberté encourue par une personne ayant commis un crime ou un délit est réduite si, ayant averti l'autorité administrative ou judiciaire, elle a permis de faire cesser l'infraction, d'éviter que l'infraction produise un dommage ou d'identifier les autres auteurs ou complices.« Siehe dazu Alexis Mihman, »Exemption et réduction de peine pour les repentis: apports de la loi du 9 mars 2004, dite loi ›Perben‹«, in: *Droit pénal*, Étude Nr. 1, § 2, 2005, S. 6–11; Camille Viennot / François Desprez, »L'appréhension ambiguë de la trahison par la procédure pénale«, in: *Droit et Cultures* (2017/74/2), S. 115–135.

368 Julien Mucchielli, »Procès du ›repenti‹ corse Claude Chossat: ›C'était le premier à parler‹«, in: *Dalloz Actualité*, 5.11.2019, S. 1–2, hier: S. 1.

mais nous n'avions que la surface et pas ce qu'il se passait en dessous, à cause de l'omerta largement répandue en Corse.[369]

Mehrere illegale Finanzgeschäfte konnten laut Chossat dank seiner Informationen geahndet werden (Cercle de jeux parisien, Bateaux Promenade en Mer, Geldwäsche etc.; vgl. R 108–112)[370] und dennoch muss er seit seiner Entlassung aus der Untersuchungshaft 2012 selbst für seine Sicherheit sorgen.[371]

Chossat setzt täglich sein Leben aufs Spiel, denn der Bruch der Schweigepflicht darf nach den Regeln der *Vendetta* nicht ungerächt bleiben. Er ist umso mehr gefährdet, als seine Aussageprotokolle auf unerklärliche Weise die Vertraulichkeit der Gerichtsakten verlassen haben und der Presse zugespielt worden sind: »Tu parles en confiance à la justice et tu te retrouves en une du *Monde*? On m'avait promis que mes confessions seraient protégées par le plus grand secret et voilà que je me retrouve à découvert comme jamais, jeté en pâture à tous ceux qui veulent m'abattre!« (R 205–206). Die Justiz hat also ihr Wort gebrochen, den Fall streng vertraulich zu behandeln, und der Bruch der *Omerta* durch Chossat wird nun öffentlich. Es ist ein ungeschriebenes Gesetz auf Korsika, dass niemand etwas weiß oder Informationen weitergibt. Für die Mitglieder der *Brise de Mer* ist die Schweigepflicht Teil eines bedingungslosen Solidaritätsprinzips, das den Fortbestand der kriminellen Organisation garantiert. Für die Bevölkerung ist sie eine Überlebensstrategie, denn wer redet, der stirbt eines unnatürlichen Todes. Der italienische Justizkollaborateur Tommaso Buscetta formuliert die *Omerta* sehr treffend: »Ich weiß nichts, ich habe nichts gesehen. Aber sollte auch dieses Nichts Verdacht erregen, dann weiß ich weniger als nichts, ich habe weniger als nichts gesehen.«[372] Claire Sterling weist darauf hin, dass derjenige, der diese Schweigepflicht bricht, ein Verräter ist: »Wer der Polizei bei der Aufdeckung eines Verbrechens hilft, mit den Gesetzeshütern kollaboriert oder sein Recht vor Gericht sucht, ist ein Infamer – ein Verräter und Abtrünniger«,[373] der durch seine Unehrenhaftigkeit der *Vendetta* zum Opfer fällt. Chossat weiß das nur zu gut, wenn er selbst festhält: »La moralité de l'histoire, c'est quand on parle et que l'on signe ses procès-verbaux, en Corse, on est condamné à mort, en vertu d'une loi non écrite« (R 260).

369 Ebd.

370 Vgl. Eric Pelletier, »Claude Chossat, le repenti de la mafia corse à visage découvert«, in: *Le Parisien*, 27.10.2019 (Internet-Link im Literaturverzeichnis).

371 Vgl. Le Parisien, »[Podcast] Claude Chossat, le repenti 3/5«, in: *YouTube*, 7.8.2019 (Internet-Link im Literaturverzeichnis).

372 Lucio Galluzzo, *Das gebrochene Schweigen. Tommaso Buscetta: Mafia-Capo und Verräter*, Wien/München: J&V 1985, S. 21.

373 Claire Sterling, *Die Mafia. Der Griff nach der Macht*, Bern/München/Wien: Scherz 1990, S. 31.

Chossat weiß, dass dieses rastlose Leben kein Ende nehmen wird, denn die Arme der *Vendetta* reichen weit und über eine lange Zeit: »Je sais juste que, aussi longtemps que je vivrai, je continuerai à mener une vie d'homme traqué, mais à l'air libre« (R 255). Da er nicht weiß, ob er eines natürlichen Todes sterben wird, hat er mit Hilfe eines Journalisten *Repenti* einerseits geschrieben, um sein Gewissen zu erleichtern, und andererseits, um mit eigenen Worten die Wahrheit aufzuschreiben, die er als Testament hinterlassen möchte: »Cette vérité, je veux la dire, c'est mon testament« (R 11). Diese Wahrheit soll andere Jugendliche in Korsika davon abhalten, in die Kriminalität abzugleiten, und sie vor der Unzuverlässigkeit der Justiz warnen, die unter dem Vorwand, Chossat sei in den Mordfall ›Casanova‹ verwickelt, ihr Versprechen des staatlichen Schutzes nicht eingelöst hat.[374]

4.5.2.2 Repenti: Inhalt

Claude Chossat wird in keine kriminelle Familie hineingeboren, seine Eltern führen ein normales bürgerliches Leben (R 38). In seiner Kindheit und Jugend wird er tagsüber von den Großeltern betreut, bis die Eltern abends von Ajaccio nach Hause in das Dorf Cuttoli-Corticchiato (R 37) zurückkehren. Er ist ein guter Schüler, seine Kindheit verläuft normal (R 37–43). Er absolviert eine Berufsschule und arbeitet zwei Jahre in einer Elektronikfirma (R 45–46), bis er mit dem Milieu des Kleingangstertums in Berührung kommt und sich an ersten kriminellen Tätigkeiten beteiligt. Ein Einbruch in die Wohnung eines älteren Ehepaares im Jahr 2000, bei dem sich Chossats Rolle zunächst darauf beschränkt, auf dem Fahrersitz des in der Straße parkenden Autos auf seine Kameraden abfahrbereit zu warten, wird ihm zum Verhängnis, als er von ihnen zu Hilfe gerufen wird, um den Safe des Ehepaars zu knacken. Tatsächlich gelingt es der Tochter der Tatopfer, zeitnah die Polizei zu alarmieren, die Chossat auf frischer Tat ertappt, nicht aber seine Komplizen, die bereits auf der Flucht sind (R 49–51). Diese unglücklichen Umstände bescheren ihm sieben Jahre Haft im Gefängnis Borgo am Stadtrand von Bastia (R 55–56), in dem sich zur gleichen Zeit auch drei Mitglieder des engsten Kreises der *Brise de Mer* (R 57–61) befinden: Pierre-Marie Santucci, Maurice Costa und Francis Mariani.[375]

374 Vgl. France 3 Corse ViaStella, »Claude Chossat le repenti corse livre les secrets du banditisme«, in: *YouTube*, 22.9.2017 (Internet-Link im Literaturverzeichnis); vgl. Patrick Cohen, »Un repenti de la mafia corse raconte«, in: *C à Vous*, 19.9.2017 (Internet-Link im Literaturverzeichnis); vgl. zum Thema der Justizkollaboration Safouane Abdessalem, »Mafia corse: comment la France collabore avec les repentis«, in: *Café Babel*, 15.11.2019 (Internet-Link im Literaturverzeichnis).

375 Lazard/Galland, *Vendetta*, S. 67.

Während die drei Kriminellen das Gefängnis dank eines gefälschten Faxes bald durch die große Türe verlassen,[376] verbüßt Chossat seine Strafe in voller Länge. Nach seiner Entlassung aus der Haft scheitert sein Versuch, eine Baufirma aufzuziehen an 50.000 Euro Schulden, die ihn zwingen, sein Unternehmen aufzugeben und ihn in eine prekäre Lage versetzen. In dieser Situation wendet er sich hilfesuchend an Mariani, der sich bereit erklärt, die Schulden zu begleichen, allerdings nicht ohne die Gelegenheit zu nutzten, Chossat als seinen persönlichen Chauffeur, Leibwächter und Mann für alles einzustellen (R 98). Nun hat er ihn fest im Griff, aus dem es schwerlich ein Entrinnen gibt. Chossat soll ihm helfen, Richard Casanova und Jean-Luc Germani aufzuspüren: »Il y a une semaine, on a essayé de me tuer. Tu vas m'aider à retrouver ceux qui ont fait ça« (R 78). Er beauftragt seinen neuen Mann, ihm Waffen im Wert von 25.000 Euro zu besorgen.[377] Mariani tötet Casanova am 23. April 2008 und nicht, wie ursprünglich geplant, Jean-Luc Germani.[378] Nun setzt sich das Mahlwerk der *Vendetta* in Gang, denn Germani wird den Tod seines Schwagers rächen und damit den Niedergang der *Brise de Mer* einleiten.[379] Er wird nicht nur Mariani, sondern auch Claude Chossat zum ewigen Getriebenen machen (R 10): »Le feu de la vengeance« (R 80).

Repenti ist ein Bericht über die ungeschriebenen Gesetze der korsischen *Vendetta* und über das unmögliche Leben derer, die sie zu fürchten haben. Im folgenden Kapitel wird nun gezielt auf jene Textstellen in *Repenti* eingegangen, die sich auf dieses Gewohnheitsrecht der Rache (*Vendetta*) beziehen, um daraus ein Gesamtbild zu erstellen, das im darauffolgenden Kapitel kontrafaktisch dem realweltlichen *Usus* der *Vendetta* gegenübergestellt wird.

4.5.3 *Zum expliziten gewohnheitsrechtlichen Diskurs (Vendetta) in der Diegese*

Claude Chossat verweist in *Repenti* auf die ungeschriebenen Gesetze der *Vendetta* (R 260), auf jene Kultur des Mordes und der Rache, in der der geringste Konflikt mit dem Gewehr ausgetragen wird: »Cette culture de mort et de vengeance où l'on règle tout et n'importe quoi à coups de fusil, où l'on voit des innocents se faire assassiner, des gens mourir parce qu'ils ont rendu un service ou bien même pour rien« (R 261).

Der Mechanismus dieser *Vendetta* wird in *Repenti* anhand der Fehde zwischen Mariani und Casanova im Besonderen und anhand der

376 Ebd., S. 68–69.
377 Ebd., S. 95.
378 Ebd., S. 99.
379 Ebd., S. 102.

zahlreichen Morde als Antwort auf eine Entehrung, eine Beleidigung, einen verweigerten Dienst, einen Mord oder auch aus nichtigen Gründen im Allgemeinen verdeutlicht. Die Gefahr der *Vendetta* ist allgegenwärtig, sie liegt wie eine bleierne Schicht auf ganz Korsika und auf Teilen Südfrankreichs.

Mariani hat Richard Casanova, eines der führenden Mitglieder des engsten Kreises der *Brise de Mer*, getötet (R 99) – »J'ai tué Richard Casanova« (R 18) – und nicht, wie ursprünglich geplant, Casanovas Schwager Jean-Luc Germani. Diese Tat stellt einen schweren Verstoß gegen die absolute und unausgesprochene Solidaritätspflicht unter den Mitgliedern der *Brise de Mer* (R 18) dar, die bis dahin ihre Stärke ausmachte. Sie markiert den Beginn ihres Zerfalls und macht nun Mariani und Chossat zu vorhersehbaren Opfern des unausweichlichen Todeskreises, der die *Vendetta* charakterisiert:

> Comment leur expliquer [Chossat bezieht sich hier auf seine Töchter und seine Frau, Anm. d. Verf.] que, en Corse, sur les terres de la mafia, la rancœur tue? Comment leur expliquer toutes mes histoires avec Francis Mariani, sa lutte à mort avec Richard Casanova, qui a fait imploser la Brise de mer, leur folie dans laquelle je me suis trouvé embringué, la violence de la prison, la voracité de la mafia corse, cette culture circulaire de la mort et de la vengeance qui fait tomber sur le pavé non plus seulement des voyous mais des innocents? (R 32).

Dass Jean-Luc Germani Casanovas Tod rächen wird, darüber kann kein Zweifel aufkommen, als er den Sarg seines Schwagers als Zeichen der Racheabsicht auf seine Schulter hebt: »L'œil sec, Jean-Luc Germani s'avance près du cercueil de son beau-frère pour le soulever sur son épaule. Signe qu'il vengera le défunt. Signe que la tragédie ne fait que commencer« (R 23).[380]

Wenn es darum geht, unbequeme Personen aus dem Weg zu räumen oder die Ermordung eines Mitglieds des eigenen Clans zu rächen – »*Ci vole à cacciàlu* [Il faut l'enlever]!« (R 113) –, dann wird der diesbezügliche Mord im engsten Kreis der *Brise de Mer* kaltblütig beschlossen: »Quand ils s'agit de décider d'un assassinat, ils sont tous là« (R 114). Auf jeden Mord folgt ein weiterer Mord: »Un mort appelle un autre« (R 132), das Blut muss mit Blut vergolten werden: »Le sang se vengera dans le sang« (R 182).

Francis Mariani ist der blutrünstigste von allen, nach dem Mord an Casanova rühmt er sich mit insgesamt vierundfünfzig Morden: »›J'en suis à 54. Alors un de plus ou de moins ...‹« (R 155). Hier wird sich Chossat der Gefahr für sich selbst bewusst. Auf einen mehr oder weniger kommt es in der Tat nicht mehr an, in den folgenden Monaten ermordet Mariani Daniel Vittini und Jean-Claude Tasso (R 167), um seinem Sohn Jacques Mariani den Weg zu ebnen, indem er möglichst viele der störenden Personen beseitigt (R 155). Daniel Vittini, ein langjähriger

380 Ebd., S. 129.

Freund von Mariani, stirbt aus Neid, weil sein Sohn Alexandre zu einer kürzeren Gefängnisstrafe verurteilt wurde als Marianis Sohn Jacques (R 164).[381] Im Januar 2009 ereilt die unerbittliche *Vendetta* auch Francis Mariani: Er fällt einer Explosion in seinem eigenen Hangar zum Opfer (R 179).[382] Die Bedrohung der *Vendetta* schwebt nun umso deutlicher über den überlebenden Mitgliedern der *Brise de Mer,* solange Jean-Luc Germani auf freiem Fuß ist: »Et les survivants de la Brise peuvent d'ores et déjà faire le signe de la croix, ils le savent. Le sommet décapité, Jean-Luc Germani dans la nature et obnubilé par la vengeance, le gang le plus mythique de ces dernières années jette, dès lors, ses derniers feux« (R 179). Die Köpfe der *Brise de Mer* fallen tatsächlich einer nach dem anderen: Pierre Marie Santucci am 10. Februar 2009 (R 184),[383] Francis Guazzelli am 15. November 2009,[384] Christian Leoni am 28. Oktober 2011, Maurice Costa am 7. August 2012 (R 257). Angelo Guazzelli und Jean-Luc Germani werden zu Gefängnisstrafen verurteilt (R 157–158).

Gegen Claude Chossat laufen im Jahre 2010 Ermittlungsverfahren in sechs Strafsachen: Veruntreuung von Firmenvermögen, Autodiebstahl und Mord an Tasso und Casanova, weshalb er fast drei Jahre bis 2012 in Untersuchungshaft bleibt (R 208–213).

Die Rückkehr in die Freiheit gestaltet sich für ihn sehr schwierig, da er nicht in den Genuss des spezifischen Schutzes für Justizkollaborateur:innen kommt und keine neue Identität erhält, die ihm helfen könnte, seine Spuren zu verwischen, um auf diese Weise der *Vendetta* zu entgehen. Chossat muss pausenlos seine Spuren tilgen, Überwachungskameras installieren und den Wohnort wechseln, denn seitdem die französische Zeitung *Le Monde* seinen ›Verrat‹ publik gemacht hat, drohen ihm die Folgen der *Vendetta*, la *mala morte*, der gewaltsame Tod (R 233). Die Justiz hat ihm den Status des Justizkollaborateurs mit der fadenscheinigen Begründung verweigert, dass zum einen nicht nachgewiesen werden könne, dass seine Aussagen Verbrechen verhindert hätten, und zum anderen das Dispositiv Perben II zum Zeitpunkt seiner Aussagen 2009 noch nicht in Kraft gewesen sei. Tatsächlich dauerte es zehn Jahre, bis dieses endlich rechtskräftig wurde (2004–2014), jedoch ohne, dass die immer noch bestehenden Ungereimtheiten und praktischen Schwachstellen behoben worden wären.[385]

2019 wird Chossat erneut wegen krimineller Mittäterschaft im Mordfall Richard Casanova zu acht Jahren Freiheitsstrafe verurteilt.[386] Staatsanwalt

381 Ebd., S. 106.

382 Ebd., S. 107–111.

383 Ebd., S. 111–112.

384 Ebd., S. 112.

385 Vgl. Pierre Janouel, »Les repentis: un dispositif à reformer«, in: *Dalloz Actualité*, 28.2.2024, S. 1–2, hier: S. 1.

386 Ellen Salvi, »Le ›repenti‹ corse retourne en prison«, *Mediapart*, 9.11.2019 (Internet-Link im Literaturverzeichnis).

Pierre Cortès fordert sogar fünfzehn Jahre, da er an der Aufrichtigkeit und Wirksamkeit von Chossats Kollaboration mit der Justiz zweifelt.[387] 2021 wird Chossat erneut wegen Beteiligung an einer kriminellen Organisation (Waffenbeschaffung) im Mordfall von Jean-Claude Tasso zu sieben Jahren Haft verurteilt. Diese letzte Haftstrafe wird mit den acht Jahren der Causa ›Casanova‹ kompensiert. Beide Morde, sowohl der an Casanova als auch der an Tasso, dürften von Francis Mariani allein begangen worden sein, während Chossat bloß die Rolle des Gehilfen innehatte.[388]

Im folgenden Kapitel wird, wie bereits vorangestellt, der diegetische Diskurs in *Repenti* mit Bezug auf die gewohnheitsrechtliche korsische *Vendetta* dem realrechtlichen *Usus* der *Vendetta* gegenübergestellt. Voraussetzung dafür ist, wie bereits mehrfach geltend gemacht worden ist, und so auch hier, die nachweisbare Faktizität dieses *Usus*, auf die nun näher eingegangen wird.

4.5.4 *Kontrafaktische Kontrastierung: Vendetta vs. Gewohnheitsrecht in der Diegese*

Im Gegensatz zur mündlichen Tradierung des albanischen Gewohnheitsrechts des *Kanun*, das, wie in Kapitel 4.3 erläutert, zuletzt Anfang des 20. Jahrhunderts doch schriftlich festgehalten wurde, sind die Regeln der korsischen *Vendetta* bis heute nicht verschriftlicht worden. Das Fehlen dieser schriftlichen Nachweisbarkeit erschwert zwar die Feststellung der Faktizität dieses *Usus*, macht sie aber nicht unmöglich. Es erfordert nur, weiter in die historische Vergangenheit zurückzugehen, um dort die Wurzeln und Vorbilder für die moderne Anwendung der Regeln der *Vendetta* zu finden. Die Historizität kann Aufschluss geben über den Prozess der stillen Übereinkunft über den normativen Charakter der Regeln der *Vendetta*[389] und über die Stringenz bzw. die Folgen ihrer Nichtbeachtung.[390] Wie

387 Julien Mucchielli, »Procès du ›repenti‹ corse Claude Chossat: ›Je vous invite à ne pas adhérer au discours victimaire de Claude Chossat‹«, in: *Dalloz Actualité*, 8.11.2019; Julien Mucchielli, »Procès du ›repenti‹ corse: ›Ses déclarations sont extraordinaires, il s'auto-incrimine‹«, in: *Dalloz Actualité*, 29.10.2019.

388 Axelle Bouschon, »Claude Chossat condamné à 7 ans de prison pour association de malfaiteurs«, *Franceinfo*, 11.5.2021 (Internet-Link im Literaturverzeichnis); vgl. Yann Foreix, »Procès de Claude Chossat: le ›repenti‹ de la Brise de Mer condamné à 8 ans de prison«, *Le Parisien*, 9.11.2019 (Internet-Link im Literaturverzeichnis).

389 Vgl. Puchta, *Das Gewohnheitsrecht*, S. 139 ff. Siehe dazu auch Kapitel 2.4.2 zur Faktizität des Rechts.

390 Vgl. Hahn, »Wirksamkeit«, S. 190. Siehe dazu auch Kapitel 2.4.2 zur Faktizität des Rechts.

in der Folge ersichtlich sein wird, bleibt das Fehdeverhalten des modernen korsischen Banditentums stark dem historischen Erbe verpflichtet.

4.5.3.1 Faktizität der Vendetta

Die korsische *Vendetta* dürfte auf das 13. Jahrhundert zurückgehen, als Korsika 1284 unter die Herrschaft des italienischen Stadtstaates Genua fiel.[391] Um den Mechanismus der *Vendetta* zu verstehen, der, wie Chossat in *Repenti* zeigt, nach wir vor lebendig ist, muss die Entwicklung der strukturellen Organisation der Insel im Laufe der Geschichte berücksichtigt werden. Anders als auf dem Festland, wo im Mittelalter die religiöse Macht in den Händen der Kirche und die zivile Macht in den Händen der Feudalherren lag, mussten sich die Feudalherren auf Korsika, wie Antoine Casanova zusammenfasst, ihre Macht mit den aus dem Volk rekrutierten Richter:innen, als dritten Akteur:innen teilen:

> Les pouvoirs seigneuriaux et ecclésiastiques coexistent avec les magistrats populaires; ces derniers, qui représentent piève et groupes de piève, rendent la justice, mènent la guerre, se réunissent en assemblées générales qui ont la capacité à dépêcher des ambassades auprès de Pise ou du pape et à en appeler à des puissances du ›mal governo‹ des comtes et seigneurs. Seigneuries laïques, seigneuries ecclésiastiques, magistrats et institutions des communautés rurales et des groupes de piève ont ainsi d'équivalentes et coexistentes capacités et personnalités politico-juridiques.[392]

Diese Volksrichter vertraten die Gemeinschaft einer *piève* oder Zusammenschlüsse mehrerer *piève*, saßen zu Gericht, führten Kriege oder sandten Delegationen zum Papst, um die Misswirtschaft (*mal governo*) der Feudalherren anzuprangern. Das Auftreten dieser Volksvertreter, die von den Bewohnern einer *piève* anerkannt wurden, führte zur späteren, im Grunde bis heute andauernden Koexistenz von Staat und außerstaatlichen Machtstrukturen, die auf der geografischen Einteilung Korsikas in *piève* beruht, wie sie einst von der Kirche begründet worden ist.[393] Ziel dieser territorialen Organisation war es, die Glaubensgemeinschaften in der geografischen Nähe einer Kirche als Lebensmittelpunkt

391 Mit einem am 15. Mai 1768 in Versailles unterzeichneten Vertrag verkaufte Genua die Insel an Frankreich, wo sie bis heute geblieben ist, ohne jemals ihre Unabhängigkeitsbestrebungen ganz aufgegeben zu haben.

392 Antoine Casanova, »Pensée paysanne, histoire sociale et récit des chroniqueurs (le cas du Corse Giovanni Della Grossa)«, in: *Les genres et l'histoire, XVIIIe-XIXe siècles (II), Annales littéraires de l'université de Besançon*, Paris: Les Belles Lettres 1981, S. 81–130, hier: S. 95.

393 Damien Broc, *Dynamiques politiques, économiques et sociales dans la Corse médiévale: le diocèse de Nebbio (XIème siècle – c. 1540)*, Dissertation, Corte: Université Pascal-Paoli 2014, S. 33.

anzusiedeln.[394] Wie Antoine Casanova bemerkt, kam es nicht selten vor, dass diese Vertreter des Volkes später durch Machtusurpation zu Feudalherren wurden.[395] Sie herrschten dann über die Bewohner einer *piève* oder über einen Clan[396] und erhielten von den Bauern einen freiwilligen Tribut, den sogenannten *accato*,[397] der nach Francis Pomponi im Laufe der Zeit willkürlich auferlegt und mit Gewalt eingetrieben wurde. In diesem Sinne kann er als Vorläufer des mafiösen Rackets betrachtet werden: »De l'*accatto* au racket le passage se fit lorsque les chefs de clan se constituèrent en pouvoir parallèle au sein de l'appareil d'État en détournant à leur profit personnel les exigences publiques.«[398] Um diese selbsternannten Feudalherren bildeten sich Banden (*partitu*),[399] die sich meist um einen einflussreichen Bürgermeister gruppierten und politisch aktiv wurden, wie Georges Ravis-Giordani festhält: »Chaque *partitu* est un agrégat de groupes plus restreints, familiaux, lignagers, ou ›claniques‹ (ensemble de partisans regroupés autour d'un maire influent à l'échelle d'un canton ou même d'une ou deux communes). La famille et la parentèle du capi partitu sont toujours présentes et actives en tant que telles dans la vie politique.«[400] Clan im weiteren Sinne und Familie vermischten sich im *partitu* und funktionierten parallel zu den staatlichen Institutionen. Stephen Wilson spekuliert, dass die geringe Anzahl an Familiennamen auf

394 Philippe Pergola, »Une pieve rurale corse: Santa Mariona di taleini. Problèmes d'archéologie et de topographie médiévales insulaires«, in: *Mélanges de l'école française de Rome* (1979/91/1), S. 89–111, hier: S. 91.

395 Antoine Casanova, »Évolution historique des sociétés et voies de la Corse«, in: Antoine Casanova / Georges Ravis-Giordani / Ange Rovere (Hg.), *La chaîne et la trame. Ethnologie et histoire de la Corse*, Ajaccio: Albiana 2005, S. 239–265, hier: S. 252.

396 Die korsische Clanstruktur entspricht einer Hierarchisierung innerhalb der sozialen Gruppen, die sich aus folgenden Mitgliederkategorien zusammensetzen können: *amici* (Freund:innen), *sequaci* (Mitläufer:innen), *aderenti* (Mitglieder) und *parenti* (Familie im engen wie im weiten Sinn). Vgl. dazu: Francis Pomponi, »À la recherche d'un invariant historique: la structure clanique dans la société corse«, in: Max Caisson / Antoine Casanova / François-Josep Cast & al. (Hg.), *Pieve et paesi. Communautés rurales corses*, Paris: CNRS Éditions 1978, S. 7–30, hier: S. 8; Vannina Marchi van Cauwelaert, *La Corse génoise. Saint-Georges, vainqueur des ›tyrans‹ (milieu* XVe*–début* XVIe *siècle)*, Paris: Classiques Garnier 2011, S. 437–438.

397 Casanova, »Évolution historique«, S. 252.

398 Pomponi, »À la recherche«, S. 12.

399 Ebd., S. 8.

400 Georges Ravis-Giordani, »L'alta pulitica et la bassa pulitica: valeurs et comportements politiques dans les communautés villageoises corses (XIXe-XXe siècles)«, in: Casanova/Ravis-Giordani/Rovere (Hg.), *La chaîne et la trame*, S. 317–337, hier: S. 325.

Korsika ein Indiz für das Clanwesen auf Korsika sei, das weit über die biologische Familie hinausgeht: »Various families which had no blood ties decided to give up their individual names and to take collectively either the name of one of them or an entirely new name. The small number of Corsican surnames, to which we have alluded, would support this speculation.«[401] Oft verband der gemeinsame Wohnort die Mitglieder des Clans (*ceppu*): »This [...] usually derived more directly from residence in the same locality.«[402] Diese Clanstruktur, die sich von der biologischen Familie (*parenti stretti*), über die erweiterte Familie (*parentelli*) und die nicht miteinander verwandten Clanmitglieder bis hin zu den politischen Zusammenschlüssen erstreckte,[403] entspricht zugleich der geografischen Struktur der sogenannten *piève*, die bis heute die Vorlage für die Verwaltungseinheiten (Gemeinden und Gemeindeverbände) geblieben ist.[404] Die nebenstehende Abbildung aus dem Jahr 1730 veranschaulicht dazu die engmaschige geografische Struktur Korsikas. Familie, ›Verbündete‹ und Politik verflochten sich so auf der lokalen Ebene der *piève* und bildeten die Grundlage für das System der *Vendetta*, wie François-Guillaume Robiquet erläutert: »Le système des *vendette* fait de chaque famille une puissance indépendante [...]. Les familles se groupent ensuite dans un intérêt de parti, et les hommes puissants de chaque parti protègent tous leurs adhérents.«[405] Jacques Busquet bestätigt, dass ein Clan sich auf eine ganze *piève* erstrecken konnte: »Des villages et des pièves entières y étaient intéressés.«[406]

Jacques Follorou verweist auf das fortwirkende Erbe dieser Clanstruktur und die starke lokale Bindung der Kors:innen an ihre Dörfer als Grundlage für das Banditentum, das der Staat bis heute nicht in den Griff bekommen habe: »›Le banditisme corse ne peut pas être appréhendé sans la connaissance de son contexte, de son histoire et de son territoire‹. [...] ›Puisant ses racines dans une culture clanique, une très forte attache au territoire et à l'héritage familial, il s'est illustré de façon ancestrale, tant sur l'île que sur le continent, dans la commission de

401 Stephen Wilson, *Feuding, Conflict and Banditry in Nineteenth-Century Corsica*, Cambridge et al.: Cambridge University Press 1988, S. 180.

402 Ebd.

403 Osvaldo Raggio, »Etnografia e storia politica. La faida e il caso della Corsica«, in: *Quaderni storici (nuova serie)* (1990/25/75/3), S. 937–954, hier: S. 948.

404 Jean-René Trochet, *L'Europe avant l'État*, Rennes: Presses Universitaires de Rennes 2022, Abs. 31–32 (Internet-Link im Literaturverzeichnis).

405 François-Guillaume Robiquet, *Recherches historiques et statistiques sur la Corse*, Paris/Rennes: Chez Duchesne 1835, S. 396.

406 Jacques Busquet, »Le Droit de la vendetta du XVe au XVIIIe siècle«, in: Gabriel X. Culioli & al. (Hg.), *La Corse et la Vendetta. Anthologie – Le tragique*, Éditions Vannina 2022, S. 193–223, hier: S. 220.

règlement de comptes [...] et a longtemps été délaissé par les autorités au profit du terrorisme‹.«[407] Bis heute, so Follorou, funktioniere die korsische Mafia nach den Regeln des Clans, angeführt von gefürchteten und respektierten Chefs, die sich mit Drohungen, Gewalt und Racket bereichern und sich dank der

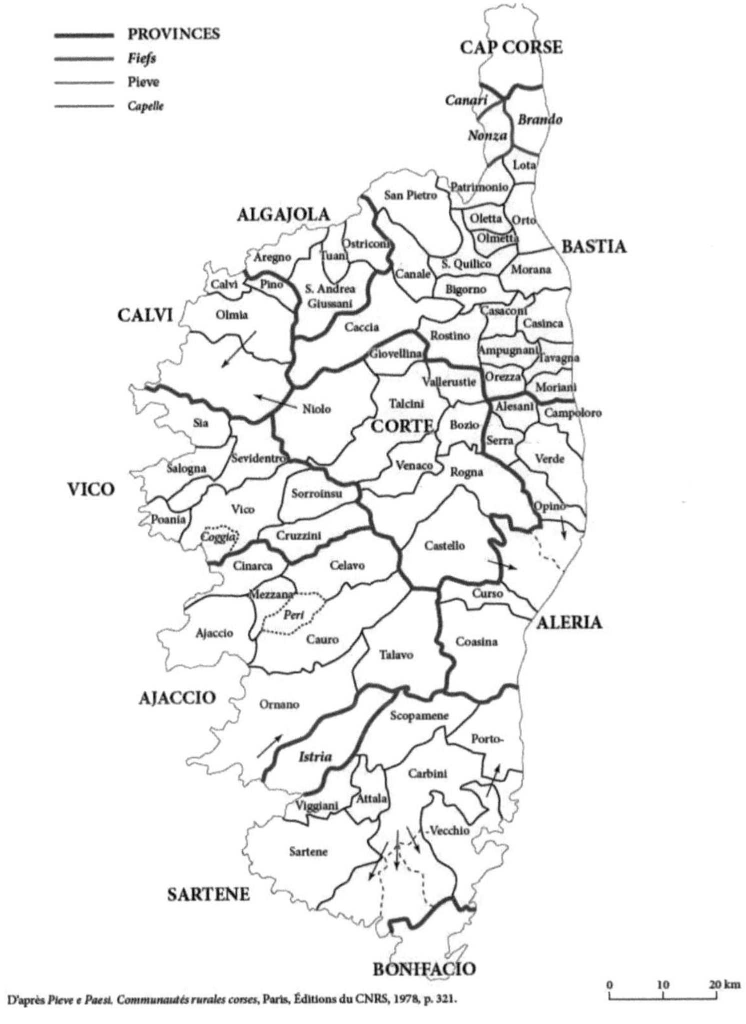

Abb. 8: Francis Pomponi, Pieve et paesi – Communautés rurales corses, Paris : CNRS Éditions 1978, S. 321.

407 Follorou, *Mafia corse*, S. 15.

generalisierten *Omerta* dem Zugriff der Justiz entziehen. Sie agieren für alle sichtbar, sie verdrängen den Staat und ersticken die Bevölkerung: »Les mafieux corses sont devenu des personnages quasi publics. Ils pèsent lourdement sur la société.«[408] In diesem außerstaatlichen Machtsystem sind die Regeln der *Vendetta* das ideale Instrument, um die Macht des eigenen Clans und die Kontrolle über die Bevölkerung zu bewahren.

4.5.3.2 Kontrafaktische Kontrastierung

In *Repenti* fasst Chossat diesen bleiernen Druck des Clans, der *Brise de Mer*, treffend zusammen: »La Brise de mer, le cœur de la mafia corse, c'était ça. Du racket, des assassinats crapuleux, un empire de terreur bâti sur l'argent du crime et l'attraction du pouvoir« (R 8).[409] Die Kriminalität verteilt sich auf geografisch gebundene Clans und ihre Anführer (R 123), den Clan *Corte* (Memmi) (R 71), die *Brise de Mer*, die *Armata Corsa* (R 92), den Clan *Federici* (R 59, 94), den Clan *Petit Bar* (Ange-Marie Michelosi) (R 130), die *French Connection* (Colonna), die sich zeitweise gegenseitig respektieren und zeitweise bekriegen. Der Mord an einem Mitglied eines gegnerischen Clans kann das prekäre Gleichgewicht zerstören, wie der Mord an Robert Feliciaggi, gefolgt von dem an Jean Jérôme Colonna, zeigt. Diese beiden Morde lösen unweigerlich den ›Mechanismus‹ der *Vendetta* aus und drohen, den Clan der *Brise de Mer* zu dezimieren (R 123). Die Bindung an das Dorf der Kindheit, an die Familie und die Dorfbewohner:innen bleibt auch bei jenen Kors:innen erhalten, die die Insel verlassen haben. Chossat nennt in diesem Zusammenhang das prominente Beispiel von Bernard Squarcini, dem ehemaligen Chef des französischen Geheimdienstes, der regelmäßig seine Familie im Dorf Cuttoli-Corticchiato besuchen kommt und dessen Bruder die Strafvollzugsanstalten Korsikas leitet (R 43), was korsischen Kriminellen gewisse Vorteile einräumen dürfte.

Innerhalb des Clans gilt die Regel des absoluten Zusammenhalts als oberstes Gebot im Leben wie im und nach dem Tod: »Sans compter que le groupe était alors fait de quelques règles intangibles, au premier rang desquelles figurait une solidarité absolue entre ses membres. Ils se devaient assistance dans la vie comme après la vie.« (R 65) Die *Vendetta* erfüllt nach innen die Funktion des Zements zwischen den Clanmitgliedern und nach außen die Funktion der Einschüchterung, des Machtgewinns oder des Mittels der Durchsetzung gegen feindliche Clans. Der

408 Ebd., S. 240.

409 »Die *Brise de Mer*, das Herz der korsischen Mafia, war all dies. Racket, gemeine Morde, eine Terrorherrschaft, unterstützt durch kriminelles Geld und Macht.« (EÜ)

Clan ist wie eine Familie, deren Mitglieder eng zusammenhalten. Stirbt eines dieser Mitglieder, so übernehmen andere Familienmitglieder oder Freunde seine Rolle, um die Gruppe zu erhalten (R 71). Diese Gruppensolidarität (R 114) manifestiert sich auch darin, dass der Mord an einem Clanmitglied unbedingt geschlossen gerächt werden muss. Deutlich wird dies am Beispiel der Ermordung von Dominique Rutily, einem der zwölf führenden Mitglieder der *Brise de Mer*: Wie Chossat schildert, begeben sich in dieser Situation alle anderen Clanmitglieder als Zeichen des Zusammenhalts geschlossen nach Sarthène in Südkorsika, um den Tod Rutilys zu rächen, denn der Zusammenhalt ist die unabdingbare Voraussetzung für den Fortbestand des Clans: »Il était urgent de la venger [la mort, Anm. d. Verf.], d'abord au plan du symbole, car il en allait de la sécurité et de la toute-puissance de la Brise« (R 65). Auf dem Höhepunkt ihrer Macht kann sich die *Brise de Mer* auf die Dienste der Bevölkerung, der Polizei, der Justiz, der Politik stützen, d. h. auf ein weitmaschiges Netz, das nichts hört und nichts sieht, und das sich wie ein Schutzmantel über ihre kriminellen Aktivitäten legt (R 117–119). Auch Bernard Squarcini hält seine Hand über sie und lässt kompromittierende Informationen über Mitglieder der *Brise de Mer* verschwinden (R 119). Clandenken und *Vendetta* sind die zwei Seiten derselben Medaille, sie sind Teil der korsischen Identität und des historischen Erbes, das bis heute fortwirkt.

Die korsische *Vendetta* ist ursprünglich, wie das Fehderecht im *Kanun*, ein Akt der räsonierten Rache, um einen Ehrverlust wiedergutzumachen. Sie basiert auf der Idee der blutigen Wiedergutmachung erlittener Verletzungen der Familienehre, die das staatliche System nicht wirksam sanktioniert, sie ist ein System im System.[410] Sie ist integraler Bestandteil eines Gesellschaftsmodells und prägt dessen Identität. Nicht der Grad der Gewalt, sondern die Intensität der Ehrverletzung bestimmt das Maß der Vergeltung.[411] Dieser Grundsatz wird, wie Parsi zeigt, auch in der korsischen Rechtsprechung berücksichtigt, und kann in vielen Fällen trotz Mordes zum Freispruch führen.[412] Die *Vendetta* umfasst einen Korpus ungeschriebener Regeln, die mündlich von Generation zu Generation weitergegeben werden[413] und aufgrund langer traditioneller Praxis als normativ, d. h. als verbindlich empfunden werden. Ich erinnere hier an Jellineks Beschreibung der Normativität gewohnheitsrechtlicher Normen, die wiederum ihr faktisches Sein bestimmt: »Die fortdauernde Übung erzeugt die Vorstellung des Normenmäßigen dieser Übung, und

410 Jacques Busquet, *Le droit de la vendetta et les* paci *corses*, Aubervilliers: C.T.H.S. 1994, S. 194–195.

411 Caroline Parsi, »Le crime d'honneur en Corse (deuxième moitié du XIXe siècle)«, in: *Hypothèses* (2013/16/1), S. 247–261, hier: S. 253.

412 Ebd., S. 253–257.

413 Ebd., S. 252.

es erscheint damit die Norm selbst als autoritäres Gebot des Gemeinwesens, also als Rechtsnorm.«[414] Diese gewohnheitsrechtlichen ›Normen‹ kommen, wie Stephen Wilson betont, dann zur Anwendung, wenn die Ehre (*onore*) verletzt wird, die im Extremfall nur durch Blut wiederhergestellt werden kann:[415] »Blood vengeance was subject to ›law‹, if indeed it did not constitute a system of law.«[416] Paoli Pompei unterstreicht den normativen Charakter dieser Regeln, die die Ausübung der *Vendetta* verbindlich regeln: »La vengeance, telle qu'elle s'exerce en Corse, a ses règles dont il n'est pas permis de se départir.«[417] Busquet weist darauf hin, dass der Corpus gewohnheitsrechtlicher Normen der *Vendetta* eine gewaltregulierende Funktion hat.[418] Abbé Antoine Bartoli vergleicht die Regelhaftigkeit der *Vendetta* mit dem Duell: »La vendetta est soumise, comme un duel ordinaire, à des lois fixes, déterminés.«[419] Albert Surier betont die stillschweigende Übereinkunft über den zwingend geregelten Ablauf der *Vendetta*, dem niemand zuwiderhandeln würde.[420] Abweichend von diesen Feststellungen meint einzig François-Guillaume Robiquet 1835, einen Verfall der Regeln der *Vendetta* beobachten zu können: »Aujourd'hui les vengeances ne paraissent plus assujettis à aucune règle, ou moins, s'il existe encore quelques-unes, leur observation est devenue une exception.«[421] Caroline Parsi führt in diesem Zusammenhang gegen Robiquet an, dass ein Mord, der nach den Regeln der *Vendetta* verübt wird, als eine edle und notwendige Handlung angesehen werde und daher in den Augen der meisten Kors:innen nicht im Sinne des staatlichen Rechts strafbar sei.[422] In diesem Sinne genießt das Gewohnheitsrecht Vorrang vor dem staatlichen Recht.

Dieser zwingende Charakter der Rache, der die Gewalt lesbar macht und einem immerwährenden Duell nach bestimmten Regeln ähnelt, in dem sich Ermordete und zu Ermordende ablösen, wird von Chossat bestätigt: »un mort en appelle un autre« (R 132), »Le sang se vengera

414 Jellinek, »Staat«, S. 339.

415 Wilson, *Feuding*, S. 91.

416 Ebd., S. 197.

417 Paoli Pompei, *État actuel de la Corse. Caractère et mœurs de ses habitants*, Paris: Kieffer/Moreau 1821, S. 209.

418 Jacques Busquet, *Le droit de la vendetta et les* paci *corses*, Paris: Pedone 1920 (Sektion II A). Siehe auch Catherine Tihanyi, *Violence on the Rebound: A Semiotics of Justice, Feud, Colonialism and Self in and around the Corsican Chronicles*, Dissertation, Simon Fraser University 1998, S. 72–73.

419 Antoine F. Bartoli, *Histoire de la Corse* Vol. 1, Paris: Orphélins-Apprentis 1898, S. 255–256.

420 Albert Surier, *Notre Corse. Études et souvenirs*, Paris: Étienne Chiron 1934, S. 46–47.

421 Robiquet, *Recherches*, S. 394 (Anm. 1).

422 Parsi, »Le crime«, S. 247.

dans le sang« (R 182). Ein Mord verlangt nach einem Mord, denn ein ungerächter Mord ist eine Absage an die Solidarität mit dem eigenen Clan (R 65). Das Duell wird zwischen Clans oder zwischen Individuen im Interesse des Clans ausgetragen. Wird ein Mitglied getötet, muss der ganze Clan diesen Mord rächen, um symbolisch die Einheit zu demonstrieren (R 65). Bei territorialen Machtkämpfen stehen sich ganze Clans gegenüber. Wer mehr und schneller tötet, gewinnt an Terrain. Dies praktiziert die *Brise de Mer*, dort wo es ihr gelingt, den Clan Memmi so weit zu dezimieren, dass sie sich dessen Territorium aneignen kann (R 71). In den Augen der Beteiligten, aber auch in den Augen der korsischen Bevölkerung, ist dieses Vorgehen nicht befremdlich, regeln doch die Gesetze der *Vendetta* und nicht die des französischen Strafgesetzbuches Konflikte, Machtkämpfe, Ehrverletzungen, Solidaritätsverletzungen oder -bezeugungen (R 44–45). Die *Brise de Mer* schreckt nicht vor der ›korrekten‹ Anwendung der Gesetze der *Vendetta* zurück, die sie bei der Festigung der eigenen Macht unterstützen, wohl aber fürchtet sie panisch jene Racheakte, die nicht den Regeln der *Vendetta*, sondern persönlichen Motiven folgen, wie dies zwischen Mariani und Casanova der Fall ist. Tatsächlich leitet die Missachtung der ungeschriebenen Regeln der *Vendetta*, wie es sich erweisen wird, den Niedergang der *Brise de Mer* ein (R 18, 156, 174, 179).

Ihre Regeln sind das Ergebnis einer langen historischen Entwicklung, die, wie bereits erwähnt, bis in das 13. Jahrhundert zurückreicht. Aus dieser historischen Genese ergeben sich vier wesentliche Auslöser für die Ausübung der Rache: die Entehrung einer Frau durch Berühren oder Küssen (*attacar*),[423] der Bruch eines Versprechens, der Mord an einem nahen Verwandten und die gerichtliche Verurteilung eines nahen Verwandten aufgrund einer falschen Zeugenaussage.[424] Neben diesen vier Haupttatbeständen können auch verschiedene Beleidigungen, wie Beschimpfungen, Bespucken der Waffe des Gegners, Sachbeschädigungen, die Tötung von Haustieren etc.[425] die Rache auslösen und nach Wilson Verwandte bis zum dritten, vierten und in manchen Fällen sogar bis zum fünften und sechsten Grad verpflichten.[426] Dem widerspricht allerdings Jacques Busquet, denn aus den historischen Archiven des *civile governatore* gehe nachweislich hervor, dass die *Vendetta* nicht über den dritten Verwandtschaftsgrad hinausging.[427] Weitestgehende Einigkeit besteht hingegen darüber, dass der Hauptverpflichtete immer der nächste

423 Busquet, *Le droit* 1994, S. 112–118. *Attacar* bezeichnet den Akt der Berührung, wenn dadurch eine Frau gezwungen wird, den Urheber dieses Aktes zu heiraten, um ihre Ehre zu retten.

424 Wilson, *Feuding*, S. 197.

425 Vgl. ebd., S. 92–127.

426 Ebd., S. 189.

427 Busquet, *Le droit* 1994, S. 105.

männliche Verwandte in guter körperlicher Verfassung ist (Sohn, Vater, Bruder, Cousin, Neffe, Schwager etc.).[428] In manchen Fällen kann sich das solidarische Band der *Vendetta* auch auf Nachbarn oder sogar, wie Réalier Dumas kommentiert, auf ein ganzes Dorf erstrecken.[429] Nur Frauen, Kinder,[430] Greise und Ordensbrüder, nicht aber die Dorfpfarrer, die bisweilen selbst Clanoberhäupter sind,[431] sind von der Rachepflicht ausgenommen.[432] Die *Vendetta* muss innerhalb von 25 Jahren nach der auslösenden Tat vollzogen werden. Die Familie, d. h. die *parenti* des Mörders, musste (was heute obsolet geworden ist) der Familie des Ermordeten einen Geldtribut zahlen. Wer entgegen dem Ehrenkodex erklärt, sich den Pflichten und Risiken der *Vendetta* entziehen zu wollen, wird der Schande (*rimbeccu*) bezichtigt.[433] Er wird von der Gesellschaft geächtet und beschuldigt, sich der Rache zu entziehen.[434] Wie Abbé Bartoli ausführt, kommt in diesem Fall der Verlust der Ehre dem sozialen Tod gleich, denn wer die Ehre verliert, muss schweigen, er wird öffentlich geächtet und verliert an Einfluss und Ansehen: »En Corse, en effet, celui qui n'a pas vengé un père, un frère, un parent assassiné, une fille trompée, ne peut plus paraître en public. [...] Comme on le voit, c'est un homme mort, sans aucune considération; il n'a plus de crédit, plus de prestige; il n'exerce aucune influence sur ses concitoyens.«[435]

Nachdem Francis Mariani mit viel Glück einem Anschlag entkommen ist, bei dem er am Arm verletzt worden ist, ist er vom Wunsch nach Rache besessen, und dies ist der Grund für die Einstellung von Claude Chossat: »Il y a une semaine, on a essayé de me tuer. Tu vas m'aider à retrouver ceux qui ont fait ça« (R 78). Die Glut der Rache – »le feu de la vengeance« (R 80) – leitet nun sein Handeln, er kann nicht anders, und es könnte auch nicht anders sein (R 85). Dass es für Jean-Luc Germani, den nächsten männlichen Verwandten Richard Casanovas, eine Frage der Ehre ist, dessen Mord zu rächen, wird Francis Mariani sofort klar,

428 Wilson, *Feuding*, S. 190–193. Siehe auch Busquet, *Le droit* 1920, S. 341–342; Dorothy Carrington, *Granite Island. A Portrait of Corsica*, London: Longman 1971, S. 82; Gabriel Feydel, *Mœurs et Coutumes des Corses*, Paris: Garnery 1799, S. 68–69; Giovanni Rossi, *Les Corses d'après l'histoire, la légende et la poésie*, Poitiers: Marche & Levrier 1900, S. 115; Culioli & al. (Hg.), *La Corse*, S. 206–207.

429 Jean-François Ignace Réalier-Dumas, *Mémoire sur la Corse*, Paris: Planchet 1819, S. 19.

430 Busquet, *Le Droit* 1994, S. 107.

431 Ebd., S. 107–108.

432 Parsi, »Le crime«, S. 253.

433 Ebd., S. 252.

434 Busquet, *Le Droit* 1994, S. 108–109.

435 Bartoli, *Histoire*, S. 254.

wenn er unmittelbar nach der begangenen Tat nüchtern feststellt: »Moi, je suis peut-être déjà mort« (R 20).[436] Marianis Vermutung wird zur Gewissheit, als Germani bei der Bestattung symbolisch den Sarg Casanovas auf seine Schulter hebt und damit seine Absicht bekräftigt, durch Rache seine Ehre, die seiner Familie und die des Verstorbenen wiederherzustellen: »Jean-Luc Germani s'avance près du cercueil de son beau-frère pour le soulever sur son épaule. Signe qu'il vengera le défunt« (R 23). Nun ist es gewiss, dass Francis Mariani (R 179) und Pierre-Marie Santucci (R 184) von der Rache getroffen werden. Allerdings kann eine Ehrverletzung statt direkt am Täter auch an einem seiner Verwandten gerächt werden, wie Chossat am Beispiel eines Vorfalls im Gefängnis Borgo schildert: Ein Mithäftling, Alexandre Rogliano, demütigt Pierre-Marie Santucci während eines Fußballspiels im Hof der Haftanstalt. Wenig später wird sein ahnungsloser Bruder, Pascal Rogliano, tot aufgefunden (R 61–63). Wie Chossat betont, gewährt die *Brise de Mer* niemals eine Amnestie (R 132). Er selbst läuft als Justizinformant und Verräter ständig Gefahr, der *Vendetta* zum Opfer zu fallen (R 200), ja, er ist eigentlich schon tot: »J'ai choisi de lancer un pavé dans la mare de l'omerta. Et je suis déjà mort« (R 206; R 216). Das ungeschriebene Gesetz der *Vendetta* verurteilt Chossat klar zum Tode, seit er seine protokollierten Aussagen über Korsikas mafiöses System eigenhändig unterschrieben hat.

Sobald eine Familie beschließt, Rache zu nehmen, kündigt sie dies explizit oder implizit nach der Bestattung an, eventuell mit einem Schwur,[437] denn die Fehde zwischen den Clans darf kein ›Überraschungskrieg‹ sein.[438] In diesem Sinne kündigt die Symbolik des Hebens von Casanovas Sarg auf Germanis Schulter den Anwesenden explizit den Beginn der Fehde an (R 23). Violette Lazard und Marion Galand bestätigen diese Form der Racheankündigung: »Dans l'île, seuls les intimes portent le cercueil du défunt, et dans les codes du grand banditisme les porteurs sont aussi ceux qui assureront la vengeance.«[439]

In Erwartung der *Vendetta* zieht sich in der Folge die Familie in eine Art *Retraite* zurück, in der Alkoholkonsum und Nahrungsaufnahme eingeschränkt werden, die Männer sich Haare und Bärte wachsen lassen und

436 »Was mich betrifft, bin ich vielleicht schon tot.« (EÜ)

437 Parsi, »Le crime«, S. 252.

438 Wilson, *Feuding*, S. 197; Siehe auch Robiquet, *Recherches*, S. 394 (Anm. 1): »Autrefois, en Corse, la guerre ne commençait non plus qu'après qu'elle avait été officiellement déclarée.« Vgl. ferner Pompei, *État*, S. 209–210. Busquet erläutert dazu, dass es sich um die sogenannte Erklärung des *guardarsi* handelt, wobei die Bedeutung des *guardarsi* im Deutschen mit ›Nimm' dich in Acht‹ verglichen werden kann. Vgl. Busquet, »Le droit« 2022, S. 204.

439 Lazard/Galland, *Vendetta*, S. 129. »Nur die dem Verstorbenen Nahestehenden tragen seinen Sarg auf der Insel. Nach dem Code des großen Banditentums sind die Träger des Sargs zugleich diejenigen, die Rache üben werden.« (EÜ)

das blutbefleckte Hemd des Mordopfers sichtbar in der Stube aufgehängt wird, um an die Rachepflicht zu erinnern.[440] Generalanwalt Félix Bertrand berichtet von einer Szene einer verübten *Vendetta* zwischen zwei Männern, die zu einer neuen Rache führt, wie die Frau des Hauses ankündigt: »Je planterai un pieu dans la muraille pour y suspendre les vêtements ensanglantés de nos deux morts, en les montrant aux enfants qui me restent, je leur adresserai le Rimbecco, jusqu'à ce que nous soyons vengés.«[441] Aus Angst vor dem Gegenschlag, so Bertrand, begeben sich die Familien in den Zustand lebend Begrabener, sie sperren sich in ihren befestigten Häusern ein, ohne am sozialen Leben teilzunehmen: »Aussi, pour se soustraire à ces périls, combien d'hommes consentirent à gémir, pendant des années entières, dans les angoisses d'une captivité douloureuse! Combien se tinrent obstinément enfermés dans leurs demeures comme au fond d'un tombeau! Dans certains villages, des générations presque entières passèrent sans prendre aucune part à la vie sociale.«[442] Darüber berichtet auch Jean-Baptiste Marcaggi in einem Text aus dem Jahr 1929: »Les maisons des familles en vendetta demeuraient toujours closes. Les fenêtres étaient barricadées de grosses poutres en chêne, ne laissant d'étroites fentes obliques qui servaient de créneaux.«[443] Bertrand verweist insbesondere auf den hohen Blutzoll, den die *Vendetta* beispielsweise auf Korsika in nur dreißig Jahren, zwischen 1685 und 1715, gefordert hat: 28.715 Opfer sind allein in diesem Zeitraum zu beklagen.[444] Er selbst zählte seit seinem Amtsantritt im Jahr 1858 jährlich etwa 150 Morde im Zusammenhang mit der *Vendetta*.[445]

Wenn in *Repenti* zwar die Symbolik der reduzierten Nahrungsaufnahme, des Haar- und Bartwuchses der Männer und der Zurschaustellung

440 Wilson, *Feuding*, S. 198; Jean-Baptiste Marcaggi, »Fleuve de sang«, in: Culioli (Hg.), *La Corse*, S. 9–131, hier: S. 52.; Busquet, *Le droit* 1994, S. 100–103.

441 Félix Bertrand, *La Vendetta, le banditisme et leur suppression. Tableau de mœurs corses*, Paris: Hurteau 1870, S. 19. »Ich werde einen Pfahl in die Mauer rammen, um die blutigen Kleider unserer beiden Toten aufzuhängen und sie meinen Kindern, die mir noch bleiben, vor Augen zu führen. Die Schande komme über sie, bis wir gerächt sind.« (EÜ)

442 Ebd., S. 22. »Wie viele Männer haben, um der Gefahr zu entgehen, ein jahrelanges Leben im Schrecken einer qualvollen Gefangenschaft auf sich genommen! Wie viele verbarrikadierten sich hartnäckig in ihren Häusern wie in einem Grab! In manchen Dörfern waren ganze Generationen vom sozialen Leben ausgeschlossen.« (EÜ)

443 Marcaggi, »Fleuve de sang«, S. 51. »Die Häuser der in der *Vendetta* befehdeten Familien blieben immer geschlossen. Die Fenster wurden mit starken Eichenbalken verbarrikadiert und ließen nur kleine Schlitze offen, die als Schießscharten dienten.« (EÜ)

444 Bertrand, *La Vendetta*, S. 38 und Anm. 1.

445 Ebd.

des blutigen Hemdes nicht erwähnt wird, die sich bis heute nicht erhalten zu haben scheinen, so trifft die Flucht aus dem sozialen Leben, die *Retraite*, um dem Rachetod zu entgehen, umso mehr auf Chossat zu. Seit dem öffentlichen Bekanntwerden seiner Aussagen ist er zur Zielscheibe der *Vendetta* geworden und lebt abseits der Gesellschaft, eingesperrt an seinem Wohnort, der mit Alarmvorrichtungen und Videokameras ausgestattet ist und die er ständig unruhig kontrolliert. Er verlässt das Haus nur selten und wenn, dann nur unter höchsten Sicherheitsvorkehrungen, was das normale Familienleben und die Ausübung beruflicher Tätigkeiten stark beeinträchtigt (R 25–33).

Auch Mariani verwandelt sein Haus, nach dem missglückten Anschlag auf ihn in eine Festung mit einem ausgeklügelten System von Überwachungskameras. Er lässt sogar einen unterirdischen Tunnel graben, der ihm als Fluchtweg dienen soll (R 86–87). Die heutige *Retraite* unterscheidet sich wohl von jener des 19. Jahrhunderts durch die technischen Mittel, aber das Prinzip ist das gleiche geblieben. Wer befürchtet, einer Racheaktion ausgesetzt zu sein, versucht sich zu schützen und den Zeitpunkt des wahrscheinlich unnatürlichen Todes hinauszuzögern.

Robert Colonna d'Istria, eine bekannte Persönlichkeit Korsikas, zitiert in diesem Zusammenhang Pierre Bonardi (1887–1964), einen Kenner der korsischen Mentalität, um den Geist der *Vendetta* zu verdeutlichen:

> Dis au Corse: ›Je suis égaré, je suis las et j'ai faim‹. À toi son lit et sa table. Tu veux payer? Tu le désobliges! Mais si tu lui demandes: ›À quel prix me vends-tu cette chaise ou cet arbre?‹, il te répond: ›Un Million‹. Son sens des valeurs n'est pas le tien. Dis-lui: ›J'ai besoin de ton champ pour y danser‹, il te répondra: ›Prends mon champ‹ et sourira en voyant sa récolte saccagée. Invoque une légitime servitude pour traverser son jardin, il prendra son fusil... Apprend-on que tu es malade? Le village entier ira faucher tes blés ou terminer ta vendange. Mais si tu as fait perdre cinq minutes d'arrosage au potager de ton voisin, la vendetta peut accourir avec son sanglant cortège.[446]

446 Robert Colonna d'Istria, *Une famille corse: 1200 ans de solitude*, Paris: Plon 2018, S. 237. »Sag einem Bewohner Korsikas: ›Ich habe mich verirrt, ich bin müde und hungrig‹. Dein ist sein Bett und sein Tisch. Du willst bezahlen, du beschämst ihn! Aber wenn du ihn fragst: ›Zu welchem Preis verkaufst du mir diesen Stuhl oder diesen Baum?‹, wird er dir antworten: ›Eine Million‹. Er folgt nicht deiner Werteskala. Sag ihm: ›Ich brauche dein Feld, um darauf zu tanzen‹, und er wird dir antworten: ›Nimm mein Feld‹, und er wird die Zerstörung der Ernte lächelnd zur Kenntnis nehmen. Wenn du eine Dienstbarkeit geltend machst, um durch seinen Garten zu gehen, wird er das Gewehr in die Hand nehmen ... Wenn man erfährt, dass du krank bist? Das ganze Dorf wird deinen Weizen mähen oder die Ernte beenden. Aber wenn du deinen Nachbarn um fünf Minuten Bewässerung

In manchen Fällen kann die *Vendetta* durch einen Vermittler (*paceru*) beigelegt werden. Sein Schiedsspruch wird allgemein als rechtsgültig anerkannt und in einem Buch des ›Friedens‹ (*pace*) schriftlich festgehalten. Das anschließende gegenseitige Versprechen von Freundschaft (*amicizia*) und Verbundenheit (*parentella*) besiegelt dann das endgültige Ende der Fehde. In *Repenti* wird allerdings nicht auf diese Möglichkeit verwiesen.

Da die *Vendetta* und die Angst vor ihrer Ausübung auf Korsika so manche Dörfer lahmlegten, unternahm Pascal Paoli 1755 den bis heute erfolglos gebliebenen Versuch, die *Vendetta* durch Repression – damals durch das Gesetz der *Giustizia Paolina*[447] – auszurotten: In diesem Sinne wurden jedem Dorf zwei Vermittler:innen (*paceri*) und ein:e Richter:in zugewiesen, für die Mörder:innen wurde die Todesstrafe eingeführt.[448] Die Konsequenz dieser Maßnahmen war jedoch nicht die erhoffte, sondern bewirkte im Gegenteil die Wiederbelebung des Widerstandes gegen die staatlichen Institutionen.[449]

Nach Bertrand sind die *Vendetta* und das Banditentum eng miteinander verbunden, denn wer einmal in eine Fehde verwickelt ist, wird zum Banditen, der ständig seinen Aufenthaltsort wechselt, sein Zuhause gegen die Wildnis der *Macchia* eintauscht und die Bevölkerung durch seine Furchtlosigkeit einschüchtert. Auch wenn das Banditentum heute in dieser Form nicht mehr existiert, so übt das heutige korsische Gangstertum, wie dies in *Repenti* am Beispiel der *Brise de Mer* gezeigt wird, durch skrupellose Angsteinflößung, Erpressung, Mord und Racket nach wie vor die Macht aus und beherrscht neben dem Staat die Politik und die Wirtschaft. Schon Bertrand beobachtet im 19. Jahrhundert, dass diese *Héros du Makis* das öffentliche Leben beherrschen, die Wahlen beeinflussen, die Verkaufspreise festsetzen, von den wohlhabenden Bürgern:Bürgerinnen finanzielle Beiträge erpressen etc. Ihre Macht erlaubt ihnen alles, die Bevölkerung leistet ihnen Gehorsam, unterstützt und bewirtetet sie. Die Autorität dieser *Héros du Makis* übertrifft die des Staates, wie Bertrand anmerkt: »Aussi leur autorité n'avait pas de bornes.

für seinen Gemüsegarten bringst, so besteht das Risiko, dass die *Vendetta* sich mit ihrem blutigen Geleit einschaltet.« (EÜ)

447 Jacques Simon Timotei, »Coutumes et croyances corses: La Vendetta (A vendetta)«, in: *Corsica Mea*, 9.7.2021 (Internet-Link im Literaturverzeichnis)

448 Busquet, *Le droit* 1994, S. 291–292.

449 Gérard Lenclud, *En Corse. Une société en mosaïque*, Paris: Éditions de la Maison des sciences de l'homme 2012, S. 239–240. Pascal Paoli unternahm den erfolglosen Versuch, aus Korsika eine Nation zu machen und verfasste zu diesem Zweck 1755 die erste demokratische Verfassung der Welt, noch dreißig Jahre vor der amerikanischen. Siehe dazu Daniel Eisenmenger, »Die vergessene Verfassung von Korsika 1755. Der gescheiterte Versuch einer modernen Nationsbildung«, in: *Geschichte in Wissenschaft und Unterricht* (2010/61/7–8), S. 430–446.

Souvent elle faisait échec aux arrêtés de l'Administration, aux décisions de Justice et même aux dispositions de la loi.«[450] Dass Gesetze, Gerichtsbeschlüsse und andere Vorschriften wenig zu bedeuten haben, wird auch in *Repenti* deutlich: Im Gefängnis von Borgo, dem »Club Med« (R 55) der Justizanstalten bestimmen Mariani, Santucci und Costa die Regeln, nicht die Gefängnisverwaltung: »Ce sont eux, les hommes de la Brise, qui font régner l'ordre, le leur« (R 59), und sie verlassen im Übrigen das Gefängnis vorzeitig dank eines gefälschten Faxes, »un faux document judiciaire envoyé à la direction de Borgo« (R 73), das ein bestochener Gerichtsdiener hat beglaubigen lassen (R 74). Die Bestechung oder Einschüchterung von Schöff:innen, Richter:innen und Zeug:innen (R 142–143) lenkt den Ausgang von Prozessen gegen Mitglieder der *Brise de Mer* systematisch zu ihren Gunsten. Die sechzehn Jahre währende Straf- und Gefängnisflucht von Richard Casanova beweist die Überlegenheit des *Héros du Makis* über die staatliche Gesetzgebung, die sogar durch hochrangige Kompliz:innen in der staatlichen Hierarchie selbst ermöglicht wird: So stellt das französische Innenministerium Casanova einen falschen Pass auf den Namen Éric Rossi aus, und Bernard Squarcini entfernt Casanovas Namen aus der Fahndungsliste für organisierte Kriminalität (R 119). 2006 wird Casanova in Absprache mit der Polizei der Form halber verhaftet. Entgegen der Stellungnahme der Staatsanwaltschaft wird er jedoch bereits wenige Monate später, am 22. November 2006, gegen eine Kaution von 150.000 Euro, die eine Cousine und ein Casinobetreiber für ihn hinterlegen, freigelassen (R 124). Lazard und Galland berichten von solchen Praktiken der Zeugeneinschüchterung und Schöffenbeeinflussung im Zusammenhang mit dem ersten großen Prozess gegen die *Brise de Mer* im Mordfall von Daniel Ziglioli vor dem Schwurgericht in Dijon, der, wider Erwarten und trotz erdrückender Beweise für die Mordtat, mit einem Freispruch der drei Angeklagten endete:[451] Dies ist ein klarer Beweis für die Erhabenheit der *Brise de Mer* über das staatliche Recht.

Aus der kontrafaktischen Kontrastierung zwischen dem fiktionalen und dem faktischen *Usus*, der die bis heute ungeschriebenen Regeln der korsischen *Vendetta* bestimmt, ergibt sich eine systemische Verschmelzung von Recht und Literatur, da es hier allein die Literatur ist, die die bis heute ungeschriebenen Regeln zu Papier bringt. In diesem Sinne funktioniert Luhmanns Idee differenzierter Systeme[452] nicht, denn Recht und Literatur bilden hier ein und dasselbe System. Der *Usus* der modernen *Vendetta* als Gewohnheitsrecht kommt hier durch die erstmalige Verschriftlichung zur Geltung, wenn man davon ausgeht, dass Claude

450 Bertrand, *La Vendetta*, S. 41–42.

451 Lazard/Galland, *Vendetta*, S. 30–34.

452 Vgl. dazu Kapitel 2.2.2 Interdiskurs, Fn. 119.

Chossat als erster einige ihrer heute geltenden Regeln schriftlich zu Protokoll gegeben hat. So gesehen erfüllt *Repenti* weniger die Aufgabe, unterschiedliche Episteme interdiskursiv zu verbinden, sondern konstituiert vielmehr erstmalig die Regeln der korsischen Vendetta über den literarischen Diskurs. In diesem Sinne ist es gerade dieser diegetische Diskurs, um mit Rainer Diaz-Bone zu sprechen, der den *Usus* der *Vendetta* hervorbringt.[453] Es bedarf dabei nicht der ›Übersetzung‹ des juristischen Fachvokabulars durch die Literatur, insofern schon der literarische Diskurs die Aufgabe erfüllt, die Gesetzmäßigkeiten der korsischen *Vendetta* zu beschreiben. Dazu bedarf es keiner spezifischen Kenntnis der strafrechtlichen Fachsprache in *Repenti*, insofern die darin geschilderten Strafprozesse bloß eine Randerscheinung des Phänomens der *Vendetta*, nicht aber die *Vendetta* selbst sind.

Das Fehlen einer schriftlichen Kodifizierung der *Vendetta* seit dem 13. Jahrhundert unterbindet den Versuch, ihre Bestimmungen nach den Regeln der juristischen Hermeneutik auszulegen. Vielmehr muss hier auf die literaturwissenschaftliche Hermeneutik zurückgegriffen werden, nach deren Regeln *Repenti* in Verbindung mit historischen und zeitgenössischen Texten, die sich mit diesem Phänomen aus unterschiedlichen Perspektiven befassen, gelesen und ausgelegt werden kann. Der Rückgriff auf die Intertextualität spielt hier eine wichtige Rolle, da nicht nur literarische, sondern auch historische und anthropologische Schriften zum Verständnis der *Vendetta* herangezogen werden müssen. In diesem Sinne gehorcht die Auslegung des Fehderechts in *Repenti* ganz und gar den Regeln der literarischen Hermeneutik.

Man darf also behaupten, dass die Literatur hier das (Gewohnheits-) Recht erst konstituiert, sodass Recht und Literatur in diesem Punkt (der *Vendetta*) zusammenfallen. Die interdisziplinäre Verbindung von Recht und Literatur könnte stärker nicht sein, insofern der Text die einzige hermeneutische Referenz darstellt und naturgemäß den Unschärfen unterliegt, die sich aus der Ungebundenheit literarischer Auslegung über historische Zeiträume hinweg ergeben.

Zusammenfassend soll festgehalten werden, dass *Repenti* das heute auf Korsika geltende Gewohnheitsrecht der *Vendetta* sehr realitäts- und wahrheitstreu darstellt. Dies belegt der Vergleich zwischen den Aussagen in der Diegese und den dazu herangezogenen wissenschaftlichen, historischen, anthropologischen und journalistischen Beiträgen. Die Faktizität, d. h. die Verbindlichkeit und Durchsetzbarkeit der Normen, die der *Vendetta* zugrunde liegen, ergibt sich aus diesen Studien, die deren Entstehung und Entwicklung bis ins 13. Jahrhundert zurückverfolgen. Die rechtliche Faktizität als Voraussetzung für die kontrafaktische Kontrastierung dürfte somit wieder einmal erfüllt sein.

453 Vgl. dazu Kapitel 2.2 Diskurs, Fn. 88.

Chossats *Repenti* leistet hier einen interessanten Beitrag zur Aufklärung über die Auslegung und Anwendung der Regeln der *Vendetta* auf dem heutigen Korsika, deren Details in der Praxis aufgrund des unausgesprochenen Prinzips der *Omerta* bisher weitestgehend im Dunkeln gelegen haben. Als erster zeitgenössischer Justizinformant liefert Chossat daher wertvolle Informationen darüber, ob und wie die Regeln der *Vendetta* heute auf Korsika (und in Südfrankreich) Anwendung finden, wobei das Erbe der historischen, topologischen und anthropologischen Evolution der Insel unverkennbar ist. Gerade aus diesem Erbe erklären sich das Clanwesen und die Rachegesetze als zwei Seiten einer Medaille, die nicht voneinander getrennt betrachtet werden können. Während der Clan die Handlungsbasis bildet, erfüllt die *Vendetta* einerseits die Funktion der Aufrechterhaltung des Gruppenzusammenhalts, andererseits dient sie ihrem äußeren Machterwerb und -erhalt. Die ›richtige‹ Anwendung ihrer Regeln im Interesse des Kollektivs sichert den Fortbestand des Clans und seines Machteinflusses, die individuelle, ›falsche‹ Anwendung ihrer Regeln führt zu seinem Niedergang.

Diese Erkenntnis wird in *Repenti* anhand des Beispiels der *Brise de Mer*, der gewaltsamen Erweiterung ihrer Machtsphäre durch die Dezimierung gegnerischer Clans und ihres Zerfalls als Folge der endogenen Rivalität zwischen Casanova und Mariani sowie der Kollaboration Chossats mit der Justiz vermittelt. Die Einheit und absolute Solidarität unter den zwölf führenden Mitgliedern der *Brise de Mer* ist so lange gewährleistet, wie die interne Einheit und Solidarität nicht durch individuelle, interne Rachegelüste gestört wird und die *Vendetta* als Solidaritätsbeweis dazu dient, externe Angriffe auf Mitglieder der *Brise de Mer* abzuwehren. Die Rache als Instrument in den Händen des Clans als geschlossene Gruppe fördert dessen Machtausweitung durch die Beseitigung gegnerischer Clans und störender Individuen. Sie wehrt Gefahren für ihren Fortbestand ab, wie die, die von Chossats Denunziation und Marianis Alleingang ausgehen. Sie verteidigt ihre Ehre und ihren Zusammenhalt gegen Angriffe auf ihre Mitglieder. Dies ist nicht nur eine Frage der Einheit, sondern auch der Ehre. Sie zögert nicht, sich neuer Territorien und finanzieller Einnahmsquellen zu bemächtigen. Je stärker ihre Position ist, desto erfolgreicher kann sie Politiker:innen, Funktionär:innen, Zeug:innen, Richter:innen und die Bevölkerung auf ihre Seite ziehen und unter dem Schutz der *Omerta* operieren. Dazu bedarf es der Festigung der Machtposition, die sie durch Terror, Gewalt, Drohung und Einschüchterung erlangt: Die *Vendetta* ist dafür das ideale Instrument, sie ist der Treibstoff für die Errichtung und die Behauptung eines Systems im Staat, das über der staatlichen Legalität steht.

Im Gegensatz dazu fürchtet die *Brise de Mer* panisch die *Vendetta* in den Händen des Individuums, wenn es individuelle Bedürfnisse ungeachtet des Clan-Interesses zu befriedigen sucht. Die Rache als Instrument egoistischer Ziele löst, wie dies die Beispiele von Mariani und Chossat zeigen, einen verheerenden Prozess kollektiver Zerstörung aus, der für den Niedergang der *Brise de Mer* verantwortlich ist. Er bedeutet aber nicht das Ende des korsischen Clanwesens an sich, das sich nach wie vor im Zeichen der *Vendetta* zyklisch erneuert und verändert. Dafür sorgt das Kommen und Gehen neuer Banden und neuer Machtgelüste, die vom Gesetz der *Omerta* und von der Komplizenschaft bis in die höchsten staatlichen Sphären profitieren und dafür leistet die *Vendetta* als unsichtbares Phänomen im Schatten der staatlichen Rechtsinstitutionen gute Dienste.

4.6 *Ohrfeige* (2016) von Abbas Khider[454]

Abbas Khider wurde 1973 in Bagdad geboren. Nach drei Jahren Gefängnis im Irak wegen regimefeindlicher Aktivitäten machte er persönlich die leidvolle Erfahrung des illegalen Flüchtlings in Ägypten, Tunesien, Italien, der Türkei und Griechenland,[455] bis er in Deutschland Asyl fand.

Julia Encke begrüßt *Ohrfeige* als den ersten »Roman über ein Asylbewerberheim.«[456] Lorenz B. M. Moosmüller identifiziert den »Kampf angesichts der Schikanen und Hindernisse des deutschen Asylsystems« als das zentrale Thema des Romans. Khider vermittle »das unehrliche, repressive Asylsystem aus der Sicht eines Asylbewerbers«, den »Alltagsrassismus in der deutschen Gesellschaft, ebenso wie die unlauteren Machenschaften einiger Asylbewerber.«[457]

Tatsächlich wendet sich Abbas Khider gegen »das Verwaltungssystem, das uns zu komischen, gelangweilten Kreaturen gemacht hat. Auf der einen Seite stehen die Einheimischen als diese Kreaturen, auf der anderen Seite Asylanten, die nur in Angst leben: Erst um die Aufenthaltserlaubnis, dann

454 Abbas Khider, *Ohrfeige*, München: btb 2017. Für Zitierzwecke wird die Sigle ›O‹ mit der Seitenzahl im Fließtext verwendet.

455 Warda El-Kaddouri, »›Gott rette mich aus der Leere!‹ Verlust, Religiosität und Radikalisierung in den Fluchtnarrativen von Abbas Khider und Sherko Fatah«, in: Thomas Hardtke / Johannes Kleine / Charlton Payne (Hg.), *Niemandsbuchten und Schutzbefohlene. Flucht-Räume und Flüchtlingsfiguren in der deutschsprachigen Gegenwartsliteratur*, Göttingen: Vandenhoeck & Ruprecht 2017, S. 39–51, hier: S. 39–40.

456 Julia Encke, »Vom Warten wird man immer blöder«, in: *Frankfurter Allgemeine*, 30.1.2016 (Internet-Link im Literaturverzeichnis).

457 Lorenz B. M. Moosmüller, *»Ich triumphiere mit den Mitteln der Literatur.« Abbas Khiders Subversion und ironische Distanznahme als Erzählverfahren und Positionierungsstrategien im Kontext der sogenannten Migrationsliteratur*, Masterarbeit, Universität Wien 2017, S. 1.

vor dem Widerruf. Und dazwischen ist das System.«[458] Die Deutschen werden im Roman als gelangweilte und zumeist herzlose Figuren dargestellt, die sich von den Flüchtlingen distanzieren. Dies hänge, so Khider, zum einen mit der Sprachbarriere zusammen und zum anderen mit der Abstumpfung und Erschöpfung der Berufsgruppen, die ständig mit den Flüchtlingen zu tun haben: »Hausmeister, Caritas-Angestellte, Polizisten. Und diese Menschen, die ständig mit den Asylanten zusammen sind, sind im Laufe der Zeit fix und fertig.«[459] Wer am Ende eines langen bürokratischen, nicht selten aporetischen und standardisierten Verfahrens eine Aufenthaltsgenehmigung bekommt, das sei nicht vorhersehbar, sondern reine Glückssache:

> »Es gibt Pech und Glück, mehr nicht. Die Mehrheit hat Pech, die meisten werden irgendwann abgeschoben. Sie leben immer in der Angst, dass ihre Aufenthaltserlaubnis nicht verlängert wird oder ein Widerruf kommt. Dass sie ihre Arbeit verlieren, und vor schlechter Behandlung in den Ausländerbehörden. [...] Und diese Ängste haben fast alle. Nur die nicht mehr, die es irgendwann schaffen, die deutsche Staatsbürgerschaft zu bekommen.«[460]

Khider zeige, so Thomas Hummitzsch, »in symbolischen Miniaturen die Abgründe der europäischen Asylrichtlinien sowie die Folgen ihrer eilfertigen Umsetzung«, wobei er zugleich deutlich mache, »dass es meist die auferlegte Ausweglosigkeit ist, die Migranten in die Kriminalität bringt.«[461] Wer sich im Gastland integrieren wolle, werde daran durch »das Regime, das sich formal Europäische Einwanderungs- und Asylpolitik nennt«, gehindert.[462] Eine weitere Schwierigkeit sieht Hummitzsch in der globalisierten Gleichgültigkeit des Systems, das vor populistischen und rassistischen Strömungen in Europa in die Knie gehe.[463]

Ohrfeige thematisiert in diesem Zusammenhang den asylsuchenden Flüchtling anhand des fiktiven irakischen Flüchtlings Karim Mensy, der in die Maschinerie des deutschen Asylrechts gerät, dessen Starrheit, Ungereimtheiten und Rechtsunsicherheit ihn zwischen der Hoffnung auf Asyl und der Verzweiflung über Abschiebung ohne Rückkehrmöglichkeit in den Irak oszillieren lässt. Integrationsversuche schon während der Wartezeit auf den amtlichen Asylbescheid sind aufgrund der Sprachbarrieren von vornherein zum Scheitern verurteilt. Es bleibt nur das

458 Kaspar Heinrich, »Abbas Khider. Wir sollten nicht plötzlich alles infrage stellen«, in: *Planet Interview*, 11.5.2016 (Internet-Link im Literaturverzeichnis).

459 Ebd.

460 Ebd. Vgl. auch Vladimir Vertlib, »Sag ja nicht die Wahrheit!«, in: *Die Presse*, 5.8.2016 (Internet-Link im Literaturverzeichnis).

461 Thomas Hummitzsch, »Inside Refugee oder: Abbas Khider und sein Roman zur Stunde«, in: *intellectures*, 2.2.2016 (Internet-Link im Literaturverzeichnis).

462 Ebd.

463 Thomas Hummitzsch, »Schluss mit der ›Globalisierung der Gelichgültigkeit‹«, in: *intellectures*, 12.10.2015 (Internet-Link im Literaturverzeichnis).

lähmende, untätige Warten auf eine Schicksalsentscheidung. Die oft sture Rechtsauslegung durch den Beamtenapparat ohne Rücksicht auf das menschliche Einzelschicksal führt zu Aporien und zu unbegreiflichen Entscheidungen.[464] Statt die Integration der Flüchtlinge zu fördern, werde sie, wie Khider zeigt, im Gegenteil erschwert, wenn nicht gar verhindert. Ein Beispiel dafür sei schon, so Roland Freisitzer, der bürokratische Hürdenlauf, um Deutschkurse überhaupt besuchen zu dürfen.[465] Und nicht nur das: »Was«, fragt Khider in *Ohrfeige*, »bedeutet es für einen Menschen, wenn er weder in der Heimat noch in der Fremde leben darf?«[466]

4.6.1 Ohrfeige*: Inhalt*

Karim Mensy, irakischer Asylant Nr. 3873 (O 12), fesselt Frau Schulz, Beamtin der Ausländerbehörde in Niederhofen an der Donau, an ihren Bürostuhl, um sie zu zwingen, ihm endlich zuzuhören (O 9–13). Sie gehört zu den Beamt:innen, »die hier darüber entscheiden, auf welche Weise ich existieren darf oder soll« (O 11), sie ist jene, die »mit dem Gewicht ihres übergroßen Stempels« (O 11) Hoffnungen zunichte macht. Mensy schildert Frau Schulz, wie er nur durch die teuren Dienste obskurer Schlepper:innen aus dem Irak fliehen konnte, wie er durch Zufall in Deutschland landete, obwohl er nach Frankreich wollte, und dort in ein Asylantenheim gesteckt wurde. Nur durch die ebenso obskuren Dienste von Vermittler:innen im Münchner ›Enlil‹ konnte er eine Schwarzarbeit finden und wurde bei den verworrenen Behördengängen und Formalitäten zur Erlangung einer Aufenthaltserlaubnis als Asylbewerber gegen Bezahlung unterstützt (O 22–23): »Dort gibt es alles was die Iraker in München und wohl in ganz Bayern dringend benötigen: Jobangebote auf dem Schwarzmarkt, Informationen über Asylanträge, Arbeits- und Aufenthaltserlaubnis, Auskünfte über Rechtsanwälte, Scheinehevermittlungen, Heiratsvermittler zwischen Mädchen aus der Heimat und den Irakern in Deutschland sowie Geldtransferstelle« (O 23). Mensy ist aus dem Irak geflohen, weil er an Gynäkomastie leidet und in seinem Heimatland Gefahr lief, als Homosexueller verfolgt zu werden (O 87–90, 92). Als offiziellen Grund, um seine Asylchancen zu erhöhen, gibt er an, Saddam Hussein und seine Frau beleidigt zu haben (O 108–109). Nach mehreren Aufenthalten und langen Wartezeiten in verschiedenen

464 Vgl. Katharina Granzin, »Der Mensch im Durchgangsland«, in: *Frankfurter Rundschau*, 11.1.2019 (Internet-Link im Literaturverzeichnis).

465 Roland Freisitzer, »Abbas Khider: ›Ohrfeige‹«, in: *www.sandammeer.at – Literaturzeitschrift im Internet,* März 2016 (Internet-Link im Literaturverzeichnis).

466 Henning Zühlsdorff, »Heinrich-Heine-Gastdozent 2016: Abbas Khider«, Universität Leuphana, 18.8.2023 (Internet-Link im Literaturverzeichnis).

Asylantenheimen (München, Zirndorf, Bayreuth, Niederhofen an der Donau) wird er als Asylberechtigter anerkannt und erhält eine auf zwei Jahre befristete Aufenthaltserlaubnis und einen blauen Pass für Asylberechtigte und Heimatlose (O 156). Mensys Hoffnung, nach diesen zwei Jahren eine unbefristete Aufenthaltsgenehmigung zu erhalten, zerschlägt sich jedoch, als sein Asylantrag nach dem Sturz Saddam Husseins widerrufen wird (O 31), mit der Begründung, dass der Irak für ihn keine Gefahr mehr darstelle. Nun bleibt ihm nichts anderes übrig, als Deutschland zu verlassen und zu versuchen, in einem anderen Land einen neuen Asylantrag zu stellen.

Im Folgenden wird die Aufmerksamkeit gezielt auf den *expliziten juristischen Diskurs im Narrativ* gelenkt, so wie er sich den Leser:innen ohne Kenntnis des realweltlichen deutschen Asylrechts erschließt. Ausgehend von diesem juristischen Diskurs in der Diegese werden die offensichtlichen rechtlich relevanten Informationen herausgearbeitet und zu einem vorläufigen juristischen Gesamtbild, so wie es sich aus dem Text ergibt, zusammengefügt. In einem zweiten Schritt wird das heute in Deutschland geltende Asylrecht erläutert und mit dem diegetischen Gesamtbild kontrastiert.

4.6.2 *Zum expliziten Rechtsdiskurs in der Diegese*

Die Untersuchung des Rechtsdiskurses in *Ohrfeige* lässt an Jürgen Fohrmanns und Harro Müllers Vergleich des Diskurses mit einem unbekannten Spiel denken: »Es sieht aus, als wären die Regeln eines unbekannten Spiels durch Beobachtung des Spielablaufs aufzufinden.«[467] Tatsächlich entdeckt Karim Mensy die Spielregeln des deutschen Asylsystems im Laufe seiner Erfahrungen, seit er deutschen Boden betreten hat. Seine Schlepper:innen haben ihm eingeschärft, sobald er auf Polizist:innen treffen sollte, auf Englisch seinen Asylwunsch kundzutun (O 43). Denn nach den Bestimmungen des Gemeinsamen Europäischen Asylsystems (GEAS), auf das noch näher einzugehen sein wird, gilt als Asylgesuch jede beliebige Ausdrucksform, aus der hervorgeht, dass die betreffende Person internationalen Schutz begehrt.[468]

Der juristische Diskurs wird in *Ohrfeige* stufenweise entfaltet, ergänzt und vervollständigt und folgt dabei den Etappen des deutschen Asylrechts. Letzteres wird in der Diegese unter Verwendung des spezifischen

467 Fohrmann/Müller, »Einleitung«, S. 16.

468 Europäisches Unterstützungsbüro für Asylfragen, *Aufnahme von Personen, die internationalen Schutz beantragen. Richtlinie über Aufnahmebedingungen (2013/33/EU). EASO-Fortbildungsreihe für Mitglieder von Gerichten*, Luxemburg: Amt für Veröffentlichungen der Europäischen Union 2020, S. 26.

Amtsvokabulars sehr genau beschrieben, wie im Folgenden gezeigt wird. Bis auf wenige Ausnahmen, wie z. B. die dreimonatige Ausreisefrist bei Entzug der Asylerlaubnis (Art. 38 Deutsches Asylgesetz AsylG), auf die ebenso später noch eingegangen wird, kommt es nur zu sehr geringen Abweichungen von der deutschen Asylgesetzgebung, mit der Abbas Khider offensichtlich sehr gut vertraut ist. *Ohrfeige* führt, um mit Johannes Angermüller zu sprechen, das Zusammenspiel von »›Sprache‹, ›Praxis‹ und ›Kontext‹« vor,[469] in dem Sinne, dass die Amtssprache der deutschen Asylverwaltung, der praktische (fiktive) Fall Mensys und der größere Kontext des deutschen Asylwesens zusammengeführt werden. Khider erläutert und kommentiert das deutsche Asylsystem, indem er rechtliches Fachvokabular mit den Erfahrungen Mensys und anderer Asylsuchender, die das gleiche Schicksal teilen, verknüpft. Der Rechtsdiskurs dominiert in *Ohrfeige* das Handeln und Tun der fiktionalen Figuren, deren ebenso fiktionale Dialoge die Funktion haben, das reale deutsche Asylsystem einerseits zu veranschaulichen und andererseits zu bewerten. Realer und diegetischer Rechtsdiskurs sind so sehr eng miteinander verknüpft und werden durch fiktiv-imaginäre Elemente inszeniert, insbesondere wenn es darum geht, Inkonsistenzen und Widersprüche im System aufzudecken. Ein anschauliches Beispiel für solche strukturelle Ungereimtheiten ist die Schwierigkeit für Asylsuchende, möglichst schnell einen finanzierten Sprachunterricht zu erhalten, um die Integration zu erleichtern: Dazu wird ein volles Arbeitsjahr in Deutschland vorausgesetzt (O 160), zugleich aber dürfen Asylbewerber:innen während der langen Wartezeit auf einen Bescheid über ihren Asylantrag keiner Arbeit nachgehen. Auf diese Weise setzt ein aporetischer Kreislauf ein, denn alle Bemühungen, die langen Wartezeiten für eine Ausbildung oder Qualifizierung zu nutzen, werden ohne vorherigen Spracherwerb zunichte gemacht:

> Um die Zulassung zum Kolleg zu erhalten, musste man wiederum eine Prüfung ablegen. Um diese Prüfung schreiben zu dürfen, brauchte ich allerdings ein Sprachzeugnis, nämlich die zentrale Mittelstufenprüfung des Goethe-Instituts. Also Kurse auf dem Sprachniveau A1 bis B2 [...]. Die Vorbereitung auf die Zulassungsprüfung für das Studienkolleg würde so mindestens zwölf Monate dauern und ein Vermögen kosten. Oder aber ich müsste eben zwölf Monate lang arbeiten, um den Sprachkurs vom Arbeitsamt bezahlt zu bekommen. Frühestens drei Jahre nach meiner Anerkennung hätte ich also mit meinem Studium beginnen können. (O 160)

Wie hier gezeigt wird, beschränkt sich Khiders Rechtsdiskurs in *Ohrfeige* nicht auf die Abbildung des Asylsystems in der Diegese, sondern er hebt, als guter Kenner des Systems, dessen Schwachstellen hervor.

469 Angermüller, »Einleitung«, S. 25.

Beschreibung, Illustration und Kritik des Systems sind hier eng miteinander verwoben. In Verbindung mit dem diegetischen Rechtsdiskurs lässt Khider, um mit George H. Mead zu sprechen, anhand des Asylsuchenden Mensy und seiner Interaktionen mit anderen Asylsuchenden ein Bedeutungssystem entstehen, »das durch eine Gruppe von Individuen erzeugt wird, die an einem sozialen Prozess der Erfahrung und des Verhaltens teilhaben.«[470] Dabei geht es um die Art und Weise, wie die Asylsuchenden über das Asylsystem kommunizieren, sich gegenseitig beraten und Informationen austauschen, wie das folgende Beispiel zeigt, als Rafid, ein Mitbewohner im Asylheim, Mensy erklärt: »Wenn rauskommt, dass du wegen Fahnenflucht hier bist, bekommst du nie eine Aufenthaltserlaubnis. Du erhältst dann eine Duldung. Mit diesem Status kannst du zwar außerhalb vom Heim wohnen, bist aber an Bayreuth gebunden und darfst weder verreisen noch studieren noch arbeiten. Wenn du sowieso keine Aufenthaltserlaubnis willst, dann sei ehrlich« (O 69).

In ähnlicher Weise erklärt ein anderer Asylbewerber, Zacharias, Mensy, mit welchen Argumenten er seine Chancen auf Asyl erhöhen kann: »Du hast sechst Möglichkeiten, um den Richter zu überzeugen. Entweder hast du etwas gegen die Regierung getan und man sucht dich, oder du bist Christ, Kommunist, Mitglied einer schiitischen Partei, ein Homosexueller oder Teil einer Minderheit. Andere Alternativen hast du als Iraker nicht« (O 101). Khiders offensichtlich gute Kenntnis des deutschen Asylsystems spiegelt sich in der Diegese wider, die Fiktion dient dazu, das Asylsystem nicht nur zu erklären, sondern es auch zu hinterfragen.

In diesem Sinne fragt Karim Mensy Frau Schulz von der Ausländerbehörde, warum sich niemand um seine Schwierigkeiten mit der Aufenthaltserlaubnis, der Ausländerbehörde, dem Bundeskriminalamt, dem Bundesnachrichtendienst, dem Verfassungsschutz (O 19) und dem Bundesamt für die Anerkennung ausländischer Flüchtlinge (O 59) kümmert und wie er damit umgehen soll, wenn »er weder in der Heimat noch in der Fremde leben darf« (O 19).

Nachdem Mensy irgendwo in Deutschland aus einem LKW aussteigen muss, obwohl er nach Frankreich zu seinem Onkel will, begibt er sich zum nächsten Bahnhof und wird dort von der Polizei aufgefordert, sich auszuweisen. Da er keinen Pass hat, klicken die Handschellen und er wird auf das Polizeirevier von Dachau (O 46) gebracht (O 43). Nach der Aufnahme seiner persönlichen Daten, muss er sich in einem Nebenraum splitterfasernackt ausziehen und wird bis in die intimsten Bereiche untersucht (O 44–45). Es folgen Unterschriften, Fotos und Fingerabdrücke (O 45). Sein 500-Dollarschein wird als Strafzahlung für illegalen Aufenthalt auf deutschem Boden einbehalten (O 51, 57). Er wird in eine Gefängniszelle gesperrt (O 46) und einige Tage später zunächst in ein

470 Keller, »Das Wissen«, S. 40.

Asylbewerberheim in München und dann nach Zirndorf gebracht, da München überbesetzt ist (O 50–51). Er bekommt seine Habseligkeiten zurück, die Handschellen werden ihm abgenommen, aber er darf nur in Deutschland, d. h. in dem Land, in dem er aufgegriffen worden ist, um Asyl ersuchen (O 51). Er erhält einen Fahrschein, um von Zirndorf zu einer anderen Asylunterkunft in Bayreuth weiterzufahren (O 57). Dort muss er »zu einer Befragung in das Verwaltungsbüro« (O 68), wo ihm eine sogenannte ›Identitätskarte‹ ausgehändigt wird. »Das war ein Ausweis, der mir eine dreimonatige Aufenthaltserlaubnis bestätigte. Es war ein grünes, längliches Dokument, mit einem Foto von mir und meinen persönlichen Angaben« (O 68). Außerdem muss er zu einem Termin am 21. Februar 2001 um 8:30 Uhr (O 105) beim Bundesamt für die Anerkennung ausländischer Flüchtlinge »zur Anhörung im Rahmen eines Asylverfahrens« (O 105) erscheinen, zur Überprüfung seines Anspruchs auf Asyl »im Sinne der Genfer Flüchtlingskonvention [...], oder ob sonstige Abschiebungshindernisse vorliegen« (O 68). Es geht darum, den Richter davon zu überzeugen, dass zum einen eine Rückkehr in die Heimat unmöglich ist, und zum anderen, dass Deutschland das erste Asylland ist (O 72). Ein Mitbewohner des Bayreuther Asylbewerberheims, Rafid, klärt Mensy, wie bereits erwähnt, zusammenfassend über die Rechtslage auf, indem er ihm die gültigen Asylgründe aufzählt (O 101). Die Anhörung dauert achtzig Minuten, Mensy muss auf vierzig Fragen aus vier Kategorien – Person, Asylgründe, Reiseweg, Sonstiges – mit Hilfe eines Dolmetschers antworten (O 106–111). Während der Wartezeit auf den gerichtlichen Bescheid darf er, außer einem ›Integrationsjob‹ mit einem Stundenlohn in Höhe einer Mark, keine Arbeit annehmen (O 151).

Nach mehreren Monaten wird seinem Antrag stattgegeben, er erhält von der Ausländerbehörde einen blauen Pass für Heimatlose und Asylant:innen und eine auf zwei Jahre befristete Aufenthaltserlaubnis (O 156). Einen Monat nach dem Erhalt des Bescheids muss Mensy das Asylbewerberheim verlassen und sich eine Wohnung und eine Arbeit suchen (O 157). Als Übergangslösung erhält er, auf Antrag beim Sozialamt, ein Zimmer in einem Obdachlosenheim und monatlich 380 Mark (O 159). Um in Deutschland studieren zu können, muss er jedoch »zwei Semester lang ein Studienkolleg besuchen, um das deutsche Abitur nachzuholen« (O 160), da sein irakisches Abitur nicht anerkannt wird. Dafür benötigt er aber den Nachweis des Sprachniveaus B2 in Deutsch und, um einen Deutschkurs vom deutschen Arbeitsamt finanziert zu bekommen, muss er mindestens ein Jahr gearbeitet haben (O 160). Nach dem Anschlag auf die New Yorker Twin Towers am 11. September 2001 wird jedoch die Arbeitssuche zusätzlich erschwert (O 162) und Mensy wird zweimal – ohne besonderen Grund – zu einem Gespräch bei der Kriminalpolizei vorgeladen, wo er zahlreiche Fragen beantworten muss, unter anderen, ob er Kontakte zu Al-Qaida oder zu einer von vierundvierzig anderen Terrororganisationen habe (O 165–168).

Nach dem Sturz Saddam Husseins erhält Mensy gar den Widerruf seines Asylantrags und soll umgehend in sein Heimatland zurückkehren (O 31). Mit Hilfe eines Anwalts erreicht er einen Aufschub von zwei Monaten, um Zeit zu gewinnen (O 33). Nach Ablauf dieser Frist wird ihm der blaue Asylantenpass abgenommen und er erhält ein Duldungsdokument, das seine Bewegungsfreiheit auf einen Umkreis von dreißig Kilometern von seinem Wohnort einschränkt – »Residenzpflicht« (O 61) – und zudem nur eine Zwischenetappe bis zur Abschiebung darstellt: »Mit deiner Aufenthaltserlaubnis ist es bald vorbei. Der Asylantenreisepass wird dir dann ebenfalls abgenommen. Danach bleibt dir bestenfalls die Duldung und du darfst dich nicht weiter als dreißig Kilometer von Niederhofen entfernen. Das alles wird nur gemacht, um dich später doch abzuschieben« (O 32). In dieser Situation bleibt ihm schließlich nichts anderes übrig, als zu versuchen, in einem anderen Land Asyl zu beantragen, eine teure Scheinehe einzugehen oder tatsächlich eine Einheimische zu heiraten (O 34–35).

Diese Darstellung des Rechtsdiskurses über Asyl und Immigration in *Ohrfeige* wird nun im folgenden Kapitel mit dem real-faktischen deutschen Asylrecht kontrastiert, wobei die Aufmerksamkeit selektiv auf die Themen gelenkt wird, die Abbas Khider in seinem Roman besonders anspricht.

4.6.3 Kontrafaktische Kontrastierung: Deutsche Asylgesetzgebung vs. Rechtsdiskurs in der Diegese

Wie bei den vorangegangen kontrafaktischen Untersuchungen muss auch hier die Faktizität des Rechts festgestellt werden, um die kontrafaktische Kontrastierung zwischen Fakt (realweltliches Asylrecht) und Fiktion (diegetisches Asylrecht) überhaupt zu ermöglichen.[471] Es wurde bereits mehrfach erwähnt, dass das Recht im Gegensatz zur Literatur die Aufgabe der konkreten Regelung von Sachverhalten erfüllen muss, d. h. es muss gültig und wirksam sein, um seine praktische Funktion entfalten zu können. Aus dieser Forderung ergibt sich der Imperativ der rechtlichen Faktizität, die, wie Habermas betont, durch die positive Normsetzung in Verbindung mit der Durchsetzbarkeit dieser Normen künstlich erzeugt wird.[472]

471 Siehe dazu Kapitel 2.4 zur Kontrafaktik.

472 Vgl. Habermas, *Faktizität*, S. 50.

4.6.3.1 Faktizität des deutschen Asylrechts

Erinnert sei hier noch einmal an das Habermas'sche Konzept der ›künstlich erzeugten Faktizität‹ des Rechts: »Die Geltung des positiven Rechts [ist] zunächst dadurch bestimmt, dass als Recht gilt, was nach rechtsgültigen Prozeduren Rechtskraft erlangt.«[473] Wendet man die Habermas'schen Kriterien positiv-künstlicher Rechtsproduktion auf das deutsche Asylrecht an, so gründet die rechtliche Faktizität in diesem Sinne auf drei hierarchisch geordneten Ebenen, nämlich der völkerrechtlichen (Genfer Flüchtlingskonvention und dazugehörige Protokolle), der europäischen (GEAS) und der nationalen Ebene (deutsches Asylgesetz). In diesem Zusammenhang sei daran erinnert, dass Normen nur dann ihre Wirkung entfalten, wenn sie, um mit Georg Jellinek zu sprechen, von einer äußeren Autorität ausgehen und ihre Verbindlichkeit durch äußere Autoritäten garantiert wird.[474] In diesem Sinne ist zunächst zu klären, wie internationale und europäische Normen ihre Wirkung im deutschen Recht entfalten können. Dies geschieht durch das Ratifizierungsverfahren gemäß Art. 59, Abs. 1 des deutschen Grundgesetzes (GG): »Verträge, die Rechtssetzungsbefugnisse des Bundestages berühren oder sich auf Gegenstände der bundesgesetzlichen Regelung beziehen, bedürfen der Zustimmung der Bundesregierung und des Bundestages sowie der Bundesländer gemäß Artikel 77 GG.« Nach dieser grundsätzlichen Bestimmung bedarf die Ratifizierung völkerrechtlicher Verträge eines Zustimmungsgesetzes des Bundestages, der Billigung durch den Bundesrat und der Unterzeichnung durch den Bundespräsidenten. Erst nach Abschluss des Ratifizierungsverfahrens und der anschließenden Veröffentlichung des Ratifikationsgesetzes sowie der Hinterlegung des ratifizierten Vertrages entfalten völkerrechtliche Vertragsnormen ihre Wirkung im deutschen Recht.[475] Auf diesem Wege wurde also die Genfer Flüchtlingskonvention 1954, die hier von besonderem Interesse ist, von Deutschland ratifiziert. Was das Gemeinsame Europäische Asylsystem (GEAS) und die mit ihr verbundenen europäischen Richtlinien und Verordnungen betrifft, so sind diese ab ihrer Veröffentlichung im EU-Amtsblatt für alle Vertragsstaaten der Europäischen Union unmittelbar verbindlich und müssen innerhalb einer bestimmten Frist (in der Regel zwei Jahre) durch ein Gesetz in nationales Recht umgesetzt werden. Aus der Reihe der verbindlichen EU-Richtlinien des GEAS ergibt sich für Deutschland die rechtliche Verbindlichkeit der europäischen Normen im nationalen Recht.[476] Daraus

473 Ebd., S. 47.

474 Jellinek, »Staat«, S. 333.

475 JuraForum, »Ratifikation: Definition und Bedeutung im Völker- und Vertragsrecht«, in: *Lexikon*, 5.6.2024 (Internet-Link im Literaturverzeichnis).

476 Richtline 2013/32/EU (ABl. L 180/60), Richtline 2013/33/EU (ABl. S. 180/96), Verordnung (EU) Nr. 604/2013 (ABl. S. 180/31), Verordnung (EU) Nr. 2024/1347 (ABl. L. 22.5.2024).

kann, um mit Hans Kelsen zu sprechen, das faktisch-normative ›Sein‹[477] des europäischen Asylrechts abgeleitet werden, das hierarchisch über dem nationalen Recht steht. Demgegenüber resultiert das faktisch-normative ›Sein‹ des deutschen Asylrechts aus dem deutschen Gesetzgebungsverfahren und der Bekanntmachung des Gesetzes am 2. September 2008 (BGBl. I S. 1789), zuletzt geändert durch das Rückführungsverbesserungsgesetz vom 21. Februar 2024 (BGBl. I Nr. 54).

4.6.3.2 Kontrafaktische Kontrastierung

Nach diesen internationalen, europäischen und nationalen Bestimmungen beruht das deutsche Asylrecht auf drei Säulen, die hierarchisch angeordnet sind: 1. internationale Abkommen, 2. das deutsche Grundgesetz und 3. das deutsche Asylgesetz.

Nach dem Wortlaut von Art. 1, A Abs. 2 des »Abkommens über die Rechtsstellung der Flüchtlinge« (Genfer Flüchtlingskonvention GFK) vom 28. Juli 1951 genießt den Flüchtlingsstatus die Person, die

> *aus der begründeten Furcht vor Verfolgung* [Hervorgebung durch d. Verf.] wegen ihrer Rasse, Religion, Nationalität, Zugehörigkeit zu einer bestimmten sozialen Gruppe oder wegen ihrer politischen Überzeugung sich außerhalb des Landes befindet, dessen Staatsangehörigkeit sie besitzt, und den Schutz dieses Landes nicht in Anspruch nehmen kann oder wegen dieser Befürchtungen nicht in Anspruch nehmen will; oder die sich als Staatenlose infolge solcher Ereignisse außerhalb des Landes befindet, in welchem sie ihren gewöhnlichen Aufenthalt hatte, und nicht dorthin zurückkehren kann oder wegen der erwähnten Befürchtungen nicht dorthin zurückkehren will.[478]

Die *begründete Furcht* vor Verfolgung impliziert eine subjektive und eine objektive Beurteilung der Eigenschaft als Flüchtling. Das subjektive Element erfordert die Beurteilung des Asylantrages unter Berücksichtigung der persönlichen Situation des:der Asylbewerbers:Asylbewerberin:

> Zu berücksichtigen sind persönliche Gründe, der familiäre Hintergrund des Antragstellers, seine Zugehörigkeit zu einer bestimmten rassischen, religiösen, nationalen, sozialen oder politischen Gruppe, die eigene Beurteilung seiner Lage, seine persönlichen Erfahrungen – mit anderen Worten alles, das darauf hindeuten könnte, dass das ausschlaggebende Motiv für seinen Antrag Furcht ist. Die Furcht muss jedoch begründet

477 Vgl. Jellinek, »Staat«, S. 333–337.

478 UNHCR Österreich, *Handbuch über Verfahren und Kriterien zur Erstellung der Flüchtlingseigenschaft gemäß dem Abkommen von 1951 und dem Protokoll von 1967 über die Rechtsstellung der Flüchtlinge*, Genf, September 1979, Neuauflage Dezember 2003, S. 11.

> sein. Aber auch übertriebene Furcht kann begründet sein, wenn, nach den Umständen des Falles zu urteilen, eine solche seelische Verfassung als gerechtfertigt angesehen werden kann.[479]

Als subjektiv berechtigte Gründe für die Furcht vor Verfolgung können auch zukünftige Ängste aufgrund der gesetzlichen Handhabung, der Erfahrungen anderer oder individueller Besonderheiten, des Erlebens einer stark lebensbeeinträchtigenden Diskriminierung oder eines starken Unsicherheitsgefühls[480] geltend gemacht werden:

> Diese Befürchtungen müssen nicht unbedingt auf eigenen persönlichen Erfahrungen des Antragstellers beruhen. Aus dem, was z. B. seinen Freunden und Verwandten und anderen Angehörigen seiner Rasse oder sozialen Gruppe geschah, kann geschlossen werden, dass seine Furcht, auch er werde früher oder später ein Opfer der Verfolgung, wohl begründet ist. Von Bedeutung sind hierbei die Gesetze seines Heimatlandes und vor allem die Art und Weise, wie sie angewandt werden. Die Situation des einzelnen muss nach den jeweils nur für ihn geltenden Umständen beurteilt werden. Bei einer bekannten Persönlichkeit ist die Möglichkeit des Verfolgtwerdens wahrscheinlich größer als bei einem unbekannten Menschen. Alle diese Faktoren, d.h. der Charakter eines Menschen, sein Hintergrund, sein Einfluss, sein Vermögen oder sein Charakter mögen die Schlussfolgerungen rechtfertigen, dass seine Furcht vor Verfolgung begründet ist.[481]

Das objektive Element erfordert die Beurteilung der tatsächlichen politischen und rechtlichen Situation im Herkunftsland als Glaubwürdigkeitsfaktor für die Begründetheit der Furcht vor persönlicher Verfolgung: »Das Wissen um die Verhältnisse im Heimatland des Antragstellers kann jedenfalls ein wichtiger Faktor bei der Beurteilung der Glaubwürdigkeit des Antragstellers sein.«[482]

In *Ohrfeige* kann Mensy sowohl subjektive als auch objektive Gründe der Furcht geltend machen: Zu den subjektiven Gründen zählt sicherlich sein Leiden an der Gynäkomastie, das ihn, aufgrund der falschen Annahme von Homosexualität, der Verfolgung nicht nur durch den irakischen Staat, sondern auch durch die irakische Gesellschaft aussetzt: »Einerseits mit einem prächtigen Penis ausgestattet, andererseits mit einem wohlgenährten Frauenbusen. [...] Damals in Bagdad fürchtete ich sogar, von den Jungs meines Viertels vergewaltigt zu werden, wenn sie erfuhren, dass ich zur Hälfte eine Frau war« (O 87). Die objektiven Gründe für Mensys Angst ergeben sich aus der Diktatur Saddam Husseins und der politischen Verfolgung. Die Tatsache, bereits Opfer von Verfolgung

479 Ebd., S. 13.
480 Vgl. ebd., S. 15–16.
481 Ebd., S. 13.
482 Ebd.

gewesen zu sein, kann als zusätzliche Plausibilisierung der Furcht vor Verfolgung angesehen werden.[483] Unter Verfolgung versteht die Genfer Flüchtlingskonvention (GFK) die »Bedrohung des Lebens oder der Freiheit [...] wegen [...] Rasse, Religion, Nationalität«, wegen unerwünschter politischer Überzeugungen oder wegen der Zugehörigkeit zu einer sozialen Gruppe.[484]

Die Verfolgung kann kumulativ auf mehreren der in Art. 1 A, Abs. 2 GFK genannten Gründen (Rasse, Religion, Nationalität, Zugehörigkeit zu einer sozialen Gruppe, politische Überzeugung) oder auch nur auf einem dieser Gründe beruhen. Ein Asylantrag kann darüber hinaus nur dann gestellt werden, wenn sich der:die Antragsteller:in zum Zeitpunkt der Antragsstellung außerhalb des Herkunftslandes befindet:

> Eine generelle Voraussetzung für die Erlangung der Flüchtlingseigenschaft ist die, dass sich der im Besitz einer Staatsangehörigkeit befindliche Antragsteller außerhalb des Landes dieser Staatsangehörigkeit befindet. Es gibt keine Ausnahmen für diese Regel. Internationaler Schutz kann nicht gewährt werden, solange sich eine Person unter der territorialen Hoheit des Heimatlandes befindet.[485]

Nach Art. 16a des deutschen Grundgesetzes (GG) haben politisch Verfolgte in Deutschland Anspruch auf Asyl, wenn sie nachweisen können, dass sie in ihrem Herkunftsland politisch verfolgt werden oder dort unmenschliche oder erniedrigende Bestrafung oder Behandlung zu erwarten haben. Liegen diese Voraussetzungen nicht oder nicht mehr vor, so kann dem:der Asylbewerber:in das Asyl verweigert oder dem:der Asylanten:Asylantin die Asylgewährung entzogen werden. Der Gesetzgeber kann darüber hinaus jene Herkunftsstaaten bestimmen, deren Staatsangehörigen aufgrund der günstigen oder schützenden Rechtslage kein Asylrecht gewährt wird.

Eine solche erniedrigende Behandlung neben Verfolgung und Bestrafung droht Mensy im Irak, wo er seine Gynäkomastie unter schwierigen Umständen verbergen muss: »Und niemandem konnte ich es anvertrauen. [...] Bäder wurden für mich zu einer absoluten Verbotszone. [...] Bis heute verfolgt mich die ständige Angst, von Männern geschlagen, gedemütigt oder vergewaltigt [zu werden] – und von Frauen ausgelacht oder als ekelhaft empfunden« (O 89) zu werden. Besondere Angst hat Mensy vor dem bevorstehenden Wehrdienst, bei dem die Gefahr besteht, wegen seiner Brüste als ›*al-Arif*‹ gedemütigt und sexuell missbraucht zu werden (O 89–90).

Wenn die Vertragsstaaten der Genfer Flüchtlingskonvention einerseits verpflichtet sind, den Schutz des Asyls bei Vorliegen der erforderlichen

483 Ebd., S. 14.
484 Ebd., S. 15.
485 Ebd., S. 23–24.

Voraussetzungen zu gewähren, so haben sie andererseits auch die Möglichkeit, dem:der Asylsuchenden diesen Schutz wieder zu entziehen, sobald er aufgrund neuer Faktoren nicht mehr gerechtfertigt ist. In diesem Sinne kann die Asylgewährung gemäß Art. 1 C GFK dann rückgängig gemacht werden, wenn die Umstände, aufgrund derer der Schutz des Herkunftslandes nicht gewährleistet war, wegfallen.[486] Einer Aberkennung des Asylschutzes steht jedoch immer die Situation von Flüchtlingen entgegen, die sich auf »zwingende, auf früheren Verfolgungen beruhende Gründe, berufen« (Art. 1C (6), 2) können und denen eine Rückkehr trotz veränderter Verhältnisse im Herkunftsland nicht zugemutet werden kann. Die Genfer Flüchtlingskonvention (GFK) bezieht sich mit dieser Klausel auf die

> besondere Lage einer Person, die in der Vergangenheit unter sehr schwerer Verfolgung zu leiden hatte und deren Flüchtlingseigenschaft nicht notwendigerweise beendet wird, auch wenn sich in ihrem Herkunftsland grundlegende Veränderungen vollzogen haben. [...] Häufig wird der Standpunkt vertreten, man könne von jemandem, der selbst – oder dessen Familie – besonders schwere Verfolgung zu erdulden hatte, nicht erwarten, dass er in das betreffende Land zurückkehrt. Auch wenn in dem betreffenden Land eine Änderung des Regimes stattgefunden hat, so bedeutet dies nicht immer auch eine völlige Änderung in der Haltung der Bevölkerung, noch bedeutet sie, in Anbetracht der Erlebnisse in der Vergangenheit, dass sich der psychische Zustand des Flüchtlings völlig geändert hat.[487]

In *Ohrfeige* wird Mensy das Asylrecht mit der Begründung entzogen, Saddam Hussein sei von der US-Armee gestürzt worden und er könne nun gefahrlos in sein Heimatland zurückkehren (O 31). In der konkreten Realität bedeutet der Sturz Husseins jedoch keineswegs das Ende der Gefahren, denn auch wenn der Irak formal keine Diktatur mehr ist, so befindet sich das Land nach wie vor im Chaos, wie Mensy in *Ohrfeige* ausführt: »Täglich Bombenanschläge. Armeen aus allen Teilen der Welt und die Saddamisten erschießen sich gegenseitig. [...] Der Irak ist kein Land mehr, sondern die Kampfarena der Weltmächte und Verrückten« (O 32). Die Aberkennung des Asylrechts durch die deutschen Behörden stützt sich in *Ohrfeige* allein auf den Sturz Husseins, ohne die realen Verhältnisse im Irak zu berücksichtigen, die für Mensy nach wie vor eine Gefahr darstellen. Dabei ist besonders hervorzuheben, dass sich die Grundeinstellung der irakischen Gesellschaft zu vermeintlicher Homosexualität – auch wenn sie im Fall Mensy nur eine scheinbare ist – nicht durch politische Umwälzungen von heute auf morgen ändert, sodass Mensy nach wie vor Bestrafung und Demütigung fürchten muss

486 Ebd., S. 30–31.
487 Ebd., S. 37.

und nicht in sein Land zurückkehren kann. In diesem Zusammenhang muss daher auf die Nichtbeachtung des Art. 1C (6), 2 GFK durch die deutschen Behörden hingewiesen werden, wonach sie die besondere Situation Mensys hätten berücksichtigen müssen. Sie hätten vor allem beachten müssen, dass sich die Einstellung der irakischen Bevölkerung zur Homosexualität als kultureller Faktor nicht bloß durch einen politischen Umsturz ändert. Darüber hinaus hätten weitere Faktoren berücksichtigt werden müssen, die Mensys individuelle Lage bestimmen, wie zum einen sein finanzielles Unvermögen, der Gefahr der Verfolgung als Homosexueller durch eine Operation zu entgehen, und zum anderen die anhaltende lebensbedrohende Situation im Irak aufgrund der gewalttätigen und chaotischen Kriegszustände. Während die Genfer Flüchtlingskonvention (GFK) und das dazugehörige Protokoll über die Rechtsstellung der Flüchtlinge vom 31. Januar 1967[488] die Kriterien zur Bestimmung der Figur des völkerrechtlichen Flüchtlingsbegriffs festlegen, bleibt die Ausgestaltung des Asylverfahrens den jeweiligen Vertragsstaaten überlassen. Das Amt des Hohen Flüchtlingskommissars der Vereinigten Nationen (UNHCR[489]) betont in diesem Zusammenhang die Notwendigkeit einer humanen, verständnisvollen und kompetenten Handhabung des Asylverfahrens:

> Es sollte nie vergessen werden, dass sich jemand, der sich um die Anerkennung als Flüchtling bemüht, in einer besonders empfindlichen Lage befindet. Er hält sich nicht nur in einer fremden Umgebung auf, er hat unter Umständen auch mit erheblichen technischen wie psychologischen Schwierigkeiten zu kämpfen, wenn er seinen Fall den Behörden eines fremden Landes – sehr oft noch in einer fremden Sprache – vortragen muss. Sein Antrag sollte daher im Rahmen eines besonders zu diesem Zweck geschaffenen Verfahrens von qualifizierten Beamten bearbeitet werden, die erforderliches Wissen und Erfahrung sowie Verständnis für die besonderen Schwierigkeiten und Nöte eines Antragstellers besitzen.[490]

Hier sticht besonders der Appell an das Verständnis für die individuelle Situation des:der Asylbewerbers:Asylbewerberin hervor. Dazu gehört auch das Verbot der Ausweisung oder Zurückweisung des Flüchtlings, wenn dadurch sein Leben oder seine Freiheit aus den Gründen des Art. 1, A Abs. 2 GFK bedroht wäre (Art. 33 GFK).

488 Abkommen über die Rechtsstellung der Flüchtlinge, Vereinte Nationen, Vertragssammlung, Bd. 189, 28. Juli 1951 (»Genfer Flüchtlingskonvention«); geändert durch das Protokoll über die Rechtsstellung der Flüchtlinge, Vereinte Nationen, Vertragssammlung, Bd. 606, 31. Januar 1967 (Internet-Links im Literaturverzeichnis).

489 UNHCR = United Nations High Commissioner for Refugees.

490 UNHCR Österreich, *Handbuch*, S. 55.

In *Ohrfeige* bringt Khider in diesem Zusammenhang die fehlende Menschlichkeit und Individualisierung bei der Bearbeitung von Asylanträgen zur Sprache. Die Asylant:innen und Asylbewerber:innen werden nicht als Menschen, sondern als Nummern behandelt, wie Mensy bitter feststellt: »Für Sie war ich wohl Asylant 3873 oder so. Nicht mehr wert als die Nummern, die ich ziehen musste, um zu warten« (O 12). Die individuelle Situation des:der Asylsuchenden muss gegenüber der administrativen Rigidität zurücktreten, die jede Hoffnung auf menschliches Verständnis zunichte macht: »Es war ein sinnloses Warten, das ich nur auf mich genommen habe, weil ich die Hoffnung hatte, Verständnis zu erfahren und eine Chance zu bekommen« (O 12).

Die Verbindlichkeit der Genfer Flüchtlingskonvention für die Mitgliedstaaten der Europäischen Union wird in Art. 78 des Vertrages über die Arbeitsweise der Europäischen Union (AEUV)[491] deutlich betont: »Nach Artikel 78 Absatz 1 AEUV muss die gemeinsame Politik im Bereich Asyl, subsidiärem Schutz und vorübergehendem Schutz in Einklang mit dem Genfer Abkommen über die Rechtsstellung der Flüchtlinge und dem Protokoll vom 31. Januar 1967 sowie mit ›anderen einschlägigen Verträgen‹ stehen.«[492] Dies wird ebenso in Erwägungsgrund 3 der EU[493]-Aufnahmerichtline vom 26. Juni 2013 betont: »Der Europäische Rat kam […] überein, auf ein Gemeinsames Europäisches Asylsystem (GEAS) hinzuwirken, das sich auf die uneingeschränkte und umfassende Anwendung des Genfer Abkommens […] stützt, […] damit der Grundsatz der Nichtzurückweisung gewahrt« (Art. 33 GFK)[494] und das Bestrafungsverbot für illegale Einreise (Art. 31 GFK) im Vorfeld der förmlichen Asylanerkennung berücksichtigt wird.[495]

In *Ohrfeige* wird dieses Bestrafungsverbot jedoch in keiner Weise berücksichtigt, da die deutschen Polizeibeamten Mensy bei der Kontrolle am Bahnhof festhalten und seinen 500-Dollar-Schein als Strafe für seine illegale Einreise einbehalten (O 51, 57). Mensy hätte diese Strafe vermeiden können, wenn er sich sofort nach Betreten des deutschen Bodens bei der Polizei gemeldet hätte (O 51), doch dazu hatte er keine Gelegenheit, da er ohne Vorankündigung gezwungen worden war, auf deutschem Boden an einem unbekannten Ort aus dem Lastwagen

491 Vertrag über die Arbeitsweise der Europäischen Union. Amtsblatt der Europäischen Union, C 326/49, 26.10.2012 (Internet-Link im Literaturverzeichnis).

492 Europäisches Unterstützungsbüro für Asylfragen, *Aufnahme*, S. 22.

493 EU: Europäische Union.

494 Richtlinie 2013/33/EU de Europäischen Parlaments und Rates zur Festlegung von Normen für die Aufnahme von Personen, die internationalen Schutz beantragen, 26. Juni 2013 (Abl. L 180/96). Diese Richtline ist für alle EU-Staaten – mit Ausnahme von Dänemark – bindend.

495 Europäisches Unterstützungsbüro für Asylfragen, *Aufnahme*, S. 22.

auszusteigen, der ihn transportiert hatte. In diesem Zusammenhang zeigt sich bereits eine gewisse Inkonsistenz des deutschen Asylsystems, da es für Flüchtlinge in der Praxis unmöglich ist, einen Asylantrag zu stellen, ohne sich schon im Zielland zu befinden, und sei es auch nur, um sich, wie im Fall Mensys, vom Ankunftsort zur nächsten Polizeidienststelle zu begeben. Asylbewerber:innen haben nicht nur mit Strafen aufgrund illegaler Einwanderung zu rechnen, sondern vor allem mit Abschiebungen aus dem Zielland. In diesem Zusammenhang bekennt sich das Gemeinsame Europäische Asylsystem (GEAS) zum Grundsatz der Nichtzurückweisung, der es den Mitgliedstaaten der Europäischen Union verbietet, Flüchtlinge »in ein Land rückzuführen, in dem ihnen Verfolgung droht. Sein Anwendungsbereich erstreckt sich auch auf Asylbewerber:innen, solange über ihren Antrag nicht endgültig entschieden ist.«[496]

Wie bereits kommentiert, bringt der Widerruf der Asylanerkennung Mensy in eine unmögliche Situation: Er darf nicht in Deutschland bleiben, muss aber weiterhin mit Verfolgung im Irak rechnen und hat keine Gewissheit, in einem anderen Land Asyl zu erhalten. Unter diesem Gesichtspunkt kommt der Einzug des deutschen Asylpasses in der Praxis einer rechtswidrigen Rückführung gleich, die der individuellen subjektiven und objektiven Situation Mensys nicht gerecht wird. In *Ohrfeige* wird die aporetische Situation Mensys in der Frage zusammengefasst, wie er damit umgehen soll, dass »er weder in der Heimat noch in der Fremde leben darf« (O 19).

Als weitere supranationale Rechtsquelle, die für die Mitgliedsstaaten der EU verbindlich ist, ist die Europäische Menschenrechtskonvention (EMRK) zu nennen. Ihre Rechtsverbindlichkeit für Deutschland, wie für die anderen Vertragsstaaten, geht aus Art. 6, Abs. 3 des Vertrags über die Europäische Union (EUV) hervor: »Die Grundrechte, wie sie in der Europäischen Konvention zum Schutz der Menschenrechte und Grundfreiheiten gewährleistet sind und wie sie sich aus den gemeinsamen Verfassungsüberlieferungen der Mitgliedstaaten ergeben, sind als allgemeine Grundsätze Teil des Unionsrechts.«[497] Weitere Verpflichtungen ergeben sich für Deutschland aus der Charta der Grundrechte der Europäischen Union (EU-Charta), insbesondere hinsichtlich der Bestimmungen über die Würde des Menschen (Art. 1 EU-Charta), das Verbot der Folter und unmenschlicher Strafe (Art. 4 EU-Charta), das Recht auf Freiheit und

496 Agentur der Europäischen Union für Grundrechte, *Leitlinien zur Verringerung des Risikos der Zurückweisung im Rahmen des Außengrenzenmanagements in oder in Zusammenarbeit mit Drittländern*. Wien: Amt für Veröffentlichungen 2016, S. 1.

497 Rudolf Streinz (Hg.), EUV/AEUV. *Vertrag über die Europäische Union und Vertrag über die Arbeitsweise der Europäischen Union*, München: C .H. Beck 2012, Art. 6.

Sicherheit (Art. 6 EU-Charta) und das Recht auf Nichtdiskriminierung (EU-Charta 21).[498]

Das Gemeinsame Europäische Asylsystem (GEAS) wurde mit dem Ziel geschaffen, für alle EU-Mitgliedstaaten einen Mindeststandard an Aufnahmebedingungen für Asylbewerber:innen festzulegen, der – im Einklang mit den Bestimmungen der EMRK und der EU-Charta für ein menschenwürdiges Leben – vergleichbare Bedingungen im gesamten EU-Raum gewährleisten soll. Die praktische und rechtliche Umsetzung des GEAS beruht auf drei EU-Richtlinien und zwei EU-Verordnungen[499] zur Vereinheitlichung des Asylverfahrens in der Europäischen Union durch die Festlegung gemeinsamer Mindeststandards (Qualifikationsrichtlinie, Aufnahmerichtlinie), die Harmonisierung der Voraussetzungen für die Zu- und Aberkennung der Flüchtlingseigenschaft (Asylverfahrensrichtlinie), die Bestimmung der Zuständigkeit des für das Asylverfahren zuständigen Staates (Dublin-III-Verordnung) und die Einrichtung eines elektronischen Archivs zum Abgleich von Fingerabdrücken (Eurodac-Verordnung). Diese für Asylbewerber:innen und Asylant:innen vorgesehenen Mindeststandards messen sich an einem angemessenen Lebensstandard, der den Lebensunterhalt und den Schutz der physischen und psychischen Gesundheit gewährleistet (Art. 17, Abs. 2 Richtlinie 2013/33/EU).[500]

Nach Art. 13 Abs. 2 der Dublin-III-Verordnung (D-III-V) ist ein Asylantrag in dem Mitgliedstaat zu stellen, »der für den irregulären Grenzübertritt eines Drittstaatsangehörigen in die EU verantwortlich ist.«[501] Damit sollen Zuständigkeitskonflikte zwischen den Mitgliedstaaten und die Mehrfachantragstellung in mehreren Mitgliedstaaten vermieden werden. Wie Saracino erläutert, soll auf diese Weise die »Sekundärmigration verhindert werden […], durch die Asylsuchende, die von einem Mitgliedstaat, in dem sie eigentlich ihren Antrag stellen müssten, in einen anderen weiterreisen.«[502] Im Sinne dieser Bestimmung muss und darf Mensy

498 Charta der Grundrechte der Europäischen Union, 26.10.2012, C 326/391 (Internet-Link im Literaturverzeichnis).

499 Richtlinie 2013/33/EU (›EU-Aufnahmerichtlinie‹), Richtlinie 2011/95/EU (›EU-Qualifikationsrichtlinie‹), Richtlinie 2013/32/EU (›EU-Asylverfahrensrichtlinie‹), EU-Verordnung Nr. 604/2013 (›Dublin-III-Verordnung‹) und EU-Verordnung 603/2013 (›Eurodac-II-Verordnung‹).

500 Versuchen der genaueren Interpretation zufolge umfasst ein ›angemessener Lebensstandard‹ den Zugang zu notwendiger Nahrung, Kleidung, Wohnung (Zentren, Privathäuser, Wohnungen, Hotels etc; Art. 18 Richtlinie 2013/33/EU), zu ärztlicher Untersuchung und zu sozialen Diensten, ferner den Erhalt von Gutscheinen oder Geldleistungen (Art. 2, Abs. g Richtlinie 2013/33/EU).

501 Daniele Saracino, *Solidarität in der Asylpolitik der Europäischen Union*, Wiesbaden: Springer 2019, S. 102.

502 Ebd., S. 103.

nur in Deutschland Asyl beantragen (O 51), da er hier erstmals illegal europäischen Boden betreten hat, auch wenn er lieber nach Frankreich zu seinem Onkel gereist wäre. Um Mehrfachantragstellungen wirksam zu verhindern, ist die D-III-V mit der Eurodac-II-Verordnung (E-II-V) gekoppelt, die eine gemeinsame Datenbank einrichtet, in der die Mitgliedstaaten verpflichtet sind, persönliche Daten und Fingerabdrücke aller Migrant:innen im Alter von über 14 Jahren zu speichern.[503] In diesem Sinne werden Mensy die Fingerabdrücke auf der Polizeistation in Dachau abgenommen, sobald er deutschen Boden betritt (O 45).

Im Widerspruch zu diesem Kompetenzprinzip des Erstantrages räumt Art. 17 D-III-V die Möglichkeit ein, dass ein anderer Mitgliedstaat den Asylantrag prüft, auch wenn er ursprünglich nicht zuständig ist, sofern er von dem zuvor zuständigen Mitgliedstaat davon unterrichtet wird. In diesem Sinne wäre Mensy, der sich schließlich gegen seinen Willen auf deutschem Boden befindet, gemäß Art. 17 Abs. 2 D-III-V aufgrund verwandtschaftlicher Beziehungen berechtigt, in Frankreich Asyl zu beantragen.

Der europäische Mindeststandard des GEAS wird wirksam, sobald der:die Schutzsuchende einen Asylantrag stellt, wobei »jede Handlung, durch die gegenüber einer beliebigen Behörde in irgendeiner Weise dem Wunsch Ausdruck verliehen wird, internationalen Schutz zu erlangen«,[504] als Asylantrag gilt. Dies bringt Mensy sofort zum Ausdruck, als er am Bahnhof Dachau von der Polizei kontrolliert wird: »I am from Iraq. Seeking asylum. Asylum please« (O 43).

Solange der:die Antragsteller:in keinen rechtskräftigen Bescheid zu seinem:ihrem Antrag erhalten hat, kommt er:sie in den Genuss des internationalen Schutzes.[505] Innerhalb von fünfzehn Tagen ist der:die Antragsteller:in über die Leistungen und Verpflichtungen sowie über die beratenden Personen und Organisationen in einer für ihn:sie verständlichen Sprache zu unterrichten (Art. 5 Richtlinie 2013/33/EU).

Mensy wird in diesem Zusammenhang einem Asylantenheim in Bayreuth zugewiesen und erhält im Verwaltungsbüro eine sogenannte »Identitätskarte«, die ihm »eine dreimonatige Aufenthaltserlaubnis bestätigte« (O 68) sowie einen Zettel mit dem Termin, an dem er zur behördlichen Anhörung zur Feststellung der Berechtigung seines Asylantrags erscheinen soll (O 68, 105). Mehr Informationen erhält er nicht.

In der Zeit zwischen der Antragstellung und dem endgültigen Bescheid über den Asylantrag, ist dem:der Antragsteller:in Bewegungsfreiheit innerhalb des Hoheitsgebietes des Aufnahmemitgliedstaates zu gewähren (Art. 7, Abs. 1 Richtlinie 2013/33/EU), unbeschadet einer etwaigen Wohnortauflage.

503 Ebd., S. 103–104.
504 Europäisches Unterstützungsbüro für Asylfragen, *Aufnahme*, S. 26.
505 Ebd., S. 29–31.

Art. 15 der Richtlinie 2013/33/EU sieht zudem vor, dass der:die Antragsteller:in spätestens nach neun Monaten Aufenthalt, auch wenn er:sie noch in Erwartung des Asylbescheids ist, Zugang zum Arbeitsmarkt sowie zur beruflichen Bildung erhalten soll (Art. 16 Richtlinie 2013/33/EU). Im Widerspruch dazu wird Mensy in *Ohrfeige* auch nach neun Monaten Wartezeit kein Zugang zu regulärer Arbeit gewährt, sondern er hat lediglich Anspruch auf einen ›Integrationsjob‹ mit einem Stundenlohn von einer Mark (O 151).

Bei der Prüfung der Asylanträge muss, in Übereinstimmung mit den internationalen Rechtsquellen, auf die individuelle Situation des:der Antragstellers:Antragstellerin unter Berücksichtigung der tatsächlichen Situation in seinem:ihrem Herkunftsland eingegangen werden (Art. 10 Richtlinie 2013/32/EU). Eine persönliche Anhörung des:der Antragstellers:Antragstellerin hat der Entscheidung durch die zuständige Behörde voranzugehen (Art. 14 Richtlinie 2013/32/EU). In *Ohrfeige* wird Mensy tatsächlich achtzig Minuten lang im Bundesamt für die Anerkennung ausländischer Flüchtlinge mit Hilfe eines Dolmetschers angehört und muss vierzig Fragen beantworten (O 105–106).

Im Falle der Ablehnung oder des Widerrufs der Asylgewährung muss sich der betreffende Mitgliedstaat vergewissern, dass dem:der Antragsteller:in in seinem:ihrem Herkunftsland keine Gefahr für Leben und Freiheit aufgrund von Rasse, Religion, Nationalität, Zugehörigkeit zu einer bestimmten sozialen Gruppe oder politischer Überzeugung droht (Art. 38 Richtlinie 2013/32/EU), wobei sich die zuständige Behörde zur Beurteilung der Situation im Herkunftsland auf Informationen des EASO, des UNHCR, des Europarates und anderer einschlägiger internationaler Organisationen zu stützen hat (Art. 37 Richtlinie 2013/32/EU). Mit anderen Worten wird eine pragmatische und realistische Einschätzung des ›sicheren‹ Herkunftsstaates angestrebt. Wie bereits angemerkt, ist diese Bewertung im Falle des Irak in *Ohrfeige* sehr oberflächlich und realitätsfern, da sie sich allein auf die Tatsache des Sturzes von Saddam Hussein beschränkt.

Das deutsche Grundgesetz (GG) anerkennt in Art. 16a ausdrücklich das Recht auf Asyl für politisch Verfolgte in Konkordanz mit den internationalen Abkommen und Konventionen. Auf gesetzlicher Grundlage kann eine Liste ›sicherer‹ Staaten erstellt werden. Das deutsche Asylrecht folgt hier im Wesentlichen den internationalen und europäischen Vorgaben, wenn auch, insbesondere seit 1993, mit gewissen Abweichungen und Einschränkungen. Wie Klaus Behnam Shad hervorhebt, hat sich das schrankenlose deutsche Asylrecht nach dem ursprünglichen Art. 16 Abs. 2 GG von 1949 ab 1993 zu einem restriktiven Asylrecht mit dem aktuellen Art. 16a GG entwickelt. Anlass war der massive Anstieg der Flüchtlingszahlen in den 1990er Jahren, der zu Gewaltausbrüchen führte, wie die Anschläge auf Asylantenheime in Mölln und

Rostock-Lichtenhagen zeigten.[506] Diese Erfahrungen in der Vergangenheit prägen den Geist der gegenwärtigen deutschen Asylgesetzgebung, die nun zu einer restriktiveren Haltung tendiert, indem die Flüchtlingsanerkennung bereits dann schon versagt oder widerrufen werden kann, wenn dem:der Asylbeantragenden zumindest in einem Teil seines:ihres Herkunftslandes keine Gefahr droht[507] (Art. 3e AsylG). In diesem Sinne wird das Asylrecht im Wesentlichen auf Personen beschränkt, die in ihrem Herkunftsland generell um Leib und Leben fürchten müssen. Diesem Kriterium folgend wurde die Liste der sicheren Herkunftsstaaten um die Balkanstaaten, Ghana und Senegal erweitert (Art. 29a AsylG). Behnam Shad kritisiert an diesem Vorgehen, dass es sich um abstrakte Kriterien handele, die nicht unbedingt der Realität entsprächen, da Personen aus diesen Ländern im Einzelfall dennoch politisch verfolgt werden könnten. Solche kategorischen und standardisierten Generalisierungen sind in der Tat problematisch und werden in *Ohrfeige* deutlich angesprochen, dort wo der Sturz von Saddam Hussein die Ausweisung Mensys aus Deutschland rechtfertigt. Dies ist umso unverständlicher als der Irak nach wie vor nicht auf der Liste der sicheren Staaten steht.

Im Sinne dieser Verschärfungstendenzen können seit der Annahme des deutschen Asylbeschleunigungspaketes vom 23. Oktober 2015 abgelehnte Asylanträge ohne Angabe eines Termins zu einer effektiveren und schnelleren Abschiebung von Antragsteller:innen führen.[508] Über die Asylanträge entscheidet das Bundesamt für Migration und Flüchtlinge (Art. 5 AsylG) oder eine Außenstelle desselben, die der Aufnahmeeinrichtung des:der Ausländer:in zugeordnet ist (Art. 14 AsylG). Die Beamt:innen dieser Außenstellen bearbeiten die Anträge, führen die Anhörungen durch und erstellen die Bescheide zumeist in Personalunion.[509] Genau

506 Albrecht Lüthke / Ingo Müller, »Ausländerfeindliche Gewalt – das Beispiel Rostock-Lichtenhagen«, in: Albrecht Lüthke / Ingo Müller, *Strafjustiz für Nicht-Juristen. Ein Ratgeber für Schöffen, Pädagogen, Sozialarbeiter und andere Interessierte*, Wiesbaden: Springer 2014, S. 125–133, hier: S. 126–128.

507 Das deutsche Asylgesetz wurde zuletzt am 21. Februar 2024 geändert (BGBl. Nr. 54).

508 Wissenschaftliche Dienste des Deutschen Bundestags, »Änderungen des Asyl- und Aufenthaltsgesetzes seit Januar 2015 mit den Schwerpunkten Asylpaket I und II«, Deutscher Bundestag, WD – 3000-018/16), 21.1.2016, S. 7–8 (Internet-Link im Literaturverzeichnis). Siehe dazu Asylverfahrensbeschleunigungsgesetz vom 20.10.2015, BGBl. I 2015, 1722.

509 Christian Lahusen / Karin Schittenhelm / Stephanie Schneider, »Lokale Behördenpraxis und die Europäisierung des *street levels*. Modi, Promotoren und Anpassungen in den deutschen und schwedischen Asylbehörden«, in: Christian Lahusen / Karin Schittenhelm / Stephanie Schneider, *Europäische Asylpolitik und lokales Verwaltungshandeln. Zur Behördenpraxis in Deutschland und Schweden*, Bielefeld: transcript 2022, S. 174–247, hier: S. 174.

diese Personalunion verkörpert in *Ohrfeige* Frau Schulz, wie Mensy ironisch feststellt: »Das wird daran liegen, dass Sie für alles zuständig sind, was unser Leben erleichtert oder erschwert: Aufenthaltserlaubnis, Ausweis, Arbeit, Abschiebungsbescheid, Taschengeld, die achtzig Mark – später die vierzig Euro, sowie die Arztbescheinigungen« (O 142).

In vielen Gemeinden wird das gesamte ausländerrechtliche Spektrum (Erteilung und Verlängerung von Aufenthaltstiteln, Duldungen, Ausweisungen, Abschiebungen, Beschäftigungserlaubnisse, Integrationskurse) bürgernah von den kommunalen Ausländerbehörden (ABHen) wahrgenommen.[510] Die Polizei, die den:die Ausländer:in als Asylbewerber:in erkennt, muss ihn:sie behördlich aufnehmen und an die zuständige Aufnahmeeinrichtung (Asylantenheim) weiterleiten (Art. 19 AsylG). Dies geschieht auch mit Mensy, der nach seiner Festnahme durch die Polizei in Dachau in das Asylantenheim nach München gebracht wird, das ihn jedoch wegen Überbelegung nicht aufnehmen kann (O 49–50).

Mit Ausnahme von Sonderfällen ist der:die Asylbewerber:in vor dem Entscheid über seinen:ihren Antrag persönlich anzuhören (Art. 24 AsylG). Die Frist bis zum Entscheid über den Asylantrag darf achtzehn Monate nicht überschreiten (Art. 24 AsylG). Während dieser Zeit sind Asylbewerber:innen von der Erfordernis einer Aufenthaltsgenehmigung befreit (Art. 55 AsylG), aber verpflichtet, in dem ihnen zugewiesenen Asylantenheim zu wohnen (Art. 47 AsylG), und sie sind in ihrer Bewegungsfreiheit auf den Bezirk der zuständigen Ausländerbehörde beschränkt (Art. 56 AsylG). In *Ohrfeige* wird Mensy vom Bundesamt für die Anerkennung ausländischer Flüchtlinge angehört (O 105), während er im Asylantenheim von Bayreuth auf den Asylbescheid wartet.

In den ersten sechs Monaten des Wartens auf den Asylbescheid darf keine Erwerbstätigkeit ausgeübt werden (Art. 61 AsylG), es sei denn mit der ausdrücklichen Erlaubnis der Bundesagentur für Arbeit oder in staatlichen oder kommunalen Einrichtungen im Dienst des Allgemeininteresses gegen ein Entgelt von 80 Cents pro Stunde (Art. 5 AsylbLG). Abweichend von der deutschen Asylgesetzgebung darf Mensy höchstens achtzig Stunden im Monat zu einem Stundenlohn von einer Mark arbeiten (O 151).

Nach dem Asylbewerberleistungsgesetz (AsylbLG) erhalten Asylbewerber:innen zur Deckung ihres Bedarfs Ernährung, Unterkunft, Heizung, Kleidung, Gesundheitspflege sowie Gebrauchs- und Verbrauchsgüter des Haushalts (Art. 3 AsylbLG). Tatsächlich erhält Mensy in *Ohrfeige* die notwendigste Kleidung (O 64), Essen (O 56) und Taschengeld (O 57).

510 Jörg Bogumil / Jonas Hafner / André Kastilan, »Lokales Integrationsmanagement in Deutschland – Eine Bestandaufnahme«, in: Jörg Bogumil / Sabine Kuhlmann / Jonas Hafner & al. (Hg.), *Lokales Integrationsmanagement in Deutschland, Schweden und Frankreich*, Baden-Baden: Nomos 2023, S. 37–175, hier: S. 108.

Hinzu kommt ein monatlicher Geldbetrag in Höhe von 204 Euro für alleinstehende Erwachsene (Art. 3a AsylbLG) zur Deckung persönlicher Bedürfnisse, wenn der:die Asylbewerber:in nicht in einem Asylantenheim wohnt. Bei Ablehnung des Asylantrages beträgt die Ausreisefrist dreißig Tage, die sich im Falle des Einspruchs um weitere dreißig Tage erhöht. Wird bereits gewährtes Asyl widerrufen, so beträgt die Ausreisefrist bei freiwilliger Ausreise drei Monate (Art. 38 AsylG).

In *Ohrfeige* gelingt es Mensy mit Hilfe eines Anwalts, seine Ausreisefrist auf zwei Monate zu verlängern (O 33), nicht aber auf drei Monate, wie es Art. 38 AsylG für Personen vorsieht, denen bereits einmal Asyl gewährt wurde. Nach Ablauf dieser zweimonatigen Frist muss Mensy seinen blauen Asylpass abgeben (O 33).

Der Widerruf einer erteilten Asylgewährung kann dann erfolgen, wenn die Umstände, die den Asylantrag berechtigten, erheblich und dauerhaft wegfallen, sodass die Furcht des:der Ausländers:Ausländerin vor Verfolgung nicht länger als begründet angesehen werden kann (Art. 73 AsylG).

In *Ohrfeige* wird, wie bereits mehrfach erwähnt, Mensys Asylgewährung mit der Begründung widerrufen, dass seit der Beseitigung der Diktatur von Saddam Hussein die Situation im Irak ohne Gefahr für ihn sei und kein zwingender Grund mehr für ihn bestehe, in Deutschland zu bleiben (O 31).

Die Entscheidung der deutschen Ausländerbehörde, Mensys Asylberechtigung zu widerrufen, könnte auf einer fehlerhaften Auslegung des internationalen und nationalen Asylrechts beruhen, wenn man sich dessen Wortlaut vergegenwärtigt: Gemäß der Genfer Flüchtlingskonvention kann Asylant:innen die Rückkehr ins Heimatland trotz veränderter Umstände nicht zugemutet werden, wenn anzunehmen ist, dass sich trotz eines Regimewechsels die Grundhaltung der Bevölkerung nicht geändert hat und der psychische Zustand der Furcht des:der Asylanten:in aufgrund vergangener Erlebnisse bestehen bleibt.[511] Die Genfer Flüchtlingskonvention bezieht sich dabei, wie bereits erläutert, auf subjektive und objektive Furchtgründe.[512]

Wenn das Ausländeramt in *Ohrfeige* allein darauf abstellt, dass mit dem Sturz Saddam Husseins alle Befürchtungen und Ängste Mensys ausgeräumt seien und er gefahrlos in sein Heimatland zurückkehren könne, so lässt sie außer Acht, dass einerseits die feindselige Einstellung der Bevölkerung gegenüber der Vermutung von Homosexualität und andererseits der anhaltende Kriegszustand im Irak das Land keineswegs für Mensy zu einem ›sicheren‹ Land machen.

Das Gemeinsame Europäische Asylsystem (GEAS) stützt sich auf die uneingeschränkte und umfassende Anwendung der Genfer

511 UNHCR Österreich, *Handbuch*, S. 37.
512 Ebd., S. 13.

Flüchtlingskonvention (GFK), was bedeutet, dass der Grundsatz der Nichtzurückweisung (Art. 33 GFK) durch die nationalen Gesetzgebungen der europäischen Mitgliedstaaten gewahrt werden muss. In diesem Sinne muss sich jeder Mitgliedstaat gemäß Art. 38 Richtlinie 2013/32/EU vergewissern, dass Asylant:innen in ihrem Herkunftsland keine Gefahr für Leben und Freiheit aufgrund von Rasse, Religion, Nationalität, Zugehörigkeit zu einer bestimmten sozialen Gruppe oder politischen Überzeugung droht. Art. 3e des deutschen Asylgesetzes engt, wie bereits hervorgehoben, dieses Prinzip ein, indem Asylant:innen bereits dann abgeschoben werden können, wenn zumindest in einem Teil ihres Herkunftslandes keine Gefahr mehr besteht.

Die deutsche Asylgesetzgebung bleibt – trotz innerstaatlicher Verschärfungen – dem Geist der Genfer Flüchtlingskonvention und dem GEAS verpflichtet, sodass geltend gemacht werden kann, dass die Ausländerbehörde im Fall Mensy weder seine Vorerfahrungen noch die subjektiven (Gynäkomastie, Gefahr, als Homosexueller verhaftet zu werden; O 87–90, 92) und objektiven (Kriegszustand) Elemente sorgfältig berücksichtigt. Folgt man Fikentschers *Fallnormtheorie*, so ist das Ausländeramt keineswegs im Sinne von Gadamers hermeneutischem Zirkel zwischen Norm und Sachverhalt ›auf- und abgestiegen‹, solange bis sichergestellt ist, dass Norm und Sachverhalt übereinstimmen.[513] Für eine normgerechte Auslegung und Anwendung hätte sie, wie es die Genfer Flüchtlingskonvention verlangt, Mensys persönliche Gründe, seinen familiären Hintergrund, seine Zugehörigkeit zu einer bestimmten sozialen Gruppe, seine eigene Einschätzung der Situation und seine persönlichen Erfahrungen untersuchen müssen.[514] Die Unterlassung dieser hermeneutischen Anstrengung vernachlässigt Sinn und Zweck des Rückführungsverbots als Kernstück des GEAS,[515] das darauf abzielt, Asylbewerber:innen und Asylant:innen keiner körperlich oder psychisch begründeten Furcht auszusetzen.

Zusammenfassend soll festgehalten werden, dass sich in *Ohrfeige* der Rechtsdiskurs nahezu deckungsgleich mit dem deutschen Asylrecht verhält. Abbas Khiders Kenntnis des deutschen Asylsystems speist sich offensichtlich aus seiner eigenen Erfahrung als ehemaliger Asylsuchender, wenn er Mensys Weg als zufällig und unfreiwillig auf deutschem Boden ausgesetzten Asylsuchenden im Lichte der internationalen, europäischen und deutschen Asylgesetzgebung nachzeichnet. Dabei bedient er sich des entsprechenden rechtlichen Vokabulars, wodurch das Rechtsepistem in *Ohrfeige* deutlich diskursiv konstituiert wird: Der Text vermittelt und erläutert das deutsche Asylsystem anhand des Falles ›Mensy‹

513 Vgl. Fikentscher, *Methoden*, S. 201–202.
514 UNHCR Österreich, *Handbuch*, S. 13.
515 Möllers, *Juristische Methodenlehre*, S. 182.

und entwickelt auf diese Weise eine juristisch-literarische ›Fallgeschichte‹ zum Zwecke der Illustration des realen Rechts.

Khider geht es vor allem darum, anhand dieses ›Falls‹ einerseits die Lücken und Inkohärenzen des deutschen Systems aufzuzeigen, die die Integration von Asylbewerber:innen erheblich erschweren, und andererseits auf die Missachtung des dem GEAS zugrunde liegenden Kernprinzips der Nichtzurückweisung hinzuweisen. Khiders Text hebt zudem die hermeneutische Unschärfe in der Auslegung der Genfer Flüchtlingskonvention und des GEAS im deutschen Recht hervor, wo sich die deutschen Behörden allein auf den Umstand des Sturzes von Saddam Hussein stützen, um Mensy das Asylrecht zu entziehen. Eine solche vereinfachte Rechtsauslegung zeugt einerseits von den Gefahren menschlicher Subjektivität und andererseits von dem Bestreben Deutschlands, das internationale und europäische Asylrecht sehr restriktiv auszulegen. Die hermeneutische Unschärfe der Literatur verbindet sich hier mit möglichen Unschärfen der subjektiven Rechtsauslegung, die allerdings in der Literatur keine praktischen Auswirkungen hat, während sie im Recht mitunter fatale Folgen für die Betroffenen haben kann.

Die übereilte Umsetzung der europäischen Asylrichtlinien im nationalen Recht kann, wie der Fall Mensy in *Ohrfeige* zeigt, zu Ungereimtheiten in der praktischen Rechtsanwendung führen, wenn das Gebot der teleologischen und menschengerechten Rechtsauslegung unberücksichtigt bleibt. In diesem Sinne erscheint die Anwendung des deutschen Asylrechts in *Ohrfeige* zum einen als zweckentfremdet, da sie die Integration der Asylsuchenden eher verhindert als fördert, und zum anderen wird die individuelle Situation nicht adäquat unter die abstrakte Norm subsumiert. Gadamers hermeneutischer Zirkel als sinnvolle Auslegungshilfe scheint hier keine praktische Anwendung zu finden, wenn Asylsuchenden während der langen Wartezeiten auf einen Asylbescheid, die nicht selten ein Jahr überschreiten, das Erlernen der deutschen Sprache, die Aufnahme einer Arbeit oder eines Studiums verwehrt werden.

Auch die Forderung nach einer humanen und individuellen Auslegung der Kriterien, die über einen möglichen Widerruf der Asylgewährung entscheidet, findet im Fall Mensy keine Entsprechung, wenn die internationalen Texte sowie die Richtlinien des UNHCR grammatisch und teleologisch unrichtig ausgelegt werden. In grammatischer Hinsicht wird die Semantik des Wortes ›Furcht‹ in Verbindung mit dem individuellen Fall vernachlässigt: Anstatt sich allein auf die Tatsache zu stützen, dass der Irak nicht mehr von Saddam Hussein beherrscht wird, hätten die deutschen Behörden die Bedeutung der individuellen Furcht in Mensys spezifischer Situation berücksichtigen müssen, d. h. die Tatsache, dass der Sturz Husseins keineswegs den Krieg im Irak beendet hat, und vor allem die Tatsache, dass Mensy in seinem Heimatland nach wie vor wegen seiner Gynäkomastie verfolgt werden würde. Die vorschnelle Auslegung der Ausweisungskriterien, die durch die Starrheit der Behörden bedingt ist, wird in diesem Sinne weder der subjektiven noch der objektiven Bedeutung der Furcht vor Verfolgung im Heimatland gerecht.

In *Ohrfeige* wird das Bestreben Deutschlands deutlich, die Abschiebung von Asylbewerber:innen möglichst zu vereinfachen und zu beschleunigen (Art. 3e AsylG; Asylbeschleunigungspaket) – und dies auf Kosten der humanen Würdigung individueller Menschenschicksale. Die literarische Fiktion entwirft das fiktive Schicksal Mensys, um das reale Asylrecht und seine Schwächen umso deutlicher hervortreten zu lassen. Eine kontrastive Analyse zwischen diegetischem und faktischem Recht ergibt hier nur sehr geringe Abweichungen, da Khider in *Ohrfeige* den rechtlichen Diskurs sehr fachgetreu konstituiert und damit die diskursiven und hermeneutischen Schnittpunkte zwischen Literatur und Recht deutlich herausarbeitet. Literatur, die sich, wie in *Ohrfeige*, mit positivem Recht beschäftigt, hat zwar keine rechtskonstituierende Wirkung, wohl aber hat sie hier eine kritische und veranschaulichende Funktion, die zu Denkanstößen und vielleicht auch zu Überlegungen über mögliche Veränderungen und Verbesserungen des deutschen Asylrechts führen könnten. Die Bewusstwerdung von Schwachstellen, Mankos und Inkohärenzen des geltenden Rechtssystems ist dabei ein erster wichtiger Schritt, zu dem *Ohrfeige* sicherlich einen wirksamen Beitrag leistet.

5. Schlussbemerkungen und Ausblick

Das bereits in der Einleitung angekündigte Ziel dieser Arbeit ist es, die älteren amerikanischen Forschungsansätze im interdisziplinären Feld von ›Recht und Literatur‹, die nun auch in Europa zögerlich Fuß zu fassen beginnen, weiter zu stärken und auf europäischem Boden weiterzuführen. Dies scheint eine umso wichtigere Aufgabe zu sein, als der erste Versuch, die Rechts- und Literaturforschung im Rahmen des Münsteraner Sonderforschungsbereichs SFB 1385 *Recht und Literatur* zu formalisieren, im Juni 2024 zu Ende gekommen ist. Weitere institutionalisierte und breiter angelegte Forschungsinitiativen, die über die hier und da angesiedelten Einzelinitiativen hinausgehen, haben zumindest in den europäischen Ländern, denen sich die Untersuchung widmet, (noch) nicht stattgefunden. Die Betonung liegt hier auf dem Wort ›noch‹, denn ich möchte mich aus persönlicher Überzeugung für die Weiterentwicklung und die koordinierte Ausweitung dieses hochinteressanten interdisziplinären Forschungszweiges stark machen. Es besteht kein Grund zu glauben, dass Literaturwissenschaftler:innen keine Rechtssensibilität entwickeln können, genauso wie Jurist:innen mit literarischen Fähigkeiten ausgestattet sein können. Der Text als zentrale Forschungsbasis ist beiden Epistemen gemeinsam und es bedarf keiner unüberwindlichen Anstrengung, um sich mit rechts- oder literaturspezifischen Auslegungsregeln, sprachlichen Eigenheiten, diskursiven Regelmäßigkeiten und Sprachmustern der jeweils anderen Disziplin auseinanderzusetzen. Genau hier liegt der Anspruch meiner Arbeit, nämlich zu zeigen, dass interdisziplinäres Arbeiten möglich, ja sogar wünschenswert ist, bzw. eine Anleitung zu geben, wie dies bewerkstelligt werden kann. Das Aufzeigen der theoretischen Schnittpunkte zwischen Rechtswissenschaft und Literaturwissenschaft einerseits und das Vorzeigen der praktischen, methodischen Anwendung dieser theoretischen Kenntnisse anhand von Beispielen der Gegenwartsliteratur andererseits stehen im Dienst dieses Vorhabens, den Weg für weiterführendes interdisziplinäres Arbeiten zu ebnen.

In meiner Forschungspraxis bin ich Literaturwissenschaftler:innen begegnet, die ursprünglich nicht vorhatten, sich mit dem Recht zu beschäftigen und die dennoch heute die interdisziplinäre Rechts- und Literaturforschung in ihrem Land anführen. Dasselbe kann für Jurist:innen geltend gemacht werden. So erzählte mir eine meiner Forschungskolleginnen aus der Literaturwissenschaft, dass sie sich derzeit mit Literatur und Seerecht auseinandersetze und sich dazu autodidaktisch in die Lektüre entsprechender Lehrbücher vertieft habe.

Christine Baron, die heute in Frankreich federführende Wissenschaftlerin im Bereich ›Recht und Literatur‹, ist ein gutes Beispiel für die

Bestätigung meiner Vermutungen: Sie hat Literaturwissenschaften und Philosophie studiert und ist dennoch heute *die* interdisziplinäre Referenz des Landes, wenn es um ›Recht und Literatur‹ geht. Sie wird nicht müde zu zeigen, wie sehr sich Recht und Literatur berühren, überschneiden und gegenseitig bedingen, indem sie sich auf aktuelle, die Gesellschaft bewegende Themen wie z. B. auf die Frauenrechte bezieht.[1]

Das Recht findet sich überall dort, wo Gesellschaft existiert und menschliche Aktionen und Interaktionen kanalisiert werden müssen. Die Literatur nimmt die Gesellschaft in sich auf und kann sie *ipso facto* schwerlich als rechtlosen Raum darstellen. In diesem Sinne stehen Recht und Literatur, wie Dieter Grimm und Christoph König anmerken, in einem chiastischen Verhältnis zueinander, insofern die Literatur in der Lage ist, anhand der Erzählung von Einzelfällen rechtliche Zusammenhänge, Fragestellungen und Mankos aufzuzeigen und daraus allgemeine Schlüsse zu ziehen, während das Recht in umgekehrter Richtung von der abstrakten Norm ausgeht, unter die der konkrete Einzelfall subsumiert wird: »Während Rechtsnormen auf eine Allgemeinheit zielen, die hinsichtlich konkreter Fälle zu interpretieren ist, verdanken sich literarische Werke einer textintern hergestellten Individualisierung allgemeiner Voraussetzungen.«[2] Auf eine solche pädagogische Wirkung von Literatur, die das unbestimmte Allgemeine auf eine für die Leser:innen konkret fassbare Ebene herunterbricht, verweist Erich Maria Remarque im Zusammenhang mit dem kollektiven Gedächtnis, wenn er konstatiert, dass eine Botschaft nur dann durch den Text eindringlich vermittelt werden könne, wenn aus dem unbestimmten Allgemeinen ein Einzelfall extrapoliert und dargestellt werde:

> Das Schwierige liegt darin, dass wir uns auf unsere Fantasie nicht stützen können. Wenn ich sage: Fünf Millionen kamen um, so sagt diese Zahl nichts. Fünf Millionen Tote kommen einem Todesfall nicht gleich […]. Wenn ich aber sage, fünf kamen um, dann könnte diese Schwierigkeit zum Schwinden gebracht werden. Und wenn ich mitteile, einer starb – ein Mensch, den ich für euch schuf, damit ihr ihn kennt und versteht […], dann habe ich euch vielleicht etwas erzählt, das ihr von den Nazis wissen solltet.[3]

1 Ein Beispiel dafür ist Barons Beitrag zur ›#metoo‹-Debatte: Christine Baron, »Tribunaux réels, tribunaux imaginaires«, in: *Revue critique de fixxion française contemporaine* (Online) (2023/26), S. 1–10.

2 Grimm/König, »Lektüre«, S. 13.

3 Robert van Gelder, *Prominente plaudern*, Wien: Humboldt 1948, S. 256. Vgl. dazu Alexandra Juster, »Vergessen, um zu überleben – sich erinnern, um fortzuleben«, in: Arnd Beise / Michael Hofmann (Hg.), *Peter Weiss Jahrbuch »Facetten des Exils«* (2022/31), Bielefeld: Aisthesis 2024, S. 95–115.

Diese Überlegung lässt sich analog auf das Verhältnis von Recht und Literatur übertragen: Abstrakte Rechtsnormen erhalten ihre anschauliche Konkretisierung durch die literarische Schilderung von Einzelschicksalen. In diesem Sinne stützen und unterstützen sich Literatur und das Recht über das Medium des Textes gegenseitig: die pädagogische, erläuternde, erklärende, illustrierende, aufzeigende, vorausweisende und vorausahnend-antizipierende Funktion des literarischen Textes unterstützt und erhellt das Verständnis des normativen Rechtstextes, der literarische Text liefert Anhaltspunkte für die Rechtsanwendung im Einzelfall, er kritisiert Missstände fehlerhafter oder fehlender Rechtsanwendung, er nimmt rechtliche Entwicklungen vorweg oder wünscht sie sich herbei.

Dieser Zusammenhang wird in allen in dieser Arbeit untersuchten Werken deutlich: So wird in Karine Tuils *Diese eine Entscheidung* die französische Terrorgesetzgebung mit ihren Stärken, Defiziten, Problemen und Herausforderungen anhand des Einzelfalles von Alma Revel als Richterin und als Mensch erläutert und in den Kontext des ständig von Terroranschlägen bedrohten Frankreichs gestellt. Die strafrechtlichen und strafprozessrechtlichen Rechtsnormen verlieren ihre Abstraktheit durch die fiktive Subsumtion des Tatbestandes ›Rückkehrer aus einem IS-Trainingslager‹ unter das französische Recht, dessen sich Abdeljalil Kacem und seine Ehefrau Sonia dos Santos als fiktionale Beispiele schuldig gemacht haben.

In *Hana* von Elvira Dones verleiht der literarische Text dem bis Anfang des 20. Jahrhunderts nur mündlich überlieferten Gewohnheitsrecht des *Kanun* eine greifbare Gestalt in der Figur der Hana Doda, die den Schwur der ewigen Jungfräulichkeit nach den Regeln des *Kanun* ablegt. Die bisher wenig bekannte gewohnheitsrechtliche Institution der *Burrnesha*, d. h. die Möglichkeit der Frau, dem Mann sozial (fast) gleichgestellt zu werden, erfährt hier durch das Medium des literarischen Textes eine detaillierte Darstellung, so wie sie aus der bloßen Lektüre des heute schriftlich überlieferten *Kanun des Lekë Dukagjini* nicht hervorgehen könnte. Neben zahlreichen Bestimmungen, die die Rechtlosigkeit der Frau festlegen, findet sich der gewohnheitsrechtlich anerkannte Status der *Burrnesha* im schriftlichen *Kanun* nur sehr lakonisch und wenig aufschlussreich in einem Paragrafen unter dem Kapitel ›Ausnahmen‹: »*The Virgins* (women who dress as men): They are not distinguished from other women, except that they are free to associate with men, although they have no right to a voice in the assembly« (§ 1228 *Kanun*).[4] Insofern illustriert

4 In der deutschen Übersetzung von Bardhec Berisha heißt es unter der von der englischen Version von Leonard Fox leicht abweichenden Nummerierung § 1227 (statt § 1228): »Jungfrauen (Frauen, die sich wie Männer kleiden, gelten als Jungfrauen): Sie werden wie andere Frauen behandelt und haben kein Stimmrecht in Versammlungen. Sie dürfen sich aber zu Männern

Hana die komplementäre Rolle der Literatur im Prozess der Rechtsfindung und Aufklärung am Beispiel des Einzelfalls ›Hana‹ besonders explizit und bietet zugleich einen Auslegungsvorschlag für den wenig aussagekräftigen § 1228 des *Kanun* an. Die Verbindung von Recht und Literatur erweist sich in diesem Zusammenhang als besonders eng, da die Literatur zugleich die Aufgabe der Rechtsauslegung übernimmt. Auf diese Weise eng miteinander verknüpft, bilden Recht und Literatur über das Medium des Textes eine auslegungsbedürftige Einheit. Dies scheint im Übrigen generell für das Gewohnheitsrecht (*Usus*) zu gelten, wenn es durch die Literatur konstituiert, ergänzt und/oder ausgelegt wird. So lässt sich diese enge Beziehung ebenso für Claude Chossats *Repenti* feststellen, wenn sich der Autor mit den ungeschriebenen Gesetzen der korsischen *Vendetta* auseinandersetzt. Chossats Text wirkt wie ein Diskurs über die gewohnheitsrechtlichen Regeln der *Vendetta*, die im Gegensatz zum *Kanun* nie schriftlich niedergelegt wurden, weshalb ihre Regeln erst durch die Literatur überhaupt sichtbar gemacht werden. Wiederum ist es das individuelle Schicksal, nämlich das des Autors, das illustrativ herangezogen wird, um ein systemisches Gesamtbild der Mechanismen der *Vendetta* auf Korsika zu vermitteln. Am Beispiel des realen Falles ›Claude Chossat‹ werden die Regeln der *Vendetta* konkretisiert und erklärt, die ansonsten ein für Außenstehende schwer durchschau- und fassbares System im Untergrund des öffentlichen Staatssystems bilden. In diesem besonderen Kontext kommt die konstituierend-erklärende Funktion der Literatur besonders gut zur Geltung. Sie erhellt die Leser:innen über die Ausweglosigkeit für diejenigen, die – aus welchen Gründen auch immer – in dieses gewohnheitsrechtliche System hineingezogen werden. Sie eröffnet neue Perspektiven auf die Motive und Handlungsweisen von Chossat und von denjenigen, die in die Dynamik dieses besonderen Mechanismus und seiner eigenen Gesetze hineingeraten. Sie verweist auf die Relativität von Wertesystemen, die sich je nach kulturellem Kontext verändern können. Die von Richard Weisberg, Marta Nussbaum und C.R.B. Dunlop hervorgehobene pädagogische Funktion der Literatur kommt auch in *Repenti* zur Geltung, insofern Chossats Erfahrungsbericht durch Aufklärung dazu beitragen soll, die blutige Gewalt auf Korsika einzudämmen und den Tod vieler weiterer Opfer zu verhindern (R 261). Gewohnheitsrechtlicher Diskurs und literarischer Text bilden hier eine Einheit, die durch Chossats Schreibanstrengung eine erste Auslegung erfährt, die die Rezipient:innen aufnehmen und ihrerseits auf der Grundlage ihres Vorwissens und des durch die Lektüre erworbenen Wissens neu interpretieren. Wir sehen: Gadamers hermeneutischer Zirkel lugt stets aus einer Ecke hervor.

gesellen.« (§ 1227 *Kanun*) in: Shtjefën Gjeçovi, *Kanun von Lekë Dukagjini*, Luzern: xenia Klinë 2016.

Eine sehr starke Korrelation zwischen Rechtstext und literarischem Text lässt sich auch in Deborah Feldmans *~~Un~~orthodox* feststellen, insofern ihr Text die unendliche Reihe der bisherigen Auslegungsvarianten des *Talmuds* zu ergänzen scheint. Mit ihrer autobiografischen Erzählung liefert die Autorin ihre persönliche Auslegung des *Talmud-Torah*, die zugleich wie ein kritischer Kommentar wirkt. Ihre Kritik in *~~Un~~orthodox* richtet sich vor allem gegen die aporetisch und absurd erscheinende Rechtsauslegung des Satmarer Rabbinats. Feldmans eigene Rechtsauslegung prallt auf die ihrer Gemeinde, wobei der so entstandene Konfliktknoten sich nicht nur nicht auflöst, sondern sich derart verhärtet, dass Feldman sich gezwungen sieht, endgültig aus ihrem Lebensumfeld auszubrechen. *~~Un~~orthodox* verweist in diesem Sinne auf das relevant-kritische Potenzial der Literatur, die scharf beobachtend die Ungereimtheiten, Widersprüche und Unvereinbarkeiten des talmudischen Rechts in der Auslegung des Satmarer Rabbinats aufdeckt. *~~Un~~orthodox* ist eine auslegende Erzählung über die Auslegung des *Talmud-Torah*-Textes, die Diegese ›ist‹ talmudisches Recht, wodurch literarischer und rechtlicher Diskurs, literarische und rechtliche Auslegung in ein enges Wechselverhältnis treten.

In Abbas Khiders *Ohrfeige* stehen sich das deutsche Asylrecht und seine literarische Darstellung auf eine deutlich chiastische Weise, um auf Dieter Grimm und Christoph König zu verweisen, gegenüber: Anhand des fiktiven Einzelschicksals des Asylsuchenden Karim Mensy inventarisiert Khider zum einen die Mängel, Lücken, Unzulänglichkeiten und Widersprüche des deutschen Asylrechts, zum anderen prangert er dessen praxisferne, wenig zielführende und individuell unangemessene Anwendung aufgrund der bisweilen aporetischen und unsinnigen Rigidität des Verwaltungsapparats und seiner Funktionäre an. Die literarischen Ausführungen zeigen einerseits die Verfehlung des Ziels, die praktische Integration der Asylbewerber:innen und Asylant:innen zu ermöglichen, und andererseits die unüberlegte, wirklichkeitsfremde und wenig humane Auslegung des Asylrechts durch diejenigen, die es anzuwenden haben. Allein die Inkohärenz der unüberwindlichen Hürden, die Asylbewerber:innen am Erlernen der deutschen Sprache hindern, zeigt die unsinnig-absurde Diskrepanz zwischen der abstrakten Norm und ihrer praktischen Wirkungsmacht. Khiders Text kritisiert weniger das materielle Asylrecht als vielmehr die unangemessene Subsumtion jedes Einzelfalls unter die abstrakte Norm, oder besser: das Scheitern der Rechtswirksamkeit an dem Versuch, dem anstrengenden Subsumtionsprozess des Einzelfalles unter die abstrakte Norm durch rigide Standardisierung von Individuen und Sachverhalten zu entgehen, obwohl diese für eine Standardisierung gänzlich ungeeignet sind. *Ohrfeige* kann in diesem Sinne, ähnlich wie *~~Un~~orthodox*, als Kritik an der Rechtsauslegung gelesen werden, die weniger eine Gesetzesänderung, als vielmehr eine pragmatischere und humanere Auslegung und Anwendung des Asylrechts fordert. Darüber hinaus erfüllt Khiders Text gegenüber dem positiven Recht eine erklärende und veranschaulichende Funktion, indem er anhand des Einzelfalls Mensy die Stationen des deutschen Asylverfahrens mit seinen Tücken und Schwierigkeiten für die Asylbewerber:innen detailliert ›nacherzählt‹.

Neben den in der vorliegenden Untersuchung behandelten Beispielen ließe sich die These, dass interdisziplinäres Arbeiten zwischen Rechts- und Literaturwissenschaft durch die Gemeinsamkeit des auslegungsbedürftigen Textes als Ort des Interdiskurses einerseits plausibilisiert und andererseits erst ermöglicht wird, durch eine lange Reihe von Werken belegen. Zahlreiche Beispiele, auf die insbesondere in Kapitel 1 verwiesen wurde, können dies belegen.

Ein interessantes, weil sehr aktuelles Beispiel für die enge interdisziplinäre Verknüpfung von Recht und Literatur führt Cedric Essi an, mit dem Verweis auf das konstante Miteinander der beiden Disziplinen in der *Critical Race Theory* (CRT) amerikanischer *law schools*, die als »eine bereits etablierte transdisziplinäre *lingua franca*« zu verstehen sei und Geistes- und Rechtswissenschaften miteinander verbinde.[5] In diesem Zusammenhang, so Essi, zeige insbesondere die amerikanische Rechtswissenschaftlerin Patricia J. Williams in ihren Arbeiten die »Interdependenz rechtlicher Unterdrückung und afro-amerikanischer Literatur«[6] und trage damit entscheidend zur amerikanischen *Law-and-Literature*-Bewegung bei.[7] In Deutschland befasst sich derzeit Emilia Roig mit den verschiedenen Formen der Diskriminierung wie Rassismus, Sexismus und Klassismus und wendet sich in ihrem jüngst erschienenen

5 Cedric Essi, »Der Fall Prof. Patricia J. Williams. Critical Race Theory als Hermeneutik zwischen Recht und Literatur«, in: Stiening (Hg.), *Rechtsnorm*, S. 197–216, hier: S. 198–212.

6 Ebd., S. 200. Siehe dazu Patricia J. Williams, »Alchemical Notes: Reconstructing Ideals from Deconstructed Rights«, in: *Harvard Civil Rights – Civil Liberties Law Review* (1987/22/2), S. 401–434; Patricia J. Williams, *The Alchemy of Race and Rights*, London: Virgo Press 1993; Patricia J. Williams, *Seeing a Color-Blind Future: The Paradox of Race*, New York: Macmillan 1998; Patricia J. Williams, *Giving a Damn. Racism, Romance, and Gone with the Wind*, London: TLS Books 2021; Patricia J. Williams, »How Not to Talk about Race«, in: *The Nation*, 18.10.2021 (Internet-Link im Literaturverzeichnis); Patricia J. Williams, *The Miracle of the Black Leg: Notes on Race, Human Bodies, and the Spirit of Law*, New York: The New Press 2024.

7 Vgl. Essi, »Der Fall«, S. 204. Essi verweist darauf, dass Williams für ihre maßgeblichen Beiträge von der *Association for the Study of Law, Culture, and the Humanities* (ASLCH) mit dem *James Boyd White Award* ausgezeichnet worden ist.

Buch *Why We Matter: Das Ende der Unterdrückung* (2021)[8] gegen den normativen Druck diskriminierender Denkmuster in der Gesellschaft.

In ihrem kürzlich erschienenen Band *J'irai chercher Kafka. Une enquête littéraire* (2024) verbindet Lea Veinstein das literarische Werk Kafkas mit der Serie von Zivilprozessen, die zwischen 2008 und 2016 in Deutschland und in Israel geführt wurden, um die Zugehörigkeit von Kafkas Nachlass (seine originalen Manuskripte) zu klären. Zuletzt entschied das israelische Höchstgericht, dass Kafkas Nachlass an den Staat Israel zu fallen habe und von der Israelischen Nationalbibliothek verwaltet und der Öffentlichkeit zugänglich gemacht werden soll.[9] Veinsteins literarischer Text befasst sich hier mit dem Prozessrecht, das über das Schicksal von Kafkas Originalschriften entscheidet, die ihrerseits mit dem Recht in einem engen Verhältnis stehen, wenn man bedenkt, dass Kafka, der selbst Jurist war, sich in seinen Werken konstant mit dem Recht auseinandersetzt. Die interdisziplinäre Verflechtung von Recht und Literatur erfährt hier sicherlich einen Höhepunkt.

All diese Beispiele zeigen, wie Doron Rabinovici anmerkt, dass »das Recht in der Literatur [ist] eben mehr [ist] als ein Kommentar zum Gesetzestext. Hier wird vielmehr erörtert, was das eigene Sein umfasst und wie das Tun des Einzelnen zu bewerten ist. [...] Sie spricht nicht das Urteil, aber sie treibt die Ermittlung in uns weiter. [...] Sie ist nicht Richter, sondern Zeuge.«[10] Rabinovici bringt das Verhältnis von Recht und Literatur auf einen weiteren Punkt, wenn er der Literatur die Funktion des Zeugnisses einerseits und die des Anreizes zu weiterer Ermittlung andererseits zuschreibt. Während das Recht seine normative Kraft durch seine Durchsetzbarkeit entfaltet, mit dem Anspruch, konkrete Sachverhalte wirksam zu regeln, fehlt der Literatur diese zwingende Durchsetzungsfähigkeit. Sie kann aber die Rechtsdurchsetzung erleichtern und fördern oder aber sie behindern und erschweren. Werden normative Regeln von der Gesellschaft in Bezug auf bestimmte konkrete Sachverhalte als angemessen, notwendig oder sinnvoll empfunden, so werden sie in den meisten Fällen bereits ohne Zwang befolgt. Regeln hingegen, die als inkonsistent, widersprüchlich, nicht zielführend oder als ungerecht empfunden werden, stoßen auf Widerstand, der durch Zwang gebrochen werden muss. Grimm und König bestätigen diese Analyse des Verhältnisses von Recht als normativem und Literatur als nicht-normativem Medium:

8 Emilia Roig, *Why We Matter. Das Ende der Unterdrückung*, Berlin: Aufbau 2021.

9 Lea Veinstein, *J'irai chercher Kafka. Une enquête littéraire*, Paris: Flammarion 2024, S. 251–259. Siehe ausführlich zu Kafkas Nachlass Benjamin Balint, *Kafkas letzter Prozess. Ein Nachlass und seine Geschichte*, Frankfurt am Main: S. Fischer 2019.

10 Doron Rabinovici, »Sprache und Schuld«, in: Kilcher / Mahlmann / Müller Nielaba (Hg.), *»Fechtschulen«*, S. 37–55, hier: S. 54–55.

> Ein literarischer Autor kann zwar den Anspruch erheben, gültige Aussagen zu machen, die wegen ihrer Gültigkeit verhaltensbestimmend wirken sollen. [...] Der Autor kann dem Anspruch auch keine Geltung im Rechtssinn verschaffen. Es steht im Belieben der Leser, ob sie dem Text für sich selbst Maßgeblichkeit beimessen. Rechtsnormen ist die Maßgeblichkeit dagegen eigen. Der Adressat kann sich ihnen nicht entziehen. Er kann aber gegen sie verstoßen und muss dann mit Sanktionen rechnen.[11]

Die Literatur schöpft ihr Potenzial aus der Veranschaulichung und Erklärung, sie kann aufzeigen, überzeugen oder kritisieren und erhält durch diese illustrativ-kommentierende Funktion über die Fiktion konkreter Sachverhalte ein ernstzunehmendes Einflusspotenzial, das sich positiv oder negativ auf den gegenwärtigen oder zukünftigen Rechtsbestand und die Rechtsanwendung auswirken kann. Aber auch wenn der Literatur eine wichtige Funktion des kritischen Kommentars zukommt, kann ihr keinesfalls, normative Geltung zugesprochen werden. An dieser Stelle sei auf Konrads irrtümliche These verwiesen, dass der Literatur ein normativer Anspruch zugeschrieben werden könne, sobald sie eine kohärente kontradiktorische Argumentation zu Rechtsfragen vorlegt und die Erzählung und die Erzählfiguren methodisch kohärent gestaltet:

> Hier lässt sich nun für die Analyse von *Das Gewicht der Worte* einhaken und feststellen, dass der Roman in jedem Falle insofern als normativ zu begreifen ist, als er nicht nur die Sprache des Rechts im Allgemeinen, sondern insbesondere einen konkreten Gegenstand, nämlich die Gesetzeslage in Bezug auf einen selbstbestimmten Tod und die entsprechende Beihilfe dazu, als inhuman bewertet. Darüber hinaus ließe sich sogar über einen präskriptiven Anspruch des Textes diskutieren, werden die eingeforderten Gesetzesänderungen doch wiederholt und explizit als normative Sätze formuliert. Der Roman stellt Normen also nicht nur deskriptiv dar, sondern er wertet und fordert präskriptiv die entsprechenden Änderungen ein.[12]

Konrads Ausführungen liefern ein interessantes Beispiel für die terminologisch-semantischen Differenzen, die für die Verständigungsschwierigkeiten zwischen den Wissenschaftsdisziplinen mitverantwortlich sind. Gerade vor diesem Hintergrund möchte meine Arbeit nicht nur interdisziplinäre Anknüpfungspunkte und Trennlinien aufzeigen, sondern zugleich eine pädagogische Aufgabe für die zukünftige interdisziplinäre Arbeit zwischen Rechts- und Literaturwissenschaft durch ›Vorzeigen‹ und ›Sensibilisieren‹ wahrnehmen. Im konkreten Fall wird deutlich, dass Konrad den rechtlichen Begriff der ›Normativität‹ mit dem grammatischen Aufforderungssatz, auch Imperativsatz genannt, gleichsetzt, mit dem der

11 Grimm/König, »Lektüre«, S. 8–9.

12 Eva-Maria Konrad, »Recht durch Literatur? Das Misslingen des normativen Anspruchs in Pascal Merciers *Das Gewicht der Worte*«, in: Stiening (Hg.), *Rechtsnorm*, S. 269–299, hier: S. 273.

Sprecher »möchte, dass der Angesprochene etwas Bestimmtes tut.«[13] Wenn Konrad die literarische Normativität ins Spiel bringt, so meint sie die kritische Stimme des Autors Pascal Mercier, der in seinem Roman *Das Gewicht der Worte* (2020)[14] die aktuelle Rechtslage zur Euthanasie hinterfragt und den offensichtlichen Wunsch äußert, sie möge sich ändern. Die literarische Äußerung von Kritik und Veränderungswünschen kann jedoch keinesfalls den Anspruch auf zwangsweise Durchsetzung erheben – in Konrads Beispiel hieße dies, Merciers Wunsch nach einer Änderung der Gesetzeslage zur Euthanasie notfalls mit Polizeigewalt durchzusetzen –, so wie er Rechtsnormen inhärent ist. Mit anderen Worten: Die von Konrad angesprochene literarische ›Normativität‹ ist keineswegs gleichzusetzen mit der Normativität von Rechtsvorschriften, die von einer dazu legitimierten Autorität erlassen und bei Nichtbeachtung mit Zwang durchgesetzt werden.[15] Die kritisch-beobachtende Funktion von Literatur als Katalysator ethischer und rechtlicher Reflexion darf, wie auch Matthias Mahlmann bestätigt, gerade nicht mit einem normativen Anspruch im rechtlichen Sinne verwechselt werden:

> Ein Ort, wo das Recht sich seiner eigenen zivilisatorischen Grundlagen vergewissern kann, ein Ort der Selbsterneuerung durch kritische Reflexion, [...] ist die Literatur. Sie kann durch Kritik der individuellen und politischen Lebensformen und das Aufscheinen besserer Gegenwelten eine Quelle materialer Rechtsethik sein, die Maßstäbe [sic!] zu liefern vermag für die normative Architektur menschlicher Gesellschaften, die vom Recht in der Gegenwart mit Durchsetzungskraft über kulturelle und politische Grenzen hinweg geschaffen wird.[16]

Literatur beobachtet, sie bildet die Welt, in der wir leben, in vielfältiger Weise ab, sie ahmt Handlungen nach und stellt sie auf ihre Weise dar. Mit diesem Verständnis von Literatur als mimetischem Medium verweist bereits Aristoteles auf die Freude des Menschen an der Nachahmung als Grundlage der Künste, denn der Mensch sei überhaupt »das am meisten ›mimetische‹ Lebewesen [...]: *τό τε γὰρ μιμεῖσθαι σύμφυτον τοῖς ἀνθρώποις ... μιμητικώτατόν ἐστι (sc. τῶν ζῴων).*«[17] Der Begriff ›Mimesis‹ beschreibe, so Martin Hose, eine »recht genau beschreib- und definierbare Praktik:

13 Ursula Hoberg / Rudolf Hoberg, *Der kleine Duden. Deutsche Grammatik*, Berlin: Dudenverlag 2016, S. 350.

14 Pascal Mercier, *Das Gewicht der Worte*, München: Hanser 2020.

15 Vgl. Jellinek, »Staat«, S. 337.

16 Matthias Mahlmann, »Die wechselseitige Humanisierung von Recht und Literatur«, in: Kilcher/ Mahlmann/ Müller Nielaba (Hg.), *»Fechtschulen«*, S. 16–19, hier: S. 17.

17 Martin Hose, *Aristoteles, Poetik. Einleitung, Text, Übersetzung und Kommentar mit einem Anhang: Texte zur aristotelischen Literaturtheorie*, Bd. 1, Berlin/Boston: De Gruyter 2023, S. 30.

Ein Objekt (ein Gegenstand, ein Verhalten, eine Handlung) wird von einem ›Praktizierenden‹ bewusst/absichtlich so reproduziert, dass zwischen dem Objekt und dem Produkt ein Verhältnis besteht, das man mit dem Begriff Ähnlichkeit fassen kann.«[18] Aristoteles formuliert diese dem Menschen so eigene Praxis wie folgt:

> Wie es scheint, hat die Dichtkunst insgesamt zwei bestimmte Ursachen hervorgebracht, die in der Natur des Menschen liegen. Denn das Nachahmen ist den Menschen von klein auf angeboren […], weil sie die am meisten auf Nachahmung fixierte Art sind und sich die ersten *Lernfortschritte durch Nachahmung* [Hervorhebung durch d. Verf.] verschaffen. Und (angeboren ist) allen, an Nachahmungen Freude zu empfinden. Ein klares Zeichen hierfür ist das, was in der Praxis (sc. des Erlebens von Kunst) geschieht. Denn davon, *was wir als unmittelbares Geschehen mit Kummer betrachten, sehen wir Abbilder, die besonders genau angefertigt sind* [Hervorhebung durch d. Verf.].[19]

Aristoteles' Mimesis-Begriff leistet hier einen interessanten Beitrag zum Verständnis des Verhältnisses von Recht und Literatur. Es ist bereits mehrfach hervorgehoben worden, dass sowohl das Recht als auch die Literatur gesellschaftsbezogen sind: Das Recht ist das Regulativ sozialer Beziehungen *par excellence* und kann daher nicht ohne die Gesellschaft gedacht werden. Gesellschaftliches Zusammenleben trifft notwendigerweise auf Recht. Ebenso kann Literatur nicht losgelöst von der menschlichen Gesellschaft gedacht werden, und hier liefert Aristoteles' Mimesis-Begriff eine wertvolle Verständnishilfe: Der Mensch – also auch der:die Autor:in, der:die Schriftsteller:in, der:die Poet:in – kann sich dem Bedürfnis nach Nachahmung nicht entziehen, denn könnte er:sie es, wäre er:sie imstande, die Welt über sich hinaus in prinzipiell undenkbaren Sphären zu denken. Das mimetische Verhalten des Menschen erklärt in diesem Sinne die eigentlich unvermeidliche Verknüpfung von Literatur und Gesellschaft, von Literatur und menschlicher Ontologie, die aber beide ohne das Recht nicht denkbar sind. Wie Thomas Metscher deutlich macht, ist

> Kunst […] also mit Notwendigkeit auf Menschen bezogen, die sich Stellung nehmend in der Welt und zu der Welt verhalten […]. Kunst ist welthaft und Welt erschließend […]. Das meint, dass Welt in der Kunst stets in perspektivischer Brechung Eingang findet […], die Welt-Wertungen und Welt-Deutungen impliziert, d.h. Akte der Affirmation und Negation der gestalteten Welt […]. So verstanden, besitzt alle Kunst normative Implikate, grenzt häufig an explizite (begrifflich formulierte) Normensysteme an, ja vermag, *zumindest in der Literatur, die zugrunde liegenden Normensysteme auch begrifflich zu reflektieren* [Hervorhebung durch d. Verf.].[20]

18 Ebd.

19 Ebd., S. 107–108.

20 Thomas Metscher, *Mimesis*, Bd. 10, Bielefeld: transcript 2004, S. 28.

Literatur referiert also auf menschliche Handlungen, aus denen sie Schlüsse und Lehren zu ziehen versucht, die sie beobachtet, beschreibt, bewertet und kritisiert, so wie das Recht durch diese Handlungen zum Leben erweckt wird, die es fördern, gebieten oder unterdrücken kann. Die Literatur ahmt nach, um zu *lernen*, das Recht reguliert und *normiert*, um menschliches Zusammenleben zu ermöglichen. Die Literatur ist pädagogisch und antizipierend veranlagt, mit einem besonders scharfen Blick für Missstände (Kummer bei Aristoteles). Das Recht hingegen ist von Natur aus normierend und zwingend.

Theodor W. Adorno geht über den aristotelischen Nachahmungstrieb hinaus, indem er dem menschlichen Denken eine antizipatorische Kraft als »Teil des mimetischen Vermögens« zuschreibt, das, wie Ernst Bloch hinzufügt, den Menschen mit einer »utopischen Rationalität« ausstattet.[21] Reiner Wild knüpft an diesen Gedanken an, wenn er von der antizipierenden Funktion der Literatur spricht, die er darin sieht, »Möglichkeiten menschlicher Verhaltensweisen und Bewusstseinsformen als Gegenbild zum Bestehenden vorzudenken und vorwegnehmend zu gestalten; darin hat sie notwendig den Charakter des Appels. Die Nähe zur kritischen Funktion ist unverkennbar; beide, die kritische und die antizipierende Funktion haben ihre gemeinsame Basis in der utopischen Qualität der Literatur.«[22] Reiner Wild erklärt in diesem Sinne den antizipatorischen Charakter der Literatur mit der Gabe, das Bestehende genau zu beobachten und den Raum des Möglichen über die Grenzen des Hier und Jetzt hinaus antizipatorisch auszuweiten. Dabei kann Literatur das Eintreten wünschenswerter Veränderungen (Utopien) oder aber negative Mangelsituationen, wie Krisen, Herausforderungen oder Verschlechterungen des Ist-Zustandes (Dystopien) vorwegnehmen.[23]

Kafka bringt diese antizipatorisch-seismografische Eigenschaft der Literatur in einem seiner Gespräche mit Gustav Janouch zum Ausdruck, wenn er als Antwort auf die Frage, ob er etwas über seine literarischen Zukunftspläne sagen könne, den Vergleich des Schreibens mit einem Seismografen zieht: »Die Feder ist aber nur ein seismographischer Griffel des Herzens. Erdbeben lassen sich damit festhalten, aber nicht vorhersagen.«[24] Unter Bezugnahme auf Janouchs Gespräche mit Kafka vermutet Boris Blahak, dass Kafka in seinem Romanfragment *Der Verschollene*[25] sich ankündigende

21 Ebd., S. 10.

22 Reiner Wild, *Literatur im Prozeß der Zivilisation. Entwurf einer theoretischen Grundlegung der Literaturwissenschaft*, Stuttgart: J.B. Metzler 1982, S. 130.

23 Ebd., S. 135–136.

24 Gustav Janouch, *Gespräche mit Kafka. Aufzeichnungen und Erinnerungen*, Frankfurt am Main: Fischer 1968, S. 74.

25 Kafkas unvollendeter Roman *Der Verschollene* entstand zwischen 1911 und 1914, in einer Zeit des Umbruchs, im Schatten des drohenden Ersten

Erdbeben nicht nur bloß festhalte, sondern darüber hinaus die »Perzeption sich ankündigender oder vollziehender politischer Erdbeben« zu verarbeiten scheine.[26] Wie bereits erläutert, greift Heinz Müller-Dietz den Begriff des Seismografen auf, um die antizipatorische, vorfühlende Kraft der Literatur im Vergleich zu den zeitlich ›nachhinkenden‹ Entwicklungen des Rechts zu beschreiben: »Diesem ›cultural lag‹, der kulturellen Verspätung des Rechts […] steht der eher seismographische Charakter von Literatur gegenüber, die früher und rascher gesellschaftliche Veränderungsprozesse aufnimmt, wenn sie nicht sogar Vorreiterfunktionen wahrnimmt.«[27] Anett Lütteken bestätigt den seismografischen Charakter der Literatur im Rahmen ihrer Studien zu Heinrich von Kleist, wenn sie feststellt, dass Literatur wie ein Seismograf funktioniere, dessen ›Schwingungen‹ den »Wandel von Anschauungen, Werten und Darstellungsweisen« antizipatorisch registrieren.[28] Thomas Klinkert belegt dies am Beispiel von Marcel Proust und Louis-Ferdinand Céline, die in ihren Schriften bereits zukünftige Veränderungen als Folge des Ersten Weltkriegs ankündigten: »Dies zeigt sich in literarischen Texten von Zeitgenossen, die gewissermaßen als Seismographen solcher Veränderungen fungieren.«[29] Dabei werde die bestehende Ordnung im Schreibprozess zerstört und durch die Fiktion einer zukünftigen Neuordnung ersetzt.[30] Günther Höfer sieht in Ödön von Horvaths *Der ewige Spießer* (1930, 1. Teil Herr Kobler wird Paneuropäer) den Seismografen »des vorherrschenden Europabewusstseins.«[31] Seismografische Charakterzüge schreibt Ashraf Noor auch Thomas Manns Roman

Weltkrieges, in dessen Folge die österreichisch-ungarische Monarchie untergehen sollte, was am 12. November 1918 durch die Ausrufung der Republik Deutschösterreich besiegelt wurde.

26 Boris Blahak, »Reflexe einer mitteleuropäischen Endzeitstimmung in Franz Kafkas Romanfragment *Der Verschollene*«, in: Peter Becher / Steffen Höhne / Marek Nekula (Hg.), *Kafka und Prag. Literatur-, kultur-, sozial- und sprachhistorische Kontexte*, Köln/Weimar/Wien: Böhlau 2012, S. 231–252, hier: S. 248.

27 Müller-Dietz, *Grenzüberschreitungen*, S. 21; vgl. dazu auch Schwarz, »Sentenced to«, S. 213–238.

28 Anett Lütteken, »Die zwei Renaissancen des Heinrich von Kleist«, in: Anett Lüttecken, *Heinrich von Kleist – Eine Dichterrenaissance*, Berlin/Boston: Max Niemeyer 2004, S. 151–310, hier: S. 190.

29 Thomas Klinkert, »Der Zusammenhang von Krieg, Stadt und Erinnerung bei Proust und Céline«, in: Henning Hufnagel / Thomas Klinkert / Olaf Müller (Hg.), *Stadt – Krieg – Literatur: Stadt und Urbanität unter den Bedingungen des Krieges 1914–1945*, Berlin/Boston: De Gruyter 2024, S. 79–98, hier: S. 80.

30 Ebd., S. 85.

31 Günther Höfler, »2.4.3.3. Paneuropabewegung«, in: Nicole Streitler-Kastberger / Martin Vejvar (Hg.), *Ödon-von-Horvath-Handbuch*, Berlin/Boston: De Gruyter 2023, S. 469–471, hier: S. 469.

Doktor Faustus (1947) zu, der wie ein »Seismograph« kleinste »Veränderungen im Bilde der Wahrheit« registriere.[32] Auch die jüngste Gegenwartsliteratur beweise, wie Patrick Eser und Jan-Henrik Witthaus hervorheben, »das Potenzial von Literatur als Seismograph von Krisenszenarien«[33] mit Verweis auf die aktuellen gesellschaftlichen Debatten um die Coronapandemie, die Finanzkrise und das kapitalistische Weltbild. Die Fülle von Hinweisen auf den antizipatorischen Charakter von Literatur verschiedenster Gattungen und Epochen, deren Aufzählung noch weiter fortgesetzt werden könnte, scheint also einen relativ breiten Konsens darüber zu belegen, dass Literatur ein stark beobachtendes Medium ist, das gesellschaftliche Tendenzen und Entwicklungen nicht nur im Jetztzustand der Gegenwart aufspürt, sondern vorwegzunehmen versucht, wobei sich diese Eigenschaft keineswegs nur auf Rechtsverhältnisse beschränkt, sondern alle Themen umfasst, die das menschliche Leben betreffen.

Kehrt man nun zu den exemplarischen Werken zurück, die unserem kontrafaktisch-interdisziplinären Experiment als ›Versuchsmaterial‹ zugrunde liegen, so lässt sich hier diese seismografische Eigenschaft ebenfalls ohne größere Schwierigkeiten erkennen: In Karine Tuils *Diese eine Entscheidung* kommt es der Autorin darauf an, anhand der Figur von Alma Revel die materiellen, organisatorischen und psychischen Belastungen der Anti-Terror-Richterin herauszuarbeiten und zugleich auf die Schwächen des Systems zu verweisen. In materieller Hinsicht fällt die hohe Arbeitsbelastung aufgrund des chronischen Personalmangels auf, da die Zahl der Fälle, mit denen die Pariser Anti-Terror-Abteilung betraut wird, rasant ansteigt, ohne dass im Gleichschritt zusätzliche Richter:innen mit entsprechender Erfahrung im Anti-Terror-Betrieb eingestellt werden (können). Der ständige Arbeitsdruck, gepaart mit einer starken psychischen Belastung durch die Konfrontation mit Szenen des

32 Ashraf Noor, »Translator's Introduction«, in: Stéphane Mosès, *Displacements. Selected Essays on German-Jewish Literature and Modernity*, hrsg. u. übers. v. Ashraf Noor, Berlin/Boston: De Gruyter 2024, S. XI-LVI, hier: S. XIII.

33 Patrick Eser / Jan-Henrik Witthaus, »›Soziale Ungleichheiten‹ und ›Realismus‹ als Paradigma – literatur- und kulturwissenschaftliche Vorüberlegungen«, in: Patrick Eser / Jan-Henrik Witthaus (Hg.), *Renaissancen des Realismus? Romanistische Beiträge zur Repräsentation sozialer Ungleichheit in Literatur und Film*, Berlin/Boston: De Gruyter 2023, S. 1–18, hier: S. 7. Beispiele solcher ›seismografischer‹ Literatur finden sich zum Thema ›Pandemie‹ in Angela Oster / Jan-Henrik Witthaus (Hg.), *Pandemie und Literatur*, Wien/Berlin: Mandelbaum 2021. Zum Thema Finanzkrise siehe Kurt Hahn / Marita Liebermann (Hg.), *Finanznarrative als Krisennarrative: literarische und filmische Modellierungen* kapitaler *Erschütterungen in der Romania*, Berlin/Wien: Peter Lang 2021. Zum Thema Kapitalismus siehe Annika Gonnermann / Sina Schuhmaier / Lisa Schwander (Hg.), *Literarische Perspektiven auf den Kapitalismus. Fallbeispiele aus dem 21. Jahrhundert*, Bd. 84, Tübingen: Narr Francke Attempto 2021.

Horrors und der Gewalt sowie mit Depressionen und/oder hilfloser Aggressivität der Opfer und ihrer Familien, erschwert die Arbeitsbedingungen und greift sowohl die psychische als auch die körperliche Gesundheit der Richter:innen an. Hinzu kommt die quälende Frage nach der richtigen Entscheidung in jedem Einzelfall, die noch dadurch erheblich erschwert wird, dass das französische Anti-Terror-Gesetz nunmehr die Möglichkeit einräumt, Rückkehrer:innen aus bekannten Terrorgebieten bereits vor einer konkreten Tatbegehung in Untersuchungshaft zu nehmen bzw. zu behalten. Tuil antizipiert hier durch die fiktionale Abbildung des sozialen Mikrokosmos ›Anti-Terror-Abteilung im Pariser Justizpalast‹ die Frage nach dem zukünftigen Umgang mit dem steigenden Volumen an Terror-Strafsachen im Verhältnis zu der begrenzten Anzahl an verfügbaren Richter:innen im Interesse einer verantwortungsvollen und sorgfältigen Bearbeitung jedes einzelnen Falles. Es geht vor allem darum, die nötigen Mittel zur Verfügung zu stellen, um dem Anspruch zu genügen, ›falsche‹ Entscheidungen und Justizirrtümer so weit wie möglich zu vermeiden. Darüber hinaus befasst sich *Diese eine Entscheidung* antizipatorisch mit der Suche nach dem richtigen Umgang mit dem fragwürdigen Prinzip der Schuldvermutung auf der Grundlage der Tatabsicht anstelle des üblichen Prinzips der Unschuldsvermutung. An dieser Stelle stößt die Literatur zukunftsweisend die Debatte an um das ›richtige‹ Äquilibrium zwischen zuverlässiger Beweisfindung und dem Anspruch, Terroranschläge präventiv zu verhindern. Auf menschlicher Ebene verweist Tuils Text auf den psychologisch problematischen Isolationismus des:der Untersuchungsrichters:Untersuchungsrichterin, der:die die Verantwortung der ›richtigen‹ Entscheidung über Haft oder Freiheit fast allein trägt, wenn man von der Arbeit in Binomen absieht.

In Bezug auf Elvira Dones' Roman *Hana* lässt sich die kritisch-vorwegnehmende Eigenschaft der Literatur an der derzeit besonders aktuellen Debatte über das Verhältnis von Mann und Frau in der Gesellschaft festmachen, die Dones am Beispiel der fiktionalen Figur Hana mit zukunftsweisenden Fragen belebt. Angesichts der fast totalen Unterdrückung der Frau durch den Mann in der albanischen Gesellschaft, sofern sie den Regeln des *Kanun* folgt, erscheint die Möglichkeit einer sozialen Fast-Gleichstellung mit dem Mann durch den Schwur der Jungfräulichkeit als befremdlich und wirft daher eine Reihe von Fragen auf, die auf aktuelle und zukünftige Debatten über das Verhältnis von Mann und Frau in der Gesellschaft verweisen. Wie reimen sich in ein und derselben Gesellschaft fast völlige Unterdrückung einerseits und fast völlige Gleichstellung mit dem Mann andererseits? Ist dies als Fortschritt für die Frau zu werten oder eher als Rückschritt, wenn man bedenkt, dass der Status der *Burrnesha* mit dem Verzicht auf Ehe und Kinder verbunden ist? Diese Fragen stehen im diegetischen Raum und berühren umso mehr, als die Regeln des *Kanun* in Teilen Nordalbaniens nach wie vor angewandt und befolgt werden und albanische Frauen auch heute noch freiwillig oder gezwungenermaßen den Jungfräulichkeitsschwur ablegen. Warum ist es die Frau und nicht der Mann, die das Opfer des Verzichts auf Familie und Kinder bringen muss, wenn sie ihre soziale Stellung und die damit verbundenen Rechte verbessern will? Warum wird gerade der männliche Status stets als erstrebenswerter Referenzparameter dargestellt? Dones' fiktionale Erzählung dient an dieser Stelle als Ausgangspunkt für weiterführende Überlegungen zum Verhältnis von Mann und Frau auch in der modernen Gesellschaft, die nach wie vor von hartnäckigen Stereotypen und vorgeformten, anerzogenen Standards bestimmt wird. Dones projiziert mit *Hana* die Möglichkeit, das biologische Geschlecht von Äußerlichkeiten wie Kleidung, Vorlieben, Verhalten und Tätigkeiten zu entkoppeln. Sie fragt nach der Möglichkeit, undifferenziert männliche oder weibliche Tätigkeiten zu verrichten oder Verhalten an den Tag zu legen, ohne die angeborene weibliche oder männliche Identität aufzugeben. Aus diesen Überlegungen ergibt sich die zukunftsweisende Frage, ob die über Generationen eingeprägten kulturellen Muster des Weiblichen bzw. des Männlichen einer Genderneutralität, losgelöst vom biologischen Geschlecht, weichen können, um auf diese Weise eine wirkliche Gleichstellung der Geschlechter zu erreichen.

Um die Rechtlosigkeit der Frau geht es auch in Deborah Feldmans *~~Un~~orthodox*, nur dass sie hier nicht durch das Gewohnheitsrecht, sondern durch die religiösen Regeln des *Talmud-Torah* und mehr noch durch die konservativ-orthodoxe Auslegung desselben bedingt ist. Die absolut männlich dominierte Gemeinschaft orthodoxer Juden:Jüdinnen der Satmar-Gemeinde in New York liefert ein Beispiel für extremen ›Isolationismus‹ von der modernen Gesellschaft: Sie verweigert sich Bildung und Fortschritt und verhindert den geringsten Kontakt zur nahen Außenwelt. Hier setzt Feldmans Kritik an, die nicht nur die bewusste Diskriminierung von Frauen anprangert, sondern auch die Fortschrittsverweigerung als Prinzip der Machterhaltung und Kontrolle hervorhebt sowie die zu erwartende allmähliche Aufweichung dieses starren Korsetts vorwegnimmt. Vor allem die digitalen Technologien dringen auch durch verschlossene Türen und öffnen so immer mehr jungen Gemeindemitgliedern ein Fenster zur Außenwelt, bis einige von ihnen, wie sie selbst, den Sprung ins Unbekannte wagen. Zum Zeitpunkt der Entstehung von *~~Un~~orthodox* gelang dies bloß einer kleinen Zahl, die inzwischen aber dank der unterstützenden Aktionen ehemaliger Gemeindemitglieder, die den ›Deserteur:innen‹ bei ihren ersten Schritten helfen, stetig wächst. Ignoranz und Unwissenheit sind die Bausteine, auf denen willkürliche Macht beruht. Sobald Informationen, neue Horizonte, Erfahrungen und Wissen ins Spiel kommen, wird das Machtgefüge, wie Feldman am eigenen Beispiel vorführt, gefährlich durchlöchert, bis es schließlich hinterfragt, kritisiert und als Folge dieser kritischen Hinterfragung abgelehnt wird. In diesem Sinne antizipiert *Unorthodox* für die Satmarer Gemeinde den zu erwartenden allmählichen Rückgang ihres Einflusses. Zugleich stellt sie die Frage, inwieweit Menschen durch ihre Kindheitserfahrungen und familiären Erinnerungen, die oft mehrere Generationen zurückreichen, geprägt sind. Sie fragt danach, wie damit umzugehen ist und wie weit die eigene Fähigkeit gehen kann, sich von familiären und historischen Vorbedingungen zu lösen: In ihrem Fall wird sie vom ›Bumerang‹ der eigenen Familienhistorie eingeholt, was zu bedeuten scheint, dass Gegenwart und Vergangenheit in der menschlichen Psyche stets eng miteinander verwoben bleiben.

Claude Chossats Bericht *Repenti* gibt Aufschluss über die Funktionsweise der Gesetze der korsischen *Vendetta*, deren Kenntnis erklärt, warum es für diejenigen, die in die Mühlen dieser *Vendetta* geraten, unmöglich ist, sich aus ihren Fängen zu befreien. Wer willentlich oder unwillentlich in ihr Räderwerk gerät, muss unter Lebensgefahr ›mitlaufen‹. Chossat kritisiert in seinem Erfahrungsbericht die Unzuverlässigkeit und Willkür der Justiz, die ihm den Schutz für Justizkollaborateur:innen entgegen den Vereinbarungen verweigert hat. Hätte Chossat diese Wendung vorausgesehen, hätte er nicht mit der Justiz zusammengearbeitet, insofern der Status des:der Justizkollaborateurs:Justizkollaborateurin, wenn er:sie keinen rechtlichen und polizeilichen Schutz genießt, einem Todesurteil gleichkommt. Chossats Aufklärung über die Funktionsweise der korsischen *Brise de Mer* und anderer mafiöser Organisationen auf Korsika und in Südfrankreich verweist zugleich auf die hohen Hürden, die jede Hoffnung, so scheint es, auf eine zukünftige Ausrottung der korsischen *Vendetta* und ihres Nährbodens zunichte machen. Der nun publik gewordene Verrat der Justiz an Chossat und das wenig effiziente Rechtsinstrument zum Schutz der Justizkollaborateur:innen lassen zudem vermuten, dass sich auch in der Zukunft nur wenige neue Informant:innen aus den Reihen der korsischen Mafia rekrutieren werden. In diesem Sinne antizipiert *Repenti* die Fortsetzung des gewalttätigen *Status quo* für die Insel Korsika.

Zu Abbas Khiders Roman *Ohrfeige* ist abschließend anzumerken, dass es sich hier vordergründig um eine unverhohlene Kritik an der verfehlten humanen und situationsgerechten Auslegung des Asylrechts handelt. Nicht das Asylrecht wird prinzipiell in Frage gestellt, sondern seine zweckentfremdete Auslegung durch unmotivierte Funktionäre, deren Konsequenzen durch behördliche Rigiditäten noch verschärft werden, und die dazu führen, dass der individuelle Sachverhalt von einzelnen Asylbewerber:innen nicht pragmatisch und zielführend unter die abstrakte Norm subsumiert wird. Das Ergebnis ist eine widersprüchliche, von Inkonsistenz und Inkohärenz geplagte Asylpolitik, die Asylsuchende, entgegen dem praktischen Zweck der Asylgesetzgebung, einerseits daran hindert, sich so rasch wie möglich in die deutsche Gesellschaft zu integrieren, und andererseits Abschiebungen verhängt, die die individuelle Situation von Asylbewerber:innen im realen Kontext ihres Herkunftslandes nicht berücksichtigen. Mit diesem Befund nimmt Khiders *Ohrfeige* das vorprogrammierte Scheitern des Asylsystems in dieser Form vorweg.

Von dieser Schlussbemerkung zu Khiders *Ohrfeige* soll zuletzt auf ein abschließendes Wort zu dem somit vorläufig abgeschlossenen Versuch, eine interdisziplinäre Arbeitsmethode für das Forschungsfeld ›Recht und Literatur‹ zu entwerfen, übergeleitet werden.

5.1 Conclusio

Das Ziel der vorliegenden Arbeit war es, eine interdisziplinäre Methode für das Forschungsfeld ›Recht und Literatur‹ zu entwerfen. Die Herausarbeitung der trennenden Elemente zwischen Literatur und Recht war zunächst notwendig, um dann die beiden Wissensfelder umso besser zu vereinen. Die gemeinsame Schnittmenge, die sich aus dem Prozess dieser Untersuchung ergibt, ist beachtlich und scheint eine gute Grundlage für weiterführende interdisziplinäre Forschungsanstrengungen zu bieten. Die interdisziplinäre Arbeit wird einerseits durch die gemeinsame doppelte Referenz von geschriebenem Text und Gesellschaft und andererseits durch gemeinsame Techniken des Textzugangs, d. h. der Auslegung und des Diskurses, unterstützt. Ein wesentlicher Scheidepunkt bleibt hingegen die normative Eigenschaft des Rechts, im Sinne einer autoritativen Durchsetzbarkeit, die der Literatur fehlt und die sich aus der unterschiedlichen Funktion von Recht und Literatur in der Gesellschaft erklärt.

Die Erprobung der interdisziplinären Forschungsmethode anhand exemplarischer Werke der Gegenwartsliteratur hat die unauflösliche Verknüpfung beider Disziplinen mit der Gesellschaft gezeigt: Während die Literatur die Gesellschaft in all ihren Facetten abbildet, erklärt, erläutert, veranschaulicht, kommentiert oder kritisiert, zielt das Recht auf die pragmatisch wirksame Disziplinierung und Regulierung der zwischenmenschlichen Beziehungen ab, damit Gesellschaft überhaupt funktionieren kann.

Diese Aufgabenteilung und gleichzeitige Verflechtung von Recht und Literatur konnte anhand der untersuchten literarischen Texte in unterschiedlicher Weise festgestellt werden: Wenn es um die Auseinandersetzung mit dem positiven Recht in der Literatur geht, wie dies anhand von Tuils *Diese eine Entscheidung* und Khiders *Ohrfeige* vorgeführt worden ist, gestaltet sich das Verhältnis von Recht und Literatur komplementär. In diesem Sinne kommentiert und erklärt die Literatur bestehende Rechtsverhältnisse, zeigt deren Schwachstellen auf und verweist auf mögliche zukünftige Ansprüche auf Veränderung oder Verbesserung. Deborah Feldmans Autobiografie *Unorthodox* steht für einen hybriden Fall der Abbildung von positivem, aber stark auslegungsbedürftigem Recht, in dem Recht und Literatur komplementär und sich einander ergänzend in den Prozess der Textinterpretation eingreifen. Geht es, wie in *Hana*, um die Erläuterung lückenhaft dokumentierten Gewohnheitsrechts, so ergibt sich aus dem diegetischen Gesamtkontext eine lückenfüllende Interpretationsleistung, die das Recht als Untersuchungsgegenstand sinnvoll ergänzt und vervollkommnet. Versucht die Literatur gänzlich ungeschriebenes Gewohnheitsrecht zu vermitteln, wie dies in Chossats *Repenti* geschieht, so kommt der Diegese eine rechtskonstitutive Rolle zu, indem bisher unbekanntes Gewohnheitsrecht durch sie überhaupt erst sichtbar gemacht wird, allerdings ohne normativen Anspruch, der stets dem Recht vorbehalten bleibt.

Aus diesem Kondensat an Erkenntnissen, die aus der vorliegenden Arbeit gewonnen werden konnten, scheint sich ein positiver Befund für die Eignung der juristischen Kontrafaktik als Methode abzuzeichnen. Es ist zu hoffen, dass dies zu einer weiteren interdisziplinären Forschung zwischen Recht und Literatur und vielleicht sogar zur allmählichen Entwicklung eines institutionell koordinierten Forschungszweiges beitragen kann. Dies würde sowohl im Interesse der Literaturwissenschaft als auch der Rechtswissenschaft liegen: Für erstere würde damit der gesellschaftliche Nutzen in einer an ›Nutzen-Kosten‹ orientierten Gesellschaft wie der unsrigen besser nachweisbar; für letztere würde damit ein besserer Zugang auch für Nicht-Jurist:innen unterstützt.

6. Bibliografie

Abdessalem, Safouane (2019): »Mafia corse: comment la France collabore avec les repentis«, in: *Café Babel*, 15.11.2019, https://cafebabel.com/en/article/how-french-authorities-collaborate-with-reformed-criminals-5dce9cd1f723b36c2228eead (Zugriff: 11.8.2024).

Abel, Günter (2022): *Interpretationswelten. Gegenwartsphilosophie jenseits von Essentialismus und Relativismus*, Frankfurt am Main: Suhrkamp.

Abela, Frédéric (2022): »Affaire Merah: dix ans après les attentats de Toulouse et Montauban, retour sur l'effroyable parcours du tueur au scooter«, *LA DEPECHE* 10.3.2022, https://www.ladepeche.fr/2022/03/09/recit-affaire-merah-dix-ans-apres-les-attentats-de-toulouse-et-montauban-retour-sur-leffroyable-parcours-du-tueur-au-scooter-10158549.php (Zugriff: 21.5.2024).

Achermann, Eric / Gideon Stiening (2022): *Vom »Theater des Schreckens« zum »peinlichen Rechte nach der Vernuft«*, Berlin/Heidelberg: J. B. Metzler.

Achermann, Eric / Klaus Stierstorfer (2022): »Einleitung: Materialität – Komparativität – Konstitutivität«, in: Eric Achermann / Andreas Blödorn / Corinna Norrick-Rühl / Petra Pohlmann (Hg.), *Literatur und Recht: Materialität. Formen und Prozesse gegenseitiger Vergegenständlichung*, Berlin/Heidelberg: J. B. Metzler, 3–43.

Achermann, Eric / Klaus Stierstorfer (2022): »Squaring Law and Literature: Materiality – Comparativity – Constitutivity«, in: *Law & Literature* (2022/35/3), 457–489.

Adamzik, Kirsten (2018): »Was ist ein Text?«, in: Karin Birkner / Nina Janich (Hg.), *Handbuch Text und Gespräch*, Berlin/Boston: De Gruyter, 26–51.

Adorno, Theodor W. (1992): *Negative Dialektik*, Frankfurt am Main: Suhrkamp.

Agamben, Giorgio (2021): *Homo sacer. Die souveräne Macht und das nackte Leben*, Frankfurt am Main: Suhrkamp.

Agentur der Europäischen Union für Grundrechte (2016): *Leitlinien zur Verringerung des Risikos der Zurückweisung im Rahmen des Außengrenzenmanagements in oder in Zusammenarbeit mit Drittländern*, Wien: Amt für Veröffentlichungen.

Agresti, Jean-Philippe (2023): »Préface«, in: Gil Charbonnier / Franck Petit (Hg.), *Quand la littérature moderne (ré)invente le droit. Œuvres choisies du XXe siècle à aujourd'hui*, Paris: LexisNexis.

Albrecht, Andrea (2015): »Analogieschlüsse und metaphorische Extensionen«, in: Andrea Albrecht / Lutz Danneberg / Olav Krämer / Carlos Spoerhase (Hg.), *Theorien, Methoden und Praktiken des Interpretierens*, Berlin/München/Boston: De Gruyter, 271–299.

Albrecht, Andrea / Lutz Danneberg (2021): »Verstehen, Auslegen, Darstellen und Vermitteln. Literaturwissenschaftliche Interpretationstexte in praxeologischer Perspektive«. in: Johannes Corrodi Katzenstein / Andreas Mauz / Christiane Tietz (Hg.), *Doing Interpretation. Perspektiven praxeologischer Hermeneutik* Bd. 2, Paderborn: Brill Schöningh, 23–50.

Albrecht, Kristin (2020): *Fiktionen im Recht*, Baden-Baden: Nomos.

Albrecht, Timo M. / Svenja Brand / Leonore Merth & al. (2021): »›Recht und Literatur‹. Ein interdisziplinärer Forschungsüberblick mit Werkstattbericht«, in: *Göttinger Rechtszeitschrift* (2021/2), 120–130.

Alexy, Robert (1996): *Theorie der juristischen Argumentation*, Frankfurt am Main: Suhrkamp.

Alix, Julie (2017): »La qualification terroriste après l'arrêt du 10 janvier 2017 (affaire dite ›de Tarnac‹)«, in: *Actualité Juridique Pénale* (2017), 79.

Alpa, Guido (2017): *Giuristi e interpretazioni. Il ruolo del diritto nella società postmoderna*, Genua: Marietti.

Anastasi, Markeliana / Renata Martini (2023): »Elvira Dones' Novels. The Language of the Literature, The New Literary Phenomenon«, in: *Specialusis Ugdymas / Special education* (2023/44/1), 428–439.

Anderegg, Johannes (1983): »Das Fiktionale und das Ästhetische«, in: Dieter Henrich / Wolfgang Iser (Hg.), *Funktionen des Fiktiven*, München: W. Fink, 153–172.

Angermüller, Johannes (2014): »Einleitung«, in: Johannes Angermüller / Martin Nonhoff / Eva Herschinger & al. (Hg.), *Diskursforschung. Ein interdisziplinäres Handbuch. Theorien, Methodologien, Kontroversen* Bd. 1, Bielefeld: transcript, 16–36.

Anghern, Emil (2021): »Interpretation, Konstruktion, Praxis. Zur Hermeneutik der Selbstverständigung«, in: Johannes Corrodi Katzenstein / Andreas Mauz / Christiane Tietz (Hg.), *Doing Interpretation. Perspektiven praxeologischer Hermeneutik* Bd. 2, Paderborn: Brill Schöningh, 51–63.

Angot, Christine (2022): *Le voyage dans l'Est*, Paris: J'ai lu.

Arsovska, Jana (2006): »Understanding a ›Culture of Violence and Crime‹: the Kanun of Lek Dukagjini and the Rise of the Albanian Sexual-Slavery Rackets«, in: *European Journal of Crime and Criminal Justice* (2006/14/2), 161–184.

Assmann, Aleida (1980): »Die Legitimität der Fiktion«, in: Max Imdahl / Wolfgang Iser / Hans Robert Jauß & al. (Hg.), *Theorie und Geschichte der Literatur und der schönen Künste. Texte und Abhandlungen*, Bd. 55, München: Fink, 3–194.

Assmann, Jan (1988): »Kollektives Gedächtnis und kulturelle Identität«, in: Jan Assmann / Tonio Hölscher (Hg.), *Kultur und Gedächtnis*, Frankfurt am Main: Suhrkamp, 9–19.

Augsberg, Ino (2009): *Die Lesbarkeit des Rechts. Texttheoretische Lektionen für eine postmoderne juristische Methodologie*, Weilerswist: Velbrück Wissenschaft.

Backer, Berit (1979): *Behind the Stone Walls: Changing Household Organization among the Albanians of Yugoslavia*, Oslo: University of Oslo.

Bacon, Francis (2006): *Über die Würde und die Förderung der Wissenschaften*, hrsg. v. Hermann Klenner, Freiburg: Haufe.

Badenoch, Isla (2016): *The Burrnesha Archive*, Kopenhagen: The Royal Danish Academy of Fine Arts.
Balint, Benjamin (2019): *Kafkas letzter Prozess. Ein Nachlass und seine Geschichte*, Frankfurt am Main: S. Fischer.
Balsiger, Philipp (2005): *Transdisziplinarität. Systematisch-vergleichende Untersuchung disziplinübergreifender Wissenschaftspraxis*, München: W. Fink.
Bangerl, Sarah (2019): *Der Kanun. Das albanische Gewohnheitsrecht und seine Rolle bis ins beginnende 21. Jahrhundert*, Graz: Diplomarbeit Karl-Franzens-Universität Graz.
Bareis, Alexander (2008): *Fiktionales Erzählen. Zur Theorie der literarischen Fiktion als Make-Believe*, Göteborg: Acta Universitatis Gothoburgensis, 19–48.
Barenghi, Andrea (2023): »L'umanesimo giuridico in un libro di Donato Carusi«, in: *Intersezioni* (2023/2), 771–775.
Baron, Christine (2016): »La littérature auxiliaire de l'acte de juger?«, in: *Les Cahiers de la justice* (2016/2), 371–382.
Baron, Christine (2020): *Contextes littéraires, émotions judiciaires*, Paris: Classiques Garnier.
Baron, Christine (2021): *La littérature à la barre*, Paris: CNRS éditions.
Baron, Christine (2023): *Le tribunal du récit: Désir de justice et littérature*, Le Kremlin-Bicêtre: mare & martin.
Baron, Christine (2023): »Tribunaux réels, tribunaux imaginaires«, in: *Revue critique de fixxion française contemporaine* (Online) (2023/26), 1–10.
Baron, Jane / Julia Epstein (1997): »Is law narrative?«, in: *Buffalo Law Review* (1997/45/1), 141–187.
Barthes, Roland (1966): »Introduction à l'analyse structurale des récits«, in: *Communications* (1966/8), 1–27.
Barthes, Roland (1974): *Die Lust am Text*, Frankfurt am Main: Suhrkamp.
Barthes, Roland (1987): *S/Z*, Frankfurt am Main: Suhrkamp.
Barthes, Roland (2000): »Der Tod des Autors«, in: Fotis Jannidis / Gerhard Lauer / Matías Martínez / Simone Winko (Hg.), *Texte zur Theorie der Autorschaft*, Stuttgart: Reclam, 185–193.
Bartoli, Antoine F. (1898): *Histoire de la Corse* Vol. 1, Paris: Orphélins-Apprentis.
Baßler, Moritz (2021): »Verstandenhaben«, in: *Zeitschrift für Literaturwissenschaft und Linguistik* (2021/51), 855–860.
Bauman, Zygmunt / Riccardo Mazzeo (2016): *In Praise of Literature*, Cambridge/Malden: Polity.
Bergengruen, Maximilian (2011): »Betrügliche Schlüsse, natürliche Regeln. Zur Beweiskraft von forensischen und literarischen Indizien in Kleists ›Der Zweikampf‹«, in: Nicolas Pethes (Hg.), *Ausnahmezustand der Literatur. Neue Lektüren zu Heinrich von Kleist*, Göttingen: Wallstein, 133–165.
Becker, Katrin (2016): *Zwischen Norm und Chaos: Literatur als Stimme des Rechts. Legendre, Kafka, Hoffmann*, Paderborn: W. Fink.
Berger, Joel (2019): *Gesetz – Ritus – Brauch. Einblicke in jüdische Lebenswelten*, Heidelberg: Winter.
Berghaus, Margot (2022): *Luhmann leicht gemacht. Eine Einführung in die Systemtheorie*, Köln/Wien: Böhlau.

Bernhard, Thomas (1988): »Ist es eine Komödie? Ist es eine Tragödie?«, in: Thomas Bernhard, *Erzählungen*, Frankfurt am Main: Suhrkamp, 35–42.

Bertrand, Félix (1870): *La Vendetta, le banditisme et leur suppression. Tableau de mœurs corses*, Paris: Hurteau.

Bevere, Antonio (1996): *La giustizia in prosa e versi*, Ancona: Nuove Ricerche.

Biet, Christian (2000): »Introduction. Droit et littérature, un lien nécessaire«, in: *Littératures classiques* (2000/40): *Droit et littérature*, 5–22.

Biet, Christian (2004): *Droit et littérature sous l'ancien régime. Le jeu de la valeur et de la loi*, Paris: Honoré Champion.

Birke, Dorothee / Michael Butter / Tilmann Köppe (2011): »Introduction: England Win«, in: Dorothee Birke / Michael Butter / Tilmann Köppe (Hg.), *Counterfactual Thinking – Counterfactual Writing*, Berlin/Boston: De Gruyter, 1–11.

Birnstiel, Klaus (2021): »Lateral lesen. Für eine dezentrierte Hermeneutik der Gegenwart«, in: *Zeitschrift für Literaturwissenschaft und Linguistik* (2021/51), 789–795.

Blahak, Boris (2012): »Reflexe einer mitteleuropäischen Endzeitstimmung in Franz Kafkas Romanfragment *Der Verschollene*«, in: Peter Becher / Steffen Höhne / Marek Nekula (Hg.), *Kafka und Prag. Literatur-, kultur-, sozial- und sprachhistorische Kontexte*, Köln/Weimar/Wien: Böhlau, 231–252.

Bleich, Susanne (1989): »Die literarische und die juristische Hermeneutik – Ein Vergleich«, in: *NJW* (1989/50), 3197–3203.

Bleich, Susanne (1992): *Der hermeneutische Prozess: Autor – Text – Rezipient. Von der Fiktionalisierung des juristischen Diskurses zur Rezeption literarischer Werke*, Bonn: Romanistischer Verlag.

Bloch, Andreas (1995): »Sophie von La Roches ›Geschichte des Fräuleins von Sternheim‹ (von 1771) – Ehe und Eherecht im Werk und in der Wirklichkeit des 18. Jahrhunderts«, in: *NJW* (1995/13), 835–840.

Blum, Stephanie (2014): »›Darum Gott alles recht erschuf‹: Recht und Geschlecht in Johann Fischarts Sonettzyklus ›Etlich Sonnet‹«, in: Yvonne Nilges (Hg.), *Dichterjuristen. Studien zur Poesie des Rechts vom 16. bis 21. Jahrhundert*, Würzburg: Königshausen & Neumann, 13–29.

Boccou, Jean-Christoph (2021): *La vierge jurée*, Paris: Nouveaux Auteurs.

Bockelmann, Paul (1967): *Das Problem der Kriminalstrafe in Deutscher Dichtung. Vortrag gehalten vor der juristischen Studiengesellschaft in Karlsruhe am 14. März 1967*, Karlsruhe: C. F. Müller.

Boeckh, August (1886): *Encyclopädie und Methodologie der philosophischen Wissenschaften*, hrsg. v. Ernst Bratuscheck, Leipzig: B. G. Teubner.

Bogumil, Jörg / Jonas Hafner / André Kastilan (2023): »Lokales Integrationsmanagement in Deutschland – Eine Bestandaufnahme«, in: Jörg Bogumil / Sabine Kuhlmann / Jonas Hafner & al. (Hg.): *Lokales Integrationsmanagement in Deutschland, Schweden und Frankreich*, Baden-Baden: Nomos, 37–175.

Bomzer, Herbert W. (1985): *The Kolel in America*, New York: Shengold.

Bond, Emma / Daniele Comberiati (2013): »Narrare il colonialismo e il postcolonialismo italiani. La ›questione‹ albanese«, in: Emma Bond / Daniele

Comberiati (Hg.), *Il confine liquido. Rapporti letterari e interculturali fra Italia e Albania*, Nardó: Besa, 2–27.
Bouschon, Axelle (2021): »Claude Chossat condamné à 7 ans de prison pour association de malfaiteurs«, *Franceinfo* 11.5.2021, https://france3-regions.francetvinfo.fr/corse/claude-chossat-le-repenti-autoproclame-condamne-a-7-ans-de-prison-2087662.html (Zugriff: 20.8.2025).
Bouglé-Le Roux, Claire (2021): *La littérature française et le droit, du Roman de Renart à Michel Houellebecq. Anthologie illustrée*, Paris: LexisNexis.
Bourdieu, Pierre (1986): »La force du droit. Éléments pour une sociologie du champ juridique«, in: *Actes de la Recherche en Sciences Sociales* (1986/64), 3–19.
Breu, Clarissa (2020): *Autorschaft in der Johannesoffenbarung: Eine postmoderne Lektüre*, Tübingen: Mohr Siebeck.
Brinker, Klaus / Hermann Cölfen / Steffen Pappert (2018): *Linguistische Textanalyse. Einführung in Grundbegriffe und Methoden*, Berlin: Erich Schmidt.
Broc, Damien (2014): *Dynamiques politiques, économiques et sociales dans la corse médiévale: le diocèse de Nebbio (XIème siècle – c. 1540)*, Dissertation, Corte: Université Pascal-Paoli.
Brosius, Hans-Bernd / Alexander Haas / Friederike Koschel (2016): »Was sind Methoden, was ist Empirie?«, in: Hans-Bernd Brosius / Friederike Koschel / Alexander Haas (Hg.), Methoden der empirischen Kommunikationsforschung, Wiesbaden: Springer, 1–31.
Bruner, Jerome (2002): *La fabbrica delle storie. Diritto, letteratura, vita*, Rom/Bari: Laterza.
Bühler, Axel. (2003): »Grundprobleme der Hermeneutik«, in: Axel Bühler, *Hermeneutik*, Heidelberg: Synchron, 3–19.
Bultmann, Rudolf (1961): *Glauben und Verstehen*, Bd. 2, Tübingen: Mohr Siebeck.
Busquet, Jacques (1920): *Le droit de la vendetta et les* paci *corses*, Paris: Pedone.
Busquet, Jacques (1994): *Le droit de la vendetta et les* paci *corses*, Aubervilliers: Éditions du CTHS.
Busquet, Jacques (2022): »Le Droit de la vendetta du XVe au XVIIIe siècle«, in: Gabriel X. Culioli & al. (Hg.), *La Corse et la Vendetta. Anthologie – Le tragique*, Paris: Éditions Vannina, 193–223.
Busse, Dietrich (2012): *Frame-Semantik. Ein Kompendium*, Berlin/Boston: De Gruyter.
Busse, Dietrich (2013): »Linguistische Diskursanalyse. Die Macht der Sprache und die soziale Konstruktion der Wirklichkeit aus der Perspektive einer linguistischen Epistemologie«, in: Willy Viehöver / Reiner Keller / Werner Schneider (Hg.), *Diskurs – Sprache – Wissen. Interdisziplinäre Beiträge zum Verhältnis von Sprache und Wissen in der Diskursforschung*, Wiesbaden: Springer, 51–77.
Busse, Dietrich (2018): »Diskurs und Wissensrahmen«, in: Ingo Warnke (Hg.), *Handbuch Diskurs*, Berlin: De Gruyter, 3–29.

Cabrillac, Rémy (2022): »La décision«, in: *La Semaine Juridique* (édition générale) (2022/3), 141.

Cahn, Olivier (2017): »Sauriez-vous reconnaître un ›terroriste‹?«, in: *Grief* (2017/1/4), 127–138.

Calamandrei, Piero (1924): »Le lettere e il processo civile«, in: *Rivista di diritto processuale civile* (1924/I), 202–204.

Carbonnier, Jean (2014): *Flexible droit. Pour une sociologie du droit sans rigueur*, Paris: LGDJ.

Cardozo, Benjamin (1947): »Law and Literature«, in: Margaret E. Hall (Hg.), *Selected Writings of Benjamin Nathan Cardozo*, New York: Fallon, 339–356.

Carpi, Daniela (Hg.) (2005): *Property Law in Renaissance Literature*, Frankfurt am Main: Peter Lang.

Carrère, Emmanuel (2022): *V13. Chroniques juidiciaires*, Paris: P.O.L.

Carrington, Dorothy (1971): *Granite Island. A Portrait of Corsica*, London: Longman.

Carusi, Donato (2022): *Sua maestà la legge? Tre secoli di potere, diritto e letteratura*, Florenz: Olschki.

Casanova, Antoine (1981): »Pensée paysanne, histoire sociale et récit des chroniqueurs (le cas du Corse Giovanni Della Grossa)«, in: *Les genres et l'histoire, XVIIIe-XIXe siècles (II), Annales littéraires de l'université de Besançon*, Paris: Les Belles Lettres, 81–130.

Casanova, Antoine (2005): »Évolution historique des sociétés et voies de la Corse«, in: Antoine Casanova / Georges Ravis-Giordani / Ange Rovere (Hg.), *La chaîne et la trame. Ethnologie et histoire de la Corse*, Ajaccio: Albiana, 239–265.

Casucci, Felice (2015): *L'ingiuria tra diritto e letteratura*, Neapel: Edizioni Scientifiche Italiane.

Casucci, Felice (2019): *La rosa del diritto. Per un libro dei giorni tra vita, letteratura e diritto*, Neapel: Edizioni Scientifiche Italiane.

Cattaneo, Mario (1985): *L'illuminismo giuridico di Alessandro Manzoni*, Sassari: Edizione presso la facoltà di Sassari.

Cattaneo, Mario (1991): *Carlo Goldoni e Alessandro Manzoni. Illuminismo e diritto penale*, Mailand: Giuffré.

Cau, Maurizio / Giuliano Marchetto (Hg.) (2004): *Droit et littérature* (Serie Laboratoire italien. Politique et société), Vol. 5, Paris : ENS éditions.

Celik, Nursan (2024): *Das Recht der Fiktion. Zu den Lizenzen und juristischen Implikationen fiktionalen Schreibens*, Berlin: J. B. Metzler.

Charbonnier, Gil / Franck Petit (2023): *Quand la littérature moderne (ré) invente le droit. Œuvres choisies du XXe siècle à aujourd'hui*, Paris: LexisNexis.

Cherchi, Paolo (2019): »Il genere delle controversie fra diritto e letteratura«, in: *Forum Italicum* (2019/53/2), 250–263.

Chetrit, Jonathan (2022): *Toulouse 19 mars 2012. L'attentat de l'école Ozar Hatorah par ceux qui l'ont vécu*, Paris: Albin Michel.

Chinca, Mark (2003): »Mögliche Welten. Alternatives Erzählen und Fiktionalität

im Tristanroman Gottfrieds von Straßburg«, in: *Poetica* (2003/35), 307–333.
Chossat, Claude (2017): *Repenti*, Paris: Fayard.
Christensen, Ralph / Hans Kudlich (2004): »Die Kanones der Auslegung als Hilfsmittel für die Entscheidung von Bedeutungskonflikten«, in: *Juristische Arbeitsblätter* (2004/1), 74–83.
Christmann, Ursula (2008), »Rhetorisch-stilistische Aspekte moderner Verstehens- und Verständlichkeitsforschung«, in: Ulla Fix / Andreas Gardt / Joachim Knape (Hg.), *Rhetorik und Stilistik. Ein internationales Handbuch historischer und systematischer Forschung*, Berlin/New York: De Gruyter, S. 1092–1106.
Cohen, Patrick (2017): »Un repenti de la mafia corse raconte«, in: *C à Vous* 19.9.2017, https://youtu.be/GgPefmKVrzs?si=C_LLtsdDP7meDLuw (Zugriff: 11.8.2024).
Colcombet, François (1991): *Rapport n° 2244, tome 1, Exposé général. Examen des articles*, in: AN 1991, 93.
Colonna d'Istria, Robert (2018): *Une famille corse: 1200 ans de solitude*, Paris: Plon.
Condello, Angela / Tiziano Toracca (2015): »*Letteratura e Diritto*: breve tracciato di una disciplina. Il caso italiano: qualche riflessione«, Online am 15.7.2015, https://www.academia.edu/en/21498058/Letteratura_e_Diritto_breve_tracciato_di_una_disciplina (Zugriff: 9.2.2024).
Condello, Angela / Tiziano Toracca (2020): *A Theory of Law and Literature. Across Two Arts of Compromising*, Leiden/Boston: Brill.
Condello, Angela / Tiziano Toracca (2021): »La finzione giuridica e la finzione letteraria«, in: Riccardo Castellana (Hg.), *Fiction e non fiction. Storia, teorie e forme*, Rom: Carocci editore, 207–227.
Conseil Supérieur de la Magistrature (2019): *Recueil des obligations déontologiques des magistrats*, Paris: Direction de l'information légale et administrative, http://www.conseil-superieur-magistrature.fr/sites/default/files/atoms/files/csm_recueilobligationsdeontologiques.pdf (Zugriff: 21.5.2024).
Cook, Nancy (1991): »Shakespeare Comes to the Law School Classroom«, in: *Denver Law Review* (1991/68), 387–411.
Coon, Carleton S. (1950): *The Mountains of Giants. A Racial and Cultural Study of the North Albanian Mountain Ghegs*, Cambridge/Mass.: Peabody Museum Press.
Cordignano, Fulvio (1933): *L'Albania a traverso l'opera e gli scritti di un grande missionario italiano il P. Domenico Pasi S. I. (1847–1914)*, Bd. 1, Rom: Istituto per l'Europa Orientale.
Cormeau, Christoph / Wilhelm Störmer (2007): *Hartmann von Aue*, München: C. H. Beck.
Cozzi, Ernesto D. (1912): »La donna albanese con speciale riguardo al diritto consuetudinario delle Montagne di Scutari«, in: *Anthropos* (1912/VII), 309–335; 617–626.
Cozzi, Ernesto D. (2021): *Fra i Monti d'Albania. Cenni su gli usi e i costumi*

delle Montagne Albanesi, in durchgesehener und überarb. Fassung hrsg. v. Peter Bartl / Bardhyl Demiraj, Wiesbaden: Harrassowitz.

Culioli, Gabriel X. & al. (Hg.) (2022): *La Corse et la Vendetta. Anthologie – Le tragique*, Paris : Éditions Vannina.

Currie, Gregory (1990): *The Nature of Fiction*, Cambridge: Cambridge University Press.

Dalferth, Ingolf U. (2000): »Die Phänomene des Verstehens und die Praxis des Interpretierens. Prolegomena zu einer theologischen Hermeneutik«, in: Andreas Mauz / Christiane Tietz (Hg.), *Verstehen und Interpretieren. Zum Basisvokabular von Hermeneutik und Interpretationstheorie*, Paderborn: Brill Schöningh, 57–78.

Dalferth, Ingolf U. (2018): *Die Kunst des Verstehens. Grundzüge einer Hermeneutik der Kommunikation durch Texte*, Tübingen: Mohr Siebeck.

D'Amato, Antonio (1936): *La letteratura e la vita del diritto*, Mailand: Ubezzi & Dones.

Danneberg, Lutz (2006): »Überlegungen zu kontrafaktischen Imaginationen in argumentativen Kontexten und zu Beispielen ihrer Funktion in der Denkgeschichte«, in: Toni Bernhart / Philipp Mehn (Hg.), *Imagination und Innovation*, Berlin/Boston: De Gruyter, 73–100.

Danneberg, Lutz (2006): »Weder Tränen noch Logik. Über die Zugänglichkeit fiktionaler Welten«, in: Uta Klein / Katja Mellmann / Steffanie Metzger (Hg.), *Heuristiken der Literaturwissenschaft. Disziplinexterne Perspektiven auf Literatur*, Paderborn: Mentis, 35–83.

Danneberg, Lutz (2015): »Das Sich-Hineinversetzen und der sensus auctoris et primorum lectorum. Der Beitrag kontrafaktischer Imaginationen zur Ausbildung der *hermeneutica sacra* und *profana* im 18. und am Beginn des 19. Jahrhunderts«, in: Andrea Albrecht / Lutz Danneberg / Olav Krämer / Carlos Spoerhase (Hg.), *Theorien, Methoden und Praktiken des Interpretierens*, Berlin/München/Boston: De Gruyter, 407–458.

Danner, Helmut (1998): *Methoden geisteswissenschaftlicher Pädagogik*, München: Ernst Reinhardt.

Danovi, Remo (2004): *Tra fantasia e diritto. List of novels*, Mailand: Giuffrè.

Deen, Shulem (2017): *Celui qui va vers elle ne revient pas* [Orig.: *All Who Go Do Not Return: A Memoir*, 2015], Paris: Globe.

Demaçi, Adem (2005): *Die Schlangen des Blutes*, Frankfurt am Main: Weimarer Schillerpresse.

Demandt, Alexander (1986): *Ungeschehene Geschichte. Ein Traktat über die Frage: Was wäre geschehen, wenn ...?*, Göttingen: Vandenhoeck & Ruprecht.

Diaz-Bone, Rainer (2008): »Die französische Epistemologie und ihre Revisionen. Zur Rekonstruktion des methodologischen Standortes der Foucault'schen Diskursanalyse«, in: *Historical Social Research* (2008/33/1), 29–72.

Diaz-Bone, Rainer (2013): »Sozio-Episteme und Sozio-Kognition. Epistemologische Zugänge von Diskurs und Wissen«, in: Willy Viehöver / Reiner Keller / Werner Schneider (Hg.), *Diskurs – Sprache – Wissen.*

Interdisziplinäre Beiträge zum Verhältnis von Sprache und Wissen in der Diskursforschung, Wiesbaden: Springer, 79–96.

Diederichsen, Uwe (1996): »Shakespeares *Kaufmann von Venedig*: Jurisprudenz auf dem Forum der Bühne«, in: Ulrich Mölk (Hg.), *Literatur und Recht: Literarische Rechtsfälle von der Antike bis zur Gegenwart*, Göttingen: Wallstein, 186–228.

Dillinger, Johannes (2015): *Ungeschehene Geschichte von der Antike bis zum Steampunk*, Paderborn: F. Schöningh.

Dilthey, Wilhelm (1990): »Die Entstehung der Hermeneutik«, in: Wilhelm Dilthey, *Gesammelte Schriften*, Bd. V, Göttingen: Vandenhoeck & Ruprecht, 317–338.

Doja, Albert (1995): »Le sexe de la naissance: masculin/féminin dans la société traditionnelle«, in: *Ethnologie française* (1995/25/4), 650–667.

Doja, Albert (1999): »Morphologie traditionnelle de la société albanaise«, in: *Social Anthropology* (1999/7/1), 37–55.

Dolin, Kieran (2007): *A Critical Introduction to Law and Literature*, Cambridge: Cambridge University Press.

Dones, Elvira (2017): *Hana*, Zürich: Ink Press.

Draï, Raphaël (1988): *La Traversée du désert. L'invention de la responsabilité*, Paris : Fayard.

Draï, Raphaël (1999): »La Thora écrite«, in: Raphaël Draï, *La Thora. La Législation de Dieu*, Paris: Michalon, 19–60.

Dudenredaktion (Hg.) (2020): *Duden. Die deutsche Rechtschreibung*, 28. Aufl. Berlin: Dudenverlag.

Dundes Renteln, Alison / Alan Dundes (Hg.) (1995): *Folk Law. Essays in the Theory and Practice of Lex Non Scripta*, Wisconsin: University of Wisconsin.

Dunlop, C.R.B. (1991): »Literature Studies in Law Schools«, in: *Cardozo Studies in Law and Literature* (1991/3/1), 63–110.

Dupuis, Frederick (2021): »Un avocat peut-il déjeuner avec un magistrat?«, in: *La lettre juridique* n° 875 v. 2.9.2021, Online: https://www.lexbase.fr/revues-juridiques/72004194-focus-un-avocat-peut-il-dejeuner-avec-un-magistrat-ao (Zugriff: 21.5.2024).

Durham, Mary E. (1928): *Some Tribal Origins, Laws and Customs of the Balkans*, London: Unwin Brothers.

Durham, Mary E. (1985): *High Albania*, London: Virago Press.

Durham, Mary E. (1991): *Brenga e Ballkanit*, Tirana: Argeta LMG.

Durkheim, Émile (1984): *Die Regeln der soziologischen Methode*, Frankfurt am Main: Suhrkamp.

Duss Jacobi, Vanessa (2013): »Die Korrelation von Text und Normativität im Recht«, in: Kamila Staudigl-Ciechowicz / Philipp Klausberger / Ramon Pils & al (Hg.), *Beiträge zur Rechtsgeschichte Österreichs (BRGÖ)*, Bd. 2, Wien: Verlag der Österreichischen Akademie der Wissenschaften, 363–373.

Dvorsky, Victor (1909): *Černohorskoturecká hranice od ústí Bojany k Taře*, Prag: Nákl. České akademie císaře Františka Josefa pro vědy, slovesnost a umění.

Dworkin, Ronald (2001): *A Matter of Principle*, Oxford/New York: Oxford University Press.

Eco, Umberto (1982), *Der Name der Rose*, München: Hanser.

Eco, Umberto (1994): *Im Wald der Fiktionen. Sechs Streifzüge durch die Literatur*, München: Hanser.

Egeler, Barbara (2007): *Der Kanun – Gewohnheitsrecht als rechtliche Grundlage für Unrecht? Die Ausdehnung auf Tätigkeiten illegaler Natur und der damit verbundene Einfluss auf Delikte ethnischer Albaner in der Schweiz*, Diplomarbeit Hochschule Luzern, Kompetenzzentrum Wirtschaftskriminalistik.

Egeler, Barbara (2010): »Albanisches Gewohnheitsrecht und Häusliche Gewalt«, in: *Neue Kriminalpolitik* (2010/22/3), 96–98.

Ehrlich, Ernst L. / Günter Stemberger (Hg.) (2006): *The Jerusalem Talmud*, Bd. XXXIV, Berlin / New York: De Gruyter.

Eisenmenger, Daniel (2010): »Die vergessene Verfassung von Korsika 1755. Der gescheiterte Versuch einer modernen Nationsbildung«, in: *Geschichte in Wissenschaft und Unterricht* (2010/61/7/8), 430–446.

Elezi, Ismet (2003): *Njohuri për të drejtën zakonore mbarëshqiptare*, Pristina.

El-Kaddouri, Warda (2017): »›Gott rette mich aus der Leere!‹ Verlust, Religiosität und Radikalisierung in den Fluchtnarrativen von Abbas Khider und Sherko Fatah«, in: Thomas Hardtke / Johannes Kleine / Charlton Payne (Hg.), *Niemandsbuchten und Schutzbefohlene. Flucht-Räume und Flüchtlingsfiguren in der deutschsprachigen Gegenwartsliteratur*, Göttingen: Vandenhoeck & Ruprecht, 39–51.

Elsie, Robert (2012): »Kanun of Lekë Dukagjini«, Albanian Symposium Universität Leiden, 10.11.2012, https://www.youtube.com/watch?v=U9HhEbskKcA&ab_channel=ALBFACT (Zugriff: 20.8.2024).

Elsie, Robert (Hg.) (2014): *Der Kanun. Das albanische Gewohnheitsrecht nach dem sogenannten Kanun des Lekë Dukagjini*, Berlin: Osteuropa Zentrum.

Elsie, Robert (2014): »Vorwort«, in: Robert Elsie (Hg.), *Der Kanun. Das albanische Gewohnheitsrecht nach dem sogenannten Kanun des Lekë Dukagjini*, Berlin: Osteuropa Zentrum, V–XI.

Elster, Jon (1981): *Logik und Gesellschaft. Widersprüche und mögliche Welten*, Frankfurt am Main: Suhrkamp.

Encke, Julia (2016): »Vom Warten wird man immer blöder«, in: *Frankfurter Allgemeine*, 30.1.2016, https://www.faz.net/aktuell/feuilleton/buecher/fluechtlingsroman-vom-warten-wird-man-immer-bloeder-14030679.html (Zugriff: 10.5.2024).

Engell, James / W. Jackson Bate (Hg.) (1983): *The Collected Works of Samuel Taylor Coleridge. Biographia Literaria or Biographical Sketches of My Literary Life and Opinions*, Princeton: Princeton University Press.

Ensberg, Peter / Hans-Jochen Marquardt (Hg.) (2002): *Recht und Gerechtigkeit bei Heinrich von Kleist*, Stuttgart: Heinz.

Enthoven, Raphaël (2020): *Le Temps gagné*, Paris: Flammarion.

Erim, Ismail N. (1939): *Le positivisme juridique et le droit international*, Dissertation, 22.2.1939, Université de Paris, Paris: Les Presses modernes.

Errera, Andrea (2023): »Il diritto nella produzione letteraria di Claudio Magris: uno scrittore al cospetto delle norme«, in: *LawArt. Rivista di Diritto, Arte, Storia – Journal of Law, Art and History* (2023/4), 371–399.

Eser, Patrick / Jan-Henrik Witthaus (2023): »›Soziale Ungleichheiten‹ und ›Realismus‹ als Paradigma – literatur- und kulturwissenschaftliche Vorüberlegungen«, in: Patrick Eser / Jan-Henrik Witthaus (Hg.), *Renaissancen des Realismus? Romanistische Beiträge zur Repräsentation sozialer Ungleichheit in Literatur und Film*, Berlin/Boston: De Gruyter, 1–18.

Esposito, Elena (2012): »Kontingenzerfahrung und Kontingenzbewusstsein in systemtheoretischer Perspektive«, in: Katrin Toens / Ulrich Willems (Hg.), *Politik und Kontingenz*, Wiesbaden: Springer, 39–48.

Esser, Josef (1972): *Vorverständnis und Methodenwahl in der Rechtsfindung. Rationalitätsgrundlagen richterlicher Entscheidungspraxis*, Frankfurt am Main: S. Fischer.

Essi, Cedric (2024): »Der Fall Prof. Patricia J. Williams. Critical Race Theory als Hermeneutik zwischen Recht und Literatur«, in: Gideon Stiening (Hg.), *Rechtsnorm und ästhetische Reflexion. Studien zum Verhältnis zwischen den Hermeneutiken des Rechts und der Literatur*, Berlin: J. B. Metzler, 197–216.

Europäisches Parlament (2016): *Das Buch der Träger des Sacharow-Preises*, Luxemburg: Amt für Veröffentlichungen der Europäischen Union.

Europäisches Unterstützungsbüro für Asylfragen (2020): *Aufnahme von Personen, die internationalen Schutz beantragen. Richtlinie über Aufnahmebedingungen (2013/33/EU). EASO-Fortbildungsreihe für Mitglieder von Gerichten*, Luxemburg: Amt für Veröffentlichungen der Europäischen Union.

Evers, Raphael (2022): »Die Herkunft, der Status und die Rolle der Kohanim im dritten Tempel«, *Orthodoxe Rabbinerkonferenz – Das Rabbinat Deutschlands*, https://www.ordonline.de/religion-aktuelles/dwar-thora/die-herkunft-der-status-und-die-rolle-der-kohanim-im-dritten-tempel (Zugriff: 8.6.2024).

Favoino, Paola (2016): »Burrneshe, le vergini giurate d'Albania«, in: *telecastrovillari*, 2.2.2016, https://www.youtube.com/watch?v=h_GhA4Ix6tY&ab_channel=telecastrovillari (Zugriff: 4.8.2024).

Favoino, Paola (2019): *A JE BURRNESH*, Rom: Leporello books.

Fechner, Erich (1952): *Recht und Politik in Adalbert Stifters ›Witiko‹: Stifters Beitrag zur Wesensbetrachtung des Rechts und zur Charakterologie und Ethik des politischen Menschen*, Tübingen: H. Laupp.

Fehr, Hans (1931): *Das Recht in der Dichtung*, Bern: Francke.

Fehr, Hans (1936): *Die Dichtung im Recht*, Bern: Francke.

Feldman, Deborah / Christian Ruzicska (2017): »Unorthodox«, in: *Körberstiftung*, 5.12.2017, https://youtu.be/eGFtBFoFxuM?si=8B3N7Zie_BpkP-6p (Zugriff: 15.5.2024).

Feldman, Deborah (2019): *~~Un~~orthodox*, München: btb.

Feldman, Deborah (2020): »Viele Aussteiger nehmen sich das Leben« (Interview mit Olivia Röllin), in: *SRF Kultur Sternstunden*, 19.5.2020, https://youtu.be/mBLk6FUszXA?si=yGS8AULA5UcBq7Br (Zugriff: 14.5.2024).

Feltrinelli Editore (2007): »Elvira Dones presenta ›Vergine giurata‹«, 10.10.2007, https://youtu.be/-aMaI91lA-M (Zugriff: 12.7.2024).

Feydel, Gabriel (1799): *Mœurs et Coutumes des Corses*, Paris: Garnery.

Fikentscher, Wolfgang (1977): *Methoden des Rechts in vergleichender Darstellung*, Bd. IV, Tübingen: J.C.B. Mohr.

Fish, Stanley (1989): *Doing What Comes Naturally, Change, Rhetoric, and the Practice of Theory in Literary and Legal Studies*, Durham: Duke University Press.

Fix, Ulla (2021): »Wir entkommen der Hermeneutik nicht!«, in: *Zeitschrift für Literaturwissenschaft und Linguistik* (2021/51), 695–702.

Fohrmann, Jürgen / Harro Müller (1988): »Einleitung: Diskurstheorien und Literaturwissenschaft«, in: Jürgen Fohrmann / Harro Müller (Hg.), *Diskurstheorien und Literaturwissenschaft*, Frankfurt am Main: Suhrkamp, 9–21.

Follorou, Jacques (2022): *Mafia corse. Une île sous influence*, Paris: Robert Laffont.

Foreix, Yann (2019): »Procès de Claude Chossat: le ›repenti‹ de la Brise de Mer condamné à 8 ans de prison«, in: *Le Parisien*, 9.11.2019, https://www.leparisien.fr/faits-divers/proces-de-claude-chossat-le-repenti-de-la-brise-de-mer-condamne-a-8-ans-de-prison-08-11-2019-8189676.php (Zugriff: 11.8.2024).

Fotis, Jannidis / Gerhard Lauer / Matías Martínez / Simone Winko (Hg.) (2000): *Texte zur Theorie der Autorschaft*, Stuttgart: Reclam.

Foucault, Michel (1969): *L'archéologie du savoir*, Paris: Gallimard.

Foucault, Michel (1976): *Überwachen und Strafen. Die Geburt des Gefängnisses*, Frankfurt am Main: Suhrkamp.

Foucault, Michel (1988): *Archäologie des Wissens*, Frankfurt am Main: Suhrkamp.

Foucault, Michel (2000): »Was ist ein Autor?«, in: Fotis Jannidis / Gerhard Lauer / Matías Martínez / Simone Winko (Hg.), *Texte zur Theorie der Autorschaft*, Stuttgart: Reclam, 198–229.

Foucault, Michel (2002): »Die Wahrheit und die juristischen Formen«, in: Michel Foucault, *Schriften in vier Bänden. Dits et Ecrits*, Bd. II: 1970–1975, hrsg. v. Daniel Defert / François Ewald, Frankfurt am Main: Suhrkamp, 669–792.

Foucault, Michel (2017): »Les discours ne doit pas être pris comme…«, in: Michel Foucault, *Dits et écrits* II: 1976–1988, hrsg. v. Daniel Defert / François Ewald, Paris: Gallimard, 123–124.

Foucault, Michel (2021): *Die Ordnung des Diskurses*, Frankfurt am Main: S. Fischer.

Fraas, Claudia (2000): »Begriffe – Konzepte – Kulturelles Gedächtnis. Ansätze zur Beschreibung kollektiver Wissenssysteme«, in: Horst D. Schlosser (Hg.), *Sprache und Kultur*, Frankfurt am Main/Wien: Peter Lang, 31–45.

France 3 Corse ViaStella (2017): »Claude Chossat le repenti corse livre les secrets du banditisme«, in: *YouTube*, 22.9.2017, https://youtu.be/vgRkoOnhTk8?si=KV7wNIiLzZMoYe4i (Zugriff: 11.8.2024).

Frank, Catherine O. (2010): *Law, Literature, and the Culture in England, 1837–1925*, Farnham/Burlington: Ashgate.

Frank, Manfred (1982): »Textauslegung«, in: Dietrich Harth / Peter Gebhardt (Hg.), *Erkenntnis der Literatur. Theorien, Konzepte, Methoden der Literaturwissenschaft*, Stuttgart: J. B. Metzler, 123–160.

Frei-Tomic, Gallus (2018): »Elvira Dones ›Hana‹, ink press«, *Literaturblatt.ch*, 20.3.2018, https://literaturblatt.ch/elvira-dones-hana-ink-press (Zugriff: 12.7.2024).

Freisitzer, Roland (2016): »Abbas Khider: ›Ohrfeige‹«, in: www.sandammeer.at – Literaturzeitschrift im Internet, März 2016.

Fromer, Jacob (Hg.) (2021): *Der Babylonische Talmud*, München: Anaconda.

Fürbeth, Frank (1999): »Was heißt, wozu dient und wohin führt uns Interdisziplinarität«, in: *Zeitschrift des Mediävistenverbandes* (1999/4/1), 7–16.

Gaakeer, Jeanne (2012): »European *Law and Literature*: Forever Young – The Nomad Concurs«, in: Helle Porsdam / Thomas Elholm (Hg.), *Dialogues on Justice: European Perspectives on Law and Humanities*, Berlin/New York: De Gruyter, 44–72.

Gabbiadini, Guglielmo (2014): »Welttheater, Revolution und usurpierte Menschenrechte: Über Friedrich Maximilian von Klingers Fragment *Das zu frühe Erwachen des Genius der Menschheit*«, in: Yvonne Nilges (Hg.), *Dichterjuristen. Studien zur Poesie des Rechts vom 16. bis 21. Jahrhundert*, Würzburg: Königshausen & Neumann, 49–66.

Gadamer, Hans-Georg (1990): *Gesammelte Werke* Bd. 1: *Wahrheit und Methode. Grundzüge einer philosophischen Hermeneutik*, Tübingen: Mohr Siebeck.

Galluzzo, Lucio (1985): *Das gebrochene Schweigen. Tommaso Buscetta: Mafia-Capo und Verräter*, Wien/München: J&V.

Garapon, Antoine / Denis Salas (Hg.) (2008): *Le droit dans la littérature*, Paris: Michalon.

Gärtner, Kurt (2023): »Karl Lachmann als Grundleger textkritischer Verfahren: Die Iwein-Ausgabe«, in: Judith Lange / Martin Schubert (Hg.), *Geschichte der altgermanistischen Edition*, Berlin/Boston: De Gruyter, 37–52.

Gas, Valérie (2002): »Attentats de 1995: le procès tant attendu«, in: *Rfi* 30.9.2002, http://www1.rfi.fr/actufr/articles/033/article_17194.asp (Zugriff: 21.5.2024).

Geballe, David (2023): »Der richtige Zeitpunkt: In welchem Alter man eine Familie gründen sollte«, in: Zentralrat der Juden in Deutschland (Hg.), *Die Lehren des Talmud*, Gütersloh: Gütersloher Verlag, 76–78.

Geis, Max-Emmanuel (2021): »Gewohnheitsrecht«, in: Eric Hilgendorf / Jan C. Joerden (Hg.), *Handbuch Rechtsphilosophie*, Berlin/Heidelberg: J. B. Metzler, S. 27–31.

Geisenhanslüke, Achim (2008): *Gegendiskurse. Literatur und Diskursanalyse bei Michel Foucault*, Heidelberg: Synchron.

Geisenhanslüke, Achim (2020): »Literaturwissenschaft. Diskursanalyse und Literaturwissenschaft«, in: Clemens Kammler / Rolf Parr / Ulrich J. Schneider (Hg.), *Foucault Handbuch. Leben – Werk – Wirkung*, Berlin: J. B. Metzler, 376–384.

Gelder van, Robert (1948): *Prominente plaudern*, Wien: Humboldt Verlag.

Gerok-Reiter, Annette (2021): »Lektüren des Ästhetischen – Ästhetische Lektüren. Alte und neue Hermeneutik«, in: *Zeitschrift für Literaturwissenschaft und Linguistik* (2021/51), 751–758.

Gerstenberg, Ekkehard (1954): »Das Recht in der Dichtung. Einführung in die Literatur und Bibliografie«, in: *Archiv für Rechts- und Sozialphilosophie* (1954/41/1), 98–109.

Getman, Jules (1988): »Voices«, in: *Texas Law Review* (1988/66), 577–588.

Gherlone, Laura (2019): »Women's Writing Between the Border and the Non-Place: The Emerging Female Discourses in Migrant Literature / A escrita feminina a fronteira e o não lugar: discursos femininos em ascensão na Literatura Italiana de Migração«, in: *Revista do Estudios do Discurso* (2019/14/2), 7–24.

Gide, André (1972): *Les nourritures terrestres*, Paris: Gallimard.

Gizbert-Studnicki, Tomasz (1987): »Der Vorverständnisbegriff in der juristischen Hermeneutik«, in: *Archiv für Rechts- und Sozialphilosophie / Archives for Philsophy of Law and Social Philosophy* (1987/73/4), 476–493.

Gjeçovi, Shtjefën (1989): *Kanuni i Lekë Dukagjinit / The Code of Lekë Dukagjini*, New York: Gjonlekaj Publishing Company, Übersetzung von Leonard Fox.

Gjeçovi, Shtjefën (1993): *Kanuni i Leke Dukagjinit: me parathenie të at Gjergj Fishtës*, Tirana: Albinform.

Gjeçovi, Shtjefën (2016): *Kanun von Lekë Dukagjini*, Luzern: xenia Klinë. Übersetzung von Bardhec Berisha.

Glinert, Lewis / Joseph Shilhav (1991): »Holy Land, Holy Language: A Study of an Ultraorthodox Jewish Ideology«, in: *Language in Society* (1991/20/1), 59–86.

Godina, Bojan (2012): *Die phänomenologische Methode Husserls für Sozial- und Geisteswissenschaftler. Ebenen und Schritte der phänomenologischen Reduktion*, Wiesbaden: Springer.

Goethe Johann Wolfgang von (2005): »Noten und Abhandlungen zu besserem Verständnis des west-östlichen Divans«, in: Johann W. von Goethe, *Werke*, Bd. 2: Gedichte und Epen II, München: C. H. Beck, S. 126–267.

Goldschmidt, Lazarus (2002): *Der Babylonische Talmud*, Frankfurt am Main: Jüdischer Verlag.

Goldsmith, Rosie (2019): »The Riveting Interviews: Rosie Goldsmith talks to Elvira Dones«, *The Riveting Interviews*, 14.8.2019, https://youtu.be/JRIC9brKRm4?si=SBNypTvgjYSMEWIb (Zugriff: 12.7.2024).

Gonnermann, Annika / Sina Schuhmaier / Lisa Schwander (Hg.) (2021): *Literarische Perspektiven auf den Kapitalismus. Fallbeispiele aus dem 21. Jahrhundert*, Tübingen: Narr Francke Attempto.

Gopčević, Spiridion (1881): *Oberalbanien und seine Liga. Ethnographisch-politisch-historisch geschildert*, Leipzig: Duncker & Humblot.

Gopčević, Spiridion (1914): *Das Fürstentum Albanien, seine Vergangenheit, ethnographischen Verhältnisse, politische Lage und Aussichten für die Zukunft*, Berlin: H. Paetel.

Gordon, Jan / Cora J. Gordon (1927): *Two Vagabonds in Albania*, New York/London: Dodd, Mead and Company/John Lane.

Gräfrath, Bernd (2005): »Disziplin«, in: Jürgen Mittelstraß (Hg.), *Enzyklopädie Philosophie und Wissenschaftstheorie*, Bd. 2, Stuttgart: J. B. Metzler, 237–238.

Granzin, Katharina (2019): »Der Mensch im Durchgangsland«, in: *Frankfurter Rundschau*, 11.1.2019, https://www.fr.de/kultur/literatur/mensch-durchgangsland-11130928.html (Zugriff: 10.5.2024).

Greiner, Bernhard (2010): »Das Forschungsfeld ›Recht und Literatur‹«, in: Bernhard Greiner / Barbara Thums / Wolfgang Graf Vitzthum (Hg.), *Recht und Literatur. Interdisziplinäre Bezüge*, Heidelberg: Winter, 7–26.

Greiner, Bernhard / Barbara Thums / Wolfgang Graf Vitzthum (Hg.) (2010): *Recht und Literatur. Interdisziplinäre Bezüge*, Heidelberg: Winter.

Grémaux, René (1993): »Woman Becomes Man in the Balkans«, in: Gilbert Herdt (Hg.), *Third Sex, Third Gender. Beyond Sexual Dimorphism in Culture and History*, New York: Zone Books, 241–281.

Greshoff, Rainer (2000): »Interdisziplinarität und Vergleichen«, in: Peter V. Zima (Hg.), *Vergleichende Wissenschaften. Interdisziplinarität und Interkulturalität in den Komparatistiken*, Tübingen: Narr, 29–45.

Grimm, Dieter / Christoph König (2020): »Lektüre und Geltung – Einleitung«, in: Dieter Grimm / Christoph König (Hg.), *Lektüre und Geltung. Zur Verstehenspraxis in der Rechtswissenschaft und in der Literaturwissenschaft*, Göttingen: Wallstein, 7–23.

Grimm, Jacob (1816): »Von der Poesie im Recht«, in: *Zeitschrift für geschichtliche Rechtswissenschaft* (1816/2), 25–99.

Grimmer, Klaus (1971): *Die Rechtsfiguren einer ›Normativität des Faktischen‹. Untersuchungen zum Verhältnis von Norm und Faktum und zur Funktion der Rechtsgestaltungsorgane*, Bd. 24, Berlin: Duncker & Humblot.

Gröschner, Rolf (1982): »Das Hermeneutische der juristischen Hermeneutik«, in: *JuristenZeitung* (1982/37/18), 622–626.

Großfeld, Bernhard (2005): *Poesie und Recht – Rechtsvergleichende Zeichenkunde*, Paderborn/München: F. Schöningh.

Grosz, Elisabeth (1995): *Space, Time, and Perversion*, New York: Routledge.

Gubert, Romain (2023): »Attentat à Arras: qui était Dominique Bernard, le professeur de français tué?«, in: *Le Point*, 16.10.2023, https://www.lepoint.fr/societe/attaque-a-arras-qui-est-l-enseignant-qui-a-ete-tue-13-10-2023-2539224_23.php#11 (Zugriff: 15.6.2024).

Guérin, Franck (2023): *Omerta, le gang de la Brise de mer*. Dokumentarfilm in vier Teilen: 1) »Usu Corsu: à la manière corse«, 2) »Le temps des Braquos«, 3) »Le Casse du siècle«, 4) »Ainsi finit la Brise«, Patrick Spica Productions. https://www.film-documentaire.fr/4DACTION/w_fiche_film/68316 (Zugriff 11.09.2024)

Guggenheimer, Heinrich W. (Hg.) (2010): *The Jerusalem Talmud*, Bd. 51, Berlin/Boston: De Gruyter.

Guggenheimer, Heinrich W. (Hg.) (2014): *The Jerusalem Talmud*, Bd. 80, Berlin/Boston: De Gruyter.

Guizzi, Giuseppe (2020): *Il »caso Balzac«. Storie di diritto e di letteratura*, Bologna: Il Mulino.

Gumbrecht, Hans U. (2004): *Diesseits der Hermeneutik. Die Produktion von Präsenz*, Frankfurt am Main: Suhrkamp.

Gumbrecht, Hans U. (2010): *Unsere breite Gegenwart*, Berlin: Suhrkamp.

Guski, Chajm (2014): *Die Torah – eine deutsche Übersetzung*, Norderstedt: BoD.

Gute Nachricht Bibel. Altes und Neues Testament, Stuttgart: Deutsche Bibelgesellschaft 2018, https://www.die-bibel.de/bibeluebersetzungen/gute-nachricht-bibel/gnb-ausgaben (Zugriff 2.6.2025).

Gutwirth, Jacques (2004): »Williamsburg, bastion Satmar«, in: Jacques Gutwirth, *La Renaissance du hassidisme*, Paris: Odile Jacob, 53–93.

Guyer, Paul (1997): »In praktischer Absicht: Kants Begriff der Postulate der reinen praktischen Vernunft«, in: *Philosophisches Jahrbuch* (1997/104/I), 1–18.

Häberle, Peter (1983): *Das Grundgesetz der Literaten. Der Verfassungsstaat im (Zerr?) Spiegel der Schönen Literatur*. Baden-Baden: Nomos.

Habermas, Jürgen (2023): *Faktizität und Geltung. Beiträge zur Diskurstheorie des Rechts und des demokratischen Rechtsstaats*, Frankfurt am Main: Suhrkamp.

Hahn, Johann G. von (1867): *Reise durch die Gebiete des Drin und Wadar*, Denkschriften der kaiserlichen Akademie der Wissenschaften, XV, Wien: Carl Gerolds Sohn.

Hahn, Judith (2019): »Rechtgeltung und Legitimität«, in: Judith Hahn, *Grundlegung der Kirchenrechtssoziologie. Zur Realität des Rechts in der römisch-katholischen Kirche*, Wiesbaden: Springer, 147–188.

Hahn, Judith (2019): »Wirksamkeit des Rechts«, in: Judith Hahn, *Grundlegung der Kirchenrechtssoziologie. Zur Realität des Rechts in der römisch-katholischen Kirche*, Wiesbaden: Springer, 189–233.

Hahn, Kurt / Marita Liebermann (Hg.) (2021): *Finanznarrative als Krisennarrative: literarische und filmische Modellierungen ›kapitaler‹ Erschütterungen in der Romania*, Berlin/Wien: Peter Lang.

Hamann, Hanjo (2017): »Strukturierende Rechtslehre als juristische Sprachtheorie«, in: Ekkehard Felder / Andreas Gardt (Hg.), *Handbuch Sprache im Recht*, Berlin/Boston: De Gruyter, 175–186.

Hamburger, Käthe (1977): *Die Logik der Dichtung*, Stuttgart: Klett-Cotta.

Hamburger, Käthe (1979): *Wahrheit und ästhetische Wahrheit*, Stuttgart: Klett-Cotta.

Hasluck, Margaret (1954): *The Unwritten Law in Albania*, Cambridge: Cambridge University Press.

Hassemer, Winfried (1986): »Juristische Hermeneutik«, in: *Archiv für*

Rechts- und Sozialphilosophie / Archives for Philosophy of Law and Social Philosophy (1986/72/2), 195–212.
Heck, Philipp (1958): *Grundriß des Schuldrechts*, Aalen: Scientia.
Hegemann, Sophie (2023): *Kulturen des Ausnahmezustandes. Antiterrorpolitik in Frankreich, Belgien und Deutschland von 2015–2017*, Wiesbaden: Springer.
Heinrich, Kaspar (2016): »Abbas Khider. Wir sollten nicht plötzlich alles infrage stellen«, in: *Planet Interview*, 11.5.2016, https://www.planet-interview.de/interviews/abbas-khider/48826 (Zugriff: 7.5.2024).
Held, Klaus (1998): »Einleitung«, in: Edmund Husserl, *Die phänomenologische Methode. Ausgewählte Texte* I, hrsg. v. Klaus Held, Stuttgart: Reclam.
Hellekson, Karen (2001): *The Alternate History. Refiguring Historical Time*, Kent (Ohio)/London: Kent State University Press.
Henrich, Dieter (2013): »Versuch über Fiktion und Wahrheit«, in: Willy Viehöver / Reiner Keller / Werner Schneider (Hg.), *Diskurs – Sprache – Wissen*, Wiesbaden: Springer, 511–519.
Henrich, Dieter / Wolfgang Iser (Hg.) (1983): *Funktionen des Fiktiven*, München: W. Fink.
Hérault, Laurence (2009): »Les ›vierges jurées‹: une masculinité singulière et ses observateurs«, in: *Sextant* (2009/27), 273–284.
Hermanns, Fritz (2007): »Diskurshermeneutik«, in: Ingo Warnke (Hg.), *Diskurslinguistik nach Foucault*, Berlin: De Gruyter, 187–210.
Herzog, Reinhart (1981): »Zum Verhältnis von Norm und Narrativität in den applikativen Hermeneutiken«, in: Manfred Fuhrmann / Hans R. Jauß / Wolfhart Pannenberg (Hg.), *Text und Applikation: Theologie, Jurisprudenz und Literaturwissenschaft im hermeneutischen Gespräch*, München: W. Fink, 435–455.
Hiebaum, Christian (2015): »Literatur, die verpflichtet. Über die Interpretation von Rechtstexten«, in: Christian Hiebaum / Susanne Knaller / Doris Pichler (Hg.), *Recht und Literatur im Zwischenraum / Law and Literature In-Between. Aktuelle inter- und transdisziplinäre Zugänge / Contemporary Inter- and Transdisciplinary Approaches*, Bielefeld: transcript, 155–170.
Hilgendorf, Eric (2021): »Interdisziplinarität«, in: Eric Hilgendorf / Jan C. Joerden (Hg.), *Handbuch Rechtsphilosophie*, Berlin/Heidelberg: J. B. Metzler, 491–496.
Hills, Matt (2003): »Counterfiction in the Work of Kim Newman: Rewriting Gothic SF as ›Alternate-Story Stories‹«, in: *Science Fiction Studies* (2003/30), 436–455.
Hirsch, Eric D. (1972): *Prinzipien der Interpretation*, München: W. Fink.
Hirsch, Ernst (1973): »Rechtssoziologie«, in: Gottfried Eisermann (Hg.), *Die Lehre von der Gesellschaft*, Stuttgart: Enke, 147–217.
Hitzig, Julius E. / Willibald Alexis (1842): *Der neue Pitaval: eine Sammlung der interessantesten Criminalgeschichten aller Länder aus älterer und neuerer Zeit*, Leipzig: Brockhaus.
Hoberg, Ursula / Rudolf Hoberg (Hg.) (2016): *Der kleine Duden. Deutsche Grammatik*, Berlin: Dudenverlag.

Hoffmann, Veronika (2024): »Interpretationen im Konflikt«, in: Burkhard Liebsch (Hg.), Grundfragen hermeneutischer Anthropologie. Paul Ricœurs Werk im historischen Kontext: Existenz, Interpretation, Praxis, Geschichte, Baden-Baden: Karl Alber, 1221–1236.

Höfler, Günther (2023): »2.4.3.3. Paneuropabewegung«, in: Nicole Streitler-Kastberger / Martin Vejvar (Hg.), *Ödon-von-Horvath-Handbuch*, Berlin/Boston: De Gruyter, 469–471.

Holiczi, Walter (1972): *Die Entwicklung der Gerichtsberichterstattung in der Wiener Tagespresse von 1848 bis zur Jahrhundertwende*, Wien: Notring.

Homolka, Walter (2009): *Das Jüdische Eherecht*, Berlin: De Gruyter.

Hose, Martin (2023): *Aristoteles, Poetik. Einleitung, Text, Übersetzung und Kommentar mit einem Anhang: Texte zur aristotelischen Literaturtheorie*, Bd. 1, Berlin/Boston : De Gruyter.

Huffcut, Ernest W. (1892): »The Literature of Law«, in: *The Green Bag* (1892/4/2), 52–54, https://www.repository.law.indiana.edu/cgi/viewcontent.cgi?article=2982&context=facpub (Zugriff: 16.5.2024).

Hummitzsch, Thomas (2015): »Schluss mit der ›Globalisierung der Gleichgültigkeit‹«, in: *intellectures*, 12.10.2015, https://www.intellectures.de/2015/10/12/schluss-mit-der-globalisierung-der-gleichgueltigkeit (Zugriff: 10.5.2024).

Hummitzsch, Thomas (2016): »Inside Refugee oder: Abbas Khider und sein Roman zur Stunde«, in: *intellectures*, 2.2.2016, https://www.intellectures.de/2016/02/02/inside-refugee-oder-abbas-khider-und-sein-roman-zur-stunde (Zugriff: 10.5.2024).

Husserl, Edmund (1972): *Erfahrung und Urteil*, Hamburg: Felix Meiner.

Husserl, Edmund (1998): *Die phänomenologische Methode. Ausgewählte Texte* I, hrsg. v. Klaus Held, Stuttgart: Reclam.

Husserl, Edmund (2023): *Einleitung in die Phänomenologie. Vorlesung 1912*, hrsg. v. Thomas Vongehr, Wiesbaden: Springer.

INA (2021): »1996: l'attentat du RER B à la gare du Port Royal«, in: *L'INA éclaire l'actu*, 2.12.2021,
https://www.ina.fr/ina-eclaire-actu/1996-l-attentat-du-rer-b-a-la-gare-de-port-royal (Zugriff: 21.5.2024).

Inbari, Motti (2016): *Jewish Radical Ultra-Orthodoxy Confronts Modernity, Zionism and Women's Equality*, Cambridge: Cambridge University Press.

Ingarden, Roman (1968): *Vom Erkennen des literarischen Kunstwerks*, Tübingen: Niemeyer.

Ipseu, G. (1927): »Der Begriff der Analogie«, in: *Indogermanische Forschungen* (1927/44/s1), 320.

Iser, Wolfgang (1983): »Akte des Fingierens. Oder: Was ist das Fiktive im fiktionalen Text?«, in: Dieter Henrich / Wolfgang Iser (Hg.), *Funktionen des Fiktiven*, München: W. Fink, 121–151.

Iser, Wolfgang (1983): »Das Fiktive im Horizont seiner Möglichkeiten«, in: Dieter Henrich / Wolfgang Iser (Hg.), *Funktionen des Fiktiven*, München: W. Fink, 547–557.

Itzcovich, Giulio (2007): »Pinocchio e il diritto«, in: *Materiali per una storia della cultura giuridica* (2007/37/1), 239–268.

Jacoby, Nathalie (2005): *Mögliche Leben. Zur formalen Integration von fiktiven und faktischen Elementen in der Literatur am Beispiel der zeitgenössischen fiktionalen Biographie*, Frankfurt am Main: Peter Lang.

Jaenada, Philippe (2023): *Sans preuve & sans aveu*, Paris: Éditions Points.

Jäger, Siegfried (1999): *Kritische Diskursanalyse. Eine Einführung*, Duisburg: DISS.

Jahraus, Oliver (2013): »Inter- und Transdisziplinarität. Wissenschaftspolitik und Wissenschaftssystematik«, in: Thomas Anz (Hg.), *Handbuch Literaturwissenschaft. Methoden und Theorien*, Bd. 2, Stuttgart/Weimar: J. B. Metzler, 373–378.

Janouch, Gustav (1968): *Gespräche mit Kafka. Aufzeichnungen und Erinnerungen*, Frankfurt am Main: S. Fischer.

Janouel, Pierre (2024): »Les repentis: un dispositif à reformer«, in: *Dalloz Actualité*, 28.2.2024, 1–2.

Jauß, Hans R. (1981): »Zur Abgrenzung und Bestimmung einer literarischen Hermeneutik«, in: Manfred Fuhrmann / Hans R. Jauß / Wolfhart Pannenberg (Hg.), *Text und Applikation: Theologie, Jurisprudenz und Literaturwissenschaft im hermeneutischen Gespräch*, München: W. Fink, 459–481.

Jauß, Hans R. (1991): *Ästhetische Erfahrung und literarische Hermeneutik*, Frankfurt am Main: Suhrkamp.

Jauß, Hans R. (1997): »Der Leser als Instanz einer neuen Geschichte der Literatur«, in: *Poetica* (1997/3/4), 325–344.

Jellamo, Anna (2005): *Il cammino di Dike. L'idea di giustizia da Omero a Eschilo*, Rom: Donzelli.

Jellinek, Georg (1921): »Staat und Recht«, in: Georg Jellinek, *Allgemeine Staatslehre*, Berlin/Heidelberg: Springer, 332–379.

Joireman, Sandra F. (2014): »Aiming for Certainty: The Kanun, Blood Feuds and the Ascertainment of Customary Law«, in: *The Journal of Legal Pluralism and Unofficial Law* (2014/46/2), 235–248.

JuraForum (2024): »Ratifikation: Definition und Bedeutung im Völker- und Vertragsrecht«, in: *Lexikon*, 5.6.2024, https://www.juraforum.de/lexikon/ratifikation-ratifizierung (Zugriff 21.6.2024).

Juster, Alexandra (2022): *Juli Zehs »Corpus Delicti: Ein Prozess«. Intertextuelle Perspektiven*, Münster: LIT.

Juster, Alexandra (2022): *Neurezeption und juristische Dystopie: Eine Untersuchung des Romans* Corpus Delicti: Ein Prozess *von Juli Zeh*, Berlin: Peter Lang.

Juster, Alexandra (2022): »Vergessen, um zu überleben – sich erinnern, um fortzuleben«, in: Arnd Beise / Michael Hofmann (Hg.): *Peter Weiss Jahrbuch: »Facetten des Exils«* (2022/31), Bielefeld: Aisthesis, 95–115.

Juster, Alexandra (2023): *Eine kontrafaktische Lektüre von Juli Zehs Roman* Über Menschen. *Gesellschaft, Politik, Ethik*, Berlin: Peter Lang.

Käbisch, Markus (2001): »Sprachlogische Einheitskonzeptionen der Wissenschaft und Sprachvielfalt der Disziplinen. Überlegungen zu theoretischen und praktischen Ansätzen von Interdisziplinarität«, in: Holger Maaß /

Sarah Schmidt (Hg.), *Interdisziplinarität. Chancen – Risiken – Konzepte*, Leipzig: Leipziger Universitätsverlag, 13–31.

Kablitz, Andreas (2012): *Kunst des Möglichen. Theorie der Literatur*, Freiburg: Rombach litterae.

Kablitz, Andreas (2014): »Referenz und Fiktion«, in: Monika Fludernik / Daniel Jacob (Hg.), *Linguistics and Literary Studies / Linguistik und Literaturwissenschaft. Interfaces, Encounters, Transfers / Begegnungen, Interferenzen und Kooperationen*, Berlin/Boston: De Gruyter, 93–125.

Kadare, Ismail (2023): *Der zerrissene April*, Frankfurt am Main: S. Fischer.

Kafka, Franz (2006): *In der Strafkolonie*, Frankfurt am Main: Suhrkamp.

Kähler, Lorenz (2018): »Die asymmetrische Interdisziplinarität der Rechtswissenschaft«, in: Markus Rehberg (Hg.), *Der Erkenntniswert von Rechtswissenschaft für andere Disziplinen*, Wiesbaden: Springer, 105–151.

Kalo, Valbona / Mirela Shella (2024): »Anthropological and Literary Reading of Sworn Virgins: A Study on the Influence of Tradition in Society and Literature«, in: *Journal of Educational and Social Research* (2024/14/5), 276–290.

Kammler, Clemens (2006): »Die Abwesenheit der Theorie«, in: Klaus-Michael Bogdal / Achim Geisenhanslüke (Hg.), *Die Abwesenheit des Werkes. Nach Foucault*, Heidelberg: Synchron, 231–241.

Kant, Immanuel (1974): *Kritik der Urteilskraft*, hrsg. v. Wilhelm Weischedel, Frankfurt am Main: Suhrkamp.

Kaplan, Zvi Jonathan (2004): »Rabbi Joel Teitelbaum, Zionism, and Hungarian Ultra-Orthodoxy«, in: *Modern Judaism* (2004/24/2), 165–178.

Karabash, René (2022): *Vierge jurée*, Paris: Tropismes.

Karp, Karol (2015): »Cultura e viaggio. *Vergine giurata* di Elvira Dones«, in: *Echo des études romanes* (2015/XI/2), 147–157.

Kaser, Karl (1992): *Hirten, Kämpfer, Stammeshelden*, Wien: Böhlau.

Kaser, Karl (2008): *Patriarchy after Patriarchy. Gender Relations in Turkey and in the Balkans, 1500–2000*, Wien/Münster: LIT.

Kastner, Klaus (2004): »Literatur und Recht – eine unendliche Geschichte«, in: Hermann Weber (Hg.), *Dichter als Juristen*, Berlin: Berliner Wissenschaftsverlag, 1–18.

Keller, Reiner (2013): »Das Wissen der Wörter und Diskurse. Über Sprache und Wissen in der Wissenssoziologischen Diskursanalyse«, in: Willy Viehöver / Reiner Keller / Werner Schneider (Hg.), *Diskurs – Sprache – Wissen. Interdisziplinäre Beiträge zum Verhältnis von Sprache und Wissen in der Diskursforschung*, Wiesbaden: Springer, 21–49.

Keller, Reiner (2018): »Diskurs/Diskurstheorien«, in: Rainer Schützeichel (Hg.), *Handbuch Wissenssoziologie und Wissensforschung*, Köln: Halem, 199–213.

Kelsen, Hans (1965): »Was ist juristischer Positivismus?«, in: *Juristen-Zeitung* (1965/20/15), 465–469.

Kelsen, Hans (2017): *Reine Rechtslehre*, Bd. 2 (Studienausgabe der 2. Aufl. 1960), Tübingen: Mohr Siebeck.

Keren-Kratz, Menachem (2017): »Rabbi Yoel Teitelbaum – the Satmar

Rebbe – and the Rise of Anti-Zionism in American Orthodoxy«, in: *Contemporary Jewry* (2017/37/3), 457–479.

Keren-Kratz, Menachem (2023): »Satmar and Neturei Karta: Jews against Zionism«, in: *Modern Judaism. A Journal of Jewish Ideas and Experience* (2023/43/1), 52–76.

Keren-Kratz, Menachem (2023): »*Va-yo'el Moshe*: The Most Anti-Zionist and Anti-Israeli Jewish Text in Modern Times«, in: *The Jewish Quarterly Review* (2023/113/3), 479–506.

Khider, Abbas (2017): *Ohrfeige*, München: btb.

Kienzle, Florian (2020): *Ein Nehmen und Geben. Die Geschlechter in der albanischen Literatur*, Wiesbaden: Harrassowitz.

Kilcher, Andreas / Matthias Mahlmann / Daniel Müller Nielaba (Hg.) (2013): *»Fechtschulen und phantastische Gärten«: Recht und Literatur*, Zürich: vdf Hochschulverlag.

Kilian, Michael (Hg.) (1987): *Jurisprudenz zwischen Techne und Kunst – von Hippokrates bis Heine: Philosophisches und Literarisches zum Verhältnis Kunst und Recht*, Tübingen: Attempto.

Kirste, Stephan (2016): »Globalisierung und Interdisziplinarität in den Rechtswissenschaften«, in: Franz Gmainer-Pranzl / Angela Schottenhammer (Hg.), *Wissenschaft und globales Denken*, Frankfurt am Main: Peter Lang, 131–150.

Kirste, Stephan (2016): »Voraussetzungen von Interdisziplinarität der Rechtswissenschaften«, in: Stephan Kirste (Hg.), *Interdisziplinarität in den Rechtswissenschaften. Ein interdisziplinärer und internationaler Dialog*, Berlin: Duncker & Humblot, 35–85.

Kirste, Stephan (2021): »Literatur und Recht«, in: Eric Hilgendorf / Jan C. Joerden (Hg.), *Handbuch Rechtsphilosophie*, Berlin/Heidelberg: J. B. Metzler, 351–362.

Klatt, Matthias (2021): »Juristische Hermeneutik«, in: Eric Hilgendorf / Jan. C. Joerden (Hg.), *Handbuch Rechtsphilosophie*, Berlin/Heidelberg: J. B. Metzler, 233–239.

Klauk, Tobias / Niels Klenner / Tilmann Köppe (2021): »Literarische – Hermeneutik – Verstehen«, in: *Zeitschrift für Literaturwissenschaft und Linguistik* (2021/51), 797–806.

Klausnitzer, Ralf (2008): *Literatur und Wissen. Zugänge – Modelle – Analysen*, Berlin: De Gruyter.

Klawitter, Arno (2020): »Schriften zur Literatur«, in: Clemens Kammler / Rolf Parr / Ulrich J. Schneider (Hg.), *Foucault Handbuch. Leben – Werk – Wirkung*, Berlin: J. B. Metzler, 108–118.

Klein, Christian / Matías Martínez (2009): »Wirklichkeitserzählungen. Felder, Formen und Funktionen nicht-literarischen Erzählens«, in: Christian Klein / Matías Martínez (Hg.), *Wirklichkeitserzählungen. Felder, Formen und Funktionen nicht-literarischen Erzählens*, Stuttgart/Weimar: J. B. Metzler, 1–13.

Klein, Christian (2013): »Erzählung«, in: Roland Borgards & al. (Hg.), *Literatur und Wissen. Ein interdisziplinäres Handbuch*, Stuttgart/Weimar: J. B. Metzler, 17–21.

Klein, Hans H. (2024): *Der Jurist Johann Wolfgang von Goethe. Eine Spurensuche in Werk und Wirken*, München: C. H. Beck.

Klein, Uta / Katja Mellmann / Steffanie Metzger (Hg.) (2006): *Heuristiken der Literaturwissenschaft. Disziplinexterne Perspektiven auf Literatur*, Paderborn: Mentis.

Kleining, Gerhard (2010): »Qualitative Heuristik«, in: Günter Mey / Katja Mruck (Hg.), *Handbuch Qualitative Forschung in der Psychologie*, Wiesbaden: VS Verlag für Sozialwissenschaften, 65–78.

Klinkert, Thomas (2024): »Der Zusammenhang von Krieg, Stadt und Erinnerung bei Proust und Céline«, in: Henning Hufnagel / Thomas Klinkert / Olaf Müller (Hg.), *Stadt – Krieg – Literatur: Stadt und Urbanität unter den Bedingungen des Krieges 1914–1945*, Berlin/Boston: De Gruyter, 79–98.

Knorr-Cetina, Karin (2016): *Die Fabrikation von Erkenntnis. Zur Anthropologie der Wissenschaft*, Berlin: Suhrkamp.

Koch, Hans-Albrecht (Hg.) (1998): *Grenzfrevel. Rechtskultur und literarische Kultur*, Bonn: Bouvier.

Koegler, Caroline / Jesper Reddig / Klaus Stierstorfer (2021): *Citizenship, Law, and Literature*, Berlin/Boston: De Gruyter.

Kohler, Josef (1883): *Shakespeare vor dem Forum der Jurisprudenz*, Würzburg: Stahel.

Kołakowski, Leszek (1967): *Kultura i fetysze*, Warschau: Państwowe Wydawnictwo Naukowe.

Konersmann, Ralf (1991): »Der Philosoph mit der Maske. Michel Foucaults *L'ordre du discours*«, in: Michel Foucault, *Die Ordnung des Diskurses*, Frankfurt am Main: Fischer, 53–91.

König, Tim (2012): *In guter Gesellschaft? Einführung in die politische Soziologie von Jürgen Habermas und Niklas Luhmann*, Wiesbaden: Springer.

Konrad, Eva-Maria (2023): »Zur Plausibilität kontrafaktischer Szenarien in Geschichtswissenschaft und Literatur«, in: Antje Flüchter / Birte Förster / Britta Hochkirchen / Silke Schwandt (Hg.), *Plausibilisierung und Evidenz. Dynamiken und Praktiken von der Antike bis zur Gegenwart*, Bielefeld: Bielefeld University Press, 149–168.

Konrad, Eva-Maria (2024): »Recht durch Literatur? Das Misslingen des normativen Anspruchs in Pascal Merciers *Das Gewicht der Worte*«, in: Gideon Stiening (Hg.), *Rechtsnorm und ästhetische Reflexion. Studien zum Verhältnis zwischen den Hermeneutiken des Rechts und der Literatur*, Berlin: J. B. Metzler, 269–299.

Kouchner, Camille (2021): *Familia grande*, Paris: Seuil.

Kranzler, George (1961): *Williamsburg. A Jewish Community in Transition*, New York: Feldheim.

Kranzler, George (1995): *Hasidic Williamsburg. A Contemporary American Hasidic Community*, New Jersey/London: North Vale.

Kranzler, George (1995): »The Economic Revitalization of the Hasidic Community of Williamsburg«, in: Janet S. Belcove-Shalin (Hg.), *Ethnographic Studies of Hasidic Jews in America*, Albany: State University of New York Press.

Krastev, Péter (2000): »The Price of Amnesia. Interpretations of Vendetta in Albania«, in: Antonia Zhleyazkova (Hg.), *Albania and the Albanian Identities*, Sofia: IMIR, 194–217.

Kriele, Martin (1981): »Juristische Hermeneutik am Beispiel der ›Mephisto‹-Entscheidung«, in: Manfred Fuhrmann / Hans Robert Jauß / Wolfhart Pannenberg (Hg.), *Theologie, Jurisprudenz und Literaturwissenschaft im hermeneutischen Gespräch*, München: W. Fink, 149–162.

Kristeva, Julia (1972): »Bachtin, das Wort, der Dialog und der Roman«, in: Jens Ihwe (Hg.), *Literaturwissenschaft und Linguistik. Ergebnisse und Perspektiven*, Bd. 3: *Zur linguistischen Basis der Literaturwissenschaft*, Frankfurt am Main: Athenäum 1972, S. 345–375.

Krochmalnik, Daniel (1996). »›Du sollst darüber nachsinnen Tag und Nacht‹. Glauben und Lernen in der jüdischen Tradition«, in: *Zeitschrift für theologische Urteilsbildung* 11, 1996(1), S. 73–83.

Krochmalnik, Daniel (2017): »Religion des Lernens«, in: *Zeitschrift für christlich-jüdische Begegnung im Kontext* (2017/3), 155–161.

Krüger, Lorenz (1987): »Einheit der Welt – Vielheit der Wissenschaften«, in: Jürgen Kocka (Hg.), *Interdisziplinarität: Praxis – Herausforderung – Ideologie*, Frankfurt am Main: Suhrkamp, 106–128.

Künne, Wolfgang (1983): *Abstrakte Gegenstände: Semantik und Ontologie*, Frankfurt am Main: Suhrkamp.

Kunz, Karl-Ludwig / Mona Martino (2006): *Rechtsphilosophie, Rechtstheorie, Rechtssoziologie. Eine Einführung in die theoretischen Grundlagen der Rechtswissenschaft*, Bern/Stuttgart/Wien, Haupt Verlag.

Künzel, Christine (2007): »›Aus einem Bette aufgestanden‹. Anmerkungen zum ›Verhältnis‹ zwischen Recht und Literatur«, in: Gert Hofmann (Hg.), *Figures of Law. Studies in the Interference of Law and Literature*, Basel: Francke, 115–132.

Künzel, Christine (2015): »Imaginierte Fakten. Zur Bedeutung von Fiktion(en) in der richterlichen Urteilsbildung«, in: Christian Hiebaum / Susanne Knaller / Doris Pichler (Hg.), *Recht und Literatur im Zwischenraum / Law and Literature In-Between. Aktuelle inter- und transdisziplinäre Zugänge / Contemporary Inter- and Transdisciplinary Approaches*, Bielefeld: transcript, 171–187.

Lachmann, Karl (1843): »Vorrede«, in: Georg F. Benecke / Karl Lachmann (Hg.), *Iwein. Eine Erzählung von Hartmann von Aue*, Berlin: Reimer, III–X.

Lahusen, Benjamin (2019): *Alles Recht geht vom Volksgeist aus. Friedrich Carl von Savigny und die moderne Rechtswissenschaft*, Weilerswist-Metternich: Dittrich.

Lahusen, Christian / Karin Schittenhelm / Stephanie Schneider (2022): »Lokale Behördenpraxis und die Europäisierung des *street levels*. Modi, Promotoren und Anpassungen in den deutschen und schwedischen Asylbehörden«, in: Christian Lahusen / Karin Schittenhelm / Stephanie Schneider, *Europäische Asylpolitik und lokales Verwaltungshandeln. Zur Behördenpraxis in Deutschland und Schweden*, Bielefeld: transcript, 174–247.

Lämmert, Eberhard (1999): »Zurück zu den Anfängen? Die kulturwissenschaftliche Weite der Germanistik von 1846«, in: Frank Fürbeth / Pierre Krügel / Ernst E. Metzner / Olaf Müller (Hg.), *Zur Geschichte und Problematik der Nationalphilologien in Europa. 150 Jahre Erste Germanistenversammlung in Frankfurt am Main (1846–1996)*, Tübingen: Niemeyer, 7–22.

Lamnek, Siegfried (2005): *Qualitative Sozialforschung. Lehrbuch*, Weinheim: Beltz.

Larenz, Karl (1991): *Methodenlehre der Rechtswissenschaft*, Berlin/Heidelberg: Springer.

Lazard, Violette / Marion Galland (2020): *Vendetta. Les héritiers de la Brise de Mer*, Paris: Plon.

Leanza, Matthias (2010): »Semantik und Diskurs. Die Wissenskonzeptionen Niklas Luhmanns und Michel Foucaults im Vergleich«, in: Robert Feustel / Maximilian Schochow (Hg.), *Zwischen Sprachspiel und Methode: Perspektiven der Diskursanalyse*, Bielefeld: transcript, 119–146.

Lebow, Richard N. (2009): »Counterfactuals, History and Fiction«, in: *Historical Social Research* (2009/34/2), 57–73.

Legendre, Pierre (2012): *Über die Gesellschaft als Text. Grundzüge einer dogmatischen Anthropologie*, Wien/Berlin: Turia + Kant.

Lehmann, David / Batia Siebzehner (2009): »Power, Boundaries, and Institutions: Marriage in Ultra-Orthodox Judaism«, in: *Archives européennes de sociologie* (2009/L/2), 273–308.

Lenclud, Gérard (2012): *En Corse. Une société en mosaïque*, Paris: Éditions de la Maison des sciences de l'homme.

Lenk, Hans (1993): *Interpretationskonstrukte. Zur Kritik der interpretatorischen Vernunft*, Frankfurt am Main: Suhrkamp.

Le Parisien (2019): »[Podcast] Claude Chossat, le repenti 3/5«, in: *YouTube*, 7.8.2019, https://youtu.be/ziIH_tALZ5M (Zugriff: 11.8.2024).

Lieb, Claudia (2022): *Germanistiken: Zur Praxis von Literatur- und Rechtswissenschaft 1630–1900*, Berlin/Heidelberg: J. B. Metzler.

Lieberman, Haim (1958): *Der Rebbe und der Satan*, New York: Marstin Press.

Limbach, Jutta (2001): »Schiller und das Recht«, in: Ulrich Ott (Hg.), *Marbacher Schillerreden*, Marbach/Neckar: Schillergesellschaft.

Link, Jürgen (1983): *Elementare Literatur und generative Diskursanalyse*, München: W. Fink.

Link, Jürgen (1988): »Literaturanalyse als Interdiskursanalyse. Am Beispiel des Ursprungs literarischer Symbolik in der Kollektivsymbolik«, in: Jürgen Fohrmann / Harro Müller (Hg.), *Diskurstheorien und Literaturwissenschaft*. Frankfurt am Main: Suhrkamp, 284–307.

Link, Jürgen / Ursula Link-Heer (1990): »Diskurs, Interdiskurs und Literaturanalyse«, in: *Zeitschrift für Literaturwissenschaft und Linguistik* (1990/77), 88–99.

Littlewood, Roland (2001): »Three Into Two: The Third Sex in Northern Albania«, in: *Anthropology & Medicine* (2001/9/1), 37–50.

Löhr, Kathrin (2022): »Dimensionen der Vergegenständlichung von Recht im Pitaval. Zur Einführung: ›Was ist der Pitaval‹?«, in: Eric Achermann / Andreas

Blödorn / Corinna Norrick-Rühl / Petra Pohlmann (Hg.), *Literatur und Recht: Materialität. Formen und Prozesse gegenseitiger Vergegenständlichung*, Berlin/Heidelberg, J. B. Metzler, 249–256.

Luckmann, Thomas (1980): *Lebenswelt und Gesellschaft. Grundstrukturen und geschichtliche Wandlungen*, Paderborn: F. Schöningh.

Lüdemann, Susanne (2014): »As the Case May Be. Über Fallgeschichten in Literatur und Psychoanalyse«, in: Inka Mülder-Bach / Michael Ott (Hg.), *Was der Fall ist. Casus und Lapsus*, Stuttgart: W. Fink, 115–127.

Lüderssen, Klaus (1991): *Produktive Spiegelungen. Recht und Kriminalität in der Literatur*, Frankfurt am Main: Suhrkamp.

Lüderssen, Klaus (1996): *Genesis und Geltung in der Jurisprudenz*, Frankfurt am Main: Suhrkamp.

Lüderssen, Klaus (1997): »Die Juristen und die schöne Literatur – Stufen der Rezeption«, in: *Neue Juristische Wochenschrift* (1997/50), 1106–1113.

Lüderssen, Klaus (Hg.) (1999): *»Die wahre Liberalität ist Anerkennung«. Goethe und die Jurisprudenz*, Baden-Baden: Nomos.

Lüderssen, Klaus (2007): *Eichendorff und das Recht*, Frankfurt am Main: Insel.

Lüderssen, Klaus (2007): *Produktive Spiegelungen II. Recht im künstlerischen Kontext*, Berlin: Berliner Wissenschaftsverlag.

Lüderssen, Klaus (2014): *Produktive Spiegelungen III. Recht im künstlerischen Kontext*, Berlin/Boston: De Gruyter.

Luhmann, Niklas (1969): *Legitimation durch Verfahren*, Neuwied/Berlin: Luchterhand.

Luhmann, Niklas (1981): *Soziologische Aufklärung 3. Soziales System, Gesellschaft, Organisation*, Opladen: Westdeutscher Verlag.

Luhmann, Niklas (2017): *Die Gesellschaft der Gesellschaft*, Berlin: Suhrkamp.

Lüthke, Albrecht / Ingo Müller (2014): »Ausländerfeindliche Gewalt – das Beispiel Rostock-Lichtenhagen«, in: Albrecht Lüthke / Ingo Müller, *Strafjustiz für Nicht-Juristen. Ein Ratgeber für Schöffen, Pädagogen, Sozialarbeiter und andere Interessierte*, Wiesbaden: Springer, 125–133.

Lütteken, Anett (2004): »Die zwei Renaissancen des Heinrich von Kleist«, in: Anett Lütteken, *Heinrich von Kleist – Eine Dichterrenaissance*, Berlin/Boston: Max Niemeyer, 151–310.

Lyotard, Jean-François (1984): *Le différend*, Paris: Les Éditions de Minuit.

Magris, Claudio (1994): »Who is on the Other Side? Considerations about Frontiers«, in : Christopher Mac Lehose (Hg.), *Frontiers*, London: Harper Collins, 8–25.

Mahlmann, Matthias (2013): »Die wechselseitige Humanisierung von Recht und Literatur«, in: Andreas Kilcher / Matthias Mahlmann / Daniel Müller Nielaba (Hg.), *»Fechtschulen und phantastische Gärten«: Recht und Literatur*, Zürich: vdf Hochschulverlag, 16–19.

Malabat, Valérie (2022): *Droit pénal spécial*, Paris: Dalloz.

Malaurie, Philippe (1997): *Droit et littérature: une anthologie*, Paris: Cujas.

Malcolm, Noel (1998): *Kosovo: A Short History*, New York: New York University Press.

Malmgren, Carl D. (1985): *Fictional Space in the Modernist and Post-modernist American Novel*, London/Toronto: Associated University Press.

Marafioti, Domenico (2002): *Giustizia e letteratura*, Mailand: Spirali.

Marcaggi, Jean-Baptiste (2022): »Fleuve de sang«, in: Gabriel X. Culioli & al. (Hg.), *La Corse et la Vendetta. Anthologie – Le tragique*, Paris: Éditions Vannina, 9–131.

Marchi van Cauwelaert, Vannina (2011): *La Corse génoise. Saint-Georges, vainqueur des ›tyrans‹ (milieu XVe – début XVIe siècle)*, Paris: Classiques Garnier.

Markman, Keith D. / Igor Gavanski / Stephen J. Sherman / Matthew McMullen (1993): »The Mental Simulation of Better and Worse Possible Worlds«, in: *Journal of Experimental Social Psychology* (1993/29), 87–109.

Martínez, Matías / Michael Scheffel (2019): *Einführung in die Erzähltheorie*, München: C. H. Beck.

Martucci, Donato (2014): »Donne che diventano uomini? Le vergini giurate nella cultura tradizionale albanese«, in: *Anuac* (2014/III/2), 35–60.

Marx, Werner (1987): *Die Phänomenologie Edmund Husserls*, München: W. Fink.

Mas, Marion / Myriam Roman (2023): »Écrire le droit: un enjeu pour les études dix-neuvièmistes«, in: *Romantisme* (2023/199/1), 5–15.

Mas, Marion (2023): »L'interprétation en question dans *La vengeance m'appartient* de Marie NDiaye et *La Décision* de Karine Tuil«, in: *Revue critique de fixxion française contemporaine* (2023/26), 1–10.

Mascioli, Paola, «Burrneshe, le vergini giurate d'Albania – i centenari di Sardegna», in: *Timonieri*, 1.9.2017, https://www.youtube.com/watch?v=rC6o2fAyWyc&ab_channel=TIMONIERI (Zugriff 4.8.2024).

Masson, Jean-Pol (2022): *Le droit dans la littérature française*, Brüssel: Larcier.

Mastrominico, Giuseppe (2017): *Diritto e letteratura. Dissapori medievali e moderni*, Neapel: Editoriale Scientifica.

Mauz, Andreas (2021): »Doing Interpretation. Einleitende Hinweise zur praxeologischen Hermeneutik«, in: Johannes Corrodi Katzenstein / Andreas Mauz / Christiane Tietz (Hg.), *Doing Interpretation. Perspektiven praxeologischer Hermeneutik*, Bd. 2, Paderborn: Brill Schöningh, 1–22.

Mayaud, Yves (2020): *Prévention du terrorisme*, Paris: Dalloz.

Mayaud, Yves (2020): *Terrorisme – Infractions, poursuites pénales et indemnisation*, Paris: Dalloz.

Mazzon, Barbara (2018): *Le Vergini Giurate: donne libere di costringersi e costrette a liberarsi in Albania*, Mailand/Udine: Mimesis.

McLean, Tui (2022): »The last of Albania's ›sworn virgins‹«, in: *BBC*, 10.12.2022, https://bbc.com/news/world-europe-63904744 (Zugriff: 21.7.2024).

Mead, George H. (2015): *Mind, Self, and Society. The Definitive Edition*, Chicago/London: University of Chicago Press.

Meccarelli, Massimo (2020): »Diritto e letteratura tra storia e memoria. Prime riflessioni a partire da due romanzi sulla transizione«, in: *LawArt. Rivista di Diritto, Arte, Storia – Journal of Law, Art and History* (2020/1), 207–234.

Meier, Rolf (1994): *Dialog zwischen Jurisprudenz und Literatur. Richterliche*

Unabhängigkeit und Rechtsabbildung in E.T.A. Hoffmanns ›Das Fräulein von Scuderi‹, Baden-Baden: Nomos.

Meisels, Dovid (2011): *The Rebbe – The Extraordinary Life & Worldview of Rabbeinu Yoel Teitelbaum, the Satmar Rebbe*, Lakewood/NJ: Israel Bookshop Publications.

Mercier, Pascal (2020): *Das Gewicht der Worte*, München: Hanser.

Metscher, Thomas (2004): *Mimesis*, Bd. 10, Bielefeld: transcript 2004.

Mihman, Alexis (2005): »Exemption et réduction de peine pour les repentis: apports de la loi du 9 mars 2004, dite loi ›Perben‹«, in: *Droit pénal*, Étude Nr. 1, § 2, 6–11.

Minsky, Marvin (1992): »Eine Rahmenstruktur für die Wissensrepräsentation«, in: Dieter Münch (Hg.), *Kognitionswissenschaft. Grundlagen, Probleme, Perspektiven*, Frankfurt am Main: Suhrkamp 1992, 92–134.

Mittelstraß, Jürgen (1989): *Der Flug der Eule. Von der Vernunft der Wissenschaft und der Aufgabe der Philosophie*, Frankfurt am Main: Suhrkamp.

Mittelstraß, Jürgen (2005): »Methodische Transdisziplinarität«, in: *TATup* (2005/14/2), 18–23.

Mittelstraß, Jürgen (2012): »Transdisziplinarität oder: von der schwachen zur starken Interdisziplinarität«, in: *GEGENWORTE. Hefte für den Disput über Wissen* (2012/28), 10–13.

Mittelstraß, Jürgen (2018): »Forschung und Gesellschaft. Von theoretischer und praktischer Transdisziplinarität (Reaktion auf W. Krohn & al. in *GAIA* 26/4 (2017)«, in: *GAIA* (2018/27/2), 201–204.

Mittica, Maria P. (2006): *Raccontando il possibile. Eschilo e le narrazioni giuridiche*, Mailand: Giuffrè.

Moix, Yann (2019): *Orléans*, Paris: Grasset.

Mölk, Ulrich (Hg.) (1996): *Literatur und Recht. Literarische Rechtsfälle von der Antike bis in die Gegenwart*, Göttingen: Wallstein.

Möllers, Thomas M. J. (2023): *Juristische Methodenlehre*, München: C. H. Beck.

Moosmüller, Lorenz B. M. (2017): *»Ich triumphiere mit den Mitteln der Literatur«. Abbas Khiders Subversion und ironische Distanznahme als Erzählverfahren und Positionierungsstrategien im Kontext der sogenannten Migrationsliteratur*, Masterarbeit, Universität Wien.

Morris, Charles (1981): *Zeichen, Sprache und Verhalten*, Frankfurt am Main: Suhrkamp.

Mucchielli, Julien (2019): »Procès du ›repenti‹ corse Claude Chossat: ›Ses déclarations sont extraordinaires, il s'auto-incrimine‹«, in: *Dalloz Actualité*, 29.10.2019.

Mucchielli, Julien (2019): »Procès du ›repenti‹ corse Claude Chossat: ›C'était le premier à parler‹«, in: *Dalloz Actualité*, 5.11.2019.

Mucchielli, Julien (2019): »Procès du ›repenti‹ corse Claude Chossat: ›Je vous invite à ne pas adhérer au discours victimaire de Claude Chossat‹«, in: *Dalloz Actualité*, 8.11.2019.

Müller, Friedrich / Ralph Christensen / Michael Sokolowski (1997): *Rechtstext und Textarbeit*, Berlin: Duncker & Humblot.

Müller, Georg (1912): *Das Recht in Goethes Faust, juristische Streifzüge durch das Land der Dichtung*, Berlin: Heymann.

Müller-Dietz, Heinz (1990): *Grenzüberschreitungen. Beiträge zur Beziehung zwischen Literatur und Recht*, Baden-Baden: Nomos.

Müller-Dietz, Heinz (2009): »Jenseits von Bologna – Jurisprudentia literarisch – von Woyzeck bis Weimar, von Hoffmann bis Luhmann«, in: *Zeitschrift der Savigny-Stiftung für Rechtsgeschichte: Germanistische Abteilung* (2009/126/1), 360–364.

Müller-Dietz, Heinz (2010): *Recht und Kriminalität in literarischen Spiegelungen*, Berlin: BWV.

Müller-Dietz, Heinz (2011): »Blutrache in literarischer Sicht – am Beispiel des Romans ›Der zerrissene April‹ von Ismail Kadare«, in: *Goltdammer's Archiv für Strafrecht* (2011/158/1), 34–54.

Müller-Dietz, Heinz (2016): »Literarische Verarbeitung von Recht in Gegenwartsromanen«, in: Patrick Meier / Franziska Stürmer (Hg.), *Recht Populär. Populärkulturelle Rechtsdarstellungen in aktuellen Texten und Medien*, Baden-Baden: Nomos, 37–59.

Müller-Seidel, Walter (1983): »Justizkritik im Werk Heinrich Manns. Zu einem Thema der Weimarer Republik«, in: Helmut Koopmann / Peter-Paul Schneider (Hg.), *Heinrich Mann. Sein Werk in der Weimarer Republik. Zweites internationales Symposion Lübeck 1981*, Frankfurt am Main: Vittorio Klostermann, 103–127.

Müller-Seidel, Walter (1983): »*Vor Gericht*. Balladendichtung und Justizkritik. Zu einem wenig bekannten Gedicht Goethes«, in: Karl Richter (Hg.), *Gedichte und Interpretationen*, Bd. 2: *Aufklärung und Sturm und Drang*, Stuttgart: Reclam, 436–450.

Müller-Seidel, Walter (1985): »Todesarten und Todesstrafen. Eine Betrachtung über Heinrich von Kleist«, in: Hans-Joachim Kreutzer (Hg.), *Kleist Jahrbuch 1985*, Berlin: Erich Schmidt, 7–38.

Müller-Seidel, Walter (1986): *Die Deportation des Menschen. Kafkas Erzählung ›In der Strafkolonie‹ im europäischen Kontext*, Stuttgart: J. B. Metzler.

Müller-Seidel, Walter (1996): »Alfred Döblin. *Die beiden Freundinnen und ihr Giftmord*. Psychiatrie, Strafrecht und moderne Literatur«, in: Ulrich Mölk (Hg.), *Literatur und Recht. Literarische Rechtsfälle von der Antike bis in die Gegenwart*, Göttingen: Wallenstein, 356–369.

Müller-Seidel, Walter (2017): *Rechtsdenken im literarischen Text. Deutsche Literatur von der Weimarer Klassik zur Weimarer Republik*, Berlin/Boston: De Gruyter.

Navratil, Michael (2021): *Kontrafaktik der Gegenwart*, Berlin: De Gruyter.

Negri, Marco / Marianna Di Piazza / Roberto Di Matteo (2019): »Solo il sangue lava il sangue, il codice d'onore albanese«, in: *Insideover*, 1.2.2019, https://it.insideover.com/reportage/donne/albania-sospesa/68033-2.html (Zugriff: 14.7.2024).

Negri, Marco / Marianna Di Piazza / Roberto Di Matteo (2019): »›Diresti mai che sono donna?‹ Lali, l'ultima vergine giurata«, in: *Insideover*, 2.2.2019, https://it.insideover.com/reportage/societa/albania-sospesa/68038-2.html (Zugriff: 14.7.2024).

Neumann, Ulfrid (2021): »Juristische Argumentationstheorie«, in: Eric Hilgendorf / Jan. C. Joerden (Hg.), *Handbuch Rechtsphilosophie*, Berlin: J. B. Metzler, 244–249.

Nicolosi, Riccardo (2013): »Kontrafaktische Überbevölkerungsphantasien. Gedankenexperimente zwischen Wissenschaft und Literatur am Beispiel von Thomas Malthus' *An Essay on the Principle of Population* (1798) und Vladimir Odoevskijs *Poslednee samoubijstvo* (Der letzte Selbstmord, 1844)«, in: *Scientia Poetica* (2013/17/1), 50–75.

Nilges, Yvonne (Hg.) (2014): *Dichterjuristen. Studien zur Poesie des Rechts vom 16. bis 21. Jahrhundert*, Würzburg: Königshausen & Neumann.

Nilges, Yvonne (Hg.) (2014): *Recht und Juristen im Spiegel von Literatur und Kunst. Tagung im Nordkolleg Rendsburg vom 6. bis 8. September*, Münster: LIT.

Nilges, Yvonne (2014): »Einleitung«, in: Yvonne Nilges (Hg.), *Dichterjuristen. Studien zur Poesie des Rechts vom 16. bis 21. Jahrhundert*, Würzburg: Königshausen & Neumann, 9–11.

Noor, Ashraf (2024): »Translator's Introduction«, in: Stéphane Mosès, *Displacements. Selected Essays on German-Jewish Literature and Modernity*, hrsg. u. übers. v. Ashraf Noor, Berlin/Boston: De Gruyter, XI–LVI.

Nossack, Hans Erich (1968): *Das Verhältnis der Literatur zu Recht und Gerechtigkeit*, Wiesbaden: Steiner.

Nünning, Ansgar (1995): *Von historischer Fiktion zu historiographischer Metafiktion*, Bd. 1: *Theorie, Typologie und Poetik des historischen Romans*, Trier: Wissenschaftlicher Verlag Trier.

Nussbaum, Martha C. (1995): *Poetic Justice. The Literary Imagination and Public Life*, Boston: Beacon Press.

Olson, Greta (2010): »De-Americanizing Law and Literature Narratives: Opening Up the Story«, in: *Law & Literature* (2010/22/2), 338–364.

Olson, Greta (2015): »Futures of Law and Literature: A Preliminary Overview from a Culturalist Perspective«, in: Christian Hiebaum / Susanne Knaller / Doris Pichler (Hg.), *Recht und Literatur im Zwischenraum / Law and Literature In-Between. Aktuelle inter- und transdisziplinäre Zugänge / Contemporary Inter- and Transdisciplinary Approaches*, Bielefeld: transcript, 37–69.

Ost, François / Laurent Van Eynde (2001): »Le droit au miroir de la littérature«, in: François Ost / Laurent Van Eynde / Philippe Gérard & al. (Hg.), *Lettres et lois. Le droit au miroir de la littérature*, Brüssel: Presses universitaires Saint-Louis Bruxelles, 7–10.

Ost, François (2004): *Raconter la loi. Aux sources de l'imaginaire juridique*, Paris: Odile Jacob.

Ost, François (2014): »Penser par cas: la littérature comme laboratoire expérimental de la démarche juridique«, in: *Revue interdisciplinaire d'études juridiques* (2014/2), 99–131.

Ost, François (2021): *Nouveaux contes juridiques*, Paris: Dalloz.

Oster, Angela / Jan-Henrik Witthaus (Hg.) (2021): *Pandemie und Literatur*, Wien/Berlin: Mandelbaum.

Papaux, Alain (2003): *Essai philosophique sur la qualification juridique: de la subsomption à l'abduction. L'exemple du droit international privé*, Brüssel/Paris: Bruylant/L.G.D.J./Schulthess.

Parr, Rolf (2015): »Autorität und Geltung zwischen Spezial- und Interdiskursen«, in: Safia Azzouni / Stefan Böschen / Carsten Reinhardt (Hg.), *Erzählung und Geltung. Wissenschaft zwischen Autorschaft und Autorität*, Weilerswist: Velbrück Wissenschaft, 289–302.

Parr, Rolf (2020): »Diskurs«, in: Clemens Kammler / Rolf Parr / Ulrich J. Schneider (Hg.), *Foucault Handbuch. Leben – Werk – Wirkung*, Berlin: J. B. Metzler, 274–277.

Parr, Rolf (2020): »Interdiskurstheorie / Interdiskursanalyse«, in: Clemens Kammler / Rolf Parr / Ulrich J. Schneider (Hg.), *Foucault Handbuch. Leben – Werk – Wirkung*, Berlin: J. B. Metzler, 234–237.

Parsi, Caroline (2013): »Le crime d'honneur en Corse (deuxième moitié du XIXe siècle)«, in: *Hypothèses* (2013/16/1), 247–261.

Pascal, Blaise (o. J.): »Les pensées de Pascal«, Dossier de travail 31 (Laf. 413–Sel.32), *Recueil des originaux*, S. 487-5, http://www.penseesdepascal.fr/RO-extraits/RO487-5.pdf (Zugriff: 5.3.2024).

Pelazza, Luigi (2015): »Vergini Giurate fino alla morte«, in: *Le Iene*, 7.5.2015, https://www.iene.mediaset.it/video/pelazza-vergini-giurate-fino-alla-morte_68840.shtml (Zugriff: 4.8.2024.)

Pellegrini, Franca (2013): »Traslazioni narrative: strategie di mediazione in *Vergine giurata* di Elvira Dones e *Rosso come una sposa* di Anilda Ibrahimi«, in: Emma Bond / Daniele Comberiati (Hg.), *Il confine liquido. Rapporti letterari e interculturali fra Italia e Albania*, Nardò: Besa Muci, 149–166.

Pelletier, Eric (2019): »Claude Chossat, le repenti de la mafia corse à visage découvert«, in: *Le Parisien*, 27.10.2019, https://youtu.be/OVGTC4TBiOY?si=YjPjmtb3Jvyj2RlC (Zugriff: 11.8.2024).

Pergola, Philippe (1979): »Une pieve rurale corse: Santa Mariona di taleini. Problèmes d'archéologie et de topographie médiévales insulaires«, in: *Mélanges de l'école française de Rome* (1979/91/1), 89–111.

Pergolesi, Ferruccio (1956): *Diritto e giustizia nella letteratura moderna narrativa e teatrale*, Mailand: Zuffi.

Peter, Tobias (2014): »Politisierte Systeme – Grenzen der Politik und Entgrenzung des Politischen bei Niklas Luhmann«, in: Renate Martinsen (Hg.), *Spurensuche: Konstruktivistische Theorien der Politik*, Wiesbaden: Springer, 45–61.

Petersen, Jürgen (1994): *Erzählsysteme. Eine Poetik epischer Texte*, Stuttgart: J. B. Metzler.

Pfeiffer, Oskar / Ernst Strouhal / Ruth Wodak (1987): *Recht auf Sprache. Verstehen und Verständlichkeit von Gesetzen*, Wien: Orac.

Pichler, Doris (2015): »Law and Literature: Some Reflections upon the Nature of its Interdisciplinarity«, in: Christian Hiebaum / Susanne Knaller

/ Doris Pichler (Hg.), *Recht und Literatur im Zwischenraum / Law and Literature In-Between. Aktuelle inter- und transdisziplinäre Zugänge / Contemporary Inter- and Transdisciplinary Approaches*, Bielefeld: transcript, 15–33.

Piciché, Bernardo (2019): »Diritto e letteratura a dialogo nella tradizione italiana: Introduzione al volume«, in: *Forum Italicum* (2019/53/2), 201–231.

Pieroth, Bodo (2015): *Recht und Literatur. Von Friedrich Schiller bis Martin Walser*, München: C. H. Beck.

Pieroth, Bodo (2018): *Deutsche Schriftsteller als angehende Juristen*, Berlin: De Gruyter.

Pieroth, Bodo (2019): *Recht und britische Literatur. Von William Shakespeare bis George Orwell*, München: C. H. Beck.

Pieroth, Bodo (2021): *Recht und französische Literatur. Von Jean de la Fontaine bis Albert Camus*, München: C. H. Beck.

Pinsker, Sanford (1975): »The Idea of Community«, in: *Social Research* (1975/42/2), 230–246.

Pitaval, François Gayot de (2019): *Causes celèbres et intéressantes, avec les jugements qui les ont décidées*, Paris: Hachette.

Ploquin, Frédéric (2010): »Parrains et caïds. L'inépuisable vivier français«, in: *Pouvoirs* (2010/132/1), 91–102.

Pompei, Paoli (1821): *État actuel de la Corse. Caractère et mœurs de ses habitants*, Paris: Kieffer/Moreau.

Pomponi, Francis (1978): »À la recherche d'un invariant historique: la structure clanique dans la société corse«, in: Max Caisson / Antoine Casanova / François-Josep Cast & al. (Hg.), *Piève et paesi. Communautés rurales corses*, Paris: CNRS Éditions, 7–30.

Poncela, Pierrette (2016): »Les naufragés du droit pénal«, in: *Archives de politique criminelle* (2016/1/38), 7–26.

Posner, Richard (1988): *Law and Literature*, Cambridge (Mass.) / London: Harvard University Press.

Pozo Sánchez, Begoña (2022): »Vergine giurata: la novela de Elvira Dones donde confluyen género y migración«, in: Daniele Cerrato (Hg.), *Nuevos itinerarios e investigaciones en la literatura y cultura italiana*, Madrid: Dykinson, 151–159.

Preisinger, Alexander / Pascale Delormas / Jan Standke (2014): »Diskursforschung in der Literaturwissenschaft«, in: Johannes Angermüller & al. (Hg.), *Diskursforschung. Ein interdisziplinäres Handbuch* Bd. 1: *Theorien, Methodologien und Kontroversen*, Bielefeld: transcript, 130–139.

Prisco, Salvatore (2001): »Diritto, letteratura, discipline umanistiche. Teorie, metodi, casi. Un programma culturale e un progetto di ricerca per il Dipartimento di Giurisprudenza«, in: Stefania Torre (Hg.), *Il diritto incontra la letteratura,* Neapel: *Edizioni Scientifiche Italiane*, 5–8.

Pritchett Post, Susan E. (1998): *Women in Modern Albania: Firsthand Accounts of Culture and Condititions from Over 200 Interviews*, London: McFarland.-

Prosperis, Eva de (2017): *Io sono una burnesha. Viaggio nell'Albania delle vergini giurate*, Catania: Villaggio Maori Edizioni.

Puchta, Georg F. (1828): *Das Gewohnheitsrecht* 1. Teil, Erlangen: Palm'sche Verlagsbuchhandlung.

Qerimi, Islam (2014): *Gewohnheitsrecht in Albanien: Rolle und Herkunft des Kanun bei den Albanern*, Hamburg: Bachelor + Master Publishing.

Qerimi, Islam / Ahmet Maloku / Elda Maloku (2022): »Customary Law and Regulation: Authenticity and Influence«, in: *Journal of Governance & Regulation* (2022/11/4), 289–299.

Quabeck, Franziska (2021): *The Lawyer in Dickens*, Berlin/Boston: De Gruyter.

Rabinovici, Doron (2013): »Sprache und Schuld«, in: Andreas B. Kilcher / Matthias Mahlmann / Daniel Müller Nielaba (Hg.*), »Fechtschulen«, und phantastische Gärten«: Recht und Literatur*, Zürich: vdf Hochschulverlag, 2013, 37–55.

Radbruch, Gustav (1920): »Wilhelm Meisters sozialpolitische Sendung. Eine rechtsphilosophische Studie«, in: *Logos. Internationale Zeitschrift für Philosophie und Kultur* (1920/8), 152–162.

Radbruch, Gustav (1925): *Wissenschaft und Bildung: Einzeldarstellungen aus allen Gebieten des Wissens*, Leipzig: Quelle & Meyer.

Raggio, Osvaldo (1990): »Etnografia e storia politica. La faida e il caso della Corsica«, in: *Quaderni storici (nuova serie)* (1990/25/75/3), 937–954.

Raiser, Thomas (2007): *Grundlagen der Rechtssoziologie*, Tübingen: UTB.

Rapper, Gilles de (2000): »Entre masculin et féminin. La vierge jurée, l'héritière et le gendre de la maison«, in: *L'Homme* (2000/154–155), 457–466.

Ravis-Giordani, Georges (2005): »L'alta pulitica et la bassa pulitica: valeurs et comportements politiques dans les communautés villageoises corses (XIXᵉ-XXᵉ siècles)«, in: Antoine Casanova / Georges Ravis-Giordani / Ange Rovere (Hg.), *La chaîne et la trame. Ethnologie et Histoire de la Corse*, Ajaccio: Albiana, 317–337.

Réalier-Dumas, Jean-François Ignace (1819): *Mémoire sur la Corse*, Paris: Planchet.

Rebuffa, Giorgio (1992): »Il trionfo del codice civile nella testimonianza di Honoré de Balzac«, in: *Materiali per una storia della cultura giuridica* (1992/XXII/1), 65–88.

Rehbinder, Manfred (2014): *Rechtssoziologie. Ein Studienbuch*, München: C. H. Beck.

Reinalter, Helmut (1993): »Einleitung«, in: Helmut Reinalter (Hg.), *Vernetztes Denken – Gemeinsames Handeln. Interdisziplinarität in Theorie und Praxis*, Thaur/Wien/München: Kulturverlag, 9–13.

Reinalter, Helmut / Peter Brenner (Hg.) (2011): *Lexikon der Geisteswissenschaften: Sachbegriffe – Disziplinen – Personen*, Wien: Böhlau.

Reinhardt-Becker, Elke (2020): »Niklas Luhmann«, in: Clemens Kammler / Rolf Parr / Ulrich J. Schneider (Hg.), *Foucault Handbuch. Leben – Werk – Wirkung*, 2. akt. u. erw. Aufl. Berlin: J. B. Metzler, 246–250.

Reinkowski, Maurus (2005): »Gewohnheitsrecht im multinationalen Staat: Die Osmanen und der albanische Kanun«, in: Michael Kemper / Maurus Reinkowski (Hg.), *Rechtspluralismus in der Islamischen Welt:*

Gewohnheitsrecht zwischen Staat und Gesellschaft, Berlin/New York: De Gruyter, 121–142.

Ricœur, Paul / Eberhard Jüngel (1974): *Metapher. Zur Hermeneutik religiöser Sprache*, München: Chr. Kaiser.

Ricœur, Paul (1986): *Du texte à l'action. Essais d'herméneutique II*, Paris: Seuil.

Ritter, Hermann (1999): »Kontrafaktische Geschichte. Unterhaltung versus Erkenntnis«, in: Michael Salewski (Hg.), *Was Wäre Wenn. Alternativ- und Parallelgeschichte: Brücken zwischen Phantasie und Wirklichkeit*, Stuttgart: Franz Steiner, 13–42.

Robert-Diard, Pascale (2022): *La petite menteuse*, Paris: Éditions L'Iconoclaste.

Robiquet, François-Guillaume (1835): *Recherches historiques et statistiques sur la Corse*, Chez Duchesne : Paris/Rennes.

Rodiek, Christoph (1993): »Prolegomena zu einer Poetik des Kontrafaktischen«, in: *Poetica* (1993/25), 262–281.

Rodiek, Christoph (1997): *Erfundene Vergangenheit. Kontrafaktische Geschichtsdarstellung (Uchronie) in der Literatur*, Frankfurt am Main: Vittorio Klostermann.

Röhl, Klaus F. (1987): *Rechtssoziologie. Ein Lehrbuch*, Köln/Berlin/Bonn/München: Heymann.

Röhl, Klaus F. (2020): »Literaturwissenschaft und Rechtstheorie», in: Athanasios Gromitsaris / Rainer Schröder / Martin Schulte (Hg.), *Rechtstheorie*, Bd. 51 (Heft 4), Berlin: Duncker & Humblot, 413–432.

Roig, Emilia (2021): *Why We Matter. Das Ende der Unterdrückung*, Berlin: Aufbau.

Rolle, Chelsea (2024): »Décider ne va pas sans responsabilité«, in: *Le Regard Libre* (2024/3), 42–43.

Roman, Myriam (2023): *Le droit du Poète: la justice dans l'œuvre de Victor Hugo*, Saint-Étienne: Presses Universitaires de Saint-Étienne.

Romano-Martín, Yolanda (2011): »Vergine giurata de Elvira Dones: el tercer sexo en Albania«, in: *Revista internacional de culturas y literaturas* (2011/11), 199–212.

Romeo, Caterina (2019): »Attraversamenti di confini e pratiche di scrittura nella narrativa di Elvira Dones«, in: *OBLIO* (2019/IX/36), 79–86.

Romeo, Caterina (2023): *Interrupted Narratives and Intersectional Representations in Italian Postcolonial Literature*, Cham: Palgrave Macmillan.

Romeo, Caterina / O'Healy, Áine (2022): »Narrating the Transnational Trajectories and Transgender Performances of the Sworn Virgin«, in: *The Italianist* (2022/42/2), 1–21.

Rosenkranz, Michael (2013): »Schemini Atzereth – Fest des achten Tages und der Torah-Freude«, *Talmud.de*, 29.11.2013, https://www.talmud.de/tlmd/schemini-atzereth-fest-des-achten-tages-und-der-torah-freude (Zugriff: 7.6.2024)

Rosenkranz, Michael (2013): »Pidyon ha Bechor – Die Auslösung des Erstgeborenen«, *Talmud.de*, 5.12.2013, https://www.talmud.de/tlmd/pidyon-ha-bechor-die-ausloesung-des-erstgeborenen/ (Zugriff 16.6.2025).

Rosenkranz, Michael (2013): »Schawuot – Fest der Torahgebung«, *Talmud.de*, 29.11.2013, https://www.talmud.de/tlmd/schawuot-fest-der-torahgebung (Zugriff: 10.6.2024).

Rossi, Giovanni (1900): *Corses d'après l'histoire, la légende et la poésie*, Poitiers: Marche & Levrier.

Rossi, Giovanni / Daniele Velo Dalbrenta / Cecilia Pedrazza Gorlero (Hg.) (2023): *L'arte di giudicare. Percorsi ed esperienze tra letteratura, arti e diritto*, Neapel. Edizioni Scientifiche Italiane.

Roxin, Claus (1997): *Karl May, das Strafrecht und die Literatur*, Tübingen: Klöpfer & Meyer.

Rubin, Israel (1997): *Satmar. Two Generations of an Urban Island*, New York: Peter Lang.

Rusch, Kristine K. (2012): »Alternate History: Worlds of What if«, in: Keith Brooke (Hg.), *Strange Divisions and Alien Territories. The Sub-Genres of Science Fiction*, Chippenham/Eastbourne: Red Globe Press, 83–96.

Sadiku, Mark (1943): »Il Kanun di Lekë Dukagjini secondo la versione di Mark Sadiku, primo della Djelmnija di Shala, ripresa sotto dettatura il 20 febraio 1940 da P. Bern. Palaj O. F. M.«, in: *Studime e Tekste* (Serie giuridica 1), Rom: Instituti i Studimevet Shqiptare, 271–279.

Sagan, Adam (2022): *Rückwirkende Rechtsprechungsänderung. Eine methodologische und dogmatische Studie zur zeitlichen Dimension höchstrichterlicher Rechtsprechungsänderungen im Privatrecht*, Baden-Baden: Nomos.

Saint-Gelais, Richard (2011): »How To Do Things With Worlds: From Counterfactuality to Counterfictionality«, in: Dorothee Birke / Michael Butter / Timann Köppe (Hg.), *Counterfactual Thinking – Counterfactual Writing*, Berlin/Boston: De Gruyter, 240–251.

Salas, Denis (2013): *Kafka: Le combat avec la Loi*, Paris: Michalon.

Salvi, Ellen (2019): »Le ›repenti‹ corse retourne en prison«, *Mediapart*, 9.11.2019, https://www.mediapart.fr/journal/france/091119/le-repenti-corse-retourne-en-prison (Zugriff: 20.8.2024).

Sansa, Anna (2023): *Carlo Goldoni »Avocat vénitien«. Droit et théatre à Venise au XVIIIe siècle*, Paris: Presse Universitaire Paris-Sorbonne.

Sansone, Arianna (2001): *Diritto e letteratura. Un'introduzione generale*, Mailand: Giuffré.

Sansone, Arianna / Paola Mittica (2008): »Diritto e letteratura. Storia di una tradizione e stato dell'arte«, in: *Italian Society for Law and Literature* (2008/1), 1–9, https://amsacta.unibo.it/id/eprint/5552/1/ISLL_Papers_Vol_1_2008.pdf (Zugriff: 10.2.2024).

Saracino, Daniele (2019): *Solidarität in der Asylpolitik der Europäischen Union*, Wiesbaden: Springer.

Savigny, Friedrich C. von (1840): *System des heutigen Römischen Rechts*, Bd. 1, Berlin: Veit und Comp.

Savigny, Friedrich C. von (1951): *Juristische Methodenlehre. Nach der Ausarbeitung des Jakob Grimm*, hrsg. v. Gerhard Wesenberg, Stuttgart: K. F. Koehler.

Savigny, Friedrich C. von (2004): *Vorlesungen über juristische Methodologie 1802–1842*, Bd. 2, Frankfurt am Main: Vittorio Klostermann.

Schäfer, Frank L. / Monika Fludernik (Hg.) (2022): *Erzählen und Recht. Narrative and Law*, Baden-Baden: Ergon.

Schiesser, Giaco (2007): »Autorschaft nach dem Tod des Autors. Barthes und Foucault revisited«, in: Corina Caduff / Tan Wälchli (Hg.), *Autorschaft in den Künsten: Konzepte – Praktiken – Medien. Zürcher Jahrbuch der Künste*, Zürich: Museum für Gestaltung, 20–33.

Schirnding, Albert von (1990): *Recht und Richter im Spiegel der Literatur*, München: Boorberg.

Schleiermacher, Friedrich (1974): *Hermeneutik*, Heidelberg: Winter.

Schleiermacher, Friedrich (1977): *Hermeneutik und Kritik*, hrsg. v. Manfred Frank, Frankfurt am Main: Suhrkamp.

Schleiermacher, Friedrich (2011): *Hermeneutik und Kritik*, hrsg. v. Manfred Frank, Frankfurt am Main: Suhrkamp.

Schlink, Bernhard (2013): »Das Bilderbuch des Rechts«, in: Richard Weisberg, *Rechtsgeschichten. Über Gerechtigkeit in der Literatur. Mit einem Nachwort von Bernhard Schlink*, Berlin: Suhrkamp, 275–289.

Schmidhäuser, Eberhard (1996): *Verbrechen und Strafe: Ein Streifzug durch die Weltliteratur von Sophokles bis Dürrenmatt*. München: C.H. Beck Verlag.

Schmidt, Siegfried J. (1973): *Texttheorie*, München: W. Fink.

Schmidt-Neke, Michael (2014): »Der Kanun der albanischen Berge: Hintergrund der nordalbanischen Lebensweise«, in: Robert Elsie (Hg.), *Der Kanun. Das albanische Gewohnheitsrecht nach dem sogenannten Kanun des Lekë Dukagjini*, Berlin: Osteuropa Zentrum, XIII–XLIII.

Schneck, Peter (2011): *Rhetoric and Evidence: Legal Conflict and Literary Representation in U.S. American Culture*, Berlin/Boston: De Gruyter.

Schneider, Peter (1987): *»... ein einzig Volk von Brüdern«. Recht und Staat in der Literatur*, Frankfurt am Main: Athenäum.

Schneller, Raphael (1980): »Continuity and Change in Ultraorthodox Education«, in: *Jewish Journal of Sociology* (1980/22), 35–45.

Scholz, Oliver R. (2015): »Art. Hermeneutics«, in: James D. Wright (Hg.), *The International Encyclopedia of Social and Behavioral Sciences* Bd. 10, Oxford: Elsevier, 778–784.

Scholz, Oliver R. (2024): »Die Idee einer Hermeneutica generalis und die vielen Bereichshermeneutiken. Plädoyer für eine vergleichende Hermeneutik«, in: Gideon Stiening (Hg.), *Rechtsnorm und ästhetische Reflexion. Studien zum Verhältnis zwischen den Hermeneutiken des Rechts und der Literatur*, Berlin: J. B. Metzler, 13–29.

Schramm, Edward (2007): »Law and Literature«, in: *Juristische Arbeitsblätter*, 581–585.

Schuchardt, Konstantin (2016): »Rot«, in: *Jüdische Allgemeine*, 10.5.2016, https://www.juedische-allgemeine.de/glossar/rot/#:~:text=Rot%20ist%20die%20Farbe%20oder,%C2%BBDam%C2%AB%20(Blut) (Zugriff: 10.6.2024).

Schulte, Joachim (2022): »Sprachspiel«, in: Anja Weiberg / Stefan Majetschak (Hg.), *Wittgenstein-Handbuch. Leben – Werk – Wirkung*. Berlin/Heidelberg, J. B. Metzler, 387–392.

Schultz, E. (1907): »Albanisches Mannweibertum«, in: *Die Woche. Moderne Illustrierte Zeitschrift* (1907/9/40), 1758–1763.

Schulze, Holger (2020): *Ubiquitäre Literatur. Eine Partikelpoetik*, Berlin: Matthes & Seitz.

Schütz, Erhard (2013): »Kontrafaktische Geschichtsschreibung zum NS in Romanen nach 1945«, in: Ina U. Paul / Richard Faber (Hg.), *Der historische Roman zwischen Kunst, Ideologie und Wissenschaft*, Würzburg: Königshausen & Neumann, 467–485.

Schwandner-Sievers, Stephanie (1996): »Zur Logik der Blutrache in Nordalbanien: Ehre, Symbolik und Gewaltlegitimation«, in: *Sociologus* (1996/46/2), 109–129.

Schwarz, Claudia (2009): »Sentenced to ›Storification‹. A Trial on Legal Narratives«, in: Gudrun M. Grabher / Anna Gamper (Hg.), *Legal Narratives. European Perspectives on U.S. Law in Cultural Contact*, Wien: Springer, 213–238.

Searle, John (1975): »The Logical Status of Fictional Discourse«, in: *The New Literary History* (1975/6/2), 319–332.

Ségur, Philippe (2017) : »Droit et littérature. Éléments pour la recherche«, in: *Revue Droit & Littérature* (2017/1), 109–123.

Shakespeare, William (2004): »Hamlet«, in: William Shakespeare, *The Complete Works of William Shakespeare*, hrsg. v. David Bevington, New York: Pearson Longman, 1091–1149.

Shryock, Andrew (1988): »Autonomy, Entanglement, and the Feud: Prestige Structures and Gender Values in Highland Albania«, in: *Anthropological Quarterly* (1988/61/3), 113–118.

Sichler, Ralph (2020): »Hermeneutik«, in: Günter Mey / Katja Mruck (Hg.), *Handbuch Qualitative Forschung in der Psychologie*, Bd. 1: *Ansätze und Anwendungsfelder*, Wiesbaden: Springer, 126–143.

Sidney, Philip (1971): *A Defence of Poetry*, hrsg. v. Jan A. Dorsten, Oxford: Oxford University Press.

Sill, Oliver (2001): *Literatur in der funktional differenzierten Gesellschaft. Systemtheoretische Perspektiven auf ein komplexes Phänomen*, Wiesbaden: Springer.

Simon, Stéphane / Alexis Kebbas (2023): *Les derniers jours de Samuel Paty*, Paris: Plon.

Sneis, Jørgen (2015): »Rekonstruktion als Interpretation. Überlegungen zu Roman Ingardens Versuch einer erkenntnistheoretischen Grundlegung der Literaturwissenschaft«, in: Andrea Albrecht / Lutz Danneberg / Olav Krämer / Carlos Spoerhase (Hg.), *Theorien, Methoden und Praktiken des Interpretierens*, Berlin/München/Boston: De Gruyter, 459–479.

Sorel, Jean-Marc (2023): *Les lectures du monde: La sphère juridique internationale dans la littérature*, Le Kremlin-Bicêtre: mare & martin.

Sozialistische Albanische Hefte (2009): »Buchvorstellung: Die Schlangen des Blutes. Roman von Adem Demaçi«, in: *Sozialistische Albanische Hefte*

(2009/3), 29f., http://www.kpd-ml.org/doc/partei/soz_albanische_hefte_3.pdf (Zugriff: 27.7.2024).

Spankbecher, Flugutel (2021): »Frei um jeden Preis – Albaniens Schwurjungfrauen Doku«, in: *Arte*, 31.12.2021, https://www.youtube.com/watch?v=T7ffCgSZuO4&ab_channel=FlugutelSpankbecher (Zugriff: 4.8.2024).

Spanò, Michele / Massimo Vallerani (2016): »Avvertenza«, in: Yan Thomas, *Fictio legis: la finzione romana e i suoi limiti medievali*, Macerata: Quodlibet, 7–14.

Spantigati, Federico (Hg.) (2006): *Ritorno al diritto: I valori della convivenza*, Mailand: Franco Angeli.

Speth, Sebastian (2024): »Gattungskonvention und Heteronomie. Zur intentionsadäquaten Interpretation von Böhmermanns Schmähkritik und der Pitavalgeschichte des Rechtsstreits zwischen Saurin und Rousseau«, in: Gideon Stiening (Hg.), *Rechtsnorm und ästhetische Reflexion. Studien zum Verhältnis zwischen den Hermeneutiken des Rechts und der Literatur*, Berlin: J. B. Metzler, 233–250.

Spinoza, Baruch de (1999): *Ethik in geometrischer Ordnung dargestellt. Lateinisch-Deutsch*, neu übers. u. hrsg. v. Wolfgang Bartuschat, Hamburg: Meiner.

Springora, Vanessa (2020): *Le Consentement*, Paris: Grasset.

Stahl, Paul H. (1988): »La regione tribale albanese«, in: *Incontri Meridionali* (1988/3), 33–80.

Statovci, Ejup (1990): »Një monument madhor i kultures së lashtë shqiptare«, in: *Përparimi – Revistë shkencore* (1990/5).

Steiner, George (1987): »Das lange Leben der Metaphorik. Ein Versuch über die ›Shoah‹«, in: *Akzente. Zeitschrift für Literatur* (1987/34/3), 194–212.

Steinmüller, Karlheinz (1999): »Zukünfte, die nicht Geschichte werden. Zum Gedankenexperiment in Zukunftsforschung und Geschichtswissenschaft«, in: Michael Salewski (Hg.), *Was Wäre Wenn. Alternativ- und Parallelgeschichte: Brücken zwischen Phantasie und Wirklichkeit*, Stuttgart: Franz Steiner, 43–54.

Stemberger, Günter (2019): *Der Talmud. Einführung, Texte, Erläuterungen*, München: C. H. Beck.

Sterling, Claire (1990): *Die Mafia. Der Griff nach der Macht*, Bern/München/Wien: Scherz.

Stiening, Gideon (2022): »Materialität als Begriff und Kategorie der Korrelation von Recht und Literatur«, in: Eric Achermann / Andreas Blödorn / Corinna Norrick-Rühl / Petra Pohlmann (Hg.), *Literatur und Recht: Materialität. Formen und Prozesse gegenseitiger Vergegenständlichung*. Berlin/Heidelberg: J. B. Metzler, 45–68.

Stiening, Gideon (Hg.) (2024): *Rechtsnorm und ästhetische Reflexion. Studien zum Verhältnis zwischen den Hermeneutiken des Rechts und der Literatur*, Berlin: J. B. Metzler.

Stierle, Karlheinz (1985): »Für eine Öffnung des hermeneutischen Zirkels«, in: *POETICA* (1985/17), 340–354.

Stone Peters, Julie (2005): »Law, Literature, and the Vanishing Real: On the Future of an Interdisciplinary Illusion«, in: *Publications of the Modern Language Association* (2005/120/2), 442–453.

Strobel, Jochen / Jan de Vries, / Friederike Wißmach (2019): »Leserkognition und Wissensemergenz bei kontrafaktischem Erzählen aus Sicht der Frame-Semantik. Der ›Wenderoman‹ als Alternativweltgeschichte«, in: *Zeitschrift für Literaturwissenschaft und Linguistik* (2019/49), 139–162.

Surier, Albert (1934): *Notre Corse. Études et souvenirs*, Paris: Étienne Chiron.

Szilasi, Wilhelm (1959): *Einführung in die Phänomenologie Edmund Husserls*, Tübingen: Max Niemeyer.

Szondi, Peter (1975): *Einführung in die literarische Hermeneutik*, Frankfurt am Main: Suhrkamp.

Tardy-Joubert, Sophie (2020): »Karine Tuil, du droit à la littérature ou la réflexion sur la condition humaine«, in : *Droit & Littérature* (2020/4), 27–29.

Teissier-Ensminger, Anne (1999): *La beauté du droit*, Paris: Descartes et Cie.

Teitelbaum, Yoel (2023): *Sefer va-yo'el Moshe: Le-va'erdine ha-shalosh shevu'ot* / הלבקהו תודיסחה יפ לע ,הרותה לע אלפנו רידנ רואיב :'א קלח - השמ חמשי תומשו תישארב רפסל, Independently published.

Ternès, Anabel (2016): *Intertextualität. Der Text als Collage*, Wiesbaden: Springer.

Thomas, Jean-Luc / Christian Taveira (2022) : »Attentats de Toulouse et Montauban: Jonathan Chetrit, témoin de la tuerié de l'école Ozar Hatorah, raconte l'horreur ›par ceux qui l'ont vécu‹«, in: *CNEWS*, 19.3.2022, https://www.cnews.fr/france/2022-03-19/attentats-de-toulouse-et-montauban-jonathan-chetrit-temoin-de-la-tuerie-de-lecole (Zugriff: 20.05.2024).

Thouard, Denis (2020): »Urteilen und Verstehen. Über Nähe und Differenz von Recht und Philologie«, in: Dieter Grimm / Christoph König (Hg.), *Lektüre und Geltung. Zur Verstehenspraxis in der Rechtswissenschaft und in der Literaturwissenschaft*, Göttingen: Wallstein, 255–269.

Thunmann, Johann E. (1976): »Untersuchungen über die Geschichte der östlichen europäischen Völker«, 1. Teil, in: Johann E. Thunmann, *Über die Geschichte und Sprache der Albaner und der Wlachen*, hrsg. v. Harald Haarmann, Hamburg: Buske, 169–366.

Tihanyi, Catherine (1998): *Violence on the Rebound: A Semiotics of Justice, Feud, Colonialism and Self in and around the Corsican Chronicles*, Dissertation, Simon Fraser University.

Timotei, Jacques Simon (2021): »Coutumes et croyances corses: La Vendetta (A vendetta)«, in: *Corsica Mea*, 9.7.2021, https://www.corsicamea.fr/coutumes/vendetta.htm (Zugriff: 20.8.2024).

Torre, Stefania (Hg.) (2017): *Il diritto incontra la letteratura*, Neapel: Edizioni Scientifiche Italiane.

Travers de Faultrier, Sandra (2012): »Les mots du droit sur et dans l'œuvre«, in: *Les Cahiers de la justice* (2012/4), 25–41.

Travers de Faultrier, Sandra (2021): *Afin que du réel advienne... Quand droit et littérature dialoguent*, Le Kremlin-Bicêtre: mare & martin.

Trévidic, Marc (2011): *Au cœur de l'antiterrorisme*, Paris: JC Lattès.

Trochet, Jean-René (2022): *L'Europe avant l'État*, Rennes: Presses Universitaires de Rennes, https://doi.org/10.4000/books.pur.165002 (Zugriff: 14.8.2023).

Trüstedt, Katrin (2012): »Nomos und Narrative. Zu den Verfahren der Orestie«, in: Ino Augsberg / Sophie Charlotte Lenski (Hg.), *Die Innenwelt der Außenwelt der Innenwelt des Rechts. Annäherungen zwischen Rechts- und Literaturwissenschaft*, München: W. Fink, 59–77.

Tuil, Karine (2022): *La décision*, Paris: Gallimard.

Tuil, Karine (2023): *Diese eine Entscheidung*, München: dtv.

Tuil, Karine (2023): »La littérature, force de changement social«, Antrittsrede an Sciences Po de Paris, 14.9.2023, https://www.sciencespo.fr/fr/actualites/automne-2023-karine-tuil-titulaire-de-la-chaire-d-ecrivain-de-sciences-po/ (Zugriff: 11.5.2024).

Tuzet, Giovanni (2005): »Diritto e letteratura: finzioni a confronto«, in: *Annali dell'Università di Ferrara* (Sezione 5: Sc. Giuridiche Nuova Serie), 179–204.

Ulrich, Heiko (2014): »Der ›augenschein / Der nackenden wahrheit‹: Juristische Rhetorik und poetische Ästhetik in Weckherlins ›Urtheil des Paris‹«, in: Yvonne Nilges (Hg.), *Dichterjuristen. Studien zur Poesie des Rechts vom 16. bis 21. Jahrhundert*, Würzburg: Königshausen & Neumann, 31–48.

UNHCR Österreich (2003): *Handbuch über Verfahren und Kriterien zur Erstellung der Flüchtlingseigenschaft gemäß dem Abkommen von 1951 und dem Protokoll von 1967 über die Rechtsstellung der Flüchtlinge*, Genf.

Vacca, Roberto (1923): *Il Diritto Sperimentale*, Turin: Fratelli Bocca.

Valentini, Giuseppe (Hg.) (1969): *Le legge delle montagne albanesi nelle relazioni della missione volante 1880–1932*, Florenz: Olschki.

Van Dyk, Silke / Antje Langer / Felicitas Macgilchrist & al. (2014): »Discourse and Beyond?«, in: Johannes Angermüller & al. (Hg.), *Diskursforschung. Ein interdisziplinäres Handbuch*, Bd. 1: *Theorien, Methodologien, Kontroversen*, Bielefeld: transcript, 347–363.

Veinstein, Lea (2024): *J'irai chercher Kafka. Une enquête littéraire*, Paris: Flammarion.

Verdussen, Marc (2007): »L'étranger. Sur les révoltes fondatrices d'Albert Camus contre le Mensonge, l'Injustice et la Violence«, in: François Jongen / Koen Lemmens (Hg.), *Droit et littérature*, Wavre: Anthemis, 45–61.

Vertlib, Vladimir (2016): »Sag ja nicht die Wahrheit!«, in: *Die Presse*, 5.8.2016, https://www.diepresse.com/5064168/sag-ja-nicht-die-wahrheit (Zugriff: 10.5.2024).

Viehöver, Willy (2012): »›Menschen lesbarer machen‹: Narration, Diskurs, Referenz«, in: Markus Arnold / Gert Dressel / Willy Viehöver (Hg.),

Erzählungen im Öffentlichen. Über die Wirkung narrativer Diskurse, Wiesbaden: Springer, 65–132.
Viennot, Camille / François Desprez (2017): »L'appréhension ambiguë de la trahison par la procédure pénale«, in: *Droit et Cultures* (2017/74/2), 115–135.
Viola, Luigi (2023): »Emmanuel Carrère, l'uchronie et le juge«, in: *Les cahiers de la justice* (2023/4), 739–749.
Vitale, Vincenzo (2019): »Cosa cercano i giuristi nella letteratura?«, in: *Forum Italicum* (2019/53/2), 232–249.
Vitzthum, Wolfgang Graf (1986): »Brochs demokratie- und völkerbundtheoretische Schriften«, in: Paul Michael Lützeler (Hg.), *Hermann Broch*, Frankfurt am Main: Suhrkamp, 289–307.
Voell, Stéphane (2003): »The Kanun in the City. Albanian Customary Law As a Habitus and Its Persistence in the Suburb of Tirana, Bathore«, in: *Anthropos* (2003/98/1), 85–101.
Vormbaum, Thomas (Hg.) (2005): *Anton Matthias Sprickmann – Dichter und Jurist*, Berlin: Berliner Wissenschaftsverlag.
Vormbaum, Thomas (2016): *»Als Doktor beider Rechte«. Heinrich Heine, das Recht und die Jurisprudenz*, Münster/Berlin: LIT.
Wagner, Wolfgang (2023): *BESA – eine albanische Rettung*, Wien: Buchschmiede.
Walter, Tonio / Edward Schramm (2021): *Dichtung und Wahrheit – und Recht*, Baden-Baden: Nomos.
Walton, Kendall (1990): *Mimesis as Make-Believe: On the Foundations of the Representational Arts*, Cambridge/Mass.: Harvard University Press.
Wambach, Lovis Maxim (2000): *Grenzgänger zwischen Jurisprudenz und Literatur. Werner Krauss, Kurt Tucholsky, Friedrich Georg Jünger und Martin Beradt*, Baden-Baden: Nomos.
Wambach, Lovis Maxim (2002): *Die Dichterjuristen des Expressionismus*, Baden-Baden: Nomos.
Ward, Ian (1995): *Law and Literature. Possibilities and Perspectives*, Cambridge: Cambridge University Press.
Warning, Rainer (2013): »Der inszenierte Diskurs«, in: Willy Viehöver / Reiner Keller / Werner Schneider (Hg.), *Diskurs – Sprache – Wissen*, Wiesbaden: Springer, 183–206.
Weber, Hermann (Hg.) (2003): *Reale und fiktive Kriminalfälle als Gegenstand der Literatur*, Berlin: Berliner Wissenschaftsverlag.
Weber, Hermann (2005): *Recht und Juristen im Bild der Literatur*, Berlin: Berliner Wissenschaftsverlag.
Weber, Hermann (2009): *Juristensöhne als Dichter: Hans Fallada, Johannes R. Becher und Georg Heym. Der Konflikt mit der Welt ihrer Väter in ihrem Leben und ihrem Werk*, Berlin: Berliner Wissenschaftsverlag.
Weber, Hermann (2010): »Strafrecht und Religion in Dantes ›Göttlicher Komödie‹«, in: Hermann Weber (Hg.), *Literatur, Recht und Religion. Tagung im Nordkolleg Rendsburg vom 18. bis 20. September 2009*, Münster: LIT, 57–90.

Weber, Hermann (Hg.) (2014): *Recht und Juristen im Spiegel von Literatur und Kunst. Tagung im Nordkolleg Rendsburg vom 6. bis 8. September 2013*, Münster: LIT.

Weber, Hermann (Hg.) (2017): *Das Recht als Rahmen für Literatur und Kunst. Tagung im Nordkolleg Rendsburg vom 4. bis 6. September 2015*, Berlin/Boston: De Gruyter.

Wedl, Juliette / Eva Herschinger / Ludwig Gasteiger (2014): »Diskursforschung oder Inhaltsanalyse?«, in: Johannes Angermüller & al. (Hg.), *Diskursforschung. Ein interdisziplinäres Handbuch* Bd. 1: *Theorien, Methodologien, Kontroversen*, Bielefeld: transcript, 537–563.

Wehrle, Maren (2022): *Phänomenologie. Eine Einführung*, Berlin: J. B. Metzler.

Weimar, Klaus (2020): »Hermeneutica in nuce«, in: Andreas Mauz / Christiane Tietz / Tilmann Köppe (Hg.), *Verstehen und Interpretieren. Zum Basisvokabular von Hermeneutik und Interpretationstheorie, Hermeneutik und Interpretationstheorie 1*, Paderborn: Ferdinand Schöningh 2020, S. 79–85.

Weingart, Peter / Nico Stehr (Hg.) (2000): *Practising Interdisciplinarity*. Toronto/Buffalo/London: University of Toronto Press.

Weingart, Peter (2000): »Interdisciplinarity: The Paradoxical Discourse«, in: Ders. / Nico Stehr (Hg.), *Practising Interdisciplinarity*. Toronto/Buffalo/London: University of Toronto Press, 25–42.

Weisberg, Richard H. / Jean-Pierre Barricelli (1982): »Literature and the Law«, in: Joseph Gibaldi / Jean-Pierre Barricelli (Hg.), *Interrelations of Literature*, New York: MLA, 150–175.

Weisberg, Richard H. (1999): »Vichy Law and the Holocaust in France: Précis of a Talk to the Hofstra Conference«, in: Susan Tiefenbrun (Hg.), *Law and the Arts*, Westport/London: Greenwood Press, 81–91.

Weisberg, Richard H. (2009): »Wigmore and the Law and Literature Movement«, in: *Law & Literature* (2009/21/1), 129–145.

Weisberg, Richard H. (2013): *Rechtsgeschichten. Über die Gerechtigkeit in der Literatur. Mit einem Nachwort von Bernhard Schlink*, Berlin: Suhrkamp.

Weisberg, Richard H. (2018): »Cardozo's ›Law and Literature‹: A Guide to his Judicial Writing Style«, in: *Touro Law Review* (2018/349), Cardozo Legal Studies Research Paper Nr. 551, Cardozo School of Law, https://papers.ssrn.com/sol3/papers.cfm?abstract_id=3216255 (Zugriff: 6.2.2024)

Weitin, Thomas (2010): *Recht und Literatur*, Münster: Aschendorff.

Wenzlhuemer, Roland (2009): »Counterfactual Thinking as a Scientific Method«, in: *Historical Social Research* (2009/34/2), 27–56.

Werle, Dirk (2015): »›Unvollständiges Verstehen‹ am Beispiel einer Goethe-Parodie in Daniel Kehlmanns Roman *Die Vermessung der Welt*. Ein Beitrag zur Erforschung interpretatorischer Praxis«, in: Andrea Albrecht / Lutz Danneberg / Olav Krämer / Carlos Spoerhase (Hg.), *Theorien, Methoden und Praktiken des Interpretierens*, Berlin/München/Boston: De Gruyter, 345–365.

Whitaker Ian (1968): »Tribal Structure and National Politics in Albania,

1910–1950«, in: Ioan M. Lewis (Hg.), *History and Social Anthropology*, London: Tavistock Publications, 253–293.

Whitaker Ian (1981): »›A Sack for Carrying Things‹: The Traditional Role of Women in Northern Albanian Society«, in: *Anthropological Quarterly* (1981/54/3), 146–156.

White, Hayden (1991): »Der historische Text als literarisches Kunstwerk«, in: Hayden White, *Auch Klio dichtet oder die Fiktion des Faktischen. Studien zur Tropologie des historischen Diskurses*, Stuttgart: Klett-Cotta, 101–122.

White, James B. (1973): *The Legal Imagination*, Chicago/London: University of Chicago Press.

Widmann, Andreas M. (2009): *Kontrafaktische Geschichtsdarstellung. Untersuchungen an Romanen von Günter Grass, Thomas Pynchon, Thomas Brussig, Michael Kleeberg, Philip Roth und Christoph Ransmayr*. Heidelberg: Winter.

Wieacker, Franz (1985): »Konstituenten der okzidentalen Rechtskultur«, in: Okko Behrends / Malte Diesselhorst / Wulf E. Voss (Hg.), *Römisches Recht in der europäischen Tradition*, Ebelsbach: Gremer, 355–364.

Wieschollek, Jonas (2024): »Wie und warum zitieren Gerichte Gerichtsentscheidungen? Eine Typologie gerichtlicher Zitationsweisen auf diskurstraditioneller Grundlage«, in: Gideon Stiening (Hg.). *Rechtsnorm und ästhetische Reflexion. Studien zum Verhältnis zwischen den Hermeneutiken des Rechts und der Literatur*, Berlin: J. B. Metzler, 163–196.

Wigmore, John H. (1908): »A List of Legal Novels«, in: *Illinois Law Review* (1908/08/2), 574–593.

Wild, Gerhard (2017): »Französische Literatur der Gegenwart«, in: *Kindler Kompakt. Französische Literatur der Gegenwart*, Stuttgart: J. B. Metzler, 9–27.

Wild, Reiner (1982): *Literatur im Prozeß der Zivilisation. Entwurf einer theoretischen Grundlegung der Literaturwissenschaft*, Stuttgart: J. B. Metzler.

Williams, Patricia J. (1987): »Alchemical Notes: Reconstructing Ideals from Deconstructed Rights«, in: *Harvard Civil Rights – Civil Liberties Law Review* (1987/22/2), 401–434.

Williams, Patricia J. (1993): *The Alchemy of Race and Rights*, London: Virgo Press.

Williams, Patricia J. (1998): *Seeing a Color-Blind Future: The Paradox of Race*, New York: Macmillan.

Williams, Patricia J. (2021): *Giving a Damn. Racism, Romance, and Gone with the Wind*, London: TLS Books.

Williams, Patricia J. (2021): »How Not to Talk about Race«, in: *The Nation*, 18.10.2021, https://www.thenation.com/article/society/talk-about-race (Zugriff: 20.9.2024).

Williams, Patricia J. (2024): *The Miracle of the Black Leg: Notes on Race, Human Bodies, and the Spirit of Law*, New York: The New Press.

Wilson, Stephen (1988): *Feuding, Conflict and Banditry in Nineteenth-Century Corsica*, Cambridge et al.: Cambridge University Press.

Wissenschaftliche Dienste des Deutschen Bundestags (2016): »Änderungen des Asyl- und Aufenthaltsrechts seit Januar 2015 mit den Schwerpunkten Asylpaket I und II«, WD 3 - 3000 - 018/16, 21.1.2016, https://www.bundestag.de/resource/blob/424122/05b7770e5d14f459072c61c98ce01672/wd-3-018-16-pdf-data.pdf (Zugriff: 13.9.2024).

Witte, Egbert (2020): »Aisthesis«, in: Gabriele Weiß / Jörg Zirfas (Hg.), *Handbuch Bildungs- und Erziehungsphilosophie*, Wiesbaden: Springer, 67–75.

Witteveen, Willem J. (1998): »Law and Literature: Expanding Contracting Emerging«, in: *Law & Literature* (1998/10/2), 155–160.

Wittmann, Jan (2018): *Recht sprechen: Richterfiguren bei Kleist, Kafka und Zeh*, Berlin/Heidelberg: J. B. Metzler.

Wohlhaupter, Eugen (1957): *Dichterjuristen* Bd. 3, Tübingen: Mohr Siebeck.

Wolf, Erik (1941): *Der Rechtsgedanke Adalbert Stifters*, Frankfurt am Main: Vittorio Klostermann.

Wolf, Erik (1946): *Vom Wesen des Rechts in deutscher Dichtung. Hölderlin, Stifter, Hebel, Droste*, Frankfurt am Main: Vittorio Klostermann.

Wrana, Daniel (2014): »Diskursanalyse jenseits von Hermeneutik und Strukturalismus«, in: Johannes Angermüller / Martin Nonhoff / Eva Herschinger & al. (Hg.), *Diskursforschung. Ein interdisziplinäres Handbuch*, Bd. 1: *Theorien, Methodologien, Kontroversen*, Bielefeld: transcript, 511–536.

Würtenberger, Thomas (1941): *Die deutsche Kriminalerzählung. Vortrag*, Erlanger Universitätsreden Nr. 27.

Xhaho, Armela (2013): »Sworn Virgins, Male and Female Berdaches: A Comparative Approach to the So Called ›Third Gender‹ People«, in: *Gender Questions* (2013/1/1), 112–125.

Young, Antonia (2000): *Women Who Become Men: Albanian Sworn Virgins*, Oxford/New York: Berg.

Zahavi, Dan (2007): *Phänomenologie für Einsteiger*, Paderborn: W. Fink.

Zeh, Juli (2009): *Corpus Delicti. Ein Prozess*, München: btb.

Zeh, Juli (2021): *Über Menschen*, München: Luchterhand.

Zentralrat der Juden in Deutschland (Hg.) (2023): *Die Lehren des Talmud*, Gütersloh: Gütersloher Verlag.

Zeuch, Ulrike (2006): »Recht und Literatur um 1800 im Kontext des *law and literature movement*«, in: *Internationales Archiv für Sozialgeschichte der deutschen Literatur* (2006/31/1), 77–84.

Zima, Peter V. (2020): *Literarische Ästhetik. Methoden und Modelle der Literaturwissenschaft*, Tübingen: Narr Francke Attempto.

Zinsmaier, Thomas (2006): »Controversiae«, in: Hubert Cancik / Helmuth Schneider / Manfred Landfester (Hg.), *Der neue Pauly*, Tübingen: Brill, Online: http://dx.doi.org/10.1163/1574-9347_dnp_e304890 (Zugriff: 9.2.2024).

Zipfel, Frank (2001): *Fiktion, Fiktivität, Fiktionalität: Analysen zur Fiktion in der Literatur und zum Fiktionsbegriff in der Literaturwissenschaft*, Berlin: Schmidt.

Zippelius, Reinhold (2006): *Juristische Methodenlehre*, München: C. H. Beck.

Zühlsdorff, Henning (2016): »Heinrich-Heine-Gastdozent 2016: Abbas Khider«, Universität Leuphana, 18.8.2023, https://www.leuphana.de/portale/heinrich-heine-gastdozentur/abbas-khider.html (Zugriff: 10.5.2024).

Deutsche Rechtsprechung

BVerfG 17.5.1960 – 2 BvL 11/59 ua, BVerfGE 11, 126 (130) – Nachkonstitutioneller Bestätigungswille.

BVerfG 9.5.1978 – 2 BvR 952/75, BVerfGE 48, 246 (257) – Ehrenamtliche Richter.

BVerfG, Beschluss 5.4.1990 – 2 BvR 413/88 – Besorgnis der Befangenheit eines Bundesverfassungsrichters.

Französische Rechtsprechung

Cass. soc., 18 novembre 1998, n° 94-43.840.

Cass. Crim. 10 janvier 2017, n° 16-84596, Dr. Pénal 2017, comm. 35, note P. Conte. (aff. dite »de Tarnac«).

Conseil Constitutionnel décision n° 2016-611 QPC du 10 février 2017.

Conseil Constitutionnel décision n° 2017-682 QPC du 15 décembre 2017.

Conseil Constitutionnel décision n° 2020-845 QPC du 19 juin 2020.

Rechtstexte

Asylverfahrensbeschleunigungsgesetz vom 20.10.2015, BGBl. I 2015, 1722.

Charta der Grundrechte der Europäischen Union, 26.10.2012, C 326/391, https://eur-lex.europa.eu/legal-content/DE/TXT/PDF/?uri=CELEX:12012P/TXT (Zugriff am 22.05.2024).

Deutsches Asylgesetz vom 2. September 2008 (BGBl. S. 1798) in der Fassung vom 21. Februar 2024 (BGBl. I Nr. 54).

Deutsches Asylbewerberleistungsgesetz (AsylbLG) in der Fassung vom 7. August 1997 (BGBl. I S. 2023), zuletzt geändert durch das Rückführungsverbesserungsgesetz vom 21. Februar 2024 (BGBl. I Nr. 54).

Genfer Flüchtlingskonvention vom 28. Juli 1951 und das dazugehörige Protokoll über die Rechtsstellung der Flüchtlinge vom 31. Januar 1967.

Richtlinie 2011/95/EU des Europäischen Parlaments und Rates über Normen für die Anerkennung von Drittstaatenangehörigen oder Staatenlosen als Personen mit Anspruch auf internationalen Schutz, für einen einheitlichen Status für Flüchtlinge oder für Personen mit Anrecht auf subsidiären Schutz und für den Inhalt des zu gewährenden Schutzes (Qualifikationsrichtlinie), 13. Dezember 2011 (ABl. S.9).

Richtlinie 2013/32/EU des Europäischen Parlaments und Rates zu gemeinsamen Verfahren für die Zuerkennung und Aberkennung des internationalen Schutzes (Asylverfahrensrichtlinie), 26. Juni 2013 (ABl. S. 180/60).

Richtlinie 2013/33/EU de Europäischen Parlaments und Rates zur Festlegung von Normen für die Aufnahme von Personen, die internationalen Schutz beantragen, 26. Juni 2013 (Abl. L 180/96) (Aufnahmerichtlinie).

Streinz, Rudolf (Hg.) (2012): EUV/AEUV. *Vertrag über die Europäische Union und Vertrag über die Arbeitsweise der Europäischen Union*, München: C.H. Beck.

Verordnung Nr. 604/2013 des Europäischen Parlaments und Rates zur Festlegung der Kriterien und Verfahren zur Bestimmung des Mitgliedstaates, der für die Prüfung eines von einem Drittstaatenangehörigen oder Staatenlosen in einem Mitgliedstaat gestellten Antrags auf internationalen Schutz zuständig ist (Dublin-III-Verordnung), 26. Juni 2013 (ABl. S. 180/31).

Verordnung Nr. 603/2013 über die Einrichtung von Eurodac für den Abgleich von Fingerabdruckdaten zum Zwecke der effektiven Anwendung der Verordnung (EU) Nr. 604/2013 zur Festlegung der Kriterien und Verfahren zur Bestimmung des Mitgliedstaats, der für die Prüfung eines von einem Drittstaatsangehörigen oder Staatenlosen in einem Mitgliedstaat gestellten Antrags auf internationalen Schutz zuständig ist und über der Gefahrenabwehr und Strafverfolgung dienende Anträge der Gefahrenabwehr- und Strafverfolgungsbehörden der Mitgliedstaaten und Europols auf den Abgleich mit Eurodac-Daten sowie zur Änderung der Verordnung (EU) Nr. 1077/2011 zur Errichtung einer Europäischen Agentur für das Betriebsmanagement von IT-Großsystemen im Raum der Freiheit, der Sicherheit und des Rechts (Eurodac-II-Verordnung), 26. Juni 2013, ABl. 180/1.

Verordnung (EU) Nr. 2024/1347 über Normen für die Anerkennung von Drittstaatsangehörigen oder Staatenlosen als Personen, denen internationaler Schutz gewährt wurde, für einen einheitlichen Status für Flüchtlinge oder für Personen mit Anspruch auf subsidiären Schutz und für den Inhalt des gewährten Schutzes, zur Änderung der Richtlinie 2003/109/EG des Rates und zur Aufhebung der Richtlinie 2011/95/EU des Europäischen Parlaments und des Rates (ABl. L. 22.5.2024).

Vertrag über die Arbeitsweise der Europäischen Union. Amtsblatt der Europäischen Union, C 326/49, 26.10.2012.

7. Personenregister